Schrödinger programmiert Java

Das etwas andere Fachbuch

Liebe(r) Leser(in),

Sie haben gewählt:

Java

Wir gratulieren – und bedienen Sie gern. Wo soll's denn hin? **Ins Hirn?** – Gerne doch. Die Windungen sehen gut aus, da lassen sich ordentlich Fachkenntnisse unterbringen.

JA, BITTE. AM LIEBSTEN IM SCHLAF. ODER EINFACH MIT'NEM TRICHTER...

Apropos unterbringen: Haben Sie schonmal versucht, eine Vorratskammer zu füllen, die ganz glatte Wände hat? – Geht nicht. Nicht ohne Regale jedenfalls. Bretter, Nischen, Schüsseln – damit geht's.

Was diesen **Trichter** angeht, da müssen wir leider **passen**. Aber seien Sie nicht allzu enttäuscht, denn Sie halten mehr als einen Ersatz in den Händen:

Das etwas andere Fachbuch

Mit Nischen, Kammern, Behältern in allen Größen und belastbaren Fachböden. Wir haben keine Mühe gescheut. Ein Experten-Team hat die Wände behauen, den Code eingefärbt und die Lösungen auf den Kopf gestellt, damit Sie nicht zu früh **spinksen**. Und wir bringen Sie mit Schrödinger zusammen. Nein, auch der nimmt Ihnen das Lernen nicht ab. Ehrlich gesagt, denkt er nicht einmal daran.

Das wäre auch zu schade. Sie würden nämlich fantastische Übungen verpassen, wie den Solche-Schuhe-hast-du-schon-Tester.

Na dann, bitte sehr. **Es ist angerichtet.**

Viel Spaß!

Schrödingers Büro

Die nötige Theorie, viele Hinweise und Tipps

Schrödingers Werkstatt

Unmengen von Code, der ergänzt, verbessert und repariert werden will

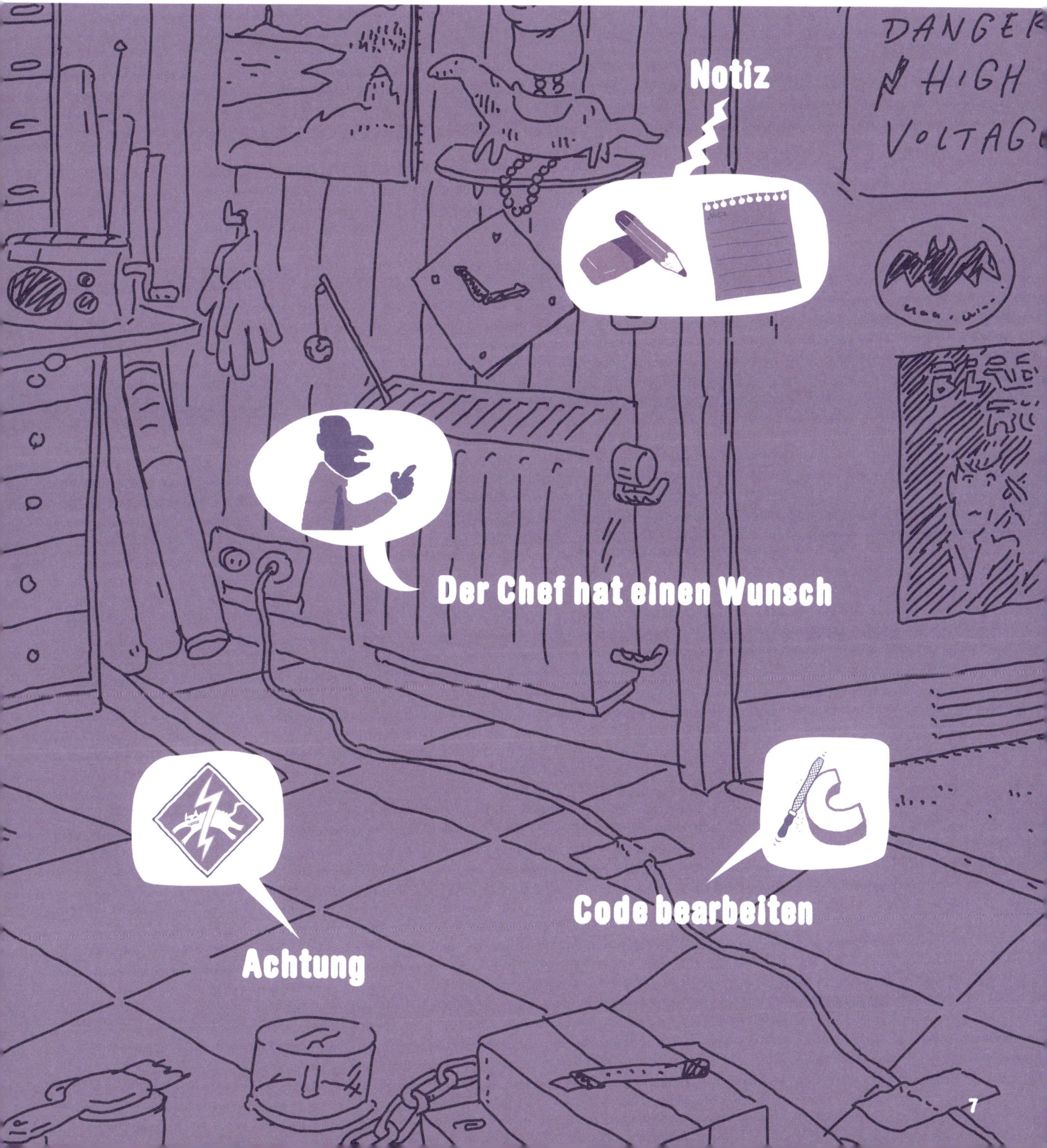

Schrödingers Wohnzimmer

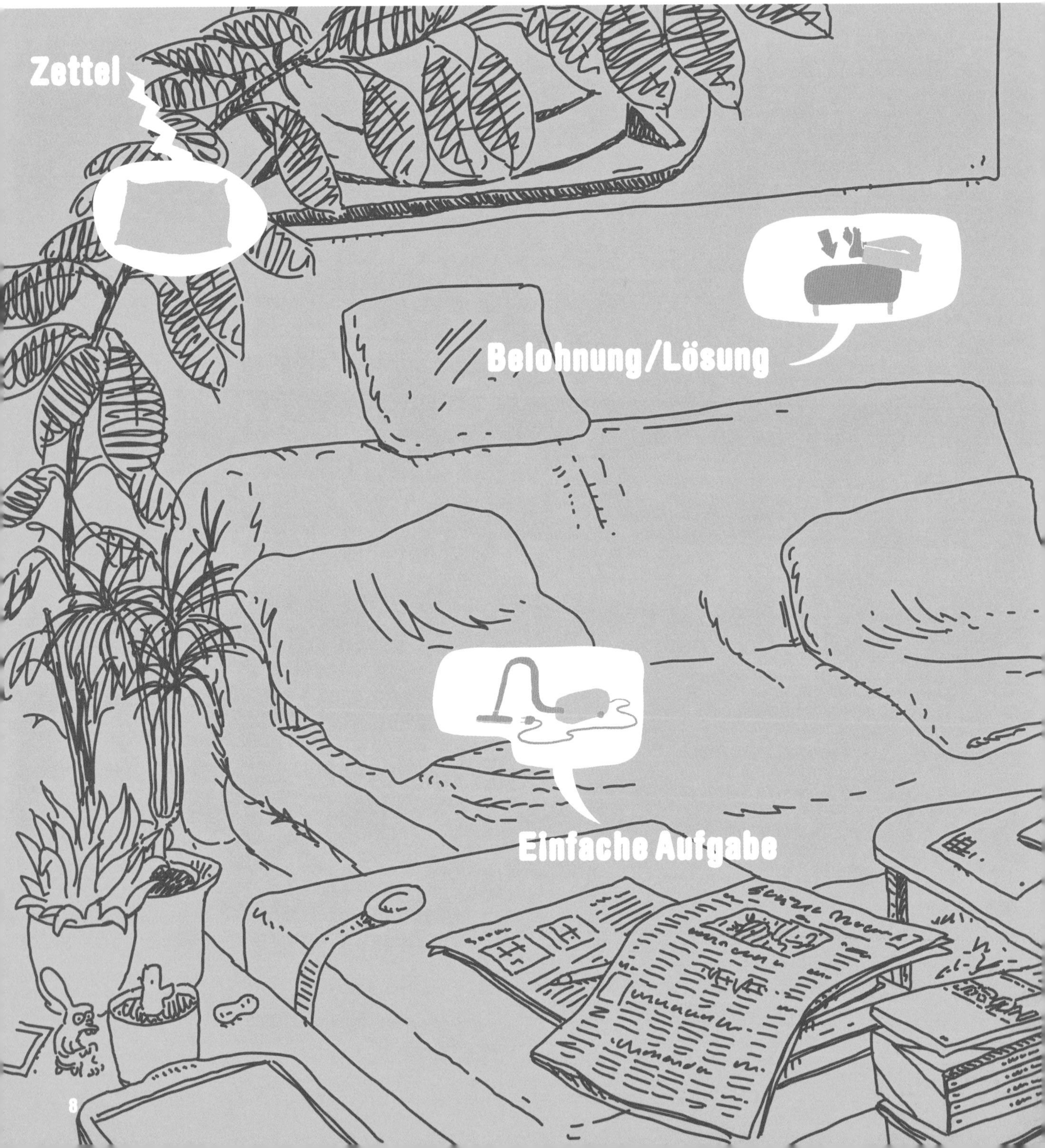

Viel Kaffee, Übungen und die verdienten Pausen

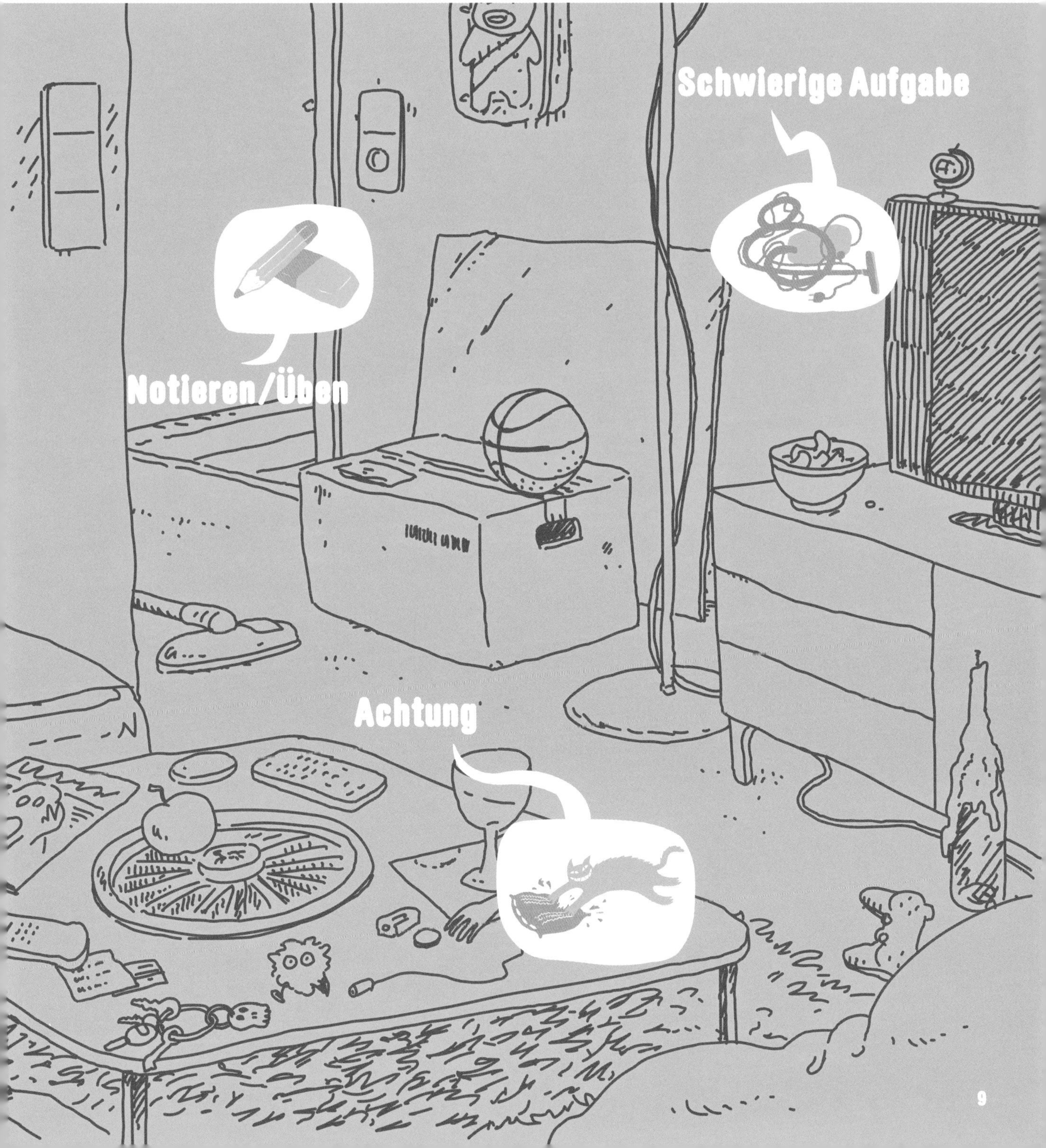

IMPRESSUM Schrödinger programmiert Java

Als Kanutin umschifft Almut Stromschnellen mit notfalls nur einem Paddel. Eine Fähigkeit, die sie zur Fachbuchlektorin prädestiniert.

Almut Poll, LEKTORAT

Janina „Sherlock" Brönner. Bei der Buchherstellung sind detektivische Kombinationsgabe und Finesse gefragt. Die Kollegen haben sich allerdings das Pfeiferauchen verbeten.

Janina Brönner, HERSTELLUNG

Schon zu Schulzeiten zeichnete Leo am liebsten die Bücher voll, von denen er am wenigsten kapierte.

Seit er weiß, dass man das auch gegen Bezahlung machen kann, kapiert er gar nichts mehr.

Leo Leowald lebt und arbeitet in Köln als freiberuflicher Illustrator. Er veröffentlicht unter anderem in *titanic*, *jungle world* und bei *reprodukt* und zeichnet seit 2004 den Webcomic *www.zwarwald.de*.

Andreas' zweite Leidenschaft neben der Buchgestaltung ist kochen. Wie auch immer: Hauptsache rare – VERY RARE!

Andreas Tetzlaff ist selbstständiger Buchgestalter in Köln. Er arbeitet normalerweise für Kunstbuchverlage (zusammen mit seiner Frau als *probsteibooks.de*) – dass ausgerechnet ein IT-Fachbuch ihn vor künstlerische Herausforderungen stellt, hätte er sich vorher nicht träumen lassen …

Annette ist von Haus aus Archäologin, da ist es nur ein kleiner Schritt bis zum Lektorat, und der Vorteil ist: Bei Schrödinger und Co. findet sie immer was.

Annette Lennartz ist freiberufliche Lektorin in Bonn. Für Schrödinger hat sie immer eine offene Tür. Privat schätzt sie augenzwinkernde und gruselige Geschichten oder bastelt an filigranen Schiffsmodellen.

KORRIGIERT VON: *Annette Lennartz*

Glücklicherweise ist ein Schrödinger-Buch keine Bleiwüste, allenfalls ein Textgebirge. Trotzdem: Als Gutachter muss man da den Überblick behalten. Aber du willst nicht wirklich mit dem Fahrrad da hoch, oder, Christoph? Christoph???

Als Softwareentwickler beschäftigt sich *Christoph Höller* mit Java-Enterprise-Architekturen, modelliert Business-Prozesse und … ach was, das steht auf *www.christoph-hoeller.net*

BEGUTACHTET VON: *Christoph Höller*

Ausgleichssport für Philip sind seine Inlineskates und seine Vinylplattensammlung. Je nachdem, wie gut es bei Schrödinger gerade läuft, rotiert er mit 33, 45 oder 78 Umdrehungen pro Minute.

Als Software-Entwickler wechselt *Philip* mühelos die Spur, von objektorientiert zu funktional, von Java zu Node.js und zurück. Kein Wunder, dass er auch Schrödinger mit CSS, XML, SQL und noch mehr Sprachen nicht verschont.

Philip Ackermann, AUTOR

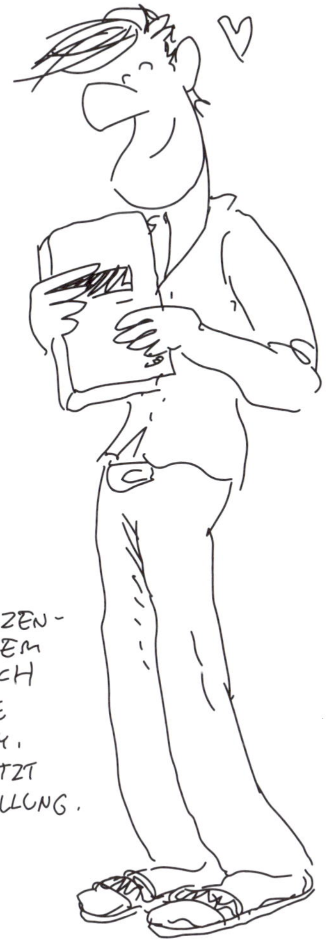

Buch- und Einbandgestaltung:
Andreas Tetzlaff und Leo Leowald
Druck und Bindung: mediaprint solutions, Paderborn

FÜR DIE, DIE ES GENAU WISSEN WOLLEN

Dieses Buch wurde gesetzt aus unzähligen Schriften (u.a. aus der WIMBY von Evert Ypma: Danke, Evert!), Tonnen an Illustrationen und anderen komischen Zeichen, die alle Beteiligten in den Wahnsinn trieben.

Bibliografische Information der Deutschen Nationalbibliothek:
Die Deutsche Nationalbibliothek verzeichnet diese Publikation in der Deutschen Nationalbibliografie; detaillierte bibliografische Daten sind im Internet über http://dnb.d-nb.de abrufbar.

ISBN 978-3-8362-7272-8

3., aktualisierte und erweiterte Auflage 2020

INHALTSVERZEICHNIS

Kapitel 1: Hallo Schrödinger

Einführung und erstes Programm

Kapitel 2: Alles eine Typfrage

Variablen und grundlegende Datentypen

Kapitel 3: Hier war ich doch schon mal!

Kontrollfluss

Kapitel 4: Von Dinkelpfannekuchen und Buchstabensalat

Arbeiten mit Strings

Kapitel 5: Objektiv betrachtet, eine ganz andere Klasse

Klassen, Objekte, Methoden

Kapitel 6: Woher hat er das bloß?

Vererbung

Kapitel 7: Schnittstellen und andere leichte Verletzungen

Abstrakte Klassen und Interfaces

Seite 265

Kapitel 8: Hast du eigentlich einen Überblick über deine ganzen Schuhe?

Arrays, Collections & Maps

Seite 303

Kapitel 9: Ausnahmsweise und um ganz sicher zu gehen

Exceptions

Kapitel 10: Ey Typ, du kummst hier nit rein!

Generics

Kapitel 11: Wilde Ströme – Eingabe und Ausgabe

Dateien, Streams und Serialisierung

Seite 415

Kapitel 12: Nicht den Faden verlieren

Programmierung mit Threads

Seite 449

Kapitel 13: Das kann sich doch schon sehen lassen!

Deployment, Dokumentation und Module

Kapitel 14: Austauschschüler – das Datenaustauschformat XML

XML

Kapitel 15: Datenspeicherung mit JDBC

Datenbanken

Kapitel 16: Neue Tanzschritte

GUI-Programmierung mit Swing und JavaFX

Kapitel 17: Schrödinger goes international

Internationalisierung, Lokalisierung, Formatierung, Pattern Matching und reguläre Ausdrücke

Kapitel 18: Bist du dir da sicher? Unit-Testen und Java Web Start continued

Unit-Tests

Wir können ruhig du sagen – mache ich mit Schrödinger ja auch

Ich nehme mal an, du hältst dieses Buch in den Händen, weil du genau wie Schrödinger schnell und trotzdem gründlich Java lernen und deine eigenen Anwendungen schreiben möchtest. Dann stehst du wahrscheinlich genau da, wo Schrödinger vor etwa einem Jahr stand und ich vor mehr als 10 Jahren zu Beginn meiner Karriere als Software-Entwickler auch: vor einer schier unüberwindbaren Fülle von Informationen, oft dicken langweiligen Fachbüchern und dem Gefühl, nicht zu wissen, wo man anfangen soll. Tja, was soll ich sagen: Ich wurde damals mehr oder weniger ins kalte Wasser geworfen. Das tat rückblickend betrachtet eigentlich richtig gut, aber ganz so gemein war ich dann zu Schrödinger doch nicht. Denn nur für den Fall, dass du ihn noch nicht kennen solltest: Der wäre damit nämlich garantiert alles andere als einverstanden gewesen.

Keine Sorge also: Mit diesem Buch zeige ich dir Schritt für Schritt, wie du mit Java Software entwickeln kannst. Die Sprachmittel zu lernen ist dabei die eine Sache. Die Sprache richtig anzuwenden und zu wissen, was gut und was schlecht ist, das ist die Kunst. Unter anderem nämlich, wie du richtig objektorientiert programmierst und was der Unterschied zu serviceorientiertem oder gar funktionalem Programmieren ist, wie du deinen Code sauber hältst, wie du ihn testen kannst und vieles mehr. Natürlich reicht selbst so ein dicker Schinken wie dieses Buch nicht aus, dir alles rund um Java und die Kunst des Programmierens zu erklären. Deswegen habe ich ja auch das Wichtigste für dich herausgefiltert.

Nichtsdestotrotz: Java zu lernen, das braucht schon ein bisschen Zeit. Vor allem geht es nicht, wenn du dir nicht auch selbst die Hände schmutzig machst. Eine neue Sprache lernst du ja auch nur, indem du sie sprichst und nicht, indem du nur die Vokabeln lernst. Daher habe ich auch jede Menge Übungen und Codebeispiele vorbereitet. Und damit sich keiner die Finger wund tippen muss, gibt's alle Listings auf der Bonusseite zum Buch unter www.rheinwerk-verlag.de/4975.

Außerdem lernst du hier nicht nur Java, sondern bekommst auch einen Einblick in andere Technologien wie XML, CSS oder SQL. Ein guter Entwickler verfügt nämlich nicht nur über Tiefenwissen, sondern auch über Breitenwissen. Und dazu solltest du mehr als einmal über den Tellerrand gucken. Ich weiß, ich verlange an manchen Stellen wirklich viel und die Lernkurve ist teilweise schon etwas steiler. Aber keine Sorge, ich bin ja bei dir.

Eine Sache noch: Wenn du einmal mit Java anfängst, wirst du nicht mehr aufhören können. Das gilt auch für das Lernen. Denn auch Java entwickelt sich weiter. Während ich damals vor der ersten Auflage mit Schrödinger zusammensaß, wurde zum Beispiel bei Oracle gerade der Java-SE-8-Standard festgezurrt. Na, dachte ich mir, dann konnte ich ihm den ja auch gleich beibringen. Ich muss sagen, ich bin schon ziemlich stolz auf ihn. Die Lambda-Ausdrücke haben wir gleich auf seine Schuhkarton-Sammlung angewendet. Und für Datums- und Zeitangaben kennt er jetzt auch die neue, viel bessere Date-Time-API. Alle Themen im Buch werden übrigens für die Versionen Java 7 bis Java 12 behandelt, und wenn du eine ältere Version hast, lasse ich dich auch nicht im Stich. Aber jetzt erst mal ab ins kalte Wasser.

Widmung

Mit ganz besonderem Dank an meine Frau und meine Kinder, die mich an vielen, vielen Abenden, Wochenenden und Urlaubstagen mit Schrödinger teilen mussten.
Und natürlich an das großartige Team rund um den Rheinwerk Verlag, denn ein Schrödinger-Buch ist vor allem eines: Teamwork.

Einführung und erstes Programm

— EINS —

Hallo Schrödinger

Schrödinger findet heraus, dass Java-Programme innerhalb einer virtuellen Maschine laufen. Um sie jedoch da hineinzubekommen, muss er sie erstmal als Bytecode kompilieren. Das geht für ein simples Programm auch relativ einfach, aber Schrödinger will ja keine simplen Programme schreiben. Deswegen hat er sich auch gleich eine Entwicklungsumgebung installiert, mit der das Kompilieren noch einfacher von der Hand geht. Schrödinger schreibt damit sein erstes Java-Programm, lernt den Aufbau einer Java-Datei und wie er Daten an sein Programm sendet und wieder herausholt.

Java überall

Prima, Schrödinger, du willst also Java lernen?

Freut mich, dass du mich gefragt hast, dir dabei zu helfen. Tja, wo fangen wir an?

Am besten direkt loslegen. Ich bin nämlich nicht so der Typ für Smalltalk.

Okay, okay,

aber bevor wir loslegen können, musst du dir erst noch ein paar Dinge besorgen. Keine Sorge: Es ist alles kostenlos.

JRE, JDK, SE, EE, ME

Das Erste, das du brauchst, ist die Java-**Laufzeitumgebung**. Java-Programme laufen nämlich in einer sogenannten **virtuellen Maschine**, der **JVM** (Java Virtual Machine oder, wenn du ganz cool sein möchtest, „Dschej Wi Em"), und nicht wie C-Programme direkt auf dem Betriebssystem. Diese Laufzeitumgebung heißt auch **JRE** (Java Runtime Environment).

Da du aber – sonst wärst du ja sicherlich nicht hier – Java-Programme nicht nur **laufen** lassen, sondern auch **entwickeln** möchtest, benötigst du außerdem noch das sogenannte **JDK** (Java Development Kit). Sowohl JRE als auch JDK kannst du dir über die Download-Seite zum Buch herunterladen: www.rheinwerk-verlag.de/4975

[Hintergrundinfo]

Es reicht sogar, wenn du dir nur das JDK herunterlädst und installierst. Das JRE wird dann nämlich direkt mit installiert.

Von diesem „Dschej Di Kej" gibt's aber verschiedene Versionen: Java SE, Java EE, Java ME. Was soll das alles heißen, und welche soll ich nehmen?

In der Tat gibt es unterschiedliche Versionen des JDKs, abhängig davon, was du mit Java alles machen möchtest. **SE** ist die **Standard Edition** und enthält all das, was du eben standardmäßig für die Entwicklung brauchst. **EE** steht für **Enterprise Edition**, und die bietet zusätzlich noch vieles, vieles mehr, das du benötigst, wenn du zum Beispiel Webanwendungen mit Java entwickeln möchtest. **ME** schließlich ist die **Mobile Edition** oder auch **Micro Edition**, mit der du, wie der Name schon sagt, Java-Anwendungen für mobile Endgeräte erstellen kannst. Uns reicht im Moment die Standard Edition.

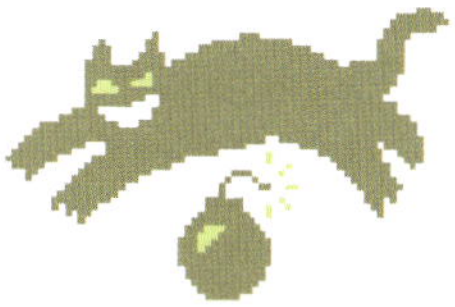

[Achtung]
Die **Java Mobile Edition** hat übrigens nichts mit **Android** zu tun. Es handelt sich um eine komplett eigenständige Softwarebibliothek, die auch schon wesentlich älter ist als Android. Mobile Anwendungen damit sind zwar nicht immer so schick wie die mit Android entwickelten, laufen dafür aber auch auf Nicht-Android-Handys, auf denen Java installiert ist.

Java installieren

Auf eine wichtige Sache möchte ich dich noch hinweisen, bevor du dir Java installierst. Und zwar hat Oracle – die Firma, die Java mittlerweile weiterentwickelt – entschieden, dass Java ab Version 11 (sowohl JDK als auch JRE) nur noch in Entwicklungs- und Testumgebungen kostenfrei nutzbar ist.

Wie, das heißt, ich muss jetzt bezahlen, um Java verwenden zu können?

Naja, es kommt darauf an. Zum Lernen und für das Durcharbeiten dieses Buches kannst du Java natürlich nutzen, ohne dafür zu zahlen. Die Einschränkung betrifft eher Unternehmen oder Entwickler, die kommerzielle Software entwickeln und dazu dann Support-Verträge mit Oracle abschließen möchten.

Hört sich kompliziert an.

Ja, ist es im Detail auch. Aber das sollte dich jetzt erstmal nicht stören. Denn ich kann dich beruhigen: Oracle stellt noch das sogenannte OpenJDK zur Verfügung, und das kannst du immer kostenlos verwenden – also auch in der Produktion. Und überhaupt: Für dieses Buch kannst du beide Versionen verwenden.

[Zettel]
Eine Anleitung dazu, wie du das OpenJDK installieren kannst, findest du unter http://r-wrk.de/openjdk. Wenn du dagegen das „normale" JDK installieren möchtest, findest du die Anleitung hier: http://r-wrk.de/jdk.

Hallo Schrödinger

Bist du bereit? Dann los! Fangen wir mit einem einfachen Programm an, das den Text „Hallo Schrödinger" ausgibt.

[Notiz]
Traditionsgemäß werden Programmiersprachen in einem Beispiel vorgestellt, das einfach nur die Worte „Hello World" auf die Konsole schreibt.

Wie originell!

[Einfache Aufgabe]
Tippe den folgenden Quelltext (in einem beliebigen Texteditor) ab, und speichere ihn in der Datei `HalloSchroedinger.java`.

*2 `public` gibt dabei an, dass deine Klasse **öffentlich** ist. Jede Klasse, die als `public` markiert ist, muss in einer eigenen Datei gespeichert werden, die den gleichen Namen hat wie die Klasse.

*3 In unserem Fall heißt die Klasse `HalloSchroedinger`, deswegen muss die Datei `HalloSchroedinger.java` heißen.

*1 Klassen werden in Java mit dem Schlüsselwort `class` definiert.

```
public *2 class *1 HalloSchroedinger *3 { *4
  public *6 static *7 void *8 main *5 (String[] args *9 ) { *10
    System.out.println("Hallo Schrödinger"); *11
  } *10
} *4
```

[Notiz]
Deine Programme werden schon bald aus mehr als nur einer Klasse bestehen. Trotzdem gibt es nur einen Einstiegspunkt für dein Programm und damit in der Regel auch nur eine `main`-Methode.

[Achtung]
Daraus lässt sich aber auch ableiten, dass eine Java-Datei nur eine einzige als `public` markierte Klasse enthalten darf.

*4 Alles, was innerhalb dieser Klammern steht, gehört zu dieser Klasse.

*5 Der **Einstiegspunkt** für jedes Java-Programm ist die `main`-Methode. Das ganze Drumherum (`public static void` und `String[] args`) musst du dir jetzt erstmal nicht merken, aber erklären will ich's dir trotzdem kurz.

*6 `public` heißt hier, dass die `main`-Methode öffentlich zugänglich ist und damit auch von außerhalb der Klasse aufgerufen werden kann. `public` ist ein sogenannter **Modifikator**, von denen du später noch weitere kennenlernen wirst. Die `main`-Methode muss immer `public` sein, damit dein Programm auch von „außen", also von dir, gestartet werden kann.

*7 `static` bedeutet, dass du **keine Objektinstanz** brauchst, um diese Methode aufzurufen. Solche Methoden werden auch **statische Methoden** oder **Klassenmethoden** genannt (keine Angst, zu all dem später mehr, und zwar in Kapitel 5, wenn es um Klassen und Objekte geht).

Und weiter? Du hast eben von einer virtuellen Maschine gesprochen, in der Java die Programme laufen lässt. Wie bekomme ich mein Programm jetzt in diese Maschine?

Ruhig, ruhig, wir sind ja noch nicht fertig mit der Aufgabe. Um dein Programm in der virtuellen Maschine laufen lassen zu können, musst du es **zuerst kompilieren**.

Kompi-was?

Kompi-lie-ren oder auch **übersetzen**, **umwandeln**. Denn im Gegensatz zu Sprachen wie PHP oder Perl, in denen zur **Laufzeit** (also erst, wenn das Programm auch läuft) der Quelltext von einem **Interpreter** interpretiert wird, musst du in Java den Quelltext kompilieren, bevor du ihn laufen lassen kannst, und zwar mit einem **Compiler**. Beide Ansätze haben ihre Vorzüge, die wir aber jetzt nicht weiter erörtern wollen. Nur so viel: Kompilierte Programme sind in der Regel **schneller**.

*8 Und **`void`** sagt einfach, dass diese Methode **keinen Rückgabewert** hat.

*9 **`String`** ist ein Datentyp für **Zeichenketten**, **`String[]`** ist ein Array von Strings, also so etwas wie eine Liste mehrerer Zeichenketten. Und **`args`** ist der Name des Parameters. Sowohl Strings als auch Arrays gucken wir uns noch ausführlich an, ist doch logisch.

*10 Alles, was innerhalb dieser Klammern steht, gehört zu der **`main`**-Methode.

*11 Mit dem Befehl **`System.out.println()`** kannst du auf die Konsole schreiben.

Kompilieren von Hand

Kompilieren tust du so: Öffne eine Konsole, gehe zu dem Ordner, in dem die Datei liegt, und gib einfach den Befehl **`javac HalloSchroedinger.java`** ein, **aber zuerst ...**

Hab ich gemacht, und ich bekomme diesen Fehler hier.

```
Der Befehl "javac" ist entweder falsch geschrieben oder
konnte nicht gefunden werden.
```

... zuerst müssen wir deiner Kommandozeile diesen Befehl überhaupt beibringen. Schrödinger, Schrödinger, du bist zu ungeduldig. Lass mich doch erst ausreden.
Der Fehler kommt daher, weil wir den Pfad zu dem **`javac`**-Befehl noch nicht der **`Path`-Umgebungsvariablen** hinzufügt haben. Am besten fügst du sogar eine neue Umgebungsvariable hinzu, die du **`JAVA_HOME`** nennst und auf den Installationsort des JDKs zeigen lässt. Diese Variable verwendest du dann im **`Path`**. War das zu schnell?

Hier nochmal ganz genau, wie du es machst:

Unter Windows 10 machst du es so:

1. Rechtsklick auf das **Windows-Logo** • „**System**“ • „**Erweiterte Systemeinstellungen**“

2. In dem Dialog klickst du auf „Erweitert“, anschließend auf „Umgebungsvariablen“, und dann legst du eine neue Systemvariable an wie in folgendem Screenshot:

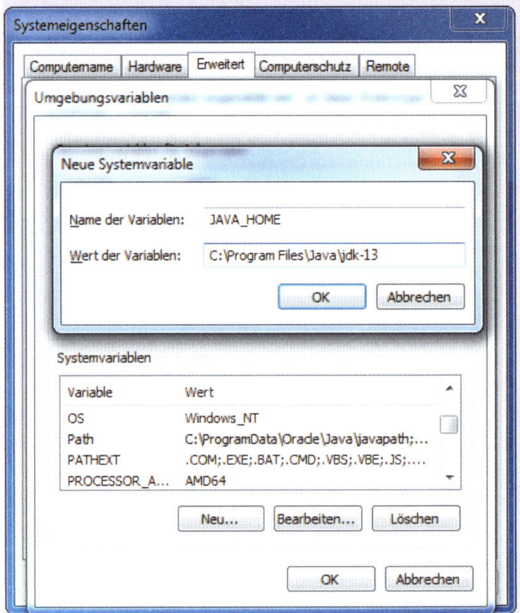

Eine separate Umgebungsvariable **JAVA_HOME** ist die sauberste Lösung.

3. Anschließend passt du die **Path**-Variable wie folgt an:

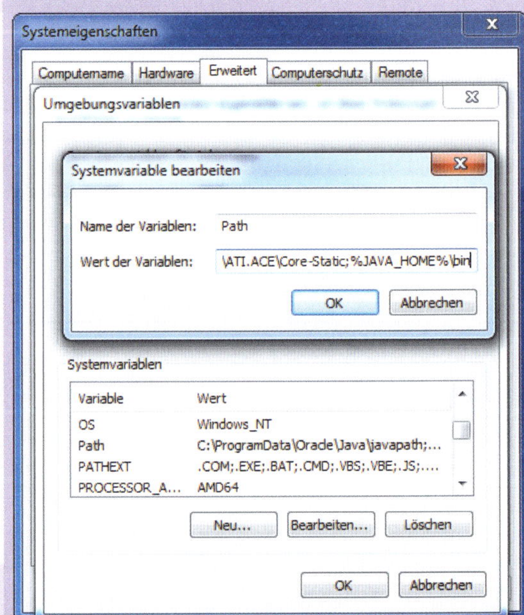

Die Path-Variable

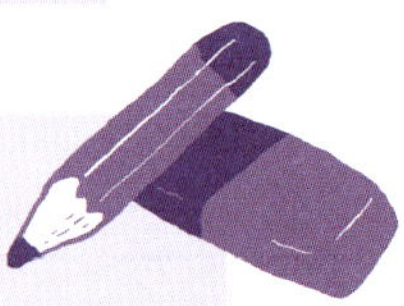

[Notiz]

Mit der Schreibweise **%JAVA_HOME%** kann die Variable, die du eben angelegt hast, innerhalb anderer Variablen verwendet werden.

Unter Linux und macOS machst du es so:

Am besten trägst du Folgendes in die Datei **~/.bash_profile** ein, damit der Speicherort von Java bekannt ist, wenn du eine Shell startest:

```
export JAVA_HOME =/pfad/zum/java/verzeichnis*1
export PATH =$PATH:$JAVA_HOME/bin*2
```

*1 Wieder legst du erst die Variable **JAVA_HOME** an …

*2 … und fügst sie dann mit vorangestelltem **$**-Symbol der **PATH**-Variablen hinzu.

[Erledigt!]

Über die Umgebungsvariablen findet das Betriebssystem jetzt die Java-Installation, und du kannst die verschiedenen Konsolenbefehle von Java in der Eingabeaufforderung bzw. in der Shell verwenden.

[Achtung]

Eventuell musst du die Eingabeaufforderung neu starten, damit die Umgebungsvariablen auch erkannt werden und alles funktioniert. Mit dem Konsolenbefehl **echo $JAVA_HOME** bzw. **echo $PATH** kannst du sie testen.

Wenn du damit fertig bist, kann's ja weitergehen: Wechsle zur Kommandozeile, und gib **jetzt** den folgenden Befehl ein (natürlich wieder in dem Ordner, in dem die Java-Datei liegt):

```
javac HalloSchroedinger.java
```

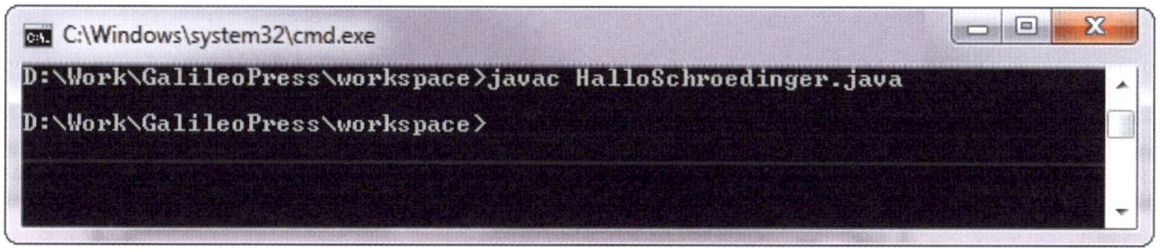

Standardmäßig liefert das Kompilieren keinen großen Output.

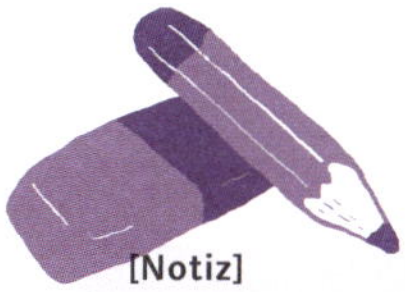

[Notiz]

Du kannst den Compiler etwas gesprächiger machen, indem du **-verbose** an den Befehl dranhängst, also so:

```
javac -verbose HalloSchroedinger.java.
```

Wenn du dir jetzt mal den Inhalt des Ordners anschaust, wird dir auffallen, dass eine neue Datei hinzugekommen ist: **HalloSchroedinger.class**. Das ist die kompilierte Datei! Herzlichen Glückwunsch, Schrödinger! du hast dein erstes Programm kompiliert. Wie sieht's aus? Kurze Pause, oder sollen wir direkt weitermachen?

Weitermachen! Ich will mein Programm laufen lassen!

Programm starten

Hab ich mir schon fast gedacht.

Das machst du mit dem Befehl **java**, und zwar so:

```
java HalloSchroedinger
```

[Achtung]

Dem **javac**-Befehl übergibst du als Parameter den **kompletten Dateinamen** (also inklusive Dateiendung). Dem **java**-Befehl übergibst du **nur den Klassennamen** des Programms, das du ausführen willst (also ohne die Dateiendung **.class**).

[Fehler]

Falls du unter Windows arbeitest, kann es sein, dass dein Programm „Hallo Schr÷dinger" liefert, den Umlaut also nicht erkennt. Das kommt daher, dass die Eingabeaufforderung von Windows standardmäßig die ASCII-Codierung verwendet, die keine Umlaute kennt. Du kannst das Encoding aber für die Ausführung deines Programms ändern, indem du dem **java**-Befehl einen Parameter mitgibst:

```
java *1-Dfile.encoding=CP850 HalloSchroedinger
```

*1 Mit dem **-D** kannst du der JVM **Parameter** übergeben. Ein Parameter besteht aus einem Namen (hier **file.encoding**) und einem Wert (hier **CP850**).

Jetzt sollte die Ausgabe auch unter Windows „Hallo Schrödinger" lauten.

[Notiz]

Es gibt übrigens noch eine ganze Reihe weiterer JVM-Parameter. Eine Liste findest du zum Beispiel hier: http://r-wrk.de/vm_options.

[Notiz]

Neben den JVM-Parametern, die du mit **-D** an den Compiler übergeben kannst, gibt es auch noch verschiedene Compiler-Optionen, zum Beispiel **-d**, um das Zielverzeichnis für die kompilierten Dateien anzugeben, oder **-source**, um die Java-Version anzugeben, für die du kompilieren möchtest. Eine Liste aller Compiler-Optionen findest du bei Oracle, für Java 13 und Windows liegt sie hier: http://r-wrk.de/java_options. Das musst du aber nicht auswendig lernen.

[Notiz]

Seit Java 11 hast du übrigens auch die Möglichkeit, Quelltextdateien direkt mit dem java-Befehl auszuführen:

```
java HalloSchroedinger.java
```

Compiler und JVM unter der Lupe

Lass uns nochmal zurückblicken auf das, was du bisher gemacht hast. Schau dir dazu folgende Übersichtsgrafik an:

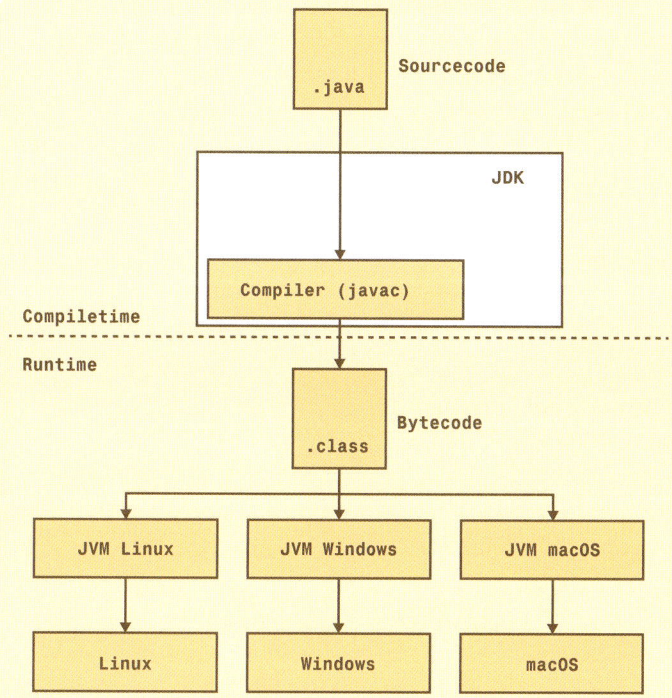

Ganz am Anfang steht deine Quelltext-Datei. Der Compiler ist Bestandteil des JDKs und übersetzt den Quelltext in **Bytecode**, also in das, was die `class`-Datei enthält. Der Zeitpunkt des Kompilierens wird auch **Compiletime** oder **Übersetzungszeit** genannt.

Anschließend kann der Bytecode in jeder beliebigen JVM ausgeführt werden, vorausgesetzt natürlich, die Java-Version reicht aus. Das passiert dann zur sogenannten **Runtime** oder **Laufzeit** unter Verwendung des JREs. Die JVM interpretiert den Bytecode und wandelt ihn in speziellen, auf das jeweilige Betriebssystem zugeschnittenen Maschinencode um. Und dieser **Maschinencode** ist das einzige, was für jedes Betriebssystem unterschiedlich ist.

*Okay, verstehe. Heißt das, ich brauche mein Programm nur **einmal zu kompilieren**, und es läuft direkt überall?*

Genau, du könntest die `class`-Datei, die der Compiler eben für uns erstellt hat, direkt einem Bekannten geben, der ein anderes Betriebssystem hat als du, und es würde sofort laufen, vorausgesetzt natürlich, er hat die **JVM installiert**. Bei C++ zum Beispiel ist das anders. Da musst du als Entwickler für jedes Betriebssystem den Compiler anschmeißen und unterschiedliche Versionen deines Programms erzeugen. Allerdings muss man diesem Ansatz zugutehalten, dass die Programme dort ohne etwas Vergleichbares wie die JVM laufen.

[Zettel]
In der JVM kannst du übrigens noch weitere Sprachen ausführen, wie zum Beispiel Groovy, Scala oder Clojure, um nur einige wenige zu nennen.

Rätselstunde

[Einfache Aufgabe]
Nimm einen Bleistift und verbinde die Halbsätze.

Der Compiler …	… erstellt `class`-Dateien.
Die JVM …	… macht aus Quellcode Bytecode.
Der Befehl `java` …	… verarbeitet `class`-Dateien.
Der Befehl `javac` …	… verarbeitet `java`-Dateien.
	… sorgt dafür, dass dein Programm auf verschiedenen Betriebssystemen läuft.
	… führt dein Programm aus.

Hier die Lösung:

Der Compiler erstellt **class**-Dateien.
Der Compiler macht aus Quellcode Bytecode.
Der Compiler verarbeitet **java**-Dateien.
Die JVM verarbeitet **class**-Dateien.
Die JVM sorgt dafür, dass dein Programm auf verschiedenen Betriebssystemen läuft.
Die JVM führt dein Programm aus.
Der Befehl **java** führt dein Programm aus.
Der Befehl **javac** erstellt **class**-Dateien.
Der Befehl **javac** macht aus Quellcode Bytecode.
Der Befehl **javac** verarbeitet **java**-Dateien.

Hexenstunde

[Einfache Aufgabe]

Noch eine Aufgabe für Abergläubische, die **unbedingt ein echtes „Hallo Welt“** auf die Konsole schreiben wollen: Ändere die Ausgabe deines Programms entsprechend, und lass das Programm laufen.

Okay, hab ich geändert und lasse das Programm laufen mit dem java*-Befehl … Komisch, die Ausgabe ist immer noch „Hallo Schrödinger“!*

Genau, es reicht nicht, nur den Quelltext zu ändern, du musst das Programm auch wieder neu …

… kompilieren! Stimmt ja, Moment, mit dem javac*-Befehl. Ah, jetzt funktioniert's! Hallo Welt!*

[Einfache Aufgabe]

Erstelle mit dem Texteditor noch eine zweite Datei im gleichen Verzeichnis wie **HalloSchroedinger.java**, und zwar **Hexentexte.java** mit diesem Code:

```
public class Hexentexte {
	public static String HOKUSPOKUS = "Hokuspokus!";
	public static String PROPHEZEIUNG = "Du wirst programmieren.";
	public static String KEINE_HEXEREI = "Das ist keine Hexerei!";
}
```

Hexentexte.PROPHEZEIUNG

sieht nach Hexerei aus. Was macht denn der Punkt?

„Wo geht es hier zur Prophezeiung, bitte?“

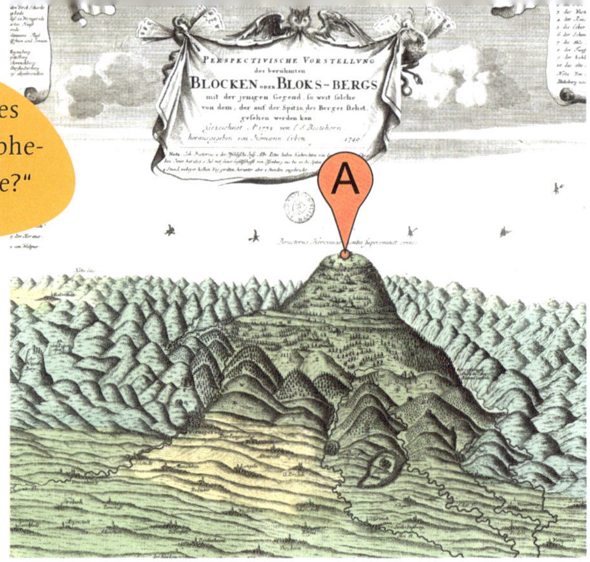

Quelle: http://de.academic.ru/dic.nsf/dewiki/180895

Nö, das ist wie eine Wegbeschreibung. Pass auf:

A

PROPHEZEIUNG
Hexentexte.PROPHEZEIUNG
„Erst gehst du zur Klasse **Hexentexte**. Die findest du in der Datei **Hexentexte.class**. Dort muss eine Variable namens **PROPHEZEIUNG** definiert sein (wenn nicht, rufe: „Fehler!“).“

[Schwierige Aufgabe]

Ergänze dann in der **main**-Methode in **HalloSchroedinger.java** die Zeile **System.out.println(Hexentexte.PROPHEZEIUNG);** Kompiliere **HalloSchroedinger.java** erneut, und lass das Programm laufen.

Und? Fällt dir was auf?

Öh, nö? Die Ausgabe lautet jetzt: „Du wirst programmieren.“ Was soll mir da noch großartig auffallen?

Na ja, du hast die Hexentexte ja gar nicht kompiliert. Trotzdem findet das Programm die kompilierte Klasse. Denn merke:

[Notieren/Üben]

Wenn du von einer Java-Datei auf eine andere Java-Datei referenzierst, die noch nicht kompiliert wurde, und dann nur die erste Datei mit **javac** kompilierst, wird automatisch auch **die referenzierte Datei mit kompiliert**.

Gut zu wissen … ähm, jetzt wo du es sagst.

[Einfache Aufgabe]

Ändere **PROPHEZEIUNG** in: „Hekate, die Göttin des Spuks, wird deine Spiele verzaubern.“ Kompiliere **HalloSchroedinger** erneut, und lass es nochmal laufen.

Das funktioniert ja wieder direkt! Moment mal, heißt das etwa, dass …

[Notieren/Üben]

… auch referenzierte Dateien, von denen die **kompilierte Version nicht mehr aktuell ist**, automatisch mit kompiliert werden. Ja, richtig, das heißt es!

Entwicklungsumgebungen

Schrödinger hat's geschafft, der erste Code läuft, und vor seinem inneren Auge laufen schon die ersten selbst programmierten Spiele.

Wenn du wirklich ernsthaft entwickeln möchtest, wird dir ein einfacher Texteditor nicht mehr ausreichen.

Und alles händisch auf der Konsole zu kompilieren, macht auch nur begrenzt Spaß. Du brauchst also etwas Mächtigeres. Zum Glück gibt es gleich eine Reihe wirklich guter Tools zur Java-Entwicklung, sogenannte **Entwicklungsumgebungen** (oder auch IDEs – Integrated Development Environments). Solche Entwicklungsumgebungen bieten **verschiedene Features**, sie heben zum Beispiel den **Quelltext farblich hervor**, ermöglichen **automatisches Erzeugen und Vervollständigen von Quelltext** und vieles, vieles mehr. **Eclipse**, **Netbeans**, **IntelliJ** und **JBuilder** dürften die bekanntesten sein. Alle gibt es für Windows, Linux und macOS, aber nur Eclipse und Netbeans sind kostenlos. Dir bleibt natürlich selbst überlassen, welche IDE du letztendlich verwendest, wir nehmen – **ene, mene, muh – Eclipse.**

Eclipse herunterladen

Eclipse kannst du dir hier herunterladen: www.eclipse.org/downloads.

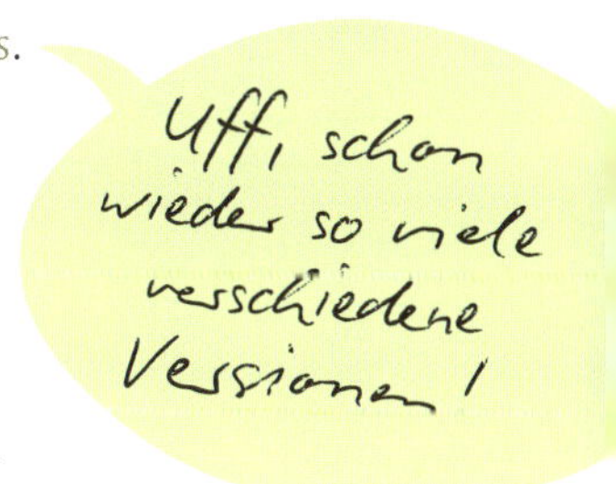

Stimmt, man wird nahezu erschlagen von der Menge an möglichen Downloads. Nimm für den Anfang die **Eclipse IDE for Java Developers**. Das Gute an Eclipse ist nämlich, dass alles, was du später benötigen solltest, auch über **Plug-ins** nachinstalliert werden kann. Es gibt da eigentlich nichts, was es nicht gibt: Es gibt Plug-ins für Webentwicklung, Android-Entwicklung, für Datenbankverwaltung, für Web Services, fürs Kaffeekochen, für ALLES. Und wenn es dann doch mal für etwas noch kein Plug-in geben sollte, schreibst du einfach dein eigenes. Denn Eclipse selbst ist ebenfalls **in Java programmiert.**

[Achtung]

Apropos Plug-in: Es kann sein, dass die aktuelle Eclipse-Version noch nicht die neuesten Features von Java 12 unterstützt, wie sie in diesem Buch besprochen werden. Du kannst dir in diesem Fall aber den Java-12-Support über ein Plug-in hinzuinstallieren. Mehr dazu im Downloadbereich unter www.rheinwerk-verlag.de/4975.

[Hintergrundinfo]
Weil Eclipse in Java programmiert ist, benötigt es auch ein installiertes JRE, um überhaupt starten zu können. Gut, dass wir das schon erledigt haben.

Die Installation von Eclipse ist denkbar einfach: Du musst nur die heruntergeladene Datei irgendwohin entpacken, das war's! Cool, oder? Im entpackten Ordner findest du dann eine ausführbare Datei, mit der du Eclipse starten kannst.

Workspace und Workbench

Beim Start fragt dich Eclipse zunächst, wo dein **Workspace** liegt. Das ist grob gesagt nichts anderes als ein Ordner, in dem Eclipse Informationen über deine Projekte verwaltet. Und fürs Erste ist das der Ordner, in dem auch dein Quelltext zu Hause ist.

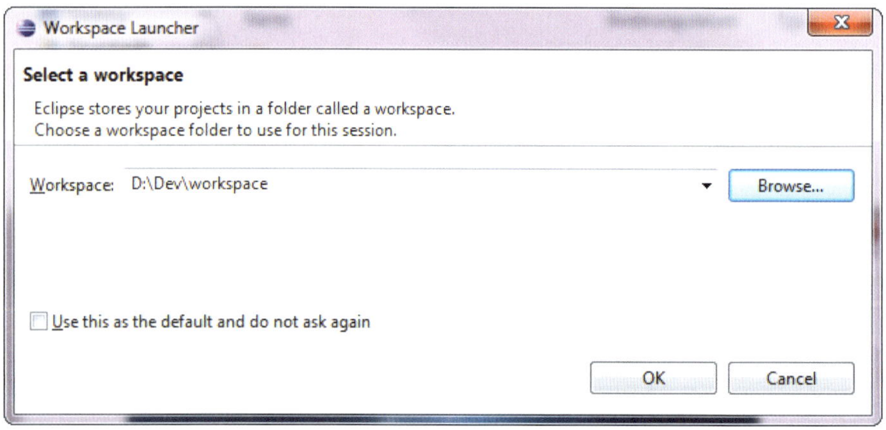

Der Auswahl-Dialog für den Workspace

Wenn du Eclipse das allererste Mal startest, bekommst du nach der Workspace-Auswahl noch einen speziellen Welcome-Screen zu sehen, von dem aus du zum Beispiel Tutorials über Eclipse aufrufen kannst. Wir halten uns jetzt aber nicht damit auf, klicke also auf den Pfeil, der dich zur sogenannten **Workbench** von Eclipse führt.

Die Workbench ist der Dreh- und Angelpunkt für die Entwicklung. Von hier aus kannst du verschiedene **Perspektiven** und **Views** für die unterschiedlichsten Anwendungszwecke öffnen. Views sind einfach kleine (oder auch größere) Fenster, die jeweils einen bestimmten Zweck erfüllen. Eine Perspektive ist eine Zusammenstellung verschiedener Views.

Hier ein paar Views der Java-Perspektive:

View-Name	Beschreibung
Package Explorer	Hier werden die aktiven Projekte aus deinem Workspace angezeigt. Im Moment ist diese View noch leer, du hast ja noch keine Projekte.
Task List	Hier kannst du Aufgaben definieren, die du erledigen musst.
Outline	In dieser View werden Detailinformationen angezeigt, je nachdem, was du gerade ausgewählt hast. Wenn du zum Beispiel eine Klasse geöffnet hast, werden hier Informationen zu der Klasse aufgelistet.
Problems	Gibt es Warnungen oder Fehler vom Compiler, werden die hier angezeigt.
Console	Wenn du ein Programm startest, das etwas ausgibt (zum Beispiel über `System.out.prinln()`), dann siehst du die Ausgabe hier. Aber auch wenn dein Programm eine Nutzereingabe erwartet, kannst du die über diese View eingeben.

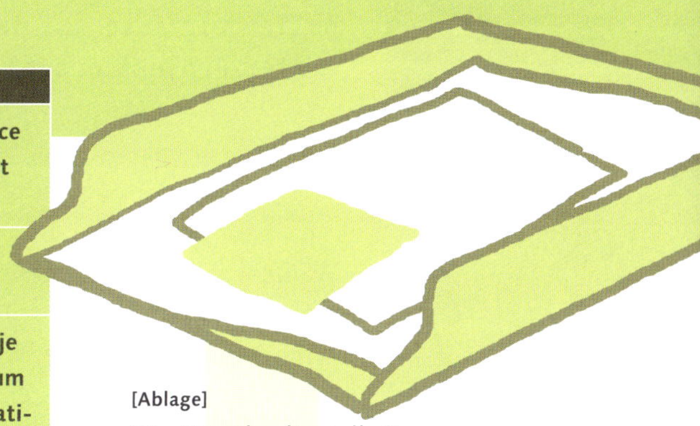

[Ablage]

Die Standardinstallation von Eclipse enthält viele verschiedene Perspektiven, die du nach und nach noch entdecken wirst. Zur Perspektivenauswahl gelangst du über **Window • Open Perspective**.

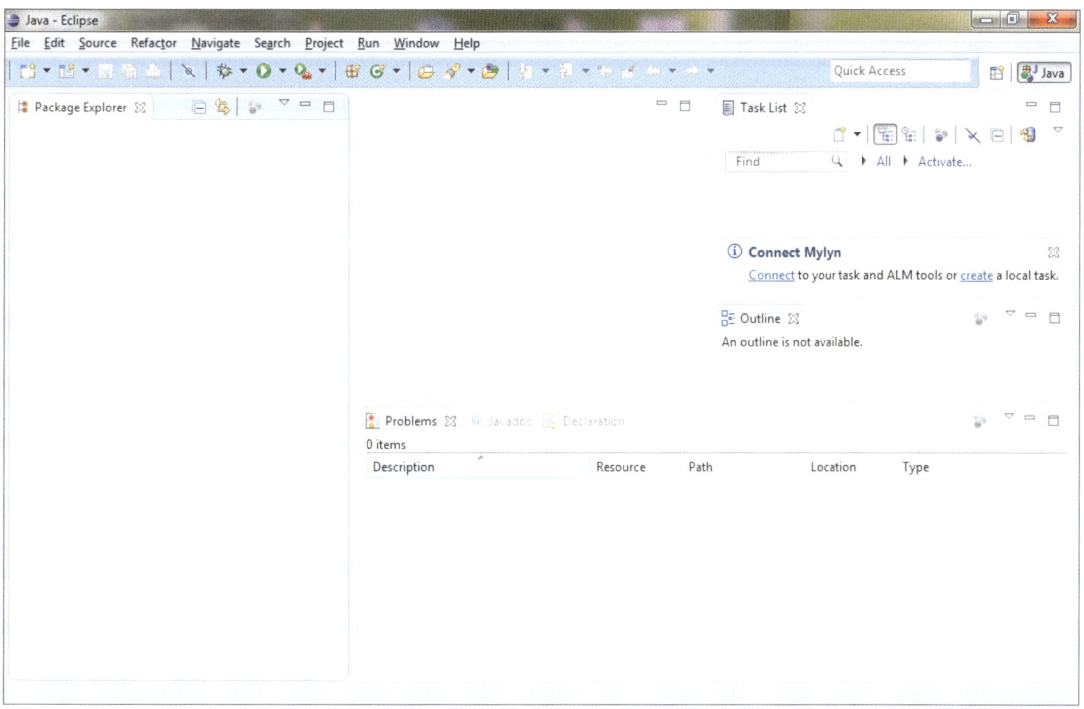

Die Java-Perspektive ist für die Java-Entwicklung gedacht.

Erstes Projekt

Wollen wir also mal den Workspace füllen und dein erstes Projekt erstellen.

[Einfache Aufgabe]
Erstelle ein neues Java-Projekt mit Eclipse.

Wähle aus dem Hauptmenü **File • New • Java Project**. Damit öffnest du den Dialog zur Erstellung von Java-Projekten. Für den Moment reicht es völlig, wenn du dem Projekt einen Namen gibst und auf **Finish** klickst. Der Vollständigkeit halber zeige ich dir aber kurz, was du in diesem Dialog noch so alles konfigurieren kannst.

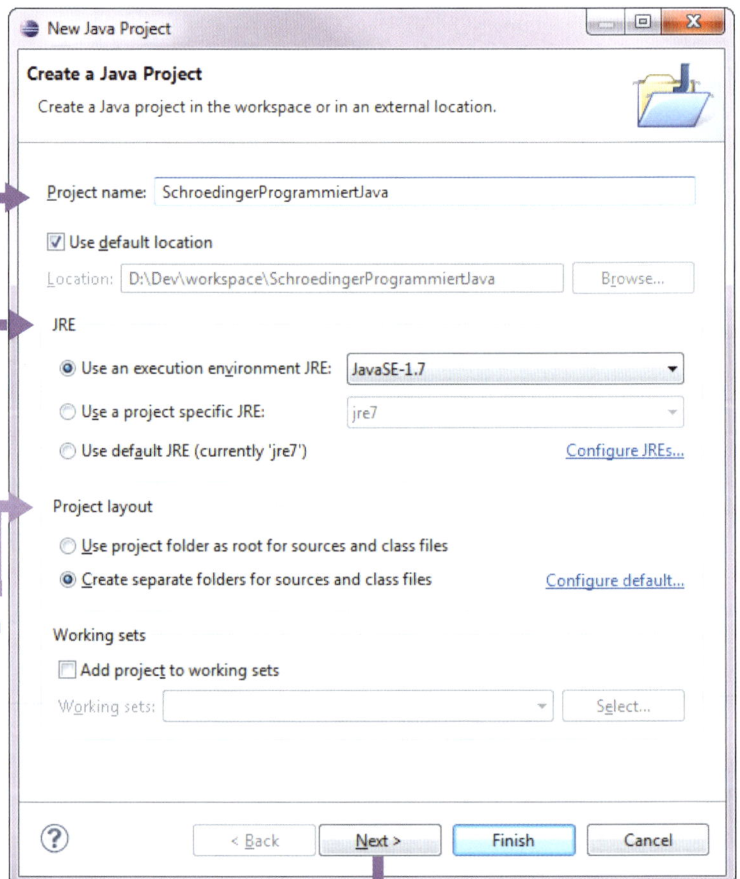

Hier gibst du dem Projekt einen Namen.

Hier kannst du die Java-Laufzeitumgebung auswählen.

Hier kannst du bestimmen, in welchen Ordner die kompilierten `class`-Dateien gespeichert werden. Am besten, du nimmst verschiedene Ordner für den Quelltext und die kompilierten Klassen.

Hier kannst du **andere Projekte aus deinem Workspace** als Abhängigkeit zu dem neuen Projekt hinzufügen. Für den Anfang jetzt noch uninteressant, aber später kannst du auf diese Weise gut Quelltext von einem Projekt in einem anderen Projekt wiederverwenden.

Hier kannst du festlegen, welche Ordner als Quelltext-Ordner verwendet werden. Standardmäßig werden alle Java-Dateien im Ordner `src` gespeichert.

Hiermit kannst du **externe Bibliotheken** als Abhängigkeit zu dem neuen Projekt hinzufügen.

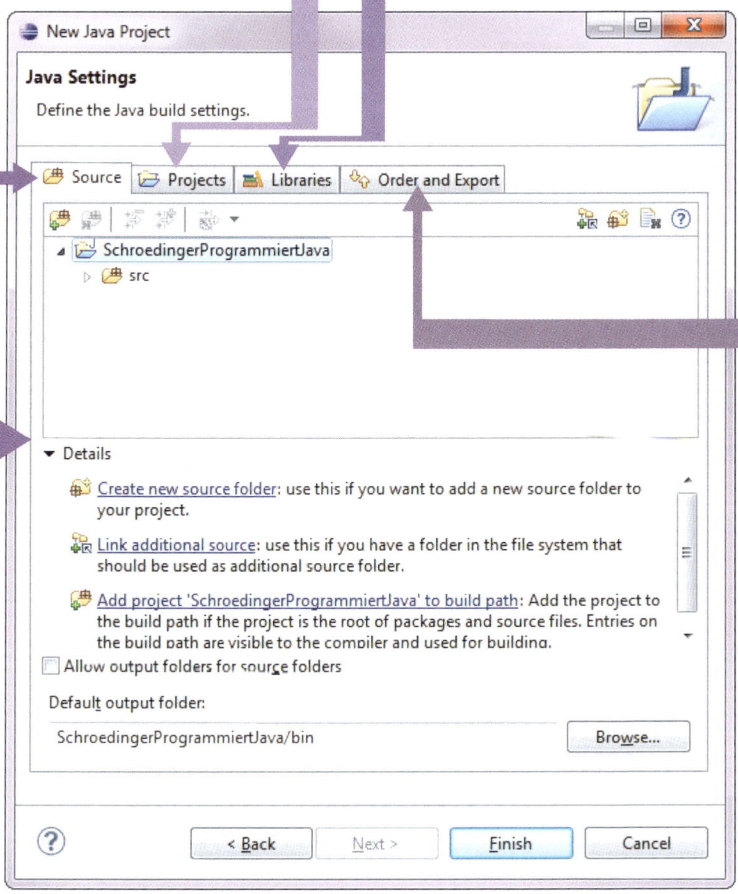

Hierüber legst du die Reihenfolge fest, in der deine Quelltext-Ordner kompiliert und exportiert werden sollen.

Nachdem du das Projekt erstellt hast, kannst du den **Inhalt des Projekts** im **Package Explorer** sehen. Bis auf den **`src`**-Ordner und das verlinkte JRE ist das Projekt noch ziemlich leer. Ist ja auch klar, wir haben ja noch keine Java-Dateien erstellt.

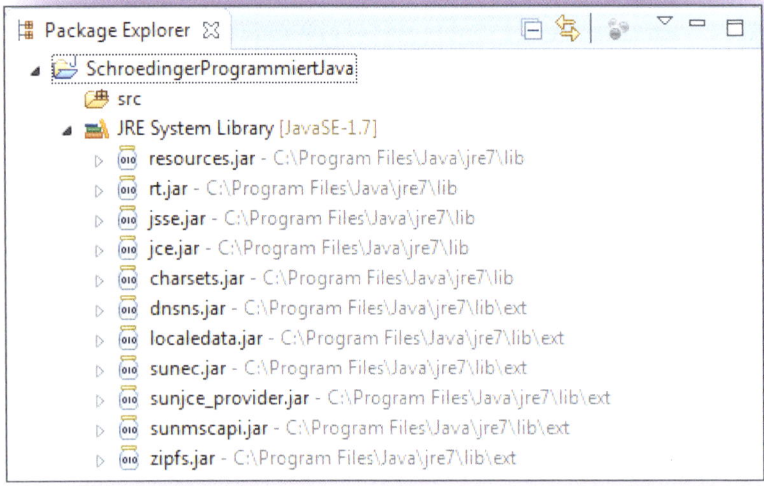

Das Projekt im Package Explorer ...

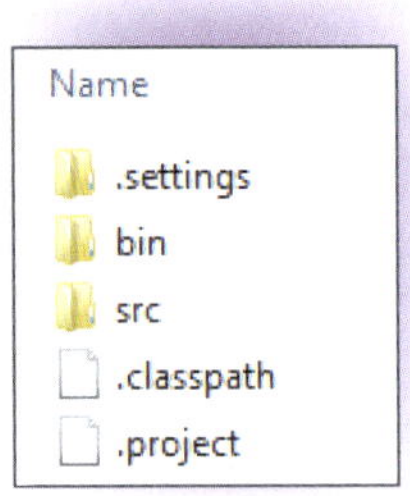

... und im Datei-Explorer

Aber wenn ich den Projektordner in meinem Datei-Explorer öffne, sind da noch viel mehr Ordner und Dateien.

Das ist richtig, die verbirgt Eclipse im Package Explorer vor dir, weil du damit in der Regel nichts zu schaffen hast. Ich erklär dir natürlich trotzdem gerne, was sich dahinter verbirgt:

- Der **`.settings`**-Ordner und die Dateien **`.classpath`** und **`.project`** enthalten jede Menge Konfigurationen für dein Projekt, zum Beispiel die Abhängigkeiten zu externen Bibliotheken. All das kannst du aber auch irgendwie über Eclipse-Dialoge anpassen.
- In den **`bin`**-Ordner kommen die kompilierten Java-Dateien, also die **`class`**-Dateien, rein.
- Der **`src`**-Ordner beherbergt den Quelltext.

Pakete packen, aber ordentlich

Glaub mir, du wirst als Entwickler jede Menge Java-Dateien erstellen, und da ist es schon ganz sinnvoll, diese Dateien nach irgendeinem Schema zu **ordnen**. Alle Dateien an einem Ort bzw. in einem Verzeichnis zu speichern, rate ich dir nicht! Irgendwann verlierst du dann nämlich nicht nur die Übersicht, sondern wirst auch Probleme haben, deine Dateien eindeutig zu benennen. Java bietet zu diesem Zweck sogenannte **Packages** (oder Pakete) an.

Ein Package zu erstellen, ist einfach:

Erstelle in deinem Eclipse-Projekt ein neues Paket mit dem Namen **de.galileocomputing.schroedinger.java.kapitel01. Vergleiche** dein Projekt **nochmal** im Package-Explorer und im Datei-Explorer.

Was für ein blöder Name. Was sollen die ganzen Punkte und das „de“ am Anfang? Das sieht aus wie eine umgedrehte Internetadresse ohne www davor … äh, dahinter.

Ja, gut aufgepasst:

Das Ziel bei der Namenswahl ist, einen möglichst **eindeutigen Namen für dein Paket** zu wählen, und zwar am besten einen, der auch **weltweit eindeutig** ist! Und am besten machst du das, indem du als Basis dafür die URL einer Internetseite nimmst, die dir gehört (oder deinem Kunden oder deiner Freundin oder deiner Katze oder irgendjemand anderem, für den du das Programm entwickelst, **irgendjemandem halt und niemand anderem**), und diese URL dann umdrehst.

http://www.galileocomputing.de
gehört zum Beispiel dem Rheinwerk Verlag und wird zu
de.galileocomputing

Wenn du jetzt in diesem Paket Dateien anlegst, kannst du sicher sein, dass du niemandem auf der Welt in die Quere kommst (sofern sich alle an diese Konvention halten), außer natürlich denen, die auch bei Rheinwerk Computing Java entwickeln. Und um denen auch nicht in die Quere zu kommen, hängst du einfach noch deinen Namen an den Paketnamen dran. Zum Schluss kommen noch ein paar mehr Sachen dran, um uns später auch nicht selbst in die Quere zu kommen, daher der Name **`de.galileocomputing.schroedinger.java.kapitel01`**. Das heißt also, man wird von links nach rechts im Paketnamen immer spezieller.

Okay, aber warum MUSS ich denn überhaupt eindeutig sein?

[Zettel]
Von Müssen ist nicht die Rede, aber du solltest es. Vielleicht wirst du ja später mal Bibliotheken von jemand anders verwenden, oder du schreibst eine so coole Bibliothek, dass sie jemand anders in seinem Programm verwenden möchte. Das funktioniert aber nur fehlerfrei, wenn es keine Konflikte gibt. Wenn es nämlich ein Paket mehrmals gibt (oder noch schlimmer, innerhalb dieser Pakete dann auch noch Dateien mit demselben Namen existieren), kommt die JVM ganz schön durcheinander.

[Hintergrundinfo]
Natürlich hängst du in echten Projekten nicht **deinen eigenen Namen** an den Paketnamen. In der Regel nimmst du den Namen des Projekts, an dem du arbeitest.

[Hintergrundinfo]
Später in diesem Buch lernst du noch die sogenannten Module kennen, eines der Features, das erst mit Java 9 eingeführt wurde. Ja, eigentlich waren Module sogar **das** Feature überhaupt in Java 9. Sie erlauben, na was wohl, eine sehr viel modularere Entwicklung, aber dazu später mehr.

[Ablage]
Verwende zur Strukturierung deines Quelltextes immer Pakete mit eindeutigen Namen.

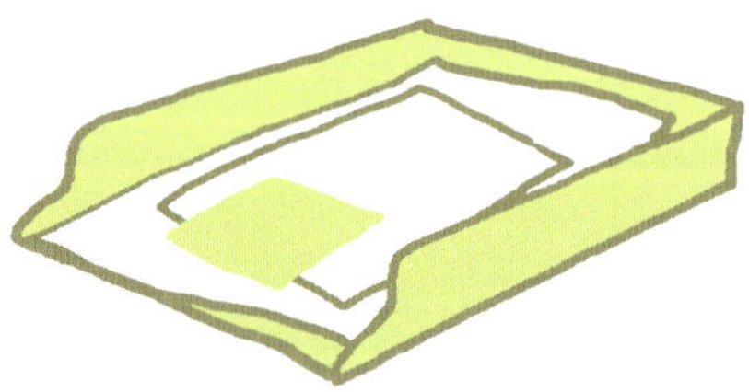

So, jetzt aber zurück zur Aufgabe: Anlegen des Pakets und Vergleichen im Package Explorer von Eclipse und im Datei-Explorer.

Pakete anlegen leicht gemacht

Den folgenden Dialog erreichst du mit **File • New • Package**. Dann gibst du einfach dem Package einen Namen und bestätigst mit „Finish".

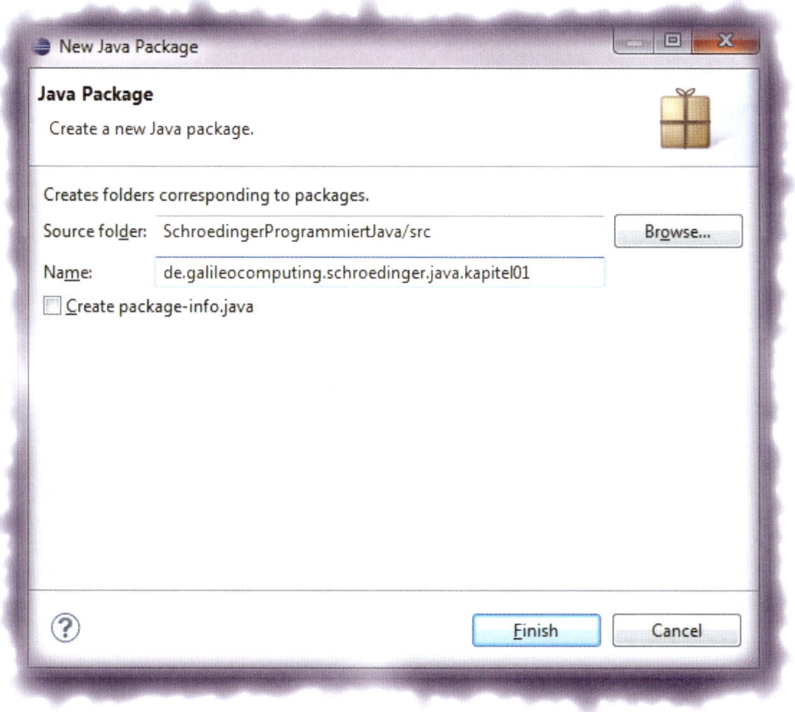

Im Package Explorer sieht das Ganze so aus, wie ich es erwartet habe: ein Paket mit dem Namen **`de.galileocomputing.schroedinger.java.kapitel01`**.

Im Datei-Explorer sieht das bei mir aber so aus:

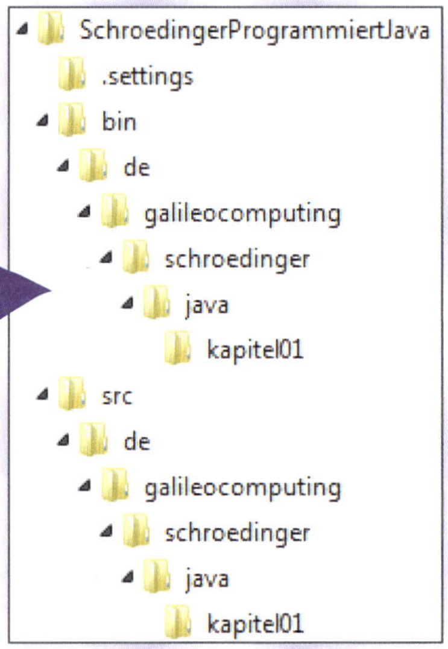

Und das ist alles genau richtig. Packages in Java spiegeln nämlich die **Verzeichnisstruktur** in deinem Projekt wider. Und Eclipse ist so freundlich, diese Struktur sowohl im `src`-Verzeichnis als auch im `bin`-Verzeichnis anzulegen. So kommt sich garantiert niemand in die Quere. Also, ich finde es ziemlich übersichtlich so.

Ja, hast ja recht.

Neue Klasse mit Eclipse

Machen wir das Beispiel „Hallo Schrödinger" nochmal, diesmal aber mit Eclipse und in dem Paket, das du eben angelegt hast.

[Einfache Aufgabe]

Erstelle eine neue Klasse mit dem Namen **`HalloSchroedinger`**, und passe die Klasse dann so an, dass wieder „Hallo Schrödinger" ausgegeben wird.

Öffne den Dialog zur Erstellung von Klassen über **File • New • Class**. Wähle das Package, das wir eben angelegt haben, gib der neuen Klasse den Namen **`HalloSchroedinger`**, und wähle aus, dass die Methode **`public static void main(String[] args)`** direkt mit generiert wird.

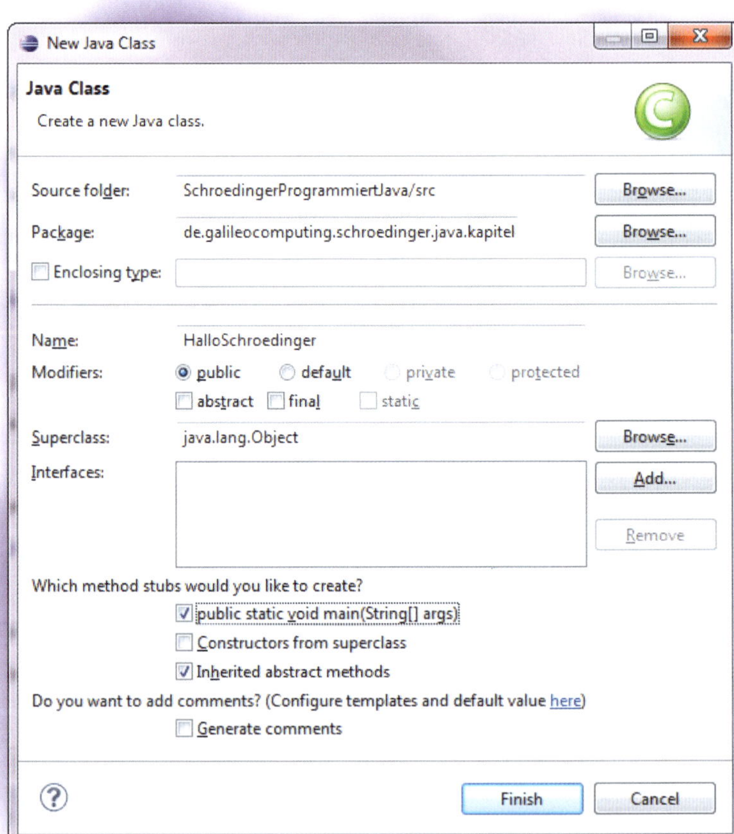

Eine neue Klasse kannst du bequem über diesen Dialog anlegen.

Eclipse erstellt für dich das ganze Drumherum, so dass du nur eine Zeile einfügen musst, damit dein Programm so aussieht wie vorher:

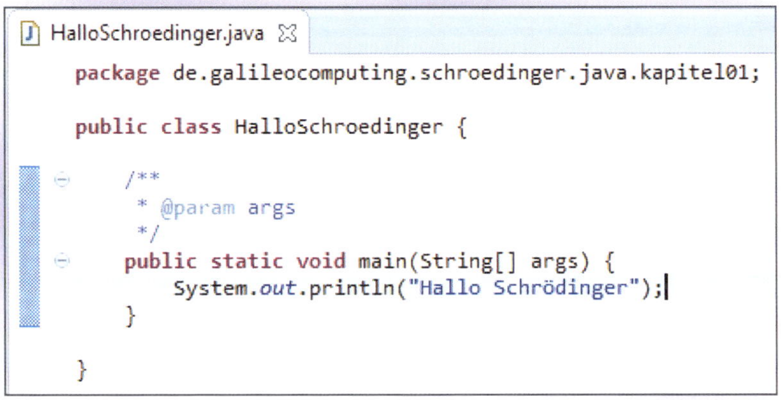

Deine Klasse sollte jetzt so aussehen.

Hier noch der Quelltext, bis auf den Paketnamen hat sich nichts geändert:

*1 Über **package** gibst du das Package an, in dem die Klasse liegt.

*2 Dahinter kommt dann der Name des Packages, traditionell in der „gespiegelten URL-Schreibweise".

```
package*1 de.galileocomputing.schroedinger.java.kapitel01;*2

public class HalloSchroedinger {
  public static void main(String[] args) {
    System.out.println("Hallo Schrödinger");
  }
}
```

Das ergibt galileo.computing.de. Ich dachte, dein Verlag hat rheinwerk-verlag.de als Domäne !?!

Stimmt, gut aufgepasst. Die URL **galileocomputing.de** stammt noch aus alten Zeiten. Das ist aber kein Grund, die Paketnamen nachträglich zu ändern. Das sollte man bei einer bestehenden Codebasis vermeiden. In diesem Fall ist das kein Problem, denn Domäne gehört dem Verlag noch. Und so bleiben die Package-Namen weltweit eindeutig.

Verstehe.

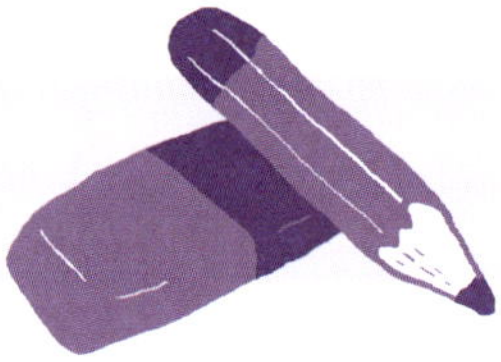

[Notiz]

Wenn du für eine Klasse kein Paket angibst, liegt sie im Default-Package. Das ist nicht weiter schlimm für kleine Programme, die du im stillen Kämmerlein für dich selbst entwickelst, für große Projekte aber definitiv ungeeignet.

Geh jetzt nochmal im Datei-Explorer in den `bin`-Ordner, und zwar runter bis in den Unterordner `kapitel01`. Dort hat Eclipse nämlich direkt auch die Klasse kompiliert. Und das Gute: Eclipse macht das immer, sobald du deine Datei änderst und speicherst. Du brauchst ab jetzt also nie mehr händisch zu kompilieren! Zu wissen, wie es funktioniert, ist aber trotzdem gut.

[Einfache Aufgabe]

Führe jetzt das Programm mit Eclipse aus.

Wähle einfach **Run • Run** oder **Run • Run As • Java Application** aus, dies öffnet eine neue Ansicht, die Konsole, auf der du die Ausgabe deines Programms siehst.

„Hallo Schrödinger". Diesmal sogar mit dem ‚ö'!

Genau, mit ‚ö'! Besser als mit der Windows-Eingabeaufforderung, oder? Prima, jetzt weißt du schon, wie man drei wichtige Dinge anlegt:

- ☑ Projekte
- ☑ Pakete
- ☑ Klassen

[Belohnung]

Jetzt kannst du dich ein bisschen auf dem Bürostuhl ausruhen, und wir gucken derweil, wie du dein Programm um ein paar einfache Ein- und Ausgaben erweiterst.

Das nennst du ausruhen?

Miteinander reden

In unserem Codebeispiel hast du ja schon gesehen, wie man etwas auf die Konsole schreiben kann: mit **`System.out.println()`**. Damit schreibst du ganz normal auf die Konsole. Zusätzlich gibt es noch die Variante **`System.err.println()`**, die dafür gedacht ist, Fehler auf die Konsole zu schreiben (in der Konsole von Eclipse zum Beispiel wird der Text dann rot ausgegeben). Probier es mal aus.

[Zettel]
Sowohl für **`System.out`** als auch für **`System.err`** gibt es jeweils noch eine andere Methode (**`print()`**), die das Gleiche macht wie **`println()`**, aber keinen Zeilenumbruch an die Ausgabe hängt.

*Das ist alles prima,
aber wie bekomme ich denn Daten
in mein Programm?*

Da gibt es verschiedene Möglichkeiten:

Möglichkeit 1: Startparameter

Wenn du dir von Anfang an sicher bist, was du deinem Programm übergeben möchtest, kannst du ihm **Startparameter** mitgeben, die dir dann in der **`main`**-Methode über das Stringarray **`String[] args`** bereitgestellt werden.

Erweitern wir doch das Beispiel. Das wirst du nämlich im jetzigen Zustand nicht besonders erfolgreich vermarkten können. Besser wäre es doch, wenn das Programm „Hallo" zu beliebigen Personen sagen könnte. Du musst nur Folgendes in deinem Programm anpassen, und schon hast du die Zielgruppe vermilliardenfacht:

```
System.out.println("Hallo " + args[0]);
```

Wie gesagt, **`args`** ist ein Array von Strings, vereinfacht gesagt so etwas wie eine Liste. Die Null in den eckigen Klammern bedeutet, dass wir auf das erste Element zugreifen, also in dem Fall auf den ersten Startparameter. Fehlt jetzt nur noch die Angabe eines solchen.

Startparameter von Hand auf die Kommandozeile gebracht, sieht so aus:

```
java de.galileocomputing.schroedinger.java.kapitel01.HalloSchroedinger *1 Schrödinger *2
```

*1 Da dein Programm jetzt in einem Paket liegt, musst du dem Compiler den vollen bzw. **qualifizierten Klassennamen** übergeben, also Paketnamen plus einfachen Klassennamen. Den Befehl führst du im `bin`-Verzeichnis aus bzw. da, wo der Ordner `de` liegt.

*2 Den oder die Startparameter hängst du dann einfach hinten dran, getrennt durch Leerzeichen.

Mit Eclipse übergibst du Startparameter so:

Eben, als du das Programm das erste Mal in Eclipse hast laufen lassen, wurde im Hintergrund eine sogenannte Run Configuration angelegt. Dort kannst du vieles einstellen, unter anderem auch die Startparameter. Klicke auf **Run • Run Configurations ...**, damit gelangst du zu einem Dialog, über den du deine „Run Configurations" verwalten kannst.

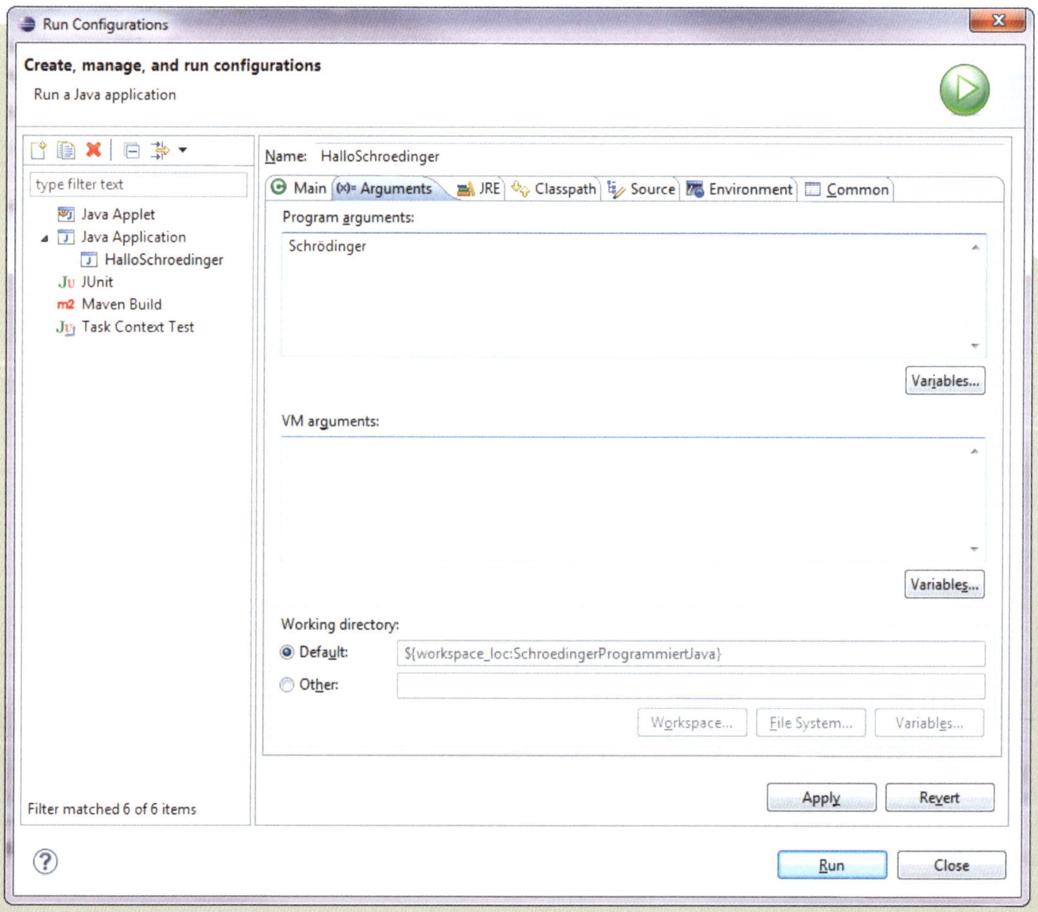

Klick auf das Tab „Arguments“, und gib unter „Program arguments“ deinen Namen ein.

Da gibt es noch ein anderes Textfeld „VM arguments“. Kann ich da JVM-Parameter übergeben?

Ja, genau. Aber das müssen wir im Moment nicht. Klick also direkt auf „Run“, und dein Programm sollte wieder „Hallo Schrödinger“ ausgeben. Teste dein Programm jetzt mal mit anderen Namen!

Möglichkeit 2: Eingabeströme

Startparameter müssen – wie der Name schon sagt – bereits beim Start deinem Programm übergeben werden. Eine wirkliche Interaktion kriegst du so nicht hin. Dazu brauchst du etwas anderes. Die Zaubermethode heißt: **`System.in.read()`**. Damit kannst du einzelne Zeichen von der Kommandozeile einlesen. Hier ein kleines Beispiel:

```
package de.galileocomputing.schroedinger.java.kapitel01;
import java.io.IOException; *1

public static void main(String[] args) throws IOException*2 {
  System.out.println("Hallo " + args[0]);
  System.out.println("Gib einen Wert ein:");
  int wert = System.in.read(); *3
  System.out.println(wert);
}
```

*1 Mit dem **`import`**-Schlüsselwort kannst du (unter anderem) Klassen importieren. Hier importieren wir die Klasse **`IOException`**, die grob gesagt dazu notwendig ist, um auf Fehler bei der Eingabe reagieren zu können.

*2 Das hier bedeutet: Diese Methode könnte einen Fehler vom Typ IO Exception werfen. Mehr dazu in Kapitel 9.

*3 Der Rückgabewert von **`System.in.read()`** ist immer eine ganze Zahl (das bedeutet das Schlüsselwort **`int`** für Integer), auch wenn du einen Buchstaben eingibst. Eigentlich ist es sogar nur ein Byte. Wie du daraus wieder Buchstaben machst, und mehr dazu, im nächsten Kapitel.

Streams

Die Kommunikation zwischen dir und deinem Programm wird in Java über Streams (Datenströme) gehandhabt. Das kannst du dir wie einen Kanal vorstellen, in dem einzelne Bytes hin- und hergesendet werden. Auf der einen Seite des Eingabekanals bist du mit deiner Tastatur, der die Daten eingibst, auf der anderen Seite ist dein Programm, das die Daten einliest. Umgekehrt schreibt dein Programm über den Ausgabekanal Daten auf den Bildschirm, wo du sie aus... ähm ... ablesen kannst.

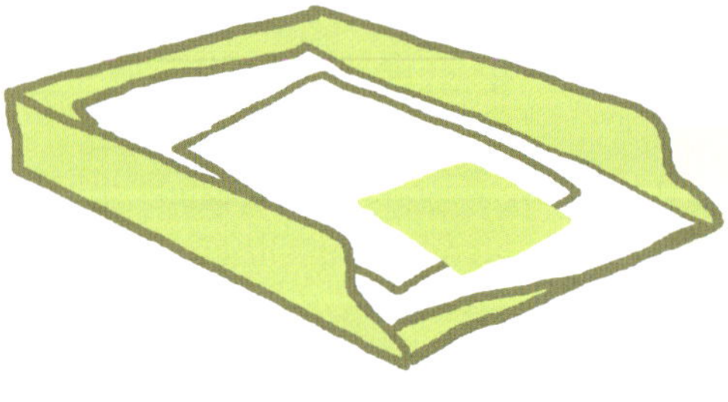

[Ablage]

Was du dir schon mal merken solltest: Es gibt genug Helferklassen, die das Arbeiten mit Streams um einiges vereinfachen und das direkte Arbeiten mit `System.in.read()` eigentlich überflüssig machen.

[Zettel]

out, **err** und **in** sind öffentliche Objektinstanzen innerhalb der Klasse **System**. **out** und **err** sind vom Typ **PrintStream**, und **in** ist vom Typ **InputStream**.

Uff! Objektinstanzen? Und wieso „innerhalb" von **System**? Klingt wie ein Labor, in das man nur mit Ausweis reindarf.

Im Gegenteil. Das heißt, es ist für alle da!

Öffentliche Objektinstanz innerhalb der Klasse **System** heißt, es sind Objekte, die sowieso immer da sind und die du einfach mitbenutzen kannst. Und es heißt, dass du drankommst, indem du **System** schreibst, dann einen Punkt und dann den Namen, also zum Beispiel **out**. Dann hast du den Kanal für Ausgaben auf die Konsole gefunden.

[Ablage]

Anleitung für den Klempner:
Den Hauptabwasserkanal finden Sie unter **System.out**, die Zuleitung unter **System.in**.
Es gibt in diesem Gebäude noch einen besonderen Abwasserkanal für den Fehlerfall: **System.err**
Alle Kanäle befinden sich in der Klasse **System** und sind über diesen Klassennamen, gefolgt von einem Punkt, ansprechbar.

Objektinstanz	Objekttyp	Bedeutung
System.out	java.io.PrintStream	Standardausgabe
System.err	java.io.PrintStream	Standardfehlerausgabe
System.in	java.io.InputStream	Standardeingabe

Eine Frage hätte ich noch:
Du redest von Streams und Konsolen. Ich will doch Programme schreiben, wo ich Knöpfe drücken und Textfelder verwenden kann. Konsolenprogramme sind doch sowas von 80er!

Ja, aber auch diese grafischen Oberflächen basieren letztendlich auf den hier beschriebenen Basisklassen. Aber keine Sorge, grafische Oberflächen gucken wir uns auch noch an.

Let the game begin – das „World of Warcraft Textadventure“

So, nachdem du allen Erdbewohnern mit deinem Programm von eben „Hallo“ gesagt hast, können wir ja jetzt **richtig** anfangen: Du träumst davon, Spieleentwickler zu werden? Dann wird es Zeit, deinen ersten Action-Kracher im World-of-Warcraft-Universum zu erstellen: ein gutes altes Textadventure.

Auf geht's!

[Notiz]
Textadventures sind Computerspiele, die du dir wie interaktive Bücher vorstellen kannst. Dem Spieler werden statt Grafiken lediglich Textabschnitte präsentiert. Über Tastatureingaben kann der Spieler Entscheidungen treffen und damit das Spielgeschehen beeinflussen. Textadventures sind absoluter Kult. Und yeah, die sind wirklich 80er!

Voll 80er ist ja wohl, das Programm ABZUTIPPEN! Mein Cousin hatte diese Heftchen mit Spielen in Basic und flucht heute noch über die Schwielen an den Fingern ...

[Einfache Aufgabe]
Erstelle eine Klasse mit dem Namen **`WoWTextadventure`**, die den folgenden Quelltext enthält.

[Notiz]
Falls du dir Tipparbeit ersparen willst: Im Downloadbereich zum Buch findest du alle Quelltexte aus diesem Buch.

[Entwarnung]
Was hier an Quelltext folgt, musst du jetzt noch nicht bis ins kleinste Detail verstehen. Dazu haben wir ja schließlich die nächsten siebenhundertnochwas Seiten (und wahrscheinlich genauso viele Tassen Kaffee) Zeit. Apropos Kaffee. Den hab ich ja ganz vergessen. Ist wahrscheinlich schon kalt geworden.

Ich erklär dir kurz, wie ich es gemacht habe. Noch wird dir das alles wahrscheinlich wie Zauberei vorkommen, aber hey: **Auch Java-Entwickler kochen nur mit Wasser.**

```
package de.galileocomputing.schroedinger.java.kapitel01; *1

import java.io.BufferedReader; *2
import java.io.IOException; *2
import java.io.InputStreamReader; *2

public class WoWTextadventure {
  public static void main(String[] args) throws IOException {
    System.out.println("Hallo " + args[0] + ", willkommen in der World of ⤶
      Warcraft. Du befindest dich im Dorf Buxelknuxel.");
    System.out.println("Verwende die Tasten 'N', 'O', 'S' und 'W', um dich zu ⤶
      bewegen, und 'I', um einen Blick in dein Inventar zu werfen.");
    System.out.println("Mit 'Q' verlässt du das Spiel.");
    BufferedReader br = new BufferedReader(new InputStreamReader(System.in)); *3
    String befehl;
    while ((befehl = br.readLine()*3) != null) { *4
      switch (befehl.toLowerCase()) { *5
      case "n": *6
        System.out.println("Du gehst nach Norden.");
        break;
      case "o": *6
        System.out.println("Du gehst nach Osten.");
        break;
      case "s": *6
        System.out.println("Du gehst nach Süden.");
        break;
```

*1 Hier ist wieder das Paket, in dem die Klasse liegt.

*2 Diese drei Klassen brauchst du zur Ein- und Ausgabe. **IOException** kennst du ja schon von eben. Dazu kommen noch die zwei Helferklassen **BufferedReader** und **InputStreamReader**, die dir das Arbeiten mit Eingabeströmen erleichtern. Um die drei Klassen zu importieren, könntest du auch alternativ **import java.io.*;** schreiben. Damit würden **alle** Klassen aus dem Paket **java.io** importiert.

*3 Sieht kompliziert aus, ist es aber nicht: Hier verwende ich die zwei Helferklassen, um eine „einfachere Sichtweise" auf den Eingabestrom zu bekommen. Zum Beispiel komme ich über **BufferedReader** an die Methode **readLine()**, mit der ich statt einzelner Zeichen direkt eine ganze Zeile einlesen kann und die auch nicht als Zahlenwerte zurückkommen, sondern als Strings. Also damit ist viel leichter zu arbeiten als mit dem rohen **InputStream**.

*4 **while** startet eine sogenannte Schleife, das heißt, alles, was in den nachfolgenden geschweiften Klammern steht (**{** und **}**) wird so lange ausgeführt, wie die Schleifenbedingung (in den runden Klammern) wahr ist. Die Schleifenbedingung bedeutet: so lange die Nutzereingaben lesen, wie sie irgendeinen gültigen Wert haben.

*5 Hier werte ich die Nutzereingabe aus und verwende die Fallunterscheidung (**switch**), ...

```
        case "w": *6
          System.out.println("Du gehst nach Westen.");
          break;
        case "q": *7
          System.out.println("Willst du wirklich schon aufgeben? Y/N");
          String bestaetigung = br.readLine();
          switch (bestaetigung.toLowerCase()) {
          case "y": *7
            System.out.println("Und Tschüss.");
            System.exit(0);
            break;
          case "n": *7
            System.out.println("Finde ich prima.");
            break;
          }
          break;
        case "": *6
          System.out.println("Du willst gar nichts machen? Das glaube ich nicht.");
          break;
        case "i": *6
          System.out.println("Da du noch nicht die Weisheit der Array-kundigen ⤶
            Sammler erlangt hast, befindet sich in deinem Inventar nur ein ⤶
            einziger Gegenstand: ein Holzschwert.");
              break;
        default: *8
          System.err.println("Das verstehe ich nicht."); *8
        }
      }
    }
  }
```

*6 … um je nach Nutzereingabe eine entsprechende Meldung auf die Konsole auszugeben:

*7 Mit Eingabe des Buchstabens „q“ und anschließender Bestätigung mit „y“ geben wir dem Nutzer zum Beispiel die Möglichkeit, das Spiel zu verlassen. Mit „n“ bleibt er im Spiel.

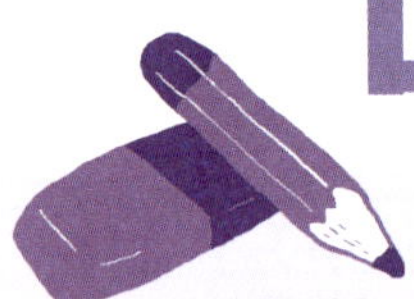

[Notiz]

Case ist englisch und heißt „Fall“ wie in „falls“.

*8 Für alle Zeichen, die unser Spiel nicht versteht, geben wir eine Fehlermeldung aus.

Das hätte ich mir jetzt fast gedacht …

Hier noch ein paar Tipps, die dir das Abtippen des Quelltextes erleichtern:

- Anstatt immer **`System.out.println()`** zu schreiben, tippe einfach nur die Zeichen „sys", und drücke dann **Strg** und die Leertaste. Diese Tastenkombination öffnet ein kleines Menü zur **Codevervollständigung** direkt unter dem Mauszeiger und zeigt dir die Begriffe, die mit den eingegebenen Zeichen beginnen, in diesem Fall also mit „sys". Daraus kannst du dir einfach den entsprechenden Codeschnipsel auswählen, den Eclipse für dich generieren soll.

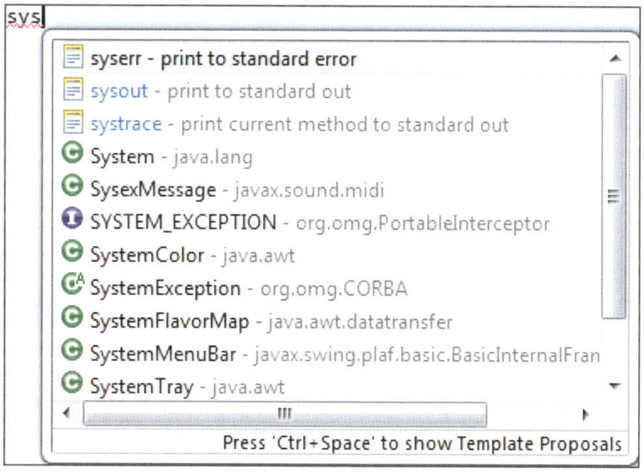

Codevervollständigung in Eclipse

- Auf die gleiche Weise kannst du dir auch direkt das Codegerüst für die **`while`**-Schleife oder das **`switch`**-Statement generieren lassen, indem du statt „sys" einfach zuerst „while" oder „switch" eintippst. Generell kannst du hier beliebige Zeichen eingeben, und Eclipse sucht alles, was es dazu gibt.

> Hey, wenn ich „syso" eintippe, wird sogar direkt **`System.out.println()`** in den Editor geschrieben! Cool, mit deinen Tipps hat's gar nicht so lange gedauert.

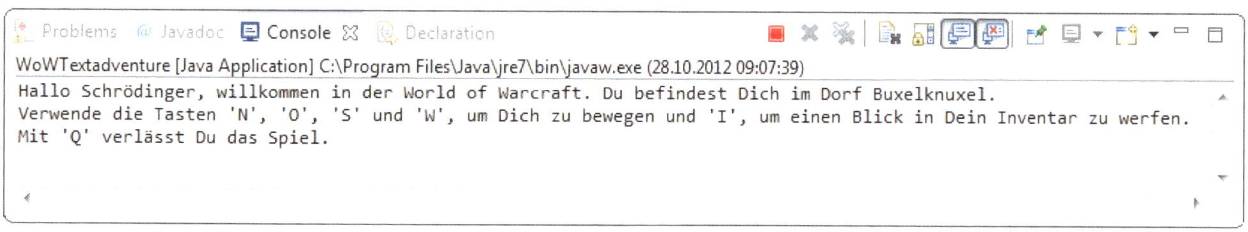

Dein Spiel in Action!

[Erledigt!]

Und jetzt viel Spaß mit dem Programm. Erkunde ein bisschen die Gegend. Falls du vergessen hast, wie es funktioniert, hier noch eine kleine Anleitung:

WoW Textadventure
Kurzanleitung

n: Nach Norden gehen
o: Nach Osten gehen
s: Nach Süden gehen
w: Nach Westen gehen
i: Inventar öffnen
q: Spiel beenden

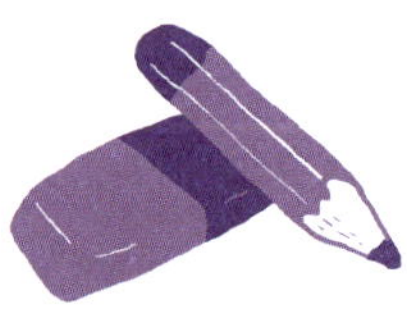

[Notiz]

Du kannst alle Quelltexte aus dem Buch auch im Bonusbereich unter www.rheinwerk-verlag.de/4975 herunterladen.

Historie von Java

So, Schrödi, leg die Beine hoch, zum Schluss dieses Kapitels gibt's noch ein ganz klein bisschen Allgemeinbildung. Werfen wir einen kurzen Blick **auf die Historie von Java**. Ich mach's auch nicht zu lang, versprochen.

Du hast mir zwar bisher weder deinen Vornamen noch dein genaues Alter verraten, aber eins kann ich dir versichern: Viel älter als Java bist du wahrscheinlich auch nicht. Denn wenn man es genau nimmt, ist das schon Mitte zwanzig. Ja, schon so alt! Denn bereits in den frühen 90ern beschäftigten sich einige wirklich helle Köpfe der Firma **Sun Microsystems** – aus Unzufriedenheit über Sprachen wie C – mit der Entwicklung **einer neuen objektorientierten Programmiersprache** (damals noch unter dem Decknamen **Oak**).

So ziemlich alle waren schnell davon begeistert (na ja, zumindest alle, die sich damals schon mit Programmierung beschäftigt haben und die ersten Entwürfe zu Gesicht bekamen), und nach einigem Hin und Her wurde **1996 das erste JDK** als **Open-Source** veröffentlicht. Von da an hatte Java dann auch seinen richtigen Namen: Java eben, Version: Oak.

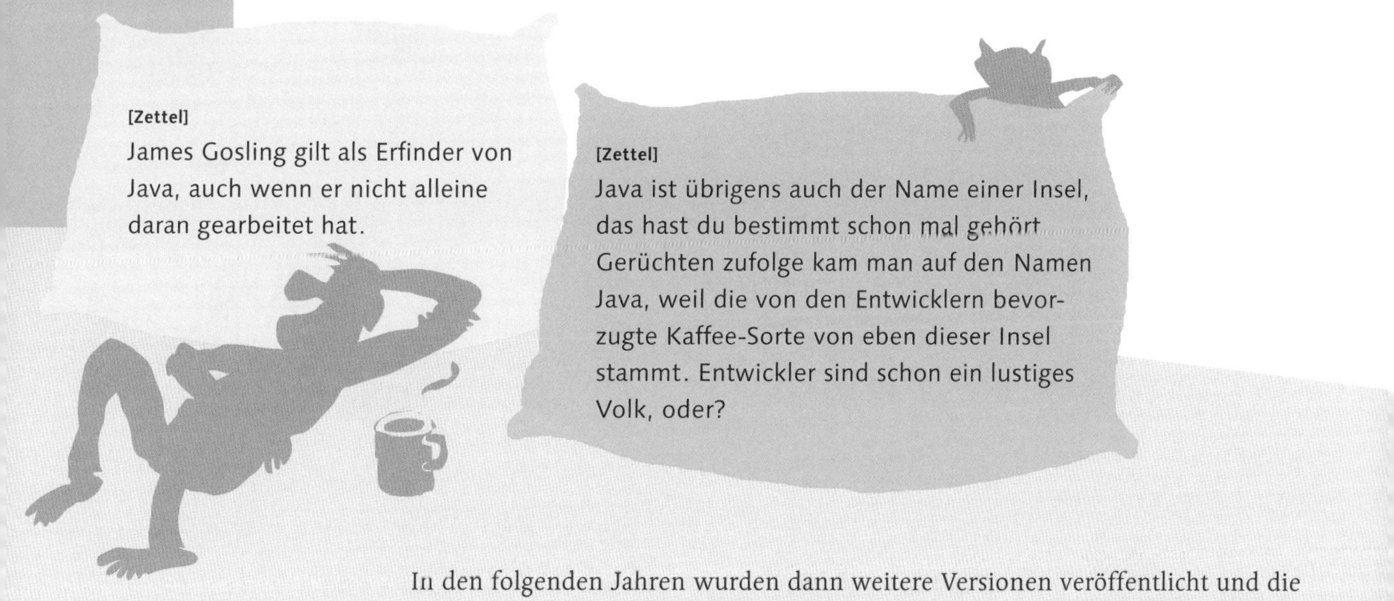

[Zettel]
James Gosling gilt als Erfinder von Java, auch wenn er nicht alleine daran gearbeitet hat.

[Zettel]
Java ist übrigens auch der Name einer Insel, das hast du bestimmt schon mal gehört. Gerüchten zufolge kam man auf den Namen Java, weil die von den Entwicklern bevorzugte Kaffee-Sorte von eben dieser Insel stammt. Entwickler sind schon ein lustiges Volk, oder?

In den folgenden Jahren wurden dann weitere Versionen veröffentlicht und die Sprache nach und nach um verschiedene Features erweitert. Erst Version 1.1, dann Version 1.2, dann 1.3, 1.4 und dann ... 5.0.

Von Version 1.4 zu Version 5.0? Fehlt da nicht was?

Das hatte Marketinggründe. Man wollte damit ausdrücken, dass jede neue Version auch einen großen Schritt mit vielen neuen Features bedeutet. Und da machte es sich nun mal nicht so gut, dass man schon seit Jahren nur auf der Version 1 rumrödelte.

Was die Features angeht, wurde mit Version 5.0 auch ordentlich was draufgelegt. Und auch wenn es mir – und wahrscheinlich vielen anderen Entwicklern – wie gestern vorkommt: Das ist mittlerweile schon über 15 Jahre her.

Ach, jetzt wird es nostalgisch ...

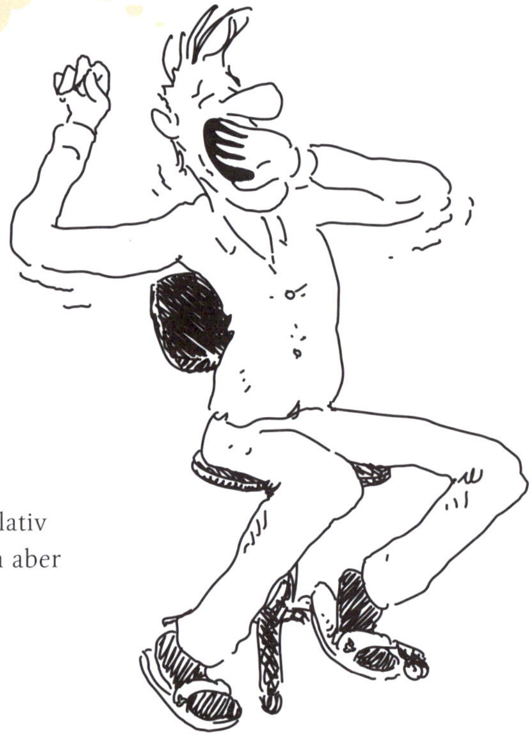

Genauer gesagt war Ende September 2004. Knapp zwei Jahre später, im Dezember 2006, wurde dann Java 6 veröffentlicht. Dann fast fünf Jahre später die Version 7, dann knapp drei Jahre später die Version 8 und dann – mehr als drei Jahre später, im September 2017– die Version 9 ...

Ich dachte, du wolltest es nicht lang machen?!

Geduld! Worauf ich hinaus will: Du siehst, es dauerte relativ lange, bis eine neue Version veröffentlicht wurde. Das hat sich aber mit Version 10 grundlegend geändert. Java 10 wurde nämlich bereits ein halbes Jahr nach Version 9 veröffentlicht.

Also, ähm ... März 2018!

Richtig. Und das ging mit den Versionen 11, 12 und 13 so weiter. Die Version 13 wurde im September 2019 veröffentlicht.

Alle halbe Jahre? Da komme ich ja mit dem Lesen gar nicht hinterher.

Genau das heißt es. Genauer gesagt, dass jedes halbe Jahr eine neue Version erscheint. Was das Lernen angeht, kein Grund zur Sorge: Grundlagen werden sich nicht ändern, und auch grundlegende Features, die weitreichende Auswirkungen auf Programmierstil oder Programmiertechniken haben, sind eher selten.

Puh! Aber warum denn überhaupt das Ganze mit zwei Versionen im Jahr?

Nun, bei Oracle, die 2009 Java von Sun Microsystems gekauft hatten, fand man die drei Jahre und mehr zwischen zwei Versionen zu lang und wollte einen geregelteren Versionszyklus etablieren. Das ist übrigens nichts Unübliches in der Software-Entwicklung: Der Browser Google Chrome, die Programmiersprache Go oder die JavaScript-Laufzeitumgebung Node.js haben auch alle sehr kurze Release-Zyklen. Du kannst dich also freuen, dass es auch für Java zweimal im Jahr eine neue Version gibt.

Mmh, meint er das jetzt ernst?

So, Schrödinger. Damit wären wir fürs Erste mit der Java-Historie durch. Damit du alles schön auf einen Blick hast, hier nochmal in einer Tabelle:

Version	Code-Name	Veröffentlichungsdatum
1.0	Oak	Januar 1996
1.1	–	Februar 1997
1.2	Playground	Dezember 1998
1.3	Kestrel	Mai 2000
1.4	Merlin	Februar 2002
5.0	Tiger	September 2004
6	Mustang	Dezember 2006
7	Dolphin	Juli 2011
8	–	März 2014
9	–	September 2017
10	–	März 2018
11	–	September 2018
12	–	März 2019
13	–	September 2019
...	...	...

[Zettel]

Wie du in der Tabelle auf einen Blick siehst, hat sich also in der Geschichte von Java einiges getan, sowohl bezüglich der Versionsnummern als auch bezüglich der Code-Namen (denn die gibt es mittlerweile nicht mehr) und erst recht, was die Veröffentlichungstermine angeht.

Was solltest du aus diesem Kapitel mitnehmen? Hier nochmal alles auf einen Blick:

- Damit Java-Programme **plattformunabhängig** sein können, laufen sie innerhalb einer **virtuellen Maschine**, der **Java Virtual Machine** (JVM), die in Form des **Java Runtime Environments** (JRE) kostenlos **für alle gängigen Betriebssysteme** zur Verfügung steht.
- Wenn du Java-Programme **entwickeln** möchtest, brauchst du das **Java Development Kit** (JDK).
- Das JDK gibt es direkt in drei Ausführungen:
  - als **Standard** Edition (SE)
  - als **Mobile** Edition (ME)
  - als **Enterprise** Edition (EE)
- Du kannst Java-Programme mit einem Texteditor schreiben und alles auf Kommandozeile **per Hand kompilieren**. Besser aber verwendest du dazu eine **Entwicklungsumgebung** (Integrated Development Environment – IDE), zum Beispiel Eclipse, Netbeans, IntelliJ oder JBuilder. Mit allen kannst du Java-Programme entwickeln und laufen lassen.
- Auf der Kommandozeile würdest du dafür die Befehle **`javac`** (zum Kompilieren) und **`java`** (zum Laufenlassen) verwenden.
- Analog spricht man auch von **Compiletime** (wenn der Compiler rödelt) und von **Runtime** (wenn die JVM rödelt).
- Alles, was du in Java programmierst, ist in sogenannten **Klassen** strukturiert. Der Einstiegspunkt eines Java-Programms ist eine Klasse, die über eine **`main`**-Methode verfügt.
- Um deinen Quelltext **noch besser zu strukturieren**, solltest du deine Klassen wiederum in **Pakete** (Packages) packen, wobei du hier am besten – um Konflikte zu vermeiden – einen weltweit eindeutigen Paketnamen wählst.

[Belohnung/Lösung]

Herzlichen Glückwunsch, Schrödinger! Du hast dir deinen ersten Ausrüstungsgegenstand verdient: **die Java-Landkarte**. Sie wird dir im Dschungel der verschiedenen Java-Versionen, JDKs, JREs und IDEs den Weg weisen.

—ZWEI—

Variablen und grundlegende Datentypen

Alles eine Typfrage

Schrödinger lernt verschiedene grundlegende Datentypen kennen, definiert seine ersten Variablen und sucht ihnen Namen: Erlaubt müssen sie sein, und etwas ausdrücken sollen sie auch. Dazu gibt es sogar „Best Practices". Nur gut, dass nicht auch noch das Standesamt mitredet.

Variablen und Datentypen

Damit deine Programme überhaupt irgendetwas machen können, brauchen sie Daten, auf denen sie arbeiten. Und damit du Daten überhaupt anlegen kannst, brauchst du etwas, das die Daten (zumindest temporär) speichern kann: Du brauchst **Variablen**. Und damit du außerdem festlegen kannst, welche Art von Daten das sind, ist noch etwas nötig: **Datentypen**. Wenn du in Java nämlich eine Variable anlegen (sprich deklarieren) willst, musst du auch immer den Datentyp dieser Variablen angeben.

[Hintergrundinfo]

Eine ganz wichtige Sache, die du dir gleich zu Anfang merken kannst, ist: Java ist eine sogenannte **statisch typisierte Programmiersprache**. Das bedeutet, dass **jede Variable einen festen Typ hat** (deswegen typisiert) und dieser **Typ bereits zur Übersetzungszeit bekannt** ist (deswegen statisch).
Das kannst du prima im Kollegenkreis fallen lassen oder auf der nächsten LAN-Party.

Eine Variablen-Deklaration hat folgenden Aufbau:

```
Datentyp Variablenname = Wert;
```

Hierbei musst du zwei Dinge beachten:

1. **Der Wert**, den du einer Variablen überhaupt geben kannst, **hängt von dem jeweiligen Datentyp ab**.
2. Du kannst einer Variablen **nicht beliebige Namen geben**, denn manche Namen sind Bestandteil der Sprache Java und damit reserviert.

Genauer gesagt, beachtet das sogar der Compiler für dich und warnt dich, falls du dich nicht dranhältst. Wenn du es aber selber schon beachtest, wird dich der Compiler nicht so häufig nerven.

[Zettel]

Du musst einer Variablen nicht immer zwingend direkt einen Wert geben. Wenn du es nicht machst, bekommt die Variable je nach Datentyp einen **Standardwert**.
Es gibt allerdings Stellen, an denen der Compiler verlangt, dass eine Variable explizit von dir einen Wert zugewiesen bekommt. Das ist aber erst viel später für uns interessant.

[Pingel-Modus]

Ganz, ganz streng genommen ist „warnen" noch etwas freundlich ausgedrückt:
Der Compiler erzeugt nämlich sogar einen Fehler. Die Folge: Dein Programm lässt sich nicht mehr kompilieren.

Die Typisierung hat folgenden Vorteil: Fehler, die auftreten, weil einer Variablen ein falscher Wert zugewiesen wird, werden größtenteils bereits zur **Übersetzungszeit** erkannt. In Sprachen ohne strikte Typisierung, wie zum Beispiel JavaScript, ist die

Fehlersuche wesentlich aufwendiger, da man jeder Variablen (fast) jeden beliebigen Wert zuweisen kann.

Okay, okay, ein Zwinger, aber nur zu meinem Besten, verstehe …

Arten von Datentypen

In Java gibt es zwei Arten von Datentypen: **primitive Datentypen** und **Referenzdatentypen**. Wir fangen mit den primitiven Datentypen an und heben uns die Referenztypen für ein späteres Kapitel auf.

Primitive Datentypen? Ich dachte, Java wäre eine professionelle Programmiersprache. Primitiv, das klingt irgendwie so, so … ja, gar nicht so professionell.

Der Name ist in der Tat etwas irreführend. Aber keine Sorge, Java ist eine professionelle Programmiersprache und, wie du vielleicht weißt, eine, die viel Wert auf **Objektorientierung** legt. Und aus diesem Grund sind in Java auch viele Dinge als (mehr oder weniger **komplexe**) Objekte implementiert. Aber eben manche Dinge auch nicht, wie zum Beispiel **Zahlen**, **Zeichen** und **Wahrheitswerte**. Und die nennt man dann primitive Datentypen oder auch **elementare Datentypen** oder **Basisdatentypen**. Letztendlich sind das also die Dinge, aus denen Objekte zusammengebaut werden.

Können wir Zahlen, bitte?

Fangen wir mit den Basisdatentypen für Zahlen an. In Java gibt es sechs verschiedene Typen dafür: **`byte`**, **`short`**, **`int`** und **`long`** für Zahlen **ohne Nachkommastellen (Ganzzahlen)**, **`float`** und **`double`** für Zahlen **mit Nachkommastellen (Fließkommazahlen)**.

Ganzzahlen und Fließkommazahlen, okay. Aber wieso gleich so viele?

Die verschiedenen Typen geben an, **wie viel Speicherplatz** für die jeweilige Variable **bereitgestellt wird**. Dabei gilt, dass du mit einem **`byte`** weniger Zahlen darstellen kannst als mit einem **`short`**, mit einem **`short`** weniger als mit einem **`int`** und mit einem **`int`** weniger als mit einem **`long`**. Der **Wertebereich** ist also bei **`byte`** am kleinsten und bei **`long`** am größten. Und bei den Fließkommazahlen ist der Wertebereich von **`float`** kleiner als der von **`double`**.

Hier siehst du die Anzahl der Bits (und damit die Größe des Speicherplatzes), die für die einzelnen Zahlentypen vorgesehen ist, und siehst, was jeweils der Minimum-Wert und was der Maximum-Wert ist:

Datentyp	Bit	Minimum	Maximum
`byte`	8-Bit	-128	+127
`short`	16-Bit	-32768	+32767
`int`	32-Bit	-2147483648	+2147483647
`long`	64-Bit	-9223372036854775808	+9223372036854775807
`float`	32-Bit	$-3.4 * (10^{38})$	$+3.4 * (10^{38})$
`double`	64-Bit	$-1.7 * (10^{308})$	$+1.7 * (10^{308})$

Oh, Mann, das kann ich teilweise gar nicht aussprechen. Muss ich mir das jetzt alles merken?

Nein, musst du nicht. Nicht alles zumindest. Minimum und Maximum zum Beispiel nicht, da zeige ich dir nachher was Besseres. Was du dir aber merken solltest, ist die **Reihenfolge der Datentypen**. Und da ich weiß, dass deine Freundin einen Faible für Schuhe hat, hier eine wunderbare Analogie, die du dir leicht merken kannst:
Stell dir die verschiedenen Zahlentypen einfach als Schuhe vor: **`byte`** ist wie ein kleiner Halbstiefel, da passt eher wenig rein, **`short`** wie eine Stiefelette, da passt schon mehr rein, **`int`** wie ein richtiger Stiefel, in den noch mehr reinpasst, und **`long`** … na ja … du kannst es dir denken, da passt extreeeeem viel rein. **`float`** und **`double`** passen wegen der Nachkommastellen nicht so recht in diese Analogie, aber der **`double`**-Stiefel wäre auf jeden Fall größer als der **`float`**-Stiefel.

Moment, Moment, SOLCHE Schuhe hat meine Freundin aber nicht!

Okay, okay, aber du musst zugeben, DAS Beispiel vergisst du jetzt nicht so schnell.

Nee, hast recht, kann man sich gut merken:

- *erst der* `byte`*-Kurzstiefel*
- *dann die* `short`*ellete*
- *dann der W-*`int`*-erstiefel*
- *und dann der ganz extreme* `long`*ogo-Stiefel*

Schrödi, sehr gut, ich sehe, wir haben den gleichen Humor. Hier mal ein paar Beispiele, wie du Stief … Quatsch … Zahlen anlegen kannst:

```
byte b = -128;        *1
byte b2 = 128;        *2 X
short s = 6000;       *3
int i = 23456;        *4
```

*1 Hier wird ein **byte** mit dem kleinstmöglichen Wert erstellt.

*2 Achtung, das hier **kompiliert nicht**, weil (im Gegensatz zu -128) nicht 128 das Maximum für ein **byte** ist, **sondern 127**, denn ein Platz ist für die **Null** (0) reserviert.

*3 Hier wird ein **short** erzeugt …

*4 … und hier ein **int**. Alles ganz normal und im jeweils gültigen Wertebereich.

Wenn du ein **long** anlegen möchtest, musst du das explizit angeben, indem du entweder ein **kleines „l“** oder ein **großes „L“** an die Zahl hängst. Aus Gründen der Lesbarkeit empfehle ich dir aber, ein großes „L“ zu verwenden, das kleine „l“ kann doch zu schnell mit einer 1 verwechselt werden.

```
long l = 23456782345678;     *5 X
long l2 = 23456782345678L;   *6
```

*5 Hier gibt's wieder einen **Compilerfehler**, weil **der Standarddatentyp** für alle Ganzzahlen **int** ist. Der angegebene Wert passt aber nicht in den Wertebereich von **int**, sondern nur in den von **long**.

*6 Du musst also extra angeben, dass du ein **long** haben möchtest.

Und wieso muss ich bei **byte, short** *und* **int** *nicht ein „b“, „s“ oder „i“ an die Zahl hängen?*

Gute Frage, simple Antwort:

Weil es so in der Java-Spezifikation entschieden ist. Es gibt allerdings auch schon Anregungen in Foren, die entsprechende Suffixe zumindest für **byte** und **short** vorschlagen. Im Moment ist eine Umsetzung aber nicht vorgesehen.

Bei den Fließkommazahlen ist **double** der Standarddatentyp. Wenn du ein **float** haben möchtest, musst du entweder ein **kleines „f“** oder ein **großes „F“** an die Fließkommazahl hängen.

```
double d = 4.0;         *7
float f = 4.0;          *8 X
float f2 = 4.0F;        *9
double d2 = 4.0D;       *10
int a, b, c, d = 5;     *11
```

*7 Bei den Fließkommazahlen ist **standardmäßig** jede Zahl vom größtmöglichen Typ, dem Typ **double**.

*8 Das heißt, auch hier meckert der **Compiler**, da ein **double** nicht in ein **float** umgewandelt werden kann.

Lesbarkeit von langen Zahlen

Um die Lesbarkeit der Zahlen zu erhöhen, ist es seit Java 7 sogar möglich, an (fast) beliebigen Stellen innerhalb einer Zahl einen Unterstrich (_) einzufügen. Nimm als Beispiel Kreditkartennummern: Die haben 16 Stellen, und das wird schnell etwas unübersichtlich mit der normalen Schreibweise:

```
long kreditKartenNummer = 2345234523452345L;
```

Die Version mit Unterstrichen lässt sich dagegen schon viel besser lesen:

```
long kreditKartenNummer = 2345_2345_2345_2345L;
```

Super lesbar. Gut, dass das nicht meine Kartennummer ist.

Intern werden die beiden Zahlen aber exakt gleich dargestellt, der einzige Vorteil besteht darin, dass du die zweite Variante als Entwickler besser lesen kannst.

[Achtung]

An folgenden Stellen darfst du den Unterstrich nicht verwenden:

- direkt neben einem Punkt (bei `float` und `double`)
- vor dem „l“, „L“, „f“, „F“, „d“ und „D“ bei `long`, `float` und `double`
- am Anfang oder Ende einer Zahl

*10 Bei `double` ist ein kleines „d“ oder ein großes „D“ optional.

*11 Du kannst auch direkt **mehrere Variablen auf einmal** anlegen. Voraussetzung ist nur, dass sie den gleichen Typ haben.

*9 Du musst auch hier wieder **explizit angeben**, dass die Fließkommazahl vom Typ `float` sein soll.

Zahlensuppe

Wollen wir mal schauen, ob du gut aufgepasst hast:

[Einfache Aufgabe]

Ich habe hier ein paar Deklarationen von Zahlenvariablen vorbereitet, aber nicht alle sind erlaubt. Prüfe, was erlaubt ist, und spiele Compiler: Wenn du einen Fehler findest, springst du auf, drehst dich im Kreis, pustest die Backen auf und rufst: „Error, Error!!!!"

	Okay	Fehler
1. `short einShort = 2343434;`	☐	☐
2. `long einLong = 1234_5678_5678;`	☐	☐
3. `int einInt = 2244__________2424;`	☐	☐
4. `double einDouble = 2D;`	☐	☐
5. `double nochEinDouble = 2.0_0_D;`	☐	☐
6. `float einFloat = 2.00000000F;`	☐	☐
7. `float nochEinFloat = 02.0F;`	☐	☐

Hier die LÖSUNGEN:

1. Fehler! Der Wert „2343434" liegt **außerhalb des Wertebereichs** von `short`.

2. Fehler! Standardmäßig ist der Wert vom Typ `int`. Damit er ein `Long` wird, musst du ein kleines „l" oder ein großes „L" anhängen.

3. Alles prima! Es können **beliebig viele Unterstriche** hintereinander verwendet werden. Beachte: Der Wert, der in der Variablen gespeichert wird, enthält keine Unterstriche und lautet „22442424".

4. Okay! Fließkommazahlen **müssen keinen Punkt** enthalten.

5. Fehler! Der Unterstrich darf nicht vor dem „D" vorkommen.

6. Alles prima! Das ist ein ganz normaler `float`-Wert.

7. Erlaubt! Keine der Nullen am Anfang einer Fließkommazahl werden berücksichtigt.

Binär, oktal, dezimal und hexadezimal

Schrödinger hat die Katze eingesperrt, weil er nicht rechnen kann, wenn jemand dazwischenmiaut. Jetzt hat er es eilig.

Wir können loslegen. Was gibt's?

365 Tage gibt's dieses Jahr. Jetzt, wo du Ruhe hast, kannst du die mal in binär, oktal und in hexadezimal umrechnen.

Sehe ich aus, als spräche ich fließend Hex? Sonst noch was?

Keine Sorge, die Umrechnung musst du als Java-Entwickler nicht im Kopf beherrschen. Es gibt im Internet genug Umrechnungstools. Allerdings hätte ich gerne, dass du mir die Werte dann korrekt in Java-Notation aufschreibst.

Du hast mir aber noch gar nicht verraten, wie man das macht.

Oh, pardon. Das geht mit einem Präfix:

Präfix	Stellenwertsystem	Basis	Beispiele
0b/0B	Binärsystem	2	0B00011000
0	Oktalsystem	8	030
	Dezimalsystem	10	24
0x/0X	Hexadezimalsystem	16	0X18

Null oder Oh?

Null.

Über das Präfix bestimmst du, welches System verwendet werden soll: Zum Beispiel stellst du beim Hexadezimalsystem der Zahl ein **0x** oder **0X** davor. Binär geht das übrigens erst seit Java 7.

Okay, kapiert. Also hier jetzt deine dreihundertfünfundsechzig, weil du's bist:

```
int oktalZahl = 0555;
int binaerZahl = 0B101101101;
int dezimalZahl = 365;
int hexZahl = 0X16D;
```

Prima, das war ja auch nicht so schwer. Wenn du noch Lust hast und die Katze noch nicht aus dem Sack ist, kannst du ja mal eine Variable für die Zahl 735535 in den verschiedenen Systemen deklarieren. Wenn nicht, auch nicht schlimm, kannst auch im Sessel sitzenbleiben, denn so häufig wirst du die anderen Stellenwertsysteme wahrscheinlich eh nicht brauchen.

[Zettel]

Ein Anwendungsfall, bei dem zum Beispiel **Binärzahlen** von Vorteil sind, ist die sogenannte **Bitmaskierung**. Jetzt und hier habe ich leider nicht die Zeit und den Platz, dir das zu erklären. Zum Glück, denn wirklich spannend ist das nun wirklich nicht.

Lösung:

0b10110011100100101111, 02634457, 735535, 0xB392F

Variablennamen

Am Beispiel von Zahlen hast du jetzt gesehen, dass der Wert, den du einer Variablen geben kannst, vom jeweiligen Datentyp abhängt. Bevor wir uns noch weitere Datentypen für Zeichen und Wahrheitswerte angucken, noch schnell ein paar Worte zu gültigen Variablennamen. Denn erstens sind **nicht alle Zeichen** innerhalb eines Variablennamens **erlaubt**, und zweitens gehört es zum guten Ton unter Entwicklern, **gewisse Regeln bei der Namensgebung** einzuhalten.

Variablennamen können Buchstaben, Zahlen, das Dollar-Zeichen (**$**) oder den Unterstrich (**_**) enthalten und mit allem davon – mit Ausnahme von Zahlen – auch beginnen. Du solltest allerdings auch den **guten Stil** eines wahren Java-Entwicklers wahren und versuchen, **aussagekräftige Variablennamen** zu wählen und diese **immer** mit einem Buchstaben anfangen zu lassen. Außerdem ist es durchaus guter Stil, die sogenannte **Camel-Case-Schreibweise** zu verwenden: Besteht ein Variablenname aus mehreren Wörtern, werden dabei die Anfangsbuchstaben der einzelnen Wörter (außer der des ersten Wortes) großgeschrieben.

Hier ein paar Beispiele:

```
int zahl = 4; *1
long ganzLangeZahl = 234567; *2
int 5tesBeispiel = 5; *3 X
char buchstabe-b = 'b'; *4 X
```

*1 Besteht ein Variablenname nur aus einem Wort, ist es guter Stil, den Namen kleinzuschreiben.

*2 Bei Variablennamen mit mehr als einem Wort werden **alle weiteren Worte** großgeschrieben.

*3 Variablennamen können **nicht mit einer Zahl** beginnen.

*4 Variablennamen dürfen auch **keine Bindestriche** enthalten.

Moment, Moment, was soll denn dieses **char** *da?*

Ups, das ist mir da wohl so reingerutscht. Mit **char** definierst du Zeichen und Buchstaben. Das gucken wir uns gleich an. An dem Variablennamen ändert das aber nichts, der wäre auch für **int**, **short** und die anderen nicht gültig.

[Zettel]

Ausnahmen bestätigen auch hier die Regel: Es gibt natürlich Fälle, in denen es auch mal reicht, eine Variable nur **i** oder **j** zu benennen (Zählervariablen in Schleifen zum Beispiel, die du im nächsten Kapitel kennenlernst).

[Zettel]
Camel-Case hat übrigens nichts mit Zigaretten zu tun. Gemeint ist vielmehr, **dassWörterInCamelCaseDieFormVonSehrLangenKamelenHaben**.

[Achtung]
Es gibt ein paar Wörter, die du nicht als Variablennamen verwenden darfst, da sie zum Sprachumfang von Java gehören. Die Rede ist von sogenannten **Schlüsselwörtern**.

Hier eine Liste dieser **Schlüsselwörter** in Java:

A `abstract` `assert`

B `boolean` `break` `byte`

C `case` `catch` `char` `class` `const` `continue`

D `default` `do` `double`

E `else` `enum` `exports*` `extends`

F `final` `finally` `float` `for`

G `goto`

I `if` `implements` `import` `instanceof` `int` `interface`

L `long`

M `module*`

N `native` `new`

P `package` `private` `protected` `provides*` `public`

R `requires*` `return`

S `short` `static` `strictfp` `super` `switch` `synchronized`

T `this` `throw` `throws` `to*` `transient` `try`

U `uses*`

V `void` `volatile`

W `while` `with*`

* in Modul-Konfigurationen

Das Schlüsselwort-ABC

[Zettel]

Hinzu kommen noch die Variablenwerte `null`, `true` oder `false`, die auch nicht als Variablennamen verwendet werden dürfen.

Welche von den folgenden Variablennamen sind erlaubt, welche nicht? Spiele nochmal Compiler, du weißt ja jetzt, wie das geht.

		Okay	Fehler
1	`int 7mal7 = 49;`	☐	☐
2	`double _ = 0;`	☐	☐
3	`float _7%7 = 5;`	☐	☐
4	`float _7x7 = 49F;`	☐	☐
5	`int default = 0;`	☐	☐

Hier die Lösungen:

1 **Fehler!** Variablennamen dürfen nicht mit einer Zahl beginnen.
2 **Okay!** Unterstriche in Variablennamen sind erlaubt, egal wo. Und es kann auch nur ein einziger sein.
3 **Fehler!** Operatoren wie **%** sind nicht erlaubt.
4 **Erlaubt!** Das „**x**" ist kein Operator, sondern ein Buchstabe! Guter Stil sieht trotzdem anders aus.
5 **Falsch!** `default` ist ein Schlüsselwort.

Gute Namenswahl – Java Code Conventions

Ob ein Name gültig ist, sagt dir der Compiler. Ob der Name auch aussagekräftig ist, das, lieber Schrödi, kann er leider nicht entscheiden. Und deswegen ist es umso wichtiger, dass du die Dos und Don'ts der Namensgebung kennst. Dazu gibt es verschiedene Richtlinien, ein Beispiel sind die sogenannten **Java Code Conventions**, ein Regelwerk für das einheitliche Programmieren, das unter anderem auch Regeln für die Namensgebung enthält.

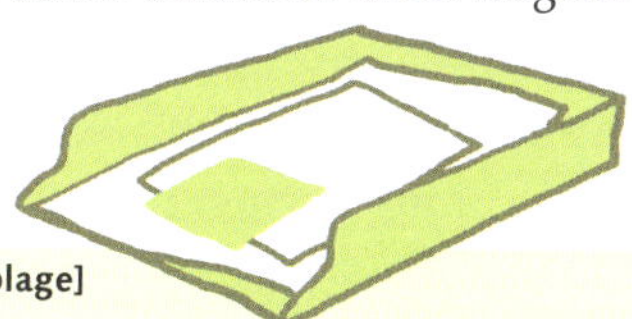

[Ablage]

Die kompletten Code Conventions kannst du dir hier runterladen: www.oracle.com/technetwork/java/codeconvtoc-136057.html. Abschnitt 9 davon enthält die Regeln für Namen.

Das Wichtigste habe ich natürlich für dich persönlich hier zusammengetragen:

- Der Name einer Variablen sollte **nicht zu kurz und nicht zu lang** sein, aber immer aussagekräftig. Temporäre Variablen, die wirklich nur innerhalb eines sehr kurzen Quelltextabschnitts vorkommen, dürfen auch mal kürzer sein. In Schleifen zum Beispiel, die wir im nächsten Kapitel kennenlernen, sind **`i`**, **`j`**, **`k`** oder auch **`x`** oder **`y`** schon in Ordnung.

[Zettel]
Du wirst als Entwickler wahrscheinlich mehr Quelltext lesen als schreiben, entweder den von anderen oder deinen eigenen. Und damit du dann beim Lesen nicht nur Bahnhof verstehst, solltest du bereits beim Schreiben des Quelltextes besonders sorgfältig sein.

Schreiben für die Nachwelt.

Ja genau, allerdings: Die Nachwelt bist du oft genug selbst.

- Da Java eine typisierte Programmiersprache ist, solltest du den Typ der Variablen nicht noch im Namen mit aufführen. Mache also niemals Folgendes: **`booleanIstSchonFeierabend`**, **`doubleEinkommen`**. Auch solltest du **keine Sonderzeichen oder Umlaute** im Namen verwenden und, please, auch **no Denglisch** usen.

- Neben dem **(Lower) Camel Case** für **Variablen**, bei dem also der erste Buchstabe kleingeschrieben wird, gibt es noch die **(Upper) Camel-Case**-Schreibweise für **Klassennamen**. Da schreibt man den ersten Buchstaben auch schon groß. Zu **Paketnamen** hast du ja ganz am Anfang schon etwas gelernt. Was ich da noch vergessen habe: Die werden **immer klein**geschrieben. **Konstanten**, also quasi Variablen, die sich nie ändern (deswegen konstant und nicht variabel), werden **komplett in Großbuchstaben** geschrieben. Als Trennzeichen nimmt man hier typischerweise den Unterstrich.

Hier noch schnell eine Übersicht mit ein paar Beispielen:

Typ	Schreibweise	Beispiel
Variablennamen	Lower Camel Case	`meineWunderhuebscheFreundin`
Klassennamen	Upper Camel Case	`SchroedisMalschule`
Paketnamen	Lower Case	`de.galileocomputing.schroedinger.java.kapitel02`
Konstantennamen	Upper Case	`EINE_KONSTANTE`

Operationen

So, jetzt weißt du, wie du Variablen deklarierst, wie du sie benennen solltest und wie du verschiedene Typen von Zahlen verwendest. Aber wirklich viel **gemacht** haben wir noch nicht mit diesen Zahlen.

Du wirst dich sicherlich nicht wundern, dass die ganz normalen Operatoren für das Addieren (**+**), das Subtrahieren (**-**), das Multiplizieren (*****), das Dividieren (**/**) und das Dividieren mit Rest (**%**) auch in Java zur Verfügung stehen.

Die Arithmetischen Operationen:

Operator	Bedeutung
+	**Addition**
-	**Subtraktion**
*	**Multiplikation**
/	**Division**
%	**Modulo**

Dividieren mit Rest? Pass auf, ich hab's vielleicht vergessen zu sagen, aber ein Mathegenie war ich noch nie.

Und von Kommasetzung hast du wohl auch noch nichts gehört.

Dafür reimt's sich wenigstens.

Äh, na gut, okay, also Dividieren mit Rest (auch Modulo genannt) kann man eigentlich nur an einem Beispiel erklären: 22%4 zum Beispiel ergibt den Rest 2, weil die 4 quasi fünfmal voll in die 22 passt und als Rest eben 2 übrig bleibt. Oder anders: Die nächstkleinere Zahl von 22, die durch 4 (ganz) teilbar ist, ist die 20. Und 22-20=2.

Diese Basisoperationen gehören zu der Grundausbildung eines jeden guten Java-Chirurgen.
Am besten machen wir das kurz und schmerzlos:

```
int a = 5;
int b = 4;
int ergebnis = a + b;
ergebnis = a + b * b; *1
ergebnis = (a + b) * b; *2
ergebnis = a%b; *3
```

*1 Punkt- vor Strichrechnung, deswegen ist das Ergebnis hier 21.

*2 Mit Klammern ist das Ergebnis 36.

*3 Das Dividieren mit Rest ergibt hier eine 1.

[Hintergrundinfo]

Übrigens ein prima Beispiel dafür, dass manchmal auch einbuchstabige Variablennamen vergeben werden dürfen, findest du nicht?

Dividieren und komplizieren

Beim Dividieren musst du Folgendes beachten: Wenn beide Zahlen der Division Ganzzahlen sind, ist das Ergebnis wieder eine Ganzzahl. Sobald eine der beiden Zahlen aber eine Fließkommazahl ist, ist es das Ergebnis auch. Deswegen funktioniert das Folgende auch nicht:

```
int ergebnis = 5/2.5; *4 X
```

*4 **2.5** ist eine Fließkommazahl. Das Ergebnis wäre also vom Typ **double**. Und **double** ist kein **int**! Compilerfehler!

Außerdem gilt: Wenn beide Zahlen eine Ganzzahl sind, wird der Nachkommaanteil des Ergebnisses einfach weggeschnitten, falls der Typ der Ergebnisvariablen ein Ganzzahltyp ist!

```
int ergebnis = 5/2; *5
```

*5 **ergebnis** bekommt nicht den Wert 2.5, sondern nur 2, weil die Variable vom Typ **int** ist.

Ändern wir den Typ in **double**, bekommen wir das Ergebnis zwar auch mit Nachkommaanteil, allerdings ist der 0.

```
double ergebnis = 5/2; *6
```

*6 Mit **double** als Datentyp ist das Ergebnis 2.0.

Das **double**-Ergebnis hat also eine Nachkommastelle, ist aber nicht genauer als das **int**-Ergebnis. Du musst also hier im Hinterkopf behalten, dass die Genauigkeit von den Zahlentypen abhängt, die du bei der jeweiligen Operation verwendest. Guck dir erstmal folgendes Beispiel an:

```
double d = 10/3;
System.out.println(d);
```

Obwohl das Ergebnis vom Typ **double** ist, bekommt die Variable den Wert 3.0 und nicht, wie man meinen könnte, 3.3333 und so weiter. Das liegt daran, dass beide Zahlen der Division vom Typ **int** sind. Wir müssen also explizit sagen, dass die beiden Zahlen Fließkommazahlen sind.

Warte, das kann ich, meinst du so?

```
double d = 10.0/3.0;
```

Ja, genau. Du kannst sogar die Nullen hinter den Punkten jeweils weglassen (also **10./3.**) oder eben alternativ das „D" hintendranhängen (also **10D/3D**) Egal, wie du es machst: Wie lautet das Ergebnis?

3.3333333333333335. Verstehe, mehr Nachkommastellen gibt der Wertebereich von **double** *nicht her.*

Ja, der Wertebereich gibt nicht mehr her. Aber bei genauerem Hinsehen wirst du feststellen, dass das Ergebnis auch falsch ist. Hinter dem Punkt dürften eigentlich nur Dreien kommen. Die Fünf ganz am Ende ist nicht präzise. Wenn du also hinter dem Komma ganz exakt sein musst, verwendest du besser weder **float** noch **double**.

Heißt das jetzt, ich kann gar nicht genau rechnen mit Java?

Genau rechnen mit BigDecimal

Doch, für Anwendungen, in denen **hinter dem Komma alles** exakt sein soll, bietet Java die Klasse **BigDecimal** an:

```
BigDecimal zehn = new BigDecimal("10"); *1
BigDecimal drei = new BigDecimal("3"); *1
BigDecimal ergebnis = zehn.divide(drei*2, 16*3, RoundingMode.HALF_UP*4);
System.out.println(ergebnis);
```

*1 Objektinstanzen werden mit dem **new**-Operator erstellt. Das schauen wir uns später in Kapitel 5 auch nochmal in Ruhe an. Hier erstellen wir ein **BigDecimal** für die Zahl 10 und eins für die Zahl 3.

Objektinstanzen?

Für den Augenblick: zur Klasse **BigDecimal** eine konkrete **BigDecimal**-Zahl. Solch eine „große Dezimalzahl" ist eine Instanz der Klasse **BigDecimal**.

*2 Wir teilen, indem wir die Methode **divide()** von **zehn** aufrufen und **drei** als ersten Parameter übergeben.

*3 Der zweite Parameter gibt an, auf wie viele Nachkommastellen das Ergebnis genau sein soll. Wir geben hier 16 ein, um genauso viele Stellen wie eben für **double** zu haben. Es sind aber noch viel, viel mehr Stellen möglich.

*4 Der dritte Parameter gibt über eine Konstante an, wie gerundet werden soll.

Jetzt ist das Ergebnis 3.3333333333333333, also schon besser, oder? Aber müsste es nicht eigentlich 3,3 Periode sein? Also quasi unendlich viele Dreien nach dem Komma?

Ja, stimmt. Die Klasse **BigDecimal** weiß intern auch, dass der Wert unendlich ist, aber sie speichert diesen unendlichen Wert nicht (kann sie ja auch nicht, dein Arbeitsspeicher ist ja auch nicht unendlich).

Merke dir also: Wenn du wirklich genau rechnen möchtest, verwende besser **BigDecimal** als **float** und **double**.

[Achtung]
Du solltest übrigens immer darauf achten, dass du **BigDecimal** mit einem String, also einer Zeichenkette, als Parameter erstellst und nicht mit einer Zahl.

Puh, gut, dass du das sagst.

```
BigDecimal dasKannUngenauWerden = new BigDecimal(0.4); *1
```

*1 Das hier ist ungenau, das Ergebnis lautet **0.40000000000000002220446049250313080847263336181640625**. Keine Ahnung, woher der Rattenschwanz kommt, aber brauchen tun wir den nicht, und falsch ist er auch noch. Setze die **0.4** besser in Anführungszeichen, dann funktioniert's auch richtig: **new BigDecimal("0.4")**

Ein bisschen mehr, nein, eher ein bisschen weniger

Da Entwickler in der Regel faul sind, bietet Java für alle arithmetischen Operationen jeweils auch eine **Kurzform** an: **-=**, **+=**, **/=**, ***=** und **%=**. Das sieht dann so aus:

```
int zahl = 5;
zahl = zahl + 4; *1
zahl += 4; *2
```

*1 Statt der normalen Schreibweise …

*2 … verwendest du besser die Kurzform.

Wenn genau 1 von einer Zahl abgezogen oder zu einer Zahl hinzuaddiert werden soll, gibt es für die ganz besonders faulen Entwickler sogar eine **noch kürzere Form**: **++** und **--** (also zweimal das Plus- bzw. das Minuszeichen hintereinandergeschrieben).

```
int zahl = 5;
zahl = zahl + 1; *1
zahl += 1; *2
zahl -= 1; *2
zahl++; *3
zahl--; *3
```

*1 normale Schreibweise

*2 Kurzform Addition und Substraktion

*3 Mega-Kurzform

[Hintergrundinfo]
++ nennt man auch den **Inkrement**-Operator und **--** analog den **Dekrement**-Operator. Inkrement- und Dekrement-Operator können sowohl vor als auch hinter der Variablen stehen. Davor bedeutet, dass erst der Operator angewendet und danach das Drumherum ausgeführt wird. Das nennt man auch die **Präfix-Schreibweise**. Dahinter bedeutet, dass erst das Drumherum ausgeführt und dann der Operator angewendet wird. Das nennt man dann die **Postfix-Schreibweise**.

```
int zahl = 5;
System.out.println(zahl++); *1
System.out.println(++zahl); *2
```

*1 **Gibt erst zahl aus** und **erhöht danach um eins**. Das heißt, am Ende dieser Zeile hat **zahl** den Wert 6, auf die Konsole wurde aber noch der Wert 5 geschrieben.

*2 Schreibt man den Operator vor die Variable, wird **zuerst eins draufgerechnet** und **danach der Wert ausgegeben**. Da **zahl** zu Beginn dieser Zeile den Wert 6 hat, wird mit **++** der Wert auf 7 erhöht und dann erst auf der Konsole ausgegeben.

Rechenaufgaben

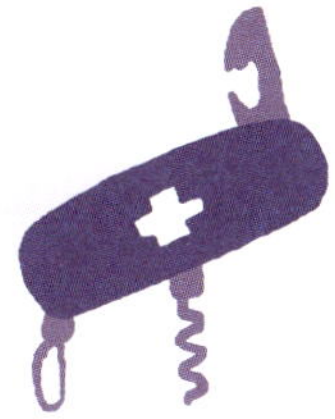

[Einfache Aufgabe]

Wie lautet die Ausgabe des folgenden Programms?

```
int zahl = 7;
System.out.print(++zahl);
System.out.print(zahl++);
```

Das ist einfach, erst „8" und dann ... nochmal „8". Also „88"! Und 88 ist meine Oma!

[Schwierige Aufgabe]

Ordne die nummerierten die Zeilen des folgenden Programms so an, dass die Zahlen 8, 8, 81, 81, 9, 9, 7, 7 in genau dieser Reihenfolge ausgegeben werden. Im Moment gibt das Programm 49, 7, 9, 81, 80, 80, 8, 8 aus.

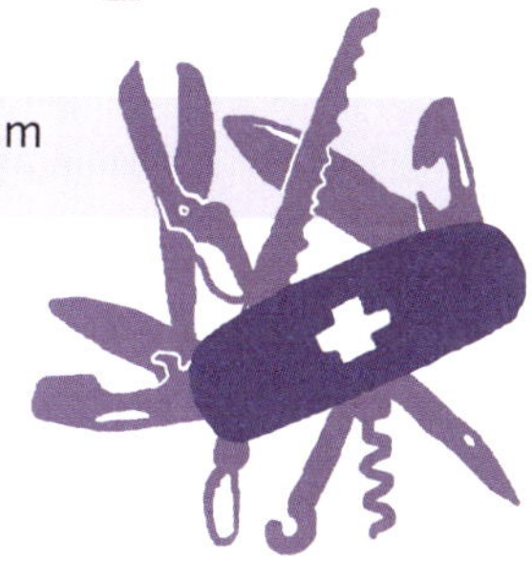

```
int zahl = 7;
System.out.println(zahl*zahl); // 1
System.out.println(zahl++); // 2
System.out.println(++zahl); // 3
System.out.println(zahl=zahl*zahl); // 4
System.out.println(--zahl); // 5
System.out.println(zahl--); // 6
System.out.println(zahl=(zahl-9)/8); // 7
System.out.println(zahl); // 8
```

Die **Lösung** ist: 3, 2, 1, 4, 7, 6, 5, 8. Du musst also einfach die erste mit der dritten und die fünfte mit der siebten Zeile tauschen.

```
int zahl = 7;
System.out.println(++zahl); *1
System.out.println(zahl++); *2
System.out.println(zahl*zahl); *3
System.out.println(zahl=zahl*zahl); *4
System.out.println(zahl=(zahl-9)/8); *5
System.out.println(zahl--); *6
System.out.println(--zahl); *7
System.out.println(zahl); *8
```

*1 Hier wird **zahl** mit dem Präfix-Operator **++** zuerst erhöht und dann ausgegeben, **zahl** hat also den Wert 8.

*2 Hier wird **zahl** erst ausgegeben, also noch zu dem Zeitpunkt, an dem der Wert 8 ist, und anschließend mit dem Postfix-Operator **++** erhöht.

*3 Nach der vorherigen Zeile hat **zahl** den Wert 9, und 9 mal 9 ist 81.

*4 **zahl** ist erst noch 9, bekommt dann aber den Wert 81 zugewiesen (9 mal 9) und wird erst danach ausgegeben.

*5 (81-9)/8 ist 9, und die wird auch ausgegeben, mehr gibt's nicht zu sagen.

*6 Der Postfix-Operator gibt erst **zahl** (also 9) aus und zieht dann eins ab.

*7 Der Präfix-Operator zieht erst eins ab (neuer Wert also 7) und gibt dann **zahl** aus.

*8 Sehr komplizierte Berechnung hier, trotzdem wird nur die 7 ausgegeben. ;-)

Schrödi, das wird schon.

Konvertierung von Zahlen

In Java ist es möglich, verschiedene der primitiven Datentypen durch **Typumwandlung** ineinander zu konvertieren. Dabei unterscheidet man zwischen dem sogenannten **Widening** (Erweitern) und dem sogenannten **Narrowing** (Eingrenzen). Im Fall von primitiven Datentypen bedeutet Widening, dass eine Variable von einem Typ mit einem kleinen Wertebereich in eine Variable von einem Typ mit einem größeren Wertebereich umgewandelt wird. Narrowing bedeutet genau das Gegenteil, der Wertebereich wird also kleiner.

So sieht das Ganze in der Praxis aus:

```
byte kleinsterTyp = 5; *1
short kleinerTyp = kleinsterTyp; *2
int grosserTyp = kleinerTyp; *3
long groessterTyp = grosserTyp; *4
grosserTyp = groessterTyp; *5
grosserTyp = (int) groessterTyp; *6
kleinerTyp = (short) grosserTyp; *7
kleinsterTyp = (byte) kleinerTyp; *8
```

*1 Hier erstellen wir eine `byte`-Variable.

*2 Eine `byte`-Variable in eine `short`-Variable umzuwandeln ist kein Problem, denn der Wertebereich von `short` umfasst den Wertebereich von `byte`.

*3 Analog stellt die Umwandlung von `short` zu `int` ebenfalls kein Problem dar ...

*4 ... und die Umwandlung von `int` zu `long` auch nicht.

*5 In die andere Richtung funktioniert das nicht so einfach. Hier meckert der Compiler und teilt uns mit, dass `long` nicht einfach so in ein `int` umgewandelt werden kann.

*6 Wir müssen hier durch sogenanntes **Casting** explizit angeben, dass wir uns unserer Sache sicher sind und die `long`-Variable unbedingt in ein `int` pressen wollen. Das ist aber nicht ganz ungefährlich, denn je nachdem, welchen Wert die `long`-Variable hat, passt der eventuell nicht in den Wertebereich von `int`.

*7 Auch das Konvertieren von `int` zu `short` funktioniert nur explizit durch Casting, ...

*8 ... ebenso die Umwandlung von `short` zu `byte`.

Widening ist in der Regel kein Problem, Narrowing kann aber gefährlich sein, da einzelne Werte hierbei verloren gehen können. Du solltest also ganz genau wissen, was du tust!

```
short zahl = 128; *1
byte kleinesByte = (byte) zahl; *2
System.out.println(kleinesByte); *3
```

*1 Der Wert 128 liegt zwar im Wertebereich von `short`, aber nicht in dem von `byte`.

*2 Dass `short` einen größeren Wertebereich als `byte` hat, merkt auch der Compiler. Ob das Casting allerdings ungefährlich ist, merkt der Compiler nicht, und so erlaubt er das Casting; es wird versucht, den Wert 128 in dem Wertebereich von `byte` abzubilden. Und heraus kommt ...

*3 ... -127! Also auf den ersten Blick ganz falsch. Was hier passiert, ist ein sogenannter Überlauf: 128 passt nicht in den Wertebereich von `byte`, genauer gesagt, ist 128 genau eins zu groß (127 würde ja noch passen), und es wird einfach **am Anfang des Wertebereichs weitergezählt** (also von -128).

Okay, verstehe ich,

kann ich mir auch gut mit dem Stiefel-Beispiel
von eben merken. Alles, was in die
Stiefelette passt, passt auch in den großen
Stiefel, aber nicht umgekehrt.
Mir fällt zwar außer Nikolaus kein Anlass ein,
irgendwas in Stiefel packen zu wollen,
aber na gut.

[Notieren/Üben]
Nicht nur primitive Datentypen können durch Casting umgewandelt werden, auch Objekte. Aber das bringe ich dir in … äh, ich kann leider nicht in die Zukunft gucken … in Kapitel 6 oder 7 bei.

Die folgende Tabelle zeigt dir nochmal, welche Umwandlungen sicher sind und bei welchen du aufpassen musst:

→	byte	short	int	long	float	double
byte	✓	✓	✓	✓	✓	✓
short	💣	✓	✓	✓	✓	✓
int	💣	💣	✓	✓	✓	✓
long	💣	💣	💣	✓	✓	✓
float	💣	💣	💣	💣	✓	✓
double	💣	💣	💣	💣	💣	✓

Fast hätt' ich's vergessen, hier noch die Tabelle mit den Standardwerten für die einzelnen Zahlendatentypen:

Datentyp	Standardwert
byte	0
short	0
int	0
long	0L
float	0.0f
double	0.0d

Immer „0“,
das kann ich mir
merken!

Zeichen und Wunder

Um einzelne Zeichen darzustellen, gibt es den primitiven Datentyp **`char`**. Dazu stehen jeweils 2 Byte zur Verfügung, so dass damit also – schnell im Kopf gerechnet – 65.536 Werte (also Zeichen) dargestellt werden können.
Eine Zeichenvariable legst du an, indem du das Zeichen eintippst und in einfache Anführungszeichen packst, also so:

```
char s = 'S';
```

Das funktioniert auf diese Weise auch prima für Zeichen, die du **eintippen kannst**. Da du aber wahrscheinlich keine Tastatur mit 65.536 Tasten hast, kannst du auch nicht jedes Zeichen eintippen. Zum Glück werden **`char`**s intern durch vorzeichenlose Dezimalzahlen repräsentiert, so dass du das obige Beispiel auch so umschreiben kannst:

```
char s = 83;
```

Prima, und woher weiß ich, dass 83 ein „S" ist?

Über sogenannte **Encodings** bzw. **Zeichentabellen**. Jeder Zahl von 0 bis 65.536 wird nämlich mithilfe dieser Zeichentabellen das eigentliche Zeichen zugewiesen. Zwei ganz bekannte solcher Encodings sind **ASCII** und **Unicode**. ASCII basiert noch auf 7 Bit, das bedeutet, es gibt nur 128 Zeichen. Unicode basiert auf 4 Byte, bietet also locker Platz für die derzeit vergebenen gut 100.000 Zeichen. Herausfinden, welches Encoding du verwendest, kannst du zur Laufzeit mit **`System.getProperty("file.encoding")`**. Setzen kannst du diese Eigenschaft allerdings nur beim Starten deines Programmes mithilfe des JVM-Parameters **`file.encoding`**.

Hier mal ein kleiner Auszug aus dem Unicode:

Dezimalwert	Hexadezimalwert	Zeichen	Unicode
...	...	...	...
80	0x0050	P	\u0050
81	0x0051	Q	\u0051
82	0x0052	R	\u0052
83	0x0053	S	\u0053
...	...	...	...

Im Internet findest du jede Menge Seiten, auf denen du eine komplette Version der Tabelle findest. Häufig sind in diesen Tabellen auch nur die Hexadezimalwerte und die Zeichen enthalten. Dann kannst du unser Beispiel von eben auch so umschreiben:

```
char s = 0x0053;
```

Oder du verwendest direkt die Unicode-Schreibweise, dann aber wieder mit einfachen Anführungszeichen:

```
char s = '\u0053';
```

Eine Sache ist mir aufgefallen: Wenn in Java ein **char** nur 2 Byte groß ist und Unicode auf 4 Byte basiert, kann ich ja gar nicht alle Unicode-Zeichen mit einem **char** darstellen!

Stimmt. Um wirklich alle Unicode-Zeichen darstellen zu können, brauchst du zwei **char**s, man spricht dann auch von einem sogenannten Surrogate-Paar. Das ...

Danke, danke. Genaues wollte ich es gar nicht wissen.

Okay, okay. Mehr als 65.536 Zeichen brauchst du im Programmieralltag in der Regel auch nicht.

[Hintergrundinfo]

Der Standardwert für ein **char** ist übrigens **'\u0000'**, das bedeutet NULL oder auch gar nichts.

Manche Zeichen musst du speziell maskieren, damit du sie in **char**s (oder später auch in Strings) verwenden kannst. Nimm als Beispiel das einfache Anführungszeichen: Sowas kannst du nämlich nicht machen, da meckert der Compiler, weil er denkt, das **char** höre schon beim zweiten Anführungszeichen auf.

```
char einfacheAnfuehrungszeichen = ''';   X
```

Du musst dem Compiler also irgendwie mitteilen, dass das zweite Anführungszeichen das darzustellende Zeichen sein soll. Das machst du, indem du einfach ein \ vor dieses Zeichen stellst, also so:

```
char einfacheAnfuehrungszeichen = '\''; *1
```

*1 \' ist eine sogenannte **Escape-Sequenz**.

Hier die wichtigsten Escape-Sequenzen:

Escape-Sequenz	Bedeutung
\t	**Hiermit simulierst du ein Tabulatorzeichen.**
\n	**Hiermit fügst du eine neue Zeile ein.**
\'	**Hiermit kannst du ein einfaches Anführungszeichen setzen.**
\“	**Hiermit kannst du ein doppeltes Anführungszeichen setzen.**
\\	**Hiermit kannst du das \-Zeichen verwenden.**

Ein Charakter namens Cäsar

Du kennst jetzt die **char**-Tabelle, und du weißt, dass **char**s problemlos in den Wertebereich von **int** passen – ideale Voraussetzung also für eine kleine Aufgabe.

[Schwierige Aufgabe]

Schreibe ein Programm, das für einen beliebigen Buchstaben des Alphabets denjenigen Buchstaben ermittelt, der sechs Stellen weiter im Alphabet steht. Falls du dabei über die 26 „hinausrutschst", zähle einfach beim „A" weiter. Für ein „V" sollte das Programm zum Beispiel ein „B" ausgeben.

A	B	C	D	E	F	G	H	I	J	K	L	M
G	H	I	J	K	L	M	N	O	P	Q	R	S

N	O	P	Q	R	S	T	U	V	W	X	Y	Z
T	U	V	W	Y	Y	Z	A	B	C	D	E	F

[Tipp]

Folgende Zutaten brauchst du: ein bisschen **int**, etwas **char**, Addition, Subtraktion, Modulo.

Puh, das ist aber wirklich 'ne Kopfnuss!

Ja, meintest du denn, Java zu lernen wäre ein Zuckerschlecken? Ein bisschen den Grips anstrengen wollen wir ja schon. Hier die Schritt-für-Schritt-Lösung, falls du gar nicht weiterkommst:

*1 Der Buchstabe, der umgewandelt werden soll, ist – na klar – ein **char**, …

*2 … und die Anzahl der Positionen, um die der Buchstabe „verschoben" werden soll, ist – auch klar – ein **int**.

*3 Da die **char**-Tabelle auch noch andere Zeichen außer Buchstaben hat, müssen wir erstmal rausfinden, wo das Alphabet überhaupt anfängt. Die Position speichern wir direkt in einem **int**. Das können wir, weil **char** in **int** umgewandelt werden kann.

```
char buchstabe = 'V'; *1
int rotation = 6; *2
int alphabetStart = 'A'; *3
buchstabe -= alphabetStart; *4
buchstabe += rotation; *5
buchstabe %= 26; *6
buchstabe += alphabetStart; *7
System.out.println(buchstabe);
```

*4 Die Position des Eingabebuchstabens ermitteln wir einfach, indem wir die Startposition des Alphabets davon abziehen. Glaubst du mir nicht? Probier es aus.

Das glaube ich so. 21 für V. Wie bei Caesar.

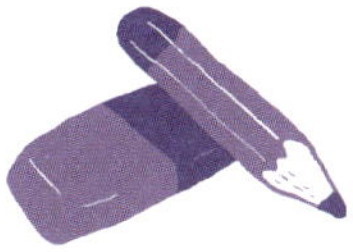

[Notiz]

Diese Art der Verschlüsselung wurde übrigens von Julius Cäsar entwickelt. Er hatte damals zwar noch kein Java zur Verfügung, dafür aber mehrere hundert Untertanen, die ihm das berechnen konnten.

[Code bearbeiten]

Bonusaufgabe: Wie müsste das Programm aussehen, um einen Buchstaben zu entschlüsseln? Kleiner Tipp: Du musst nur ein Zeichen ändern!

Moment, das Alphabet hat 26 Buchstaben. Und da wir 6 für die Verschlüsselung nehmen, müssen wir für das Entschlüsseln ... äh ... 20 nehmen! Ist doch einfach!

Genau, richtig! Klappt doch mit dem bisschen Mathe!

[Belohnung]

Und jetzt kannst du mal probieren, die Zahl 13 für die Rotation zu verwenden. Dann kann dein Programm sowohl Verschlüsseln als auch Entschlüsseln. Nett, oder?

*5 Danach addieren wir **rotation** ...

Der Caesar-Trick! Aus V wird B ... ach nee, erstmal 28.

*6 ... und wenden den Modulo-Operator an, für den Fall, dass wir hinten am Alphabet „rausrutschen" und wieder vorne im Alphabet weitermachen müssen.

*7 Zum Schluss müssen wir noch das eingangs abgezogene **alphabetStart** wieder hinzurechnen, um die Position des **chars** in der **char**-Tabelle zu bekommen.

Nichts als die Wahrheit

Du kannst jetzt mit Zahlen und Zeichen jonglieren, aber ein Datentyp fehlt dir noch. Der hat zwar nur zwei Werte, ist dafür aber umso wichtiger: Die Rede ist von den Wahrheitswerten `true` und `false`, auch **Boolesche Werte** genannt.

```
boolean b = true;
boolean c = false;
```

Damit hast du den vollständigen Wertebereich kennengelernt, und wir können direkt zum nächsten Datentyp übergehen ... nein, können wir natürlich nicht, denn das Interessanteste bei **`boolean`** sind die verschiedenen Operatoren, die es gibt: einen unären Operator (unär, weil nur ein Operand verwendet wird) und fünf binäre Operatoren.

```
boolean ergebnis = !b; *1
ergebnis = b & c; *2
ergebnis = b | c; *3
ergebnis = b ^ c; *4
```

*1 Der **Negations-Operator** dreht einen Booleschen Ausdruck um. In diesem Fall wird aus `true` ein `false`.

*2 Das logische **„Und"** liefert für zwei Boolesche Ausdrücke ein `true`, falls beide Ausdrücke `true` sind, hier also ein `false`, weil nur b den Ausdruck `true` hat.

*3 Das logische **„Oder"** liefert ein `true`, sobald einer der beiden Ausdrücke `true` ist, hier also ein `true`, weil b auch `true` ist.

*4 Das logische **„exklusive Oder"** liefert nur ein `true`, wenn genau einer der beiden Ausdrücke `true` ist und der andere Ausdruck `false`. Hier kommt also ein `true` zurück, weil b `true` und c `false` ist.

Hör mal, das kenn' ich ja schon fast noch aus der Grundschule!

Dann hab' ich was für dich:

Für „Und" und „Oder" gibt es außerdem noch die Operatoren **&&** und **||**. Im Gegensatz zu **&** und **|**, bei denen immer beide Ausdrücke ausgewertet werden, wird bei **&&** und **||** bereits mit der Auswertung abgebrochen, sobald das Ergebnis feststeht. Ist bei **&&** zum Beispiel der erste Ausdruck `false`, ist es völlig egal, was im zweiten Ausdruck steht: Das Gesamtergebnis ist immer `false`. Schau dir dazu folgende Beispiele an:

```
boolean d = true;
boolean e = false;
boolean ergebnis = e && d; *1
ergebnis = d || e; *2
```

*1 Der **&&**-Operator bricht ab und liefert `false`, sobald der erste Operand (hier e) `false` ist.

*2 Der **||**-Operator bricht ab und liefert `true`, sobald der erste Operand (hier d) `true` ist.

[Hintergrundinfo]

Das musst du jetzt noch nicht komplett verstehen, aber hier ist nun mal die geeignete Stelle für diesen Hinweis: Der **&&**-Operator zum Beispiel macht dann Sinn, wenn du im ersten Ausdruck ein Objekt auf **`null`** testest und im zweiten Ausdruck eine Methode auf diesem Objekt aufrufst. Mit einem einfachen **&** würde der zweite Ausdruck immer ausgeführt, auch wenn das Objekt **`null`** ist. Und das würde dann zu einer **`NullPointerException`** führen. Ach, eigentlich solltest du immer **&&** oder **||** verwenden. Es sei denn, du willst **Bit-Operationen** durchführen. Dann sind **&** und **|** angebracht. Deswegen nennt man die übrigens auch **bitweise Operatoren** bzw. bitweise Operationen, aber die lernst du besser im Informatikstudium, und wir widmen uns spannenderen Dingen.

Hier eine Übersicht der Operatoren:

Operator	Bedeutung	Macht was?
!	Negation	Dreht den Wahrheitswert um, aus `true` wird `false`, und aus `false` wird `true`.
&	Und mit vollständiger Auswertung	Liefert `true`, wenn beide Ausdrücke `true` sind.
|	Oder mit vollständiger Auswertung	Liefert `true`, wenn einer oder beide Ausdrücke `true` sind.
&&	Und mit verkürzter Auswertung	Wie &, nur wird sofort `false` zurückgegeben, wenn der erste Ausdruck `false` ist.
||	Oder mit verkürzter Auswertung	Wie |, nur wird sofort `true` zurückgegeben, wenn der erste Ausdruck `true` ist.
^	Exklusives Oder	Liefert nur `true`, wenn genau einer der beiden Ausdrücke `true` ist.

Vergleichsoperatoren

Vielleicht ist jetzt, wo du Zahlen und Wahrheitswerte kennst, der richtige Zeitpunkt, dir die **Vergleichsoperatoren** näherzubringen. Mithilfe der Vergleichsoperatoren kannst du nämlich Zahlen vergleichen. Und der Rückgabewert dieser Vergleiche ist dann jeweils `true` oder `false`.

Operator	Bedeutung	Rückgabewert
<	kleiner	Liefert `true`, wenn der linke Wert kleiner als der rechte Wert ist.
<=	kleiner oder gleich	Liefert `true`, wenn der linke Wert kleiner oder gleich dem rechten Wert ist.
>	größer	Liefert `true`, wenn der linke Wert größer als der rechte Wert ist.
>=	größer oder gleich	Liefert `true`, wenn der linke Wert größer oder gleich dem rechten Wert ist.
==	gleich	Liefert `true`, wenn beide Werte gleich sind.
!=	ungleich	Liefert `true`, wenn die beiden Werte nicht gleich sind.

Ich trau dir einfach mal zu, dass du das ohne große Erklärungen verstehst und folgende kleine Aufgabe direkt lösen kannst.

[Einfache Aufgabe]

Welche Werte bekommt die Variable **ergebnis** zugewiesen?

```
boolean ergebnis = 5 < 7;
ergebnis = 5 > 7;
ergebnis = 5 <= 5;
ergebnis = 5 >= 5;
ergebnis = 5 != 7;
ergebnis = 5 == 7;
```

Antwort: true, false, true, true, true, false

[Zettel]

Im Gegensatz zu manch anderen Programmiersprachen (wie zum Beispiel C++) funktionieren die Vergleichsoperatoren in Java nur für primitive Datentypen und nicht für Referenztypen. Einzige Ausnahmen sind **==** und **!=**, aber warum die nicht unbedingt zu dem führen, was du wissen möchtest, lernst du in Kapitel 5, wenn es um Referenzdatentypen geht.

Sprich die Wahrheit

[Einfache Aufgabe]

Formuliere die folgenden Booleschen Ausdrücke in ganze Sätze um.
Also zum Beispiel für:

```
int alter = 18;
boolean volljaehrig = alter >= 18;
```

Wenn jemand älter als 18 ist, ist er volljährig.

```
int uhrzeit = 14;
boolean mussArbeiten = uhrzeit >= 9 && uhrzeit <= 18;
```

Lösung: Wenn es zwischen 9 und 18 Uhr ist, muss ich arbeiten.

```
int geldDabei = 50;
int schuhpreis = 20;
boolean mussMeinerFreundinNeueSchuheKaufen = geldDabei > schuhpreis;
```

Lösung: Wenn ich genug Geld dabeihabe, muss ich meiner Freundin neue Schuhe kaufen.

[Einfache Aufgabe]

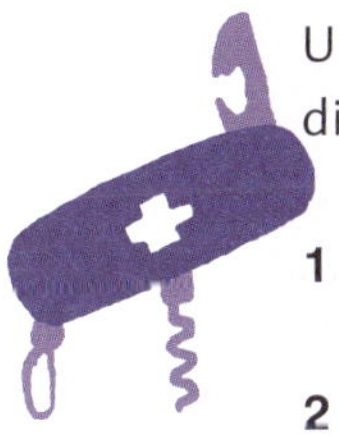

Und jetzt andersrum. Erstelle für die folgenden Sätze die passenden Booleschen Ausdrücke.

1. Wenn nur noch zwei Bier im Kühlschrank sind, kaufe einen neuen Kasten.
2. Ich finde es prima, wenn Feiertag ist, aber kein Wochenende.
3. Ich finde es prima, wenn Feiertag ist oder Wochenende, aber nicht beides gleichzeitig.
4. Wenn ich genug Geld dabeihabe oder wenn ich meine Bankkarte dabei und genug Geld auf dem Konto habe, muss ich meiner Freundin neue Schuhe kaufen.

Kein Problem!

1 *mache ich so, wenn ich vier Bier im Kühlschrank habe:*

```
int anzahlBierImKuehlschrank = 4;
boolean neuesBierKaufen = anzahlBierImKuehlschrank == 2;
```

[Code bearbeiten]

Aber Schrödinger! Was glaubst du, sollst du tun, wenn nur noch ein Bier da ist, oder gar keins?

Aber du hast doch gesagt, „wenn nur noch zwei …“

So wird aber kein guter Anforderungsmanager aus dir. Du musst schon verstehen wollen, was dein Kunde meint.

Okay, also so:

```
boolean neuesBierKaufen = anzahlBierImKuehlschrank <= 2;
```

Prima. Genau **das** habe ich eben gemeint.

2 mache ich so:

```
boolean istFeiertag = true;
boolean istWochenende = true;
boolean findsPrima = istFeiertag && !istWochenende;
```

3 so:

```
findsPrima = istFeiertag ^ istWochenende;
```

Und 4 so:

```
int geldDabei = 50;
int schuhpreis = 20;
boolean karteDabei = true;
int kontostand = 200;
boolean mussMeinerFreundinNeueSchuheKaufen = geldDabei > schuhpreis ||
  (karteDabei && kontostand > schuhpreis);
```

Prima, das hast du drauf!

Wrapperklassen

Für alle primitiven Datentypen gibt es zusätzlich sogenannte **Wrapperklassen**, das sind quasi die Objektversionen für die primitiven Datentypen. Dies hat vor allem den Hintergrund, dass viele Klassen und Datenstrukturen in Java nur mit Objekten funktionieren, nicht aber mit primitiven Datentypen.
In Listen kannst du zum Beispiel keine primitiven Datentypen speichern – mehr dazu sechs Kapitel später.
Die Wrapperklassen für Zahlen lauten **`Byte`**, **`Short`**, **`Integer`**, **`Long`**, **`Float`** und **`Double`**. Außerdem gibt es noch **`Boolean`** für Wahrheitswerte und **`Character`** für Zeichen.

[Hintergrundinfo]
Es gibt noch eine weitere Wrapperklasse namens **`Void`**, die den (leeren) Rückgabewert **`void`** darstellt. Diese Klasse hat aber sehr wenige Anwendungsfälle, und ich denke nicht, dass du sie so schnell brauchen wirst. Ein Anwendungsfall ist zum Beispiel die sogenannte **Reflection API**, mit der du, vereinfacht gesagt, den Quelltext von Java-Klassen einlesen kannst, oder auch **Generics**, die auch noch auf unserer To-do-Liste stehen.

Um ein Objekt der jeweiligen Wrapperklasse zu erzeugen, hast du verschiedene Möglichkeiten. Lass uns das mal am Beispiel von **`Integer`** nachvollziehen. Du kannst das Objekt direkt über den Konstruktor erzeugen, also so:

Variante 1

```
Integer zahl = new Integer(5);
```

Oder du verwendest die **`valueOf()`**-Methode der jeweiligen Wrapperklasse, für **`Integer`** also folgendermaßen:

Variante 2

```
Integer zahl = Integer.valueOf(5);
```

Besser gewöhnst du dich direkt an Variante 2, weil die (zumindest im Fall von **`Integer`**) durch internes Caching sehr viel ressourcenschonender ist als Variante 1. Standardmäßig werden nämlich alle Werte zwischen –128 und 127 in einem Cache verwaltet. Mit dem **`new`**-Schlüsselwort wird hingegen **immer** ein neues Objekt angelegt. Darauf kommen wir später noch einmal zurück.

Variante 3

Über **valueOf()** ist es außerdem möglich, Strings in den jeweiligen Datentyp zu parsen:

```
Integer zahl = Integer.valueOf("5");
```

[Zettel]
Falls du aber keinen String hast, den du parsen musst, solltest du weiterhin Variante 2 verwenden.

Dies ist besonders interessant, wenn du Nutzereingaben oder Programmparameter, die als String ankommen, in Zahlen umwandeln möchtest. Das **args**-Array aus der **main**-Methode zum Beispiel enthält ja nur Strings. Du könntest also einen Programmparameter folgendermaßen in eine Ganzzahl umwandeln:

```
Integer zahl = Integer.valueOf(args[0]);
```

Variante 4

Seit Java 5 ist es sogar möglich, den Wert eines primitiven Datentyps direkt einem Wrapperobjekt zuzuweisen. Der Fachbegriff hierfür lautet **Autoboxing**:

```
Integer zahl = 5; *1
int andereZahl = zahl; *2
andereZahl = zahl.intValue(); *3
```

*1 Intern passiert hier nichts anderes, als dass **Integer.valueOf(5)** aufgerufen wird, dir bleibt aber etwas Schreibarbeit erspart.

*2 In die andere Richtung funktioniert das Boxing auch. In diesem Beispiel wird das **Integer**-Objekt „entpackt" und der **int**-Variablen **andereZahl** zugewiesen. So herum heißt das Ganze dann **Unboxing**.

*3 In Zeiten vor Java 5 war es noch notwendig, die **intValue()**-Methode zu verwenden, um an den primitiven Datentyp eines Wrapperobjekts zu kommen.

Das folgende Diagramm gibt dir nochmal einen Überblick darüber, was du wie in welches Format bringen kannst. Diese Grafik gilt auch für die anderen primitiven Datentypen und ihre Wrapperklassen: Du kannst **byte**, **short**, **long**, **float**, **double**, **char** oder **boolean** unten für **int** einsetzen, wenn du jeweils **Byte**, **Short**, **Long**, **Float**, **Double**, **Character** bzw. **Boolean** oben für **Integer** einsetzt. Einzige Ausnahme: **Character** hat keine **parseChar()**-Methode, die von einem String einen einzigen **char** erstellen kann, und auch **valueOf()** funktioniert dort nicht mit Strings.

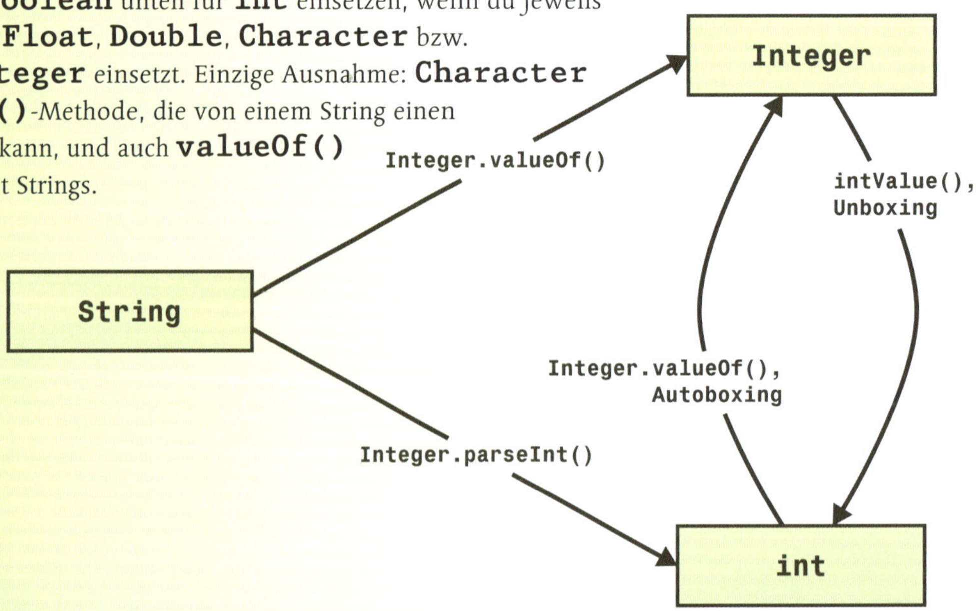

Neben diesen Konvertierungsmethoden bieten die Wrapperklassen noch einige andere nützliche Methoden, die du dir bei Gelegenheit mal anschauen solltest.
An dieser Stelle noch der Hinweis auf zwei Konstanten, die in den Wrapperklassen für Zahlen vorhanden sind: **`MIN_VALUE`** und **`MAX_VALUE`**.

Okay, kann's mir denken. Das sind Minimum und Maximum für den jeweiligen Zahlentyp. Deswegen brauchte ich mir die eben auch nicht zu merken.

Genau. Zeit also, das alles mal in einer kleinen Aufgabe anzuwenden.

Ab in die Werkstatt!

Nee, Pause, bitte. Warte, ich hab' was für uns beide:

Mexikanische Tamale Oaxaqueño in zwei Varianten: „wrapped" und „unwrapped".

Du darfst aussuchen.

Alles eine Typfrage

[Einfache Aufgabe]

Schreibe ein Programm, das für eine beliebige Nichtkommazahl ausgibt, ob die Zahl im Wertebereich von **`byte`**, **`short`**, **`int`** oder **`long`** liegt. Nutze dazu Methoden und Felder der Wrapperklassen.

Für die Zahl 5354 sollte das Programm zum Beispiel folgende Ausgabe liefern:

```
5354 passt in long Wertebereich: true
5354 passt in int Wertebereich: true
5354 passt in short Wertebereich: true
5354 passt in byte Wertebereich: false
```

Falls du nicht weiterweißt, hier die Musterlösung:

```
Long zahl = Long.parseLong(args[0]); *1
System.out.println(zahl + " passt in long Wertebereich: " +
  (zahl >= Long.MIN_VALUE && zahl <= Long.MAX_VALUE)); *2
System.out.println(zahl + " passt in int Wertebereich: " +
  (zahl >= Integer.MIN_VALUE && zahl <= Integer.MAX_VALUE)); *2
System.out.println(zahl + " passt in short Wertebereich: " +
  (zahl >= Short.MIN_VALUE && zahl <= Short.MAX_VALUE)); *2
System.out.println(zahl + " passt in byte Wertebereich: " +
  (zahl >= Byte.MIN_VALUE && zahl <= Byte.MAX_VALUE)); *2
```

*1 Hier lesen wir den Parameter ein und wandeln ihn direkt in ein **`Long`** um …

*2 … und prüfen dann für alle Ganzzahltypen, ob die eingelesene Zahl größer (oder gleich) dem **`MIN_VALUE`** und kleiner (oder gleich) dem **`MAX_VALUE`** ist.

[Achtung]

In Zeile 1 der Musterlösung können, so wie es jetzt da steht, mehrere Fehler passieren, zum Beispiel wenn das Programm **gar keinen Parameter** bekommt oder wenn es **keine Zahl** ist oder wenn die Zahl selbst für ein **`long` zu groß** ist. Aber keine Angst: Die Mittel, um solche Fehler abzufangen, werden wir alle noch durchgehen. Später.

Es kommt auf den Charakter an

[Einfache Aufgabe]

Schreibe ein Programm, das für ein **`char`** ausgibt, ob es ein Buchstabe ist und ob es ein Groß- oder Kleinbuchstabe ist.

Bevor du jetzt aufwendig versuchst, die Logik selbst zu programmieren, um zu bestimmen, wann ein Zeichen ein Buchstabe ist und wann ein Groß- oder Kleinbuchstabe, wirf einen Blick in die API der **`Character`**-Wrapperklasse.

[Notiz]

Tipp am Rande: Bevor du irgendetwas neu programmierst, prüfe vorher gut, ob es nicht schon längst eine Lösung für das jeweilige Problem gibt, zum Beispiel in der Java-Standardbibliothek.

*1 Die **`Character`**-Klasse bietet jede Menge nützlicher Methoden für den Umgang mit Zeichen an. Eine davon ist die **`isLetter()`**-Methode, die überprüft – du wirst es dir denken können –, ob ein Zeichen ein Buchstabe ist.

Lösung:

```
char zeichen = 'B';
System.out.println("Buchstabe: " + Character.isLetter(zeichen)); *1
System.out.println("Großbuchstabe: " + Character.isUpperCase(zeichen)); *2
```

*2 Mit **`isUpperCase()`** kannst du überprüfen, ob ein Zeichen ein Großbuchstabe ist. Es gibt übrigens auch noch eine **`isLowerCase()`**-Methode, die testet, ob ein Buchstabe ein Kleinbuchstabe ist.

Wrap-up

Hier noch eine kleine Aufgabe, um zu testen, ob du eben gut aufgepasst hast:

[Einfache Aufgabe]

Welche der folgenden Aussagen stimmen?

1. Du solltest versuchen, Wrapperklassen wenn möglich über den Konstruktor anzulegen, also zum Beispiel so: `Integer i = new Integer(24);`
2. Wenn du eine Wrapperklasse benötigst, solltest du die `valueOf()`-Methode verwenden: `Integer i = Integer.valueOf(24)`
3. Da Autoboxing extrem aufwendig ist, solltest du sowas niemals machen: `Integer zahl = 24;`
4. Wenn du Nutzereingaben in Zahlen umwandeln möchtest, benutzt du am besten die `valueOf()`-Methode: `Integer i = Integer.valueOf(nutzereingabe);`

Hier die Lösung:

1. falsch
2. richtig
3. falsch
4. richtig

Noch schnell das WICHTIGSTE aus diesem Kapitel:

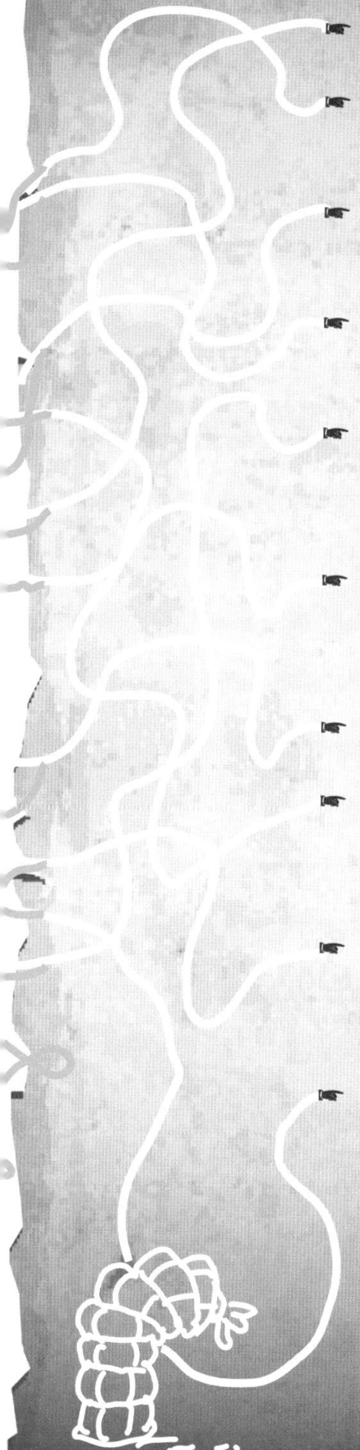

- **Variablen** sind temporäre Container für die Daten in deinem Programm.
- Eine Variable hat immer einen **Datentyp**, und dieser Datentyp ist bereits zur Compilezeit bekannt.
- Es gibt **primitive Datentypen** und **Referenzdatentypen**. In diesem Kapitel hast du nur die ersteren kennengelernt. Die anderen gibt's später.
- Primitive Datentypen lassen sich unterteilen in Datentypen für **Zahlen**, **Wahrheitswerte** und **Zeichen**, wobei es ...
- ... bei den Zahlen dann nochmal **Ganzzahlen** und **Fließkommanzahlen** gibt, und die dann jeweils auch noch in **verschiedenen Größen**, das heißt mit verschieden großen **Wertebereichen** daherkommen.
- Wenn du jedoch ganz, ganz genau mit Nachkommastellen rechnen musst, nimmst du besser die Klasse **`BigDecimal`**. **`float`** und **`double`** sind hinter dem Komma nicht unendlich genau! **`BigDecimal`** schon.
- Die einzelnen Zahlendatentypen lassen sich **ineinander umwandeln** ...
- **Widening** bezeichnet dabei das Umwandeln einer Variablen von einem Typ mit kleinem Wertebereich in eine Variable von einem Typ mit größeren Wertebereich ...
- ... **Narrowing** bezeichnet analog genau das umgekehrte, wobei du hier aufpassen musst, dass der ursprüngliche Wert der Variablen im neuen Wertebereich auch dargestellt werden kann.
- Für jeden primititven Datentypen gibt es eine dazugehörige **Wrapperklasse**, die du zum Beispiel brauchst, wenn du später mit Listen arbeitest. Außerdem stellen diese Wrapperklassen einige nette **Methoden** und **Konstanten** bereit. Hier lohnt es sich, ruhig mal einen Blick in die entsprechende **Dokumentation in der Java-Standardbibliothek** zu werfen.

So Schrödinger, du hast dir die nächste Auszeichnung verdient. Mit diesen alten Latschen kannst du ja nicht weit laufen. Wir haben noch viel vor, und ein richtiger Java-Abenteurer braucht richtiges Schuhwerk.

Oh nein, du wirst doch nicht ...

Nein, keine Angst, DAMIT könntest du ja nicht mal *stehen*. Du bekommst ... die "Kamelstiefel der primitven Datentypen"!

Die werden dir stets treue Wegbegleiter sein. Und damit die nicht nur bequem, sondern auch schick sind, gibt's noch zwei "Titanüberzogene Wrapper" dazu.

Kontrollfluss

—DREI—

Hier war ich doch schon mal!

Schrödinger weiß jetzt zwar, wie er Zahlen und Zeichen ein- und ausgeben kann, aber so richtig interessant ist das noch nicht: Immer der gleiche Ablauf? Das kann doch nicht alles sein!
In diesem Kapitel lernt er, wie er den Ablauf seines Programms steuern und beeinflussen kann. Er stellt fest, dass „switch" nicht nur eine deutsche Comedy-Serie ist, sondern ihm auch einiges beim Programmieren erleichtern kann.

Kontrolle übernehmen

So, jetzt kennst du die primitiven Datentypen. Zwar eine wichtige Voraussetzung, aber allein damit kannst du keine sonderlich nützlichen Programme schreiben. Du brauchst etwas, um mehr Logik in deine Programme zu bekommen, etwas, um wirklich Algorithmen schreiben zu können, um den Ablauf deiner Programme beeinflussen zu können, kurz: du brauchst **Kontrollstrukturen**! Die lassen dich nämlich zwei wichtige Dinge bestimmen: erstens, **ob und wann** in deinem Programm etwas passiert, und zweitens, **wie oft** etwas passieren soll.

Wenn das Wörtchen „if" nicht wär

Wie auch im richtigen Leben musst du bei der Softwareentwicklung Entscheidungen treffen. In Java machst du das über die **`if`-Abfrage**. Eine `if`-Abfrage hat folgenden Aufbau:

```
if *1 (Bedingung *2) {
   *3
}
```

*1 Wenn ...

*2 ... dies und das in den runden Klammern wahr ist, ...

*3 ... mach dies und jenes in den geschweiften Klammern.

Die Bedingung innerhalb der Klammern muss also einen der beiden Booleschen Werte zurückliefern, das heißt entweder `true` oder `false`.
Bevor wir weitermachen, hast du vielleicht was zu trinken da?
Von dem ganzen Gerede und Erkläre kriege ich immer so einen trockenen Mund. Apfelschorle wär ganz gut. Kannst dir ja direkt auch eine mitbringen.

Was man nicht alles tut.
Hab ich, zweimal 0,25 Liter Apfelschorle.

Boolsche

Ja, das ist gut, mach die Gläser voll, dann zeig ich dir mal eine passende `if`-Abfrage:

```
int fuellhoeheInML = 250;
if(fuellhoeheInML == 250) *1 { *2
  System.out.println("Das Glas ist voll.");
}
```

*1 Wenn 250 Milliliter im Glas sind, …

*2 … ist das Glas voll, und es wird der Satz ausgegeben: „Das Glas ist voll."

Du kannst auch mehrere `if`-Abfragen verknüpfen; das machst du mit dem Schlüsselwort `else`, zum Beispiel um auch eine Ausgabe zu produzieren, wenn nicht 250 Milliliter im Glas sind:

```
if(fuellhoeheInML == 250) { *1
  System.out.println("Das Glas ist voll.");
} else*2 if(fuellhoeheInML < 250) {
  System.out.println("Das Glas ist nicht mehr voll.");
}
```

*1 Hier bleibt alles beim Alten.

*2 Über das `else` kannst du aber **verschiedene `if`-Zweige** miteinander verbinden.

Du kannst beliebig viele `if`-Zweige miteinander verbinden. Häng doch selbst noch einen dran, für den Fall, dass das Glas halb leer ist, äh, halb voll natürlich.

Halb voll oder halb leer

Kann mir denken, wie das geht, so:

```
int fuellhoeheInML = 125;
if(fuellhoeheInML == 250) {
  System.out.println("Das Glas ist voll.");
} else if(fuellhoeheInML < 250) {
  System.out.println("Das Glas ist nicht mehr voll.");
} else if(fuellhoeheInML == 125) {
  System.out.println("Das Glas ist halb voll.");
}
```

Ausgabe:

```
Das Glas ist nicht mehr voll.
```

Moment, das Glas müsste doch halb voll sein, oder? Wieso kommt denn „Das Glas ist nicht mehr voll." als Ausgabe?

Na ja, das Glas ist auch halb voll, dein Programm aber halb leer.

Denn zuerst greift die Abfrage, ob `fuellhoeheInML` kleiner als 250 ist. Das ist `true`, und es wird ausgegeben: „Das Glas ist nicht mehr voll." Der letzte `else-if`-Zweig wird also gar nicht mehr ausgewertet! Problem erkannt, Problem gebannt: Du musst nur die beiden letzten Zweige vertauschen, dann macht das Programm auch das, was du wolltest:

```
if(fuellhoeheInML == 250) {
  System.out.println("Das Glas ist voll.");
} else if(fuellhoeheInML == 125) { *1
  System.out.println("Das Glas ist halb voll.");
} else if(fuellhoeheInML < 250) { *2
  System.out.println("Das Glas ist nicht mehr voll.");
}
```

*1 Diese Abfrage ist spezieller als die Abfrage in *2 .

*2 Du kannst es dir wahrscheinlich denken, ich sag's trotzdem nochmal: Diese Abfrage ist allgemeiner als die unter *1 . Daher sollte sie auch dahinter stehen.

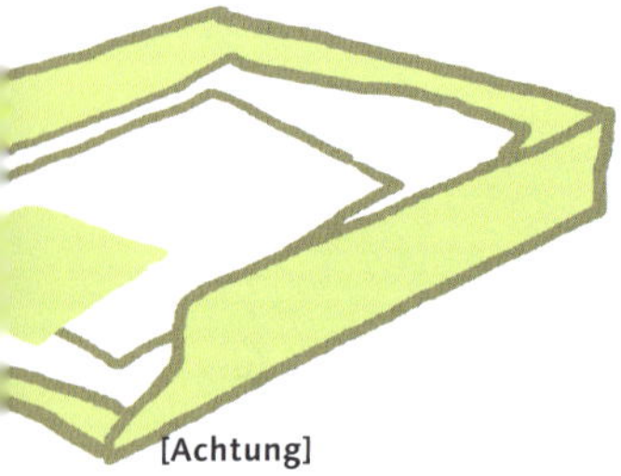

[Ablage]

`if`-Abfragen werden der Reihe nach ausgewertet. Sobald eine Abfrage **`true`** liefert, wird der entsprechende Quelltext in dem jeweiligen Programmzweig ausgeführt und danach aus dem gesamten **`if`**-Konstrukt rausgesprungen.

[Achtung]

Bei der Formulierung der Booleschen Ausdrücke musst du darauf achten, dass die spezielleren Fälle zuerst überprüft werden und erst hinterher die allgemeineren Fälle. Ansonsten kann es passieren, dass manche Zweige nie ausgeführt werden können. In so einem Fall spricht man auch von **Dead Code**, also Quelltext, der nie erreicht werden kann. In manchen Fällen kann dich der Compiler davor warnen, aber nicht immer. **Auch hier heißt es: selbst das Hirn einschalten!**

Entweder oder

Je durstiger du bist, desto weniger wirst du daran interessiert sein, ob das Glas nun voll oder halb voll ist. Hauptsache, es ist **überhaupt etwas** drin! Es gibt also **nur zwei Fälle**: Entweder ist was drin, oder es muss was Neues her! Wenn du in einem Fall das eine und in allen anderen Fällen etwas anderes machen möchtest, verwendest du statt **`else if`** einfach nur das **`else`**.

```
if(fuellhoeheInML > 0) { *1
  System.out.println("Her damit!");
} else { *2
  System.out.println("Kellner!!!!");
}
```

*1 Ganz egal, wie viel drin ist, halb voll, voll, übergelaufen …, Hauptsache, es ist überhaupt was drin, …

*2 … in allen anderen Fällen wird der Kellner gerufen.

[Zettel]

Du kannst **`if`**, **`else if`** und **`else`** natürlich auch alle drei kombinieren, wobei **`else`** und **`else if`** optional sind. Wichtig ist nur, dass immer zuerst das **`if`** und immer zuletzt das **`else`** stehen muss.

Aberglauben

[Einfache Aufgabe]

Schreibe ein Programm, das als Programmparameter eine Zahl erwartet und ausgibt, ob sie durch 7 teilbar ist. Gib einen Fehler aus, falls kein Parameter übergeben wurde.

Wie du Programmparameter übergibst, weißt du ja.

Klar, auf der Kommandozeile hänge ich die einfach hinter den Klassennamen. Oder ich nehme Eclipse und konfiguriere das in der „Run Configuration".

Genau.

Wie du dann prüfst, **ob Startparameter übergeben wurden**, habe ich dir allerdings noch nicht gezeigt: Am besten du testest einfach, ob die Länge des **args**-Arrays 0 ist. Die Länge ermittelst du mit **args.length**. Und zur Erinnerung: Nachdem du das überprüft hast, kannst du auf den ersten Parameter mit **args[0]** zugreifen.

Hier die Musterlösung:

```
public class Aberglauben {
  public static void main(String[] args) {
    if(args.length > 0) { *1
      String parameter = args[0]; *2
      int zahl = Integer.parseInt(parameter); *3
      if(zahl%7 == 0) { *4
        System.out.println("Glück gehabt");
      } else { *5
        System.out.println("Pech gehabt");
      }
    } else { *6
      System.err.println("Keine Zahl übergeben.");
    }
  }
}
```

*1 Hier wird geprüft, ob überhaupt ein Parameter übergeben wurde. Man spricht auch von **defensivem Programmierstil**.

Wieso? Greift denn jemand an?

Klar! Die Anwender! **Oder du dich selbst!** Programmierer sollten sich immer schützen, zum Beispiel vor **falschen oder fehlenden Eingaben**. Also, erst wie unter *1 im Beispiel prüfen: Habe ich überhaupt einen Wert bekommen? Und dann wie unter *3 prüfen: Kann ich den Wert gebrauchen?

*2 Hier holen wir den ersten Parameter …

*3 … und wandeln ihn mithilfe der **Integer**-Wrapperklasse in eine Zahl um (hier kann immer noch viel schiefgehen, aber dazu später mehr).

*4 Über den Modulo-Operator prüfen wir, ob **zahl** durch 7 teilbar ist, dann wird der **if**-Zweig ausgeführt, …

*5 … wenn nicht, wird der **else**-Zweig ausgeführt.

*6 Wenn kein Parameter übergeben wurde, geben wir eine Fehlermeldung aus.

Jetzt noch was: Glück hat viele Gesichter.

Ja, und?

Durch 7 teilbar ist Glück.
Aber man kann auch bescheidener sein: Nicht durch 13 teilbar ist auch schon Glück.

[Einfache Aufgabe]
Ändere das Programm von eben doch mal so, dass man auch dann Glück gehabt hat, wenn die Zahl nicht durch 13 teilbar ist.

Du **könntest** es so machen, also über einen neuen **else-if**-Zweig:

```
if(zahl%7 == 0) {
  System.out.println("Glück gehabt");
} else if(zahl%13 !=0) { *1
  System.out.println("Glück gehabt");
} else {
  System.out.println("Pech gehabt");
}
```

*1 Hier der neue **else-if**-Zweig. Alles, was nicht durch 13 teilbar ist, steht auch noch für Glück.

Das wäre die Variante ohne „Oder“.

Wie meinst du das?

Der Code bedeutet doch: Wenn die Zahl durch 7 teilbar ist **oder** nicht durch 13 (oder beides), dann gib „Glück gehabt“ aus. Aber im Code ist weit und breit kein „Oder“ zu sehen.

Wie sieht denn ein „Oder“ in Java überhaupt aus?

Boolesche Operatoren

Der Code für Abergläubische von eben bewirkt: Wenn die Eingabe durch 7 teilbar **oder** sonst wenigstens nicht durch 13 teilbar ist, gibst du aus: „Glück gehabt!" Da ist es doch eleganter, die beiden Booleschen Ausdrücke direkt zu verknüpfen.

Und so geht's mit „Oder":

*1 „Oder" heißt auf Java || – ein Doppelstrich.

```
if(zahl%7 == 0 ||*1 zahl%13 !=0) {
  System.out.println("Glück gehabt");
} else {
  System.out.println("Pech gehabt");
}
```

„Und" sieht so aus: **&&**. Um zu programmieren, dass man nur Glück hat, wenn die Zahl durch 7 **und nicht** durch 13 teilbar ist, nimmst du statt **||** einfach **&&**.

Hör auf, so zu klammern

Die Klammern **{}** kannst du bei **if** und **else** und **else if** übrigens auch weglassen, aber nur, wenn in dem jeweiligen Zweig **nur eine einzige Anweisung** steht. Denn nur die jeweils nächste Zeile wird zu dem jeweiligen Block hinzugezählt.

*1 Die geschweiften Klammern kannst du weglassen, ...

*2 ... aber nur, wenn in den einzelnen Zweigen jeweils nur eine Anweisung steht.

```
if(zahl%7 == 0 || zahl%13 !=0) *1
  System.out.println("Glück gehabt"); *2
else *1
  System.out.println("Pech gehabt"); *2
```

Wirklich empfehlenswert ist diese Schreibweise aber nicht.

Das glaubst du nicht? Schau her:

Kurzschreibweise

[Schwierige Aufgabe]

Schau dir diesen Code an. Was gibt das Programm aus? Stopp, nicht tippen! Finger weg von der Tastatur! Nur denken: Was würdest du sagen, ist die Ausgabe dieses Codes?

```
int fuellhoeheInML = 250;
if(fuellhoeheInML > 0 && fuellhoeheInML <= 250)
  if(fuellhoeheInML == 125)
    System.out.println("Das Glas ist halb voll.");
else
  System.out.println("Ist nichts drin im Glas.");
```

*Also, **fuellhoeheInML** ist größer als 0 und kleiner gleich 250, aber nicht 125, das heißt, ... es gibt gar keine Ausgabe!*

Hätte ich auch gesagt.

Ist aber leider falsch. Denn bei der Schreibweise ohne Klammern gehört das **else** immer zum unmittelbar vorherigen **if**. Auch wenn durch die Einrückung der Zeilen der Eindruck entsteht, dass es anders ist. Aus diesem Grund rate ich dir: Verwende immer Klammern! In diesem Fall gilt nämlich nicht, „je kürzer, desto besser“.

*Hey, dann hast du mich also reingelegt! Das Keyword **else** müsste weiter eingerückt werden. Dann wäre mir der Fehler nicht passiert!*

Bedingungsoperator

Es gibt noch eine **extreme Kurzform** für ein `if else`, den sogenannten **Bedingungsoperator**. Damit kannst du einer Variablen abhängig von dem Ergebnis eines Booleschen Ausdrucks entweder den einen oder einen anderen Wert zuweisen. Somit ersetzt er keine richtige `if-else`-Anweisung. Ein Beispiel:

```
String nachricht *1 = (fuellhoeheInML == 125) *2
  ? *3 "Das Glas ist halb voll."
  : *4 "Das Glas ist nicht halb voll.";
```

*1 Der Variablen soll ein Wert zugewiesen werden …

*2 In den runden Klammern steht der Boolesche Ausdruck. Die Klammern kannst du zwar auch weglassen, ich find's mit aber übersichtlicher.

*3 Hinter dem Fragezeichen kommt der Wert, der verwendet werden soll, falls der Boolesche Ausdruck `true` ist.

*4 Hinter dem Doppelpunkt kommt dann der Wert, der genommen werden soll, falls der Boolesche Ausdruck `false` ist. Das entspricht also grob gesagt dem `else`-Zweig.

Du kannst den Wert auch direkt einer Methode übergeben, zum Beispiel der `println()`-Methode:

```
System.out.println((fuellhoeheInML == 125)
  ? *1 "Das Glas ist halb voll."
  : *2 "Das Glas ist nicht halb voll.");
```

*1 Wenn `fuellhoeheInML == 125` ist, dann wird ausgegeben: „Das Glas ist halb voll."

*2 Ansonsten wird ausgegeben: „Das Glas ist nicht halb voll."

Mehrere Fälle behandeln

Falls du bei der Fallunterscheidung **viele verschiedene Fälle** unterscheiden möchtest, bist du mit dem `if-else`-Konstrukt nicht immer am besten beraten. Schon ab fünf Möglichkeiten fängt dein `if-else`-Aufbau an, unübersichtlich zu werden. Doch es gibt eine Lösung: Mit der **`switch`-Anweisung** bietet Java ein Konstrukt, mit dem du sowas sehr viel übersichtlicher gestalten kannst. Die `switch`-Anweisung hat den folgenden Aufbau:

```
switch(Ausdruck) { *1
  *2 case Konstante1: *3 Anweisung1; *4 break;
  *2 case Konstante2: *3 Anweisung2; *4 break;
  *5 default: Anweisung
}
```

*1 Als Ausdruck kann eine `switch`-Anweisung **Strings**, **Enums** und alle primitiven Datentypen verarbeiten, die in den **`int`-Datentyp konvertiert werden können**, das heißt `char`, `byte`, `short`, und `int` selber sowie dank Autoboxing auch die dazugehörigen Wrapperklassen `Character`, `Byte`, `Short` und `Integer`.

*2 Mit dem Schlüsselwort `case` kann man den Ausdruck mit einer Konstanten vergleichen. Wenn der Ausdruck gleich `Konstante1` ist, wird `Anweisung1` ausgeführt, wenn er gleich `Konstante2` ist, wird `Anweisung2` ausgeführt. Der Datentyp der Konstante ergibt sich dabei aus dem Datentyp des Ausdrucks. Wenn der Ausdruck beispielsweise ein String ist, dann können auch die Konstanten innerhalb der gesamten `switch`-Anweisung nur Strings sein.

*3 Hinter dem Doppelpunkt kommen dann eine oder mehrere Anweisungen.

*4 Und `break` bricht die Ausführung für das gesamte `switch` ab. Wenn du kein `break` verwendest, wird die Anweisung des nächsten `case` auch noch ausgeführt. So lange, bis ein `break` gefunden wird oder das `switch`-Konstrukt zu Ende ist.

*5 Wenn keiner der Fälle zutrifft, wird die Anweisung im `default`-Bereich ausgeführt. Der `default`-Bereich ist optional, kann also auch weggelassen werden.

Bei den Zahlen ist das ein bisschen anders als bei Strings: Wenn der Ausdruck ein **byte**-, **short**-, **char**- oder **int**-Wert ist, können die **case**-Anweisungen auch Werte enthalten, die in den jeweiligen Ausdrucktyp konvertiert werden können. Kleines Beispiel? Gerne:

*1 Als Eingabe nehmen wir eine Variable vom Typ **int**.

```
int eingabe = 256; *1
final byte einKleinesByte = 2; *2
final char einKleinerCharacter = 'c'; *2
final short einKleinesShort = 500; *2
switch(eingabe) {
  case einKleinesByte: *3
  case einKleinerCharacter: *4
  case einKleinesShort: *5
}
```

*2 Hier definieren wir drei Konstanten vom Typ **byte**, **char** und **short**. Die Angabe des Schlüsselwortes **final** ist hier unbedingt notwendig, ansonsten könnten wir die Konstanten nicht in den **case**-Anweisungen verwenden (weil es dann keine Konstanten, sondern Variablen wären).

*3 Das ist erlaubt, weil ein **byte** in ein **int** umgewandelt werden kann.

*4 Das ist erlaubt, weil ein **char** in ein **int** umgewandelt werden kann.

*5 Und das schließlich ist auch noch erlaubt, weil auch ein **short** in ein **int** umgewandelt werden kann.

[Hintergrundinfo]

Mit dem Schlüsselwort **final** sagst du, dass der Variablen kein neuer Wert zugewiesen werden kann. Einmal zugewiesen, behält eine solche Variable ihren Wert, für immer.

Okay, hab ich verstanden. Das heißt, wenn der Ausdruck ein **short** *wäre, könnte ich auch* **byte**, **char** *und* **short** *als Konstanten verwenden, aber nicht* **int**, *weil der Winterstiefel größer als die Shortelette ist, richtig?*

Genau, ist ja auch irgendwie nachvollziehbar:
Was bringt dir in einer **switch**-Anweisung ein Fall (**case**), der gar nicht auftreten kann, weil er überhaupt nicht im Wertebereich liegt? **Richtig, rein gar nichts.**

[Achtung]

Im Gegensatz zum **if**, das auf der Auswertung Boolescher Ausdrücke basiert, kann eine **switch**-Anweisung mit **boolean**s nichts anfangen!

[Hintergrundinfo]

Erst seit Java 7 sind Strings in **switch**-Anweisungen erlaubt, und Enums gibt es erst seit Java 5. Davor musste man mit Zahlenwerten vorliebnehmen.

Leere Lehre

[Einfache Aufgabe]

Schreibe ein Programm, das Zahlen in Schulnoten umwandelt. Für eine 1 liefert das Programm „sehr gut“, für eine 2 ein „gut“ und so weiter. Was ist in diesem Fall besser geeignet? **switch** oder **if**?

Lösung:

Ganz klar, für diese Aufgabe ist zunächst mal das **switch**-Konstrukt am elegantesten.

```
public static void main(String[] args) {
  int note = Integer.parseInt(args[0]); *1
  switch(note) { *2
    case 1: System.out.println("sehr gut"); break; *3
    case 2: System.out.println("gut"); break; *3
    case 3: System.out.println("befriedigend"); break; *3
    case 4: System.out.println("ausreichend"); break; *3
    case 5: System.out.println("mangelhaft"); break; *3
    case 6: System.out.println("ungenügend"); break; *3
  }
}
```

*1 Die Eingabe für unser Programm ist eine **int**-Variable.

*2 Und **int** ist einer der erlaubten Datentypen für eine **switch**-Anweisung.

*3 Je nach Note geben wir hier die entsprechende Langform aus.

MERKE: NULL MAL NULL IS NULL IS NULL

[Einfache Aufgabe]

Erweitere das Beispiel so, dass für Zahlen kleiner als 1 und größer als 6 die Ausgabe „Ungültiger Wert“ erfolgt.

Prinzipiell kannst du das auf zwei verschiedene Arten lösen. Entweder du nimmst den **default**-Bereich von der **switch**-Anweisung, oder du baust ein **if else** drumherum.

Lösung 1, mit default-Bereich:

Dazu fügst du diese Anweisung hinter das letzte **case**:

```
default: System.out.println("Ungültiger Wert");
```

Das ist schon mal gut. **Der Nachteil:** Jeder ungültige Wert wird erst mit sechs verschiedenen **case**-Konstanten verglichen, und erst danach merkt das Programm, dass der Wert ungültig ist.

[Code bearbeiten]

Die Abhilfe: Baue ein zusätzliches **if else** drumherum:

Lösung 2, mit zusätzlichem if else:

```
if(note >= 1 && note <= 6) {
  switch(note) {
    // hier wie gehabt die verschiedenen Fälle
  }
} else {
  System.out.println("Ungültiger Wert");
}
```

Auf diese Weise wird zuerst überprüft, ob der Wert überhaupt gültig ist. Für ungültige Werte sparst du so also die ganzen **case**-Vergleiche. Allerdings findet diese Überprüfung dann auch für gültige Werte statt. Also musst du **abwägen**: Wenn du denkst, es kommen viele ungültige Werte an, dann nimm Lösung 2. Wenn ungültige Werte eher selten sind, nimm Lösung 1.

Switch the String

Lass uns direkt auch mal üben, wie du Strings im **switch** verwenden kannst.

Jetzt kommt's!

[Einfache Aufgabe]

Ändere das Programm von eben so um, dass es für ausgeschriebene Noten (zum Beispiel „sehr gut") die entsprechende Notenzahl ausgibt.

Ich wusste es! Wirklich, ich wusste es!

```
String note = args[0]; *1
switch(note) {
  case "sehr gut": System.out.println(1); break; *2
  case "gut": System.out.println(2); break; *2
  case "befriedigend": System.out.println(3); break; *2
  case "ausreichend": System.out.println(4); break; *2
  case "mangelhaft": System.out.println(5); break; *2
  case "ungenügend": System.out.println(6); break; *2
  default:
    System.out.println("Ungültiger Wert"); *3
}
```

*1 Die Eingabe für unser Programm ist diesmal eine Variable vom Typ **String**, ...

*2 ... und je nach Note geben wir hier die entsprechende Kurzform der Note aus.

*3 Im **default**-Bereich kannst du davon ausgehen, dass der Wert im String keiner Note entspricht und damit für das Programm ungültig ist. Übrigens würde ein zusätzliches **if else** außenrum wie bei den Zahlen keinen Sinn machen.

Was ist denn, wenn ich jetzt statt eines kleingeschriebenen „sehr gut" ein großgeschriebenes „Sehr gut" nehme? Schließlich achten auch Lehrer nicht immer auf Groß- und Kleinschreibung. Kann das mein Programm auch irgendwie erkennen?

Sehr gut bemerkt.

Wenn du Strings in einem **switch** verwendest und die **case**s unabhängig von Groß- und Kleinschreibung funktionieren sollen, ist es am besten, du verwendest in den **case**s **nur Großbuchstaben** oder **nur Kleinbuchstaben** und wandelst dann den Eingabestring ebenfalls in die jeweilige Schreibweise um, bevor du ihn ins **switch** schickst. Die Klasse **String** bietet dazu zwei Methoden an: mit **toLowerCase()** machst du alle Buchstaben im String klein, und mit **toUpperCase()** machst du sie groß. Kannst es gerne jetzt schon üben, aber das ganze Strings-Gedöns schauen wir uns im nächsten Kapitel noch ausführlich an.

```
switch(note.toLowerCase()*1) {
  case "sehr gut"*2: System.out.println(1); break;
  …
}
```

*1 Hier wird der Wert von **note** mit **toLowerCase()** in Kleinbuchstaben umgewandelt, …

*2 … und dann zieht dieser **case** hier auch für den Fall, dass anfangs **note** irgendwelche Großbuchstaben enthalten hat.

So sieht der angepasste Code aus:

Realitätsfern

Jetzt aber genug mit den ganzen Beispielen, die mich wieder zurück in meine Schulzeit versetzen! Hast du nicht mal eine etwas praxisnähere Aufgabe?

[Einfache Aufgabe]
Schreibe ein Programm, das ausgibt, wie stark du deinen Gegner getroffen hast. 0 bedeutet, du hast ihn gar nicht getroffen, 1–3 bedeutet schwach getroffen, 4–7 normal und 8–10 kritisch. Wie würdest du ein solches Programm formulieren?

Klar, sicher, wie wäre es mit etwas „realistischerem“ aus dem WoW-Universum?

Du könntest es mit einem switch machen:

```
int treffer = Integer.parseInt(args[0]);
switch(treffer) {
case 0: *1
  System.out.println("Kein Treffer");
  break;
case 1: *2
case 2:
case 3:
  System.out.println("Schwacher Treffer");
  break;
case 4: *2
case 5: *3
case 6:
case 7:
  System.out.println("Normaler Treffer");
  break;
case 8: *2
case 9:
```

*1 Genau eine 0 bedeutet kein Treffer.

*2 Für die anderen Fälle kannst du dir zunutze machen, dass man verschiedene **case**-Ausdrücke zusammenfassen kann, indem man das **break** einfach weglässt.

*3 Triffst du deinen Gegner zum Beispiel mit einer 5, dann greift **case 5**. In **case 5** gibt es kein **break**, das Programm geht also weiter zu **case 6**. Hier wieder das Gleiche, also geht das Programm weiter zu **case 7**, gibt die Meldung aus und beendet wegen des **break** die weitere Ausführung des **switch**-Konstrukts.

```
case 10:
  System.out.println("Kritischer Treffer");
  break;
}
```

Auch wenn das Programm funktioniert und die richtige Ausgabe liefert: **Ich rate dir trotzdem in diesem Fall von einem switch ab.** Stell dir mal vor, WoW **ändert die Spielregeln**, und ab sofort ist 1–15 ein schwacher Treffer, 16–30 ein normaler Treffer und 30–40 ein kritischer Treffer. Viel Spaß dann mit den 40 `case`-Ausdrücken!

[Notieren/Üben]
Und solche Änderungen kommen früher oder später **immer**, wenn nicht von mir, dann vom Kunden. Daher solltest du jedes Programm in weiser Voraussicht so planen und implementieren, dass du möglichst schnell auf die Kundenwünsche eingehen kannst.

Ah, stimmt, sowas wie < 40 geht bei einem `switch` ja gar nicht, weil keine `booleans` erlaubt sind.

Genau.

Wenn du die einzelnen Fälle besser mit Booleschen Ausdrücken beschreiben kannst, nimmst du eher ein `if else`.

Das wäre hier nämlich wesentlich eleganter:

```
if(treffer >= 30) { *1
  System.out.println("Kritischer Treffer");
} else if(treffer >= 16) { *2
  System.out.println("Normaler Treffer");
} else if(treffer > 0) { *3
  System.out.println("Schwacher Treffer");
} else { *4
  System.out.println("Kein Treffer");
}
```

*1 Ein Treffer größer oder gleich 30 ist kritisch.

*2 Ein Treffer größer oder gleich 16 ist normal. Wenn das Programm hierhin kommt, ist `treffer` auf jeden Fall kleiner als 30. Denn ansonsten hätte *1 ja schon `true` gegeben.

*3 Ein Treffer größer 0 (aber kleiner 16, weil das ja schon durch den vorigen `if`-Zweig abgesichert wird) ist schwach.

*4 Hier im `else` kannst du dann davon ausgehen, dass der Treffer nicht größer als 0 ist.

[Notieren/Üben]
Das Beispiel macht deutlich, dass die `switch`-Anweisung nicht generell die bessere Wahl ist. Zwar ist sie in vielen Fällen platzsparender als eine `if-else`-Anweisung, letztere ist aber sehr viel flexibler in ihren Möglichkeiten: In `switch`-Anweisungen sind nur **wenige Datentypen** erlaubt, bei `if else` ist alles erlaubt, was einen Booleschen Wert ergibt.

Hier noch ein kurzer Vergleich zwischen `switch` und `if else`:

`switch`	`if else`
Erlaubt sind `char`, `byte`, `short` und `int`, die dazugehörigen Wrapperklassen `Character`, `Byte`, `Short` und `Integer` sowie **Enums** und **Strings**.	Erlaubt sind nur **Boolesche Ausdrücke**.
Nur Konstanten sind als Wert für ein `case` erlaubt.	Trifft nicht zu. Die Booleschen Ausdrücke **müssen keine Konstanten** sein.
Alle Werte der verschiedenen `case`s müssen **unterschiedlich** sein.	Prinzipiell ist es erlaubt, **zweimal den gleichen Booleschen Ausdruck** in verschiedenen `if`-Zweigen zu verwenden, allerdings wäre das schon mehr als doof, denn ...
Es können die Anweisungen mehrerer `case`s ausgeführt werden. Solange kein `break` vorkommt.	... es kann immer nur einer der `if`-Zweige ausgeführt werden.
Pro `case` können eine oder mehrere Anweisungen ausgeführt werden, es sind in beiden Fällen **keine Klammern** nötig.	Pro `if/if else/else` können eine oder mehrere Anweisungen ausgeführt werden. Es sind in allen Fällen Klammern nötig, es sei denn es gibt nur eine Anweisung. Aber auch dann **solltest du Klammern verwenden**, um das Ganze übersichtlich zu halten.
Der `default`-Zweig ist optional.	`else if` und `else` sind optional, wenn du ein `else` verwendest, muss es aber immer zuletzt stehen.

Schleifen drehen

Okay, Schrödinger, Entscheidungen treffen hast du drauf.

Jetzt geht's an die Arbeit – nicht für dich, für die JVM:
Lass deinen Code richtig arbeiten, Runden drehen, bis es reicht. Wolltest du schon immer mal so richtig der Chef sein?
„Los, immer wieder, bis alles fertig ist.", „Solange hier noch ein Brotkrumen liegt, wird jetzt gewischt.", „Hier wird gemetzelt, bis kein Gegner mehr übrig ist.", „**20 Liegestütze**, aber zackig!"

Musik in deinen Ohren? Dann bist du hier richtig.
In Java (wie auch in vielen anderen Programmiersprachen) stehen dir dazu drei verschiedene Typen von **Schleifen** zur Verfügung:

- die **`while`**-Schleife
- die **`do-while`**-Schleife
- die **`for`**-Schleife

Fangen wir mit der while-Schleife an.
Die hat folgenden Aufbau:

```
while*1(Boolescher Ausdruck*2) { *3
  // Schleifenkörper
}
// außerhalb der while-Schleife *4
```

*1 Solange …

*2 … der Boolesche Ausdruck **`true`** ist, …

*3 … wird der Inhalt in der Schleife ausgeführt, …

*4 … ist er **`false`**, wird die Schleife verlassen.

Die do-while-Schleife führt im Gegensatz zur **`while`**-Schleife den **Schleifenkörper** zuerst aus und wertet erst anschließend den Booleschen Ausdruck aus:

```
do*1 { *2
  // Schleifenkörper
} while(Boolescher Ausdruck*3)
// außerhalb der while-Schleife *4
```

*1 Mach das, …

*2 …. was innerhalb der geschweiften Klammern steht, …

*3 … und zwar so lange, wie der Boolesche Ausdruck **`true`** ist.

*4 Ist der Boolesche Ausdruck **`false`**, wird die Schleife verlassen.

[Hintergrundinfo]
Dadurch, dass der Boolesche Ausdruck bei der **`do-while`**-Schleife erst zum Schluss ausgewertet wird, wird der Schleifenkörper **mindestens einmal ausgeführt.**

Die for-Schleife hat zusätzlich noch einen Bereich zur Initialisierung von Variablen (Zählervariablen) und einen Bereich, um diese Variablen zu verändern. Da die Zählervariablen typischerweise inkrementiert oder dekrementiert werden, spricht man auch vom Inkrementierungsausdruck.

```
for(*1 Initialisierung; *2 Boolescher Ausdruck; *4 Inkrementierungsausdruck)
{
  // Schleifenkörper *3
}
// außerhalb der for-Schleife *5
```

*1 Die **Initialisierung** wird einmal zu Beginn der Schleife ausgeführt, …

*2 … dann wird der **Boolesche Ausdruck** ausgewertet.

*3 Ist er `true`, wird der **Schleifenkörper** ausgeführt …

*4 … und dann der **Inkrementierungsausdruck** ausgewertet.

*5 Ist er `false`, wird aus der Schleife rausgesprungen.

Die verschiedenen Schleifen im Vergleich

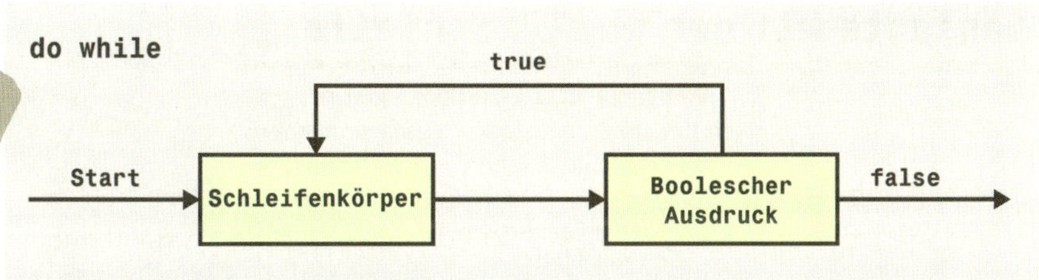

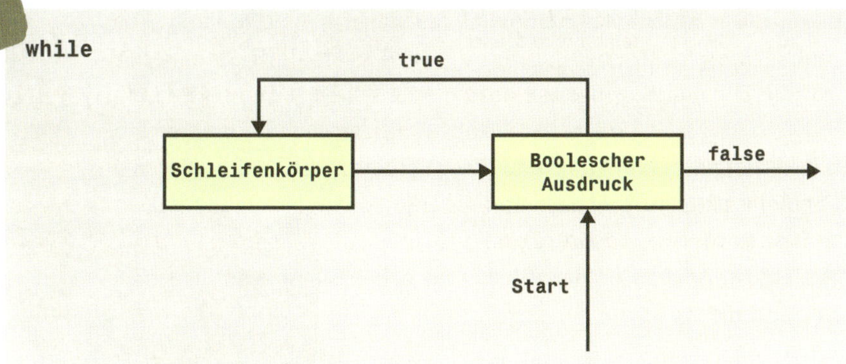

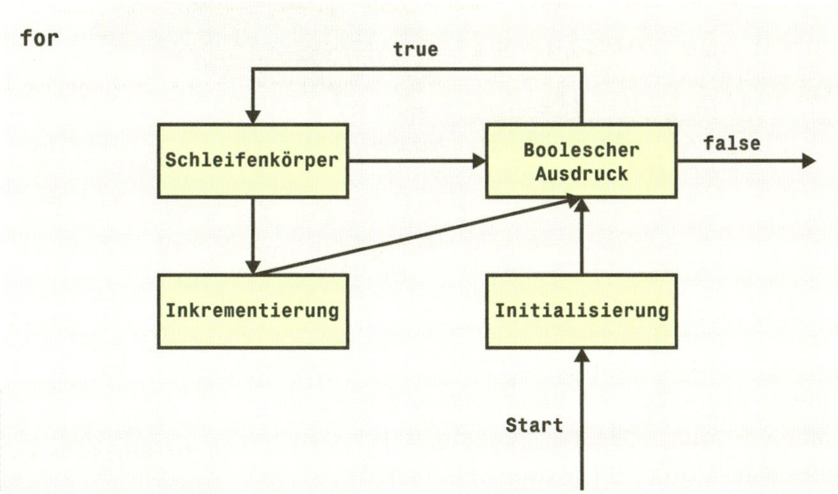

Fünfzig Liegestütze

1. Mit der for-Schleife machst du das so

```
for (*1 int i = 0; *2 i < 50; *4 i++) {
  System.out.println(i + 1); *3
}
```

*1 Erst die Zählervariable mit 0 initialisieren. Zählervariablen haben typischerweise kurze Namen wie **i**, **j** oder **k**.

*2 Solange **i** kleiner als 50 ist, …

*3 … **(i+1)** ausgeben…

*4 … und **i** um 1 erhöhen.

Noch nie waren Liegestütze so einfach, findest du nicht?

Und so sehen die drei Schleifentypen in Aktion aus:

2. Hier die Variante mit der while-Schleife:

```
int i = 0; *1
while (i < 50) { *2
  System.out.println(++i); *3
}
```

*1 Bei der **while**-Schleife gibt es keinen Initialisierungsblock. Deswegen musst du die Zählervariable **i** schon vorher definieren.

*2 Solange **i** kleiner als 50 ist, …

*3 … gibst du **(++i)** aus. Durch den ++-Operator wird **i** auch direkt um 1 hochgezählt, bevor es ausgegeben wird.

[Achtung]

Es ist wichtig, dass du innerhalb einer **while**- oder **do-while**-Schleife dafür sorgst, dass die Schleifenbedingung (der Boolesche Ausdruck) irgendwann **false** ergibt. Ansonsten hättest du eine **Endlosschleife**. Und die willst du in der Regel vermeiden.

3. Und schließlich noch die Version mit der do-while-Schleife:

```
int i = 0; *1
do { *2
  System.out.println(++i);
} while (i < 50); *3
```

*1 Genau wie bei der **while**-Schleife musst du die Zählervariable **i** vorher definieren.

*2 Dann wird die Schleife ausgeführt, …

*3 … und erst danach wird die Abbruchbedingung überprüft.

[Hintergrundinfo]

Auch wenn ich die ganze Zeit von Zählervariablen rede: Brauchen tust du die nicht unbedingt. Wichtig ist nur, dass deine Schleifen einen Booleschen Ausdruck haben, den sie auswerten können.

Schachtelung

Du bist jetzt schon kaputt? Dann warte erstmal ab, was noch kommt: Du kannst Schleifen nämlich auch **innerhalb von Schleifen** verwenden. Man spricht dann von **geschachtelten Schleifen**. Am geläufigsten ist die Schachtelung von `for`-Schleifen. **Fünf Runden mit je 50 Liegestützen sähen also so aus:**

```
for(int i=1; i<=5; i++) {*1
  System.out.print(i);
  System.out.println(". Runde – auf geht's:");
  for(int j=1; j<=50; j++) {*2
    System.out.print(j);
    System.out.println(". Liegestütz");
  }
}
```

*1 Fünf Runden in der **äußeren Schleife** …

*2 … und in der **inneren Schleife** jeweils 50 Liegestütze, bevor es in die nächste Runde geht.

Auf diese Weise kannst du viele, viele Schleifen ineinanderschachteln. Allerdings solltest du dir immer bewusst machen, dass das **extreme Auswirkungen** auf die Laufzeit deines Programms haben kann. Denn bedenke: Eine innere Schleife wird so oft ausgeführt, wie durch die äußere Schleife vorgegeben. Im vorigen Beispiel wir also 5 mal 50 der entsprechende Wert von `j` ausgegeben. Wenn du bei deiner Liegestützaktion bei jedem Liegestütz noch gedanklich bis zehn zählen würdest, wäre die Laufzeit der Schleife auch zehnmal länger:

```
for(int i=1; i<=5; i++) {*1
  System.out.print(i);
  System.out.println(". Runde – auf geht's:");
  for(int j=1; j<=5; j++) {*2
    System.out.print(j);
    System.out.println(". Liegestütz");
    for(int k=1; k<=10; k++) {*3
      System.out.println(k);
    }
  }
}
```

*1 Immer noch fünf Runden …

*2 … und jeweils 50 Liegestütze, …

*3 … aber zusätzlich noch jedes Mal gedanklich bis zehn zählen.

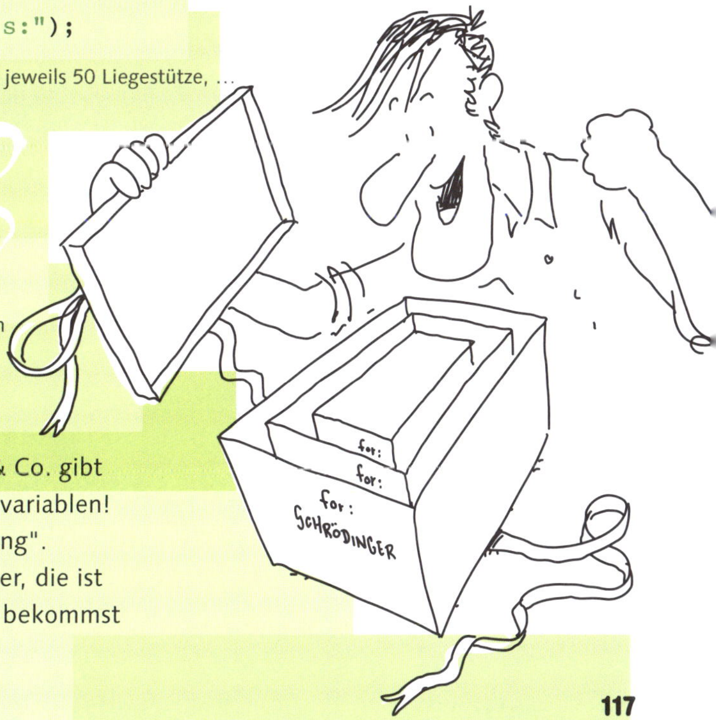

[Belohnung/Lösung]

Hast du deine Zählvariable richtig gesetzt? Prima! Als Belohnung für fleißiges Programmieren mit `i`, `j` & Co. gibt es die `foreach`-Schleife: `for`-Schleifen ohne Zählvariablen! Das ist wie "lauf bis zum Ende" statt "lauf n-mal da lang". Warum ich die jetzt noch nicht dabeihabe? Schrödinger, die ist für Entwickler, die sich gut mit Listen auskennen. Die bekommst du in Kapitel 8.

Schleifen binden lernen

Zum Aufwärmen eine einfache Aufgabe:

[Einfache Aufgabe]

Gib die Zahlen von 1 bis 10 in umgekehrter Reihenfolge aus.

```
for (*1 int i = 10; *2 i > 0; *3 i--) {
  System.out.println(i); *4
}
```

*1 Die Zählervariable wird mit 10 initialisiert, …

*2 … und solange sie größer als 0 ist, …

*3 … wird sie ausgegeben …

*4 … und dann um 1 **dekrementiert**.

Das war einfach, oder? Machen wir's in der nächsten Aufgabe ein kleines bisschen schwieriger. Hier musst du ganz genau hingucken, denn ich hab in der folgenden geschachtelten Schleife einen Fehler versteckt.

[Einfache Aufgabe]

Der folgende Codeschnipsel soll eigentlich alle Zahlenpaare für die Zahlen 1 bis 10 ausgeben. Aber irgendwie kommt das Programm nicht zu einem Halt. Wo liegt der Fehler?

```
for(int i=1; i<=10; i++) {
  for(int j=1; j<=10; i++) {
    System.out.println(i + ", " + j);
  }
}
```

Lösung: Das Problem ist, dass im Inkrementierungsausdruck in der inneren Schleife nicht die Zählervariable **j** hochgezählt wird, sondern die Zählervariable **i** der äußeren Schleife. Damit kommt die innere Schleife nie zu einem Ende.

Primzahlen

So, jetzt wird's noch ein **bissel schwieriger**, immer noch machbar, aber nicht mehr so einfach wie eben.

[Einfache Aufgabe]

Schreibe ein Programm, das alle Primzahlen bis 100 berechnet.
Zur Erinnerung: Eine Primzahl ist eine Zahl, **die nur durch 1 und sich selbst teilbar** ist.
Überlege dir erst, welche Schritte hierfür überhaupt notwendig sind.

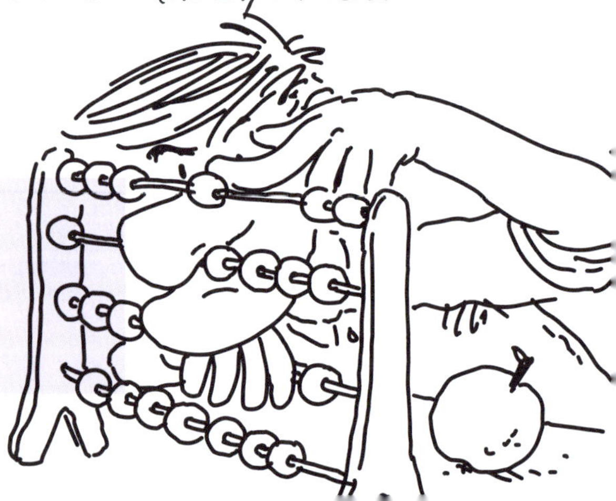

*Ich muss alle Zahlen von 1 bis 100 betrachten. Hierfür kann ich ja eine **for**-Schleife nehmen. Und ich muss dann jeweils für jede dieser Zahlen prüfen, ob sie durch eine andere Zahl teilbar ist, und zwar nur für die Zahlen, die kleiner sind. Ähm, aber so richtig weiß ich nicht, wie ich das machen soll.*

Von der Überlegung her war das ja auch schon mal ganz gut. Bei **schwierigen oder komplexen Algorithmen** kann es manchmal hilfreich sein, zuerst sogenannten **Pseudocode** für dein Programm zu erstellen. Dabei schreibst du die einzelnen Schritte des Algorithmus auf, den dein Programm enthalten soll, verwendest dafür aber nicht echten Quelltext, sondern eben nur Pseudocode.

Der Pseudocode für das, was du gerade eben gesagt hast, würde also so lauten:

```
Betrachte alle Zahlen i von 1 bis 100 *1
  Annahme: i ist Primzahl
  Betrachte alle Zahlen j von 2 bis i-1 *3
    Wenn i durch j geteilt werden kann *2
      i ist doch keine Primzahl, und die Teilersuche kann abgebrochen werden
```

Wenn du dir einmal diese Logik überlegt hast, sollte dir die Umsetzung viel leichter fallen, besonders wenn du den Pseudocode als Kommentare in deinen Quelltext einfügst:

```
// Betrachte alle Zahlen i von 1 bis 100*4
for(int i=1; i<=100; i++) { *1
  // Annahme: i ist Primzahl
  boolean istPrimzahl = true;
  // Betrachte alle Zahlen j von 2 bis i-1
  for(int j=2; j<i; j++) {*3
    // Wenn i durch j geteilt werden kann
    if(i%j == 0) {*2
      // i ist doch keine Primzahl
      istPrimzahl = false;
      // und die Teilersuche kann abgebrochen werden
      break;
    }
  }
  if(istPrimzahl) {
    System.out.println(i);
  }
}
```

*1 „Ich muss alle Zahlen i von 1 bis 100 betrachten."

*2 „Und ich muss dann jeweils für jede dieser Zahlen prüfen, ob sie durch eine andere Zahl teilbar ist, …"

*3 „… und zwar nur für die Zahlen, die kleiner sind."

*4 Kommentare beginnen übrigens mit einem doppelten Slash (//).

Durch die verschachtelte Schleife wird die **Prüfung für große Zahlen schnell sehr aufwendig.** Sie enthält aber auch viel mehr Prüfungen als nötig:

1. Wenn `i` nicht durch 2, 3 etc. bis zur Quadratwurzel von `i` teilbar ist, dann ist `i` eine Primzahl. Die Zahlen darüber brauchst du nicht mehr zu prüfen; es müsste ja sonst zwei Teiler geben, und wenn einer größer als die Quadratwurzel wäre, wäre der andere dafür kleiner. Den Kleineren hättest du dann aber schon längst geprüft.

2. Wenn `i` nicht durch 2 teilbar ist, ist es auch nicht durch 4 oder 6 etc. teilbar. Mit dieser Überlegung können noch viel mehr Prüfungen gespart werden.

[Notiz]

Wenn dich das interessiert, schlag mal „Sieb des Erathostenes" oder „Primzahltest" in deiner Lieblingsenzyklopädie nach. Die Algorithmen haben nicht nur freundliche Wikipedia-Autoren gut beschrieben.

[Notiz]

Wenn du mit weniger Prüfungen auskommst, also den Schleifenkörper der inneren Schleife weniger oft ausführen lassen musst, hast du den Algorithmus verbessert. Die **Komplexität** ist dann niedriger.
Für die Komplexität eines Algorithmus wird üblicherweise die Anzahl der benötigten Rechenschritte in Abhängigkeit von einer Eingangsgröße `n` gemessen. Hier ist zum Beispiel `n=100`. Man möchte wissen, **wie sehr der Rechenaufwand steigt, wenn n steigt**.
Wenn der Aufwand in etwa (das heißt vor allem bis auf konstante Faktoren) so schnell steigt wie `n`, schreibt man $O(n)$, sprich „**groß Oh von n**".
Deine Lösung frisst leider viel Zeit: $O(n^2)$. Das liegt grob gesprochen daran, dass die äußere Schleife `n`-mal läuft und die innere Schleife auch bis zu `n`-mal, und zwar im Schnitt `n/2`-mal. Die Prüfung läuft also `n`-mal-`n/2`-mal. Weil der konstante Faktor ½ uninteressant ist, entspricht das $O(n^2)$.

[Code bearbeiten]

Verbessere den Algorithmus, indem du die Prüfung der Teilbarkeit `if(i%j == 0)` nur für alle `j` ausführen lässt, die kleiner oder gleich der Quadratwurzel von `i` sind. Als Bedingung für die innere `for`-Schleife kannst du `j*j<=i` verwenden. Das ist effizienter, als die Quadratwurzel berechnen zu lassen.

0 (n²)

vorher

```
Betrachte alle Zahlen i von 1 bis n *1
  Betrachte alle Zahlen j von 2 bis i-1 *2
    Prüfe, ob i durch j teilbar ist *3
```

*1 n-mal

*2 bis zu n-mal

*3 Die Anzahl dieser Prüfungen „wächst mit **n²**".

0 (n*√n)

nachher

```
Betrachte alle Zahlen i von 1 bis n *1
  Betrachte alle Zahlen j von 2 bis √i *2
    Prüfe, ob i durch j teilbar ist *3
```

*1 n-mal

*2 bis zu **√n**-mal

*3 Die Anzahl dieser Prüfungen „wächst mit **n*√n**". Schon besser.

[Notiz]

Die Berechnung großer Primzahlen ist auch mit den besten Algorithmen so aufwendig, dass nur hin und wieder eine neue Primzahl gefunden bzw. berechnet wird. Die aktuell höchste bekannte Primzahl ist $2^{57885161}-1$, und das ist eine sehr, sehr große Zahl mit 17 425 170 Stellen! Probier also nicht, das zu Hause nachzuberechnen!

King Schrödinger

Ein Schritt fehlt dir noch, um der wirkliche **`if-else-for-switch-do-while-`** **King** zu werden. Hier **eine fett schwierige Aufgabe**.

[Zettel]

Falls du am verzweifeln bist, gib nicht auf. Du darfst schon einmal einen Blick in die Werkstatt werfen. Dort liegt ein Werkzeug, das dir ganz gut helfen kann, wenn's mal ein bisschen kniffliger wird: der **Java-Debugger**, die Lupe für Java-Detektive. Die habe ich für den nächsten Abschnitt, "Nochmal gaaanz langsam, bitte", für dich vorbereitet.

[Schwierige Aufgabe]

Das Text-Adventure aus Kapitel 1 ist ja schon mal ein guter Anfang für deinen Durchbruch in der Spieleentwickler-Karriere. Aber versetz dich mal in die Lage des Spielers. Immer nur so in die vier Himmelsrichtungen zu wandern, macht sicherlich nicht so viel Spaß. Irgendwann **muss auch mal eine Belohnung her.** Erweitere das Spiel so, dass der Spieler einen Schatz findet, wenn er viermal nach Norden geht. Und da wir erstmal auf der Konsole bleiben wollen, wäre eine ASCII-Krone doch genau die richtige Belohnung! In diesem Kapitel hast du alle Hilfsmittel erlernt, um das zu schaffen. Einen Bonuspunkt bekommst du, wenn die Größe der Krone sogar anpassbar ist!

```
*       *       *
0       0       0
00     000     00
000   00000   000
0000 0000000 0000
00000000000000000
00000000000000000
88888888888888888
```

Die Krone soll SO aussehen:

Kleiner Tipp: Am einfachsten ist es, du verwendest zur Lösung eine geschachtelte **`for`**-Schleife. Spitz deinen Bleistift, und mal die Krone in das folgende Raster ein. Dann hast du bei der Umsetzung des Programms jederzeit die Übersicht über die beiden Zählervariablen **`i`** und **`j`** und weißt, welches Zeichen wann ausgegeben werden muss.

i\j	0	1	2	3	4	5	6	7	8	9	10	11	12	13	14	15	16
0																	
1																	
2																	
3																	
4																	
5																	
6																	
7																	

Hier die Musterlösung für die Krone:

Das dann in dein Programm aus Kapitel 1 einzubauen, sollte dir nicht allzu schwerfallen: Du musst einfach irgendwie feststellen, wann der Spieler viermal nach Norden gegangen ist und dir merken, wann er die Krone gefunden hat. Wenn du fertig bist oder falls du nicht weiterkommst, schau in den Download, da habe ich die Lösung für dich als Quelltext hinterlegt.

```
final int breite = 17; *1
final int haelfteBreite = (breite-1)/2; *1
final int hoehe = haelfteBreite; *2
final int letzteReihe = hoehe-1; *3
for (int i = 0; i < hoehe; i++) { *4
  for (int j = 0; j < breite; j++) { *4
    switch(i) { *5
      case 0:
        System.out.print((j==0 || (j==haelfteBreite) || j==breite-1) ? "*" : " "); *6
        break;
      case letzteReihe:
        System.out.print(8); *7
        break;
      default:
        System.out.print((j<i || (j>haelfteBreite-i && j<haelfteBreite+i) || ⤶
          j>=breite-i) ? 0 : " "); *8
    }
  }
  System.out.println(); *9
}
```

*1 Wegen des Zickzack-Aufbaus der Krone muss die Breite **immer ungerade** sein. Ansonsten kann's passieren, dass die Krone schief ist, das würde dann nicht so schön aussehen. Die Hälfte der Breite **runden wir ab,** indem wir vor dem Teilen 1 abziehen (streng genommen sogar gar nicht notwendig, weil beim Teilen von ungeraden `ints` ja eh der Nachkommaanteil wegfällt).

*2 Die Höhe ist gleich der abgerundeten Hälfte der Breite.

*3 Die letzte Reihe soll ja nur aus Achten bestehen, und da wir das weiter unten in einem `case` abfangen und dort **nur Konstanten** erlaubt sind, muss auch `letzteReihe` eine Konstante sein bzw. als `final` markiert werden. Übrigens muss auch `hoehe` konstant sein, weil `letzteReihe` darauf basiert, und auch `haelfteBreite` muss konstant sein, weil `hoehe` wiederum auf `haelfteBreite` basiert. Aus dem gleichen Grund muss dann auch noch `breite` eine Konstante sein. Ja, eigentlich haben wir hier nur Konstanten.

*4 Wir nutzen eine geschachtelte `for`-Schleife, um jedes „Feld" in der ASCII-Krone zu durchlaufen, …

*5 … und je nach Position von `i` und `j` wird die Ausgabe angepasst. Hierfür ist eine `switch`-Anweisung perfekt, denn als Vergleichswert gibt's immer einen `int`-Wert. Da wir nur **drei Fallunterscheidungen** haben, wäre ein `if-else`-Konstrukt hier aber auch keine schlechte Wahl.

*6 In der ersten Reihe (`case 0`) wird ganz vorne (`j==0`), ganz hinten (`j==breite-1`) und in der Mitte (`j==haelfteBreite`) jeweils ein Stern ausgegeben, …

*7 … in der letzten Reihe (`case letzteReihe`) nur Achten, …

*8 … in allen anderen Reihen (`default`) wird von links (`j<i`), von rechts (`j>=breite-i`) und von der Mitte nach außen (`j>haelfteBreite-i && j<haelfteBreite+i`) alles mit Nullen aufgefüllt. Keine Sorge, hier müssen auch erfahrene Entwickler mindestens zweimal hingucken, um zu verstehen, was das bedeutet.

*9 Hier beginnen wir eine neue Reihe in der ASCII-Krone.

[Einfache Aufgabe]

Doch, klar, kann man: Ersetze den Bedingungsoperator durch ein echtes **`if else`**.

*Bei *6 und *8 musste ich aber ganz schön lange gucken, bis ich das verstanden habe mit diesem Bedingungsoperator. Kann man das nicht anders machen?*

Okay, ich mal wieder, ja, ja, dann lass mal sehen.

Hier die Lösung für *6 :

```
if(j==0 || (j==haelfteBreite) || j==breite-1) {
  System.out.print("*");
} else {
  System.out.print(" ");
}
```

Und hier für *8 :

```
if(j<i || (j>haelfteBreite-i && j<haelfteBreite+i) || j>=breite-i) {
  System.out.print(0);
} else {
  System.out.print(" ");
}
```

[Belohnung]

Prima! Als Belohnung darfst du heute Abend mal den König spielen.

Nochmal gaaanz langsam, bitte

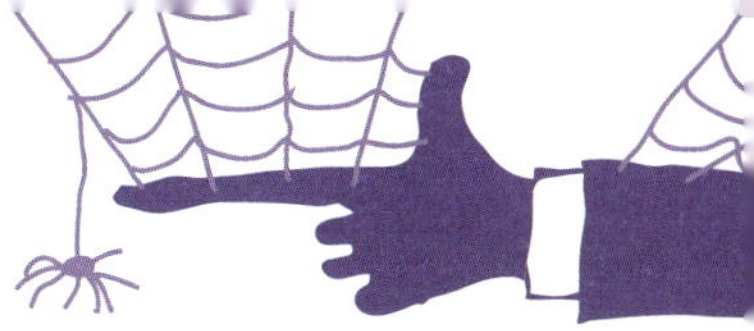

Dies ist vielleicht ein guter Zeitpunkt, dir ein in der Programmierung extrem wichtiges Werkzeug an die Hand zu geben: den **Java-Debugger**. Er hilft dir nicht nur, **Fehler in deinem Programm zu finden**, sondern auch zu verstehen und zu analysieren, wie dein **Programm funktioniert** und was es eigentlich alles so macht.

Eclipse bietet hier wieder grandiosen Support. Mithilfe sogenannter **Breakpoints** kannst du Eclipse bzw. den Debugger anweisen, bei der Ausführung eines Programms an der angegebenen Stelle im Quelltext **anzuhalten**. Ab da hast du dann die Möglichkeit, dein Programm **Schritt für Schritt** weiter auszuführen. Prima Hilfsmittel also, um ein kompliziertes Programm zu verstehen oder Fehler (auch Bugs genannt) aufzuspüren.

In Eclipse setzt du einen Breakpoint, indem du mit der rechten Maustaste links neben die entsprechende Zeile im Quelltext klickst und aus dem Kontextmenü den Eintrag „Toggle Breakpoint" auswählst (zumindest heißt das so in der englischen Version). Ein Doppelklick neben die Zeile tut's aber auch …

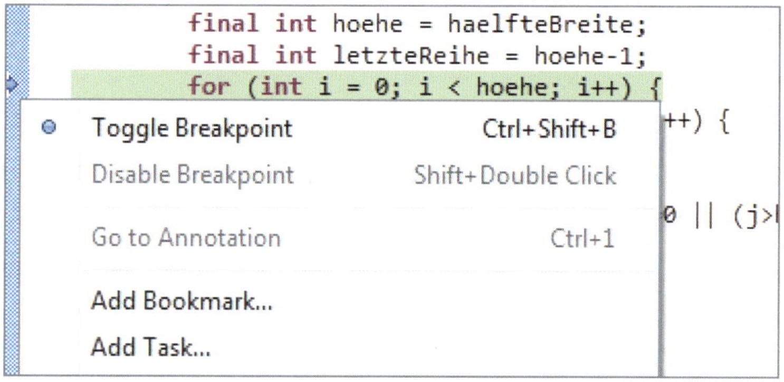

Breakpoint in Eclipse

Einen Breakpoint kannst du in Eclipse leicht über das Kontextmenü oder per Doppelklick neben der entsprechenden Codezeile hinzufügen.

[Einfache Aufgabe]

Öffne nochmal das Programm, das die ASCII-Krone ausgibt, und setze einen Breakpoint an der äußeren `for`-Schleife. Starte jetzt das Programm nicht im **„Run"-Modus**, sondern im **„Debug"-Modus**. Selektiere dazu in der Menüleiste von Eclipse das Menü **Run** und wähle **Debug** aus.

Wahrscheinlich fragt dich Eclipse beim ersten Mal, ob du die **Debug-Perspektive** öffnen möchtest. Das kannst du ruhig bestätigen, denn dort werden dir verschiedene nützliche Informationen bereitgestellt.

In der Ansicht „Variables" hast du beispielsweise **Zugriff** auf die aktuellen Variablen:

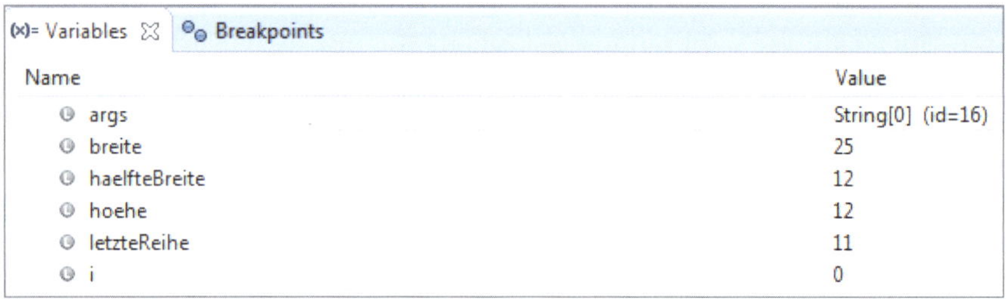

Aktuelle Variablen im Debugger

Und diese Leiste hier ist ja fast selbsterklärend. Damit kannst du dein Programm im Debug-Modus steuern.

Starten, stoppen, springen…

Sieht ein bisschen aus wie an meinem CD-Player.

Genau!

Und damit du direkt losrocken kannst, hier noch schnell die Bedeutung der für den Moment wichtigsten Schaltflächen:

Schaltfläche (Tastenkürzel)	Funktion
Play/Resume (F8)	Hiermit setzt du die Ausführung deines Programms fort. Es wird erst wieder angehalten, wenn das Programm fertig ist oder wenn der nächste Breakpoint erreicht wird.
Pause/Suspend	Wenn's zu schnell wird, kannst du hiermit die Ausführung deines Programms **pausieren**.
Stop/Terminate (Strg + F2)	Hiermit stoppst du die Ausführung des Programms, das heißt, das gesamte **Programm wird beendet**.
Step Into (F5)	Hiermit kannst du **in eine Methode** hineinspringen.
Step Over (F6)	Hiermit gehst du eine einzelne Anweisung weiter.
Step Return (F7)	Hiermit kannst du **aus einer Methode** heraus- und in die aufrufende Methode zurückspringen. Im Moment haben wir noch nicht viele Methoden, zwischen denen wir hin- und herspringen könnten. Aber das ändert sich bald.

Die Ausführung des Programms müsste jetzt also an dem Breakpoint, den du eben gesetzt hast, angehalten haben.

[Einfache Aufgabe]

Gehe jetzt schrittweise durch das Programm (Taste **F6** oder die entsprechende Schaltfläche auf dem „Player"), und schau dir an, wie sich die Variablen verändern. Toll, oder?

Schleifen abbrechen

Das Schlüsselwort **`break`** kennst du ja schon aus dem **`switch`**-Statement, wo du es verwenden kannst, um das **`switch`** abzubrechen. Du kannst es aber auch in Schleifen verwenden, um **aus der jeweiligen Schleife herauszuspringen**. Das bietet sich zum Beispiel an, wenn du mit einer **`for`**-Schleife etwas suchst und dann, wenn du es gefunden hast, die Suche abbrechen möchtest.
Hierzu ein kleines Programm, was so lange alle Startparameter durchgeht, bis die Zahl 5 gefunden wurde. Also ein echtes Programm, wie man es tagtäglich genauso programmiert.

```
int suchZahl = 5;
for (int i = 0; i < args.length; i++) { *1
  int zahl = Integer.parseInt(args[i]); *2
  if(zahl == suchZahl) { *4
    System.out.println(suchZahl + " gefunden an Stelle " + (i+1));
    break; *3
  }
}
*5
```

*1 Wir gehen alle Parameter durch, …

*2 … wandeln den Parameter in ein **`int`** um …

*3 … und brechen die Suche ab, …

*4 … wenn wir die 5 gefunden haben.

*5 Nach dem **`break`** geht's hier weiter.

Mit **`break`** kannst du also die gesamte Ausführung der **Schleife abbrechen**. Wenn du dagegen nur die **aktuelle Schleifeniteration** abbrechen möchtest, verwendest du besser das Schlüsselwort **`continue`**:

```
int suchZahl = 5;
for (int i = 0; i < args.length; i++) { *1
  int zahl = Integer.parseInt(args[i]); *2
  if(zahl % suchZahl != 0) { *4
    System.out.println(zahl + " nicht teilbar durch " + suchZahl);
    continue; *3
  }
  if(zahl == suchZahl) {
    System.out.println(suchZahl + " gefunden an Stelle " + (i+1));
    break;
  }
}
```

*1 Wir gehen alle Parameter durch, …

*2 … wandeln den Parameter in ein **`int`** um …

*3 … und fahren mit dem nächsten Parameter fort, …

*4 … wenn die aktuelle Zahl nicht durch **`suchZahl`** teilbar ist, denn dann ist sie auch nicht **`suchZahl`** selber.

[Achtung]
`continue` kannst du allerdings nur in Schleifen verwenden, also nicht im **`switch`**.

Labels

Sowohl **break** als auch **continue** gibt es noch in einer Variante, in der du angeben kannst, **welche Schleife** abgebrochen werden soll. Das ist besonders dann interessant, wenn du geschachtelte Schleifen hast. Denn standardmäßig beziehen sich **break** und **continue** auf die unmittelbar umgebende Schleife. Wenn du aber innerhalb der inneren Schleife zur äußeren Schleife zurückspringen möchtest, machst du das über sogenannte **Labels**.

[Begriffsdefinition]
Labels sind Sprungmarken innerhalb deines Codes.
continue beispielmarke
bewirkt einen Sprung zur Sprungmarke, also der folgenden Codezeile:
beispielmarke:

```
aussen: *1
for (int i = 0; i < 10; i++) { *2
  for (int j = 0; j < 10; j++) { *3
    System.out.println(i + ", " + j);
    if(i==5) {
      continue; *4
    } else {
      continue aussen; *5
    }
  }
}
```

*1 So sieht ein Label aus.

*2 Hier ist die äußere Schleife.

*3 Hier ist die innere Schleife.

*4 **continue** ohne Label setzt die **innere Schleife** fort.

*5 **continue** mit Label **aussen** setzt die **äußere Schleife** fort.

[Zettel]
Versuche nicht, über den genauen Sinn dieses Programms nachzudenken. Es dient nur dazu, dir die Sprungmarken zu erklären.

[Ablage]
Ich würde dir raten, mit Labels sparsam umzugehen. Zwar sind sie in manchen Situationen hilfreich, führen aber meistens auch zu schwer lesbarem bzw. schwer nachvollziehbarem Quelltext. Viele Entwickler bevorzugen daher auch bei Schleifen das Prinzip **„Single Entry, Single Exit"**.

[Begriffsdefinition]
„Single entry, single exit" bedeutet im Falle von Schleifen, dass nur über eine Stelle in die Schleife hineingegangen wird, aber auch nur über eine Stelle wieder hinaus. Mit **break** und **continue** unterbricht man diesen „natürlichen Fluss" der Schleife und schafft mehr als eine Austrittsstelle.

Kalender

Weil's so schön ist, zum Schluss noch **eine Kopfnuss**, aber keine Angst: ohne Labels.

[Schwierige Aufgabe]

Schreibe ein Programm, das für einen Monat den Kalender ausgibt. Für einen Monat mit 31 Tagen zum Beispiel, der an einem Mittwoch beginnt, soll das Programm folgende Ausgabe liefern:

```
|MO|DI|MI|DO|FR|SA|SO|
|  |  |  | 1| 2| 3| 4| 5|
| 6| 7| 8| 9|10|11|12|
|13|14|15|16|17|18|19|
|20|21|22|23|24|25|26|
|27|28|29|30|31|  |  |
```

Das Programm erwartet also zwei Parameter: den Monat und den Starttag. Wie von magischer Hand gibt es **dazu schon den Pseudocode:**

```
// 1.) Überprüfen der Parameter
wenn Eingabemonat ein erlaubter Monat ist und der Starttag ein
erlaubter Starttag ist:
  // 2.) Bestimmung der Anzahl Tage im Monat
  // (Schaltjahre lassen wir übrigens weg)
  bestimme die Anzahl der Tage in diesem Monat
    Ist es ein Monat mit 31 Tagen?
    Ist es der Februar?
    Ist es ein Monat mit 30 Tagen?
  // 3.) Kalender ausgeben
  für alle Wochen
    gib die Woche aus
    für alle Tage
      gib den Tag aus
```

Du brauchst also nur noch den passenden Quelltext dazu zu schreiben.

„Nur noch" ist gut, aber na gut: Also für das Überprüfen der Parameter nehme ich eine **if**-Abfrage, und für die Bestimmung der Tage eines Monats nehme ich wahrscheinlich eine **switch**-Anweisung. Und der Pseudocode zur Ausgabe des Kalenders sieht mir doch sehr nach einer geschachtelten **for**-Schleife aus.

[Zettel]
Zwei Dinge sind etwas tricky: den Kalender am Anfang mit leeren Zellen aufzufüllen und herauszufinden, wie viele Zeilen der Kalender benötigt. Halte dich nicht damit auf, sondern programmiere erstmal das Drumherum.

Das hört sich doch schon mal gut an,

hier die Musterlösung, falls du doch Unterstützung möchtest:

[Zettel]
Den Pseudocode habe ich hier größtenteils aus den Kommentaren rausgenommen und nur die wichtigsten Schritte drin gelassen.

```
int monat = 6; *1
int startTag = 2; *2
// 1.) Überprüfen der Parameter
if(monat >= 0 && monat <= 11 && startTag >= 0 && startTag <= 6) { *3
  // 2.) Bestimmung der Anzahl Tage im Monat
  int tage; *4
  switch(monat) {
    case 0: case 2: case 4: case 6: case 7: case 9: case 11: *4
      tage = 31;
      break;
    case 1: *4
      tage = 28;
      break;
    default:
      tage = 30; *4
  }
  // 3.) Kalender ausgeben
  System.out.println("|MO|DI|MI|DO|FR|SA|SO|");
  int wochen = (tage + startTag) > 35 ? 6 : 5; *5
```

*1 Der Parameter für den **Monat**; Informatiker fangen in der Regel bei 0 an zu zählen, deswegen 0 für Januar, 1 für Februar und so weiter. Du kannst es aber auch anders machen.

*2 Der Parameter für den **Starttag**, 0 für Montag, 1 für Dienstag und so weiter.

*3 Erst solltest du prüfen, ob Monat und Starttag im **gültigen Wertebereich** liegen.

*4 Jetzt geht es an die Bestimmung der gesamten Tage im Monat. Hierfür ist eine **switch**-Anweisung wie gemacht.

*5 Diese Kurzfassung einer **if**-Abfrage mit gleichzeitiger Zuweisung prüft, wie viele Zeilen du für den Kalender benötigst. Mindestens fünf Zeilen (ohne Überschriften) und maximal sechs Zeilen.

```
    for(int woche=1; woche<=wochen; woche++) { *6
      for(int tag=1; tag<=7; tag++) { *7
        int datum = tag+(woche-1)*7-startTag; *8
        if(datum > 0 && datum <= tage) { *9
          System.out.print("|" + ((datum < 10) *11 ? " " : "") + datum); *9
        } else {
          System.out.print("|  "); *10
        }
      }
      System.out.println("|");
    }
  }
```

*6 In der äußeren Schleife gehst du über alle Wochen, das heißt, jeder Durchlauf dieser Schleife erzeugt eine neue Zeile in dem Kalender.

*7 In der inneren Schleife werden dann die einzelnen Daten für die Tage der jeweiligen Woche ausgegeben.

*8 Die Berechnung des Datums benötigt etwas Hirnschmalz, deswegen hier mal die Schritt-für-Schritt-Erklärung: Ausgegangen wird von der Variablen **`tag`**, das leuchtet ein. Da **`tag`** aber für jede **`woche`** nur bis 7 gezählt wird, musst du für jede schon bearbeitete Woche (minus die aktuelle) noch eine 7 hinzuaddieren (**`(woche-1)*7`**). Zum Schluss musst du dann nur noch **`startTag`** abziehen. Schon hast du es.

*9 Wenn das errechnete Datum dann größer als 0 und kleiner als die zuvor errechnete Anzahl der Tage im gegebenen Monat ist, gibst du es aus, …

*10 … ansonsten nur eine leere Zelle.

So, damit hätten wir all die wichtigen Dinge besprochen, mit denen du die volle Kontrolle über deine Programme hast.

Das war's schon? Dann hätte ich aber noch eine Frage: Im letzten Kapitel beim Schlüsselwort ABC habe ich gesehen, dass es auch ein **goto** *gibt. Das hört sich auch irgendwie so an, als ob ich damit dem Programm sagen könnte, wo es hingehen soll. Wieso haben wir das nicht besprochen?*

Tatsächlich gibt es das Schlüsselwort **`goto`**, es hat aber keinerlei Bedeutung und überhaupt keine Funktion in Java. Stammt noch aus alten Zeiten, in denen man dachte, man bräuchte es noch. Also: Das war's wirklich zum Thema Kontrollfluss. Fürs Erste. Ruh dich aus und mach dich bereit fürs nächste Kapitel.

[Belohnung/Lösung]

Natürlich darf deine Belohnung nicht fehlen. Du bekommst die **Schleife der Unendlichkeit**. Sie bekämpft Böses mit Bösem und beschützt dich vor ungewollten Endlosschleifen.

Zusammenfassung – alles unter Kontrolle

- Mit sogenannten Kontrollstrukturen kannst du den **Ablauf** deiner Programme beeinflussen.
- Wenn du abhängig von einem Booleschen Ausdruck ein Stück Code ausführen möchtest, packst du den einfach in ein `if`-Statement.
- Wenn du abhängig von einem Booleschen Ausdruck **entweder** das eine **oder** das andere Stück Code ausführen möchtest, nimmst du ein `if else`.
- Wenn du abhängig von verschiedenen Booleschen Ausdrücken auch **verschiedene Codestücke** ausführen möchtest, kannst du mit `else if` beliebig viele `if`-Statements verknüpfen, …
- … wobei du als Alternative immer das `switch`-Statement im Kopf haben solltest. Das kann zwar keine Booleschen Ausdrücke auswerten, sondern nur alles, was in ein `int` konvertiert werden kann sowie Strings und Enums, aber dafür ist die Schreibweise **kompakter** als bei komplexen `if`-`else`-Konstrukten.
- Wenn du ein bestimmtes Stück Code **mehrfach ausführen** möchtest, nimmst du eine der **Schleifen**: die `while`-Schleife, die `do-while`-Schleife oder die `for`-Schleife.
- Wenn du eine **Zählervariable** benötigst, nimmst du am besten die `for`-Schleife, denn die hat schon eine. Bei den anderen Schleifen musst du dir selber eine konstruieren.
- Wenn der Kontrollfluss in deinem Programm mal zu kompliziert werden sollte, schreibst du am besten erstmal **Pseudocode**, um die groben Schritte abzustecken, die du implementieren musst.
- Über **Kommentare** kannst du den Pseudocode sogar in deinem echten Quelltext stehen lassen. Dann fällt dir das Lesen des Quelltextes später leichter.

—VIER—

Arbeiten mit Strings

Von Dinkelpfannekuchen und Buchstabensalat

Neben den primitiven Datentypen gibt es noch einen weiteren grundlegenden Datentyp, der mindestens genauso wichtig für Java-Programme ist. Die Rede ist von Zeichenketten, auch „Strings“ genannt. Unter denen hatte sich Schrödinger bislang zwar immer etwas anderes vorgestellt, aber in diesem Kapitel sieht er ein, dass Strings in Java wesentlich bequemer sind.

Strings definieren

Bevor wir im nächsten Kapitel mit Klassen und Objekten loslegen, möchte ich dir erst noch einen weiteren wichtigen Datentyp vorstellen, der zwar auch als Klasse implementiert, aber andererseits so grundlegend ist, dass man ihn fast in einem Atemzug mit den primitiven Datentypen nennen könnte. Eins fehlt uns nämlich noch: Wörter definieren zu können, oder etwas abstrakter gesprochen: **Zeichenketten**. Mit dem primitiven Datentyp `char` kannst du ja nur einzelne Zeichen anlegen. Für Zeichenketten hingegen steht dir in Java die Klasse `String` zur Verfügung.

[Begriffsdefinition]
Strings heißen wirklich so. Gemeint sind keine Kleidungsstücke, sondern Zeichenketten. Und versprochen, ich mache keine Witze darüber.

Und ja, du hast richtig gelesen, Strings sind in Java nicht als primitiver Datentyp, sondern als **eigene Klasse** implementiert. Klassen sind komplexere Datentypen, die Werte dazu sind nicht so „primitiv" wie 3, 'A' oder `true`, sondern komplexere Objekte, die auch etwas Komplexes darstellen, wie etwa eine Datenbankverbindung, einen Datensatz, einen `Integer`-Wrapper (ja genau, der aus Kapitel 2, weißt du noch, hat gut geschmeckt, oder?) oder eben: `einen String`.
Mit den Details zu Objekten verschone ich dich zwar noch für ein Kapitel, aber so viel sei schon mal gesagt:

```
Objekttyp beispiel = new Objekttyp();
```

So werden Objekte im Allgemeinen angelegt

Das kann ich doch schon von den Wrapperklassen.

Genau, das sind ja auch Klassen, und zu denen legt man Objekte an. Dann weißt du bestimmt auch noch, wie.

Öhhhm, warte ... ja, ja, zum Beispiel so, ich zitiere: „Direkt über den Konstruktor."

```
Integer zahl = new Integer(42);
```

Richtig. Ich sehe, an dir ist meine Mühe nicht verschwendet. **Konstruktor** heißt die Routine, mit der – durch einen Aufruf hinter `new` – neue Objekte zu einer Klasse erzeugt werden. Für Strings sieht das praktisch gleich aus:

```
String name = new String("Schrödinger");
```

[Hintergrundinfo]
In Java sind Strings Objekte, und Objekte werden mit dem Schlüsselwort **new** erstellt. Im Beispiel verwenden wir den **String**-Konstruktor, der eine einfache Zeichenkette erwartet, aber Achtung, …

Obwohl **String** kein primitiver Datentyp ist, haben Strings in Java eine **Sonderstellung**. Sie können nämlich ähnlich wie die primitiven Datentypen auch ohne das **new**, also ohne Konstruktoraufruf, angelegt werden. Es gibt also verschiedene Möglichkeiten, **Strings zu erzeugen**. Hier ein paar **Beispiele**.

[Achtung]
… in der Regel solltest du einen String **nicht über den Konstruktor** erzeugen. Das hat was mit dem Speicher und der Wiederverwendung von Strings zu tun. Details dazu gibt's gleich noch.

Neue Strings auf vier Arten:

1. Der Speicherfresser:

```
String beispiel = new*1 String("Bla bla"*2);
```

*1 Strings sind Objekte, und die werden in der Regel mit dem **new**-Operator erstellt. Das ist aber im Fall von Strings nicht so gut für den Speicher, weil dann wirklich jeder String neuen Speicherplatz braucht, obwohl Java für Strings ein eigenes Recyclingsystem hat.

*2 **Doppelte Anführungszeichen**, sonst klappt's gar nicht.

[Hintergrundinfo]
Das Recyclingsystem heißt **String-Pool**. In ein paar Abschnitten, wenn hoffentlich die Sonne scheint, probieren wir es aus.

Und so machst du mit beim Recycling

2. Der Recycler:

```
String nochEinBeispiel = "Noch mehr bla bla"; *3
```

*3 Die verkürzte Schreibweise. An die solltest du dich gewöhnen. Gibt auch **keine Probleme mit dem Speicher**.

[Achtung]
Im Gegensatz zum Anlegen von **char**-Variablen, bei denen du einfache Anführungszeichen verwendest, musst du beim Anlegen von Strings doppelte Anführungszeichen verwenden.

3. Der Buchstabenfetischist:

```
char[] buchstaben = {'B', 'l', 'a', 'b', 'l', 'a'};
String nochEinAnderesBeispiel = new String(buchstaben); *4
```

*4 Strings können auch aus Arrays von einzelnen Buchstaben erzeugt werden. Das funktioniert allerdings nur über den Konstruktor. Wobei wir wieder beim Thema Speicher wären.

Buchstabe für Buchstabe

4. Der Bastler:

```
String undNochEinAnderesBeispiel = "Bla" + "bla"; *5
```

[Zettel]
Wenn du dich jetzt wunderst, dass jedes Mal ein neuer String entsteht: Ja, so ist das, neues Wort, neues Stringobjekt. Mehr dazu im Abschnitt „Strings sind unveränderlich".

*5 Eine weitere Besonderheit gegenüber anderen Java-Objekten ist, dass Strings sogar den **+-Operator** unterstützen. In diesem Beispiel werden die zwei Strings „Bla" und „bla" zu einem neuen String zusammengefügt. Aber auch hier musst du wissen, was du tust, denn auch dabei wird jedes Mal ein neues Stringobjekt erzeugt. Wenn du das zum Beispiel in einer Schleife schreibst und der Code sehr oft läuft, kann es **gehörige Probleme mit dem Speicher** geben.

Na toll. Vier verschiedene Wege, diese Strings zu erstellen, aber nur einer ungefährlich.

[Zettel]
Du kannst auch den **+=**-Operator verwenden. Aber das war's auch schon. **-**, **/** und ***** funktionieren zum Beispiel nicht.

Auf einzelne Zeichen zugreifen

Um auf ein einzelnes Zeichen in einem String zuzugreifen, verwendest du die Methode `charAt(index)`. Mit `charAt(0)` zum Beispiel bekommst du das erste Zeichen des Strings, denn Strings fangen wie so vieles in der Programmierung auch bei 0 an zu zählen. Der folgende Codeschnipsel liefert zum Beispiel ein „S".

```
String name = "Schrödinger";
System.out.println(name.charAt(0));
```

[Begriffsdefinition]
Mit **Index** ist die Position eines Zeichens innerhalb des Strings gemeint.

Wenn du das Feld von hinten aufrollen und das letzte Zeichen ermitteln willst, musst du erstmal wissen, **wie lang** der String ist. Und das kannst du mit der Methode `length()` herausfinden. Versuch mal selber, dir den letzten Buchstaben des obigen Strings ausgeben zu lassen.

Ist ja einfach, wahrscheinlich so:

```
System.out.println(name.charAt(name.length()));
```

Fast, aber Vorsicht: Lass das so mal laufen.

Da kommt ein Fehler: **StringIndexOutOfBoundsException.**

Aha. Index außer Rand und Band. Wenn dieser Fehler kommt, ist meistens der Entwickler schuld.

Na danke. Und warum?

Weil du dann **deine Finger wo reinsteckst, wo sie nicht hingehören**. "Index out of Bound" heißt wörtlich "Index außerhalb der Grenzen". Vergiss niemals: Strings fangen bei 0 an. „Schrödinger“ ist zwar 11 Zeichen lang, aber wenn das erste Zeichen den Index 0 hat, …

Index	0	1	2	3	4	5	6	7	8	9	10	11
Zeichen	S	c	h	r	ö	d	i	n	g	e	r	StringIndexOutOf-BoundsException

… hat das letzte Zeichen den Index 10, ich verstehe.

Genau, oder allgemeiner gesagt: **Länge der Zeichenkette minus eins.**

Korrekt wäre also:

```
System.out.println(name.charAt(name.length()-1));
```

Strings zerlegen

Um einen String zu zerteilen, gibt es prinzipiell zwei Möglichkeiten: Wenn du den String an einem ganz **bestimmten Index** teilen möchtest, verwendest du **`substring()`**, wenn du den String an einem **bestimmten Zeichen oder Zeichenmuster** zerlegen willst, verwendest du **`split()`**.

Anders gesagt: Nimm die **Axt**, deren Sonderform, die **Doppelaxt**, oder die **Spaltmaschine**.

Die Axt:

Die Axt zerteilt den String an einer Stelle:

```
String gegner = "Schleimiger Riesenschneckendrachen";
System.out.println(gegner.substring(18));
```

Ausgabe: **„schneckendrachen“**

Wenn dir das noch nicht reicht, gibt's noch eine spezielle Variante der Axt, die den String an zwei Stellen zerteilt.

Die Doppelaxt:

Mit der zweiten Variante von **`substring()`** machst **du aus dem Riesenschneckendrachen eine Schnecke:**

```
System.out.println(gegner.substring(18*1, 26*2));
```

*1 Die eine Seite der Doppelaxt. Damit ist der Riesenschneckendrachen schon mal kein Riese mehr.

*2 Und die andere Seite der Doppelaxt. Damit machst du ihn zur Schnecke.

Ausgabe: **„schnecke“**

Die Spaltmaschine:

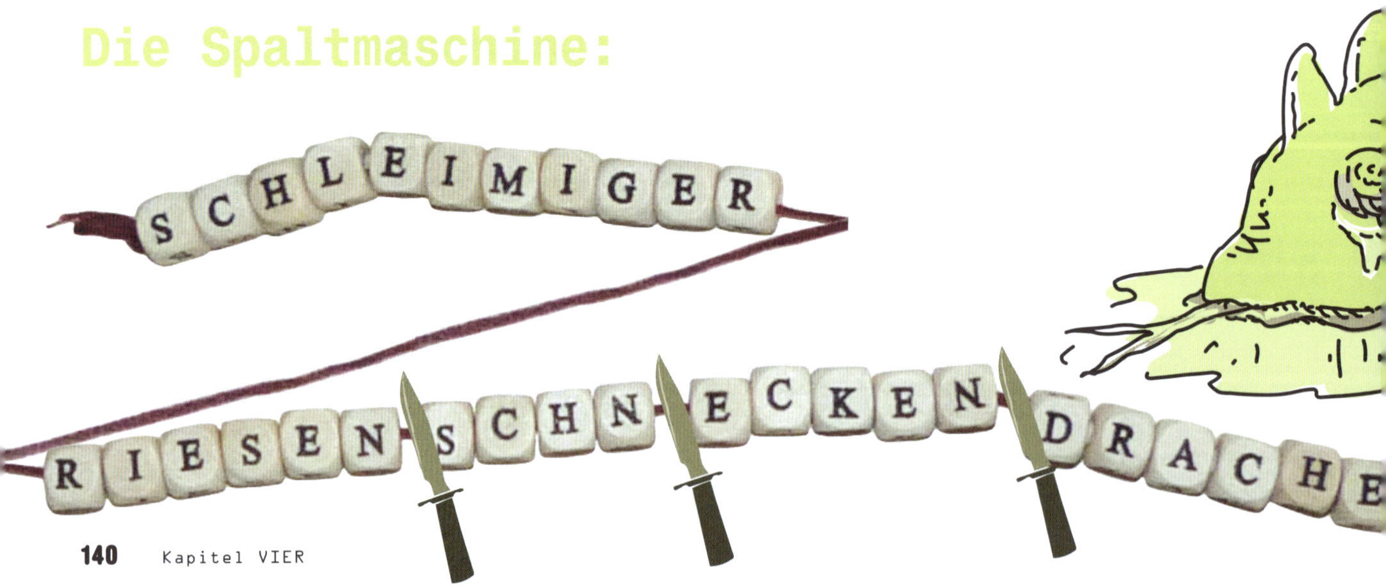

Damit meine ich die **split()**-Methode. Mit der kannst du alles Mögliche zerteilen und zerhacken: Textabschnitte in Sätze, Sätze in Wörter, Telefonnummern in Vorwahl und Hauptnummer, schleimige Riesenschneckendrachen in … na ja, lassen wir das, sonst kriegt das Buch keine Jugendfreigabe. Die Methode heißt ja nicht **splatter()**. **split()** erwartet als Parameter einen **regulären Ausdruck** (englisch: regular expression). Das ist nichts anderes als ein bestimmtes Zeichenmuster, nach dem innerhalb des Strings gesucht wird.

[Begriffsdefinition]

Ein **regulärer Ausdruck** ist eine spezielle Zeichenkette, mit der du andere Zeichenketten **beschreiben** kannst. „S[a-zA-ZäöüÄÖÜß]*“ heißt zum Beispiel so viel wie „alle Wörter, die mit einem großen „S“ anfangen. Lust drauf? Dann freu dich auf Kapitel 17.

Die Ananas könntest du also ganz jugendfrei so zerteilen:

```
String frucht = "Ananas";
String[]*1 scheibchen = frucht.split("a"); *2
System.out.println(Arrays.toString(scheibchen)); *3
```

Ausgabe: [An, n, s]

*1 Der Rückgabewert der **split()**-Methode ist ein Array von Strings.

*2 Überall, wo das Muster „a“ vorkommt, soll der String zerteilt werden. Zugegeben ein recht einfaches Muster, aber reguläre Ausdrücke können auch weitaus komplexer sein. Und wie Du siehst, nehmen sie es ganz genau: "A" ist nicht gleich "a", entspricht also nicht dem angegebenen Muster.

*3 **Arrays.toString()** ist eine Helfermethode, um das String-Array in einen String zu konvertieren. Den können wir dann prima auf der Konsole ausgeben. Das Ergebnis ist [An, n, s], das Array enthält also genau die Teile rund um die ganzen „a“s.

[Achtung]

Die Teilstrings "a", an denen zerteilt wird, werden wie ein Trennzeichen behandelt und herausgenommen.

Den schleimigen Riesenschneckendrachen hättest du also mit split("e") ohne viel Aufwand in acht Teile zerhauen.

[Achtung]

Während du bei **substring()** einen einzelnen String als Rückgabe bekommst, liefert **split()** ein ganzes Array von Strings.

Zeichen für Zeichen

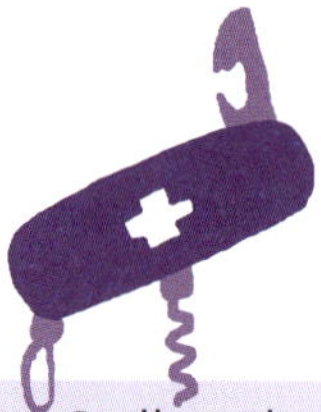

[Einfache Aufgabe]

Überlege mal, an welchen Stellen überall wir in den ersten drei Kapiteln Strings verwendet haben.

Ganz schön oft:

- bei der Ausgabe auf die Konsole: `System.out.println()`
- beim Einlesen der Programmparameter: `public static void String args[]`
- bei den Wrapperklassen für primitive Datentypen

Du siehst, du begegnest Strings genauso häufig wie den primitiven Datentypen. Apropos primitive Datentypen: Mit dem +-Operator kannst du die sogar direkt mit Strings verknüpfen. Das Ergebnis einer solchen Operation ist dann aber immer ein String. **Strings werden also nicht automatisch in Zahlen umgewandelt.**

Dafür gab's ja auch `Integer.valueOf()`, *hab ich recht?*

Mensch, Schrödinger, du weißt Bescheid, das macht echt Spaß mit dir.

Hier trotzdem noch **ein paar Beispiele:**

```
System.out.println(12 + "12"); *1
System.out.println("12" + 12); *2
System.out.println(12 + 12 + "12"); *3
System.out.println(12 + (12 + "12")); *4
System.out.println("12" + 3 + 3 + "21"); *5
System.out.println("0" + 7 - 7 + "7"); *6   X
System.out.println("0" + (7 - 7) + "7"); *7
System.out.println("Hexen".concat("meister")); *8
```

*1 Du kannst zuerst den primitiven Datentyp und dann den String schreiben …

*2 … oder andersrum. Beide Male ist das Ergebnis „1212".

*3 Da die **+**-Operatoren, wenn du keine Klammern setzt, von links nach rechts ausgewertet werden, werden hier die beiden Zahlen erst addiert und anschließend mit dem String verknüpft. Das Ergebnis ist in dem Fall also „2412".

*4 Mit Klammern sieht das anders aus: Hier wird erst der Ausdruck innerhalb der Klammer ausgewertet (Das Ergebnis ist ein String: „1212") und danach der äußere Ausdruck („121212").

*5 Hier steht ganz links ein String. Und zuerst wird „12" + 3 ausgewertet, danach „123" + 3 und danach „1233" + 21. Das Ergebnis ist also „123321".

*6 Sobald du einen String verwendest, kannst du keine anderen Operatoren als den **+**-Operator in deinem Ausdruck verwenden …

*7 … es sei denn, du setzt Klammern (ohne Klammern gibt's übrigens einen Compilerfehler).

*8 Alternativ zum **+**-Operator kannst du auch die **concat()**-Methode verwenden. Aber auch an die solltest du dich nicht gewöhnen, denn die erstellt immer ein neues Stringobjekt per Konstruktor.

[Code bearbeiten]

Der Entwickler des folgenden Codeschnipsels hatte wahrscheinlich zu viel Bier im Bauch. Repariere den Code für ihn.

```
int flaschenImKasten = 20;
int flaschenImBauch = 5;
System.out.println(flaschenImKasten + "-" + flaschenImBauch + " ist " + ⤶
  flaschenImKasten - flaschenImBauch); X
```

Das Minus ist das Problem! Compilerfehler! Error! Error! Den Ausdruck muss ich klammern! Warte, das hab ich gleich, so ...

```
System.out.println(flaschenImKasten + "-" + flaschenImBauch + " ist " + ⤶
  (flaschenImKasten - flaschenImBauch));
```

Genau, das Minus war schuld. Diesen Operator gibt es nämlich nicht für Strings. Wenn du das Ergebnis einer Berechnung in einem String einbauen möchtest, solltest du den jeweiligen Ausdruck immer klammern.

[Schwierige Aufgabe]

Schreibe ein Programm, das ausgibt, an welchen Stellen in einer Zeichenkette ein Vokal vorkommt.
Für jeden Vokal soll es einen Strich ausgeben, für alle anderen Buchstaben einen Punkt.

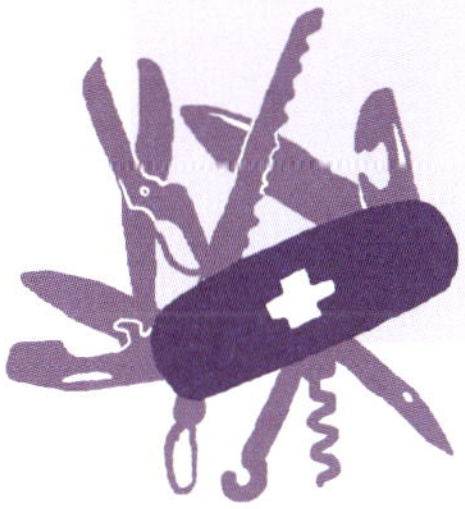

Und damit's nicht ganz so langweilig ist, hier ein Wort mit besonders vielen Vokalen: **Taumatawhakatangihangakoauauotamateaturipukakapikimaungahoronukupo-kaiwhenuakitanatahu.**
Kennste nicht? Dann helfen Suchmaschine, Link oder QR-Code.

http://de.wikipedia.org/wiki/Taumatawhakatangihangakoauauotamateaturipukakapikimaungahoronukupokaiwhenuakitanatahu

```
System.out.println(zeichenkette*1);
zeichenkette = zeichenkette.toLowerCase()*7;
for (int i = 0; i < zeichenkette.length()*2; i++) {
  char zeichen = zeichenkette.charAt(i)*3;
  switch(zeichen*4) {
    case 'a': case 'e': case 'i': case 'o': case 'u':
      System.out.print("-");*5
      break;
    default:
      System.out.print(".");*6
  }
}
```

Hier die Musterlösung, falls du selbst nicht richtig weiterkommst:

*1 In die erste Zeile kommt das Wort, nur zum späteren Abgleichen.

*2 Hier heißt es nun, alle Zeichen durchzugehen, bei 0 anzufangen und bei Länge minus eins bzw. `i` kleiner Länge aufzuhören.

*3 Einzelne Zeichen gibt's über `charAt()`, wie gerufen für die Zählervariable `i`.

*4 Abhängig vom jeweiligen Zeichen …

*5 … ändert sich die Ausgabe: Für Vokale wird ein Minuszeichen, …

*6 … für alle anderen Zeichen wird ein Punkt ausgegeben.

*7 Und weil der String nach `toLowerCase()` nur noch aus Kleinbuchstaben besteht, reichen im `case` auch nur die kleinen Vokale.

Damit sieht die Ausgabe des Programms so aus:

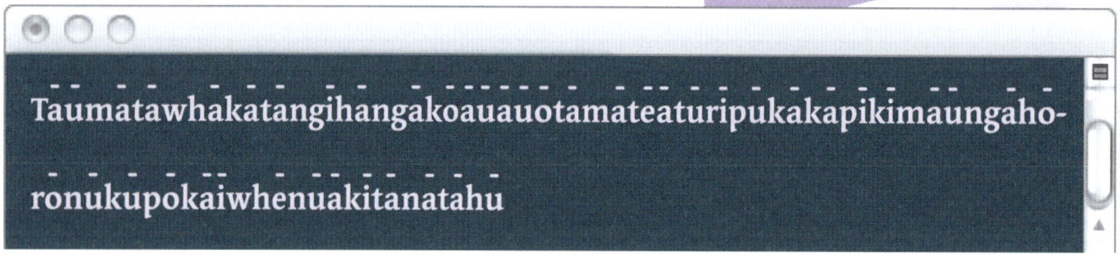

[Notiz]

Zur Erinnerung: `toLowerCase()` wandelt die Zeichen eines Strings (soweit es sich um Buchstaben handelt) in Kleinschreibung um, `toUpperCase()` entsprechend in Großbuchstaben. Sonderzeichen wie ? und & sind von dieser Umwandlung natürlich nicht betroffen.

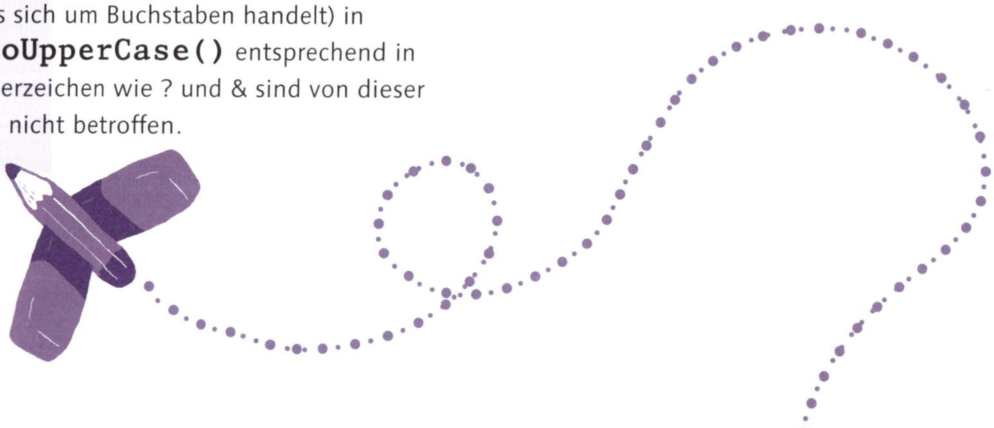

Vergleichen von Strings

Strings sind Objekte, und Objekte vergleicht man in Java nicht mit **==** wie primitive Datentypen, sondern mit der Methode **equals()**. Um zwei Strings zu vergleichen, machst du das einfach wie hier:

```
String name = "Schrödinger";
String nochEinName = "Schrödi" + "nger";
boolean sindGleich = name.equals(nochEinName);
```

[Hintergrundinfo]
Wenn dir die Groß- und Kleinschreibung bei zwei Strings egal ist, kannst du alternativ **equalsIgnoreCase()** verwenden.

Wenn du prüfen möchtest, ob zwei Variablen auf **dasselbe Objekt** zeigen, kannst du **==** verwenden. Wenn du aber wissen möchtest, ob zwei Objekte von ihrer **Bedeutung her gleich** sind, bzw. bei Strings, ob zwei Strings **den gleichen Inhalt haben**, nimmst du **equals()**. Merke dir das gut. Wir kommen nochmal darauf zurück.

[Ablage]
Strings solltest du immer mit **equals()** oder **equalsIgnoreCase()** vergleichen, niemals mit **==** oder **!=**.

Teile vergleichen

Um nur Teile von Strings zu vergleichen, gibt es noch ein paar zusätzliche Methoden: **endsWith()**, um zu prüfen, ob ein String mit einem anderen String endet, **startsWith()** um zu prüfen, ob ein String mit einem anderen String beginnt, und **regionMatches()**, um zu prüfen, ob ein bestimmter Teil eines Strings einem anderen String gleicht.

```
System.out.println("Urinstinkt".endsWith("instinkt"));
```

Ausgabe:

```
true
```

```
System.out.println("Tischlerei".startsWith("Tischler"));
```

Ausgabe:

```
true
```

Der Aufruf von **`regionMatches()`** ist ein bisschen komplizierter, die Methode bekommt gleich vier Parameter:

```
System.out.println("Pfannekuchen".regionMatches(2 *1, *3 "Badewanne" *2, 5 *3, 4 *4));
```

*1 Der erste Parameter von **`regionMatches()`** gibt an, ab welchem Index (von „Pfannekuchen") du den Vergleich durchführen möchtest. Ab 2, also ab dem „a".

*2 Der zweite Parameter ist der String, aus dem ein Teilstring verglichen werden soll, …

*3 … aber nur ab dem Index der hier angegeben ist (also ab dem zweiten „a" in „Badewanne".)

*4 Das hier gibt an, wie viele Zeichen verglichen werden sollen.

Index	0	1	2	3	4	5	6	7	8	9	10	11
String 1	P	f	**A**	**N**	**N**	**E**	k	u	c	h	e	n
String 2	B	a	d	e	w	**A**	**N**	**N**	**E**			

Das Ergebnis lautet also **`true`**.

anne in der Badewanne und im Pfannekuchen

[Hintergrundinfo]

`regionMatches()` gibt es in einer weiteren Variante, in der du über einen zusätzlichen Boolean-Parameter noch angeben kannst, ob Groß- und Kleinschreibung beim Vergleich egal sind.

Gleich oder nicht gleich, oder doch teilweise gleich

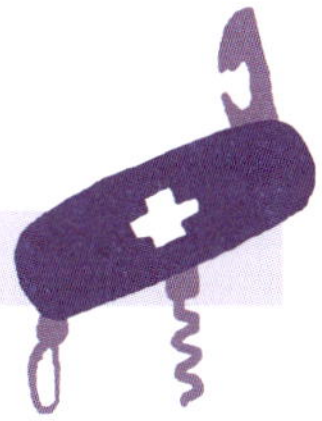

[Einfache Aufgabe]

Repariere den folgenden Code:

```
public static void main(String[] args) {
  if(args[0] == "Schrödinger") {
    System.out.println("Hallo");
  }
}
```

Einfach! Strings nicht mit == vergleichen, sondern mit **equals()**, *also so:*

```
public static void main(String[] args) {
  if(args[0].equals("Schrödinger")) {
    System.out.println("Hallo");
  }
}
```

Genau, aber nicht vergessen, zu prüfen, ob **args[0]** nicht **null** ist. Sonst gibt's beim Zugriff darauf eine Exception. Ähnlich wie wenn du auf einen nicht vorhandenen Stringindex zugreifst.

Also besser so:

```
if(args[0] != null && args[0].equals("Schrödinger")) {
  System.out.println("Hallo");
}
```

Oder noch besser so:

```
if("Schrödinger".equals(args[0])) {
  System.out.println("Hallo");
}
```

Dann sparst du dir nämlich die Überprüfung auf **null**.

[Belohnung]

Das ist ein **toller Trick:**

args[0].equals("Schrödinger") musst du absichern: **args[0]** könnte **null** sein, darf es aber nicht.

"Schrödinger".equals(args[0]) musst du **nicht** absichern: "Schrödinger" kann nicht **null** sein.

Wenn du den Trick draufhast, schenke ich dir das Ich-bin-nicht-**null**-T-Shirt.

[Schwierige Aufgabe]

Schreibe ein Programm, das für zwei Zeichenketten das längste gemeinsame Suffix berechnet.

„Das längste gemeinsame Suffix?" Hast du zu viel getrunken? Was heißt denn das bitteschön?

Mit dem „längsten gemeinsamen **Suffix**" ist der längste String gemeint, auf den beide Wörter **enden**. Für „Tischlerei" und „Fischerei" wäre das zum Beispiel der Teilstring„erei".

Ich würde es so machen:

```
String s1 = "Tischlerei";
String s2 = "Fischerei";
String gemeinsamesSuffix = "";
for (int i = s1.length()-1; i >= 0; i--) { *1
  String teilString = s1.substring(i); *1
  if(s2.endsWith(teilString)) { *2
    gemeinsamesSuffix = teilString; *3
  } else {
    break; *4
  }
}
System.out.println(gemeinsamesSuffix);
```

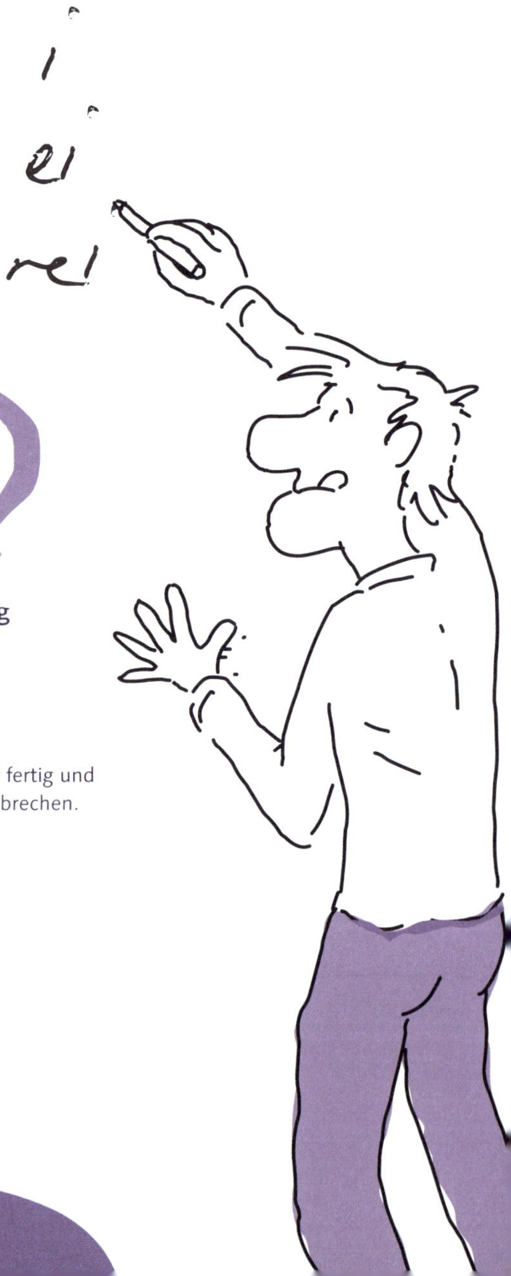

*1 Wir betrachten ein immer größer werdendes Suffix (`teilString`) von `s1`.

*2 Wenn `s2` mit `teilString` endet, …

*3 … aktualisieren wir das größte gemeinsame Suffix, …

*4 … ansonsten sind wir fertig und können die Schleife abbrechen.

[Belohnung]

Sei froh, dass du nur das **längste gemeinsame Suffix** und nicht den **längsten gemeinsamen Substring** berechnen solltest. Wirklich. Das wäre mit den bisher besprochenen Methoden nämlich nicht so bequem.

Suchen und ersetzen in Strings

Bevor es wieder zurück in die Werkstatt geht, hier noch ein paar weitere nützliche Dinge, die du mit Strings anstellen kannst:

Das erste Vorkommen eines Zeichens oder eines (Teil) Strings ermitteln zum Beispiel:

Dafür gibt's die Methode **indexOf()**. Zurück bekommst du den Index des ersten Vorkommens des gesuchten Zeichens bzw. des gesuchten Teilstrings:

*1 Das erste Vorkommen von „e" ist an Index 3. Beachte: der Parameter ist hier ein **char** …

```
System.out.println("Käsekuchen".indexOf('e')); *1
System.out.println("Käsekuchen".indexOf("kuchen")); *2
```

*2 … alternativ kannst du aber auch ganze Strings nehmen. Das Ergebnis ist hier 4.

Über eine weitere Variante von **indexOf()** kannst du zusätzlich noch den Startindex angeben, ab dem gesucht werden soll:

```
System.out.println("Käsekuchen".indexOf('e', 4)); *1
```

*1 Hier wird das erste Vorkommen von „e" ab dem Index 4, also ab dem kleinen „k" gesucht. Der Rückgabewert bezieht sich aber wieder auf den gesamten String, in diesem Fall ist das also eine 8.

Wenn du das letzte Vorkommen brauchst, …

… gibt's das Ganze analog über die **lastIndexOf()**-Methode.

```
System.out.println("Käsekuchen".lastIndexOf('e')); *1
System.out.println("Käsekuchen".lastIndexOf("kuchen")); *2
System.out.println("Käsekuchen".lastIndexOf('e', 4)); *3
```

*1 **lastIndexOf()** kannst du wie **indexOf()** mit einem **char** verwenden, um einzelne Zeichen zu suchen (Ergebnis hier: 8, weil das letzte Vorkommen von „e" an Index 8 steht) …

*2 … oder mit Strings, um Zeichenketten zu suchen (Ergebnis unverändert: 4).

*3 Der zweite Parameter gibt den Index an, von dem aus rückwärts gehend gesucht werden soll. In diesem Fall wird von Index 4, also von dem kleinen „k" aus, rückwärts nach einem „e" gesucht. Das Ergebnis ist 3, weil „e" in „Käsek" an Position 3 steht. Das heißt, der ganz normale Index von vorne zählend wird genommen, auch wenn von hinten gesucht wird.

Und was ist, wenn das Zeichen oder der Teilstring gar nicht vorkommen?

[Zettel]
Wenn das Zeichen (oder die Zeichenkette) überhaupt nicht gefunden wurden, liefern **`indexOf()`** und **`lastIndexOf()`** ein -1 als Ergebnis.

Wenn du nur wissen möchtest, ob ein Zeichen oder ein (Teil)String überhaupt vorkommt, …

… kannst du die Methode **`contains()`** verwenden. Der String, nach dem gesucht werden soll, ist dabei als Parameter anzugeben:

```
System.out.println("Käsekuchen".contains("kuchen")); *1
System.out.println("Käsekuchen".contains("kalorien")); *2
```

*1 Das gibt ein **`true`**.

*2 Und das hier gibt ein **`false`**. Zumindest in Java.

Wenn du nicht nur suchen, sondern auch gleich ersetzen möchtest …

… nimmst du die Methode **`replace()`**, denn die ersetzt alle Vorkommen eines (Teil)Strings in einem anderen String.

```
System.out.println("Käsekuchen".replace("Käse", "Schokoladen"));*1
System.out.println("Fischers Fritz fischt frische Fische".replace("isch", ↩
  "osch"));*2
```

*1 Aus „Käsekuchen" wird „Schokoladenkuchen".

*2 Und hier gibt's „Foschers Fritz foscht frosche Fosche". Immer noch unmöglich auszusprechen, aber was soll's.

[Hintergrundinfo]
Außerdem steht dir noch **`replaceFirst()`** zur Verfügung, wenn du nur das erste Vorkommen ersetzen möchtest, und **`replaceAll()`**, wenn du alles ersetzen möchtest, was einem bestimmten regulären Ausdruck entspricht.

ZICK-ZICK-ZILLES

Speiseplanhacker

Käsekuchen wäre ja noch lecker, aber bei uns gibt's gleich bestimmt wieder Dinkelpfannekuchen. Meine Freundin ist auf dem Öko-Trip.

[Einfache Aufgabe]

Dann kommt hier die passende Aufgabe: Schreibe einen Speiseplanhacker, der alles, was mit „Dinkel" anfängt, gegen etwas Leckeres ersetzt. „Dinkelpfannekuchen" wird „Hamburger", „Dinkel mit Salat" wird „Hamburger mit Pommes" und so weiter.

```
if (speise != null *1 && speise.startsWith("Dinkel") *2) {
  if ("Dinkelpfannekuchen".equals(speise)) { *3
    speise = "Hamburger"; *3
  } else {
    speise = speise.substring("Dinkel".length()); *4
    speise = "Hamburger" + speise; *4
  }
}
if (speise != null && speise.contains("Salat")) { *5
  speise = speise.replaceAll("Salat", "Pommes"); *5
}
System.out.println("Heute gibts " + speise);
```

*1 Erst prüfen, ob die **speise**-Variable überhaupt belegt ist. Darum kommst du hier nicht herum, weil du ja nur wissen möchtest, …

*2 … ob **speise** mit „Dinkel" anfängt.

*3 „Dinkelpfannekuchen" wird komplett durch „Hambuger" ersetzt …

*4 … „Dinkel" ebenfalls …

*5 … und statt „Salat" gibt es „Pommes".

[Schwierige Aufgabe]

Jetzt, wo du die Methode **contains()** kennst, kannst du dich ja mal an die Berechnung des längsten gemeinsamen **Substrings** wagen.

Lösung:

```
String s1 = "Tischlerei";
String s2 = "Fische";
String gemeinsamerSubstring = "";
for (int i = 0; i < s1.length(); i++) { *1
  for(int j = 0; j < s1.length() - i; j++) { *1
    String teilString = s1.substring(j, j+i); *1
    if(s2.contains(teilString)) { *2
      gemeinsamerSubstring = teilString; *3
    }
  }
}
System.out.println(gemeinsamerSubstring);
```

*1 Über diese geschachtelte Schleife werden alle möglichen Teilstrings von **s1** gebildet, also erst alle mit einem Buchstaben („T", „i", „s", „c", „h" und so weiter), dann alle mit zwei Buchstaben („Ti", „is" usw.), dann alle mit drei, mit vier, mit fünf, …

*2 Wenn **s2** diesen **teilString** enthält, …

*3 … wird der längste gemeinsame Teilstring aktualisiert.

[Einfache Aufgabe]

Verändere den String **eingabe** so, dass er nacheinander die folgenden Wörter ergibt.

```
String eingabe = "Iss";
```

Hier die Wörter, die ausgegeben werden sollen:

Iss

1.) **eingabe = "E" + eingabe.substring(0,2).toLowerCase();**

Eis

2.) ____

Heiss

3.) ____

Heisser

4.) ____

Hosenschei**er

Hier die Musterlösung:

```
2.) eingabe = "H" + eingabe.toLowerCase() + "s";
3.) eingabe = eingabe + "er";
4.) eingabe = "Hosensc" + eingabe.toLowerCase().replaceAll("s", "*");
```

Summertime

Kommen wir nochmal zurück zu der Begründung, warum es besser ist, Strings nicht über den Konstruktor anzulegen.

Die schnelle Antwort:

In Java werden Strings, so gut es geht, **wiederverwendet**. Das ist überhaupt nicht unhygienisch, sondern dient dazu, **Speicherplatz zu sparen**. Dieses Wiederverwenden funktioniert aber nur für Strings, die **ohne Konstruktor** angelegt werden. **Mit Konstruktor** wird immer ein **neues Stringobjekt** angelegt. Problem: Legst du sehr, sehr oft den gleichen String an, verbraucht dies unnötig Speicher. Besonders übel ist das, wenn du dir zum Beispiel in einer Schleife einen String zusammenbaust und in jeder Schleifeniteration etwas an den String drangehängt wird.

Und jetzt die ausführliche Antwort:

Die ganze Wiederverwendung von Strings basiert auf dem Konzept des sogenannten **String-Pools**. Ja, brauchst gar nicht so anrüchig zu gucken, der heißt wirklich so. Damit ist ein Speicherbereich gemeint, in dem Werte für Strings gespeichert werden, die dann von mehreren Stringvariablen verwendet werden können. Wenn mehrere Variable den gleichen Wert haben, braucht der nur einmal gespeichert zu werden. Die Variablen können den Wert im Speicher gemeinsam benutzen, auch gleichzeitig. Ohne Beispiele kommen wir aber auch hier nicht weiter.

Gucken wir mal, was passiert, wenn du einen String ohne Konstruktor anlegst:

```
public class StringPool {
  public static void main(String[] args) {
    String schachFigur = "Läufer";
  }
}
```

Hier wird eine neue Stringvariable mit dem Wert „Läufer“ erzeugt. Da dies der **erste String** in unserem Programm ist, dem wir einen Wert zuweisen, existiert **noch kein Wert im String-Pool**. Also kommt der Wert „Läufer“ hinein. Außerdem wird ein **neues Objekt vom Typ String** erzeugt und das landet auf dem **Heap**, einem speziellen Speicherbereich, in dem alle Java-Objekte verwaltet werden. Den nehmen wir im nächsten Kapitel noch genau unter die Lupe.

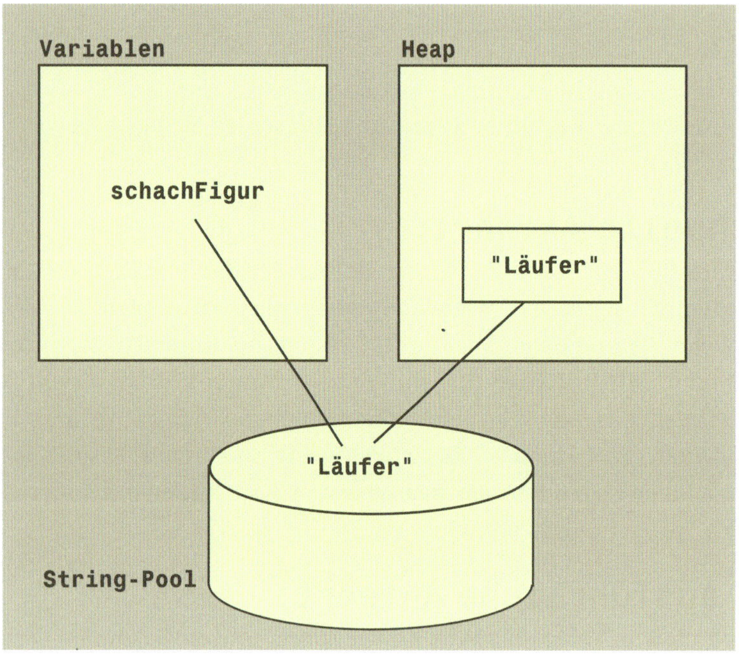

Die Variable **`schachFigur`** zeigt auf den Wert „Läufer" im String-Pool. Der wiederum zeigt auf das eigentliche Objekt auf dem Heap. Wenn du jetzt eine zweite Stringvariable mit dem Wert „Läufer" anlegst, prüft die JVM, ob es diesen Wert bereits im String-Pool gibt. Falls ja, wird dieser Wert (und das damit assoziierte Objekt auf dem Heap) wiederverwendet und der Variablen zugewiesen, statt dass ein neues Objekt angelegt wird.

```
String teppich = "Läufer";
```

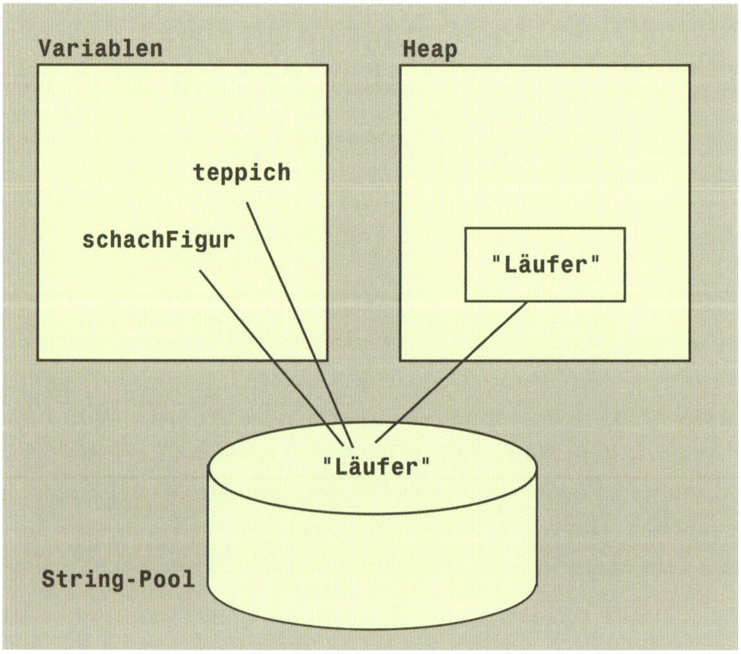

Zwei Variablen, die sich ein Objekt teilen.

Du kannst das auch schön im Debug-Modus von Eclipse überprüfen. Beide Variablen zeigen auf den gleichen Wert mit derselben ID

(x)= Variables | Breakpoints

Name	Value
args	String[0] (id=16)
schachFigur	"Läufer" (id=19)
teppich	"Läufer" (id=19)

Schau dir mal im Debug-Modus von Eclipse an, was passiert, wenn du stattdessen den zweiten String mit dem **new**-Operator anlegst, also so:

```
String schachFigur = "Läufer";
String teppich = new String("Läufer");
```

(x)= Variables | Breakpoints

Name	Value
args	String[0] (id=16)
schachFigur	"Läufer" (id=19)
teppich	"Läufer" (id=23)

Hey, das ist jetzt ja nicht mehr dieselbe ID!

Genau, denn mit dem **new**-Operator legst du **immer** ein neues Objekt an. Die JVM prüft in diesem Fall nicht, ob es den Wert schon im String-Pool gibt, und kann also auch nicht das bereits existierende Objekt wiederverwenden.

Jetzt verstehe ich auch noch besser, warum ich zum Vergleichen von Strings **equals()** *nehmen soll: mit == wird nur die ID verglichen!*

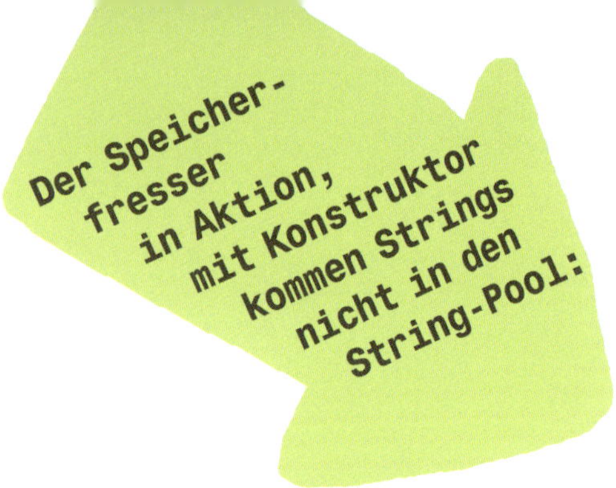

Noch was: Strings, die du mit **new** anlegst, werden auch nicht automatisch in den String-Pool geworfen! Sie machen beim Recycling einfach gar nicht mit. Wenn du **schachFigur** mit **new** und **teppich** ohne **new** erstellst (also andersrum als eben), hast du immer noch zwei verschiedene Objekte!

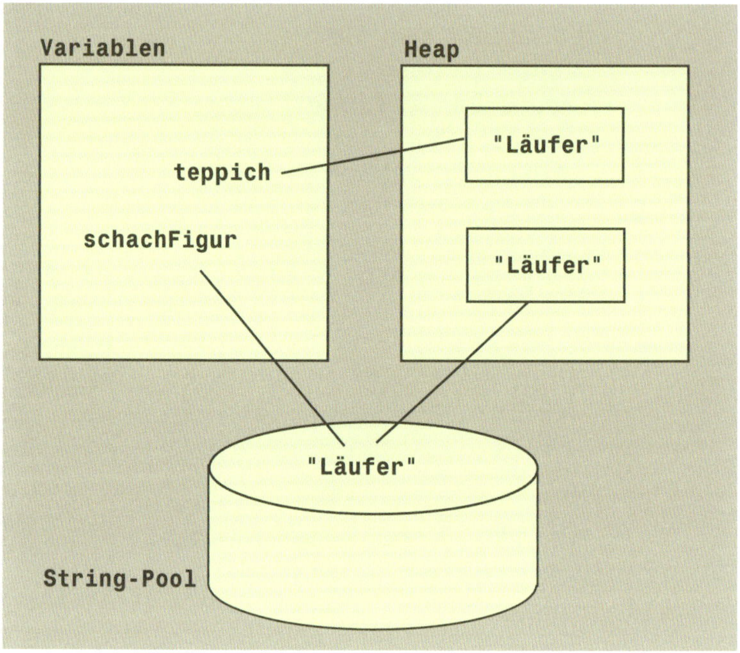


```
String schachFigur = new String("Läufer"); *1
String teppich = "Läufer"; *2
```

*1 Hiermit wird ein neues Objekt auf dem Heap angelegt, aber der Wert „Läufer" kommt nicht in den String-Pool.

*2 Hier wird zuerst geprüft, ob der Wert „Läufer" im String-Pool ist. Ist er nicht, also wird ein **neues Objekt auf dem Heap** erzeugt, aber wenigstens kommt der Wert „Läufer" in den String-Pool.

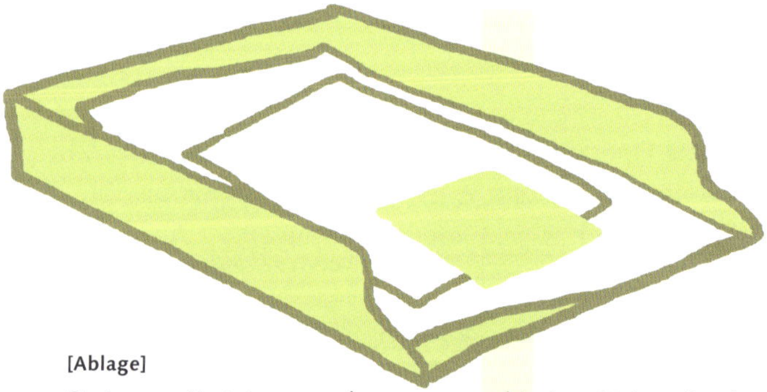

[Ablage]

Strings mit **new** anzulegen, umgeht den String-Pool und verhindert das Wiederverwenden von Strings. Es wird weder geprüft, ob der Wert des Strings schon im String-Pool ist, noch wird der Wert (wenn er noch nicht im Pool ist) hineingelegt.

Noch was für Profis: Strings in den Pool werfen

Falls du trotzdem mal einen String mit **`new`** angelegt hast, kannst du den Stringwert auch nachträglich über die Methode **`intern()`** in den String-Pool befördern. Diese Methode prüft, ob es den String, den du reinwerfen möchtest, schon im Pool gibt. Falls nein, wird ein Objekt erzeugt, das diesen String enthält, und in den Pool geworfen. Falls ja, gibt die Methode den String zurück, der im Pool drin ist.
Ändern wir das Beispiel von eben mal ein bisschen ab:

```
String schachFigur = new String("Läufer");
String teppich = schachFigur.intern();
```

Dann sieht es so aus:

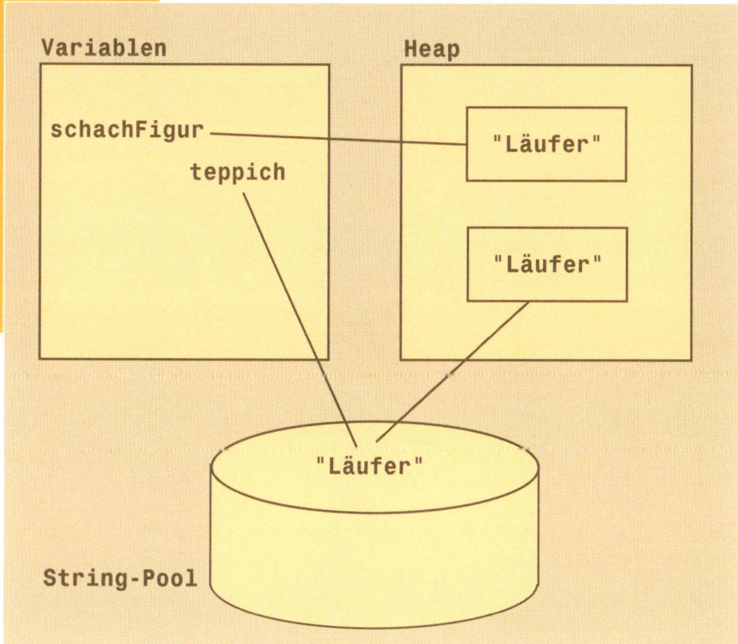

Müsste nicht **schachFigur** *auch auf den String-Pool zeigen?*

Nein, denn nicht das Objekt, auf dem du **`intern()`** aufrufst, wird in den String-Pool geworfen, sondern es wird ein neues Objekt erzeugt, das dann mit dem Wert im String-Pool verknüpft wird.

Mir ist schon ganz schwindelig. Ich brauch bald selbst ne Abkühlung im Pool.

Gleich hast du es ja geschafft. Erst mal sehen, ob du gut aufgepasst hast.

[Schwierige Aufgabe]

Was ist die Ausgabe von dem folgenden Programm? Überlege dir nach jedem Schritt, wie String-Pool und Heap jeweils aussehen. Zur Erinnerung: Mit **==** prüfst du, ob zwei Variablen auf dasselbe Objekt (im Heap) zeigen.

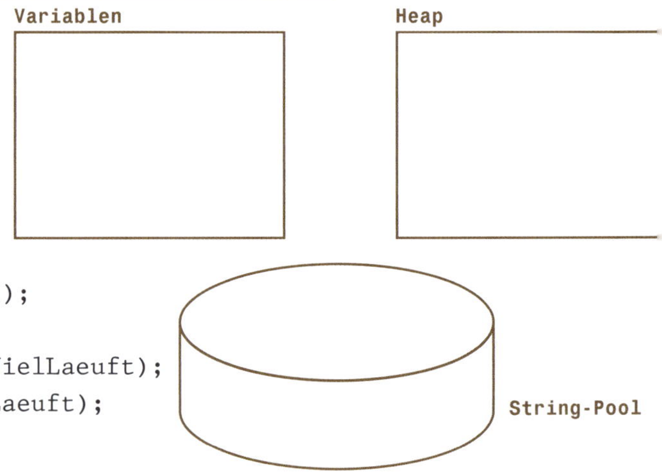


```
String schachFigur = "Läufer";
String teppich = new String("Läufer");
String jemandDerVielLaeuft = teppich.intern();
System.out.println(schachFigur == teppich);
System.out.println(schachFigur == jemandDerVielLaeuft);
System.out.println(teppich == jemandDerVielLaeuft);
```

Gehen wir das mal Schritt für Schritt durch:

`String schachFigur = "Läufer";`

Ohne Konstruktor wird zuerst überprüft, ob es den Wert „Läufer“ im String-Pool gibt. Ist am Anfang aber nicht der Fall, also wird ein neues Objekt auf dem Heap angelegt und mit dem Wert „Läufer“ im String-Pool verknüpft.

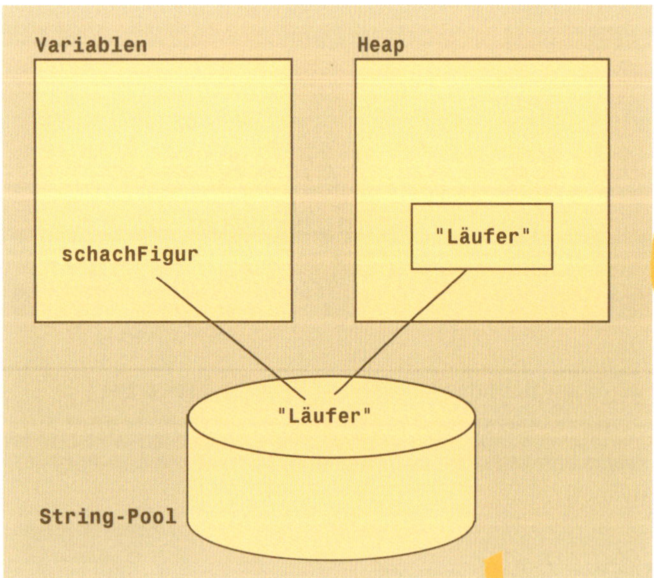

Jetzt kommt der Speicherfresser:

```
String teppich =
  new String("Läufer");
```

Moment, das kann ich. Weil wir hier **new** verwenden, wird der String-Pool gar nicht erst angeguckt, und es kommt auf jeden Fall was auf diesen Hiiep.

Richtig. Danach sieht's also so aus:

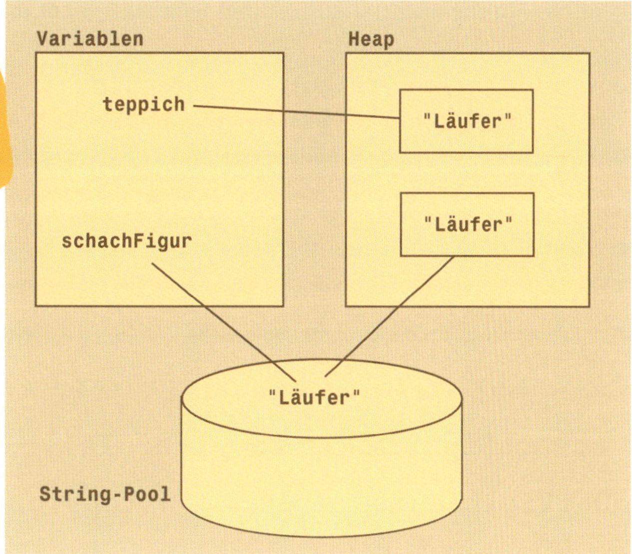

Genauso wie ich gesagt habe.

Prima, dann kommt hier noch die Kopfnuss:

```
String jemandDerVielLaeuft = teppich.intern();
```

Puh, das ist haarig. Ich glaube, hierbei musst du mir helfen.

Klar, gerne. Also, **`teppich`** ist ja nicht im String-Pool. Das ist aber egal, denn wenn du **`intern()`** auf **`teppich`** aufrufst, wird geprüft, ob es **den Wert** von **`teppich`** im String-Pool gibt. Und den gibt es.

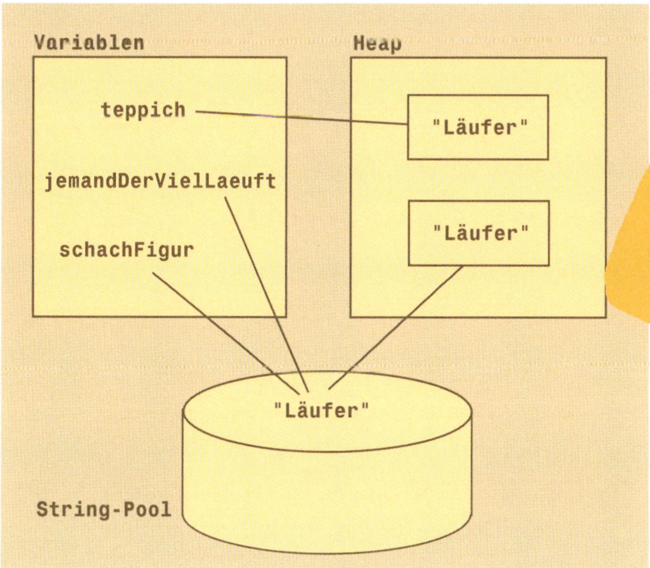

So sieht es also nach den ersten drei Codezeilen aus:

Und damit sollten dir die nächsten drei Zeilen jetzt auch nicht mehr schwerfallen:

```
System.out.println(schachFigur == teppich);
System.out.println(schachFigur == jemandDerVielLaeuft);
System.out.println(teppich == jemandDerVielLaeuft);
```

Das ist ja einfach. Da muss ich ja nur gucken, welche Variablen mit dem gleichen Objekt verbunden sind. Also: **schachFigur** *und* **teppich**: **false**, **schachFigur** *und* **jemandDerVielLaeuft**: **true** *und* **teppich** *und* **jemandDerVielLaeuft**: **false**. *Yippie!!!!*

Prima, dann sollte die nächste Aufgabe jetzt kein Problem mehr für dich sein:

[Einfache Aufgabe]

Was stimmt nicht mit dem folgenden Programm? Und wie würdest du es besser machen?

```
for (int i = 1; i <= 99; i++) {
  System.out.println(new String("Ballon"));
}
```

Also wenn ich's richtig sehe, werden hier 99 gleiche Strings auf dem Heap-Dings erzeugt, obwohl der Wert immer „Ballon" ist. Und das Pool-Dings wird gar nicht genutzt, richtig? Warte, das müsste besser so aussehen:

```
for (int i = 1; i <= 99; i++) {
  System.out.println("Ballon");
}
```

[Notieren/Üben]

Perfekt. Also, Schrödinger, langer Rede kurzer Sinn: Lege Strings für den Anfang immer ohne Konstruktor an.

Strings sind unveränderlich

Das Wiederverwenden von Strings führt aber auch dazu, dass Stringobjekte, einmal angelegt, **nicht mehr verändert werden können**, sprich unveränderlich sind. Denn nur weil verschiedene Variablen auf ein und denselben Wert im String-Pool zeigen, heißt das ja noch lange nicht, dass der Wert in dem Kontext, in dem er verwendet wird, auch immer die gleiche Bedeutung hat. Auch wenn die Variablen **`schachFigur`** und **`teppich`** auf denselben Wert zeigen könnten, soll ja nicht, wenn der Wert von einer der Variablen aus geändert werden würde, auch der Wert für die andere Variable den neuen Wert annehmen.

Stimmt, was soll der Teppichverkäufer mit einem Teppich „König" anfangen und umgekehrt der Schachspieler mit einer Schachfigur „Rutenteppich"?

Genau, nicht unbedingt das, was du willst. Deswegen liefern die Methoden, die etwas an einem String **ändern**, auch **immer ein neues Objekt zurück**, das du dann der jeweiligen Variablen **explizit zuweisen** musst. Über die Methode **`replace()`** zum Beispiel kannst du bestimmte Zeichen in einem String ändern. Dies ändert aber keineswegs den Originalstring, sondern erzeugt ein neues Stringobjekt!

Guck dir dazu dieses Beispiel an:

```
String schachFigur = "Läufer"; *1
String jemandDerVielLaeuft = "Läufer"; *1
System.out.println(schachFigur == jemandDerVielLaeuft); *2
schachFigur.replace("Läufer", "König"); *3
System.out.println(schachFigur); *4
System.out.println(jemandDerVielLaeuft); *5
System.out.println(schachFigur == jemandDerVielLaeuft); *6
schachFigur = schachFigur.replace("Läufer", "König"); *7
System.out.println(schachFigur); *8
System.out.println(schachFigur == jemandDerVielLaeuft); *9
```

*1 Hier werden zwei Variablen erzeugt, die dank String-Pool auf dasselbe Objekt zeigen, …

*2 … daher liefert dieser Vergleich hier auch ein **`true`**.

*3 Wenn du die Methode **`replace()`** aufrufst, bleibt aber …

*4 …das Objekt, auf das **`schachFigur`** zeigt, unverändert. Der Wert ist hier immer noch „Läufer" …

*5 … und hier ebenfalls.

*6 Das heißt, weil **`schachFigur`** und **`jemandDerVielLaeuft`** immer noch auf das gleiche Objekt zeigen, gibt's hier immer noch **`true`**.

*7 Du musst also den Rückgabewert von **`replace()`** explizit der Variablen **`schachFigur`** zuweisen, …

*8 … erst dann zeigt sie auf den Wert „König", …

*9 *… und damit wären* **`schachFigur`** *und* **`jemandDerVielLaeuft`** *dann auch nicht mehr gleich. Jemand, der viel läuft ist noch lange kein König, verstehe.*

So sieht's zum Schluss aus:

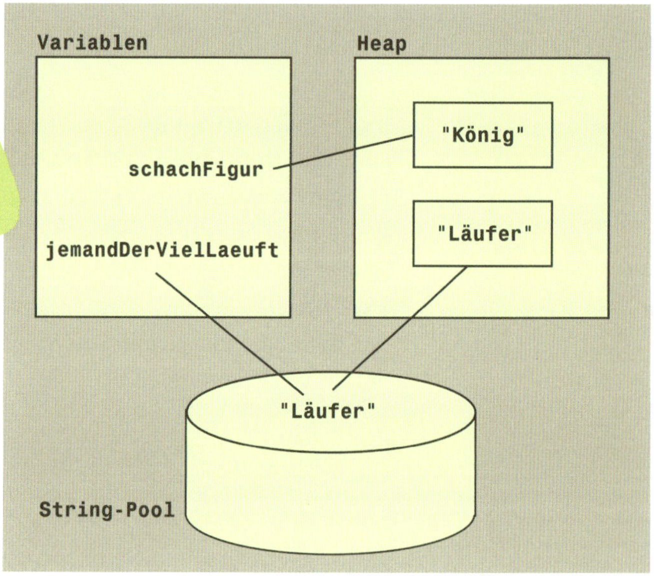

Veränderbare Zeichenketten

*Auf der einen Seite sind Strings unveränderlich, und jedes Mal, wenn ich einen String ändere, wird ein neues Stringobjekt erstellt. Auf der anderen Seite soll ich aufpassen, dass ich nicht zu viele Stringobjekte erstelle, damit dieses Heap-Dingens-Speicher nicht zu voll wird. Was ist denn jetzt aber, wenn ich einen String **oft ändern** muss?*

Dann wärst du nicht der erste Entwickler. Denn Strings dynamisch zusammenzubauen, das braucht jeder Entwickler mindestens täglich. Das haben sich auch die Macher der Java-Standardbibliothek gedacht, denn neben den Strings als nicht veränderbaren Zeichenketten gibt es noch zwei Klassen für das Arbeiten mit **veränderbaren Zeichenketten**: `StringBuffer` und `StringBuilder`.

String-Baffa? String-Bilder? Ich hoffe, du zeigst mir jetzt keine privaten Aufnahmen von dir?

Lustig, der könnte von mir sein. Nein, nicht **Bilder**, sondern **Builder**, aus dem Englischen von „build“, also bauen. Diese beiden Klassen helfen dir nämlich dabei, Strings zusammenzubauen. Im Gegensatz zum Arbeiten mit der Klasse **String**, bei der du ja bei jeder Methode, die (scheinbar) etwas am String verändert, ein neues String-Objekt erstellst, veränderst du bei **StringBuffer** und **StringBuilder** wirklich das unterliegenden Objekt.

Ein einfaches Beispiel könnte so aussehen:

```
StringBuilder stringBuilder = new StringBuilder(); *1
stringBuilder.append("String"); *2
stringBuilder.append("-");*2
stringBuilder.append("Bilder"); *2
stringBuilder.insert(8, "u"); *3
System.out.println(stringBuilder.toString());*4
```

*1 **StringBuilder** und **StringBuffer** erstellst du mit **new**. Hier darfst du das!

*2 Mit **append()** kannst du Zeichen (oder auch primitive Datentypen oder ganze Objekte) anhängen.

*3 Mit **insert()** fügst du Zeichen (oder wieder primitive Datentypen oder ganze Objekte) an einem bestimmten Index ein. Sowohl **append()** als auch **insert()** erstellen keine neuen Objekte, sondern ändern dynamisch das darunterliegende Objekt.

*4 Mit **toString()** wandelst du ein Objekt in einen String um. Das könntest du beim Aufruf von **println()** auch weglassen und die Variable **stringBuilder** direkt übergeben, weil **println()** intern eh die **toString()**-Methode von übergebenen Objekten aufruft.

[Zettel]
Damit **StringBuilder** und **StringBuffer** so dynamisch sein können, müssen sie auch **dynamisch ihre Größe ändern**. Jede Größenanpassung bedeutet aber auch immer etwas Rechenaufwand. Kleiner Tipp daher: Wenn du im Vorfeld absehen kannst, wie viele Zeichen dein **StringBuilder/StringBuffer** enthalten wird, erstelle von Anfang an ein ausreichend großes Objekt, indem du die Anzahl der Zeichen dem Konstruktor übergibst.

Ausgabe:

```
StringBuilder
```

Es gibt nämlich durchaus Fälle, in denen du vorher weißt, wie groß die Zeichenkette wird:

```
int anzahl = 5;
String s = "Yippie ";
StringBuilder stringBuilder = new StringBuilder(s.length() * anzahl*3);
for(int i=0; i<anzahl*1; i++) {
  stringBuilder.append(s);*2
}
System.out.println(stringBuilder.toString());
```

*1 Wenn du im Vorhinein weißt, dass du **anzahl** mal …

*2 … den String **s** an den **StringBuilder** hängen willst …

*3 … kannst du den **StringBuilder** auch direkt ausreichend groß erstellen.

Ausgabe:

```
Yippie Yippie Yippie Yippie Yippie
```

[Ablage]
StringBuffer und **StringBuilder** haben exakt die gleichen Methoden. Der einzige Unterschied ist, dass **StringBuilder** nicht synchronisiert und **StringBuffer** synchronisiert arbeitet. Das bedeutet, dass **StringBuffer** sicherstellt, dass die Daten im **StringBuffer** nicht durch parallelen Zugriff aus einem anderen Thread inkonsistent werden. In der Regel genügt es, **StringBuilder** zu verwenden. Wenn du nicht mit Threads – parallelen ablaufenden Programmteilen – arbeitest, genügt es auf jeden Fall und ist auch performanter als **StringBuffer**.
Wenn du jetzt glaubst, dass der Umgang mit Threads nichts für dich ist – doch Schrödinger, nicht jetzt, aber im hinteren Teil des Buches schon!

Zeichen löschen, ersetzen und spiegeln

StringBuilder und **StringBuffer** erlauben dir auch, einzelne Zeichen aus der Zeichenkette zu löschen. Über **delete()** kannst du **Teile löschen**, …

```
StringBuilder sb = new StringBuilder("Zu viiiiel");
sb.delete(4*1, 7*2);
System.out.println(sb);
```

*1 der Index, von dem aus gelöscht werden soll, …

*2 … und der Index, bis zu dem gelöscht werden soll

Ausgabe:
```
Zu viel
```

Löschen, was zuviel ist

… für das **Löschen einzelner Zeichen** verwendest du besser **`deleteCharAt()`**:

```
StringBuilder sb = new StringBuilder("Zu viiel");
sb.deleteCharAt(4);
System.out.println(sb);
```

Gleiche Ausgabe wie eben:

```
Zu viel
```

Falls du Zeichen nicht löschen, sondern **ersetzen** möchtest, verwendest du **`replace()`**:

```
StringBuilder sb = new StringBuilder("Rechtschraibung");
sb.replace(9*1, 10*2, "e"*3);
System.out.println(sb);
```

*1 der Index, ab dem ersetzt werden soll, …

*2 … der Index, bis zu dem ersetzt werden soll, …

*3 … und der neue Teilstring, der eingebaut werden soll.

Ausgabe:

```
Rechtschreibung
```

Und mit **`reverse()`** kannst du die **Zeichenkette sogar komplett umdrehen**:

```
StringBuilder stringBuilder = new StringBuilder("rentner");
System.out.println(stringBuilder.reverse());
```

Ausgabe:

```
rentner
```

Verkehrt, wow!

`Glaub' mir, es funktioniert.` Probier mal **`"anna"`**, **`"reittier"`**, **`"wow"`**. Die Zeichenketten werden immer gespiegelt.

Hahahah, tolle Beispiele!

[Ablage]
Wenn du dir einen String **innerhalb** einer Schleife zusammenbaust, verwende besser **`StringBuilder`** statt den **+**-Operator. **Außerhalb** von Schleifen kannst du den **+**-Operator verwenden, weil der Compiler daraus automatisch einen **`StringBuilder`** generiert.

StringBuilder in Schleifen

[Einfache Aufgabe]

Der Programmierer des folgenden Programms hat wohl noch nie davon gehört, dass Strings Speicher verbrauchen und man niemals mit **+** in einer Schleife Strings zusammenfügen sollte. Du weißt das jetzt natürlich besser. Also: Repariere das Programm.

```
String text = "";
for(int i=1; i<=99; i++) {
  text += "Luftballon " + i + "\n";
}
System.out.println(text);
```

Hier die Musterlösung:

```
StringBuilder textMitStringBuilder = new StringBuilder(1377*1);
for(int i=1; i<=99; i++) {
  textMitStringBuilder.append("Luftballon " + i + "\n");
}
System.out.println(textMitStringBuilder.toString());
```

[Notieren/Üben]

Die Anzahl der Zeichen im **`StringBuilder`** kannst du über die Methode **`length()`** ermitteln.

*1 „Luftballon" hat zehn Zeichen. Plus ein Leerzeichen zwischen „Luftballon" und dem angehängten **`i`** sind elf. Plus den Zeilenumbruch „**`\n`**" sind zwölf. Plus das i, das maximal zwei Stellen hat, sind 14. Und 14 * 99 sind 1386. Und weil die ersten neun Zahlen einstellig sind, kannst du noch 9 abziehen, macht also 1377. Aber keine Sorge, so genau musst du nun auch wieder nicht rechnen.

Was du aus diesem Kapitel mitnehmen solltest

- Strings stellen **unveränderliche Zeichenketten** dar.
- Für das **dynamische Arbeiten** mit Zeichenketten solltest du `StringBuilder` und `StringBuffer` verwenden.
- Der Compiler optimiert String-Konkatenationen, die du mit dem `+`-Operator machst, in `StringBuilder`-Aufrufe. Diese Optimierung findet allerdings nicht innerhalb von Schleifen statt. Daher solltest du dort auf den `+`-Operator verzichten und direkt `StringBuilder` verwenden.
- `concat()` solltest du eigentlich gar nicht verwenden, da der `+`-Operator (bzw. der `StringBuilder`) deutlich ressourcenschonender ist.
- Der **String-Pool** ist ein Mechanismus in Java, um **Strings wiederzuverwenden**.
- Strings, die mit `new` angelegt werden, gehen komplett am String-Pool vorbei. Deswegen solltest du in der Regel darauf verzichten.
- Strings solltest du immer mit `equals()` bzw. `equalsIgnoreCase()` vergleichen, nicht mit dem `==`-Operator.
- `StringBuilder` solltest du in der Regel dem `StringBuffer` vorziehen, weil letzterer langsamer ist.
- Strings fangen bei 0 an zu zählen.

Prima, Schrödinger. Zeit für deine nächste Belohnung, …

… oje, ich kann's mir denken, jetzt hat es so viel von diesen Strings gesprochen …

SCHA-WITZ

… die personalisierte Schrödinger-Zeichenkette.

—FÜNF—

Klassen, Objekte, Methoden

Objektiv betrachtet, eine ganz andere Klasse

Schrödinger weiß zwar, dass Java eine (wenn nicht DIE) Programmiersprache für objektorientiertes Programmieren (OOP) ist. Aber was bedeutet eigentlich objektorientiert? Was sind Klassen, was Objekte, und welche unterschiedlichen Arten von Methoden und Variablen gibt es überhaupt? In diesem Kapitel lernt er all die Grundlagen, um endlich selbst mit OOP loslegen zu können.

Der nächste Level der Wiederverwendung – Methoden

Du kennst jetzt zwar die grundlegenden Datentypen und weißt, wie du über die verschiedenen Kontrollstrukturen den Ablauf deiner Programme steuerst, aber von richtigen Java-Programmen bist du noch **etwas** entfernt.

Toll, das sagst du mir erst jetzt?

Ja, aber guck genau hin, die Betonung lag auf „etwas". Nur zwei wichtige Schritte hin zum Java-Entwickler fehlen dir noch: erstens deinen Code in **Methoden** zu strukturieren und zweitens deinen Code in **Objekten** zu strukturieren. Aber bevor wir uns an die Objekte wagen, musst du erstmal lernen, wie du selbst eigene Methoden erstellst.

Fangen wir also mit den Methoden an:
Stell dir vor, ein anderer Java-Programmierer kommt zu dir und sagt: „Hey, dein Programm zur Berechnung der Primzahlen rockt ja ziemlich. Das würde ich gerne bei mir im Programm einbauen." Tja, dann stehste da mit deiner **main**-Methode, die nur über die Konsole aufgerufen werden kann.
Der erste Schritt zu wiederverwendbarem Quelltext ist also, aus der **main**-Methode herauszukommen und eine eigene Methode zu schreiben, die dann direkt von anderen Klassen ohne Umweg über die **main**-Methode aufgerufen werden kann.

[Achtung]
Die **main**-Methode hat eine Sonderstellung: Sie dient nicht der Interaktion zwischen Klassen, sondern allein dem Aufruf eines Programms. Du solltest sie dafür, genau dafür und nur dafür verwenden.

Aber bitte nimm nicht wieder das Beispiel mit den Primzahlen. Das war genug Mathe für den Rest des Buches!

Okay, dann was anderes ... lass mich kurz überlegen ... ah, ich weiß, dann das Einstiegsbeispiel aus Kapitel 1, etwas abgewandelt: Dort haben wir schon genug „Hallo" gesagt, zur Abwechslung sagen wir diesmal „Tschüss" und lagern die „Logik" in eine eigene Methode aus.

Tschüss sagen mit Methode:

```
public *1 static *1 void *2 sagTschuess *3 (*4 String *5 name *6) { *7
  System.out.println("Tschüss " + name);
}
```

*1 **public** und **static** sind nur zwei der vielen verschiedenen sogenannten **Methodenmodifikatoren**. Die kommen immer ganz am Anfang. Die Methode hier ist **öffentlich** und **statisch**. Öffentlich ist klar, sie kann von überall her aufgerufen werden. Und statisch bedeutet, dass du kein Objekt brauchst, um diese Methode aufzurufen.

Kein Objekt? Hilfe, was ...?

Keine Sorge, gleich wirst du erleuchtet.

*2 Danach kommt der Rückgabewert. Die Methode hier gibt gar nichts zurück, dafür steht das Schlüsselwort **void**.

*3 Nach dem Rückgabewert kommt der Name der Methode. Hier ist wieder **Lower Camel Case** angesagt.

*4 Innerhalb der runden Klammern kommen dann optional die Parameter. Wenn eine Methode Parameter hat, dann immer jeweils zuerst ...

*5 ... den **Typ** und dahinter ...

*6 ... den **Namen** des Parameters. Wenn du mehrere Parameter verwenden möchtest, trennst du sie einfach durch ein Komma.

*7 In den geschweiften Klammern folgen dann die Anweisungen, also das, was die **Logik der Methode** ausmacht, auch wenn es in diesem Beispiel relativ wenig Logik gibt.

[Begriffsdefinition]

Den Methodennamen plus die Anzahl der Parameter und deren Typen nennt man auch **Methodensignatur**.

Als Einstiegspunkt für deine Programme brauchst du natürlich weiterhin die **main**-Methode. Aber guck dir an, wie prima du dort die **sagTschuess()**-Methode wiederverwenden kannst:

```
package de.galileocomputing.schroedinger.java.kapitel05.methoden;
public class TschuessSager {
  public static void main(String[] args) {
    sagTschuess("Schrödinger");
    sagTschuess("Bossingen");
  }
  public static void sagTschuess(String name) {
    System.out.println("Tschüss " + name);
  }
}
```

*Ja, gut, aber ob ich jetzt zweimal **System.out.println** und so weiter oder zweimal **sagTschuess** aufrufe, viel erspart hab ich mir da noch nicht.*

Die Ausgabe lautet:

```
Tschüss Schrödinger
Tschüss Bossingen
```

Das stimmt, so gesehen hast du recht. Aber wenn du dich jetzt statt mit „Tschüss“ mit „Schüssi“ verabschieden willst oder immer, wenn du „Tschüss“ sagst, auch noch was anderes machen möchtest oder denjenigen, deren Name mit „Boss“ beginnt, statt „Tschüss“ lieber „Auf Wiedersehen“ sagen möchtest, musst du das nur an einer Stelle anpassen …

… in deiner Methode:

```
public static void sagTschuess(String name) {
  if(name != null && name.startsWith("Boss")) {
    System.out.println("Auf Wiedersehen, Herr " + name);
  } else {
    System.out.println("Tschüss " + name);
  }
}
```

Jetzt sieht die Ausgabe so aus:

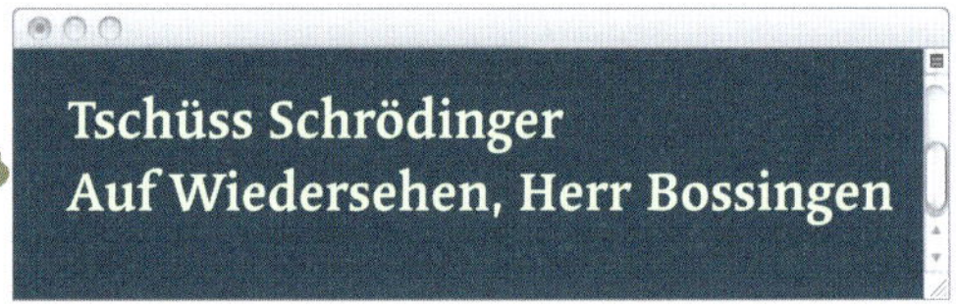

Okay, heißt das also, Methoden sind auch nur Codeschnipsel, die ich immer wieder verbauen kann?

Wiederverwendbare Bausteine für deine Programme, genau. Und diese Bausteine kannst du **nicht nur innerhalb einer Klasse** wiederverwenden, sondern auch aus **anderen Klassen** heraus. Falls du eben nicht so recht verstanden hast, was es heißt, dass eine Methode statisch ist: Das bedeutet einfach, dass du aus einer anderen Klasse auch auf die Methode zugreifen kannst, indem du einfach Klassenname-Punkt-Methode schreibst, also in dem Fall `TschuessSager.sagTschuess()`, so wie hier:

```
package de.galileocomputing.schroedinger.java.kapitel05.methoden.feierabend;*4
import de.galileocomputing.schroedinger.java.kapitel05.methoden.TschuessSager;*5
public class Feierabend*3 {
  public static void main(String[] args) {
    TschuessSager*2.sagTschuess("Schrödinger");*1
    TschuessSager.sagTschuess("Bossingen");
  }
}
```

*1 Statische Methoden …

*2 … der einen Klasse …

*3 … kannst du von anderen Klassen aus direkt verwenden, …

*4 … auch wenn diese Klassen in einem anderen Paket liegen, …

*5 … vorausgesetzt, du importierst die Klasse mit der statischen Methode korrekt.

[Begriffsdefinition]
Statische Methoden heißen auch **Klassenmethoden**.

Es geht sogar noch einfacher, wenn du die statische Methode **statisch importierst**:

```
package de.galileocomputing.schroedinger.java.kapitel05.methoden.feierabend;
import static de.galileocomputing.schroedinger.java.kapitel05.methoden.⤶
  TschuessSager.sagTschuess*1;
public class Feierabend {
  public static void main(String[] args) {
    sagTschuess("Schrödinger");*2
    sagTschuess("Bossingen");*2
  }
}
```

*1 Statisch importierte Methoden ...

*2 ... kannst du sogar ohne Angabe des Klassennamens in anderen Klassen verwenden.

Herzlichen Glückwunsch, Schrödinger. Jetzt hast du den gelben Gürtel im Umgang mit Methoden. Ging doch schnell.

[Zettel]
Sehr kleine Prograammchen kannst du natürlich weiterhin komplett in die `main`-Methode packen. Für größere Programme lässt du das aber besser bleiben. Der Compiler versteht zwar auch kilometerlange Programme, aber fast wichtiger, als dass der Compiler deinen Quelltext versteht, ist, dass **du selbst ihn verstehst**. Und das ist in der Regel einfacher, wenn dein Programm **aus mehreren kleineren Einheiten** besteht. Methoden sind dazu ein guter Start.

Refactoring

[Code bearbeiten]

Der folgende Quelltext hilft dir zwar nicht dabei, die Lottozahlen vorauszusagen, aber zumindest dabei, deinen Lottoschein auszufüllen, allerdings relativ unschön in der **`main`**-Methode. Ändere den Quelltext so, dass du eine neue Methode **`druckeLottoschein()`** zum Drucken des Lottoscheins erstellst, die die sieben zu tippenden Zahlen als Parameter bekommt.

```
public static void main(String[] args) {
  int zahl1 = Integer.parseInt(args[0]),
    zahl2 = Integer.parseInt(args[1]),
    zahl3 = Integer.parseInt(args[2]),
    zahl4 = Integer.parseInt(args[3]),
    zahl5 = Integer.parseInt(args[4]),
    zahl6 = Integer.parseInt(args[5]),
    zahl7 = Integer.parseInt(args[6]);
  for(int i = 1; i <= 49; i++) {
  if (i == zahl1 || i == zahl2 || i == zahl3 || i == ⤶
  zahl4 || i == zahl5 || i == zahl6 || i == zahl7) {
      System.out.print("|x|");
    } else {
      System.out.print("|_|");
    }
    if (i % 7 == 0) {
      System.out.println("");
    }
  }
}
```

Achtung, Spoiler! Ab hier kommt die Lösung.

Wie zu erwarten, kann dir Eclipse auch hier wieder ganz gut helfen. Markiere einfach die Zeilen, die du in eine neue Methode packen möchtest und gehe dann auf **Refactor • Extract Method**.

```
public class Main {

    public static void main(String[] args) {
        int zahl1 = Integer.parseInt(args[0]),
            zahl2 = Integer.parseInt(args[1]),
            zahl3 = Integer.parseInt(args[2]),
            zahl4 = Integer.parseInt(args[3]),
            zahl5 = Integer.parseInt(args[4]),
            zahl6 = Integer.parseInt(args[5]),
            zahl7 = Integer.parseInt(args[6]);
        for (int i = 1; i <= 49; i++) {
            if (i == zahl1 || i == zahl2 || i == zahl3 || i == zahl4 || i == zahl5 || i == zah
                System.out.print("|x|");
            } else {
                System.out.print("|_|");
            }
            if (i % 7 == 0) {
                System.out.println("");
            }
        }
    }
}
```

Markiere nur den Teil, den du in eine neue Methode auslagern möchtest.

Im anschließenden Dialogfenster sagst du, welchen Namen die neue Methode haben soll. Außerdem ist Eclipse so klug, die notwendigen Parameter für die neue Methode zu erkennen. Denen kannst du übrigens auch neue Namen geben. Wenn du damit fertig bist, klick auf „**OK**", und schwuppdiwupp ist die neue Methode fertig.

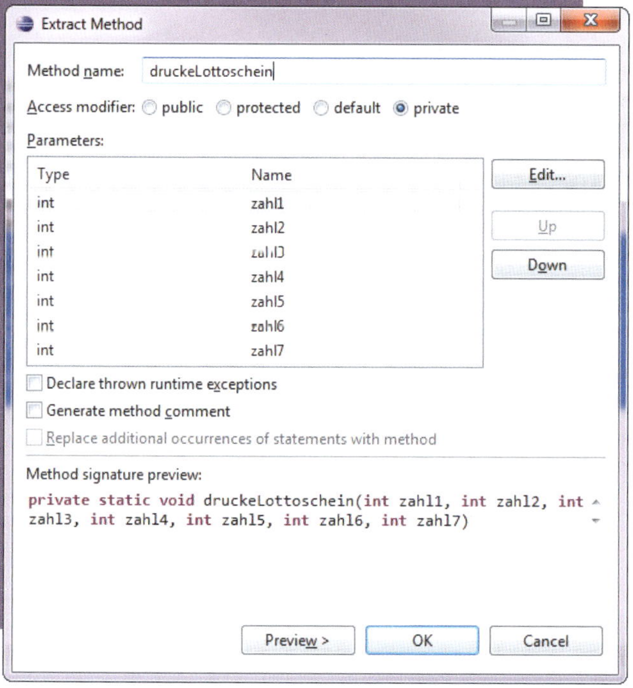

Hier kannst du unter anderem noch beeinflussen, welche Namen die neue Methode und deren Parameter haben sollen.

```
    public static void main(String[] args) {
        int zahl1 = Integer.parseInt(args[0]),
            zahl2 = Integer.parseInt(args[1]),
            zahl3 = Integer.parseInt(args[2]),
            zahl4 = Integer.parseInt(args[3]),
            zahl5 = Integer.parseInt(args[4]),
            zahl6 = Integer.parseInt(args[5]),
            zahl7 = Integer.parseInt(args[6]);
        druckeLottoschein(zahl1, zahl2, zahl3, zahl4, zahl5, zahl6, zahl7);
    }

    private static void druckeLottoschein(int zahl1, int zahl2, int zahl3,
            int zahl4, int zahl5, int zahl6, int zahl7) {
        for (int i = 1; i <= 49; i++) {
            if (i == zahl1 || i == zahl2 || i == zahl3 || i == zahl4 || i == zahl5 || i == zah
                System.out.print("|x|");
            } else {
                System.out.print("|_|");
            }
            if (i % 7 == 0) {
                System.out.println("");
            }
        }
    }
}
```

Voilà, die neue Methode ist fertig!

[Notiz]

Diese Art und Weise, bestehenden Quelltext neu zu strukturieren, nennt man auch **Refactoring**. Ziel ist dabei in der Regel, den Quelltext **lesbarer, leichter wiederverwendbar und erweiterbar** zu gestalten. Ein erster Anfang sind **kurze, übersichtliche Methoden**, die einen speziellen Zweck erfüllen. Ein wirklich gutes Buch zu diesem Thema ist „Refactoring: Improving the Design of Existing Code“ von Martin Fowler. Du kannst es ja mal durchblättern, wenn der WoW-Server down ist.

[Notiz]

Eclipse ist nicht die einzige IDE, die solche tollen Refactoring-Tricks drauf hat. Netbeans, IntelliJ und JBuilder können das natürlich auch.

[Code bearbeiten]

Mach direkt noch zwei Refactorings, so dass du den folgenden Quelltext rausbekommst:

```
public static void main(Strin
    int zahl1 = Integer.pars  Int(
        zahl2 = Integer.pa  eInt(a
        zahl3 = Integer.parseInt(args
        zahl4 = Integer.parseInt(args[3]),
        zahl5 = Integer.parseInt(args[4]),
        zahl6 = Integer.parseInt(args[5]),
        zahl7 = Integer.parseInt(args[6]);
    druckeLottoschein(zahl1, zahl2, zahl3, zahl4, zahl5, zahl6, zahl7);
}

private static void druckeLottoschein(int zahl1, int zahl2, int zahl3,
        int zahl4, int zahl5, int zahl6, int zahl7) {
    for (int i = 1; i <= 49; i++) {
        druckeLottoscheinKästchen(zahl1, zahl2, zahl3, zahl4, zahl5, zahl6, zahl7, i);
        testeUndDruckeNeueZeile(i);
    }
}

private static void testeUndDruckeNeueZeile(int i) {
    if (i % 7 == 0) {
        System.out.println("");
    }
}

private static void druckeLottoscheinKästchen(int zahl1, int zahl2,
        int zahl3, int zahl4, int zahl5, int zahl6, int zahl7, int i) {
    if (i == zahl1 || i == zahl2 || i == zahl3 || i == zahl4 || i == zahl5 || i == zahl6
        System.out.print("|x|");
    } else {
        System.out.print("|_|");
    }
}
```

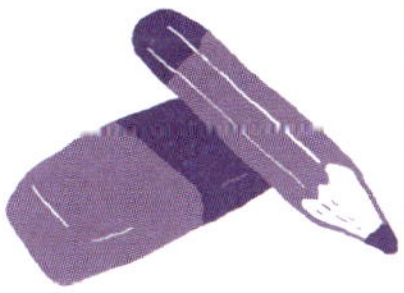

[Notiz]

Eine weitere Refactoring-Regel sagt übrigens auch, dass man Methoden mit vielen Parametern vermeiden sollte. In der Tat sind unsere Methoden **`druckeLottoschein()`** und **`druckeLottoscheinKaestchen()`** mit sieben bzw. acht Parametern schon **weit über dem vertretbaren Maß**. Wenn man nämlich so viele Parameter braucht und sie **inhaltlich zusammenhängen**, fasst man sie besser zu einem Objekt zusammen. Du bist kurz davor, zu lernen, wie das geht.

Alternativ gibt es seit Java 5 auch die sogenannte **Varargs**-Schreibweise, bei der du die Anzahl der Parameter nicht fest definierst, sondern variabel hältst. Das geht ganz einfach mit drei Punkten hinter dem Datentyp: **`druckeLottoschein(int ... zahlen) {}`** bedeutet, dass du der Methode beliebig viele **`int`**-Parameter übergeben kannst. Innerhalb der Methode kannst du dann mit **`zahlen.length`** herausfinden, wie viele Parameter übergeben wurden, und mit **`zahlen[0]`**, **`zahlen[1]`** und so weiter auf die übergebenen Werte zugreifen.

Sauberer Quelltext

Du hast jetzt nicht nur die Wiederverwendbarkeit deines Quelltextes erhöht, sondern auch die Lesbarkeit. Guck dir mal diesen Quelltext-Schnipsel an, ist der nicht gut lesbar (die Parameter hab ich mal weggelassen, um Tinte zu sparen)?

```
private static void druckeLottoschein(…) {
  for(int i=0; i<49; i++) {
    testeUndDruckeNeueZeile(i);
    druckeLottoscheinKaestchen(…);
  }
}
```

[Erledigt!]
Weil wir eben aussagekräftige Methodennamen genommen haben, kann man jetzt den Quelltext auch **besser verstehen**. Man sagt auch, dein **Quelltext ist jetzt sauberer** als vorher, der Google-Suchbegriff dafür heißt **Clean Code.**

[Notiz]
Der Begriff Clean Code wurde von Robert C. Martin in seinem Buch „Clean Code: A Handbook of Agile Software Craftsmanship" geprägt. In diesem Buch sind allerhand Regeln aufgeführt, um den Quelltext möglichst **sauber** und **verständlich** zu halten. Eine davon sagt zum Beispiel, man sollte aussagekräftige Methodennamen wählen, eine andere, die Länge einer Methode (sprich die Anzahl der Anweisungen) sollte möglichst gering gehalten werden. Ein weiteres gutes Buch für deinen Nachttisch.

Puh, jetzt muss ich nicht nur die Wohnung, sondern auch noch den Quelltext sauber halten. Und ich dachte …

… Programmieren wäre ein Spaß? Ist es auch. Aber nur, wenn die Programme **übersichtlich strukturiert** sind. Es gibt fast nichts Schlimmeres, als den dreckigen Quelltext von jemand anders aufräumen zu müssen. Oder würdest du gerne eine Messi-Wohnung putzen?

Methodenkommentare

Wenn dir mal kein aussagekräftiger Name einfällt, der wirklich beschreibt, was deine Methode so alles macht, kannst du auch Methodenkommentare verwenden. Ein Methodenkommentar steht vor der Methodendeklaration, fängt mit **/**** an und hört mit ***/** auf, zum Beispiel so:

```
/**
 * Diese Methode berechnet das Maximum für zwei Zahlen.
 *
 * @param zahl1          Die erste Zahl.
 * @param zahl2          Die zweite Zahl.
 * @return               Die größere der beiden Zahlen.
 */
public static int max(int zahl1, int zahl2) {
  return zahl1 > zahl2 ? zahl1 : zahl2;
}
```

Innerhalb eines Methodenkommentars stehen dir verschiedene Schlüsselwörter (sogenannte Tags) zur Verfügung. Über **@param** zum Beispiel kannst du die Parameter einer Methode beschreiben, mit **@return** den Rückgabewert. Und wenn du diese Tags immer brav verwendest, kannst du dir mithilfe von javadoc, einem weiteren JDK-Tool, eine praktische HTML-Dokumentation für deine Klassen generieren lassen. Das Tool erkennt dann anhand dieser Tags, worauf sich deine Kommentare genau beziehen. Das gucken wir uns noch an, in Kapitel 13.

[Achtung]

Wenn du **Kommentare** verwendest, solltest du immer darauf achten, dass sie **aktuell** sind und dass du sie anpasst, sobald sich die Logik der Methode ändert.

Kann ich das zurückgeben?

Bisher haben wir nur Methoden ohne Rückgabewert (also **`void`**-Methoden) implementiert. Toll wäre es doch, wenn Methoden nicht nur irgendetwas tun, sondern auch etwas **zurückgeben** könnten. Welchen **Typ** eine Methode zurückgeben soll, sagst du in der Methodendeklaration an der Stelle, an der wir bisher immer **`void`** verwendet haben. Welcher konkrete **Wert** zurückgegeben werden soll, sagst du dann innerhalb der Methode mit dem Schlüsselwort **`return`**:

```
public static double *1 berechneSchuhgroesse(double fusslaenge) {
  return *2 (fusslaenge + 1.5) / 0.666; *3
}
```

*1 Der **Rückgabetyp** der Methode ist **`double`**.

*2 Das, was nach dem **`return`** kommt, ist der wirkliche **Rückgabewert** der Methode.

*3 Klingt teuflisch, ist aber so: Die Schuhgröße wird berechnet, indem zur Länge des (längeren) Fußes noch 1,5 cm hinzugerechnet werden und das Ganze dann durch 0,666 geteilt wird.

[Zettel]
Du kannst **`return`** auch in **`void`**-Methoden verwenden, um aus der Methode herauszuspringen.

`return` kann auch an mehreren Stellen innerhalb einer Methode vorkommen, so wie hier:

```
private static String sageWetterVoraus(int monat, String land) {
  if("Deutschland".equals(land)) {
    return "Absolut nicht vorhersehbar.";
  } else if(monat >= 5 && monat <= 9) {
    return "Wahrscheinlich ganz gut.";
  }
  return "Regen mit Graupel.";
}
```

Wenn du deinen Quelltext aber schön sauber und übersichtlich halten möchtest, verwende **`return`** nur an einer Stelle – **Stichwort „Single Entry, Single Exit“.**

Zurück zu den Nachrichten

[Einfache Aufgabe]

Ändere den obigen Quelltext zur Wettervorhersage so, dass nur an einer Stelle (und zwar ganz am Ende) **`return`** verwendet wird.

Warte, das krieg ich hin ...

```
private static String sageWetterVoraus(int monat, String land) {
  String vorhersage = "Regen mit Graupel.";*1
  if("Deutschland".equals(land)) {
    vorhersage = "Absolut nicht vorhersehbar.";*2
  } else if(monat >= 5 && monat <= 9) {
    vorhersage = "Wahrscheinlich ganz gut.";*2
  }
  return vorhersage;*3
}
```

*1 Ich brauche einfach eine **`String`**-Variable, ...

*2 ... der kann ich dann je nach Wetter einen anderen Wert zuweisen ...

*3 ... und ganz zum Schluss zurückgeben.

[Belohnung/Lösung]

Prima, dann guck mal aus dem Fenster.
`if` Regen, spiel World of Warcraft,
`else` nichts wie raus an die frische Luft!

Auf dem Weg zum Java-Ninja – Klassen und Objekte

Jetzt machen wir aus dir einen OOP-Profi: von Methoden zu Klassen und Objekten.

Du hast bisher ja schon jede Menge Klassen erstellt. Und sei es nur als Container für die `main`-Methode oder wie bisher in diesem Kapitel als **Container für statische Methoden**. Das ist aber nur die eine Seite der Medaille, denn eigentlich können Klassen viel mehr sein. Bisher hast du die eigentlichen Stärken von Java nämlich noch gar nicht ausgenutzt, sondern mehr oder weniger „nur" prozedural programmiert.

[Hintergrundinfo]

Bei der **prozeduralen Programmierung** wird eine Problemstellung in mehrere **Unterprobleme** unterteilt und jedes Unterproblem in einer **Funktion** formuliert. Ein prozedural programmiertes Programm besteht also aus verschiedenen Funktionen, die im optimalen Fall so programmiert sind, dass sie jeweils genau ein Problem lösen und Unterprobleme über den Aufruf von anderen (Unter-)Funktionen lösen. Also vom Gedanken her schon mal ganz gut, da eben Funktionen wiederverwendet werden können.

Mit Java lernst du aber eine Sprache, die wie gemacht ist für die **objektorientierte Programmierung**. Da verwendest du nicht nur Funktionen wieder, sondern ganze Objekte.

[Achtung]

Wenn du Java programmieren kannst, heißt das noch lange nicht, dass du auch objektorientiert programmieren kannst. Bisher hast du noch nicht objektorientiert gearbeitet, zumindest nicht bewusst.

Danke. Und sagst du mir nun endlich, wie das geht?

Indem du deine Probleme zerteilst und Daten und Funktionen zusammen kapselst.

Wenn du komplexe Probleme zerlegst, wirst du bald merken, dass Datenstrukturen und die Operationen darauf zusammengehören. Wie du ein Element aus einer Liste korrekt löschen kannst, hängt vom Aufbau der Liste ab. Wie zum Beispiel ein Spieleheld eine Stufe aufsteigen kann, hängt davon ab, welche Eigenschaften und insbesondere Stufen

für ihn vorgesehen sind. Wie du Inkonsistenzen in deinen Daten vermeidest, hängt davon ab, was „konsistent“ für diese Daten bedeutet und so weiter.
Da ist es toll, wenn beides implementiert wird, also Daten und Funktionen zusammen, und wenn jemand, der die Datenstruktur benutzen will, Funktionen wie „Löschen“, „Belohnung kassieren“ oder „Hinzufügen“ aufrufen kann, ohne sich über die Interna Gedanken zu machen. Also wird **beides zusammen gekapselt.**

[Begriffsdefinition]

Kapselung bedeutet, dass dem Nutzer eines Objekts nur solche Methoden und Datenfelder zugänglich gemacht werden, die für ihn von Bedeutung sind. Erinnerst du dich noch an den **`StringBuilder`**? Da war es dir ja auch egal, wie der intern dynamisch seine Größe ändert. Hauptsache, du kannst mit ihm dynamisch eine Zeichenkette zusammenbauen.
Und genau dafür stellt **`StringBuilder`** entsprechende Methoden zur Verfügung.

[Zettel]

Deine bisherigen Klassen hatten nur statische Methoden. Die nennt man auch **Klassenmethoden**. Daneben gibt es noch **Klassenfelder** bzw. **Klassenvariablen**, bei denen steht wie bei Klassenmethoden auch das Wort **`static`** davor. Klassenfelder und Klassenmethoden kann man ansprechen bzw. aufrufen, sobald man die Klasse zur Verfügung hat. Klassenmethoden hast du ja in den letzten Abschnitten bis zum Exzess erstellt und Klassenfelder sogar schon in Kapitel 1 verwendet (ich sage nur Hexentexte).

In Java gehört jedes Objekt zu einer **Klasse**. Genauer gesagt, ist die Klasse der Datentyp des Objekts. Eine Klasse **`Held`** würde also definieren, durch welche Eigenschaften ein Held beschrieben werden kann (zum Beispiel Name, Level und Ausrüstung).
Ein konkreter Spieleheld, sagen wir Morcks auf Level 5 mit drei Schwertern, wäre ein **Objekt der Klasse `Held`**, oder noch genauer eine **Objektinstanz** der Klasse.

[Begriffsdefinition]

Das englische **class** wird im Deutschen mit **Klasse** übersetzt, ist aber eher im Sinne von **Klassifizierung** oder **Kategorie** gemeint. Klassen dienen dazu, zu definieren, wie die Objekte aussehen sollen. Vereinfacht gesagt sind Klassen so etwas wie eigene (beliebig komplexe) Datentypen, die du als Programmierer selbst definieren kannst. Kurz: Eine Klasse stellt sozusagen die Schablone oder den Bauplan für Objekte dar.

[Begriffsdefinition]

Methoden und Datenfelder, die nicht `static` sind, nennt man auch **Objektmethoden** (oder objektbezogene Methoden) und **Objektfelder bzw. Objektvariablen**. Um Objektfelder und Objektmethoden zu verwenden, reicht dir nicht die Klasse, du brauchst zuerst ein Objekt. Bevor wir aber ein Objekt erstellen können, brauchen wir die Klasse. Verwirrt? Keine Angst, nicht mehr lange. Ein Objekt zu einer Klasse besteht aus Daten und Funktionen. Die Daten heißen **Felder** oder **Attribute** oder **Eigenschaften** oder eben **Objektvariablen**, und die Funktionen heißen **Methoden** bzw. **Objektmethoden**.

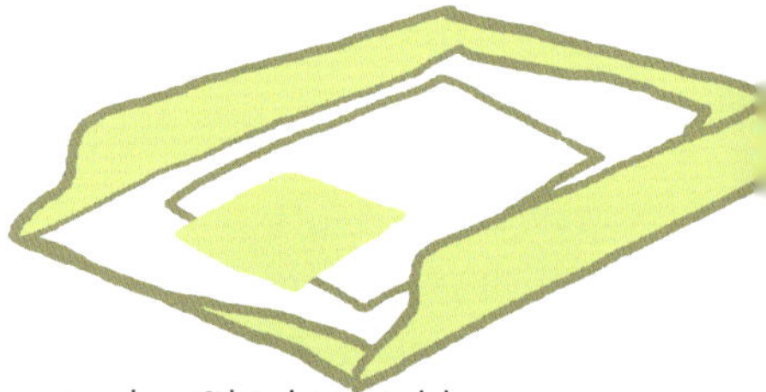

[Ablage]

Die Belegung der Objektvariablen stellt den **Zustand** eines Objekts dar. Die Objektmethoden spiegeln sein **Verhalten** wider. Eine Katze zum Beispiel hat eine **`farbe`**, **`istLieb`**, hat ein **`alter`** und kann **`fressen()`**, **`schnurren()`** und **`miauen()`**.

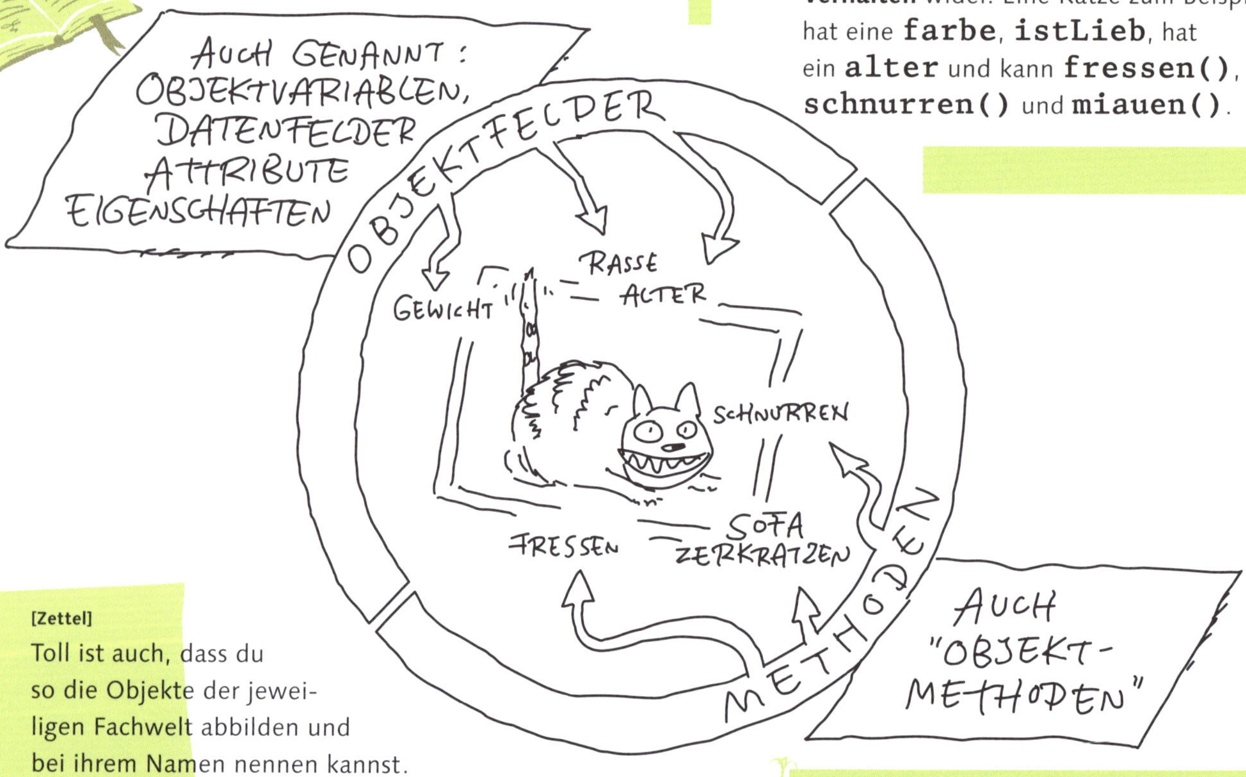

[Zettel]

Toll ist auch, dass du so die Objekte der jeweiligen Fachwelt abbilden und bei ihrem Namen nennen kannst. Wenn du mit deinem Auftraggeber über seine Dinge sprichst, zum Beispiel mit einem Games-Manager über „Helden“ und nicht über „record p2s“ oder so, erleichtert das die Verständigung. Du und der Kunde, ihr sprecht eine **gemeinsame Sprache**.

Bevor du ein Objekt erstellen kannst, brauchst du erstmal eine ordentliche Klasse:

```
package de.galileocomputing.schroedinger.java.kapitel05;
public class FotoApparat { *1
  int megaPixel; *2
  double displayGroesse; *2
  boolean bildStabilisiert; *2
  String marke; *2
  int brennweiteMin; *2
  int brennweiteMax; *2

  public void machFoto() { *3
    System.out.println("Klick ");
  }
}
```

*1 Eine Klasse definierst du mit dem Schlüsselwort `class`. Das weißt du schon seit Kapitel 1, und daran ändert sich auch jetzt nichts. Und du weißt auch, dass die Datei genauso wie die Klasse heißen muss, also `FotoApparat.java`.

*2 Das sind die Datenfelder. Das können sowohl primitive Datentypen als auch **Referenztypen** sein. `String`-Variablen zum Beispiel wären Referenztypen.

*3 Hier definieren wir eine Methode. Beachte, dass wir diesmal das Schlüsselwort `static` weglassen. Das heißt, das hier ist keine Klassenmethode, sondern eine **Objektmethode**.

Und jetzt wird's mal Zeit, dass du ein `FotoApparat`-Objekt erstellst:
Das machst du über Konstruktoren, und die hast du ja bereits kennengelernt.

Ja, aber die hast du mich ja nie benutzen lassen, `new String()` und `new Integer()` waren ja die absoluten NoGos.

Ja, stimmt genau. Das waren zwei der Ausnahmen, bei denen du keine Konstruktoren verwenden solltest, weil beide Male der interne Caching-Mechanismus für Strings bzw. Ganzzahlen ausgehebelt würde. Das bedeutet aber nicht, dass du niemals Konstruktoren verwenden darfst. Bei deinen eigenen Klassen darfst du das natürlich schon.

Jetzt hast du eine Klasse mit mehreren Objektvariablen und einer Objektmethode, die du aber nicht mehr so wie eben (in einem statischen Kontext) aufrufen kannst. Du brauchst erst ein Objekt vom Typ `FotoApparat`. Am besten, du nimmst eine separate Klasse, in der du wie bisher eine `main`-Methode implementierst: In der kannst du dann das Objekt erzeugen.

```
public class FotoShooting { *1
  public static void main(String[] args) {
  *2 FotoApparat *3 fotoApparat *4 = new *5 FotoApparat(); *6
    fotoApparat.machFoto(); *7
  }
}
```

*1 **FotoShooting** ist unsere Klasse mit **main**-Methode.

*2 Das ist hier die wichtige Zeile, in der das Objekt angelegt wird. Endlich! Gucken wir uns mal genau an, was hier passiert:

*3 Ganz links steht der Typ des Objekts, …

*4 … gefolgt vom Variablennamen, …

*5 … hinter dem Gleichheitszeichen geht es weiter: Mit **new** sagst du, dass jetzt wirklich das neue Objekt angelegt werden soll, …

*6 … und hinter dem **new** kommt dann der Konstruktoraufruf.

*7 Und jetzt, wo du das Objekt hast, kannst du auch die **Objektmethode** aufrufen. Bitte lächeln!

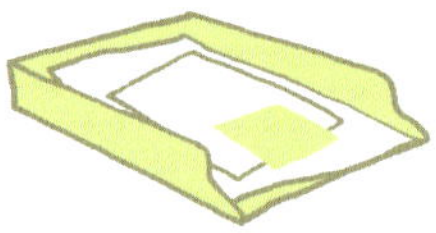

[Ablage]

Du hättest natürlich auch in der Klasse **FotoApparat** eine **main**-Methode erstellen können. Aber besser, du hältst Klassen, mit denen du etwas modellierst, frei davon und lagerst das Starten des Programms in eine Extraklasse aus.

Nur nochmal, um sicherzugehen: Objektmethoden kannst du ohne Objekt nicht aufrufen. So etwas hier kannst du also nicht machen:

```
public static void main(String[] args) {
  FotoApparat.machFoto(); *1 X
}
```

*1 Das gibt einen Compilerfehler, weil **machFoto() nicht statisch** ist. Du brauchst eine Objektinstanz, um diese Methode aufrufen zu können!

Kapselung

So schlank und schön unsere Klasse **FotoApparat** auch ist, sie verstößt gegen das Prinzip der Kapselung. Die Datenfelder der Klasse sind von außerhalb nämlich direkt zugänglich:

```
fotoApparat.bildStabilisiert = true;
fotoApparat.displayGroesse = 7.5;
fotoApparat.marke = "SoNie";
fotoApparat.megaPixel = 10;
```

Und *das* solltest du verhindern!

Warum das? Und wie kann ich's verhindern?

Moment, das sind ja gleich zwei Fragen.

Warum du es verhindern solltest: Der wichtigste Grund ist, dass dieser unbefugte Zugriff auf die Datenfelder dazu führen könnte, dass das Objekt einen **ungültigen Zustand** bekommt. Zum Beispiel so:

```
fotoApparat.megaPixel = -10; *1
```

*1 Das wäre nicht nur eine extrem schlechte Kamera, sondern auch extrem schlechter Programmierstil.

Jetzt zu deiner zweiten Frage: Wie kannst du **verhindern**, dass jemand von außen direkt auf die Objektvariablen zugreifen kann? Das ist recht einfach, du **versteckst** die Objektvariablen, und zwar indem du sie **`private`** machst:

```
private String marke;
private int megaPixel;
private double displayGroesse;
private boolean bildStabilisiert;
```

Jetzt kann niemand von außerhalb des Objekts auf die Werte zugreifen.

[Zettel]
Ach übrigens: Wird eine Objektvariable nicht direkt initialisiert, bekommt sie einen Standardwert: **`null`** für Variablen, die auf Objekttypen basieren, und die aus Kapitel 2 bekannten Werte für primitive Datentypen.

Setter und Getter

Gar nicht von außen zugreifen zu können, ist aber oft nicht wirklich wünschenswert. Manchmal möchtest du den Zustand eines Objekts auch ändern können, zum Beispiel wenn die Katze nicht mehr lieb ist.
Die Lösung ist recht einfach: Du erstellst einfach **Methoden**, die deine Datenfelder ändern (oder zurückgeben), so wie du das möchtest, und diese Methoden machst du dann öffentlich. Diese Art der Methoden nennt man umgangssprachlich **Setter** bzw. **Getter**, weil sie einen Wert setzen (set) oder zurückgeben (get).
Als Methodennamen wählt man daher **`setWert()`** bzw. **`getWert()`**, wobei „Wert" durch den Namen des Datenfeldes ersetzt wird. Also zum Beispiel so:

```
public void setMegaPixel(int megaPixel) { *1
  this.megaPixel = megaPixel; *2
}
public int getMegaPixel() { *3
  return megaPixel; *4
}
```

*1 So sieht eine Setter-Methode aus.

*2 Und das macht eine Setter-Methode typischerweise: den Wert zuweisen.

*3 So sieht eine Getter-Methode aus.

*4 Und die gibt typischerweise den entsprechenden Wert zurück.

[Belohnung/Lösung]
Jetzt sind die Daten in deinem Objekt ordentlich **gekapselt** und können nur über Methoden geändert werden.

Moment mal, was hast du denn da gemacht? **`this.megaPixel`**? Was soll denn das **`this`** da? Das kann ich ja noch nicht mal aussprechen!

Egal, wie du es **aussprichst**, „siss“, „sthsis“ oder „dis“, mit **`this` sprichst du das aktuelle Objekt** an. Du hast sicherlich gemerkt, dass wir eben im Setter zwei Variablen mit dem gleichen Namen (**`megaPixel`**) hatten: einmal den Parameter und einmal die Objektvariable. Damit der Compiler weiß, welche Variable du jeweils meinst, kannst du Objektvariablen referenzieren, indem du das **`this`** davor schreibst.

[Hintergrundinfo]

Das hat auch den Vorteil, dass du dir nicht immer einen neuen Namen für deine Parameter ausdenken musst, sowas ist also auch Programmierschule von gestern:

```
public void setMegaPixel(int pMegaPixel) {
  megaPixel = pMegaPixel;
}
```

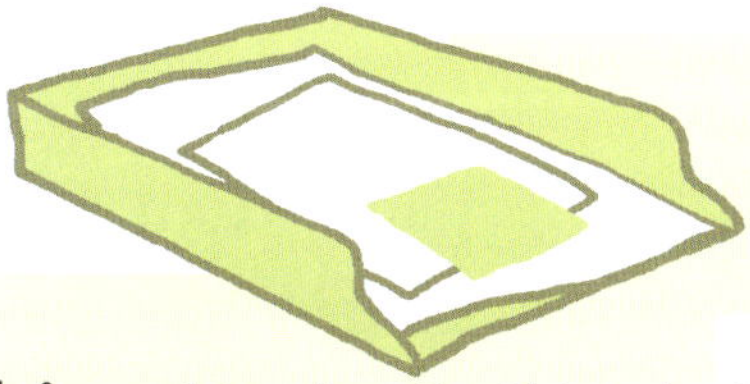

[Ablage]

`pMegaPixel` (wobei das p für Parameter steht) oder ähnliche Namen sind ein weiteres Beispiel für **schlechte Variablennamen**.

[Ablage]

Weil sich **`this`** auf das aktuelle Objekt bezieht, kannst du es auch nur in **Objektmethoden** und in **Konstruktoren** verwenden. In Klassenmethoden geht das nicht, weil du dort kein Objekt zur Verfügung hast. Das wäre in etwa so, als ob du in der Fotoapparat-Fabrik mit der Fotoapparat-Schablone versuchen würdest, Fotos zu machen oder statt des Plätzchens die Ausstechform verputzen wolltest.

[Zettel]

Bei den Gettern kannst du auf das **`this`** verzichten. Findet der Compiler keine lokale Variable mit entsprechendem Namen, guckt er nämlich als Nächstes in die umgebende Klasse und sucht nach einer Objektvariablen mit dem Namen.

```
private int megaPixel;
public void setMegaPixel(int megaPixel) {
  this.megaPixel = megaPixel; *1
}
public int getMegaPixel() {
  return megaPixel; *2
}
```

*1 Hier musst du sagen, welches der beiden **`megaPixel`** du meinst.

*2 Hier gibt's nur ein **`megaPixel`**. Das heißt, du kannst das **`this`** auch weglassen, denn der Compiler findet selbstständig die Objektvariable.

Bei Booleschen Objektvariablen kannst du statt **get** auch **is** für den Getter nehmen, zum Beispiel so:

```
public boolean isBildStabilisiert() {
  return bildStabilisiert;
}
```

Die Setter-Methoden bleiben aber gleich, beginnen also mit **set**, nicht etwa mit **setIs**:

```
public void setBildStabilisiert(boolean bildStabilisiert) {
  this.bildStabilisiert = bildStabilisiert;
}
```

[Zettel]

Ich weiche bei den Settern und Gettern zwar auf der einen Seite ein bisschen von der Regel ab, keine denglischen Methodennamen zu verwenden, auf der anderen Seite ist aber durch den sogenannten **JavaBeans-Standard** auch festgelegt, immer set/get/is bei Settern und Gettern zu verwenden.

Aber zurück zu der Frage, warum Setter und Getter von Vorteil sind:

Du kannst zum Beispiel in der Setter-Methode die **Parameter validieren**, also überprüfen, ob der übergebene Parameter überhaupt gültig ist.

```
public void setMegaPixel(int megaPixel) {
  if(megaPixel >= 1 && megaPixel <= 20) { *2
    this.megaPixel = megaPixel; *1
  }
}
```

*1 Der neue Wert wird erst zugewiesen, …

*2 … nachdem er auf Gültigkeit überprüft wurde.

Hier noch eine Übersicht über die verschiedenen Variablentypen:

Variablentyp	Lebensdauer	Codebeispiel

lokale Variablen	für die Dauer des Code-Blocks	`// hier ist i noch gar nicht da`
		`for(int i=0; i<10; i++) {`
		`  // hier ist i sichtbar`
		`}`
		`// hier ist i nicht mehr sichtbar`

Objektvariablen	vom Erstellen des Objekts bis zu dem Zeitpunkt, an dem das Objekt nicht mehr referenziert wird	`public class FotoApparat {`
		`  private String marke;`
		`  …`
		`}`

Klassenvariablen	vom Laden der Klasse bis zu dem Zeitpunkt, an dem die Klasse nicht mehr geladen ist	`public class Konfiguration {`
		
		`  public static int GROESSE = 10;`
		`  …`
		`}`

[Belohnung/Lösung]

So, das war ein langer Tag im Büro. Aber glaub mir, die Überstunden zahlen sich aus. Denn besser, du lernst **jetzt**, die Daten richtig in Objekten zu kapseln, als später, wenn dich das prozedurale Monster gepackt hat.

Der Fotoapparat unter der Lupe

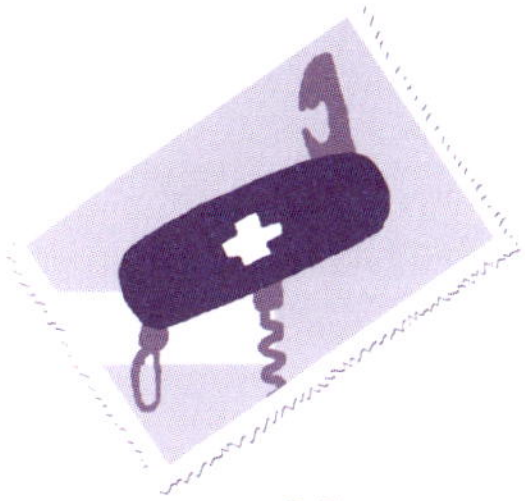

[Einfache Aufgabe]

Nimm die Klasse **`FotoApparat`**, und erstelle für alle Eigenschaften Getter und Setter.

Das schaffe ich, warte, so ... uff, diese Getter- und Setter-Methoden zu schreiben, ist aber ganz schön anstrengend. Gibt's da nicht was in Eclipse?

Natürlich gibt's da was:
Source • Generate Getters and Setters.

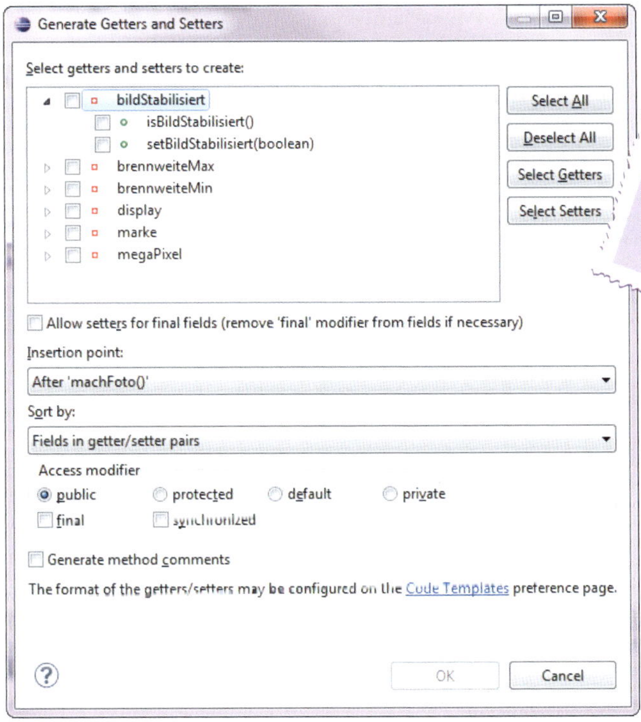

Mit Eclipse kannst du dir genau die Getter und Setter generieren lassen, die du brauchst.

[Achtung]

Auch wenn das Erstellen von Gettern und Settern damit sehr einfach ist, solltest du natürlich trotzdem immer überlegen, welche Objektvariablen du nach außen sichtbar machen möchtest.

[Code bearbeiten]

Passe jetzt die beiden generierten Methoden **`setBrennweiteMin()`** und **`setBrennweiteMax()`** so an, dass **`brennweiteMax`** nicht kleiner als **`brennweiteMin`** sein darf.

Hier die **Lösung**:

```
public void setBrennweiteMin(int brennweiteMin) {
  if(this.brennweiteMax >= brennweiteMin) { *1
    this.brennweiteMin = brennweiteMin;
  } else {
    System.err.println("Die minimale Brennweite muss kleiner gleich der maximalen
      Brennweite sein."); *2
  }
}
public void setBrennweiteMax(int brennweiteMax) {
  if(this.brennweiteMin <= brennweiteMax) { *1
    this.brennweiteMax = brennweiteMax;
  } else {
    System.err.println("Die maximale Brennweite muss größer gleich der minimalen
      Brennweite sein."); *2
  }
}
```

*1 Die minimale bzw. die maximale Brennweite darf nur gesetzt werden, wenn sie kleiner gleich bzw. größer gleich der gesetzten maximalen bzw. minimalen Brennweite ist, …

*2 … ansonsten gibt's eine Fehlermeldung. Normalerweise musst du hier mehr tun, als nur den Fehler auf die Konsole zu schreiben, zum Beispiel den **Fehler an den Aufrufer der Methode** schicken. Wie du das machst, zeige ich dir in Kapitel 9.

Setter mit mehreren Parametern

So, das ist schon mal besser als gar keine Validierung. Man kann das aber **noch besser** machen. **Das Problem ist nämlich Folgendes:** Wenn du ein Objekt vom Typ **FotoApparat** erstellst, haben beide Objektvariablen **brennweiteMin** und **brennweiteMax** den Wert 0. Stell dir jetzt vor, du machst Folgendes:

```
fotoApparat.setBrennweiteMin(18);
fotoApparat.setBrennweiteMax(100);
```

Minimale Brennweite 18, maximale Brennweite 100, was ist das Problem?

Na ja, spiel das doch mal durch:

setBrennweiteMin(18) schlägt fehl, weil 18 nicht kleiner als der Defaultwert von **brennweiteMax(0)** ist. **setBrennweiteMax(100)** dagegen ist kein Problem. Danach hat deine Kamera also einen Brennweitenbereich von 0 bis 100 – nicht das, was man erwarten würde.

Erst wenn du die Setter-Aufrufe vertauschst, funktioniert's:

Wenn du erst **setBrennweiteMax(100)** aufrufst und dann **setBrennweiteMin(18)**, würden beide Aufrufe das machen, was man erwartet: Der Brennweitenbereich wäre 18–100.

```
fotoApparat.setBrennweiteMax(100);
fotoApparat.setBrennweiteMin(18);
```

Derjenige, der den **fotoApparat** bedient, muss also wissen, in welcher Reihenfolge die Methoden deiner Klasse aufgerufen werden müssen. **Dieses Wissen solltest du nicht voraussetzen.**

Besser geht es so: Du stellst nur einen Setter zur Verfügung, der beide Brennweiten entgegennimmt.

```
public void setBrennweiten(int brennweiteMin, int brennweiteMax) {
  if(brennweiteMin <= brennweiteMax) {
    this.brennweiteMin = brennweiteMin;
    this.brennweiteMax = brennweiteMax;
  } else {
    // hier die Fehlerausgabe
}
```

[Achtung]

Natürlich solltest du dann deine normalen Setter für die Brennweiten wieder löschen oder als **private** markieren.

Abschließend noch eine kleine einfache Übung:

[Einfache Aufgabe]

Erstelle eine Instanz von **FotoApparat** mit den folgenden Daten:

minimale Brennweite:	18 mm
maximale Brennweite:	200 mm
bildstabilisiert:	ja
Displaygröße:	7.5 cm
Marke:	SoNie
Megapixel:	18

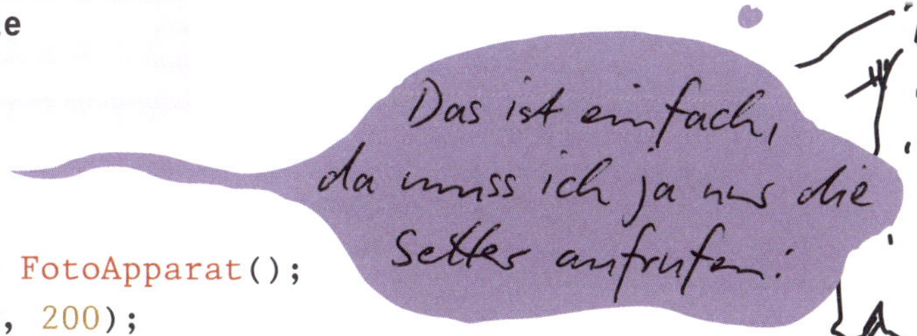

```
FotoApparat fotoApparat = new FotoApparat();
fotoApparat.setBrennweiten(18, 200);
fotoApparat.setBildStabilisiert(true);
fotoApparat.setDisplayGroesse(7.5);
fotoApparat.setMarke("SoNie");
fotoApparat.setMegaPixel(18);
```

Perfekt! Ist zwar viel Schreibarbeit, aber gleich im Büro zeig ich dir noch ein paar Tricks, wie du die Datenfelder deiner Objekte schneller befüllen kannst.

Klassen vs. Objekte

[Einfache Aufgabe]

Erweitere die Kameras um die Angabe des Herstellungslandes. Welchen Typ von Variable brauchst du dafür? Lokale Variable? Klassenvariable? Objektvariable?

Eine lokale Variable bringt mir ja schon mal gar nichts, so ein Quatsch. Und eine Klassenvariable bringt auch nichts, weil ja das Herstellungsland von Kamera zu Kamera unterschiedlich sein kann. Ich nehme eine Objektvariable! Plus Setter und Getter, so wie hier:

```
public class FotoApparat {
  …
  private String herstellungsLand;
  public String getHerstellungsLand() {
    return herstellungsLand;
  }
  public void setHerstellungsLand(String herstellungsLand) {
    this.herstellungsLand = herstellungsLand;
  }
}
```

Okay, prima.
Auf zur nächsten Aufgabe:

[Einfache Aufgabe]

Wie sieht es denn aus, wenn **alle deine Kameras** auf jeden Fall eine Mindestbrennweite haben müssen und eine gewisse Maximalbrennweite nicht überschreiten dürfen? Wo würdest du das definieren?

Mmh, lass mal überlegen, wenn das für alle Kameras einheitlich sein soll, dann nehm ich doch am besten eine Klassenvariable, oder?

Genau, und je nachdem, ob du die Werte später ändern willst oder nicht, nimmst du eine Variable oder eine Konstante. Konstanten definierst du, wie du weißt, ganz einfach mit dem Schlüsselwort `final`:

```
public class FotoApparat {
  public static final int MIN_BRENNWEITE = 10;
  public static final int MAX_BRENNWEITE = 270;
  ...
}
```

[Begriffsdefinition]

Datenfelder – egal, ob Objektvariablen oder Klassenvariablen –, die als **`final`** markiert sind, können nicht mehr verändert werden. Deswegen heißen sie auch **Konstanten**. Nicht verwechseln solltest du sie mit dem Schlüsselwort **`const`**, das du aus dem Schlüsselwort-ABC aus Kapitel 2 kennst: Das hat keinerlei Funktion!

[Notieren/Üben]

Nimm Klassenvariablen für Dinge, die allgemein für alle Instanzen der Klasse gelten, und Objektvariablen für Dinge, die sich von Objektinstanz zu Objektinstanz unterscheiden.

[Zettel]

Das dickste Buch der Welt ist 4,10 m dick und hat 50 560 Seiten. Ja, und um ein Buch zu sein, müssen schon mindestens 49 Seiten drin sein. Ansonsten ist es laut Definition etwas anderes, ein Prospekt, eine Broschüre, aber kein Buch.

[Einfache Aufgabe]

Erstelle eine Klasse **`Buch`** mit Eigenschaften für Titel, Autor, Seitenanzahl und der Angabe, ob es sich um ein gebundenes Buch handelt. Und sorge dafür, dass das Buch mindestens 49 Seiten hat und maximal 50 560 Seiten. (Hat hier jemand Klassenvariablen gesagt?) Und was kann man mit einem Buch typischerweise machen? Genau, lesen! Dann sieh auch dafür direkt eine Methode vor.

Schreibt du noch oder liest du schon? Hier ein Ausschnitt aus der Lösung:

```
public class Buch {
  private static final int MAX_SEITENZAHL = 50560;
  private static final int MIN_SEITENZAHL = 49;
  private String autor;
  private String titel;
  private int seitenAnzahl;
  private boolean gebunden;
  // denk dir hier noch die ganzen Getter und Setter, die du sonst noch brauchst.
  public void setSeitenAnzahl(int seitenAnzahl) {
    if(seitenAnzahl >= MIN_SEITENZAHL && seitenAnzahl <= MAX_SEITENZAHL) {
```

```
      this.seitenAnzahl = seitenAnzahl;
    } else {
      // Fehler ausgeben
    }
  }
  public void lesen() {
    System.out.println(this.getTitel() + " von " + this.getAutor() + " wollte ich schon lange mal lesen. Los geht's.");
  }
}
```

Und noch eine Klasse, um das Ganze laufen zu lassen:

```
public class BuchMesse {
  public static void main(String[] args) {
    Buch buch = new Buch();
    buch.setTitel("Romeo und Julia");
    buch.setAutor("William Shakespeare");
    buch.setSeitenAnzahl(400);
    buch.setGebunden(false);
    buch.lesen();
  }
}
```

Sichtbarkeit von Variablen und Methoden

Die **Sichtbarkeitsmodifikatoren** `private` und `public` hast du ja bereits kennengelernt. Mit `private` markierte Variablen oder Methoden sind nur **innerhalb der Klasse** zugänglich, in der sie definiert sind, und in keiner anderen Klasse. Mit `public` markierte Variablen und Methoden sind von **überall** zugänglich. Neben diesen beiden gibt es in Java noch einen weiteren Sichtbarkeitsmodifikator, `protected`, sowie die Möglichkeit, den Sichtbarkeitsmodifikator ganz wegzulassen. In beiden Fällen sind die Variablen/Methoden für andere Klassen **innerhalb des gleichen Packages** sichtbar, aber nicht für Klassen in anderen Packages. Ausnahme: Im Fall von `protected` sind sie zusätzlich in Unterklassen sichtbar, auch wenn die sich in anderen Packages befinden. **Unterklassen** sind sozusagen nahe Verwandte einer Klasse, die ich dir im nächsten Kapitel genauer vorstellen werde. Lässt du den Modifikator ganz weg, sind die Variablen/Methoden nur im gleichen Package sichtbar. Man spricht dann auch von **package-private**.

Zusammenfassend bedeutet das also:

Wenn du der Variablen oder der Methode den folgenden Wert gibst, ist sie in …	… der gleichen Klasse …	… einer anderen Klasse im gleichen Package …	… den Unterklassen im gleichen Package …	… Unterklassen in einem anderen Package …	… Nicht-Unterklassen in einem anderen Package …
`public`	… sichtbar.	… sichtbar.	… sichtbar.	… sichtbar.	… sichtbar.
`protected`	… sichtbar.	… sichtbar.	… sichtbar.	… sichtbar.	… **nicht** sichtbar.
kein Modifikator	… sichtbar.	… sichtbar.	… sichtbar.	… **nicht** sichtbar.	… **nicht** sichtbar.
`private`	… sichtbar.	… **nicht** sichtbar.	… **nicht** sichtbar.	… **nicht** sichtbar.	… **nicht** sichtbar.

[Zettel]
Beachte bitte auch die zusätzlichen Sichtbarkeitsregeln, die durch die in Java 9 eingeführten Module gelten. Nachlesen kannst du das in Kapitel 13.

[Achtung/Vorsicht]
Du kannst übrigens immer nur höchstens einen Sichtbarkeitsmodifikator verwenden.

[Notieren/Üben]
Verbirg die Variablen und Methoden deiner Klassen immer so gut wie möglich. Das bedeutet nicht, dass du alles **`private`** machst, dann kannst du ja kaum was Gescheites mit deinen Objekten machen. Aber du sollst eben auch nicht alles **`public`** machen. Überlege dir also vorher immer gut, wer wann wo welche deiner Methoden aufrufen muss, und wähle danach weise den Sichtbarkeitsmodifikator.

Konstruktoren

Gucken wir uns nochmal die Zeile an, mit der wir eben das **FotoApparat**-Objekt erstellt haben:

```
FotoApparat fotoApparat = new FotoApparat();
```

Hinter dem **new** steht ja der Aufruf des Konstruktors, das hatte ich schon gesagt. Nur, wo ist dieser Konstruktor? In unserer Klasse **FotoApparat** ist er ja nicht. Oder doch?

Okay, ich will dich nicht auf die Folter spannen. Er ist schon da, aber bisher nur implizit. Solange du nämlich **keinen eigenen Konstruktor** implementierst, legt der Compiler einen **Standardkonstruktor** für dich an. Das wäre dasselbe, wie zu schreiben:

```
public FotoApparat() {}*1
```

*1 Das hier entspricht dem **Standardkonstruktor**, den der Compiler für dich generiert. Viel machen tut der allerdings noch nicht.

Sieht ein bisschen wie eine Methode aus.

Stimmt, die runden Klammern, die geschweiften Klammern, der Modifikator, aber das war's auch schon. Denn beim Konstruktor verzichtest du auf die Angabe eines Rückgabewertes wie bei einer Methodendeklaration. Denn der ist ja auch irgendwie klar: eine Objektinstanz der jeweiligen Klasse. Außerdem werden Konstruktoren im Gegensatz zu Methoden in **Upper Camel Case** geschrieben, weil sie **exakt so heißen müssen wie die Klasse**, zu der sie gehören.
Warum nun eigene Konstruktoren schreiben? Da gibt es **mindestens zwei gute Gründe**.

Fangen wir mit dem ersten an: Im Konstruktor kannst du die **Objektvariablen initialisieren**. Du könntest also die Kamera von eben direkt mit Standardwerten vorbelegen.

```
public FotoApparat() {
  *1this.brennweiteMin = 18;
    this.brennweiteMax = 200;
    this.bildStabilisiert = true;
    this.displayGroesse = 7.5;
    this.marke = "SoNie";
  this.megaPixel = 18;
}
```

*1 Das **this** könntest du an dieser Stelle auch weglassen, der Compiler findet die Objektvariablen auch so.

Damit wären standardmäßig alle Kameras gleich. Das kann in manchen Fällen ausreichen. Wenn du allerdings die Werte bei der Erstellung deiner Objekte beeinflussen möchtest, brauchst du etwas anderes:

Der zweite gute Grund: Konstruktoren mit Parametern

Konstruktoren mit Parametern sind sinnvoll, wenn die Objektvariablen nicht mit Standardwerten, sondern aus den Parametern initialisiert werden sollen.
In Eclipse kannst du dir zu einer Klasse Konstruktoren mit Parametern ganz einfach generieren lassen: **Source • Generate Constructor using Fields**

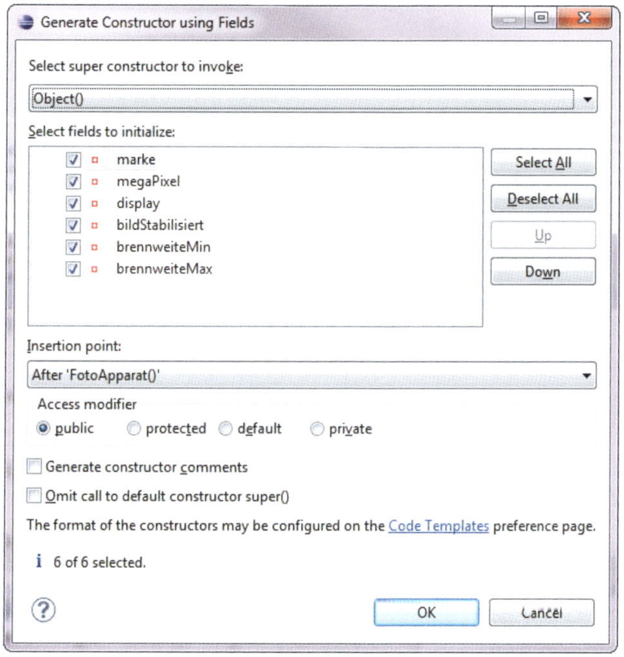

*1 Ein Konstruktor kann genau wie Methoden auch Parameter haben.

Der Quelltext, den Eclipse generiert, sieht dann so aus:

```
public FotoApparat(*1String marke, int megaPixel, double displayGroesse,
boolean bildStabilisiert, int brennweiteMin, int brennweiteMax) {
  super();
  *2this.marke = marke;
   this.megaPixel = megaPixel;
   this.displayGroesse = displayGroesse;
   this.bildStabilisiert = bildStabilisiert;
   this.brennweiteMin = brennweiteMin;
   this.brennweiteMax = brennweiteMax;
}
```

*2 Hier solltest du das **this** nicht weglassen, ansonsten würdest du nicht die Objektvariable, sondern den Parameter ansprechen.

Was soll denn das super() *da?* Findet Eclipse es so toll, was ich da gemacht habe, oder was?

Könnte man denken, ja. Mit **`super`** ist hier allerdings etwas anderes gemeint. Du sprichst damit die **Oberklasse** an. Und mit **`super()`** rufst du den **Standardkonstruktor dieser Oberklasse** auf. Eigentlich wollte ich dir das ja beibringen, wenn wir im nächsten Kapitel über das Thema **Vererbung** sprechen, aber na gut, jetzt, wo wir schon dabei sind, ein kleines bisschen Aufklärung zu dem Thema:
Jede Klasse, die du erstellst, hat **immer eine direkte Oberklasse**. Alle bisherigen Klassen, die du erstellt hast, haben implizit die Oberklasse **`java.lang.Object`**. Das ist **die Mutter aller Klassen**. Mit **`super()`** in dem Konstruktor von **`FotoApparat`** wird also der Konstruktor von **`Object`** aufgerufen, weil **`Object`** die direkte Oberklasse von **`FotoApparat`** ist.

[Zettel]
Eine Klasse kann **immer nur eine direkte Oberklasse** haben. Aber diese Oberklasse kann wiederum auch eine Oberklasse haben und so weiter. Das Thema Vererbung ist so ein wichtiger Bestandteil der objektorientierten Programmierung, dass wir das später nochmal genauer durchgehen werden, direkt im nächsten Kapitel.

Nur bevor ich's vergesse: Du darfst natürlich auch in deinem Konstruktor nicht vergessen, die Eingabeparameter zu validieren. Denn sonst könnte ja jemand diese Stelle nutzen, um ungültige Brennweitenwerte zu übergeben. Am besten, du rufst den entsprechenden Setter direkt vom Konstruktor aus auf:

```
public FotoApparat(String marke, int megaPixel, double displayGroesse,
  boolean bildStabilisiert, int brennweiteMin, int brennweiteMax) {
  // denk dir hier die anderen Zuweisungen
  this.setBrennweiten(brennweiteMin, brennweiteMax);
}
```

So sieht Wiederverwendung aus!

[Zettel]
Da der Standardkonstruktor von **`Object`** keine Parameter hat, kannst du das **`super()`** auch weglassen, denn der Compiler führt automatisch diesen Aufruf des Standardkonstruktors der Oberklasse aus.

[Achtung]
Du darfst in einem Konstruktor übrigens nicht zuerst was mit **`this`** machen und erst danach **`super()`** aufrufen. Der Aufruf des Konstruktors der Elternklasse muss **immer** am Anfang stehen.

Die Klasse **Object** bringt direkt ein paar Methoden mit, die quasi jeder Klasse, die du erstellst, gemeinsam sind. Allerdings machen die meisten dieser Methoden nicht viel und sind eher dazu gedacht, dass du in deiner eigenen Klasse eine eigene Variante davon implementierst. Die **equals()**-Methode zum Beispiel kennst du schon vom Arbeiten mit Strings. Weil das Vergleichen aber so etwas Wichtiges ist, dass man es jeder Klasse zur Verfügung stellen möchte, ist die Methode bereits in der Klasse **Object** definiert. Allerdings vergleicht die dortige Methode standardmäßig zwei Objekte nur anhand ihrer Speicheradresse, führt also keinen Vergleich auf **semantische Gleichheit** durch, im Sinne von „Sind zwei Objekte von ihrer Bedeutung her gleich?". Wie sollte die Oberklasse **Object** das auch entscheiden können? Ob zwei Strings gleich sind, kann nur in der Klasse **String** entschieden werden, ob zwei Ganzzahlen gleich sind, nur in der Klasse **Integer**, und ob zwei Fotoapparate gleich sind, ja, das könnte nur in der Klasse **FotoApparat** entschieden werden. Jede Klasse muss also selber die Methode implementieren, damit sie auch wirklich so funktioniert, wie man sich das vorstellt. Das heißt, du **kannst prinzipiell auf jedem Objekt diese Methode aufrufen**. Aber jedes Mal, wenn du eine eigene Klasse **schreibst, solltest du selber dafür sorgen,** dass die **equals()**-Methode auch für die Klasse funktioniert. Das Gleiche gilt für die Methode **toString()**, eine der anderen Methoden in **Object**.

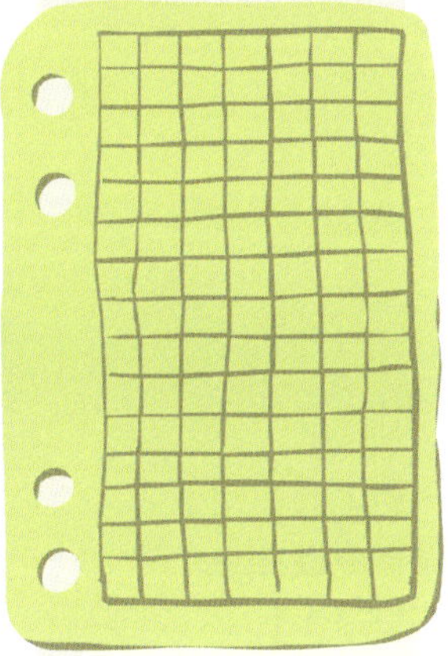

[Zettel]
Wir kommen auf die **equals()**-Methode nochmal zu sprechen. Allerdings nicht mehr in diesem Kapitel.

[Zettel]
Kleiner Eclipse-Tipp am Rande: Tippe mal in deiner Klasse innerhalb einer Methode oder im Konstruktor **super.** (wichtig ist der Punkt hinter dem **super**), und drücke dann die Tasten **Strg + Leertaste**. Damit aktivierst du die Codevervollständigung und siehst auf einen Blick, welche Methoden die jeweilige Oberklasse (im Fall von **FotoApparat** also **java.lang.Object**) bereitstellt.

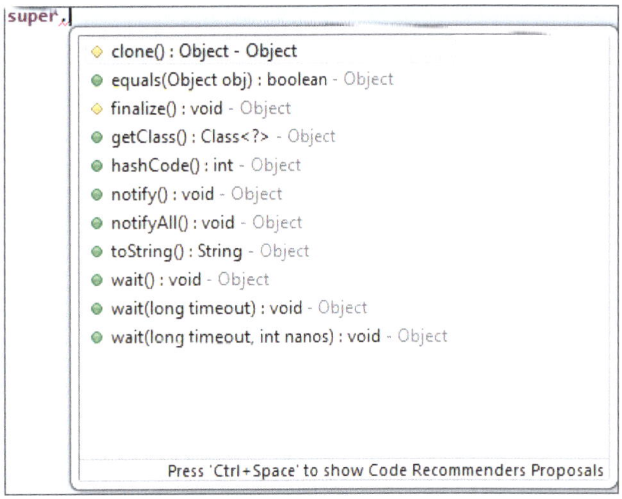

Codevervollständigung in Eclipse: Das hier sind alle Methoden der Klasse **Object**.

Objekte in Strings umwandeln

[Einfache Aufgabe]
Erstelle einen Fotoapparat mit unserem neuen parametrisierten Konstuktor, rufe die **`toString()`**-Methode auf, und gib das Ergebnis auf der Konsole aus.

Das ist ja einfach, das geht so:

```
FotoApparat fotoApparat = new FotoApparat("NieKon", 9, 7.5, 
  true, 55, 250);
String beschreibung = fotoApparat.toString();
System.out.println(beschreibung);
```

Wirklich aussagekräftig ist die Beschreibung aber nicht: **de.galileocomputing.schroedinger.java.kapitel05.FotoApparat@59bd523d**. Das am Anfang sieht mir sehr nach dem Paketnamen aus, danach ein @ und dann noch was Kryptisches, ein bisschen wie eine E-Mail-Adresse.

Ja, die Standardimplementierung von **`toString()`** in **`Object`** ist auch nicht gerade aussagekräftig. Gucken wir uns das mal genauer an.

[Schwierige Aufgabe]
Finde heraus, wie die **`toString()`**-Methode von **`Object`** implementiert ist, ohne zu googlen.

Ohne zu googlen? Willst du mich veräppeln? Ich bin doch kein Hellseher!

Aber einer, der Eclipse verwendet, oder? Damit ist das nämlich mal wieder ganz einfach. Zumindest wenn du weißt, wie's geht.

Er nun wieder mit seinem Eclipse.

Halte die **Strg**-Taste gedrückt, und klicke dann auf **`toString()`** in deinem Quelltext. Aus dem Popup-Menü wählst du dann **Open Declaration**. Damit öffnest du die Klasse **`Object`** in einem neuen Editor. Allerdings sieht der Inhalt wahrscheinlich so aus:

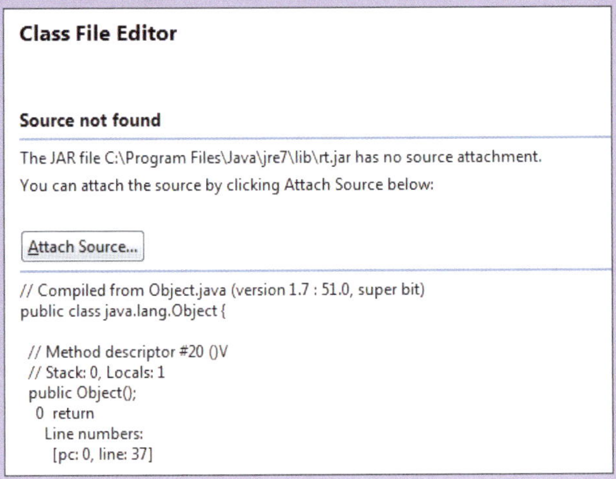

Quelltext anhängen

Der **Quelltext** für **`java.lang.Object`** wurde also **nicht gefunden**. Mit „**Attach Source**" kannst du aber einfach den Speicherort des Java-Quelltextes angeben, zum Beispiel in Form der ZIP-Datei, die zum Glück im JDK enthalten ist. Und schon können wir den Quelltext der Klasse **`Object`** genauer unter die Lupe nehmen.

Das ist ja klasse! Funktioniert das auch mit anderen Klassen?

Ja, klar! Das funktioniert mit allen Klassen, für die du auch den Quelltext hast. Und da es jede Menge Open-Source-Projekte für Java gibt, ist dies auch relativ häufig der Fall. Aber zurück zu der **`toString()`**-Methode von **`Object`**, die so aussieht:

```
public String toString() {
  return getClass().getName()*1 + "@" + Integer.toHexString(hashCode())*2;
}
```

*1 Mit dem Paketnamen lagst du gar nicht mal so falsch. Genauer gesagt, ist das der **qualifizierte Klassenname**, also Paketname + Klassenname, der hier zurückgegeben wird.

*2 Dazu kommt dann das @ und noch der Hashcode in Hexadezimalform. Also insgesamt alles andere als aussagekräftig.

[Notiz]

Kleiner Tipp: Jetzt, nachdem wir den Quelltext für die Java-Standard-API hinzugefügt haben, kannst du auch gerne mal **andere Standardklassen genauer untersuchen**, zum Beispiel **`String`** oder **`Integer`**.

[Notiz]

In fremden Quelltext zu gucken, ist auch ein prima Weg, um von anderen zu lernen!

[Notiz]

Solltest du am Anfang des Buches trotz Warnung die nicht weise Entscheidung getroffen haben, keine IDE zu verwenden, kannst du die ZIP-Datei mit dem Java-Quelltext natürlich auch händisch entpacken und die jeweiligen Dateien mit einem normalen Texteditor öffnen.

Textuelle Beschreibung von Objekten

Lass mich raten. Man kann mit Eclipse auch die `toString()`*-Methode generieren?*

Ja, kann man. Es gibt eigentlich fast nichts, das man mit dieser eierlegenden Wollmilchsau nicht machen kann. Du solltest mittlerweile eigentlich wissen, wo du das im Eclipse-Menü findest: **Source • Generate toString()**.

Okay, hab ich gefunden. Aber was soll dieses **@Override**, das da generiert worden ist? Komischer Kommentar.

```
@Override
public String toString() {
  return "FotoApparat [marke=" + marke + ", megaPixel=" + megaPixel", ⤶
  displayGroesse=" + displayGroesse + ", bildStabilisiert=" + bildStabilisiert + ⤶
  ", brennweiteMin=" + brennweiteMin + ", brennweiteMax=" + brennweiteMax + ", ⤶
  herstellungsLand=" + herstellungsLand + "]";*1
}
```

*1 Eclipse spart dir wieder viel Schreibarbeit.

Das ist kein Kommentar, das ist eine **Annotation**. Das sind vereinfacht gesagt spezielle Markierungen, die du (je nach Annotationstyp) an verschiedenen Stellen im Quelltext verwenden kannst. Mit `@Override` sagst du dem Compiler, dass du eine Methode überschreiben möchtest. Nicht falsch verstehen, auch wenn du die Annotation weglässt, merkt der Compiler in der Regel, dass du das möchtest. Es gibt aber auch Fälle, bei denen du **denkst**, dass du eine Methode überschreibst, **es aber gar nicht tust**, zum Beispiel wenn zwei Methoden eine **ähnliche Methodensignatur** haben. Und sowas würde der Compiler dank der `@Override`-Methode in den meisten Fällen merken.

[Notiz]

Generell ist es sinnvoll, für Java-Objekte immer eine `toString()`-Methode zu implementieren. Dies kann besonders im Debug-Modus extrem hilfreich sein, anstatt dort nur Klassennamen plus kryptische Hashcodes zu sehen.

Fluent Interface

Du hast jetzt **zwei Möglichkeiten** gesehen, wie du die Objektvariablen mit Werten belegen kannst: entweder über den **Konstruktor** oder über **Setter**. Die Version mit den Settern kannst du noch ein bisschen anpassen, wenn du **jeweils das aktuelle Objekt zurückgibst.**

[Zettel]
Okay, du hast ganz am Anfang noch die Variante gesehen, in der du direkt auf Objektvariablen zugreifen konntest. Aber das ist schlechter Stil und zählt hier nicht.

Das würde so aussehen:

```
public FotoApparat *1 setMarke(String marke) {
  this.marke = marke;
  return this; *2
}
```

*1 In der Methodendeklaration sagst du statt `void` einfach `FotoApparat`.

*2 Und da `this` ja bekanntlich für das aktuelle Objekt steht, gibst du auch einfach `this` zurück.

Mmh, und was ist daran besser?

Na, pass auf. Dadurch, dass die Methoden jetzt jeweils einen `FotoApparat` zurückgeben, kannst du direkt auf diesem Rückgabewert wieder eine Methode aufrufen.

```
FotoApparat fotoApparat = new FotoApparat();
fotoApparat.setBrennweiten(18, 200)
    .setBildStabilisiert(true)
    .setDisplayGroesse(7.5)
    .setMarke("SoNie")
    .setMegaPixel(18);
```

Gegenüber dem Konstruktor hast du den Vorteil, dass du dir **aussuchen kannst**, welche Werte du setzt. Gegenüber den normalen Setter-Methoden sparst du dir etwas **Schreibarbeit**.

[Begriffsdefinition]
Der Fachbegriff für dieses Verketten von Methodenaufrufen nennt sich auch **Fluent Interface**.

SUBJEKT

Ein Objekt ist nicht gern alleine:

Bisher hast du nur primitive Datentypen für Objektvariablen verwendet (okay, mit Ausnahme von Strings), aber jetzt machen wir dich zum wirklichen Objekt-Profi.

Werfen wir noch einmal einen Blick auf den Fotoapparat. Die Brennweite ist ja eigentlich **keine direkte Eigenschaft des Fotoapparats**, sondern vom Objektiv. Und das Objektiv gehört zum Fotoapparat.

Also zum Beispiel so:

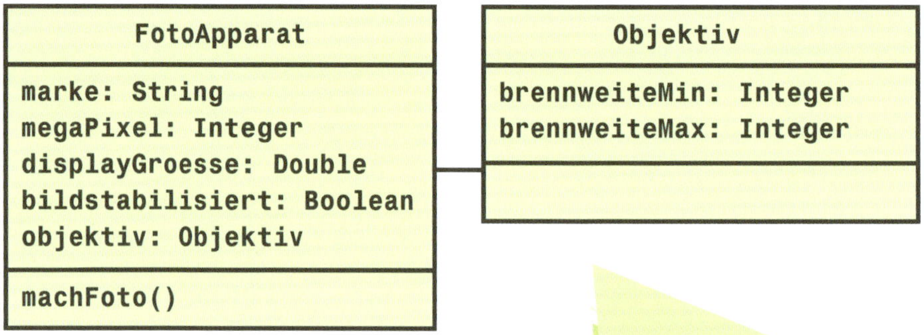

Das ist übrigens ein sogenanntes UML-Klassendiagramm.

[Begriffsdefinition]

UML (Unified Modeling Language) ist eine Modellierungssprache, die hauptsächlich zur Beschreibung von Softwaresystemen verwendet wird. Was du hier siehst, ist ein **Klassendiagramm**, mit dem man prima Beziehungen zwischen Klassen darstellen kann.

DERWEIL IN DER VORSCHULE

*Vereinheitlichte Knetsprache

Nur für Profis – Zerlegen des Fotoapparats

[Schwierige Aufgabe]
Ändere **FotoApparat** so, wie in dem UML-Diagramm eben dargestellt.

Hierfür musst du an mehreren Stellen etwas ändern.

Ein Objekt extrahieren in drei Schritten:

Nicht das Objekt rausziehen, bis es runterfällt. Nein, Spaß beiseite, du extrahierst nur die **Klasse Objektiv** aus der **Klasse Kamera**:

1. Du legst die neue Klasse **Objektiv** an.
2. Jede Kamera kann ein Objektiv haben: Also legst du eine Objektvariable vom Typ **Objektiv** in der Klasse **Kamera** an. Die Variablen für Brennweiten entfernst du dafür. Die gehören jetzt zur Klasse **Objektiv** und haben in der Klasse **Kamera** nichts mehr zu suchen.
3. Die Methoden in der Klasse **Kamera**, die diese Objektvariablen verwenden, musst du anpassen.

Also los:

1. Erst die **neue Klasse**, das meiste davon wird einfach aus der Klasse **FotoApparat** übernommen:

```
public class Objektiv {
  private int brennweiteMin;
  private int brennweiteMax;
  public Objektiv(int brennweiteMin, int brennweiteMax) {
    this.setBrennweiten(brennweiteMin, brennweiteMax);
  }
  public int getBrennweiteMin() {
    return brennweiteMin;
  }
  public int getBrennweiteMax() {
    return brennweiteMax;
  }
  public void setBrennweiten(int brennweiteMin, int brennweiteMax) {
```

```
      if (brennweiteMin < brennweiteMax) {
        this.brennweiteMin = brennweiteMin;
        this.brennweiteMax = brennweiteMax;
      } else {
        // Hier die Fehlerbehandlung
      }
    }
  }
```

2. **`FotoApparat`** bekommt ein **neues Datenfeld** vom Typ **`Objektiv`**:
`private Objektiv objektiv;`

3. Außerdem musst du die **`toString()`**-Methode und die Konstruktoren von **`FotoApparat`** anpassen, sprich alle Stellen, an denen bisher die Brennweiten verwendet wurden. Und wenn du möchtest, erstellst du noch Setter und Getter für das Objektiv.

Bravo. Schrödinger! Du hast das Objektiv erfolgreich aus der Kamera extrahiert!

[Notieren/Üben]

Du merkst, Objekte zu extrahieren, kann ganz schön aufwendig sein. Deswegen ist es durchaus klug, dein Objektmodell im Vorfeld anhand von UML-Diagrammen zu durchdenken.

[Einfache Aufgabe]

Erstelle zwei Kameras mit verschiedenen Objektiven, und gib die Kameras mit **`toString()`** auf die Konsole aus. Tausche dann die Objektive, und gib die Kameras wieder mit **`toString()`** aus.

Zwei Kamera-Objekte erstellen:

```
FotoApparat fotoApparat = new FotoApparat();
fotoApparat.setObjektiv(new Objektiv(18, 100));
fotoApparat.setBildStabilisiert(true);
fotoApparat.setDisplayGroesse(7.5);
fotoApparat.setMarke("SoNie");
fotoApparat.setMegaPixel(10);

FotoApparat fotoApparat2 = new FotoApparat();
fotoApparat2.setObjektiv(new Objektiv(50, 270));
fotoApparat2.setBildStabilisiert(true);
fotoApparat2.setDisplayGroesse(9.5);
fotoApparat2.setMarke("SoNie");
fotoApparat2.setMegaPixel(18);
```

Die **`toString()`**-Ausgabe mit **`System.out.println()`** liefert bei mir diese Ausgabe. Bei dir sieht das eventuell anders aus, halt je nachdem, wie du **`toString()`** implementiert hast.

```
FotoApparat [marke=SoNie, megaPixel=10, displayGroesse=7.5, bildStabilisiert=true,
objektiv=Objektiv [brennweiteMin=18, brennweiteMax=100]]
FotoApparat [marke=SoNie, megaPixel=18, displayGroesse=9.5, bildStabilisiert=true,
objektiv=Objektiv [brennweiteMin=50, brennweiteMax=270]]
```

Objekte zu tauschen, ist einfacher als im echten Leben:

```
Objektiv objektiv*1 = fotoApparat.getObjektiv();
fotoApparat.setObjektiv(fotoApparat2.getObjektiv()*2);
fotoApparat2.setObjektiv(objektiv*3);
```

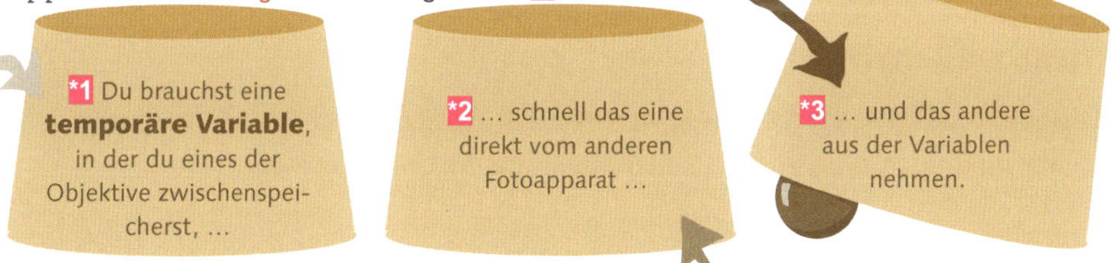

Schon sind die Objektive getauscht:

```
FotoApparat [marke=SoNie, megaPixel=10, displayGroesse=7.5, bildStabilisiert=true,
objektiv=Objektiv [brennweiteMin=50, brennweiteMax=270]]
FotoApparat [marke=SoNie, megaPixel=18, displayGroesse=9.5, bildStabilisiert=true,
objektiv=Objektiv [brennweiteMin=18, brennweiteMax=100]]
```

[Notieren/Üben]
Du musst natürlich nicht 1:1 die reale Welt nachbauen und den Fotoapparat bis ins kleinste Detail in Klassen aufteilen, sondern nur so weit, wie es der jeweilige Anwendungsfall vorgibt. Wenn du in deinem Programm keine Objektive wechseln musst, brauchst du sie auch nicht unbedingt als eigene Klasse zu modellieren.

[Schwierige Aufgabe]
Hier hab ich noch ein so ganz und gar nicht objektorientiertes Beispiel rausgekramt. Wie würdest du das am besten zerlegen?

Person
alter: Integer name: String nameDesHaustiers: String farbeDesHaustiers: String lieblingsfilm: String lebenspartner: String boss: String gewicht: Double verheiratet: Boolean

Mmh, warte, das hab ich gleich … So, hier:

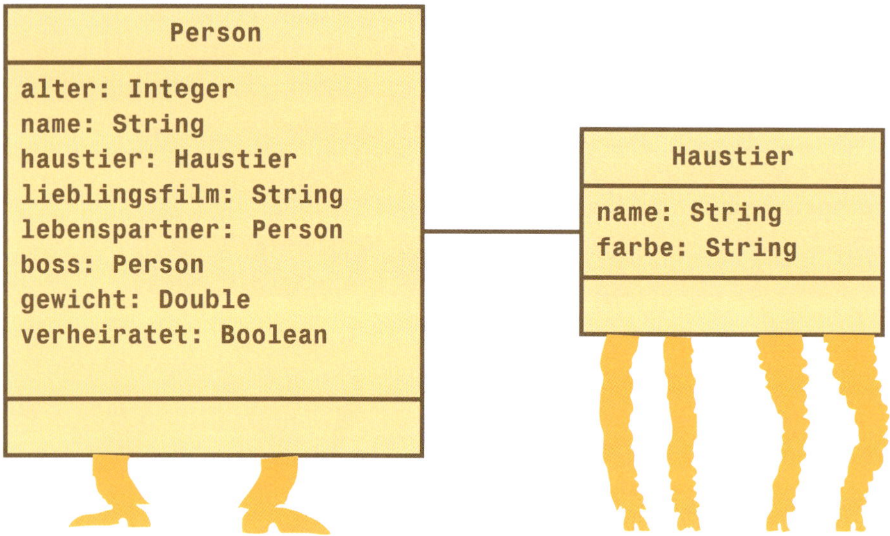

Das sieht do schon mal gut aus.

Prima auch, dass du den Variablen **lebenspartner** und **boss** ebenfalls den Typ **Person** gegeben hast. Aber was wäre, wenn ich auch noch die Länge des Lieblingsfilms hinzufügen wollte?

Ah, du meinst eine eigene Klasse für Film? Klar, stimmt, jetzt wo du es sagst ...

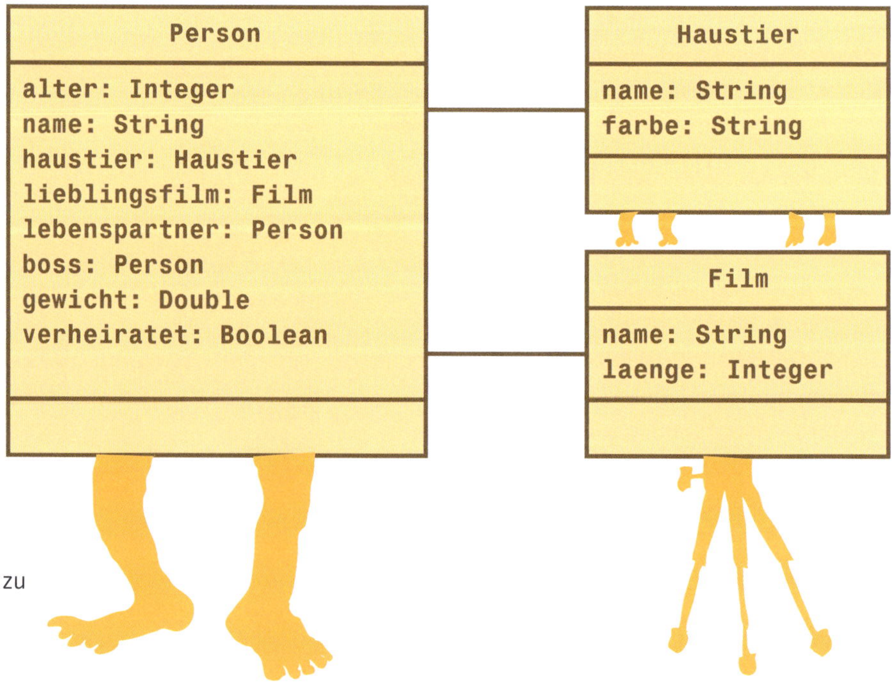

[Schwierige Aufgabe]

Sprich **this** richtig aus, ohne zu nuscheln und zu lispeln.

Referenzdatentypen, Heap, Garbage-Collection

Bisher habe ich das mit der Formulierung nicht ganz so genau genommen. Ich habe immer von Objekten gesprochen, die wir anlegen. Eigentlich passieren aber mehrere Dinge, wenn du das hier machst:

```
Katze katze = new Katze();
```

Dröseln wir mal auf, was **genau passiert**, wenn du ein Objekt erstellst:

```
Katze katze *1 = *3 new Katze(); *2
```

*1 Hiermit legst du eine **Referenzvariable** vom Typ `Katze` an.

*2 Hiermit legst du ein neues Objekt vom Typ `Katze` an. Objekte werden, wie du dich vielleicht erinnerst, auf dem **Heap** abgelegt.

*3 Und hiermit verknüpfst du die Referenzvariable mit dem Objekt auf dem **Heap**. Du erstellst von der Variablen eine **Referenz auf das Objekt**.

Hiiep? Wieder das Ding wie bei den Strings? Diesen Speicherbereich für Objekte aus dem Kapitel 4 meine ich.

Ja, genau, **DER** Heap, dieser spezielle Speicherbereich, auf dem alle Objekte abgelegt werden. Immer, wenn du **`new`** verwendest, erzeugst du dort ein neues Objekt. Referenzvariablen sind also nur **Verweise auf die Objekte**. Und die genaue Zuordnung von Variable zu Objekt machst du über das **`=`**. Das bewirkt, dass deine Variable **`katze`** einen Verweis auf das Objekt enthält, das mit **`new Katze()`** erzeugt wurde.

[Zettel]

Ältere Kollegen und C-/C++-Programmierer nennen solche Verweise auch „Zeiger".

Du kannst auch mehrere Referenzen auf das gleiche Objekt zeigen lassen. Mit **`Katze gleicheKatze = katze;`** erstellst du zum Beispiel eine Referenzvariable, die auf das gleiche Objekt auf dem Heap zeigt wie die Variable **`katze`**.

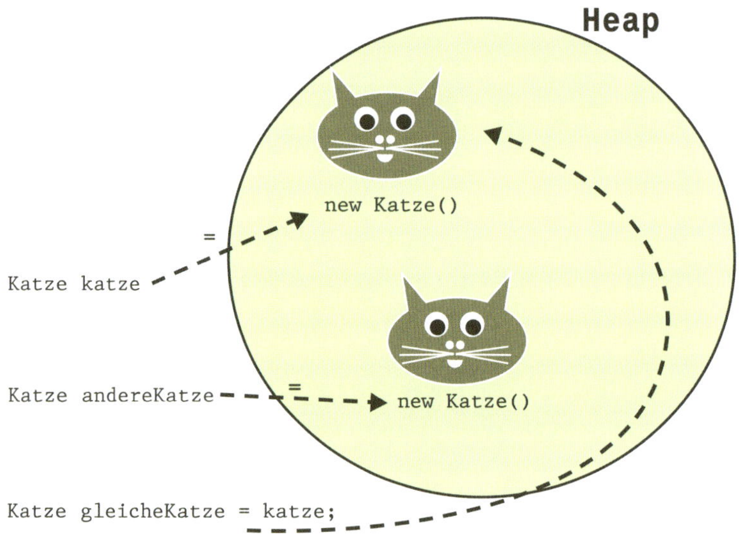

Der Heap ist der Speicherort für alle Objekte. Verschiedene Referenzvariablen können auf unterschiedliche Objekte oder auf dasselbe Objekt zeigen.

Du kannst auch eine Referenzvariable anlegen, die (noch) keinen Verweis enthält:

```
public class Tierheim {
  private Katze katzenReferenzOhneObjekt; *1
}
```

Du kannst auch nur ein Objekt auf dem Heap anlegen, ohne Referenzvariable:

```
new Katze();
```

Wobei Letzteres nicht sonderlich sinnvoll ist, denn ohne Referenzvariable wirst du nicht mehr auf das Objekt zugreifen können. Das ist dann sozusagen „lost in Heap“.

*1 Hier wird eine Referenzvariable angelegt, ohne dass sie mit einem Objekt auf dem Heap verknüpft wird. Der **Standardwert** für nicht verknüpfte **Objekt**referenzvariablen ist `null`. Aber Achtung: **Lokale** Referenzvariablen (zum Beispiel die innerhalb von Methoden) bekommen **keinen Standardwert** und müssen **von dir initialisiert werden**.

Wenn der Heap zu voll wird

Je mehr Objekte du erzeugst, desto voller wird's natürlich auf dem Heap:

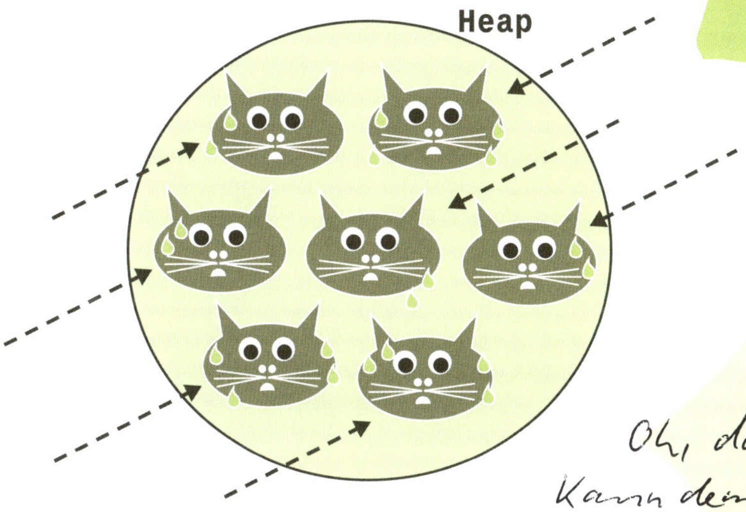

Mit der Zeit kann es ganz schön eng werden auf dem Heap.

In Java gibt es aber einen Mechanismus, der dafür sorgt, dass auf dem Heap regelmäßig aufgeräumt wird. Der Fachbegriff dafür heißt – Tierschützer jetzt mal weghören – **Garbage Collection** oder kurz – jetzt wieder hinhören – GC. Damit werden Objekte, die nicht mehr benötigt werden, aus dem Speicher gelöscht.

Oh, das klingt gefährlich. Kann denn da nichts schiefgehen? Woher weiß Java denn, welche Objekte nicht mehr gebraucht werden?

Das sind alle Objekte, die „lost in Heap" sind, auf die also keine Referenzen mehr zeigen.

Im folgenden Beispiel wird erst eine Katze erstellt, aber direkt danach die Referenzvariable `katze` auf `null` gesetzt. Das Objekt wird also nicht mehr referenziert und kann während der Garbage Collection gelöscht werden.

```
Katze katze = new Katze();
katze = null;
```

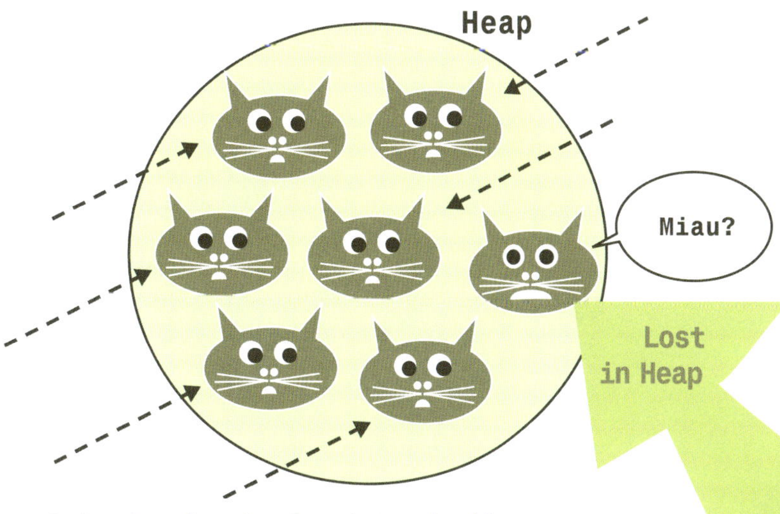

Objekte, die nicht mehr referenziert werden, können von der Garbage Collection gelöscht werden.

[Belohnung/Lösung]

Aber keine Angst, du musst jetzt nicht wie bei manch anderer Programmiersprache deine Objekte „nullen". An vielen Stellen brauchst du gar nichts weiter zu machen, und die **JVM erkennt selbstständig** die Objekte, die nicht mehr gebraucht werden. Zum Beispiel solche, die nur innerhalb einer `for`-Schleife erstellt und verwendet werden und anschließend nicht mehr gebraucht werden.

[Achtung]

Trotzdem musst du natürlich darauf achten, den Heap nicht unnötig zu strapazieren. Denn wenn du total sorglos Objekte erzeugst, wird es so voll, dass selbst die Garbage Collection nicht hinterherkommt und dein Programm mit einem `OutOfMemory`-Fehler abstürzt.

[Hintergrundinfo]

Die Heap-Größe kann leider nicht dynamisch angepasst werden, nachdem dein Programm gestartet ist. Mit den JVM-Parametern **`-Xms`** (zum Beispiel **`-Xms256m`**) und **`-Xmx`** (zum Beispiel **`-Xmx1024m`**) kannst du aber zumindest bei Programmstart die minimale Größe und die maximale Größe bestimmen, die für den Heap vorgesehen werden soll (vorausgesetzt natürlich, dein Rechner macht das mit).

Destruktoren ...

... gibt es in Java zwar nicht. Aber es gibt zumindest eine `finalize()`-Methode, die von `java.lang.Object` geerbt wird. Diese Methode wird laut Spezifikation aufgerufen, kurz bevor die Garbage Collection ein Objekt aus dem Heap entfernt. Allerdings solltest du besonders vorsichtig sein, was du innerhalb dieser Methode machst.

Nämlich was zum Beispiel?

[Achtung]

Na ja, eine Sache bezüglich der Garbage Collection wäre vielleicht noch erwähnenswert: Es ist nämlich nicht sicher, dass nicht gebrauchte Objekte von der Garbage Collection gelöscht werden. Sie können gelöscht werden, ja, aber ob und wann, das ist nicht sicher. Deswegen solltest du dich auch nicht darauf verlassen, dass die `finalize()`-Methode aufgerufen wird. Also überleg gut, was du dort für Code ausführst; denn ob er ausgeführt wird, das weiß keiner so genau!

Hab lieb den Heap

Dieses Heap, der macht mir Angst.

Nein, nein, muss er nicht. Guck mal, um das meiste kümmert sich doch die JVM: Objekte erzeugen und auf dem Heap ablegen, Objekte löschen, wenn sie nicht mehr gebraucht werden. Das Einzige, das du verhindern musst, ist, dass du zu viele Objekte erstellst.

Na ja, und wie mache ich das? Wie kann ich überhaupt erkennen, wo ich zu viele Objekte erstellt habe?

Gut, dass du mich das fragst. Seit JDK 6 (genauer gesagt mit dem Update 7) ist nämlich ein sehr interessantes und nützliches Tool namens **Java VisualVM** mit an Bord, mit dem du dir angucken kannst, was auf dem Heap so los ist. Im Fall eines `OutOfMemory`-Fehlers ist das eine gute Hilfe, dem Speicherfresser auf die Schliche zu kommen.

[Notiz]

Du findest Java VisualVM in dem `bin`-Ordner vom JDK. Es gibt auch noch eine Stand-alone-Version (die heißt nur VisualVM), die du dir unter http://r-wrk.de/visualvm runterladen kannst. Brauchst du aber nicht. Wir haben's ja im JDK.

Und Eclipse wäre nicht Eclipse, wenn es nicht auch für VisualVM ein Plug-in geben würde. Den Link findest du auf der Download-Seite zum Buch: www.rheinwerk-verlag.de/4975

Du entpackst einfach die runtergeladene ZIP-Datei und rufst anschließend in Eclipse **Help • Install New Software** auf. Danach wählst du mit **Add • Local** das entpackte Verzeichnis aus und bestätigst mit **Ok**.

Zuschauen, wie der Heap wächst

Gefunden und installiert? Jetzt können wir den Heap mal zuballern:

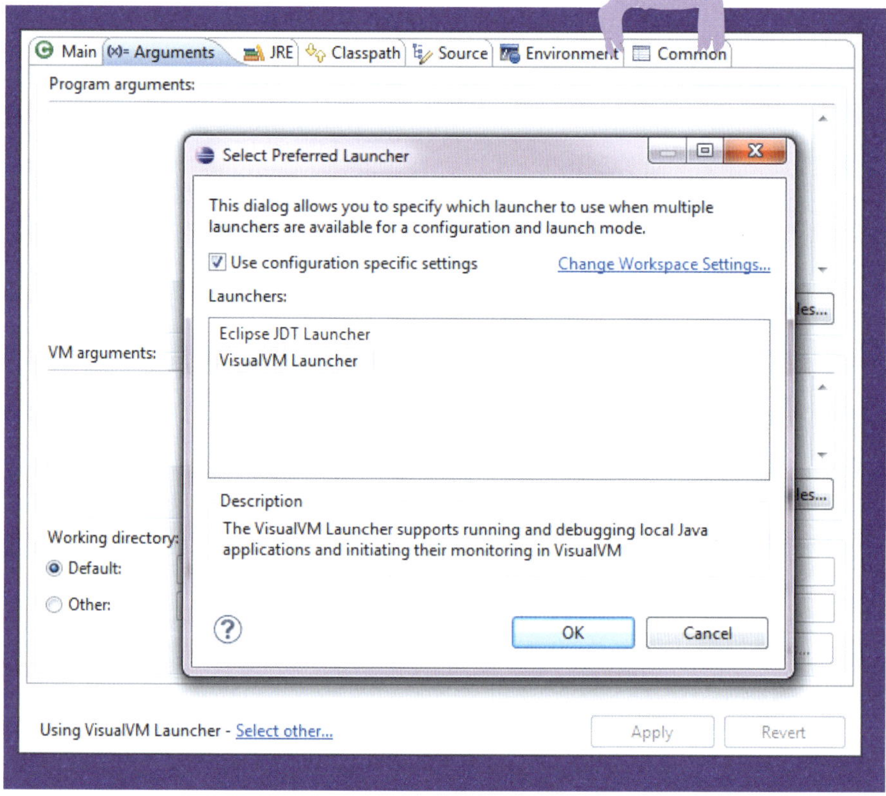

[Einfache Aufgabe]

Erstelle die folgenden Klassen, und starte die **Katzenwahnsinn**-Klasse mit dem VisualVM Launcher (**Run • Run As • Java Application** und dann wie im Screenshot „VisualVM Launcher“ auswählen).

Die Katzen-Klasse:

```
public class Katze {
  private String name;
  public Katze(String name) {
    this.name = name;
  }
}
```

Und hier beginnt der Wahnsinn:

```
public class Katzenwahnsinn {
  public static void main(String[] args) {
    for(int i=0; i<4; i++) {
      machKatzen(100000); *1
      warten(5000); *2
    }
  }
  private static void machKatzen(int anzahl) {
    for(int i=0; i<anzahl; i++) {
      Katze katze = new Katze("Katze " + i);
    }
  }
  private static void warten(long millisekunden) { *3
    try {
      Thread.sleep(millisekunden);
    } catch (InterruptedException e) {
      e.printStackTrace();
    }
  }
}
```

*1 Damit wir den Heap einigermaßen gefüllt bekommen, müssen wir genug Objekte erzeugen.

*2 Zwischendurch warten wir immer ein bisschen. Dadurch wird das, was auf dem Heap passiert, gleich in VisualVM besser nachvollziehbar.

*3 So sagt man typischerweise, dass ein Java-Programm warten soll. Noch ein paar Kapitel, und du weißt auch, was Threads und was Exceptions sind.

Programm gestartet? VisualVM geöffnet? Dann guck dir das Tool mal an:

Das Diagramm oben rechts zeigt dir, wie viel Platz vom Heap belegt ist. Orange ist der Bereich, der momentan an Speicher für den Heap vorgesehen ist, blau ist der belegte Speicher. Siehst du die Sprünge an der blauen Linie? Das sind die Zeitpunkte, an denen wir eben die vielen Katzen angelegt haben. Und dazwischen liegen die Phasen, in denen wir gewartet haben.

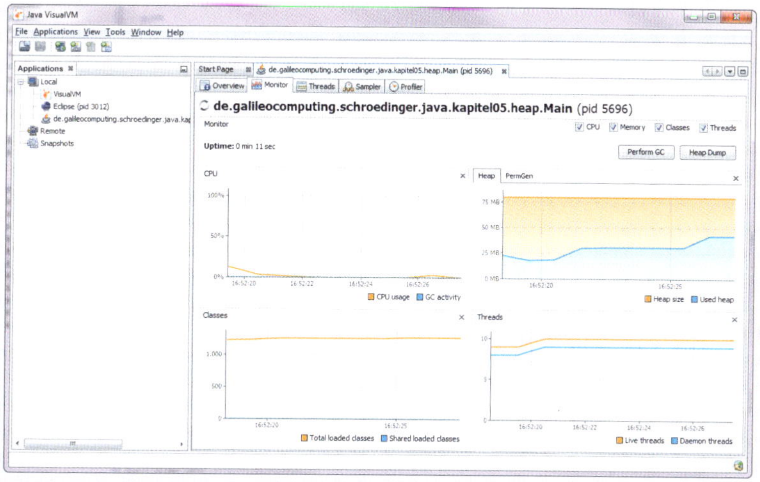

Jedes Mal wächst der belegte Speicher, ist ja logisch.

[Einfache Aufgabe]

Erstelle einen **Heap-Dump**. Klicke dazu einfach auf den Knopf „Heap Dump“.

[Notiz]

Ein Heap-Dump ist ein Abbild dessen, was gerade auf dem Heap los ist. Mit VisualVM kannst du mehrere Heap-Dumps erstellen und sogar miteinander vergleichen. Wenn eins deiner Programme mit einem **`OutOfMemory`**-Fehler abstürzt, wird in der Regel auch eine Heap-Dump-Datei (mit der Endung **`*.hprof`**) erzeugt. Die kannst du ebenfalls mit VisualVM öffnen.

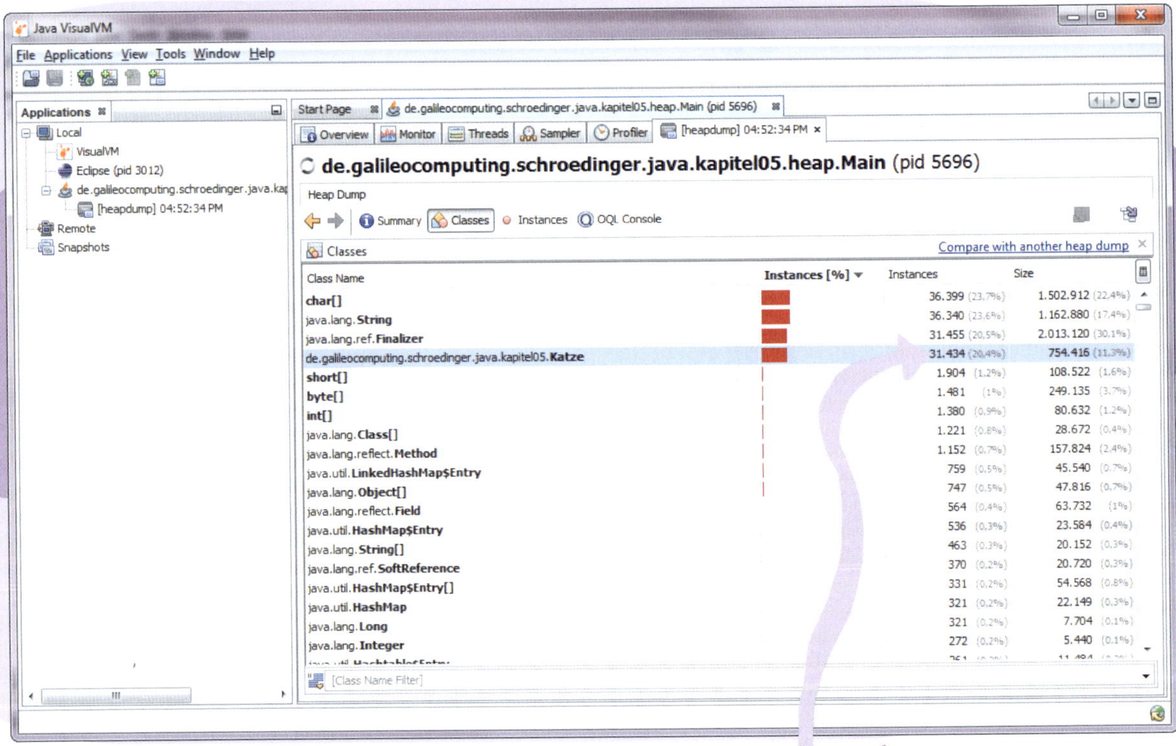

Vor der Garbage-Collection ist alles voller Katzen, …

Moment mal. Wir haben doch eben 400 000 Katzen angelegt (mir läuft’s immer noch eiskalt den Rücken runter), aber auf dem Heap sind ja nur 31 434 Katzen! Immer noch schlimm genug, aber wo ist der Rest? War das etwa schon …

… die Garbage Collection? Richtig, die hat wohl schon einige entsorgt. Kümmern wir uns jetzt um die restlichen 31 434.

[Einfache Aufgabe]

Wechsle dazu wieder auf den Reiter „Monitor“, drück mal den Button „Perform GC“, und lass dir einen neuen Heap Dump erzeugen.

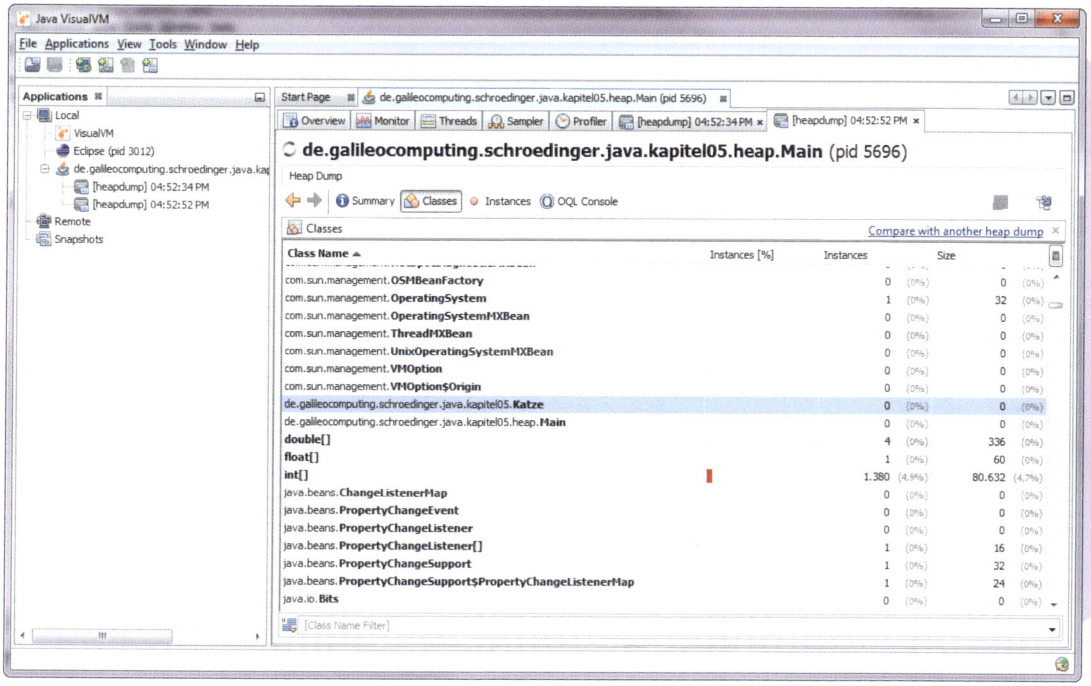

… nach der Garbage-Collection ist der Heap schon aufgeräumter.

[Notiz]

Wenn du links im Explorer-Fenster beide Heap-Dumps auswählst, kannst du sie über den Link „Compare with another heap dump“ miteinander vergleichen.

31434 Katzen weniger:

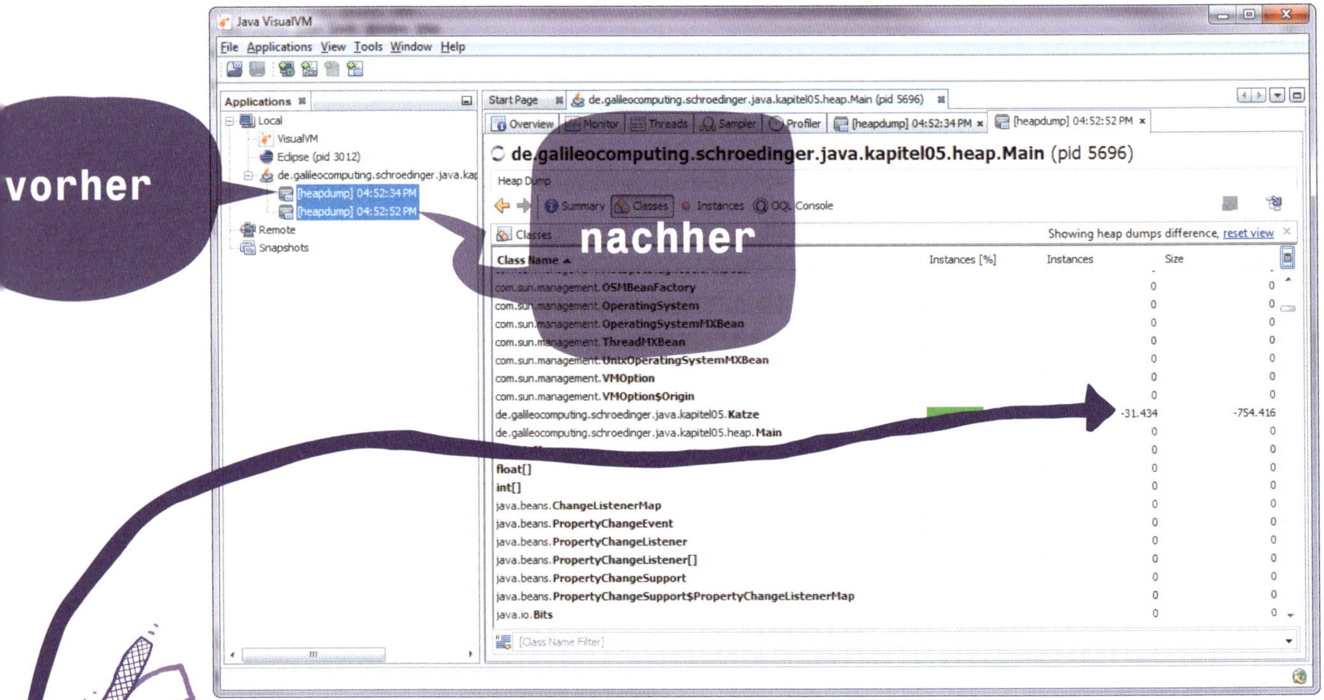

[Code bearbeiten]

Füge über **`private static List<Katze> tierschuetzer = new ArrayList<>();`** eine statische Liste zur **`Main`**-Klasse hinzu, packe die Katzen innerhalb der Schleife in **`machKatzen()`** über die Listen-Methode **`add()`** in diese Liste, und starte das Programm erneut.

```
...
private static List<Katze> tierschuetzer = new ArrayList<>();
...
private static void machKatzen(int anzahl) {
  for(int i=0; i<anzahl; i++) {
    tierschuetzer.add*1(new Katze("Katze " + i));
  }
}
...
```

*1 Hierdurch gibt es während der gesamten Laufzeit des Programms immer eine Referenz auf jedes der angelegten Katzen-Objekte: von der **`tierschuetzer`**-Liste! Das heißt, keines der Katzen-Objekte wird von der Garbage-Collection entsorgt.

Das heißt, der Heap wächst und wächst …

Der blaue und der orange Bereich wachsen. Irgendwann ist der orange Bereich am Limit, und es kommt zum **OutOfMemory**-Fehler!

... bis der Speicher voll ist.

[Notiz]

Jetzt kannst du ja mal ein bisschen damit rumspielen. Ändere die Anzahl der Katzen, oder starte das Programm mit weniger Heap-Speicher oder beides.

Der Stack

Was der Heap für die Objekte ist, ist der Stack für Methoden, zumindest vergleichbar: ein spezieller Speicherbereich, auf dem die JVM die Methodenaufrufe stapelt. Die oberste Methode auf diesem Stapel ist die, die gerade ausgeführt wird, eins drunter liegt die Methode, aus der die aktuelle aufgerufen wurde, und das Ganze geht so weiter bis zur untersten Methode (bei uns noch die **`main`**-Methode).

[Hintergrundinfo]

Allgemein gesprochen ist Stack ein Speichertyp, bei dem immer auf die zuletzt abgelegten Daten zugegriffen werden kann. Das heißt, er ist ein Stapelspeicher, ein Stapel von Daten, und was zuletzt draufgelegt wurde, kommt als Erstes wieder runter. Das nennt man auch das Last-in-first-out-Prinzip (LIFO). Für Methodenaufrufe passt das insofern, weil die aufgerufene Methode die erste ist, die wieder beendet wird.

Wie bekommst du Zugriff auf den Stack?

Ganz einfach, drei Möglichkeiten:

1. Im Fall eines nicht abgefangenen Fehlers:

Wenn ein Fehler geworfen wird und der Fehler nicht abgefangen wird, bekommst du auf der Fehlerkonsole einen sogenannten **Stacktrace**, quasi ein **Auszug aus dem Stack**, über den du zurückverfolgen kannst, welche Methode den Fehler produziert hat.

[Zettel]

Was Fehler sind und wie du sie abfangen kannst, erkläre ich dir in Kapitel 9.

Ein Stacktrace sieht typischerweise so aus:

```
Exception in thread "main" java.lang.NumberFormatException: For input string: "S"*1
  at java.lang.NumberFormatException.forInputString*2(Unknown Source)
  at java.lang.Integer.parseInt*3(Unknown Source)
  at java.lang.Integer.parseInt(Unknown Source)
  at de.galileocomputing.schroedinger.java.kapitel05.fotos.FotoShooting.
main(FotoShooting.java:14)
```

*1 Ein Fehler ...

*2 ... in der Methode **forInputString()**, ...

*3 ... die wiederum aus der Methode **parseInt()** aufgerufen wurde und so weiter ...

2. In Eclipse natürlich:

Im Eclipse-Debug-Modus hast du in der Debug-View einen Überblick über den Stack und kannst sogar zwischen den verschiedenen Methoden, die auf dem Stack liegen, hin und her springen!

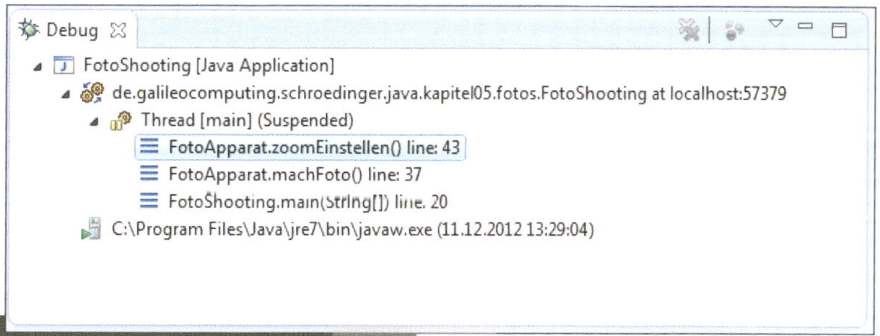

3. Über eine Helfer-Methode:

Mit der Helfermethode **Thread.dumpStack()** kannst du so tun, als ob die aktuelle Methode einen Fehler wirft und diesen auf der Konsole ausgibt.

Neben den Methoden werden auf dem Stack auch die Parameter der jeweiligen Methode und die lokalen Variablen (also die, die innerhalb der Methode angelegt werden) gespeichert. Lokale Variablen, die einen primitiven Daten-typ haben, werden mitsamt Wert auf dem Stack gespeichert. Bei lokalen Variablen, die auf einem Referenztyp basieren, wird nur die Referenz, aber nicht das gesamte Objekt auf dem Stack gespeichert. Objekte liegen immer auf dem Heap!

Wie alles zusammenhängt

Hier mal ein Beispielquelltext, und ich …

*1 **Objektvariablen** werden vollständig auf dem Heap gespeichert.

*2 **Methoden inklusive der Parameter** werden auf dem Stack abgelegt, sobald die Methode aufgerufen wird.

*3 Bei **Referenzvariablen**, die innerhalb einer Methode vorkommen, wird nur die **Referenz** auf dem Stack abgelegt, …

*4 … das **eigentliche Objekt** wird auf dem Heap erstellt.

*5 Bei **Parametern**, die auf **Referenzdatentypen** basieren, wie hier bei der Klasse `String`, wird das Objekt auf dem Heap gespeichert und die Referenz auf das Objekt auf dem Stack.

```
public class AutoFabrik {
  private int anzahlMitarbeiter = 500; *1
  private Person leiter = new Person(); *1

  public static void main(String[] args) { *2
    AutoFabrik autoFabrik *3 = new AutoFabrik(); *4
    Auto auto = autoFabrik.erstelleAuto("blau" *5);
    // nach erstelleAuto();
  }

  public Auto erstelleAuto(String farbe) {
    int id = 4711; *6
    Auto auto = new Auto(id);
    this.maleAutoAn(auto, farbe);
    return auto;
  }
  ...
}
```

*6 **Lokale Variablen von primitiven Datentypen** werden komplett auf dem Stack gespeichert.

Uff, das sind aber ziemlich viele Regeln.

Ja, aber eigentlich kann man sich das ganz gut merken: Alles, was du nur **innerhalb einer Methode** brauchst, wird auf dem **Stack** gespeichert, **alles andere** auf dem **Heap**. Methodenparameter, lokale Variablen, lokale Referenzen auf Objekte: alles nur interessant, wenn man sich in der jeweiligen Methode befindet. Objekte dagegen (inklusive ihres Zustands, also der Datenfelder) können ja gleichzeitig von mehreren Stellen (auch von mehreren Methoden) aus gleichzeitig referenziert werden. Deswegen müssen sie global (also auf dem Heap) gespeichert werden.

… zeige dir, was auf dem Heap und was auf dem Stack gespeichert wird:

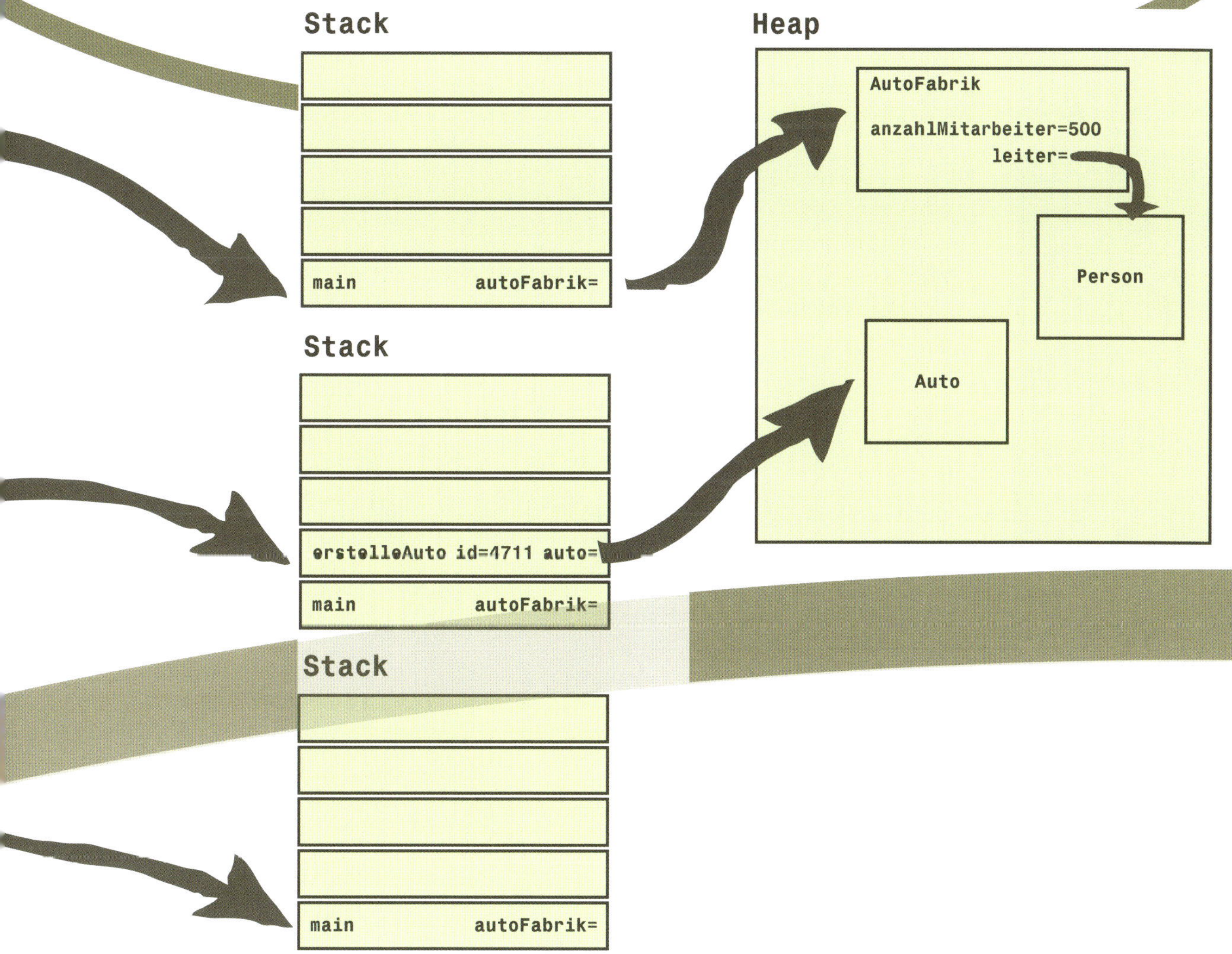

Die Katze war's

[Einfache Aufgabe]

Wie sieht der Stacktrace aus, der ausgegeben wird, wenn die Vase umfällt? Kleiner Tipp: Nimm dir einen Bleistift, und verbinde die Methoden rückwärts, ausgehend von **`umfallen()`**. Von welcher Methode wird **`umfallen()`** aufgerufen? Verfolge dies zurück bis zur **`main`**-Methode. Wer ist Schuld am Vasenumwerfen?

```
Person schroedinger = new Person();
Person schroedingersFreundin = new Person();
schroedingersFreundin.setWohnung(new Wohnung());
Katze katze = new Katze(schroedingersFreundin);
schroedingersFreundin.haushaltMachen();
```

```
public class Person {
  private Katze katze;
  private Wohnung wohnung;
  public void setKatze(Katze katze) {
    this.katze = katze;
  }

  public void setWohnung(Wohnung wohnung) {
    this.wohnung = wohnung;
  }
  public Wohnung getWohnung() {
    return wohnung;
  }
  public void haushaltMachen() {
    this.getWohnung().putzen();
    this.haustierFuettern();
  }
  private void haustierFuettern() {
    if(this.katze != null) {
      this.katze.fuettern();
    }
  }
}

public class Katze {
  private Person herrchen;
  public Katze(Person herrchen) {
    herrchen.setKatze(this);
```

*1 In der Datei **`Vase.java`** rufen wir **`Thread.dumpStack()`** auf, …

*2 … und zwar in Zeile 5.

*3 Das ist innerhalb der Methode **`umfallen()`**.

*4 Diese Methode wiederum wurde von der Methode **`rumlaufen()`** …

*5 … der Klasse **`Wohnung`** aufgerufen, …

*6 … die wiederum von der Methode **`fuettern()`** der Klasse **`Katze`**, …

*7 … die wiederum von **`haustierFuettern()`**, …

*8 … die wiederum von **`haushaltMachen()`** …

```
    this.herrchen = herrchen;
  }
  protected Person getHerrchen() {
    return herrchen;
  }
  public void fuettern() {
    Wohnung wohnung = this.getHerrchen().⤶
      getWohnung();
    if(wohnung != null) {
      wohnung.rumLaufen(this);
    }
  }
}
public class Wohnung {
  private Vase vase;
  public Wohnung() {
    this.vase = new Vase();
  }
  public void rumLaufen(Katze katze) {
    this.vase.umfallen();
  }
  public void putzen() {
  }
}
public class Vase {
  public void umfallen() {
    Thread.dumpStack();
  }
}
```

Und hier die Lösung:

```
java.lang.Exception: Stack trace
at java.lang.Thread.dumpStack(Unknown Source)
at de.galileocomputing.schroedinger.java.kapitel05.stacktrace.Vase.⤶
  umfallen*3(Vase.java*1:5*2)
at de.galileocomputing.schroedinger.java.kapitel05.stacktrace.Wohnung*5.⤶
  rumLaufen*4(Wohnung.java:12)
at de.galileocomputing.schroedinger.java.kapitel05.stacktrace.Katze.⤶
  fuettern*6(Katze.java:19)
at de.galileocomputing.schroedinger.java.kapitel05.stacktrace.Person.⤶
  haustierFuettern*7(Person.java:28)
at de.galileocomputing.schroedinger.java.kapitel05.stacktrace.Person.⤶
  haushaltMachen*8(Person.java:23)
at de.galileocomputing.schroedinger.java.kapitel05.stacktrace.Main.⤶
  main*9(Main.java:9)
```

*9 … und die wiederum von der **main**-Methode in Zeile 9.

Das heißt ja, hätte meine Freundin nicht den Haushalt gemacht, hätte die Katze die Vase auch nicht umgeworfen!

[Belohnung für deine Freundin] Genau das heißt es. Vielleicht soll dir das eine Lehre sein, und **du machst nächstes Mal den Haushalt?**

Die Vase fällt aber so oder so um …

Steap oder Hack

[Schwierige Aufgabe]

Spitze den Bleistift, und notiere von *1 bis *16, was auf dem Stack und was auf dem Heap landet.

```
public class Ungeheuer {
  private int anzahlZaehne *1 = 200; *2
  private String name; *3
  public static void main(String[] args) {
    Ungeheuer ungeheuer *4 = new Ungeheuer("Grarrarrrr"); *5
    ungeheuer.erschrecken(); *6
    ungeheuer.kauen(); *7
    ungeheuer.flirten *8 (new Ungeheuer("Grurrurrrr") *9);
  }

  public Ungeheuer(String name) {
    this.name = name; *10
  }
  public void erschrecken() {
    int lautstaerke *11 = 5; *12
    String schrei *13 = "Aararaaaarrrararrrr"; *14
    System.out.print(this.name + schrei);
    for (int i = 0 *15; i < lautstaerke; i++) {
      System.out.print("!");
    }
    System.out.println("");
  }
  public void kauen() {
    for(int i=0; i<this.anzahlZaehne / 4; i++) {
      System.out.print("Knirsch" *16);
    }
    System.out.println("");
  }
  public void flirten(Ungeheuer ungeheuer) {
    this.erschrecken();
    ungeheuer.erschrecken();
  }
}
```

Stack: 4,6,7,8,11,12,13,15

Heap: 1,2,3,5,9,10,14,16

Das war ein langes Kapitel, aber ein wichtiges. Deswegen hier nochmal die wichtigsten Dinge auf Bierdeckelgröße. Na ja, fast.

- Klassen sind **Baupläne** für Objekte.
- **Klassenfelder** und **Klassenmethoden** kannst du verwenden, sobald du die Klasse hast, **Objektfelder** und **Objektmethoden** erst, wenn du ein Objekt von dieser Klasse erstellt hast.
- Um die **Objektvariablen zu verbergen**, solltest du **Setter** und **Getter** implementieren, aber nur, wenn du diese Methoden auch benötigst.
- In Settern kannst du die Eingabeparameter auf Korrektheit überprüfen, sprich **validieren**.
- Alle Klassen leiten von `java.lang.Object` ab. Oder andersrum: `java.lang.Object` ist die Oberklasse aller anderen Klassen.
- Jede Klasse hat **mindestens einen Konstruktor**. Wenn du keinen selbst implementiert hast, erstellt der Compiler einen **Standardkonstruktor** für dich.
- Du solltest immer die `toString()`-Methode implementieren.
- **Objekte inklusive der Objektvariablen** werden auf dem **Heap** gespeichert, **Methoden** und **lokale Variablen** auf dem **Stack**.
- Mit VisualVM kannst du dir den Heap genauer angucken, den Stack guckst du dir am besten direkt in Eclipse an.
- Nicht referenzierte Objekte auf dem Heap können im Rahmen der **Garbage Collection** vollständig entfernt werden. Es ist aber nicht garantiert, dass dies auch passiert. Deswegen mach nichts absolut Wichtiges in der `finalize()`-Methode!

für usszeschnigge!

[Belohnung/Lösung]

Ich muss schon sagen, ich bin echt stolz auf dich. Hast prima mitgemacht, obwohl es nicht gerade wenig war in diesem Kapitel. Dein nächster Ausrüstungsgegenstand wartet schon: die Rüstung der feuerspeienden Drachen. Garantiert nicht aus einem Stück gefertigt, sondern aus mehreren. Da kann jedes einzelne Teil einzeln wiederverwendet werden.

—SECHS—

Vererbung

Woher hat er das bloß?

Das vorige Kapitel hat Schrödinger wirklich gepackt. OOP macht richtigen Spaß, findet er. Um seinen Wissensdurst zu stillen, geht es jetzt um ein weiteres wichtiges Thema in der OOP: die Vererbung. Damit wird sein Quelltext noch leichter wiederverwendbar und vor allem noch aussagekräftiger. Eine wichtige Erkenntnis ist für Schrödinger außerdem, dass in Java eine Mehrfachvererbung so direkt nicht möglich ist.

Vererbung

Es soll keiner sagen, dass wir hier in dem Buch langweilige Beispiele bringen, die immer nur was mit World of Warcraft, Katzen oder Schuhen zu tun haben. Deswegen extra für dich etwas ganz anderes: Der Solosänger, den du hier siehst, hat tierisches Lampenfieber und will nicht länger alleine auf der Bühne stehen. Er will eine eigene Band gründen. Und was braucht er dazu? Richtig, andere Musiker.

Hier der Sänger, noch ganz alleine auf der Bühne

Die Klasse dazu habe ich hier, aber das dürfte für dich als OOP-Lehrling der ersten Stufe nichts Neues mehr sein:

```
public class Saenger {
  private String name;
  private int alter;
  private Band band;
  public void musizieren() { … }
  // hier die Setter und Getter
}
```

… ein Gitarrist, …

Zu einer richtig guten Band gehören …

```
public class Gitarrist {
  private String name;
  private int alter;
  private Band band;
  public void musizieren() { … }
  // du kennst das Spiel ja mittlerweile, wieder die ganzen Setter und Getter, die
     du brauchst
}
```

Mmh, ähnlich wie der Sänger, finde ich.

```
public class Bassist {
  private String name;
  private int alter;
  private Band band;
  public void musizieren() { … }
  // schätze mal … richtig, Setter und Getter
}
```

… ein Bassist, …

Den Code für den Trompeter spar ich mir mal.

Kann ihn mir fast schon denken …

… äh, je nach Musikrichtung durchaus auch ein Trompeter …

Auch hier kannst du dir den Code wahrscheinlich denken.

Ja, kann ich, genauso wie bei den anderen Klassen auch.

… und natürlich die nette Backgroundsängerin für ein hübsches Gesamtbild!

Du sagst es, „genauso wie bei den anderen Klassen auch". Es ist **fast immer der gleiche Code in jeder Klasse!!!** Du müsstest fünfmal fast das Gleiche tippen. Okay, der Inhalt der **`musizieren()`**-Methode ist jeweils anders, ein Trompeter musiziert ja schließlich anders als ein Gitarrist. Aber die ganzen

Objektvariablen und die dazugehörigen Setter und Getter hättest du in jeder Klasse. Und als wäre das nicht schon schlimm genug: Stell dir mal vor, du würdest zu jedem dieser Musiker auch noch die Haarfarbe angeben wollen. Dann müsstest du das in allen fünf Klassen hinzufügen, plus Getter und Setter gegebenenfalls.

Puh, das wären ja fünf Getter plus fünf Setter plus die Variablen ...

[Achtung]

Solch doppelter Code ist nicht nur eine Menge Arbeit, er ist auch extrem fehleranfällig. Denn es kann leicht passieren, dass du dann – wenn du was änderst – eine Klasse übersiehst.

... plus eventuell Konstruktoren und so weiter, genau. Aber keine Sorge, das können wir besser, das Zauberwort heißt hier: **Vererbung**.

Noch weniger doppelter Code dank Vererbung

Bei der Vererbung kann eine Klasse Eigenschaften und Methoden von einer anderen Klasse **erben**, indem sie von dieser Klasse **ableitet**. Diese Erbschaftsbeziehung definierst du in Java mit dem Schlüsselwort **`extends`**. Und schon stehen einer Klasse die Eigenschaften und Methoden der Klasse zu Verfügung, von der sie ableitet. Na ja, nicht alle Eigenschaften und Methoden, sondern nur die, die auch sichtbar sind, aber dazu später mehr.

Für unsere Musikertruppe wäre es doch ganz sinnvoll, eine gemeinsame Oberklasse zu haben, die alle die Eigenschaften und Methoden vereint, die in den Unterklassen gebraucht werden.

[Begriffsdefinition]

Zur Erinnerung, denn Teile hiervon hast du schon im letzten Kapitel gehört: Die Klasse, von der geerbt wird, nennt man **Oberklasse** oder **Superklasse**, auch **Basisklasse** oder **Elternklasse**. Andersherum nennt man die ableitende Klasse auch **Unterklasse**, **Subklasse** oder **Kindklasse**.

Musiker wäre doch zum Beispiel ein guter Name für solch eine Klasse:

```
public class Musiker { *1
  private String name; *2
  private int alter; *2
  private Band band; *2
  public void musizieren() { *2
    System.out.println("OO Mmmmmmmmh, OO Mmmmmmmmh");
  }
  ... *2
}
```

*1 Das ist unsere Oberklasse, von der wir gleich ableiten werden. Wie du siehst, ist das eine ganz normale Klasse, wie wir sie auch bisher immer deklariert haben. Du musst also nicht explizit sagen, dass das eine Oberklasse sein soll.

*2 Die Oberklasse enthält die Eigenschaften und Methoden, die auch für die Unterklassen gelten sollen.

Von dieser Oberklasse können dann alle anderen Klassen ableiten. Ganz simpel würde das so aussehen:

```
public class Saenger *1 extends *2 Musiker *3 {…}
public class Gitarrist extends Musiker {…}
public class Bassist extends Musiker {…}
public class Trompeter extends Musiker {…}
public class BackgroundSaengerin extends Musiker {…}
```

*1 Hinter dem Namen der ableitenden Klasse …

*2 … kommt erst das **extends** …

*3 … und danach der Name der Klasse, von der geerbt werden soll.

Im UML-Diagramm sähe diese Klassenhierarchie so aus:

[Hintergrundinfo]
Vererbungsbeziehungen werden in UML durch Pfeile mit weißer Spitze dargestellt.

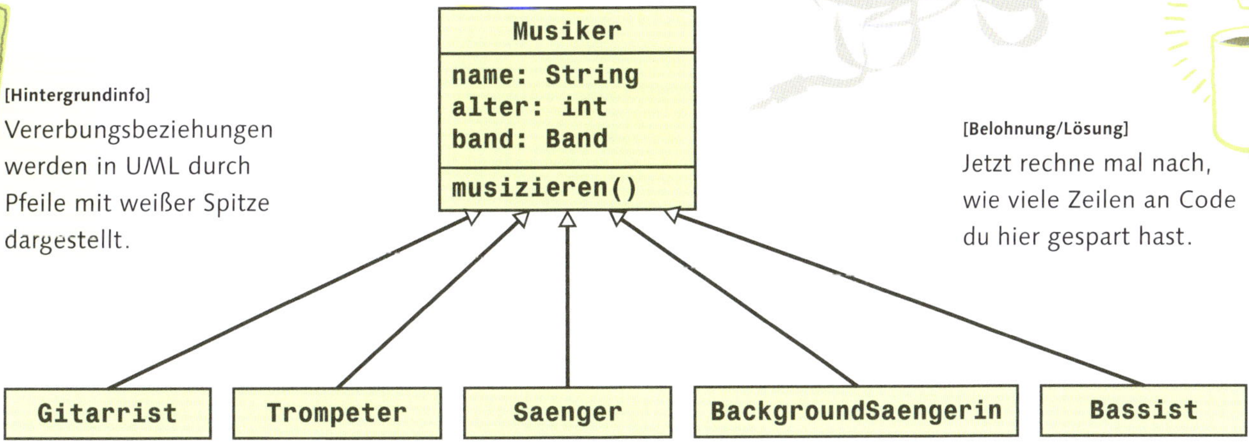

[Belohnung/Lösung]
Jetzt rechne mal nach, wie viele Zeilen an Code du hier gespart hast.

Alle fünf Musikertypen haben eine gemeinsame Musikerklasse, deren Eigenschaften und Methoden sie erben.

Der Apfel fällt nicht weit vom Stamm

Damit haben wir jetzt fünf verschiedene Unterklassen von der allgemeinen Klasse **`Musiker`**. Allerdings verhalten sich momentan alle fünf Klassen genau gleich, sie erben alle das gleiche Verhalten von **`Musiker`**. Wiederverwendung ist natürlich nicht der einzige Grund für solche Klassenhierarchien. Je höher eine Klasse in der Hierarchie, desto **allgemeiner** sind ihre Eigenschaften und Methoden. Je tiefer, desto **spezieller** sind sie. **`Musiker`** hat die allgemeinen Eigenschaften **`name`**, **`alter`** und **`band`** und die allgemeine Methode **`musizieren()`**. Und weil alle die spezielleren Musikerklassen von **`Musiker`** ableiten, erben sie **`musizieren()`** und können die Methode auch aufrufen.

Gucken wir mal in den Proberaum:

```
public class Proberaum {
  public static void main(String[] args) {
    Saenger saenger = new Saenger()*1;
    Gitarrist gitarrist = new Gitarrist()*1;
    Bassist bassist = new Bassist()*1;
    Trompeter trompeter = new Trompeter()*1;
    BackgroundSaengerin backgroundSaengerin = new BackgroundSaengerin()*1;
    machtMusik(saenger, gitarrist, bassist, trompeter, backgroundSaengerin);*2
  }
  public static void machtMusik(Musiker… *3 gruppe) {
    for(Musiker musiker : gruppe) *4 {
      musiker.musizieren();
    }
  }
}
```

*1 Das alles sind Unterklassen von **`Musiker`**, …

*2 … deswegen funktionieren auch Methodenaufrufe wie dieser, wo eigentlich Objekte vom Typ **`Musiker`** erwartet werden.

*3 Hier sind wieder die Varargs in Aktion. Das bedeutet einfach, dass beliebig viele Musikerobjekte übergeben werden dürfen.

*4 Hier wird per **`foreach`**-Schleife über alle Musiker iteriert und die jeweilige **`musizieren()`**-Methode aufgerufen.

Ah, so sieht die also aus.

[Begriffsdefinition]

Varargs heißt der Fachbegriff für die drei Punkte, er kommt später noch vor, wenn wir uns mit Arrays und Collections beschäftigen.

[Hintergrundinfo]

Der Fachbegriff dafür, dass Oberklassen allgemeineres Verhalten beinhalten, heißt übrigens **Generalisierung**, der Fachbegriff für spezielleres Verhalten in den Unterklassen heißt **Spezialisierung**.

Das, was im Moment im **Proberaum** gespielt wird, hört sich nicht wirklich nach einer Band an. Eher nach einer Gruppenmeditation:

OO Mmmmmmmmmh, OO Mmmmmmmmmh

OO Mmmmmmmmmh, OO Mmmmmmmmmh

OO Mmmmmmmmmh, OO Mmmmmmmmmh

OO Mmmmmmmmmh, OO Mmmmmmmmmh

OO Mmmmmmmmmh, OO Mmmmmmmmmh

[Zettel]
Du könntest die einzelnen Musiker auch direkt über die allgemeinere Klasse referenzieren, also zum Beispiel so: `Musiker saenger = new Saenger()`. Das hängt davon ab, was du anschließend mit der Objektreferenz machen möchtest. Im Extremfall stünde hier `Object saenger = new Saenger()`, aber das wäre wenig aussagekräftig. Andersherum geht das übrigens nicht. `Saenger saenger = new Musiker()` funktioniert nicht, weil nicht jeder Musiker ein Sänger ist bzw. `Saenger` keine Unterklasse von `Musiker` ist. Der Typ auf der rechten Seite muss also immer in den Typ auf der linken Seite umgewandelt werden können.

Verhalten anpassen durch Überschreiben von Methoden

Lass uns mal ein bisschen Abwechslung in die Truppe bringen, sprich damit anfangen, das **Verhalten der Unterklassen** von `Musiker` ein bisschen **anzupassen**. Dazu hast du zwei Möglichkeiten: Entweder du **fügst den Unterklassen mehr Methoden** (und damit mehr Verhalten) zu, oder du **überschreibst Methoden aus der Oberklasse**. Gucken wir uns den zweiten Fall zuerst an, das Überschreiben von Methoden. Was wir wollen, ist ein **spezielles Verhalten** für jeden der Musiker, also eine speziellere Variante von `musizieren()`.

```
public class Saenger extends Musiker {
  @Override *2
  public void musizieren() { *1
    System.out.println("Youuuuu aaaare soooo beautifulllll.");
  }
}
public class Gitarrist extends Musiker {
  @Override *2
  public void musizieren() { *1
    System.out.println("Tschiiiiiingzääääängggggg.");
  }
}
```

*1 Jede Unterklasse kann Methoden überschreiben, die **public** oder **protected** sind, dazu die Methoden, die package-private sind, wenn die Unterklasse im gleichen Package wie die Oberklasse liegt.

*2 Diese Annotation kennst du ja schon. Hiermit sagst du explizit, dass du die Methode überschreiben willst.

[Zettel]

Methoden, die **public** oder **protected** sind, können in Unterklassen aufgerufen und überschrieben werden. Methoden, die **private** sind, sind in Unterklassen nicht sichtbar, sie sind versteckt. Das bedeutet einerseits, dass du die Methoden auch nicht überschreiben kannst. Andererseits kannst du aber durchaus eine gleiche Methode in der Unterklasse haben. Also eine, die den gleichen Rückgabewert, den gleichen Namen und die gleichen Parameter hat. Was nicht sichtbar ist, kann schließlich auch keine Konflikte auslösen.

Musik ist Geschmacksache, deswegen überlasse ich die anderen Musiker mal dir.

[Achtung]

Es heißt **@Override** nicht **@Overwrite**, auch wenn man von **Überschreiben** spricht – eine Sache, die mir lange nicht so bewusst war, weswegen ich dich natürlich direkt darauf aufmerksam mache.

[Hintergrundinfo]

Wenn du möchtest, dass **alle Unterklassen** von **Musiker** die **musizieren()**-Methode selbst implementieren, musst du die Methode in **Musiker** als **abstract** definieren. Das gucken wir uns aber im Detail im nächsten Kapitel an.

Noch eine Kleinigkeit zum Überscheiben von Methoden: Wenn du Methoden mit Parametern oder einem Rückgabewert überschreiben möchtest, müssen die Parameter gleich und der Typ des Rückgabewerts der überschreibenden Methode mit dem der überschriebenen Methode kompatibel sein.

Puh, das klingt kompliziert ...

... ist es aber nicht. Zum besseren Verständnis hab ich ein Beispiel für dich. Ein Quelltext sagt schließlich mehr als tausend Worte:

```
public class MusikWettbewerb {
  public Musiker *1 derGewinnerIst() { … }
  public void fuegeTeilnehmerHinzu(Musiker *3 musiker) { … }
}
public class GesangsWettbewerb extends MusikWettbewerb {
  @Override
  public Saenger *2 derGewinnerIst() { … }
  @Override*4
  public void fuegeTeilnehmerHinzu(Musiker *3 musiker) { … }
}
```

Die Oberklasse

Zwei überschriebene Methoden

Die abgeleitete Klasse

*1 Wenn du diese Methode überschreibst, ...

*2 ... kannst du als Rückgabewert irgendwas nehmen, was mit dem Typ des Originalrückgabewerts kompatibel ist. Hier in dem Beispiel ist `Saenger` ja eine Unterklasse von `Musiker` und somit kompatibel.

*3 Bei den Parametern hast du diese Möglichkeit nicht. Hier müssen die Typen **exakt übereinstimmen**. `Saenger` zum Beispiel wäre hier nicht erlaubt!

*4 Und dank der `@Override`-Annotation meldet der Compiler auch einen Fehler, solltest du dich nicht an diese Überschreibenregeln halten. Ohne Annotation weiß der Compiler nämlich nicht, dass du überschreiben möchtest, und kann dich nicht warnen.

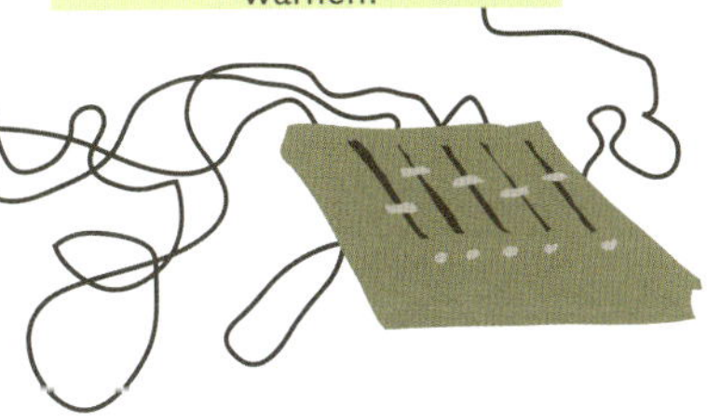

Überschreiben verboten

In manchen Fällen ist es ratsam, ein Überschreiben von ganzen Klassen oder einzelnen Methoden zu verbieten, zum Beispiel wenn du nicht möchtest, dass das Verhalten einer Klasse geändert werden kann. Mit dem Schlüsselwort `final` kannst du zu diesem Zweck Klassen oder einzelne Methoden als nicht überschreibbar markieren:

```
public final *1 class LassMichInRuheMitDeinemUeberschreiben { … }
public class IchWillAber extends *2 LassMichInRuheMitDeinemUeberschreiben { … } X
```

*1 Mit `final` markierte Klassen ...

*2 ... lassen sich nicht ableiten.

```
public *1 class NaGutAberNurEinBisschen {
  public void dieDarfstDu() { … };
  public final *2 void dieAberNicht() { … };
}
```

*1 Du musst nicht unbedingt die gesamte Klasse `final` machen, ...

*2 ... sondern kannst das auch gezielt für einzelne Methoden tun.

[Zettel]
Das wohl bekannteste Beispiel für eine finale Klasse ist die Klasse `String`.

Blümchenvererbung

Gucken wir uns zum Warmwerden nochmal ein einfaches Beispiel an und wenden uns danach wieder der Band zu.

[Einfache Aufgabe]

Erstelle drei Klassen: **Blume**, **RoteRose** und **Tulpe**. **Blume** hat die Methode **dranRiechen()**, in der die Ausgabe „Mmmmhh lecker" auf die Konsole geschrieben wird. Bei der roten Rose kommt die gleiche Ausgabe, aber anschließend noch ein kurzes „Autsch". Die **Tulpe** verhält sich genau wie die **Blume**.

Oh Mann, gut, dass du das sagst …

Finde ich auch, ist doch eine prima Aufgabe für den Anfang …

… nein, ich meine das mit der roten Rose. In einer Woche ist ja schon Valentinstag! Äh, ich muss kurz mal los.

Hey, halt, schön hiergeblieben. Das hier ist wichtig. Schließlich bildet dieses Kapitel zusammen mit dem vorigen und dem nächsten das zentrale OO-Dreigestirn des gesamten Buches. Das, was wir hier besprechen, musst **du im Schlaf beherrschen**, sonst …

… schon gut, schon gut, ich mach ja schon. Macht ja auch tierisch Spaß. Der Blumenstrauß muss dann halt warten. Also, die Basisklasse **Blume** würde so aussehen:

```
public class Blume {
  public void dranRiechen() {
    System.out.println("Mmmmhh lecker");
  }
}
```

Bei der roten Rose überschreibe ich einfach die **dranRiechen()**-Methode.

```
public class RoteRose extends Blume {
  @Override
  public void dranRiechen() {
    System.out.println("Mmmmhh lecker");
    System.out.println("Autsch");
  }
}
```

Und die **Tulpe** ist ja wohl easypeasy, da brauch ich nichts weiter zu machen als das hier:

```
public class Tulpe extends Blume {}
```

Das sieht ja schon mal ganz gut aus. Hast du gut hinbekommen. **Etwas lässt sich aber noch optimieren.** Du hast noch ein **klitzekleinesbisschen doppelten Code**, und zwar die Ausgabe von „Mmmmhh lecker", die gibt's doch so auch schon in **Blume**. Wäre doch gut, wenn wir den Code von **dranRiechen()** aus **Blume** auch in **RoteRose** wiederverwenden könnten, oder? Und das geht sogar recht schnell, indem du einfach **super.dranRiechen()** aufrufst.

Super? Da war doch was ...?

Richtig, im letzten Kapitel, da hatten wir **super()**, den Aufruf des Elternkonstruktors. Lässt du die Klammern weg und schreibst nur **super**, hast du Zugriff auf die Elternklasse.

[Achtung]

Im Gegensatz zu dem Aufruf des Elternkonstruktors **super()**, der ja immer als Erstes in dem Kindkonstruktor stehen muss, können Methodenaufrufe über **super** an einer beliebigen Stelle in den Methoden der Kindklasse auftauchen. Na ja, fasst an beliebigen Stellen: In statischen Methoden geht das natürlich nicht.

Der Vollständigkeit halber noch der Quelltext:

```
@Override
public void dranRiechen() {
  super.*1dranRiechen()*2;
  System.out.println("Autsch");
}
```

*1 **super** mit Punkt ...

*2 ... und danach die Methode aus der Oberklasse. Und schon hast du wieder ein bisschen Code gespart.

Ich will aber zu Opa und Oma! Was ist mit der Großelternklasse?

Wenn ich mit **super** die Elternklasse ansprechen kann, kann ich dann mit **super.super** auch die … ähm Supersuperklasse, also die … Großelternklasse ansprechen?

Nein, das würde den Prinzipien der Objektorientierung widersprechen, denn dann könntest du das Verhalten der Elternklasse umgehen und damit aushebeln! Wenn du allerdings **super.methodeIrgendwas()** aufrufst, und es diese Methode in der Elternklasse nicht gibt, wird natürlich die entsprechende Methode der Großelternklasse (wenn dort vorhanden) aufgerufen!

Lass uns mal mit den Musikern weitermachen:

[Code bearbeiten]

Mache ein kleines **Refactoring**: Füge zwei weitere Klassen in die bestehende Hierarchie der Musiker ein: einmal **Person** und einmal **Kuenstler** mit der Eigenschaft **kuenstlerName**. Wo müssten diese beiden Klassen in der Hierarchie stehen? Überlege auch, welche der bisherigen Eigenschaften und Methoden von **Musiker** in der Klassenhierarchie weiter hochrutschen könnten.

Das ist doch klar: **Person** müsste nach ganz oben, weil diese Klasse am allgemeinsten ist. Danach kämen dann **Kuenstler** und danach **Musiker** und die anderen Klassen.

Genau, und **name** und **alter** nehmen wir aus **Musiker** raus und packen es in die Klasse **Person**. Die Methode **musizieren()** allerdings sollte in der Klasse **Musiker** bleiben. **Hier das passende UML-Diagramm, den Code dazu findest du im Downloadbereich:**

Nach dem Refactoring sieht die Klassenhierarchie so aus:

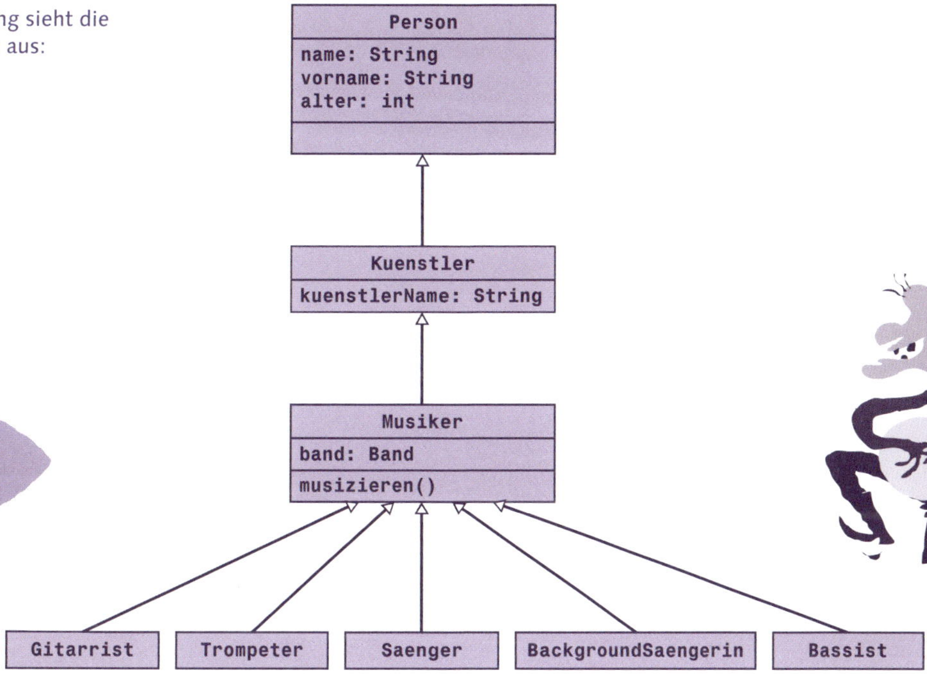

[Schwierige Aufgabe]

Sehr gut. Nächster Schritt: Personen ohne Namen und Vornamen sind ja eher selten, gib also **Person** noch einen Konstruktor, der zumindest **name** und **vorname** als Parameter hat. In der Regel ist es nämlich sinnvoll, den Konstruktor so zu gestalten, dass man über ihn alle die Objektvariablen initialisieren kann, die mit einem Wert belegt werden sollen.

Das soll 'ne schwierige Aufgabe sein? Konstruktoren mach ich doch mit links. Hier:

```
public Person(String name, String vorname) {
  super();
  this.name = name;
  this.vorname = vorname;
}
```

Gut, gut. Und? Schon mal einen Blick auf die anderen Klassen in der Hierarchie geworfen?

Öhm, ja … nee, häää? **Kuenstler** kompiliert nicht mehr! Nur weil ich in der Oberklasse einen neuen Konstruktor hinzugefügt habe? Was soll das denn?

Tja, lieber Schrödinger, um dir das zu erklären, muss ich etwas ausholen. Du musst nämlich erstmal verstehen, wie sich die Konstruktoren bei der Vererbung verhalten.

Vererbung und Konstruktoren

Zur Erinnerung: Solange du in einer Klasse keinen eigenen Konstruktor definierst, hat diese Klasse einen **Defaultkonstruktor ohne Parameter**, den der Compiler der Klasse implizit hinzufügt, ohne dass er in deinem Quelltext auftaucht. **Würdest du den Quelltext selber schreiben, sähen Defaultkonstruktoren so aus wie in diesem Beispiel:**

```
public class Person {
  public Person() {
    super();*3
  }
  ...
}
public class Kuenstler {
  public Kuenstler() {*1
    super();*2
  }
}
```

ruft auf

*1 So sieht ein Defaultkonstruktor aus; enthält nichts Besonderes, …

*2 … nur den Aufruf des Defaultkonstruktors der Oberklasse **Person**, …

*3 … welcher wiederum den Defaultkonstruktor der Oberklasse (in diesem Fall **Object**) enthält.

Wenn du jetzt einen eigenen Konstruktor mit Parametern erstellst wie eben in der Übung, gibt es keinen Defaultkonstruktor mehr. Denn der Compiler fügt jetzt keinen mehr hinzu. **Hier zur Verdeutlichung der Code dazu:**

```
public class Person {
  public Person(String name, String vorname) {
    super();
    this.name = name;
    this.vorname = vorname;
  }
  ...
}
public class Kuenstler {
  public Kuenstler() {
    super(); X
  }
}
```

Das Problem ist jetzt, dass **Kuenstler** den Defaultkonstruktor von **Person** (also **super()**) nicht mehr finden kann.

Kein Wunder, den gibt's ja auch nicht mehr.

[Ablage]

Wenn eine Klasse keinen Defaultkonstruktor hat, müssen ableitende Klassen explizit angeben, welcher Konstruktor der Oberklasse aufgerufen werden soll.

[Achtung]

Wenn du eine Objektinstanz von einer Klasse anlegst, wird nicht nur der Konstruktor aufgerufen, den du dazu verwendet hast, sondern auch die Konstruktoren für alle Oberklassen der instanziierten Klasse, die in der Klassenhierarchie weiter oben liegen – natürlich alle der Reihe nach. Erzeugst du zum Beispiel einen `Saenger` mit `Saenger saenger = new Saenger();`, wird eine ganze Kette von Konstruktoren aufgerufen: erst von `Saenger`, dann von `Musiker`, dann von `Kuenstler`, dann der von `Person` und zum Schluss von `Object`! In der ersten Zeile jedes Konstruktors steht immer (explizit oder implizit) der Aufruf eines anderen Konstruktors. Wenn dieser andere Konstruktor nicht existiert, ist die Konstruktorkette unterbrochen, und der Compiler meckert.

Die Konstruktorkette wieder reparieren

Um so eine unterbrochene Konstruktorkette wieder zu reparieren, hast du verschiedene Möglichkeiten, je nachdem, was du anschließend machen möchtest. Hier die drei wichtigsten mal zusammengefasst. Alle weiteren Möglichkeiten sind nur Varianten davon.

1. Du rufst den neuen Konstruktor der Oberklasse explizit in dem Defaultkonstruktor der Unterklasse auf. In unserem Fall heißt das also, du fügst explizit den Defaultkonstruktor für `Kuenstler` hinzu und änderst ihn so, dass er nicht `super()`, sondern den neuen Konstruktor von `Person` aufruft:

```
public Kuenstler() {
  super(null, null);
}
```

Damit hätten `Kuenstler` standardmäßig immer die wenig kunstreichen Namen/Vornamen `null`. Nicht so wirklich das, was wir im Moment wollen, oder?

Kommen wir zu der zweiten Möglichkeit:

2. Du fügst der Oberklasse explizit den Defaultkonstruktor wieder hinzu.

Für Person sähe der Defaultkonstruktor also so aus:

```
public Person() {}
```

Damit stellst du zwar schnell den Compiler zufrieden, allerdings ist das auch nicht das, was wir wollen, denn du musst noch etwas ganz Wichtiges beachten: **Konstruktoren werden nicht vererbt!** Wir wollen aber doch schließlich auch Künstler direkt mit einem parametrisierten Konstruktor aufrufen können, also ungefähr so:

```
Kuenstler saenger = new Kuenstler("van Beethoven", "Ludwig");
```

Aber das funktioniert nicht, wenn nur in `Person` so ein Konstruktor existiert.

Kommen wir also zur dritten Möglichkeit:

3. Du fügst der Unterklasse einen neuen Konstruktor hinzu, der die gleichen oder mehr Parameter hat wie der neue Elternkonstruktor, und rufst von dort den Elternkonstruktor auf.

Für die Kuenstler-Klasse sähe das so aus:

```
public Kuenstler(String name, String vorname) {
  super(name, vorname);
}
```

Oft macht es aber auch Sinn, dem neuen Konstruktor der Unterklasse mehr Parameter zu geben, schließlich gibt es in der Unterklasse in der Regel auch mehr Objektvariablen, die du mit Werten belegen kannst. Ein Künstler zum Beispiel hat auch einen Künstlernamen:

```
public Kuenstler(String kuenstlerName, String name, String vorname) {
  super(name, vorname); *1
  this.kuenstlerName = kuenstlerName; *2
}
```

*1 Ganz wichtig: Erst kommt der Aufruf des Elternkonstruktors, …

*2 … dann folgt der restliche Code.

Die dritte Möglichkeit ist also im Moment die, die wir haben wollen. Allerdings dürftest du schon bemerkt haben, dass du das gleiche Spiel auch noch **mit allen Unterklassen von `Kuenstler`** durchziehen musst, denn `Musiker` vermisst ja jetzt auch den Defaultkonstruktor von `Kuenstler`.

Okay, verstehe, das kann ich aber auch schnell machen:

```
public Musiker(String kuenstlerName, String name, String vorname) {
  super(kuenstlerName, name, vorname);
}
```

Neiiin, jetzt meckern auch noch **BackgroundSaengerin**, **Bassist**, **Gitarrist**, **Saenger** und **Trompeter**. Das kann doch nicht sein. Warum werden Konstruktoren denn nicht vererbt? Mann!

Das ist schnell erklärt, am besten wieder an einem Beispiel: Stell dir eine Klasse **BierKasten** mit dem Konstruktor **BierKasten(int anzahlFlaschen)** vor. Bei einer ableitenden Klasse **SixPack** wäre die Anzahl immer die gleiche, also würde ein sinnvoller Konstruktor so aussehen: **SixPack() {super(6);}**. Würden Konstruktoren vererbt, könnte man auch Sixpacks mit mehr als sechs Flaschen erstellen. Mit dem obigen **SixPack**-Konstruktor kann das gezielt verhindert werden.

[Kleiner Eclipse-Tipp zwischendurch]

Strg+1 auf der Zeile, in der der Compilerfehler auftaucht, und dann „Add Constructor" auswählen, das spart dir ein bisschen Tipparbeit.

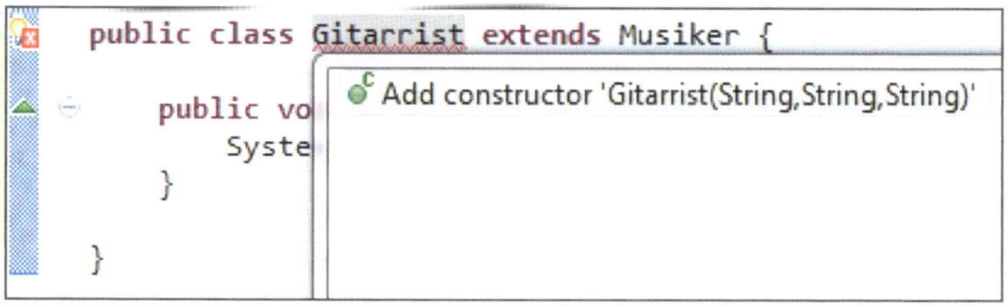

Noch was: Du kannst in einem Konstruktor auch einen **anderen Konstruktor der gleichen Klasse** aufrufen:

```
public Kuenstler(String kuenstlerName, String name, String vorname) {
  this(name, vorname);*1
  this.kuenstlerName = kuenstlerName;
}
```

*1 Hier würde der Konstruktor **Kuenstler(String name, String vorname)** aufgerufen.

[Ablage]

Der erste Aufruf innerhalb eines Konstruktors ist **immer** der Aufruf eines anderen Konstruktors. Einzige Ausnahme: Der Konstruktor der Mutter aller Klassen **Object**.

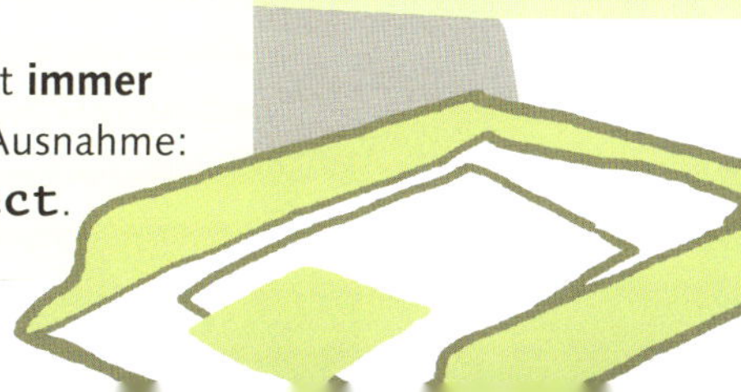

Wie war das nochmal mit den Konstruktoren?

[Einfache Aufgabe]

Welche der folgenden Konstruktoren sind erlaubt, bei welchen meckert der Compiler?

```
Person(Person person) {} *1
Person Person() {} *2
private final Person() {} *3
void Person() {} *4
Person() {super();} *5
```

*1 Richtig, warum nicht? Ein Konstruktor kann auch Parameter vom gleichen Typ haben.

*2 Falsch. Auch wenn Konstruktoren implizit ein Objekt zurückgeben, darfst du keinen Rückgabewert angeben.

*3 Falsch. **private** ist zwar erlaubt (genau wie **public** und **protected**), **final** aber nicht. Denn Konstruktoren werden ja nicht vererbt. Da gibt's auch nichts **final** zu machen.

*4 Falsch. Bei Konstruktoren wird kein Rückgabewert angegeben, auch nicht **void**!

*5 Richtig, **Person** ist eine Unterklasse von **Object**. Ob du das **super()** jetzt hinschreibst oder nicht: Der Defaultkonstruktor von **Object** wird immer als Erstes aufgerufen.

[Schwierige Aufgabe]

Was ist die Ausgabe von diesem Programm?

Hier drei Klassen ...

```
public class Abo {
  public Abo() {
    System.out.println("Neues Abo");
  }
  public double getPreisProJahr() {
    return 20.0;
  }
}
public class PremiumAbo extends Abo {
  public PremiumAbo() {
    System.out.println("Neues Premium-Abo");
  }
  @Override
  public double getPreisProJahr() {
    return super.getPreisProJahr() *2;
  }
}
```

```java
public class SuperPremiumAbo extends PremiumAbo {
  public SuperPremiumAbo() {
    System.out.println("Neues Super-Premium-Abo");
  }
  @Override
  public double getPreisProJahr() {
    return super.getPreisProJahr() *2;
  }
}
```

... und hier der Inhalt der main-Methode:

```java
Abo abo = new SuperPremiumAbo();
System.out.println(abo.getPreisProJahr());
```

Also ... Konstruktoren werden nicht überschrieben, die Konstruktorhierarchie ist **SuperPremiumAbo**, **PremiumAbo** und **Abo**, also ist die Ausgabe:
Neues Abo
Neues Premium-Abo
Neues Super-Premium-Abo
Methoden werden überschrieben, also hier nur eine Ausgabe, Moment, bisschen rechnen ...:
80.0

Richtig?

Richtig! Sehr gut.

Erbt der Sohn vom Vater oder der Vater vom Sohn?

[Einfache Aufgabe]
Erstelle eine Klassenhierarchie für die Klassen `Kind`, `Vater` und `Großvater`. Mir reicht ein UML-Diagramm.

Achtung: In einigen Quellen findest du vielleicht das folgende Beispiel dazu, was dich unbewusst davon abhalten will, die objektorientierte Sichtweise zu verstehen. Lass dich davon bloß nicht verwirren.

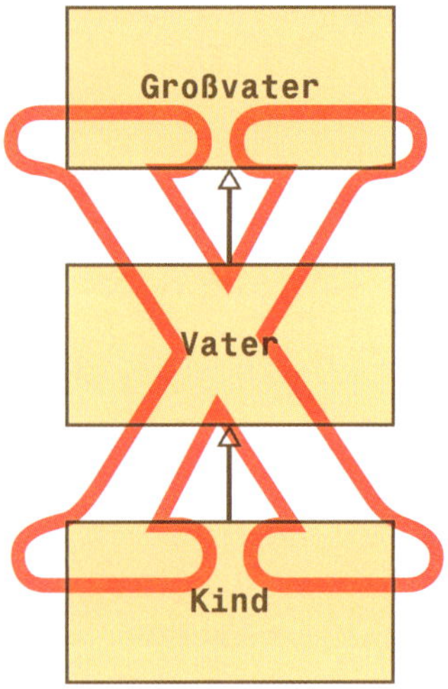

In der „normalen Welt“ sieht die Erbschaftsbeziehung zwar so aus, …

Auch wenn es in der realen Welt schon vorkommt, dass ein Sohn gewisse Eigenschaften von dem Vater erbt, ist die Vererbung in Java (oder auch generell in der Objektorientierung) etwas anders zu verstehen. Die Bedeutung ist vielmehr: Die ableitende Klasse hat alle Eigenschaften der abgeleiteten Klasse und zusätzlich noch andere Eigenschaften. Wenn man also die Vater-Kind-Beziehung so modellieren würde wie im vorigen Diagramm und **`Vater`** zum Beispiel eine Eigenschaft **`kinder`** erhielte, würde **`Kind`** diese Eigenschaft erben. Aber das ist natürlich Quatsch, denn nicht jedes Kind hat auch direkt eigene Kinder.
Umgekehrt kann man aber schon sagen, dass jeder Vater auch selbst ein Kind ist. Jeder Großvater wäre auch automatisch Vater. Jeder Urgroßvater auch automatisch Großvater und so weiter. Die Klassenhierarchie müsste also **genau andersrum** aussehen, jeder Vater hat Kinder, und jeder Großvater hat auch Kinder, weil er ja selbst auch ein Vater ist.

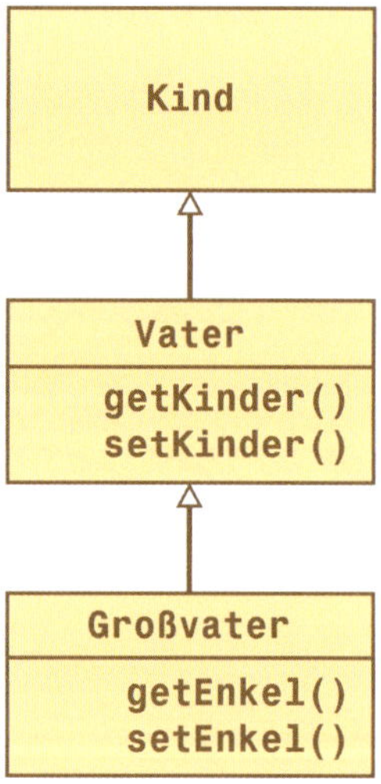

… in der OOP allerdings genau andersrum.

Das bedeutet, **`Großvater`** erbt alle Eigenschaften von **`Vater`** und von **`Kind`**. Verstehe, und **`getEnkel()`** könnte ich implementieren, indem ich **`getKinder()`** von **`Vater`** wiederverwende.

Jepp, natürlich ist das alles immer ein bisschen auch **Ansichtssache**. Wie du Software modellierst, hängt davon ab, was sie leisten soll. Wie die Klassenhierarchie hinter deiner Software aussieht, hängt davon ab, was sie ausdrücken soll. Folgendes wäre auch in Ordnung, wenn das Verhalten der Klassen so unterschiedlich wäre, dass Vererbung keinen Vorteil böte.

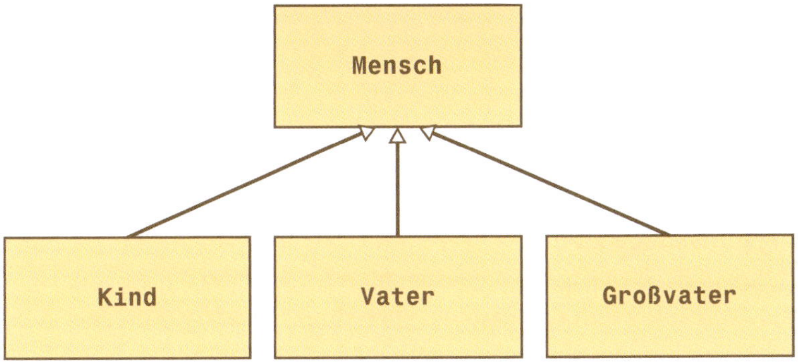

Oder du machst es, ohne dass Kind, Vater und Großvater voneinander erben.

Du siehst also, viele Wege führen nach Rom. Die Entscheidung, welchen Weg du wählst, liegt bei dir.

[Einfache Aufgabe]

Guck dir den folgenden Codeschnipsel an, und sag mir anschließend, auf welchem Objekt du welche Methode aufrufen kannst.

```
Person mick = new Saenger();
Kuenstler kurt = new Saenger();
Musiker paul = new Saenger();
Saenger bruce = new Saenger();
```

	getAlter()	getName()	getVorname()	getKuenstlerName()	getBand()	musizieren()
mick.						
kurt.						
paul.						
bruce.						

Lösung:

	getAlter()	getName()	getVorname()	getKuenstlerName()	getBand()	musizieren()
mick.	okay	okay	okay			
kurt.	okay	okay	okay	okay		
paul.	okay	okay	okay	okay	okay	okay
bruce.	okay	okay	okay	okay	okay	okay

Moment, heißt das etwa, obwohl mick auch ein Saenger ist, kann es nicht musizieren()?

Darüber kann man sich streiten, auf den Code bezogen, so wie er jetzt da steht, allerdings nur über einen kleinen Umweg …

Typumwandlungen

Natürlich ist **mick** ein **Saenger**, aber der Compiler sieht es ein bisschen genauer: **mick** ist **eine Referenzvariable vom Typ Person, die auf eine konkrete Objektinstanz vom Typ Saenger zeigt**.
Wenn du von vornherein weißt, dass du die Methode **musizieren()** aufrufen möchtest, kannst du als Typ für die Referenzvariable auch direkt **Saenger** oder **Musiker** verwenden. Wenn du das aber aus irgendeinem Grund nicht möchtest (und es gibt gute Gründe, zu denen wir später noch kommen), dann hilft dir jetzt nur eins: **Casting**.

```
Person mick = new Saenger();
Musiker *1 mickDerMusiker = (Musiker) *2 mick;
mickDerMusiker.musizieren(); *3
```

*1 Hier steht der Referenzdatentyp, den wir haben wollen.

*2 Hier steht der Typ, zu dem gecastet werden soll, in diesem Fall genau der gleiche wie der Referenzdatentyp.

*3 Dann klappt's auch mit dem Methodenaufruf.

[Ablage]

Der Zieltyp, der beim Casting herauskommt (*2), und die Referenzvariable (*1) müssen nicht vom gleichen Typ sein. Der Referenztyp muss nur vom Zieltyp ableiten. Es könnte also etwa auch **Musiker mickDerMusiker = (Saenger) mick;** funktionieren, weil **Saenger** eine Unterklasse von **Musiker** ist.

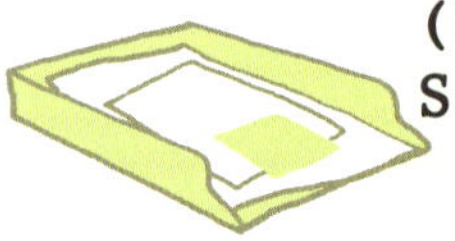

[Achtung]

Auch nach dem Cast ist **mick** ein **Saenger**, am Typ der konkreten Objektinstanz ändert sich nichts. Aber der Referenztyp wurde von **Person** zu **Musiker** „heruntergecastet" und in der neuen Variablen **mickDerMusiker** gespeichert. Es geht jetzt nicht mehr um die „Person Mick", sondern um den „Musiker Mick". Er soll schließlich musizieren.

Wenn du keine Referenzvariable brauchst (um sie später noch für weitere Methodenaufrufe zu verwenden zum Beispiel), kannst du auch die Kurzform verwenden:

```
((Musiker) mick).musizieren();
```

[Begriffsdefinition]

Unter **Casting** versteht man das Umwandeln von einem Typ in einen anderen Typ. Wenn ein Typ in einen anderen Typ umgewandelt werden kann, nennt man ihn auch **kompatibel**. Von **Downcasting** spricht man, falls man ein Objekt, das in der Hierarchie höher liegt (im Beispiel **Person**), in ein Objekt umwandelt, das **tiefer** liegt (im Beispiel **Musiker**).

[Zettel]
Casting funktioniert natürlich auch mit Klassen, die nichts mit Singen und Musik zu tun haben. Hat nichts mit Castingshows zu tun. Äh, aber ich denke, das hast du dir eh schon gedacht.

Upcasting

Neben dem Downcasting gibt es auch noch das **Upcasting**. Bei dem wandelst du einen in der Hierarchie tiefer liegenden Typ in einen höher liegenden um. Wenn es dir also um die **`Person mick`** geht und nicht um den **`Musiker`**, dann kannst du das so machen:

```
Musiker mickDerMusiker = new Saenger();
Person *1 mickDiePerson = *2 mickDerMusiker;
```

*1 Hier steht der Referenzdatentyp, den du haben willst.

*2 Im Gegensatz zum Downcasting brauchst du hier keine Angabe, weil der Cast **implizit** stattfindet.

Aber dann kann ich doch noch weniger Methoden aufrufen als vorher!

Ich gebe dir recht, das Upcasten sieht erstmal ziemlich unnütz aus. Allerdings gibt es Fälle, in denen du es brauchen wirst. Schau dir mal diese beiden Methoden hier an:

```
public static void einkaufenAls(Person person) { *1
  System.out.println("Einkaufen als normale Person");
}
public static void einkaufenAls(Musiker musiker) { *2
  System.out.println("Einkaufen als Musiker");
}
```

*1 Hier siehst du eine Methode, die eine **`Person`** als Parameter annimmt, …

*2 … und hier exakt die gleiche Methode, diesmal mit einem **`Musiker`** als Parameter.

Na und?

Was würdest du sagen, welche der beiden Methoden hier aufgerufen wird?

```
Musiker mickDerMusiker = new Saenger();
einkaufenAls(mickDerMusiker);
```

Ähm, … wahrscheinlich **`einkaufenAls(Musiker musiker)`***?*

Genau! Wenn Mick jetzt aber mal unerkannt als normale Person einkaufen gehen möchte, wie stellt er das an? Du kannst es dir sicherlich denken, oder?

Warte, muss ich etwa **mickDerMusiker** *erst abcasten? Also so meine ich:*

```
Person mickDiePerson = mickDerMusiker;
einkaufenAls(mickDiePerson);
```

UPCASTEN, ja, richtig! **einkaufenAls((Person)mickDerMusiker)** hätte zwar auch gereicht, aber so, wie du es gemacht hast, geht es auch völlig in Ordnung.

Zwei Methoden mit dem gleichen Namen, dass sowas geht.

Den Typ überprüfen

Beim Casting kann selbstverständlich auch einiges schiefgehen, nämlich immer dann, wenn du versuchst, eine Klasse in eine andere Klasse zu casten, die nicht kompatibel zu der anderen Klasse ist:

```
Person person = new Person();
Blume blume = (Blume)person; X
```

Das geht nicht. Aus einer Person wird keine Blume.
Compiler können nicht alles.

> **[Zettel]**
> Der Fehler, der hier auftritt, heißt **ClassCastException**, weil man von der einen in die andere Klasse keinen Cast durchführen kann. Wir sehen uns das in Kapitel 9 genauer an, wenn es um Exceptions geht.

Um diesem Fehler vorzubeugen, solltest du bei jedem Casting immer erst prüfen, ob das Umwandeln auch funktionieren wird. Das kannst du mit dem **instanceof**-Operator. Mit dem prüfst du, ob eine Objektinstanz eine Instanz einer bestimmten Klasse ist. **person instanceof Blume** zum Beispiel würde ein **false** zurückgeben, weil **person** eben keine Objektinstanz der **Blume** ist.

```
Person person = new Person();
if(person *1 instanceof *2 Blume *3) {
  Blume blume = (Blume)person; *4
  ...
}
```

*1 Erst kommt die Objektinstanz, die du umzuwandeln planst, …

*2 … dann der **instanceof**-Operator …

*3 … und dann der Klassenname der Klasse, in die du das Objekt umwandeln möchtest.

*4 Dann kann bei diesem Casting hier auch nichts mehr schiefgehen. Unrealistisch wäre es aber trotzdem.

Bevor wir in die Werkstatt gehen, noch kurz was anderes:

Welche Methode hätten's denn gerne? Methoden überladen

Du hast dich eben bestimmt gefragt, warum es **in einer Klasse mehrere Methoden mit dem gleichen Namen** geben kann. Was ich da gemacht hatte, nennt man, Methoden zu **überladen**. Eine Methode ist immer dann überladen, wenn innerhalb einer Klasse **verschiedene Methoden mit gleichem Namen, aber unterschiedlichen Parametern** existieren. Nur anhand der Parameter kann der Compiler dann erkennen, welche Methode er aufrufen muss.

Zur Erinnerung die beiden namensgleichen Methoden:

```
public static void einkaufenAls(Person person) { *1
  System.out.println("Einkaufen als normale Person");
}
public static void einkaufenAls(Musiker musiker) { *1
  System.out.println("Einkaufen als Musiker");
}
```

*1 Zwei Methoden mit gleichem Namen und unterschiedlichen Parametern nennt man überladen.

[Zettel]
Die Rückgabewerte bei überladenen Methoden können übrigens verschieden sein, müssen es aber nicht.

[Achtung]
Methoden mit gleichem Namen und **gleichen** Parametern innerhalb einer Klasse sind nicht erlaubt! Auch dann nicht, wenn die beiden Methoden unterschiedliche Rückgabetypen haben. Sowas geht also nicht:

```
public class GehaltsRechner {
  public int*2 berechneGehalt(Person person)*1 { … } X
  public double*2 berechneGehalt(Person person)*1 { … } X
}
```

*1 Zwei Methoden mit gleichem Namen und gleichen Parametern, …

*2 … die sich nur durch den Rückgabewert unterscheiden, sind nicht erlaubt!

Abo-Service

[Schwierige Aufgabe erster Teil]

Nimm die drei Klassen **Abo**, **PremiumAbo** und **SuperPremiumAbo** von eben. Erstelle eine weitere Klasse **Abonnent** (der Einfachheit halber nur mit einem Feld **alter**), und füge an geeigneter Stelle in der Abo-Hierarchie ein entsprechendes Datenfeld für den Abonnenten ein. Füge den Klassen auch Getter-Methoden hinzu, um an den Abonnenten bzw. an dessen Alter heranzukommen.

Okay, so schwierig war das ja gar nicht. Ist fertig!

[Notiz]

Prima, wenn du nochmal ganz sichergehen möchtest, gibt es die entsprechenden Klassen auch wieder im Downloadbereich zum Buch. Nur soviel: Das Feld muss natürlich in die **Abo**-Klasse.

[Schwierige Aufgabe zweiter Teil]

Erstelle jetzt eine weitere Klasse, meinetwegen **AboPreisBerechner**, die den Preis für ein Abo wie folgt berechnet: Bei einem **SuperPremiumAbo** und einem Abonnenten jünger als 18 gibt es einen Rabatt von 50 %, bei einem **PremiumAbo** mit einem Abonnenten jünger als 18 einen Rabatt von 25 %, bei einem normalen **Abo** spielt das Alter des Abonnenten keine Rolle: Es gibt nie einen Rabatt.

Puh, hat etwas gedauert, aber ich denke, ich hab's hingekriegt. Guck mal:

```
public class AboPreisBerechner {
  public double berechnePreisInklusiveRabatt(Abo abo) {
    double preis = 0;
    if(abo instanceof SuperPremiumAbo*1) {
      if(abo.getAbonnent().getAlter() < 18) {
        preis = abo.getPreisProJahr() * 0.5;
      }
    } else if(abo instanceof PremiumAbo*2) {
      if(abo.getAbonnent().getAlter() < 18) {
        preis = abo.getPreisProJahr() * 0.75;
      }
    } else*3 {
      preis = abo.getPreisProJahr();
    }
    return preis;
  }
}
```

*1 Hier der Check für das **SuperPremiumAbo**, ...

*2 ... hier für das **PremiumAbo**, ...

*3 ... und hier weiß ich ja schon, dass das nur ein normales **Abo** sein kann, zumindest kein **PremiumAbo** oder **SuperPremiumAbo**.

[Achtung]

Bei einem solchen **if-else**-Statement mit mehreren **instanceof**-Überprüfungen ist es wichtig, dass du zuerst **instanceof** gegen die Klassen testest, die in der Klassenhierarchie am tiefsten sind. Ansonsten kann es dir passieren, dass manche **else**-Zweige nie erreicht werden können.

Prima. Was du jetzt unbewusst gemacht hast, ist, **serviceorientiert** zu programmieren.

Prozedural, objektorientiert und jetzt ... serviceorientiert? Was ist denn das schon wieder?

Serviceorientiert vs. objektorientiert

Zu **serviceorientierter Programmierung** gehört eigentlich viel mehr, als wir hier besprechen werden. Soviel kann ich dir verraten: Auf Klassenebene bedeutet serviceorientiert zu programmieren, dass die **Logik eher in Diensten** (sprich Services) implementiert und **von den eher simplen Objekten getrennt gehalten** wird. In der objektorientierten Programmierung dagegen befindet sich die **Logik eher in den Objekten selbst**. Du kannst aber auch beide Stile mischen, da spricht nichts gegen.
In dem Beispiel haben wir die relativ „dummen" Objekte **`Abo`**, **`PremiumAbo`** und **`SuperPremiumAbo`** und die Service-Klasse **`AboPreisBerechner`**.

[Begriffsdefinition]
Solche „dummen" Objekte werden häufig auch **POJOs** genannt, für **Plain Old Java Objects**, also ganz einfach gehaltene Objekte, die lediglich aus Gettern und Settern bestehen.

Dadurch allerdings, dass bei der serviceorientierten Programmierung die Logik in separaten Service-Klassen gehalten ist, besteht eine relativ **starke Bindung** zwischen den Service-Klassen und den simplen Objekten. Man sagt auch, die Klassen sind stark aneinander **gekoppelt**. Das wird spätestens dann klar, wenn wir weitere Klassen in unsere Abo-Hierarchie einfügen. Angenommen, es gäbe noch ein **`SuperDuperPremiumAbo`**, bei dem wieder ausgehend vom Alter ein Rabatt fällig wird. Dann reicht es in so einem Fall nicht, nur die neue Klasse zu schreiben. Nein, du musst auch wieder an den **`AboPreisBerechner`** ran und mit einem weiteren **`instanceof`** prüfen, ob das Abo nicht ein **`SuperDuperPremiumAbo`** ist. Bei großen Projekten (und stark gekoppelten Klassen) kann so etwas schnell in **ganz schön viel Arbeit** ausufern.

Zurück zu den Objekten

Schauen wir mal, wie wir aus der serviceorientierten Lösung eine objektorientierte Lösung machen. (Und nochmal: Es ist dir überlassen, welche Lösung du verwendest, beide haben Vor- und Nachteile.)
Der Trick ist einfach der, die Logik für die Rabattberechnung in die einzelnen Abo-Klassen zu packen:

```
public class Abo {
  …
  public double getPreisInklusiveRabatt() {
    return this.getPreisProJahr();*1
  }
}

public class PremiumAbo extends Abo {
  …
  @Override
  public double getPreisInklusiveRabatt() {*1
    if(this.getAbonnent().getAlter() < 18) {
      return this.getPreisProJahr() * 0.75;
    } else {
      return this.getPreisProJahr();
    }
  }
}
public class SuperPremiumAbo extends PremiumAbo {
  …
  @Override
  public double getPreisInklusiveRabatt() {*1
    if(this.getAbonnent().getAlter() < 18) {
      return this.getPreisProJahr() * 0.5;
    } else {
      return this.getPreisProJahr();
    }
  }
}
public class AboPreisBerechner {
  public double berechnePreisInklusiveRabatt(Abo abo) {
    return abo.getPreisInklusiveRabatt();*2
  }
}
```

*1 Wenn die einzelnen Klassen selbst die Logik für die Preisberechnung beinhalten, …

*2 … fällt diese Logik im **AboPreisBerechner** weg. Die Berechnung wird einfach an die **Abo**-Klasse **delegiert**. Das Gute daran: Wenn jetzt ein **SuperDuperPremiumAbo** dazukommt, muss keine andere Klasse angepasst werden, auch nicht der **AboPreisBerechner**!

Die volle Überladung

[Einfache Aufgabe]

Hier habe ich dir mal eine kleine Klasse mit verschiedenen überladenen Methoden vorbereitet, natürlich mit ein paar Fehlern versehen, damit du auch ein bisschen deinen Grips anstrengen musst. Welche der Methoden können nicht zusammen in einer Klasse auftauchen? Ruf dir auch nochmal den Begriff Autoboxing ins Gedächtnis (spinkse dafür in Kapitel 2, „Variablen und grundlegende Datentypen", falls nötig).

	geht	geht nicht
1	☐	☐
2	☐	☐
3	☐	☐
4	☐	☐
5	☐	☐
6	☐	☐
7	☐	☐
8	☐	☐
9	☐	☐

```
public class AussagekraeftigerKlassenName {
  public void aussagekaeftigerMethodenName() {}
  public void aussagekraeftigerMethodenName(String einString) {}
  public void aussagekraeftigerMethodenName(Object einObject) {}
  public int aussagekraeftigerMethodenName(int einInt) {return 0;}
  public int aussagekraeftigerMethodenName(String einString, int
     einInt) {return 0;}
  public void aussagekraeftigerMethodenName(double einDouble) {}
  public void aussagekraeftigerMethodenName(int einInt) {}
  public void aussagekraeftigerMethodenName(Double einDouble) {}
  public int aussagekraeftigerMethodenName() {return 0;}
}
```

Also, erlaubt sind nur Methoden mit unterschiedlichen Parametern. Ich lass mich also gar nicht vom Rückgabewert ablenken, weil der ja beim Überladen eh keine Rolle spielt. Das heißt, bei 1 und 9 gibt's ein Problem, und bei 4 und 7 auch.

Soweit schon mal alles richtig, prima Schrödinger!

Aber was ist denn mit 6 und 8? Einmal mit **double**, *einmal mit* **Double**. Wegen des Autoboxings müsste das ja auch verboten sein, richtig?

Äh … gut aufgepasst … und gut in die Irre führen lassen, aber die Antwort lautet leider nein. Es ist **nicht verboten**. Den Begriff Autoboxing habe ich eben aus purer Gemeinheit erwähnt. Beim Methodenüberladen spielt das aber keine Rolle. Es kommt auf den (exakten) Typ des Rückgabewertes an. Und das ist auch gut so: Denn was wäre ansonsten mit den alten Java-Versionen, in denen es noch kein Autoboxing gab? **int** und **Integer** zwei verschiedene Typen? Und in den neueren Versionen nicht mehr? Nein, das würde einem wichtigen Grundsatz von Java widersprechen, nämlich der **Abwärtskompatibilität des Bytecodes**.

[Notieren/Üben]

Merke also: Beim Überladen von Methoden findet kein Autoboxing statt! Primitive Datentypen und ihre entsprechenden Wrapperklassen werden als unterschiedliche Typen betrachtet.

Deutschland sucht den Knetsuperstar

[Einfache Aufgabe]
Unser kleiner Knetsuperstar von eben hat sich bei DSDKS beworben und muss dort jetzt vorsingen. Erstelle doch mal in der richtigen Klasse eine entsprechende Methode.

Ha, ich weiß, einfach eine neue Methode in der **Saenger**-*Klasse.*

```
public void singen() {
  System.out.println("Oh, bäbi, juuuu a mei sannnnscheiiiiin");
}
```

Sehr gut, prima. Dann kannst du mir bestimmt auch sagen, ...

[Einfache Aufgabe]
... was mit dem Quelltext hier nicht stimmt:

```
public class DSDKS {
  public static void main(String[] args) {
    Musiker saenger = new Saenger();
    saenger.singen();
  }
}
```

Das Objekt, auf das **saenger** *zeigt, ist zwar vom Typ* **Saenger**, *aber der Typ dieser Objektreferenz ist nur vom Typ* **Musiker**.

Genau, und **Musiker** hat keine Methode **singen()**, denn nicht jeder Musiker kann singen. Du müsstest den Typ der Objektreferenz also so ändern, dann klappt's auch mit dem Singen:

```
Saenger saenger = new Saenger();
saenger.singen();
```

Und was ist mit der Backgroundsängerin? Die kann doch auch singen.

[Notiz]
Das hier ist übrigens so ein Fall, bei dem es nicht reicht, die allgemeinere Klasse **Musiker** als Referenztyp zu verwenden, sondern allein die speziellere Klasse **Saenger** funktioniert. Allgemein und speziell sind natürlich immer relativ zu betrachten.

Stimmt, du bringst mich auf eine Idee:

[Einfache Aufgabe]
Die Backgroundsängerin ist ja auch ein **`Saenger`**. Kurze einfache Aufgabe zum Schluss des Kapitels: Wie würdest du das in Java modellieren?

Na ja, einfach so halt:

```
public class BackgroundSaengerin extends Saenger { … }
```

Genau, `BackgroundSaengerin` rutscht in der Hierarchie also eine Ebene tiefer:

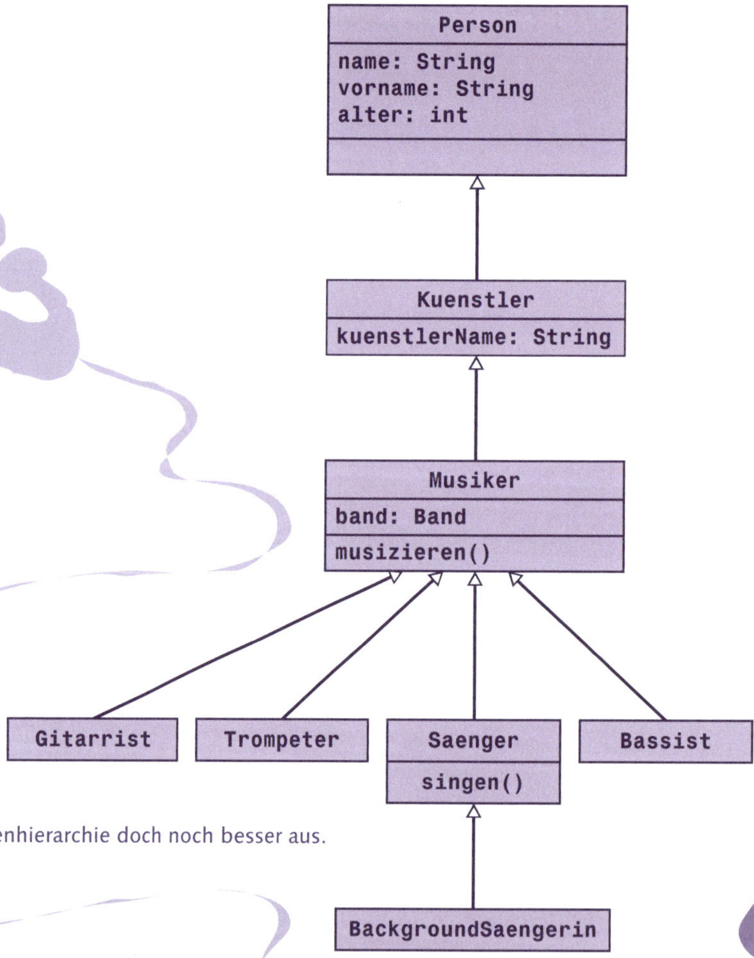

So sieht die Klassenhierarchie doch noch besser aus.

Zusammenfassung

- **Vererbung** ist ein wichtiges Konzept in der objektorientierten Programmierung, das dir unter anderem dabei hilft, doppelten Code zu vermeiden.
- Mit dem Schlüsselwort **`extends`** sagst du, dass eine Klasse von einer anderen erbt bzw. ableitet.
- Eine Klasse kann nur von einer anderen Klasse ableiten. Mehrfachvererbung ist in Java nicht möglich!
- Nur Variablen, Methoden und innere Klassen (dazu später mehr) **werden vererbt**. Konstruktoren werden **nicht vererbt**.
- Außerdem gilt, dass nur etwas auch vererbt werden kann, das **`public`** oder **`protected`** ist oder das **package-private** ist, falls Unterklasse und Oberklasse im gleichen Package liegen.
- Wenn eine Klasse keinen Defaultkonstruktor hat, müssen Unterklassen explizit einen anderen Konstruktor dieser Klasse aufrufen.
- Unterklassen können das von der Oberklasse geerbte Verhalten anpassen, indem sie **Methoden überschreiben**.
- Wenn in einer Klasse mehrere gleichnamige Methoden existieren, die sich nur durch die Parameter unterscheiden, sagt man auch, dass diese **Methoden überladen** sind.
- **Casting** bezeichnet das Umwandeln eines Typs in einen anderen Typ.
- Beim **Downcasting** wird ein in der Klassenhierarchie höher stehender Typ in einen tiefer stehenden Typ umgewandelt.
- Beim **Upcasting** ist es genau andersherum.
- Beim **Downcasting** solltest du vorher mit **`instanceof`** überprüfen, ob die Typumwandlung auch gelingen wird.

[Belohnung]

Als Belohnung bekommst du einen **Schutzschild aus geerbter gegerbter Hirschhaut**.

—SIEBEN—

Abstrakte Klassen und Interfaces

Schnittstellen und andere leichte Verletzungen

Schnittstellen hat Schrödinger bisher nur in WoW davongetragen. In diesem Kapitel lernt er, dass Schnittstellen in der Java-Programmierung etwas ganz anderes bedeuten und auch weniger schmerzlich sind. Ganz im Gegenteil: Geschickt eingesetzt, tun sie seinen Programmen sogar richtig gut. Zusätzlich lernt Schrödinger noch, welche Arten von Klassen es gibt. Das sind nämlich ganz schön viele: abstrakte Klassen, innere Klassen, statische Klassen, nichtstatische Klassen, lokale Klassen und anonyme Klassen.

Abstrakte Klassen

Bei der Modellierung von Klassenhierarchien wirst du früher oder später Klassen haben, für die es unsinnig ist, Objektinstanzen zu erstellen. Steigen wir direkt mit einem Beispiel ein: Angenommen, du wolltest eine Klassenhierarchie für **Charakterklassen eines Rollenspiels** formulieren. Dann würde es ja Sinn machen, wie du im letzten Kapitel gelernt hast, gemeinsames Verhalten in einer gemeinsamen Oberklasse unterzubringen und mit dieser Klasse die Hierarchie zu beginnen. Nennen wir diese Klasse doch mal `RollenspielCharakter`.

Rollenspiel? Das klingt gut, endlich mal ein Beispiel ohne Schuhe.

Eine erste Version würde im UML-Klassendiagramm dann so oder ähnlich aussehen:

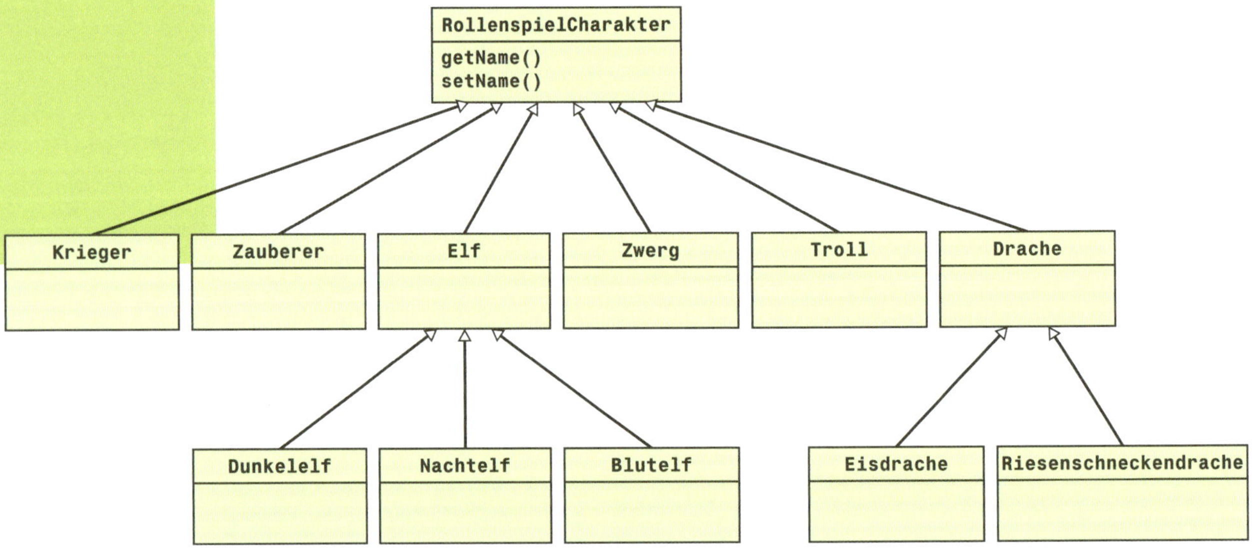

Wenn du dir jetzt dieses Klassendiagramm anguckst, wirst du feststellen, dass manche der Klassen spezieller (oder konkreter) und manche allgemeiner (oder abstrakter) sind als andere. Die Klasse `RollenspielCharakter` zum Beispiel ist ja abstrakter als die anderen Klassen, sogar so abstrakt, dass es Quatsch ist, Instanzen davon zu erstellen. Und das kannst du ganz einfach verhindern, indem du die Klasse als **abstrakt** markierst, passenderweise mit dem Schlüsselwort `abstract`.

```java
public abstract class RollenspielCharakter {*1
  private String name;*2
  public String getName() {*2
    return this.name;
  }
  public void setName(String name) {*2
    this.name = name;
  }
}
```

So einfach definierst du eine abstrakte Klasse:

*1 Abstrakte Klassen definierst du mit dem Schlüsselwort **abstract**.

*2 Abstrakte Klassen können durchaus Objektvariablen oder Methoden haben.

Von abstrakten Klassen können keine Instanzen erstellt werden:

```java
public static void main(String[] args) {
   RollenspielCharakter rollenspielCharakter = new RollenspielCharakter();X
}
```

[Zettel]
Abstrakte Klassen kennzeichnest du in einem UML-Klassendiagramm, indem du den Klassennamen **kursiv** schreibst.

[Achtung]
Wenn du jetzt gedacht hast, dass du die Konstruktoren einer Klasse als **private** markieren könntest, um zu verhindern, dass von einer Klasse Objektinstanzen erstellt werden können, ist das zwar eine gewitzte Idee von dir, aber nicht das, was wir an dieser Stelle wollen. Denn dann könnten nicht einmal die Unterklassen dieser Klasse den privaten Konstruktor der Oberklasse aufrufen. Nur die Klasse selbst könnte Instanzen erzeugen. In der Praxis läuft dieses Vorgehen unter dem Entwurfsmuster Singleton. Hierbei soll es nur eine einzige Instanz zu einer Klasse geben, und das Erstellen dieser Instanz wird dann von der Klasse selbst durchgeführt.

Verstehe, verstehe. Klingt alles nachvollziehbar. Was ist denn aber mit der Klasse **Elf**? Müsste die nicht auch abstrakt sein?

Stimmt, das wäre zumindest auch ein Kandidat für eine abstrakte Klasse.

Du musst selbst entscheiden, ob Instanzen davon Sinn geben würden. Stellt **Elf** einen „normalen" Elfen dar, und sind **Nachtelf**, **Blutelf** und **Dunkelf** nur Spezialisierungen? Dann wären Instanzen sinnvoll. Oder gibt es gar keine „normalen" Elfen und **Nachtelf**, **Blutelf** und **Dunkelelf** sind die einzigen Arten von Elfen? Dann würdest du die Klasse abstrakt machen. Wann eine Klasse abstrakt ist, musst du bei der Modellierung jeder Klassenhierarchie selbst bestimmen. Denn du als Entwickler solltest derjenige sein, der sich (im Zweifelsfall vom Kunden) das notwendige **Domainwissen** angeeignet hat.

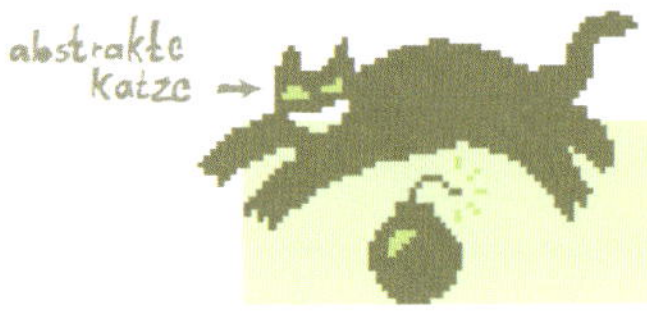

[Achtung]
Eine abstrakte Klasse muss nicht zwingend oben in der Klassenhierarchie stehen. Du kannst auch eine abstrakte Klasse „zwischendurch" haben. Das kommt ganz darauf an, was du in der jeweiligen Klassenhierarchie abbilden möchtest.

Dank einiger WoW-Erfahrung habe ich, wie du vielleicht weißt, dieses … Domainwissen, wie du es nennst. Und ich würde sagen: Elfen können wir konkret lassen. Aber die Drachen nicht …

… die würdest du abstrakt machen? Hätte ich auch gedacht. Ungefähr so würde das aussehen, wenn eine abstrakte Klasse von einer abstrakten Klasse ableitet:

```
public abstract class Drache extends Charakter {
  public void feuerSpucken() {*1
    // Feuer spucken
  }
  public void fliegen() {*1
    // Fliegen
  }
}
```

*1 Feuer spucken und fliegen kann jeder Drache.

Falsch! Da sieht man, du hast keine Ahnung von Rollenspielen und von Drachen schon gar nicht. Weißt du denn nicht, dass eben nicht alle Drachen Feuer spucken können? Schleimige Riesenschneckendrachen spucken zum Beispiel Schneckenschleim.

Okay, okay, du bist der Fantasy-Experte.
Soll mir recht sein, dann machen wir eben ein kleines **Refactoring**.
Erster Schritt: Die Methode entsprechend umbenennen von **`feuerSpucken()`** in **`spucken()`**, damit hast du wieder sauberen, sprechenden Code.
Zweiter Schritt: **Die Methode abstrakt machen**, das geht nämlich auch.

Abstrakte Methoden

In solchen Fällen, in denen man in einer abstrakten Klasse nicht verallgemeinern kann, was eine Methode macht, du aber trotzdem die Methode anbieten möchtest (damit du sie zum Beispiel auf allen **`Drache`**-Objektreferenzen aufrufen kannst), hast du die Möglichkeit, die jeweilige Methode abstrakt zu machen. Alle Unterklassen (die nicht selbst abstrakt sind) müssen diese Methode dann implementieren, sie sozusagen **konkretisieren**.

Abstrakte Klasse mit **abstrakter** Methode:

```
public abstract class Drache extends RollenspielCharakter {
  public abstract void spucken();
  public void fliegen() {
    // Fliegen
  }
}
```

Implementierung der abstrakten Methode in einer nicht abstrakten Unterklasse:

```
public class RiesenschneckenDrache extends Drache {
  public void spucken() {
    // Schleim spucken
  }
}
```

So erzeugst du eine **Objektreferenz** für einen abstrakten Typ:

```
public static void main(String[] args) {
  Drache*1 drache = new RiesenschneckenDrache();*2
  drache.spucken();*3
}
```

*1 abstrakter Typ

*2 konkrete Instanz

*3 Das funktioniert, obwohl **Drache** abstrakt ist, denn hinter der Objektreferenz liegt eine konkrete Instanz von **RiesenschneckenDrache**.

[Ablage]

Eine Klasse muss nicht alle abstrakten Methoden der abstrakten Oberklasse implementieren. Wenn sie es nicht tut, muss sie allerdings auch selbst abstrakt sein.

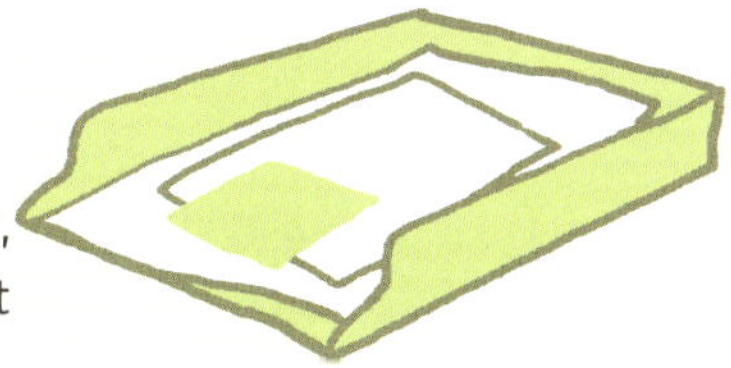

So sieht das fertige UML-Klassendiagramm für die **Charakter-Hierarchie** aus:

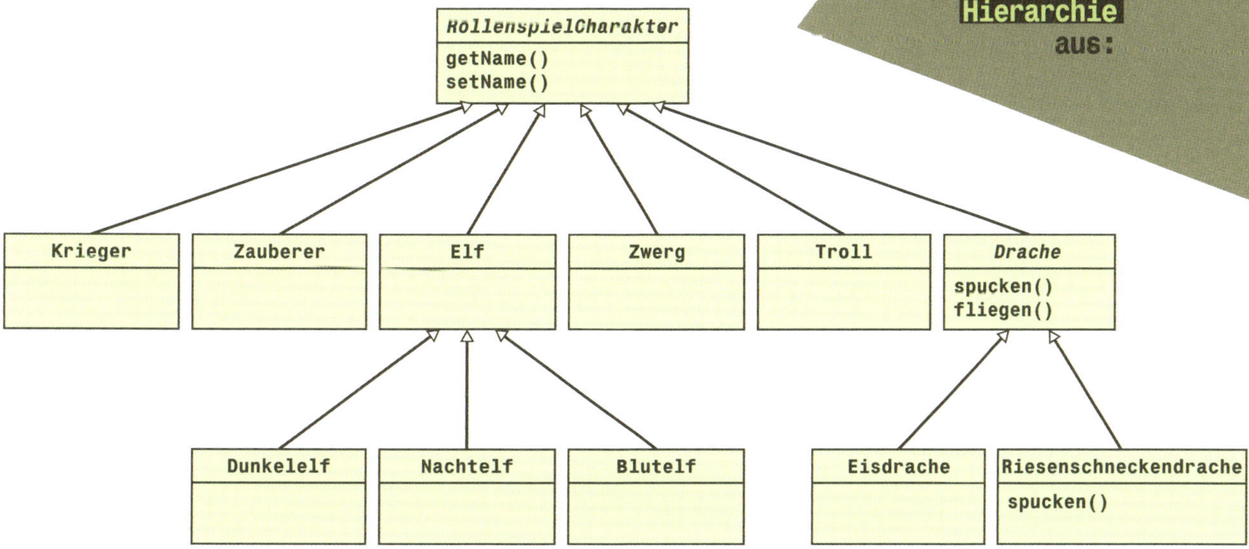

Digital oder analog? Hauptsache abstrakt!

So ist „abstrakte Klasse" in Java nicht gemeint.

Genug der Theorie, nur Übung macht den Meister.

Erstelle, ausgehend von den folgenden Informationen, eine gescheite Klassenhierarchie für Musikabspielgeräte und Tonträger aller Art. Mir reicht für den Anfang ein UML-Klassendiagramm.

[Schwierige Aufgabe]

Nimm **MP3-Player**, **CD-Player** und den guten alten **Schallplattenspieler**. Alle haben als Gemeinsamkeit, dass man einen Tonträger **einlegen** kann, mit ihnen **Musik hören** kann bzw. einen Tonträger in einem bestimmten Format **abspielen** kann (je nach Abspielgerät natürlich unterschiedlich). Außerdem kann der aktuelle Tonträger **ausgeworfen** werden. MP3-Player und CD-Player sind **digital**, Schallplattenspieler **analog**. Das Gleiche gilt in etwa für die Tonträger: Es gibt **CDs**, **MP3-Dateien** oder **Schallplatten**. Wobei du bitte bei den Schallplatten noch zwischen **LP** und **EP** unterscheiden solltest. Ach, und den **Kassettenrekorder** hätte ich beinahe ganz vergessen. Den natürlich bitte auch noch berücksichtigen.

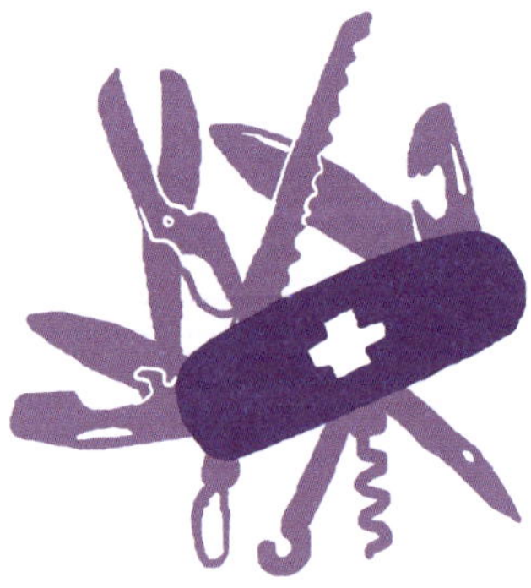

Also, eins vorweg: Wie du diese Klassenhierarchie im Detail aufbaust, ist dir überlassen, im Folgenden mal eine mögliche Lösung, an der ich dir noch ein paar nette Details zeigen kann.

So würde das UML-Diagramm dazu aussehen:

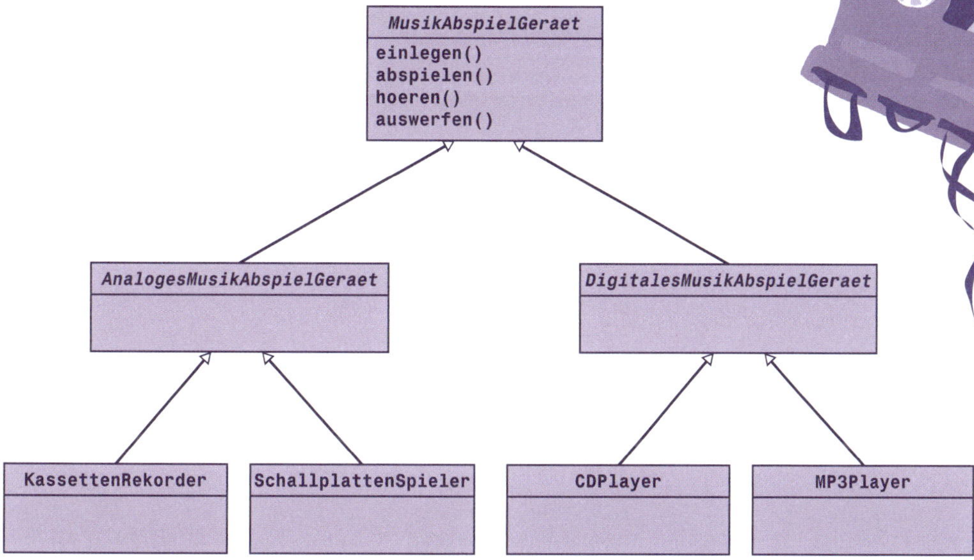

`MusikAbspielGeraet`, **`AnalogesMusikAbspielGeraet`** und **`DigitalesMusikAbspielGeraet`** sind als abstrakte Klassen modelliert, der Rest sind konkrete Klassen. Bei den Tonträgern verhält sich das ähnlich: **`Tontraeger`**, **`AnalogerTontraeger`** und **`DigitalerTontraeger`** und **`Schallplatte`** sind abstrakt, der Rest nicht. Gar nicht so schwer, oder?

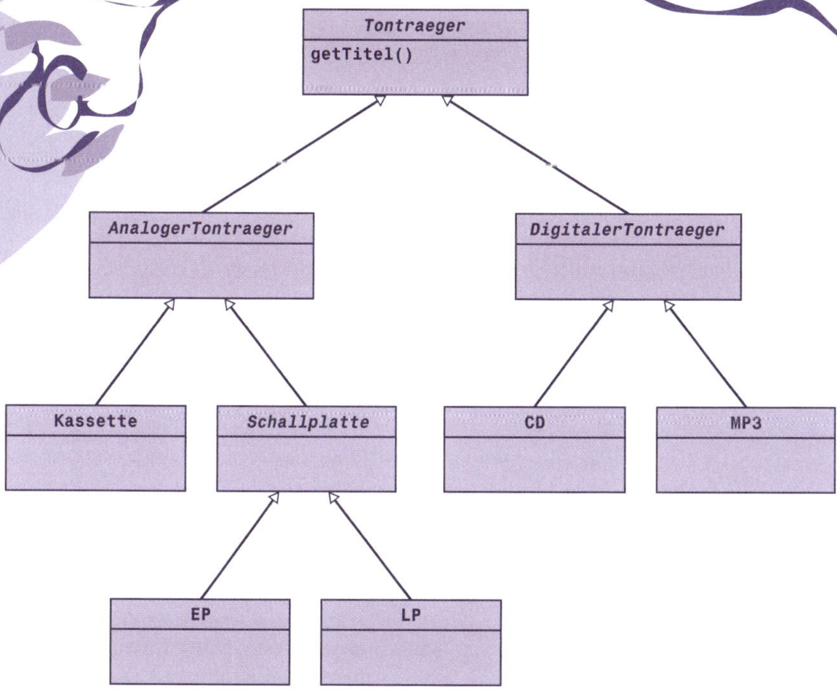

Und jetzt zum Code für die Abspielgeräte:
Denn bei so einem komplexen Beispiel darf der Quelltext nicht fehlen. Lass mich dir zumindest mal die Implementierung der **`MusikAbspielGeraet`**e-Hierarchie im Detail zeigen.

Erst die oberste Klasse `MusikAbspielGeraet`:

```
public abstract *1 class MusikAbspielGeraet {
  private Tontraeger tontraeger;
  protected abstract boolean unterstuetztTontraeger(Tontraeger tontraeger);*2
  protected abstract void einlegen(Tontraeger tontraeger);*2
  protected abstract void abspielen(Tontraeger tontraeger);*2
  public*3 final*5 void hoeren(Tontraeger tontraeger) {
    if(this.unterstuetztTontraeger(tontraeger)) {*4
      this.tontraeger = tontraeger;*4
      this.einlegen(tontraeger);*4
      this.abspielen(tontraeger);*4
    } else {
      System.err.println(this.getClass().getSimpleName() + " unterstützt " + ↩
        tontraeger.getClass().getSimpleName() + " nicht.");
    }
  }
  public Tontraeger auswerfen() {*6
    Tontraeger tontraeger = this.tontraeger;
    this.tontraeger = null;
    return tontraeger;
  }
}
```

*1 Die Klasse ist abstrakt, das hatte ich ja schon gesagt.

*2 Wie man einen Tonträger in das Musikabspielgerät einlegt, was passiert, wenn man ihn abspielt, und ob der Tonträger überhaupt unterstützt wird, das unterscheidet sich je nach Art des Abspielgeräts. Auf dieser Abstraktionsebene kann das noch nicht festgelegt werden. Deswegen sind diese Methoden alle abstrakt.

*3 Einen Tonträger anzuhören, funktioniert für alle Geräte gleich bzw. besteht immer aus den gleichen Schritten:

*4 Prüfen, ob der Tonträger unterstützt wird, einlegen und abspielen. Die einzelnen Schritte sind fix, …

*5 … daher ist die Methode **`hoeren()`** hier auch **`final`**.

[Notiz]

Wenn eine Oberklasse die einzelnen Schritte bzw. Methodenaufrufe festlegt und die Implementierung dieser Methoden in den Unterklassen passiert, spricht man auch von dem Entwurfsmuster **Template Method**. Wenn du noch mehr solcher Tricks auf Lager haben möchtest, lohnt sich ein Blick in das Entwurfsmuster-Buch der sogenannten „Gang Of Four", eines Quartetts sehr, sehr bekannter (und sehr, sehr guter) Softwareentwickler.

*6 Beim Auswerfen darfst du nicht vergessen, die **`tontraeger`**-Variable wieder auf **`null`** zu setzen.

Okay, verstehe ich. Die Elternklasse sagt, wann was gemacht werden soll, die Kindklassen gehorchen. Sowas nenn ich gut erzogen.

Gehen wir eine Ebene tiefer. Hier bleiben wir immer noch abstrakt, können aber schon den Unterschied zwischen analoger und digitaler Soundqualität festlegen, also implementieren wir schon mal die Methode **abspielen()**.

Analog:

```
public abstract class AnalogesMusikAbspielGeraet extends MusikAbspielGeraet {
  @Override
  public void abspielen(Tontraeger tontraeger) {
    System.out.println("Oh, " + tontraeger.getTitel() + ", und dann auch noch ⤶
      analog, das klingt gut!");
  }
}
```

Digital:

```
public abstract class DigitalesMusikAbspielGeraet extends MusikAbspielGeraet {
  @Override
  public void abspielen(Tontraeger tontraeger) {
    System.out.println("Lass mich raten, das soll " + tontraeger.getTitel() + ⤶
      " sein. Ist aber ziemlich stark komprimiert, oder?");
  }
}
```

Ganz konkret wird's dann in der vorerst letzten Ebene der Hierarchie. Hier ist keine der Methoden mehr abstrakt. Gucken wir uns also an, wie die einzelnen Klassen die verschiedenen Methoden implementieren.

```
public class KassettenRekorder extends AnalogesMusikAbspielGeraet {
  @Override
  protected boolean unterstuetztTontraeger(Tontraeger tontraeger) {*1
    return tontraeger instanceof Kassette;
  }
  @Override
  public void einlegen(Tontraeger tontraeger) {*2
    System.out.println("Aufmachen. Einlegen. Zumachen.");
  }
  @Override
  public void abspielen(Tontraeger tontraeger) {*3
    super.abspielen(tontraeger);*3
    System.out.println("Och nö, Werbung, Driss, Radiomitschnitte!");
  }
  @Override
  public Kassette*4 auswerfen() {
    return (Kassette) super.auswerfen();*5
  }
}
public class SchallplattenSpieler extends AnalogesMusikAbspielGeraet {
  @Override
  protected boolean unterstuetztTontraeger(Tontraeger tontraeger) {*1
    return tontraeger instanceof Schallplatte;
  }
  @Override
  public void einlegen(Tontraeger tontraeger) {*2
    System.out.println("Tee zubereiten, ganz gemütlich die Schallplatte ↩
      aus der Hülle nehmen, laaaangsam auflegen und vorsichtig mit dem ↩
      Tonabnehmer sein.");
  }
  @Override
  public Schallplatte*4 auswerfen() {
    return (Schallplatte) super.auswerfen();*5
  }
}
public class CDPlayer extends DigitalesMusikAbspielGeraet {
  @Override
  protected boolean unterstuetztTontraeger(Tontraeger tontraeger) {*1
    return tontraeger instanceof CD;
  }
```

```
    @Override
    public void einlegen(Tontraeger tontraeger) {*2
      System.out.println("Aufmachen. Einlegen. Zumach... Ah... Falsch eingelegt. ↩
        Schnell nochmal auf. Richtig einlegen. Zumachen.");
    }
    @Override
    public CD*4 auswerfen() {
      return (CD) super.auswerfen();*5
    }
  }
  public class MP3Player extends DigitalesMusikAbspielGeraet {
    @Override
    protected boolean unterstuetztTontraeger(Tontraeger tontraeger) {*1
      return tontraeger instanceof MP3;
    }
    @Override
    public void einlegen(Tontraeger tontraeger) {
      *2
    }
    @Override
    public void abspielen(Tontraeger tontraeger) {
      System.out.println("Was soll das heißen, \"Kann Datei '" + tontraeger.↩
        getTitel() + ".mp3' nicht finden\"?");
    }
    @Override
    public MP3*4 auswerfen() {
      return (MP3) super.auswerfen();*5
    }
  }
```

*1 Ob ein Tonträger unterstützt wird, kannst du über einen **instanceof**-Check prüfen. Beachte: **SchallplattenSpieler** akzeptiert sowohl **LP**s als auch **EP**s, dadurch dass die Klasse generell alles vom Typ **Schallplatte** akzeptiert.

*2 Das Einlegen des Tonträgers unterscheidet sich auch überall. Beim **MP3Player** bleibt diese Methode leer. Das geht auch.

*3 Das Abspielen überschreiben wir nur beim **KassettenRekorder** und beim **MP3Player**. Beachte, dass im Fall des Kassettenrekorders zusätzlich die **abspielen()**-Methode der Oberklasse aufgerufen wird.

*4 Beim Auswerfen profitieren wir davon, dass in Java **kovariante Rückgabewerte** erlaubt sind. Das heißt, wir können hier alles zurückgeben, was mit **Tontraeger** kompatibel ist.

*5 Um zu garantieren, dass die **tontraeger**-Variable auf **null** gesetzt wird, rufen wir direkt auch **super.auswerfen()** auf.

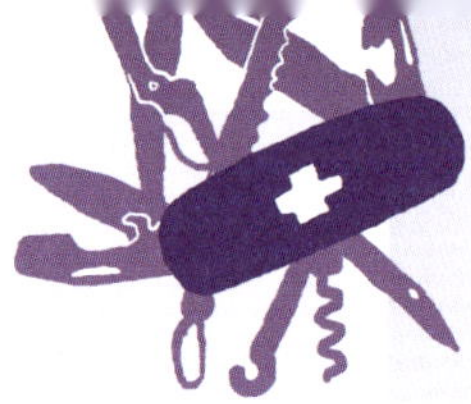

Bist du eigentlich noch dabei? Hast du gut aufgepasst?

[Schwierige Aufgabe]

Dann kannst du mir bestimmt sagen, was die Ausgabe des folgenden Programms ist, oder?

```
public class Probehoeren {
  public static void main(String[] args) {
    MusikAbspielGeraet schallplattenSpieler = new SchallplattenSpieler();
    schallplattenSpieler.hoeren(new LP("Jimi Hendrix")); *1
    MusikAbspielGeraet cdPlayer = new CDPlayer();
    cdPlayer.hoeren(new LP("Jimi Hendrix")); *2
    cdPlayer.hoeren(new CD("Jimi Hendrix")); *3
    MusikAbspielGeraet mp3Player = new MP3Player();
    mp3Player.hoeren(new MP3("Jimi Hendrix")); *4
    MusikAbspielGeraet kassettenRekorder = new KassettenRekorder();
    kassettenRekorder.hoeren(new Kassette("Jimi Hendrix")); *5
  }
}
```

*1 Ausgabe hier: ______________________

*2 Ausgabe hier: ______________________

*3 Ausgabe hier: ______________________

*4 Ausgabe hier: ______________________

*5 Ausgabe hier: ______________________

Hier die Lösungen:

1.)
Tee zubereiten, ganz gemütlich die Schallplatte aus der Hülle nehmen,
laaaangsam auflegen und vorsichtig mit dem Tonabnehmer sein.
Oh, Jimi Hendrix, und dann auch noch analog, das klingt gut!

2.)
cdPlayer unterstützt LP nicht.

3.)
Aufmachen. Einlegen. Zumach... Ah... Falsch eingelegt. Schnell nochmal auf. Richtig einlegen.
Zumachen.
Lass mich raten, das soll Jimi Hendrix sein. Ist aber ziemlich stark komprimiert, oder?

4.)
Was soll das heißen, „Kann Datei 'Jimi Hendrix.mp3' nicht finden"?

5.)
Aufmachen. Einlegen. Zumachen.
Oh, Jimi Hendrix, und dann auch noch analog, das klingt gut!
Och nö, Werbung, Driss, Radiomitschnitte!

Okay, die Aufgabe ging aber. Eine Frage hätte ich trotzdem noch. Bei **auswerfen()** hat der Rückgabewert immer den richtigen Typ, je nach Musikabspielgerät. Bei **einlegen()** verwendest du aber immer den abstrakten Typ **Tontraeger** als Parameter, auch bei den Unterklassen. Warum denn nicht zum Beispiel direkt **einlegen(CD cd)**? **CD** leitet doch von **Tontraeger** ab.

Sehr gut aufgepasst. Wirklich. Aber ich muss dich enttäuschen, Es stimmt zwar, **CD** leitet von **Tontraeger** ab, aber in Java sind **keine kovarianten Parameter** beim Überschreiben von Methoden erlaubt. Habe ich dir aber eigentlich schon im letzten Kapitel gesagt. Hier ist das auch nicht anders. Du könntest natürlich zusätzliche Methoden anbieten, die direkt die spezielleren Klassen akzeptieren. Damit **überschreibst** du aber nicht, sondern **überlädst** die Methoden nur, und du hättest sie dann doppelt, wie hier für die Methode **einlegen()**:

```
public class CDPlayer extends DigitalesMusikAbspielGeraet {
  ...
  @Override
  public void einlegen(Tontraeger tontraeger) *1 {...}
  public void einlegen(CD tontraeger) *2 {...}
}
```

*1 die überschriebene Methode

*2 eine überladene Methode

Alles abstrakt, oder was?

Hier noch ein paar Fragen, bevor ich dich in den Feierabend entlasse:

1. Kann es Klassen geben, die abstrakt sind, aber keine abstrakten Methoden haben?
2. Kann es Klassen geben, die nicht abstrakt sind, aber abstrakte Methoden haben?
3. Wenn eine Klasse abstrakte Methoden enthält, müssen Unterklassen diese Methoden implementieren?
4. Richtig oder falsch? Abstrakte Klassen müssen immer ganz oben in der Klassenhierarchie stehen.
5. Richtig oder falsch? Abstrakte Klassen können nur instanziiert werden, wenn sie einen Konstruktor mit Parametern haben.
6. Richtig oder falsch? Bei dem Überschreiben von Methoden kannst du sowohl kovariante Rückgabewerte als auch kovariante Parameter verwenden.

Hier die Lösungen:

1. **Klar,** du kannst eine Klasse abstrakt machen, ohne dass sie irgendeine abstrakte Methode enthält.
2. **Das wiederum geht nicht.** Sobald eine Klasse eine abstrakte Methode enthält, muss die Klasse auch abstrakt sein.
3. **Nein,** Unterklassen müssen die Methoden nicht implementieren, wenn sie selber abstrakt sind. Nur Unterklassen, die nicht abstrakt sind, müssen die restlichen abstrakten Methoden (also die, die noch von keiner Oberklasse implementiert worden sind) implementieren.
4. **Falsch!** Abstrakte Klassen können auch von nicht abstrakten Klassen ableiten. Zur Erinnerung: `Object`, die Mutterklasse aller Klassen ist nicht abstrakt.
5. **Falsch!** Der Konstruktor tut hier nichts zur Sache. Ob mit oder ohne Parameter ist völlig egal. Abstrakte Klassen können nie instanziiert werden.
6. **Falsch!** Nur wenn du einen kovarianten Rückgabewert verwendest, wird die Methode überschrieben, bei kovarianten Parametern wird die Methode überladen.

Schnittstellen

Kommen wir nochmal zurück zu der Rollenspielcharakterklassen-Hierarchie vom Beginn des Kapitels. Angenommen, du wolltest diese Klassenhierarchie nutzen, um eine Gruppe von Helden zu erstellen. In diese Heldengruppe sollen aber natürlich nur Helden hinein und keine schleimigen Riesenschneckendrachen oder irgendwelche warzenübersäten Trolle. Bei dieser Anforderung stündest du mit Klassen allein (auch wenn sie abstrakt sind) vor einem Problem. Denn wie kann man sagen, dass ein Zauberer ein Held ist, aber ein Troll keiner? Beide haben doch schon die Oberklasse **`RollenspielCharakter`**. Klar, du könntest in der Klasse **`RollenspielCharakter`** eine abstrakte Methode **`istHeld()`** erstellen, die dann von den Unterklassen überschrieben wird, aber das ist nicht das, was ich meine.

Die naive Lösung wäre die Unterscheidung über eine Methode:

```
public abstract class RollenspielCharakter {
  public abstract boolean istHeld();*1
}

public class Zauberer extends RollenspielCharakter {
  public boolean istHeld() {
    return true;*2
  }
}
public class Troll extends RollenspielCharakter {
  public boolean istHeld() {
    return false;*2
  }
}

// Irgendein Code in irgendeiner anderen Klasse
public void fuegeHeldHinzu(RollenspielCharakter charakter) {
  if(charakter.istHeld()) {*3
    // Nehme Charakter in Heldengruppe auf
  }
}
```

*1 Die abstrakte Klasse weiß nicht, ob der jeweilige Charakter ein Held ist, …

*2 … das wissen nur die konkreten Unterklassen.

*3 Nur die Charakterklassen, die hier **`true`** liefern, sind als Helden erlaubt.

Der Nachteil dieser Variante ist, dass wirklich jede konkrete Klasse, die von **RollenspielCharakter** ableitet, die Methode **istHeld()** implementieren muss. Das führt zu **viel Code**, den du dir eigentlich sparen kannst. Außerdem haben Helden ja höchstwahrscheinlich noch andere Methoden als ein normaler Charakter, zum Beispiel **heldenhaftPosieren()** oder Ähnliches. Und spätestens dann ist es für einen ehrenhaften OO-Entwickler unverantwortlich, auch diese Methoden in die Klasse **RollenspielCharakter** zu packen und nur dann von außen aufzurufen, wenn **istHeld()** ein **true** liefert.

Kein guter Stil:

```
public class FotoService {
  public void heldenFotoMachen(RollenspielCharakter charakter) {
    if(charakter.istHeld()) {*1
      charakter.heldenhaftPosieren();*2
    }
  }
}
```

*1 Nur wenn der Charakter ein Held ist, …

*2 … wird die Methode aufgerufen? Das ist völliger Quatsch.

Können wir nicht einfach eine Klasse **Held** erstellen und **Zauberer** zusätzlich davon ableiten lassen, **Troll** aber nicht? So meine ich das:

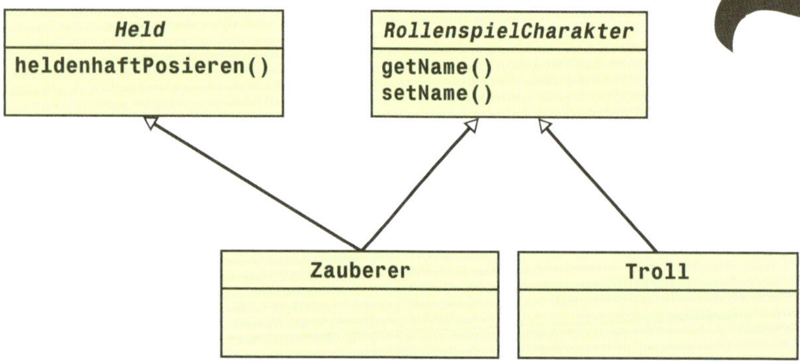

Schrödinger, Schrödinger, nicht schlecht gedacht. Allerdings muss ich dich enttäuschen. Denn in Java gibt es **keine Mehrfachvererbung**. Eine Klasse kann immer nur eine direkte Oberklasse haben.

Aber es gibt zum Glück etwas, das einer Mehrfachvererbung nahekommt. Die Rede ist von **Interfaces**. Interfaces sind **keine Klassen**, aber in etwa vergleichbar mit abstrakten Klassen, in denen **alle Methoden abstrakt sind**. Interfaces können wie abstrakte Klassen nicht instanziiert werden, ja, sie haben noch nicht mal einen Konstruktor, weil sie ja, wie gesagt, auch keine

RollenspielCharakter

[Hintergrundinfo]

Mehrfachvererbung nicht zu erlauben, hat einen guten Grund. Den sogenannten **Deadly Diamond of Death** bzw. das **Diamond-Problem**. Stell dir vor, Mehrfachvererbung wäre erlaubt und du würdest eine Klasse `ZaubererTroll` erstellen, die von `Zauberer` und `Troll` ableitet. Diese beiden Klassen wiederum leiten ja beide von `RollenspielCharakter` ab und erben somit Objektvariablen und Methoden dieser Klasse (wenn dort vorhanden). So weit, so gut, problematisch wird es allerdings, wenn `Zauberer` und `Troll` beide die gleiche Methode von `RollenspielCharakter` überschreiben und man dann auf einer `ZaubererTroll`-Instanz diese Methode aufruft. Dann ist es nämlich nicht ganz klar, welche der beiden überschriebenen Methoden aufgerufen werden soll.

Zauberer **Troll**

ZauberTroll

Klassen sind. Sie stellen sozusagen nur die **Schnittstelle für eine Implementierung** dar. Man sagt daher auch, dass Klassen nicht von Interfaces **erben**, sondern sie **implementieren**. Und wie du vielleicht schon richtig vermutest, kann eine Klasse mehrere Interfaces implementieren.

[Ablage]

Mehrfachvererbung gibt es in Java nicht. Wohl aber die Möglichkeit, mehrere Interfaces zu implementieren.

Das Problem von eben könntest du mit Interfaces wie folgt lösen. Die professionelle Lösung wäre also:

Erst das Interface definieren:

```
public interface*1 Held {
  void heldenhaftPosieren();*2
}
```

*1 Interfaces definierst du ähnlich wie Klassen, verwendest statt `class` aber das Schlüsselwort `interface`. Ansonsten bleibt alles wie gehabt: Interfaces werden wie Klassen in gleichnamigen Java-Dateien gespeichert.

[Hintergrundinfo]

Auch kompilierte Interfaces haben die Dateiendung `.class`, nicht etwa `.interface`.

*2 Interfaces **enthalten nur abstrakte Methoden**. Außerdem sind alle Methoden eines Interfaces **implizit öffentlich**. Daher kannst du `public` auch weglassen.

Dann das Interface implementieren:

```
public class Zauberer extends RollenspielCharakter implements Held*1 {
  @Override*2
  public void heldenhaftPosieren()*2 {
    // Hier die Implementierung der Methode
  }
}
```

*1 Das Schlüsselwort **implements** und dahinter der Name des Interfaces oder, wenn eine Klasse **mehrere Interfaces implementieren** soll, die Namen der Interfaces, jeweils durch ein Komma voneinander getrennt. Schon zwingt dich der Compiler, dass die Klasse die Methoden des Interfaces implementieren muss.

*2 Das Implementieren der Methoden funktioniert genauso, als wenn du eine Methode überschreiben würdest.

Und der Troll? Der implementiert dann eben **nicht** das Interface:

```
public class Troll extends RollenspielCharakter {
}
```

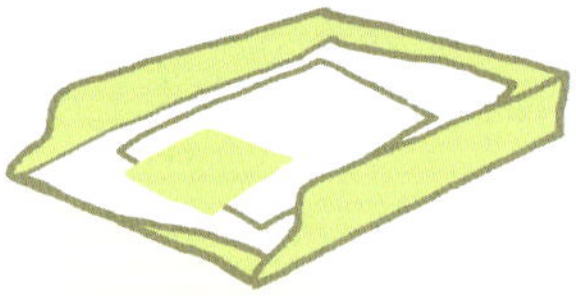

[Ablage]

Interfaces sind **keine Klassen**! Auch keine gaaaanz abstrakten Klassen. Interfaces sind Interfaces, und Klassen sind Klassen. Während Klassen nämlich nur Teil **einer Klassenhierarchie** sein können, können Interfaces in **verschiedenen Klassenhierarchien** verwendet werden!

Foto von Helden machen, **jetzt aber richtig:**

```
public class FotoService {
  public static void heldenFotoMachen(Held held) {
    held.heldenhaftPosieren();
  }
}
```

Im UML-Klassendiagramm sähe die Hierarchie jetzt so aus:

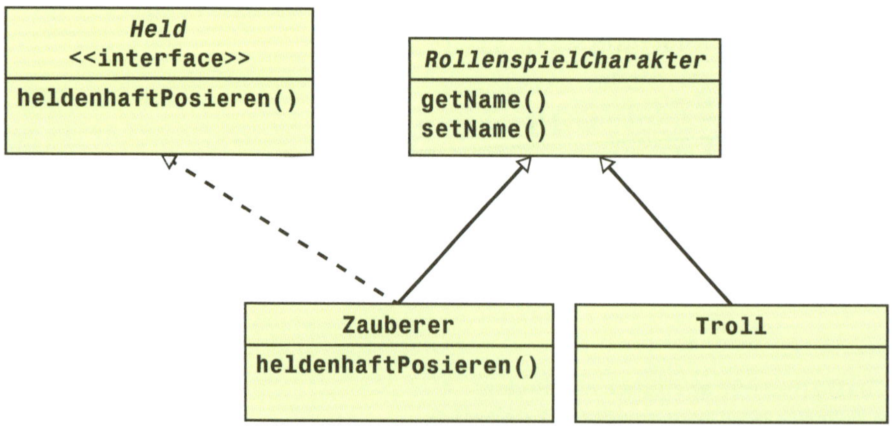

[Hintergrundinfo]

Die gestrichelten Pfeile mit einer weißen Pfeilspitze bedeuten in UML, **dass** eine Klasse **ein Interface implementiert**. Interfaces werden entweder kursiv geschrieben oder mit einer Bezeichnung versehen, zum Beispiel **<<interface>>**.

Die wirkliche Tragweite von Interfaces kannst du nur erkennen, wenn du ein bisschen weiterdenkst:

1. Dein Code wird besser wiederverwendbar:

Das Interface **Held** von eben kannst du ja nicht nur im Zusammenhang mit Rollenspielcharakteren verwenden, sondern auch mit beliebigen anderen Klassenhierarchien, wo Helden einen Sinn machen. Wenn du dann noch deinen Code so strukturierst, dass du statt konkreter Klassen Interfaces verwendest, zum Beispiel als Parameter von Methoden (man könnte auch sagen, wenn du **gegen Interfaces programmierst**), dann kannst du die Methoden mit allen Klassen verwenden, die das entsprechende Interface implementieren.

Obwohl die Klasse nichts mit der Rollenspielcharakterhierarchie zu tun hat, …

```
public class Superman implements Held {
  @Override
  public void heldenhaftPosieren() {
    // Heldenhafte Pose von Superman
  }
}
```

… kann trotzdem der Fotoservice genutzt werden:

```
FotoService.heldenFotoMachen(new Superman());
```

2. Du bleibst unabhängig von der konkreten Implementierung:

Im Programmieralltag ist es nicht ungewöhnlich, dass man gegen Interfaces programmiert. Oft ist es nämlich so, dass ein öffentliches sogenanntes **Application Programming Interface** (kurz **API**) definiert wird und es dann von verschiedenen Anbietern unterschiedliche Implementierungen dieser API gibt. In der Regel liegt die API dann in einem Paket (zum Beispiel **de.schukartons.api**), die Implementierungen in anderen Paketen (zum Beispiel **de.bossingenschukartons.impl** und **de.konkurrenz.impl**) und alles dann nochmal in verschiedenen gepackten Java-Archiven (dazu in Kapitel 13 mehr). Jemand, der dann gegen die Interfaces aus **de.schukartons.api** programmiert, kann relativ einfach die Implementierung wechseln. Sollte er beispielsweise feststellen, dass die Implementierung aus **de.bossingenschukartons.impl** zwar funktioniert, aber zu langsam ist, wechselt er halt zum Konkurrenzanbieter **de.konkurrenz.impl**.

[Hintergrundinfo]

Auch wenn viele – ich eingeschlossen – von „einer API" reden, ist die korrekte Bezeichnung eigentlich „das API", man sagt ja auch nicht: „Ich habe **eine** Interface programmiert", sondern „Ich habe **ein** Interface programmiert".

Übungen zu Interfaces

So, los geht's. Wird Zeit, dass du selbst mal Interfaces erstellst.

[Einfache Aufgabe]

Neben den Helden soll es jetzt auch noch Monster geben. Erstelle ein entsprechendes Interface dafür mit der Methode **`bruellen()`**, und lasse **`Drache`** und **`Troll`** das Interface implementieren. Wie müsste das UML-Diagramm aussehen, wie der Code?

Hier das UML-Klassendiagramm:

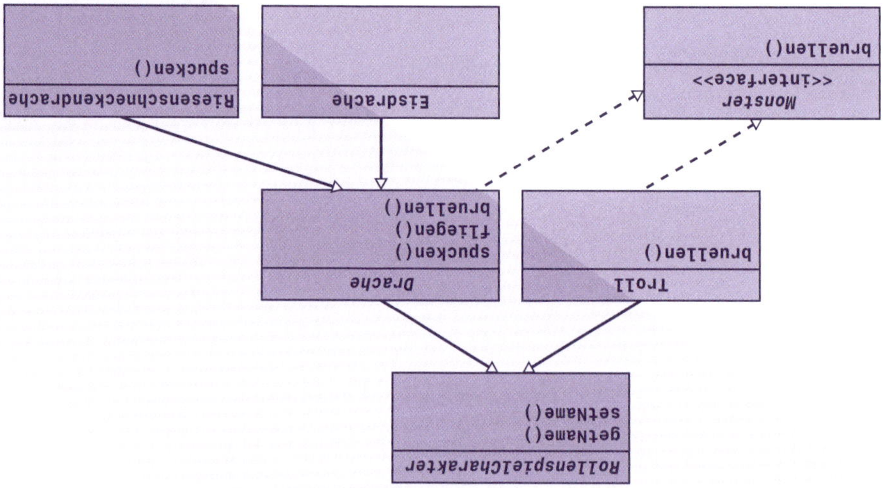

Und hier der Code:

```
public interface Monster*1 {
  void bruellen();*2
}
public abstract class Drache extends RollenspielCharakter implements Monster*3 {
  public abstract void spucken();
  public void fliegen() {
    // Fliegen
  }
  @Override
  public void bruellen() {
    // Drachenbrüller
  }
}
public class Troll extends RollenspielCharakter implements Monster*3 {
```

*1 Hier steht die Definition des Interfaces …

*2 … mit entsprechender Methode …

*3 … und hier die Implementierung in den beiden Klassen.

```
    @Override
    public void bruellen() {
        // Trollbrüller
    }
}
```

[Achtung]

Falls du dich bei der Implementierung gewundert hast, warum der Compiler – sobald du **`implements Monster`** geschrieben hast – bei **`Troll`** sagt, dass du **`bruellen()`** implementieren musst, und warum er das bei **`Drache`** nicht sagt: Ganz einfach, **`Drache`** ist abstrakt und muss nicht alle Methoden implementieren, auch nicht die, die im implementierten Interface definiert sind.

Das sieht doch schon mal echt gut aus. Wenn du das schon toll findest, dann warte mal ab, was ich dir jetzt zeige. Denn ist wirklich alles immer so schwarz-weiß wie in der bisherigen Hierarchie? Sind Trolle wirklich immer reine Monster? Vielleicht gibt es ja auch Trolle, die sich heldenhaft benehmen, obwohl sie Monster sind.

[Einfache Aufgabe]

Ändere die Klasse **`Troll`** so, dass die Klasse sowohl das Interface **`Monster`** als auch **`Held`** implementiert.

Erst versuchen, dann anschauen … hier die Lösung:

So implementiert eine Klasse mehrere Interfaces:

```
public class Troll extends RollenspielCharakter implements Monster, Held*1 {
    @Override
    public void bruellen() {*2
    }
    @Override
    public void heldenhaftPosieren() {*3
    }
}
```

*1 Mehrere Interfaces trennst du durch Kommas.

*2 Hier steht die Implementierung der Methode aus dem Interface **`Monster`**.

*3 Hier die Implementierung der Methode aus dem Interface **`Held`**.

Das Fachwort hierfür ist übrigens **Polymorphie**. `Troll` kann quasi **verschiedene Formen annehmen**. Für die einen ist er der Held, für die anderen nur ein abscheuliches Monster.

So sieht das UML-Klassendiagramm dazu aus:

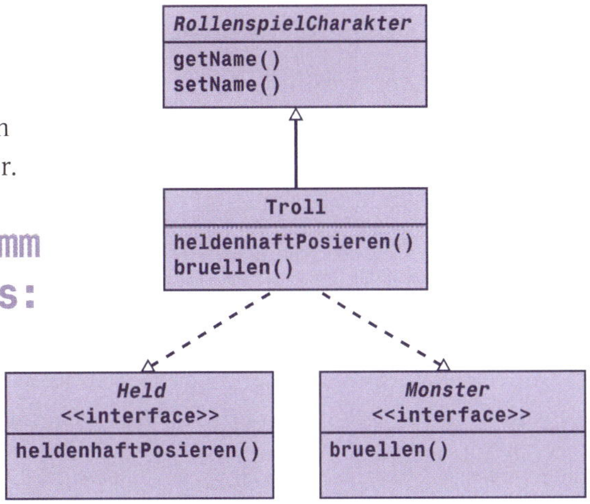

Für die einen sind es Interfaces, ...

... **für die anderen ist es Polymorphie.** Bevor wir es uns jetzt bei dir im Wohnzimmer gemütlich machen: Hast du vielleicht irgendwas zu essen da? Ich habe einen irren Hunger.

Jo, schon, aber nur so einen Dinkelauflauf. Den will ich dir nicht wirklich zumuten. Wie wär's mit einem Schokoriegel? Die helfen mir gerade ganz gut dabei, mir das Rauchen abzugewöhnen. Warte kurz, ich hole welche ...

(Nach kurzer Pause) **Boah, ist das dein Ernst?** Die sind aber laaang, aber ... mmh ... lecker ... mmh ... Das bringt mich auf ein gutes Codebeispiel ... mmh ... warte ... mmh, das war lecker. Guck dir den folgenden Code nochmal in Ruhe an, der sollte dir einen guten Überblick über den Einsatz von Interfaces geben.

Eine Klasse, die zwei Interfaces implementiert, ...

```
public class SchokoladenKeksGemisch implements SchokoRiegel*3, 
  LaengstePralineDerWelt*3 {
  @Override
  public double getLaenge() {*3
    return 20;
  }
  @Override
  public boolean istLecker() {*3
    return true;
  }
}
```

*1 zwei verschiedene Interfaces ...

*2 ... mit jeweils einer Methode

*3 Diese Klasse implementiert beide Interfaces und damit beide Methoden.

```
public interface SchokoRiegel*1 {
  boolean istLecker();*2
}
```

```
public interface LaengstePralineDerWelt*1 {
  double getLaenge();*2
}
```

... kann in verschiedenen Kontexten verwendet werden:

```
public class SchokoladenSuechtiger {
  public void essen(SchokoRiegel*4 schokoRiegel) {
    if(schokoRiegel.istLecker()*4) {
      System.out.println("Boah, lecker!");
    }
  }
}
```

*4 Für die einen ist es ein **SchokoRiegel**, ...

```
public class BuchDerWeltrekorde {
  public void messen(LaengstePralineDerWelt laengstePralineDerWelt*5) {
    if(laengstePralineDerWelt.getLaenge()*5 > 8) {
      System.out.println("Boah, lang!");
    }
  }
}
```

*5 … für die anderen die **LaengstePralineDerWelt**.

```
public class SchokoladenSpiele {
  public static void main(String[] args) {
    SchokoladenKeksGemisch schokoladenKeksGemisch = new SchokoladenKeksGemisch();
    SchokoladenSuechtiger schokoladenSuechtiger = new SchokoladenSuechtiger();
    BuchDerWeltrekorde buchDerWeltrekorde = new BuchDerWeltrekorde();
    schokoladenSuechtiger.essen(schokoladenKeksGemisch*6);
    buchDerWeltrekorde.messen(schokoladenKeksGemisch*7);
  }
}
```

*6 Interfaces stellen also eine Art **Vertrag zwischen zwei Objekten** dar. Für das Objekt **schokoladenSuechtiger** ist hier nur wichtig, dass das **schokoladenKeksGemisch** den Vertrag eines **SchokoRiegel**s einhält (und damit die Methode **istLecker()** implementiert).

*7 Für das **buchDerWeltrekorde** dagegen ist nur wichtig, dass hier was reinkommt, das **LaengstePralineDerWelt** implementiert. Solange das gewährleistet ist, ist völlig egal, welche Objektreferenz hier letztendlich übergeben wird.

[Notieren/Üben]

Interfaces stellen einen Vertrag zwischen zwei Objekten (oder allgemeiner gesprochen zwischen zwei Systemen) dar.

Was passiert eigentlich, wenn ich zwei Interfaces implementiere, die die gleiche Methode haben?

Sehr gute Frage. Du musst die Methode nur einmal implementieren, würde ja auch gar nicht anders gehen. Damit hältst du dich an alle Verträge mit allen Interfaces, die du implementierst.

Interfaces und Vererbung

Eins will ich nicht vergessen, wenn wir schon die ganze Zeit von **Klassenhierarchien** reden: Für Interfaces gibt es was Ähnliches, **Interface-Hierarchien**. Du kannst also auch ein Interface von einem anderen ableiten. Implementiert eine Klasse dann ein Interface A, welches selbst von einem anderen Interface B ableitet, muss die Klasse natürlich alle Methoden implementieren, die A von B erbt.

Im Folgenden eine einfache Interface-Hierarchie:

```
public interface KannManEssen {
  public void essen();
}
```

Von einem Interface ableiten:

```
public interface IstSogarRichtigLecker extends*1 KannManEssen {
  public void geniessen();*2
}
public interface UnterDenTopFiveDerEssensgerichte extends*1 IstSogarRichtigLecker {
  public void rezeptEmpfehlen();*2
}
public class PizzaSalami implements UnterDenTopFiveDerEssensgerichte*3 {
  @Override
  public void geniessen() {}*4
  @Override
  public void essen() {}*4
  @Override
  public void rezeptEmpfehlen() {}*4
}
```

*1 Genau wie bei der Vererbung bei Klassen verwendest du auch bei Interfaces **`extends`**, um von einem **Superinterface** abzuleiten. **`IstSogarRichtigLecker`** ist ein **Subinterface** von **`KannManEssen`**, und **`UnterDenTopFiveDerEssensgerichte`** ist ein Subinterface von **`IstSogarRichtigLecker`**.

*2 Das abzuleitende Interface kann selbstverständlich eigene Methoden hinzufügen.

*3 Eine Klasse, die ein Interface implementiert, ...

*4 ... muss alle Methoden des Interfaces (auch die von den Superinterfaces geerbten) implementieren.

[Notieren/Üben]
Im Programmieralltag wirst du Klassen, abstrakte Klassen und Interfaces alle miteinander verwenden.

So, das war's für heute. Im Büro zeig ich dir dann noch ein bisschen mehr Theorie dazu, wann und wofür du Interfaces besser nicht verwenden solltest ... Hast du mal eine Serviette?

Weniger ist manchmal mehr

Auch wenn Interfaces wirklich gut sind und ich ein großer Fan von den Dingern bin: Übertreibe es nicht mit ihnen. Schlichte Klassen (sogenannte **POJOs** für Plain Old Java Objects) wie **Hund** und **Katze** brauchen keine zusätzlichen Interfaces.

Sowas hier gilt mittlerweile als absolutes Anti-Pattern:

```
public interface Hund*1  {
  void bellen();
  void setFarbe(String farbe);
  String getFarbe();
  void setName(String name);
  String getName();
}
```

*1 Absolutes Anti-Pattern! Für POJOs bitte kein eigenes Interface!

Der folgende Code ist absolut keine Empfehlung:

```
public class HundImpl implements Hund*1  {
  private String farbe;
  private String name;
  @Override
  public void bellen() {
    System.out.println("wuffwuff");
  }
  // hier die Getter und Setter
}
```

Ein Hund ist ein Hund und bleibt auch ein Hund. Es ist sehr unwahrscheinlich, dass sich die Implementierung für solche einfachen Objekte (bezogen auf die Logik der einzelnen Methoden, nicht auf die Anzahl der Methoden) grundlegend ändern wird. Meistens haben diese Klassen ja hauptsächlich Setter und Getter. Und wenn es dann doch mal mehr Methoden sind, wie hier in dem Beispiel die **bellen()**-Methode, kannst du ja auch ein Interface erstellen, das nur die definiert:

```
public interface KannBellen {
  void bellen();
}
public class Hund implements KannBellen {
  @Override
  public void bellen() {
    System.out.println("wuffwuff");
  }
}
```

Konstanten in Interfaces

Neben Methoden kannst du in Interfaces auch Datenfelder anlegen. Die sind dann automatisch immer **`public`**, **`static`** und **`final`**. Allerdings solltest du gut überlegen, ob du wirklich Datenfelder in deinen Interfaces benötigst.

Hier direkt noch ein Anti-Pattern:

```
public interface Sender {
  *1int ARD = 1;
  *1int ZDF = 2;
  *1int RTL = 3;
  *1int SAT1 = 4;
}
```

*1 Alle Datenfelder sind **`public static final`**, daher kannst du hier wieder ein bisschen Tipparbeit sparen, aber …

… anstatt Konstanten in Interfaces zu definieren, solltest du das besser in Klassen machen oder noch besser über **Enums**!

[Zettel]
Wenn du noch mehr über dieses Anti-Pattern wissen möchtest, schau in das Buch „Effective Java“ von Joshua Bloch. Dort gibt es allerhand Wissenswertes, wie du mit Java **richtig programmieren** solltest.

Konstanten in Konstantenklassen

Wir schweifen gerade etwas vom Thema Interfaces ab, aber dir zu zeigen, wie du Konstanten richtig anlegen kannst, passt gerade ganz gut.

Konstanten in einer eigenen Konstantenklasse sehen so aus:

```
public class KonstantenMitKlasse {
  private*1 KonstantenMitKlasse() {}
  public static final String LIEBLINGS_FARBE_DEINER_FREUNDIN = "orange";*2
  public static final String WOW_NUTZERNAME = "SchröDanger";*2
  public static final double GROESSE = 1.80;*2
}
```

*1 Den Konstruktor machst du **`private`**. Damit verhinderst du, dass jemand Instanzen von der Konstantenklasse erstellt, denn es sind ja eh …

*2 … alle Datenfelder bzw. Konstanten **`public static final`**.

Daher braucht niemand eine Objektinstanz, sondern verwendet die Konstanten von anderen Klassen aus einfach so:

```
import de.galileocomputing.schroedinger.java.kapitel07.konstanten.
  KonstantenMitKlasse;*1
public class Main {
  public static void main(String[] args) {
    System.out.println(KonstantenMitKlasse*2.LIEBLINGS_FARBE_DEINER_FREUNDIN*3);
  }
}
```

*1 Erst der Import der Konstantenklasse, ...

*2 ... dann der Klassenname, ...

*3 ... schon hast du Zugriff auf die Konstante.

Statischer Import

Okay, jetzt schweifen wir noch mehr ab, das macht aber nichts. Spätestens im Wohnzimmer geht's wieder um Interfaces.

Falls du bei der Verwendung von Konstanten nicht immer den Klassennamen der Konstantenklasse davorschreiben möchtest, hast du seit Java 5 auch die Möglichkeit, nicht nur die Klasse zu importieren, sondern direkt die Konstante bzw. das statische Datenfeld. Das nennt man dann einen **statischen Import**, nicht neu für dich, aber ich zeige es dir nochmal:

So importierst du eine statische Variable:

```
import static*1 de.galileocomputing.schroedinger.java.kapitel07.konstanten.
  KonstantenMitKlasse.LIEBLINGS_FARBE_DEINER_FREUNDIN;*2
public class Main {
  public static void main(String[] args) {
    System.out.println(*3LIEBLINGS_FARBE_DEINER_FREUNDIN);
  }
}
```

*1 Nach dem **import** kommt noch ein **static**, ...

*2 ... dann der vollständige Name der Variablen, ...

*3 ... und schon kannst du den Namen der Konstantenklasse weglassen und direkt auf die statisch importierte Konstante zugreifen. Praktisch, oder?

[Achtung]
Der statische Import von statischen Datenfeldern aus mehreren Klassen funktioniert nur, wenn die Datenfelder unterschiedliche Namen haben.

[Hintergrundinfo]
Du kannst nicht nur statische Datenfelder importieren, sondern auch statische Methoden.

Statische Blöcke

Ich verspreche dir, wir kommen gleich wieder auf die Interfaces zurück, vorher aber noch was anderes: **statische Blöcke**. Das sind Codeblöcke, die immer dann aufgerufen werden, wenn eine Klasse vom **Classloader** geladen wird. Und die können dir helfen, Konstanten zu initialisieren.

[Hintergrundinfo]
Der Classloader ist Teil des JREs und dafür verantwortlich, Klassen dynamisch in die JVM zu laden. Sobald eine Klasse eine andere Klasse referenziert, wird diese andere Klasse vom Classloader geladen.

Konstanten sind ja nichts anderes als statische Datenfelder, die `final` sind. Das heißt, Konstanten müssen immer einen Wert haben, spätestens dann, wenn die Klasse geladen wurde. Das hier zum Beispiel ist nicht erlaubt:

```
public static final String LIEBLINGS_FARBE_DEINER_FREUNDIN;*1 X
```

*1 Compilerfehler! `final` markierte Felder müssen immer direkt mit einem Wert belegt werden.

Manchmal kannst oder willst du aber nicht direkt bestimmen, welchen Wert die Konstante bekommen soll, sondern willst diese Entscheidung zum Beispiel auf Basis irgendeiner Berechnung treffen. Da kommen die statischen Blöcke ins Spiel, denn dort kannst du beliebigen statischen Code ausführen und die Konstanten rechtzeitig initialisieren.

Initialisierung einer Konstante im statischen Block:

```
public static final String LIEBLINGS_FARBE_DEINER_FREUNDIN;
static {*1
  if(…) {
    LIEBLINGS_FARBE_DEINER_FREUNDIN = "rosa";
  } else {
    LIEBLINGS_FARBE_DEINER_FREUNDIN = "orange";
  }
}
```

*1 Ein statischer Block ist wie ein ganz normaler Codeblock, nur mit dem Wörtchen `static` davor.

[Zettel]
Ohne `static` würde der Codeblock oben bei jeder Instanziierung eines Objekts der Klasse ausgeführt. Und es gäbe einen Compilerfehler, weil die statische Variable nicht initialisiert wäre.

[Hintergrundinfo]
Statische Blöcke werden immer dann aufgerufen, wenn die Klasse in die JVM geladen wird. Eine Klasse kann durchaus mehrere statische Blöcke haben. Ist das der Fall, werden sie in der Reihenfolge ausgeführt, wie sie im Quelltext vorkommen.

Alles tolle Sachen, aber wolltest du mir nicht auch noch diese Enum-Dinger erklären?

Konstanten über Enums

Ja genau, **Enums**. Also, bevor wir uns gleich wieder den Interfaces zuwenden, dann eben noch die Enums. Die sind immer dann eine gute Wahl, wenn du Konstanten haben möchtest, die **thematisch zusammenpassen**. Die Sender von eben würden sich zum Beispiel über eine Enum besser definieren lassen.

So definierst du Enums:

```
public enum Sender {
  ARD, ZDF, RTL, SAT1;*1
}
```

*1 Den einzelnen Konstanten brauchst du noch nicht mal irgendwelche Werte zu geben, das wird intern geregelt. Aber das würde jetzt wirklich zu weit gehen. Sonst kommen wir heute gar nicht mehr zu den Interfaces zurück.

Verwenden kannst du Enums relativ einfach, zum Beispiel innerhalb eines **`switch`**-Statements:

So verwendest du Enums:

```
Sender sender = Sender.ARD;
switch (sender) {
  case ARD:
    System.out.println("Tatort");
    break;
  case ZDF:
    System.out.println("Traumschiff");
    break;
  case RTL:
    System.out.println("Dschungelcamp");
    break;
  case SAT1:
    System.out.println("Glücksrad");
    break;
  default:
    break;
}
```

Enums können sogar Konstruktoren haben. Allerdings kannst du die nur innerhalb deiner Enum aufrufen. Schließlich handelt es sich um Konstanten, **die einmal und nur an einer Stelle (nämlich innerhalb der Enum selbst) definiert** werden.

```
public enum Sender {
  ARD(true), ZDF(false), RTL(false), SAT1(true);
  private boolean findeIchGut;
  *2Sender(boolean findeIchGut) {*1
    this.findeIchGut = findeIchGut;
  }
  public*4 boolean istGuterSender() {*3
    return this.findeIchGut;
  }
}
```

*1 Ein Konstruktor einer Enum sieht erstmal genauso aus wie bei Klassen auch, …

*2 … allerdings sind Konstruktoren hier immer **`private`**. Du kannst daher auch direkt auf die Angabe verzichten.

*3 Methoden sind auch erlaubt, …

*4 … und die können auch **`public`** sein.

[Belohnung/Lösung]

So, lieber Schrödi, für so viel Geduld abseits des Themas hast du dir eine Belohnung verdient: Jetzt geht's endlich ins Wohnzimmer zurück an die Interfaces!

Interfaces – Wiederholung

[Einfache Aufgabe]

Richtig oder falsch? Im Gegensatz zu abstrakten Klassen können Interfaces nicht instanziiert werden.

Halb falsch. Es ist richtig, dass Interfaces nicht instanziiert werden können (sie haben ja noch nicht einmal einen Konstruktor). Abstrakte Klassen können aber auch nicht instanziiert werden, daran hat sich nichts geändert (obwohl sie einen Konstruktor haben).

[Einfache Aufgabe]

Richtig oder falsch? Interfaces sind immer gut. Du solltest am besten zu jeder deiner Klassen auch ein Interface haben.

Eindeutig falsch! Auch wenn du Interfaces jetzt draufhast, solltest du nicht damit um dich schmeißen.

[Einfache Aufgabe]

Nenne mir mindestens zwei Vorteile von Interfaces.

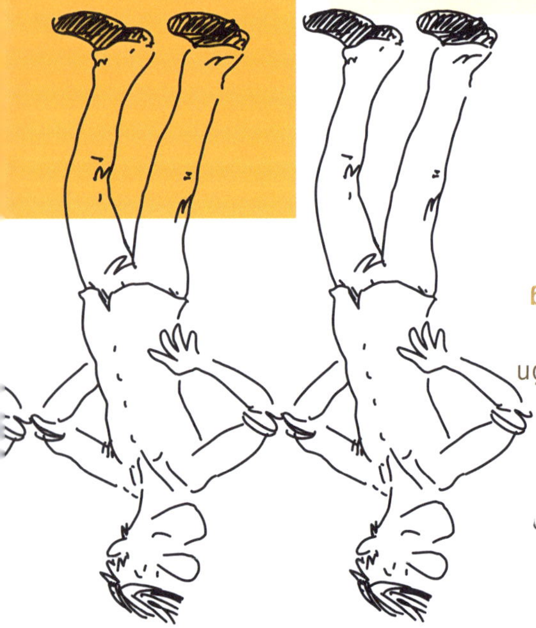

Also, das liegt doch auf der Hand. Ich habe zwar immer noch keine echte Mehrfachvererbung, aber ich kann Klassen damit richtig schön **polymorph** machen, sagt man das so? Und ich kann später die **Implementierung einfacher austauschen**. Und bestimmt tut's auch der **Wiederverwendbarkeit** des Quelltextes gut, oder?

Jawohl, alles richtig. Damit weißt du alles über Interfaces, so dass wir wieder zurück zu den Klassen gehen können. Davon gibt's nämlich noch einige Varianten.

Noch mehr Klassen

Alle Klassen, die du bisher kennengelernt hast, nennt man auch **Top-Level-Klassen**, weil sie sich direkt innerhalb von Paketen befinden. Es gibt in Java aber auch die Möglichkeit, **Klassen innerhalb anderer Klassen** anzulegen. Dann spricht man nicht mehr von Top-Level-Klassen, sondern von **verschachtelten Klassen**. Insgesamt gibt es vier Kategorien dieser verschachtelten Klassen: zum einen die **statischen** und **nichtstatischen Memberklassen**, dann die **lokalen Klassen** und schließlich die **anonymen Klassen**.

Also, ich war zwar schon mal anonym in einem Lokal und danach auch schon ganz schön statisch, aber was bitte soll denn das alles bedeuten?

WE DON'T NEED NO CATUCATION

Na ja, Schrödi, wie immer: Alles der Reihe nach. Und nur keine Angst, so schwer zu verstehen ist das gar nicht. In der Praxis wirst du es auch nicht sooo häufig brauchen ... es sei denn, du programmierst grafische Oberflächen. Denn dafür brauchst du die verschachtelten Klassen extrem häufig.

[Hintergrundinfo]

Bei der **GUI-Programmierung** hast du nämlich oft den Fall, dass du in der Klasse für die GUI-Definition ein und dasselbe Interface mehrmals an **verschiedenen Stellen innerhalb dieser einen Klasse** implementieren möchtest. Kurzer Vorgriff dazu auf Kapitel 16: Es gibt verschiedene GUI-Komponenten, die jeweils durch eigene Klassen repräsentiert sind, zum Beispiel Schaltflächen. Was passiert, wenn man auf diese Schaltfläche drückt, wird über eine andere Klasse gesteuert. Genauer gesagt, musst du dazu ein Interface implementieren und diese Implementierung an der Schaltflächen-Instanz „registrieren". So weit, so gut. Sobald du dann aber **mehrere Schaltflächen** in dem GUI verwendest (die sich unterschiedlich verhalten sollen), heißt das jedoch auch, dass du mehrmals dieses Interface implementieren musst. Da kommen geschachtelte Klassen wie gerufen, denn davon kannst du innerhalb einer Klasse mehrere haben. Wenn du davon jetzt nur die Hälfte verstanden hast, dann warte bis Kapitel 16, da wird alles viel klarer.

Statische Memberklassen

Fangen wir mit den **statischen Memberklassen** an. Die machen immer dann Sinn, wenn sie wirklich fest zu einer anderen Klasse gehören und eigentlich auch nur von ihr verwendet werden, zum Beispiel wenn eine Eigenschaft einer Klasse zu komplex ist, um sie durch einen primitiven Datentyp zu beschreiben, aber zu speziell, um als eigenständige (Top-Level-)Klasse durchzugehen.

So definierst du eine statische Memberklasse:

```
public class Bank {*1
  private double vermoegen = 40.0;
  private*6 static class Tresor {*2
    private void getInhalt() {
      // System.out.println(vermoegen); *5 X
    }
  }
  public Bank() {
    Tresor tresor = new Tresor();*3
    tresor.getInhalt();*4
  }
}
```

*1 Das hier ist eine ganz normale Top-Level-Klasse.

*2 Das hier ist die statische Memberklasse. Beachte das **static**.

Wieso soll ich das beachten?

Na ja, weil du so eben eine **statische Memberklasse** anlegst. Lässt du das **static** weg, hast du eine **nichtstatische Memberklasse**. Die kommen aber erst gleich dran.

*3 Innerhalb der **Bank**-Klasse können wir wie gewohnt Instanzen von der Memberklasse erstellen …

*4 … und sogar private (!) Methoden dieser Klasse aufrufen.

*5 Umgekehrt kann aber die statische Memberklasse keine Datenfelder (oder Methoden) der (nichtstatischen) Top-Level-Klasse lesen. Du kannst ja auch nicht von einer statischen Methode auf eine nichtstatische Methode zugreifen, egal, ob **private**, **protected** oder **public**. Das Gleiche gilt hier auch für die statischen Memberklassen.

Einen Tresor bauen, ohne eine Bank zu haben

*6 Da die Klasse **private** ist, kann sie nur innerhalb der **Bank**-Klasse verwendet werden.

Und öffentlich? Ginge das auch?

Ja, du könntest die Memberklasse **Tresor** auch **public** machen und dann auch außerhalb von **Bank** neue Instanzen von **Tresor** erzeugen:

```
Bank.Tresor tresor =
  new Bank.Tresor();
```

Das sieht ja aus wie ein Paketname, wenn auch falsch wegen Groß- und Kleinschreibung und so …

Genau. Und um Verwechslungen auszuschließen und immer zu wissen, was da gemeint ist, ist es ja auch so wichtig, sich an die Konventionen zu halten: **Paketnamen klein, Klassennamen groß.**

Nichtstatische Memberklassen

Kommen wir zu den **nichtstatischen Memberklassen**. Sie sehen auf den ersten Blick ähnlich wie statische Memberklassen aus (bis auf das fehlende Wörtchen **`static`**), aber der Unterschied ist doch gravierend: Weil sie zu konkreten Objektinstanzen der äußeren Klasse gehören, haben sie auch Zugriff auf die Objektvariablen dieser äußeren Klasse.

```
public class Bank {*1
  private double vermoegen = 40.0;
  private*6 class Tresor {*2
    private void getInhalt() {
      System.out.println(vermoegen*5);
    }
  }
  public Bank() {
    Tresor tresor = new Tresor();*3
    tresor.getInhalt();*4
  }
}
```

*1 Hier steht wieder die ganz normale Top-Level-Klasse.

*2 Die nichtstatische Memberklasse siehst du hier, diesmal ohne das **`static`**.

*3 Innerhalb der **`Bank`**-Klasse können wir wieder Instanzen von der Memberklasse erstellen …

*4 … und wieder private Methoden dieser Klasse aufrufen.

*5 Und jetzt kommt's: Die nichtstatische Memberklasse kann auf **private Datenfelder und Methoden** der äußeren Klasse zugreifen.

*6 Die Klasse **`Tresor`** machen wir erstmal wieder **`private`**. Würdest du sie **`public`** machen, könntest du auch außerhalb von **`Bank`** Objektinstanzen erstellen. Das wäre aber etwas umständlicher, als du es oben bei den statischen Membern gesehen hast. Denn um eine Objektinstanz von **`Tresor`** außerhalb von **`Bank`** zu erstellen, bräuchtest du dann zunächst eine Instanz von **`Bank`**:

```
Bank bank = new Bank();*1
Bank.Tresor tresor = bank.new Tresor();*2
```

Nichtstatisch – jetzt brauchst du eine Bank, um einen Tresor zu bauen

*1 Du brauchst immer zuerst eine Instanz der äußeren Klasse, …

*2 … erst dann kannst du über diese nette Syntax eine Instanz der nichtstatischen Memberklasse erstellen.

[Zettel]

Manche Definitionen sagen auch, dass statische Memberklassen zu den Top-Level-Klassen gehören, weil sie ohne äußere Objektinstanz instanziiert werden können.

[Hintergrundinfo]

Gerade aus dem Grund, dass nichtstatische Memberklassen auf die privaten Datenfelder und Methoden der äußeren Klasse zugreifen können, sind viele Entwickler der Meinung, dass man – wenn man schon Klassen verschachtelt – zunächst mit einer **statischen Memberklasse** anfangen sollte und erst, wenn es überhaupt nicht anders geht, daraus eine nichtstatische Memberklasse machen sollte.

Lokale Klassen

Auf geht's zu den lokalen Klassen. Die sind vergleichbar mit den Memberklassen, werden aber **innerhalb von Konstruktoren, Methoden oder Initialisierungsblöcken** deklariert. Auf die lokale Klasse kann dann immer nur innerhalb des jeweiligen Kontextes zugegriffen werden.

Hier ein Beispiel:

```
public class Bank {*1
  private double vermoegen = 40.0;
  public Bank() {
    final*7 double zahl = 7;
    class Tresor {*2
      private double getInhalt() {
        double andereZahl = *6zahl + *5vermoegen;
      }
    }
    Tresor tresor = new Tresor();*3
    tresor.getInhalt();*3
  }
  public double getVermoegen() {
    //Tresor tresor = new Tresor();*4 X
    return vermoegen;
  }
}
```

lokaler Tresor

*1 Hier steht die Top-Level-Klasse.

*2 Die lokale Klasse, **ohne Sichtbarkeitsmodifikator**. Der wäre hier nicht erlaubt, denn die lokale Klasse ist eh nur innerhalb des jeweiligen Kontextes sichtbar, in diesem Fall im Kontext des Konstruktors.

*3 Innerhalb des Kontextes kannst du Instanzen von der Memberklasse erstellen und private Methoden aufrufen, …

*4 … außerhalb des Kontextes kannst du gar nicht auf die Klasse zugreifen.

*5 Die lokale Klasse hat auch wieder Zugriff auf **private Objektvariablen und Methoden** der äußeren Klasse.

*6 Um allerdings innerhalb der lokalen Klasse auf eine lokale Variable außerhalb der Klasse zuzugreifen, …

*7 … muss diese Variable als `final` deklariert sein.

```
{*1
  class Tresor {
    private double getInhalt() {
      return vermoegen;
    }
  }
  Tresor tresor = new Tresor();*2
*1}
// Tresor dasGehtNicht = new Tresor();*3
```

*1 Das hier sind die Kontextgrenzen.

*2 Nur innerhalb des Kontextes (und zwar nachdem die Klasse definiert worden ist) kannst du auch darauf zugreifen, …

*3 … außerhalb des Kontextes nicht.

Anonyme Klassen

Anonyme Klassen sind den lokalen Klassen relativ ähnlich. Das heißt, auch hier wird direkt bei der Klassendefinition ein Objekt erzeugt. Im Unterschied zu lokalen Klassen haben die anonymen Klassen aber keinen Namen, sie sind anonym.

```
public abstract class Tresor*2 {
  public abstract double getInhalt();
}
public class Bank {*1
  private double vermoegen = 40.0;
  public Bank() {
    Tresor tresor = new Tresor()*3 {*4
      @Override
      public double getInhalt() {
        return vermoegen;*5
      }
    };
    tresor.getInhalt();
  }
}
```

*1 Unverändert geblieben ist die Top-Level-Klasse.

*2 Von dieser Klasse leiten wir gleich die anonyme Klasse ab. Es muss übrigens nicht zwingend eine abstrakte Klasse sein. Es kann auch eine konkrete Klasse sein. Es kann sogar ein Interface sein.

*3 Hier steht die anonyme Klasse, bestehend aus einem Konstruktoraufruf der Superklasse/des Superinterfaces (Tresor ist nicht der Name der anonymen Klasse!) …

*4 … und dem Klassenkörper.

*5 Im Klassenkörper können wir wieder auf die privaten Objektvariablen und Methoden der äußeren Klasse zugreifen.

Im Gegensatz zu lokalen Klassen kannst du von anonymen Klassen nur **eine einzige Objektinstanz** erzeugen.

anonymer Tresor

[Achtung]
Genau wie bei lokalen Klassen muss beim Zugriff auf eine lokale Variable von außerhalb der anonymen Klasse diese lokale Variable **`final`** sein.

[Ablage]
Statische und nichtstatische Memberklassen sowie lokale und anonyme Klassen können dir dabei helfen, deine Daten (und Klassen) noch besser zu kapseln. Wenn also zwei nicht geschachtelte Klassen sehr stark aneinandergekoppelt sind, wäre es vielleicht eine Überlegung wert, eine der Klassen mithilfe einer der Varianten in die andere Klasse zu verschachteln.

[Begriffsdefinition]
Nichtstatische Memberklassen, lokale Klassen und anonyme Klassen nennt man auch **innere Klassen**, da sie immer eine umgebende Objektinstanz benötigen, um instanziiert werden zu können.

Übrigens, bevor ich's vergesse. Du kannst auch Enums und Interfaces innerhalb von Klassen schachteln …

Hör mir auf!

… und Enums in anderen Enums …

Och nö!

… und Klassen, Enums und Interfaces in anderen Interfaces.

Ich wollt's nur mal gesagt haben.

[Zettel]
Um das Ganze noch komplizierter zu machen, kannst du Klassen **sogar beliebig oft schachteln**. Der einzige Anwendungsfall dafür dürfte aber ein Beispiel in einem Java-Fachbuch sein:

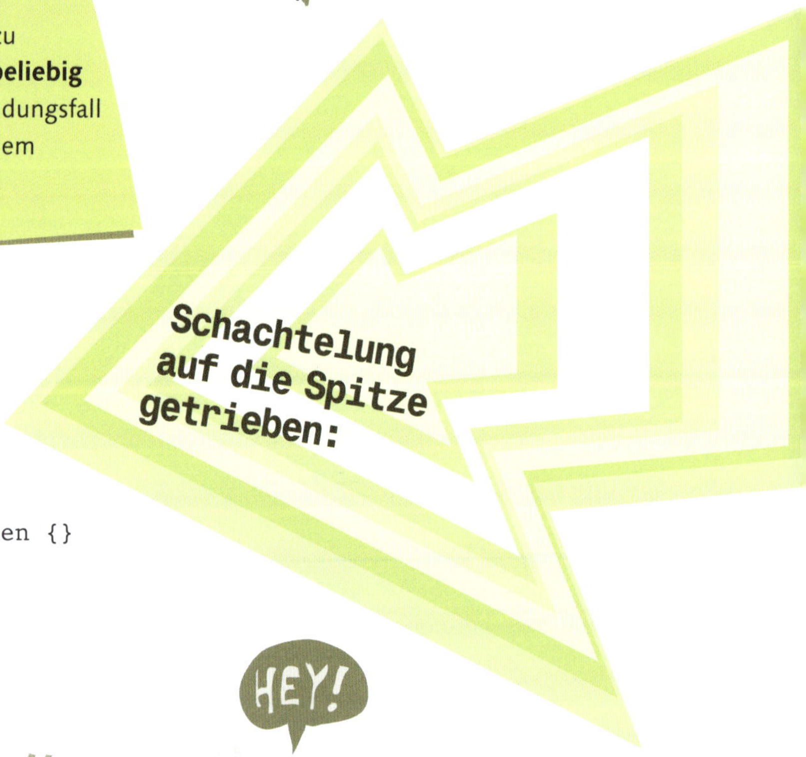


```
public class Aussen {
  public class Innen {
    public class NochMehrInnen {
      public class NochTieferDrinnen {}
    }
  }
}
```

Abstrakt und polymorph – alles klar, Schrödinger?

So, das war's fürs Erste zum Thema Klassen und Interfaces. War echt eine Menge Stoff, und ziemlich komprimiert noch dazu, aber du hast prima durchgehalten. Zur Belohnung gibt es auch keine weiteren Fragen, sondern nur noch ...

... das Wichtigste aus diesem Kapitel auf einen Blick:

- Mithilfe von **abstrakten Klassen** machst du deine Klassenhierarchien noch aussagekräftiger und definierst sozusagen Vorlagen für die Unterklassen.
- **Interfaces** stellen einen Vertrag zwischen Objekten dar. Allgemeiner: APIs (Application Programming Interfaces) stellen einen Vertrag zwischen zwei Systemen dar.
- Abstrakte Klassen können nicht instanziiert werden, ...
- ... Interfaces auch nicht.
- Sobald eine Klasse eine abstrakte Methode enthält, muss die Klasse auch abstrakt sein.
- In Interfaces gibst du nur die **Methodensignatur** an, nicht aber den **Methodenkörper**.
- Alle Methoden in Interfaces sind automatisch **`public`** und **`abstract`**.
- Auch Interfaces sind automatisch **`abstract`**, allerdings sind es keine abstrakten Klassen.
- Interfaces haben **keinen Konstruktor**, abstrakte Klassen schon.
- Mit Interfaces hast du eine Alternative zu der **nicht vorhandenden Mehrfachvererbung** in Java.
- Wenn du gegen Interfaces programmierst, bleibst du flexibel und kannst nachträglich einfach die unterliegende Implementierung austauschen.
- Konstanten solltest du nicht in Interfaces, sondern entweder in eigenen **Konstantenklassen** oder noch besser über **Enums** definieren.
- **Statische und nichtstatische Memberklassen** sowie **lokale** und **anonyme Klassen** dienen dazu, Klassen noch besser zu gruppieren. Allerdings solltest du sie mit Bedacht einsetzen. Außer, du weißt, was du tust, zum Beispiel in der GUI-Programmierung.
- Unabhängig davon, beschäftige dich mit dem Thema **Entwurfsmuster**.

[Belohnung/Lösung]

So, die nächste Belohnung, die hast du dir wirklich erkämpft. Das „Schwert der Polymorphie“. Das hat direkt mehrere Schnittstellen. Je nach Gegnertyp verwendest du einfach eine andere.

— ACHT —

Arrays, Collections & Maps

Hast du eigentlich einen Überblick über deine ganzen Schuhe?

Schrödinger will für den nächsten Schuheinkauf mit seiner Freundin gut gerüstet sein und schreibt den `SolcheSchuheHastDuSchonTester`, um ihr endlich beweisen zu können, dass sie genau die Schuhe schon zu Hause hat, und zwar x-mal. Dazu muss er zwar einige neue Datenstrukturen erlernen, aber wo ein Wille ist, ist auch ein Weg ...

Ich will mehr davon – Beziehungen zu Katzen und andere Freundinnen

Bisher haben wir bei der Modellierung von Klassen immer nur **1:1-Beziehungen** berücksichtigt. Damit kannst du sowas ausdrücken wie: Du hast eine Katze, eine Wohnung, eine Freundin und so weiter. Aber nicht jeder ist so bescheiden wie du, Schrödinger, und auch in der Java-Praxis gibt es hin und wieder Fälle, in denen man mehrere Sachen eines Typs verwalten möchte. Stell dir einen Katzenfreund vor, der gleich mehrere Katzen hat, oder jemanden, der mehrere Wohnungen hat, oder einen, der mehrere … ehm … Okay, ich glaube, du verstehst mich schon: Mit 1:1-Beziehungen kommst du auch bei der Programmierung nicht weit. Man braucht **1:n-Beziehungen** oder sogar **n:m-Beziehungen**. In der einfachsten Form bietet Java hierfür als Datenstruktur **Arrays** an. Die können mehrere Variablen vom gleichen Typ enthalten. Das ist schon mal ein guter Anfang.

Arrays kannst du auf verschiedene Arten erzeugen:

1. Über den Konstruktor:

Arrays sind Objekte, also kannst du sie mit dem **new**-Operator anlegen.

```
Katze[]*1 katzen = new Katze[4]*2;
katzen[0]*3 = new Katze("Schnuckel");
Katze katze = katzen[0]*4;
```

*1 Eckige Klammern hinter dem Typ auf der linken Seite, damit definierst du ein Array.

*2 Eckige Klammern statt runder Klammern auf der rechten Seite! Außerdem wichtig: Du musst angeben, wie groß das Array sein soll.

*3 So setzt du einen Wert; Arrays haben keine Methoden, um Elemente hinzuzufügen.

*4 Und so holst du den Wert wieder raus.

2. Über die verkürzte Schreibweise:

Ähnlich wie bei Strings gibt es auch eine verkürzte Schreibweise, die allerdings voraussetzt, dass du bereits bei der Deklaration weißt, welche Elemente das Array enthalten soll:

```
String[]*1 monate = {*2
  "Januar", "Februar", "März", "April", "Mai", "Juni",
  "Juli", "August", "September", "Oktober", "November", "Dezember"
};
```

*1 Hier wieder keine Größenangabe, ...

*2 ... und diesmal auch nicht auf der rechten Seite. In den geschweiften Klammern stehen alle Werte, die das Array enthalten soll. Dadurch steht auch implizit die Größe des Arrays fest.

3. Oder du erstellst es anonym:

Anonym deshalb, weil das Array keiner Variablen zugewiesen wird (sprich keinen Namen hat), sondern zum Beispiel direkt als Parameter einer Methode übergeben wird.

```
machWasMitZahlen(new int[]{1,2,3,4});*1
```

*1 Hier ein **anonymes Array** direkt als Parameter einer Methode. Eine Variable wird nicht gebraucht, denn die Werte werden nur innerhalb der Methode verwendet. Allerdings sind sie, nachdem die Methode abgearbeitet ist, auch für immer vergessen.

[Hintergrundinfo]

Die eckigen Klammern auf der linken Seite können zwar auch hinter dem Variablennamen stehen, doch ist das eher eine unübliche Schreibweise:

`int nochMehrZahlen[] = new int[4];`

– sieht irgendwie komisch aus, oder?

[Hintergrundinfo]

Die Methode **`machWasMitZahlen()`** kann in diesem Fall sogar zwei Signaturen haben: entweder **`machWasMitZahlen(int[] array)`** oder **`machWasMitZahlen(int... array)`**. Das bedeutet, Arrays können auch an den Stellen verwendet werden, an denen eine Methode **Varargs** erlaubt.

Für mich sehen im Moment alle Arten, Arrays anzulegen, komisch aus!

Um alle Elemente eines Arrays zu durchlaufen, kannst du eine **`for`**-Schleife verwenden, denn die Zählervariable kannst du direkt nutzen, um auf den entsprechenden Index im Array zuzugreifen.

```
int vieleZahlen[] = {1,2,3,4,5,6,7,8,9};
for (int i = 0; i < vieleZahlen.length*1; i++) {
  System.out.println(vieleZahlen[i]);
}
```

i++

*1 Keine Methode, sondern ein Feld: Über **`length`** bekommst du die Länge/Größe des Arrays.

Seit Java 5 funktioniert der Zugriff sogar noch einfacher dank der **foreach**-Schleife:

```
for (int zahl : vieleZahlen) {
  System.out.println(zahl);
}
```

[Achtung]
Die **foreach**-Schleife solltest du nur verwenden, wenn du keine Indexvariable innerhalb der Schleife brauchst. Denn die gibt es hier nicht.

[Achtung]
Zwei wichtige Dinge musst du beim Durchlaufen von Arrays beachten:
Erstens fangen Arrays bei 0 an zu zählen, das heißt, auf das erste Element greifst du mit **arrayName[0]** zu, auf das zweite mit **arrayName[1]** und so weiter.
Daraus ergibt sich auch direkt die zweite Stolperfalle: Auf das letzte Element greifst du nämlich nicht mit **arrayName[arrayLaenge]** zu, sondern eben mit **arrayName[arrayLaenge – 1]**.
In der **for**-Schleife musst du also entweder **i <= (vieleZahlen.length-1)** schreiben oder **i<vieleZahlen.length**.

Wie bei den Strings. Ist doch alles alter Käse, das weiß ich doch schon alles.

Soso, der Herr weiß das schon alles.
Aber ein bisschen Wiederholung schadet keinem, auch dir nicht, lieber Schrödinger.

Objekte der Begierde

So, wie ich das jetzt sehe, müssen alle Elemente in einem Array immer den gleichen Typ haben, richtig?

Fast. Sie müssen zumindest von dem Typ ableiten, der bei der Array-Deklaration angegeben wurde, oder diesen implementieren. Wenn du zum Beispiel ein Array vom Typ **Tier** erstellst, können prinzipiell auch Hunde und Katzen hinein. Friedlich ausgehen tut das allerdings nicht:

```
Tier[] tiere = new Tier[5]; *1
tiere[0] = new Katze(); *2
tiere[1] = new Hund(); *3
Tier*5[] hunde = new Hund[5]; *4
hunde[0] = new Hund(); *6
hunde[1] = new Katze(); *7 X
```

*1 Hier wird ein neues Array erstellt, das Tiere enthalten kann.

*2 Es können Katzen rein, ...

*3 ... aber auch Hunde, soweit alles prima.

*4 Hier wird ein neues Array erstellt, in das eigentlich nur Hunde rein sollen.

*5 Auf der linken Seite wird aber der allgemeinere Typ **`Tier`** verwendet.

*6 Hunde reinzutun, funktioniert, ...

*7 ... Katzen lässt der Compiler aber auch rein. Wenn du das Programm laufen lässt, knallt es allerdings derbe mit einer **`ArrayStoreException`**! Der Compiler kann das nicht alles erkennen, achte also genau darauf, was du in deine Arrays reinpackst!

Ab in die nächste Dimension

Wenn Arrays Objekte enthalten können und selber Objekte sind, dann können doch Arrays auch Arrays enthalten, richtig?

Stimmt genau, und die nennt man dann **mehrdimensionale Arrays**.

Hier ein paar Beispiele für mehrdimensionale Arrays:

```
int[][]*1 beispiel = new int[12][31];
int[][]*2 vierMalVier = {{1,2,3,4}, {1,2,3,4}, {1,2,3,4}, {1,2,3,4}};*3
double[][][]*4 dreiD = {{{5},{2},{4}},{{3},{4},{5}},{{2},{3},{4}},{{5},{6},{3}}};
```

*1 ein zweidimensionales Array von Ganzzahlen

*2 noch eins, nur diesmal ...

*3 ... direkt mit Werten initialisiert

*4 und ein drei-dimensionales Array

Gib mir alles

[Einfache Aufgabe]

Gib alle Wochentage inklusive ihrer Position innerhalb der Woche aus. Lege dazu ein Stringarray mit den Wochentagen an, und verwende die richtige Schleife, um auch die Position ausgeben zu können.

Lösung:

```
String[] woche = {"Montag", "Dienstag", "Mittwoch", "Donnerstag",
    "Freitag", "Samstag", "Sonntag"}; *1
for (int i = 0; i < woche.length; i++) { *2
    System.out.println((i+1) + ". " + woche[i]); *3
}
```

*1 Du kennst alle Werte, die in das Array sollen? Dann bietet sich die Kurzschreibweise an, um das Array zu erstellen.

*2 Weil du die Position des Tages in der Woche ausgeben sollst, brauchst du die normale **for**-Schleife, die mit der Zählervariablen.

*3 Hier wird die Position ausgegeben. Arrays fangen bei 0 an zu zählen, daher musst du die Zählervariable **i** um eins erhöht ausgeben. Du darfst aber nicht sowas machen wie **i++**, denn das würde **auch die Zählervariable erhöhen** und nach dem dritten Schleifendurchlauf zu einer **Exception** führen!

[Schwierige Aufgabe]

Was ist die Ausgabe von folgendem Programm? Achtung: Es haben sich zwei Fehler versteckt!

```
int vierZahlen[] = {1,2,3,4};
for(int i=0; i<=vierZahlen.length(); i++) {
  System.out.println(vierZahlen[i]*vierZahlen[i]);
}
```

Lösung:

Dieses Programm kompiliert gar nicht! Arrays haben keine Methode **length()**, sondern das **Feld length**, um die Länge abzufragen. Doch selbst wenn du diesen Fehler behebst, funktioniert das Programm noch nicht korrekt: Da das **i** in der Schleife bis zum Wert 4 hochgezählt wird, **vierZahlen[4]** aber auf das (nicht existente) fünfte Element des Arrays verweist, gibt es einen Laufzeitfehler!

Solche Schuhe hast du schon!

Unser Schuhregal läuft über, und das nur, weil meine Freundin mit ihrem Schuhtick immer weiter Schuhe kauft, ohne darauf zu achten, ob sie die gleichen Schuhe nicht schon hat. Können wir nicht ein Programm schreiben, das mir bei diesem Problem hilft?

Klar! Was du brauchst, ist ein Solche-Schuhe-hast-du-schon-Tester, etwa in diese Richtung hier:

```
public interface SolcheSchuheHastDuSchonTester {
    void addSchuhPaar(SchuhPaar schuhPaar); *1
    boolean hastDuSchon(SchuhPaar schuhPaar); *2
}
```

*1 eine Methode zum Hinzufügen von einem Paar Schuhe

*2 und die Methode, die überprüft, ob deine Freundin solche Schuhe schon besitzt

Von wegen kein Denglish verwenden ...

Irgendetwas führt er doch im Schilde mit dem Interface. Worauf das wohl wieder hinausläuft?

Jetzt benötigen wir noch die Klasse SchuhPaar, die folgendermaßen aussieht

SchuhPaar	
farbe:	String
groesse:	int
mitStoeckeln:	boolean

Die Klasse »SchuhPaar«

Alles muss man selber machen

Lass uns mal schauen, wie eine Implementierung mit einem Array aussehen würde:

```
public class SchuhTesterMitArray implements SolcheSchuheHastDuSchonTester {
  private SchuhPaar[] schuhe;
  private int schuhZaehler = 0; *1
  public SchuhTesterMitArray() {
    this.schuhe = new SchuhPaar[20]; *2
  }
  @Override
  public void addSchuhPaar(SchuhPaar schuhe) {
    if(this.schuhZaehler < this.schuhe.length) { *3
      this.schuhe[this.schuhZaehler] = schuhe; *4
      this.schuhZaehler++; *5
    }
  }
  @Override
  public boolean hastDuSchon(SchuhPaar neuesSchuhPaar) {
    boolean hastDuSchon = false;
    for (SchuhPaar schuhPaar : this.schuhe) { *6
      if(schuhPaar != null && schuhPaar.equals(neuesSchuhPaar)) { *7
        hastDuSchon = true; *8
      }
    }
    return hastDuSchon;
  }
}
```

*1 Da Arrays sich **nicht merken**, an welcher Stelle das nächste Element eingefügt werden soll, musst du dir das selber in einer **Variablen** merken.

*2 Ein Array der Länge 20 sollte fürs Erste reichen.

*3 Nur wenn noch **Platz im Array** ist, …

*4 … fügen wir das neue Paar Schuhe an die entsprechende Position …

*5 … und erhöhen den internen **Schuhzähler**.

*6 Wir müssen jedes Paar Schuhe bzw. jede Position in dem Array durchgehen …

*7 … und prüfen, ob die Schuhpaare gleich sind. Außerdem solltest du prüfen, ob überhaupt ein Paar Schuhe an der Position im Array vorhanden ist, denn Position x könnte auch unbelegt sein, das heißt `null`.

*8 Bei Gleichheit ist das Ergebnis `true`.

Noch schnell `toString()` für `SchuhPaar` implementieren, damit wir gleich auch was Sinnvolles auf der Konsole sehen ...

```
@Override
public String toString() {
  return this.getGroesse() + " " + this.getFarbe() + (this.isMitStoeckeln()
    ? " mit Stöckeln" : " ohne Stöckel");
}
```

... und schon kann's losgehen:

```
public class Main {
  public static void main(String[] args) {
    SolcheSchuheHastDuSchonTester tester = new SchuhTesterMitArray();
    SchuhPaar schuhPaar = new SchuhPaar(39, "schwarz", true);
    SchuhPaar schuhPaar2 = new SchuhPaar(39, "lila", false);
    SchuhPaar schuhPaar3 = new SchuhPaar(39, "gelb", true);
    SchuhPaar schuhPaar4 = new SchuhPaar(39, "blau", false);
    tester.addSchuhPaar(schuhPaar);
    tester.addSchuhPaar(schuhPaar2);
    tester.addSchuhPaar(schuhPaar3);
    tester.addSchuhPaar(schuhPaar4);
    SchuhPaar gleichesSchuhPaar = schuhPaar;*1
    StringBuilder meldung = new StringBuilder();
    meldung.append(tester.hastDuSchon(gleichesSchuhPaar*2) ? gleichesSchuhPaar +↩
      " hast du schon" : gleichesSchuhPaar + " hast du noch nicht");
    System.out.println(meldung);
  }
}
```

*1 Ein exakt gleiches Schuhpaar ...

*2 ... liefert, wie nicht anders zu erwarten, **true**.

Ausgabe:

39 schwarz mit Stöckeln hast du schon.

Prima! Das ging ja schnell!

Warte, warte, nicht so hastig. Die Variable **gleichesSchuhPaar** zeigt ja auf den gleichen Speicherplatz wie die Variable **schuhPaar**. Ich weiß, das war gemein von mir ... lass uns doch mal versuchen, Schuhe anzulegen, die nicht auf den gleichen Speicherplatz zeigen, aber trotzdem **gleich sind**.

```
SchuhPaar gleicheSchuhe = new SchuhPaar(39, "schwarz", true);
```

Angeblich hat meine Freundin die Schuhe noch nicht!

Aber, Moment mal. Du hast doch eben gesagt, dass Objekte in Java mit der **equals()**-Methode verglichen werden. Jetzt fängst du wieder mit Zeigern auf den gleichen Speicherplatz an?

Auf den Spuren der Objektgleichheit

Ja, aber sicherlich erinnerst du dich daran, dass du die **`equals()`**-Methode für deine Klassen **selber implementieren** musst. Die geerbte Methode aus **`Object`** prüft nämlich nur die Speicheradresse. Du musst die Methode überschreiben! Und da wir zwei, Schrödinger, nicht den Schuh-Kennerblick haben wie deine Freundin, sind für uns jetzt erstmal alle Schuhe gleich, die die gleiche Größe und die gleiche Farbe haben und die entweder Stöckel haben oder keine.

[Schwierige Aufgabe]

Probieren geht über studieren! Probiere es selbst: Erstelle eine korrekte Implementierung von **`equals()`** für die Klasse **`SchuhPaar`**, so dass der Schuhtester korrekt funktioniert.

Hier siehst du, wie du es machen könntest:

```
@Override*2
public boolean equals(Object object){ *1
  boolean gleich = false;
  if(object != null && object instanceof SchuhPaar) {
    SchuhPaar schuhPaar = (SchuhPaar) object;
    gleich*5 = schuhPaar.getFarbe().equals(this.getFarbe()) *3
      && schuhPaar.getGroesse() == this.getGroesse() *4
      && schuhPaar.isMitStoeckeln() == this.isMitStoeckeln(); *4
  }
  return gleich;
}
```

*1 Der Parameter für die **`equals()`**-Methode ist **immer Object**, nicht etwa – wie man meinen könnte – **`SchuhPaar`**. Ganz wichtig, denn **sonst überschreibst du nicht**, wie geplant, **sondern überlädst** die Methode nur.

*2 Anhand der **`@Override`**-Annotation erkennt der Compiler, dass du überschreiben möchtest. Würdest du statt **`Object`** die Klasse **`SchuhPaar`** in der Methodendeklaration verwenden, würde der Compiler aufschreien.

*3 Die Farbe ist als String implementiert, und die Klasse **`String`** hat eine eigene **`equals()`**-Methode, die bereits korrekt funktioniert. Die kannst du ruhigen Gewissens verwenden.

*4 Die Schuhgröße und die Angabe, ob die Schuhe Stöckel haben, sind beides primitive Datentypen, und die werden nach wie vor mit dem **`==`**-Operator verglichen.

*5 Nur wenn alle drei Eigenschaften gleich sind, ist **`gleich`** **`true`**.

Gleich ist gleich – oder doch nicht?

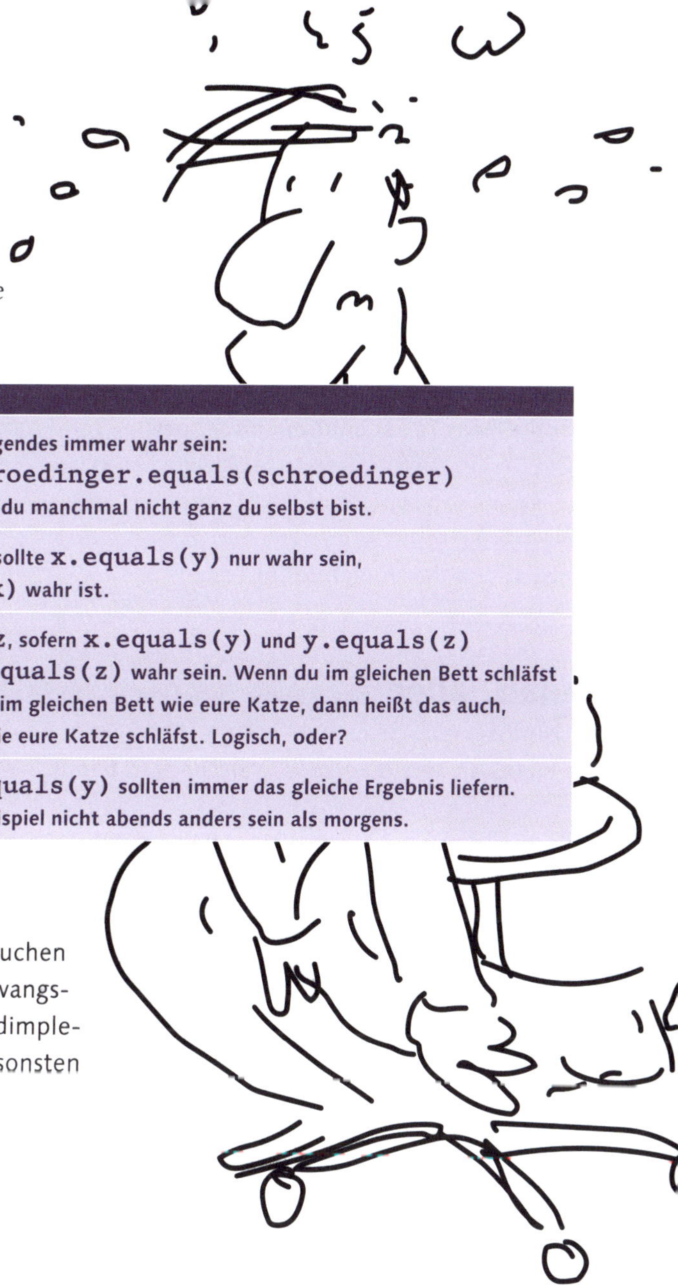

Die Implementierung einer **`equals()`**-Methode sollte folgende Eigenschaften aufweisen:

Eigenschaft	Bedeutung
Sie sollte **reflexiv** sein.	Für ein Objekt `x` sollte Folgendes immer wahr sein: `x.equals(x)`. `schroedinger.equals(schroedinger)` ist immer wahr, auch wenn du manchmal nicht ganz du selbst bist.
Sie sollte **symmetrisch** sein.	Für zwei Objekte `x` und `y` sollte `x.equals(y)` nur wahr sein, wenn auch `y.equals(x)` wahr ist.
Sie sollte **transitiv** sein.	Für drei Objekte `x`, `y` und `z`, sofern `x.equals(y)` und `y.equals(z)` wahr sind, sollte auch `x.equals(z)` wahr sein. Wenn du im gleichen Bett schläfst wie deine Freundin und sie im gleichen Bett wie eure Katze, dann heißt das auch, dass du im gleichen Bett wie eure Katze schläfst. Logisch, oder?
Sie sollte **konsistent** sein.	Mehrere Aufrufe von `x.equals(y)` sollten immer das gleiche Ergebnis liefern. Das Ergebnis sollte zum Beispiel nicht abends anders sein als morgens.

[Achtung]

Um Objekte in Arrays (oder irgendwo anders) suchen zu können, muss die **`equals()`**-Methode zwangsweise implementiert werden. Über die Standardimplementierung der Klasse **`Object`** findest du ansonsten niemals zuverlässig ein gleiches Objekt!

Arrays wachsen nicht mit

Das Arbeiten mit Arrays **ist nicht unbedingt komfortabel**. Eben haben wir den Schuhtester ja mit einem Array der Länge 20 erstellt. Blöd nur, dass Arrays nicht dynamisch wachsen. Stell dir jetzt mal vor, deine Freundin kauft das einundzwanzigste Paar Schuhe.

Ganz klar, das muss ich verhindern!

Glaub mir, das wirst du nicht können. Es gibt hier nur zwei Möglichkeiten: **Entweder** du ersetzt dein festes Array **oder** deine Freundin.

[Schwierige Aufgabe]

Passe den Schuhtester so an, dass er nicht nach dem zwanzigsten Paar Schuhe aufgibt!

Puh, das ist aber anstrengend, dann muss ich ja extra immer ein neues Array erstellen, wenn im alten kein Platz mehr ist, und dann alle Objekte aus dem alten Array in das neue kopieren. Einzeln! *Oh Mann!*

```
if (this.schuhZaehler >= this.schuhe.length) {*1
  SchuhPaar[] schuhKopien = new SchuhPaar[this.schuhe.length + 20];*2
  for (int i=0; i<this.schuhe.length; i++) {*3
    schuhKopien[i] = this.schuhe[i];
  }
  this.schuhe = schuhKopien;
}
```

*1 Wenn das Array voll ist, …

*2 … muss ich ein neues, größeres Array erstellen …

*3 … und dann alles per Hand vom alten in das neue Array packen. Äääätzend!

Genau, aber das ist eine gute Übung, findest du nicht? Du kannst natürlich auch die `copyOf()`-Methode der Helferklasse-`Arrays` verwenden. Die kann das, was du gerade gemacht hast, nämlich auch schon:

```
if (this.schuhZaehler >= this.schuhe.length) {
  this.schuhe = Arrays.copyOf(this.schuhe*1, this.schuhe.length + 20*2);
}
```

*1 Erster Parameter: das Array, das kopiert werden soll

*2 Zweiter Parameter: die Größe des neuen Arrays. Könnte einfacher nicht sein, oder?

Hättest du mir das doch vorher gesagt! Okay, das bedeutet, das Kopieren des Arrays muss ich nicht mehr selber machen, aber ich muss immer noch die Größe des Arrays im Auge behalten. Gibt es dafür nicht auch eine Helfermethode?

Eine Helfermethode gibt es zwar nicht, aber dafür so etwas wie dynamisch wachsende Arrays: **Collections**!

[Notiz]

Nichtsdestotrotz findest du in der `Arrays`-Helferklasse jede Menge anderer nützlicher Methoden, unter anderem auch Methoden für das Suchen und das Sortieren.

[Achtung]

Nicht nur das dynamische Vergrößern von Arrays ist umständlich, sondern auch, herauszufinden, wie viele Elemente in einem Array drin sind. Das `length`-Feld liefert nämlich immer den Wert, den man bei der Array-Deklaration mitgegeben hat, sprich die Größe des Arrays, aber nicht die Anzahl der Elemente. Stell dir vor, dein Schuh-Array hat ein Fassungsvermögen von 20, enthält aber nur 15 Schuhpaare. Die `length`-Variable liefert dann trotzdem 20, wobei 15 Plätze mit Werten und die anderen mit `null` belegt sind und diese 15 Werte nicht mal hintereinanderstehen müssen. Das hängt ganz davon ab, an welchen Stellen du sie eingefügt hast.

Schuhkollektionen

Da es wahrscheinlich nicht bei 20 Schuhpaaren bleiben wird und das mit den Standard-Arrays, die man selbst verwalten muss, auch etwas unbequem ist, gibt es in der Java-Bibliothek eine ganze Hierarchie von Interfaces und Klassen, die sich der Thematik der Listenverwaltung verschrieben haben: das sogenannte **Collection-Framework**.

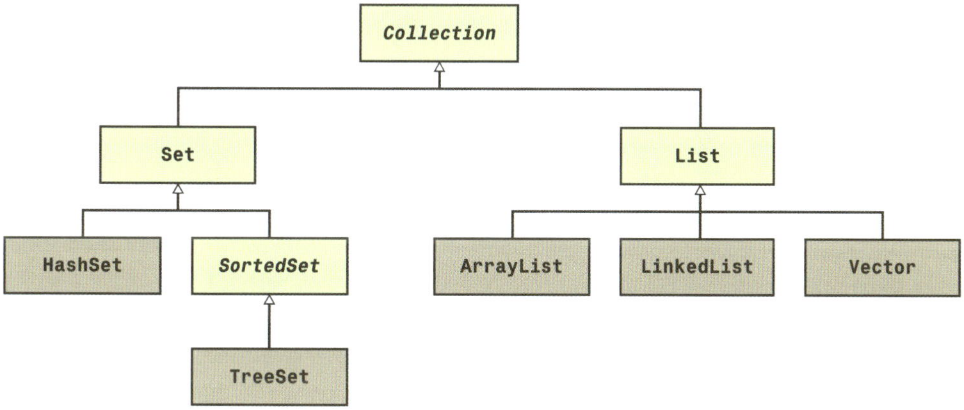

Ein Ausschnitt aus dem Collection-Framework

Ganz oben in dieser Klassenhierarchie steht das Interface **`java.util.Collection`**, welches erstmal ganz allgemein gesprochen **eine Sammlung von Elementen** darstellt und unter anderem folgende Methoden hat:

Methoden	Beschreibung
`add(E element)`	Fügt der Sammlung ein Element vom Typ `E` hinzu. `E` ist sowas wie ein Platzhalter. Wenn du beispielsweise eine Liste für den Typ `Katze` erstellst, akzeptiert die `add()`-Methode nur Objekte vom Typ `Katze`. Das gucken wir uns nochmal genauer an, wenn wir in Kapitel 10 über **Generics** sprechen.
`clear()`	Löscht alle Elemente aus der Sammlung.
`contains(Object o)`	Überprüft, ob das Element in der Sammlung vorkommt.
`remove(Object o)`	Wenn vorhanden, wird das entsprechende Element aus der Sammlung gelöscht.
`size()`	Ermittelt die Anzahl der Elemente.

Eine Ebene unter **`Collection`** gibt es weitere Interfaces.
Ein wichtiges, das du häufig verwenden wirst, ist **`java.util.List`**.
Arbeiten damit **könnte einfacher nicht sein:**

```
List<String> monate = new ArrayList<String>(); *1
List<String> monate2 = new ArrayList<>(); *2
monate.add("Januar"); *3
monate.add("Februar");
monate.add("März");
monate.add("April");
System.out.println(monate.size()); *4
String januar = monate.get(0); *5
```

*2 Seit Java 7 kann die Angabe des Typs auf der rechten Seite der Zuweisung wegfallen. Davor musste man in den spitzen Klammern auch den Typ angeben.

*3 Ein paar Elemente hinzufügen ...

*1 So erstellst du eine Liste. Links das Interface, rechts die Implementierung. Die Angabe in den spitzen Klammern gibt den Typ an, den Elemente haben müssen, wenn sie in die Gruppe wollen. In der Realität nennt man sowas Gruppenzwang, in Java nennt man das **Generics**. Generics erhöhen die Typsicherheit beim Programmieren. Eben bei den Arrays hast du gesehen, dass du Probleme bekommst, wenn du Hunde und Katzen gemeinsam in ein Array packst und diese Probleme erst zur Laufzeit erkennst. Mit Generics kann der Compiler dich bereits zur Compilezeit vor sowas warnen. Mehr Details dazu gibt's **in Kapitel 10.**

Generics Generics GenerGen GenerGen Generics

[Achtung]

Du darfst bei dieser Deklaration **keine primitiven Datentypen verwenden, so etwas wie `List<int>` geht nicht!** Stattdessen musst du die jeweilige Wrapperklasse verwenden, denn Listen funktionieren genau wie alle Collections nur mit Objekten – übrigens einer der wesentlichen Unterschiede zu Arrays.

*4 ... und die Größe ausgeben: 4, wie erwartet.

*5 Über **`get()`** bekommst du die Elemente in der Liste. Und da wir bei der Deklaration der Liste angegeben haben, dass nur Strings in der Liste sind, bekommen wir hier auch direkt einen String zurück. Hätten wir das nicht getan, das heißt, hätten wir keine Generics verwendet, müssten wir hier umständlich den Typ prüfen und casten. Noch ein weiterer Unterschied zwischen Collections und Arrays: Arrays waren schon immer typisiert, Collections erst seit Java 5.

[Hintergrundinfo]

Seit Java 9 gibt es übrigens auch die Methode **`List.to()`**, mit der du ebenfalls relativ einfach neue Listen erzeugen kannst:

```
List<String> monate2 = List.of(
  "Januar",
  "Februar",
  "März",
  "April"
);
```

Allerdings musst du beachten, dass die Listen, die auf diese Weise erzeugt werden, **`immutable`** sind, also unveränderlich. Mit anderen Worten: Du kannst solchen Listen später keine weiteren Elemente hinzufügen oder welche daraus entfernen.

Solche Schuhe hast du immer noch!

Wollen wir den Schuhtester mal ein bisschen aufbrezeln und statt des Arrays eine Collection verwenden.

Schuh-Collection, das passt ja!

```
public class SchuhTesterMitCollection implements
  SolcheSchuheHastDuSchonTester
{
    private Collection<SchuhPaar> schuhKollektion;

    public SchuhTesterMitCollection(
            Collection<SchuhPaar> schuhKollektion) *1
    {
        this.schuhKollektion = schuhKollektion;
    }
    @Override
    public Collection<SchuhPaar> getSchuhKollektion() *2
    {
        return Collections.unmodifiableCollection(collection); *5
    }
    @Override
    public void addSchuhPaar(SchuhPaar schuhPaar)
    {
        this.schuhKollektion.add(schuhPaar); *3
    }
    @Override
    public boolean hastDuSchon(SchuhPaar schuhPaar)
    {
        return this.getSchuhKollektion().contains(schuhPaar); *4
    }
}
```

*1 Den Konstruktor definieren wir so, dass er eine Collection als Parameter bekommt.

*2 Noch eine **neue Methode**, welche die Schuhkollektion zurückgibt (wegen der **`@Override`**-Annotation zwingt dich der Compiler auch dazu, diese im **`SolcheSchuheHastDuSchonTester`**-Interface anzugeben, aber ich denke, das dürfte jetzt kein Problem mehr für dich darstellen).

*3 Hier rufen wir einfach die **`add()`**-Methode unserer Collection auf und fügen ein neues Paar Schuhe hinzu. Kein Rumhampeln mit Array-Indizes.

*4 Auch für den Test, ob schon Schuhe in der Schuhkollektion drin sind, bedienen wir uns einer der Collections-Methoden, nämlich **`contains()`**. Das funktioniert übrigens nur, weil unsere Schuhe bereits die **`equals()`**-Methode implementieren.

*5 Wir wollen ja nicht, dass jemand Schuhe hinzufügen kann, ohne die **`add()`**-Methode zu verwenden. Deswegen solltest du hier eine Kopie der **`Collection`** zurückgeben, der man keine Elemente hinzufügen kann.

@Override? Passende Methode im Interface angeben? Probleme? *Das war gestern!*

Viel einfacher als mit Arrays!

Nur eins noch: Mein Compiler meckert, dass der **SchuhTesterMitArray** die Methode **getSchuhKollektion()** nicht implementiert. Die Methode hatte ich ja eben im Interface hinzufügen müssen. Arrays sind ja keine Collections, *wie soll ich das denn jetzt machen?*

Nichts leichter als das, denn zum Glück kannst du über die Helferklasse **Arrays** ein Array direkt in eine Liste umwandeln. Und Listen **sind** Collections.

```
@Override
public Collection<SchuhPaar> getSchuhKollektion() {
  return Arrays.asList(this.schuhe);*1
}
```

*1 Die Helfermethode **Arrays.asList()** wandelt ein Array in eine Liste um. Praktisch, oder?

Aber wieder zurück zu unserer neuen Implementierung:
In der **Main**-Klasse kannst du einfach die Array-basierte Schuhtester-Implementierung gegen die auf Collections basierende austauschen.

```
SolcheSchuheHastDuSchonTester tester = new SchuhTesterMitCollection
  (new ArrayList<SchuhPaar>());
```

Jetzt weiß ich endlich, was es mit dem Schuhtester-Interface vorgehabt hat!

Probier auch gleich mal die neue Methode aus:

```
System.out.println(tester.getSchuhKollektion().size());
```

Liefert 4 zurück! Das bedeutet ja, dass ich mit der **size()**-Methode auch die richtige Anzahl der Elemente im Array … äh, ich meine natürlich in der Collection … herausbekomme und nicht bloß, wie viele Plätze insgesamt zur Verfügung stehen. Gefällt mir ja jetzt schon besser als das Arbeiten mit rohen Arrays. *Warum gibt's die dummen Dinger eigentlich?*

Na ja, so dumm sind die Arrays auch wieder nicht. Du solltest immer abwägen, ob für das, was du gerade programmieren möchtest, Arrays nicht **vielleicht sogar die bessere Wahl sind**. Wenn du zum Beispiel sehr viel mit primitiven Datentypen arbeitest, sind Arrays performanter, denn Collections funktionieren nur mit den Wrapperklassen. Die wiederum belegen mehr Speicher.

Soll ich dir mal meine Schuhsammlung zeigen?

[Schwierige Aufgabe]
Gib jedes Schuhpaar der Collection aus.

Mach ich wahrscheinlich mit einer normalen for-Schleife.

Falls du jetzt an eine normale **`for`**-Schleife denkst, muss ich dich leider enttäuschen. Es gibt im **`Collection`**-Interface zwar eine **`size()`**-Methode, um die Anzahl der Elemente zu bestimmen, aber keine Methode, um an ein Element mit einem bestimmten Index zu gelangen:

- **`tester.getSchuhKollektion().size()`** → Gibt's, das ist schon mal gut.
- **`tester.getSchuhKollektion()[i]`** → Geht nicht, ist ja kein Array.
- **`tester.getSchuhKollektion().get(i)`** → Würde funktionieren, wenn wir das **`List`**-Interface verwenden würden. Tun wir aber nicht, weil wir für den Moment so abstrakt wie möglich bleiben wollen.
- **`tester.getSchuhKollektion().item(i)`** → Gibt's nicht.
- **`tester.getSchuhKollektion().getItem(i)`** → Gibt's auch nicht.

Du kannst allerdings die `foreach`-Schleife verwenden, die hat erst gar keinen Index:

```
for(SchuhPaar schuhe : tester.getSchuhKollektion()) {
  Sytem.out.println(schuhe);
}
```

[Notiz]
Die Syntax für die **`foreach`**-Schleife gibt es seit Java 5, davor musste man ein anderes Konzept verwenden. Darf ich vorstellen …

Der Iterator (hört sich krass an, oder?)

Wie ein neuer Arni-Film.

Eine weitere Möglichkeit, um über die einzelnen Elemente in einer Collection zu **iterieren**, bietet das `Iterator`-Interface. Das funktioniert wie im folgenden Codeschnipsel:

```
Iterator<SchuhPaar> iterator = tester.getSchuhKollektion().iterator();*1
while (iterator.hasNext()) {*2
  System.out.println(iterator.next()*3.toString());
}
```

*1 Zunächst musst du dir den Iterator von der Collection holen, das geschieht über die `iterator()`-Methode.

*2 Das `Iterator`-Interface definiert insgesamt drei Methoden: `hasNext()` prüft, ob es noch ein weiteres Schuhpaar (ausgehend von der aktuellen Position) in der Collection gibt, …

*3 … `next()` liefert dann das nächste Schuhpaar (und rückt intern eine Position weiter). Mit `remove()` kannst du außerdem Elemente löschen (das lassen wir aber deiner Freundin zuliebe erstmal bleiben).

[Notiz]

Der Bytecode, den der Compiler aus der `foreach`-Schleife erstellt, ist identisch mit dem Bytecode, der für die Iterator-Schreibweise erstellt wird.

[Notiz]

Da das List-Interface auch eine Methode hat, mit der man gezielt auf ein Element der Liste zugreifen kann, kannst du dort auch die normale `for`-Schleife statt der `foreach`-Schleife oder Iteratoren verwenden.

Link und listig

Neben der **`ArrayList`** gibt es noch weitere Implementierungen des **`List`**-Interfaces: **`LinkedList`** und **`Vector`**. **`LinkedList`**s sind aufgrund ihrer Implementierung besonders geeignet, wenn oft Elemente an **verschiedensten Positionen** in der Liste eingefügt werden müssen. **`Vector`** dagegen ist **Thread-sicher**, das bedeutet, gleichzeitiger **paralleler Zugriff** stellt hier kein Problem dar. In der Regel dürfte dir aber erstmal eine **`ArrayList`** ausreichen.

[Schwierige Aufgabe]

Das folgende Programm soll eigentlich nach und nach alle Elemente in der Liste auf der Konsole ausgeben und direkt danach löschen. Aus irgendeinem Grund werden aber bloß zwei Elemente ausgegeben. Repariere den Quelltext!

```
List<String> aufgaben = new ArrayList<>();
aufgaben.add("Geschirr spülen");
aufgaben.add("Wohnzimmer aufräumen");
aufgaben.add("Staub wischen");
aufgaben.add("Badezimmer putzen");
for(int i=0; i<aufgaben.size(); i++) {
  System.out.println(aufgaben.remove(i));
}
```

Lösung:

Da innerhalb der **`for`**-Schleife Elemente aus der Liste gelöscht werden, liefert der Ausdruck **`aufgaben.size()`** nach dem zweiten Löschen auch nur noch eine 2 zurück. Wenn die **`for`**-Schleife dann beim dritten Mal prüft, ob ihr Inhalt noch einmal ausgeführt werden soll, hat die Variable **`i`** aber auch schon den Wert 2 und ist damit nicht mehr kleiner als die Listengröße, so dass die Schleifenausführung abgebrochen wird.

Um das zu verhindern, musst du die **`for`**-Schleife einfach umstellen und immer das letzte Element der Liste löschen:

```
for(int i=aufgaben.size()-1; i>=0; i--) {
  System.out.println(aufgaben.remove(i));
}
```

Noch eleganter ist in diesem Fall aber eine **`while`**-Schleife:

```
while(!aufgaben.isEmpty()) { *1
  System.out.println(aufgaben.remove(0)); *2
}
```

*1 Solange die Liste noch nicht leer ist, ...

*2 ... wird das erste Element gelöscht.

Einmal heißt einmal und dann keinmal mehr

IN ~~UN~~WORT DES JAHRES

So weit, so gut, Schrödinger. Gucken wir uns mal das nächste wichtige Unter-Interface von **`Collection`** an: **`java.util.Set`**. Das ist nichts anderes als die Java-Implementierung von Mengen. Und die dürftest du noch aus dem Matheunterricht kennen.

Matheunterricht? Erinnere mich bitte nicht daran. Und ja, ich kenne das noch von da. Also bitte keine trockene Einführung in die Mengenlehre!

Versprochen. Nur ein klitzekleines Beispiel und eine Übersicht, welche Methode welcher Operation aus der Mengenlehre entspricht, und dann geht's direkt in die Werkstatt.

Hier das klitzekleine Beispiel:

```
Set<Integer>*1 zahlen = new HashSet<>();*2
zahlen.add(1);*3
zahlen.add(2);*3
zahlen.add(3);*3
zahlen.add(4);*3
System.out.println(zahlen);*4
zahlen.add(4);*5
System.out.println(zahlen);*6
```

*1 eine Menge von Zahlen, …

*2 … als Implementierung ein **HashSet**

*3 nichts Besonderes hier, einfach ein paar Zahlen in die Menge reinmengen, …

*4 … Ergebnis wie erwartet: [1, 2, 3, 4]

*5 In Mengen dürfen Elemente nur einmal vorkommen. Das hier hat keinen Effekt, …

*6 … das Ergebnis ändert sich daher nicht: [1, 2, 3, 4].

[Ablage]
In Mengen gibt es jedes Element nur einmal.

[Zettel]
Wenn du versuchst, ein Element einem **`Set`** hinzuzufügen, das es dort schon gibt, liefert **`add()`** als Rückgabewert **`false`**.

Und hier die Methoden für die Mengenoperationen:

Methode	Beschreibung
`addAll()`	**Vereinigung** zweier Mengen
`removeAll()`	**Differenz** zweier Mengen
`retainAll()`	**Schnittmenge** zweier Mengen
`containsAll()`	Berechnet, ob eine Menge eine **Teilmenge** einer anderen ist.

[Hintergrundinfo]
Auch für Sets gibt es seit Java 9 eine neue Helfermethode **`of()`**, um relativ einfach direkt ein Set mit verschiedenen Werten zu erzeugen:

```
Set<Integer> zahlen =
Set.of(1, 2, 3, 4);
```

Das war's schon? Echt jetzt?

Hash mich, ich bin der Frühling

[Einfache Aufgabe]

Gegeben seien zwei Mengen A und B. A enthalte alle geraden Zahlen zwischen 1 und 40, B alle Teiler von 20. Entfernen Sie aus A alle Elemente, die auch in B vorkommen. ~~Skizzieren Sie Ihren Lösungsweg.~~ Mach's mit Java

[Übersetzung für Programmierer]

Du sollst hier die **Schnittmenge** von A und B berechnen, also genau die Zahlen ermitteln, die in beiden Mengen enthalten sind.

Der Code dazu sieht so aus:

```
Set<Integer> A*1 = new HashSet<>();
for(int i=2; i<=40; i+=2) {
  A.add(i);*2
}
Set<Integer> B*1 = new HashSet<>();
for(int i=1; i<=20; i++) {
  if(20%i==0) {
    B.add(i);*3
  }
}
System.out.println(A);*4
System.out.println(B);*5
A.retainAll(B);*6
System.out.println(A);*7
```

*1 Echte Mathematiker kennen keine Java-Code-Conventions. Lower Camel Case? Nie gehört.

*2 **A** enthält alle geraden Zahlen zwischen 1 und 40.

*3 **B** enthält alle Teiler von 20. Wie du ermittelst, ob eine Zahl Teiler einer anderen ist, weißt du schon seit unseren Primzahlabenteuern: mit dem Modulo-Operator!

*4 Ausgabe hier: [34, 32, 2, 38, 4, 36, 6, 8, 40, 10, 12, 14, 16, 18, 20, 22, 24, 26, 28, 30].

Unsortiert? Wieso das?

HashSets sind unsortiert. Falls du sortierte Daten brauchst, nimm stattdessen einfach ein **java.util.TreeSet**, denn das implementiert zusätzlich noch das Interface **java.util.SortedSet**, die Daten sind also sortiert.

*5 Ausgabe hier: [1, 2, 4, 20, 5, 10].

*6 Die Schnittmengen-Operation in Aktion: Mit **retainAll()** bleiben in **A** nur die Elemente übrig, die auch in **B** vorkommen, …

*7 … und das sind genau 2, 4, 10 und 20. Du hättest genauso gut auch **B.retainAll(A)** aufrufen können, das Ergebnis wäre das gleiche.

[Code bearbeiten]

Bearbeite den Code von eben. Verwende jetzt ein **TreeSet**, und ermittle alle Zahlen, die nicht in beiden Mengen A und B enthalten sind.

Du meinst die symmetrische Differenz? Sag das doch gleich.

```
...
Set<Integer> C = new TreeSet<>();*1
C.addAll(A);*1
C.addAll(B);*1
A.retainAll(B);*2
C.removeAll(A);*3
...
```

*1 **C** enthält zuerst alle Elemente aus **A** und **B**.

*2 **`retainAll()`** sorgt dafür, dass in **A** nur noch die Schnittmenge aus **A** und **B** übrig bleibt.

*3 Und alles minus der Schnittmenge sind die Elemente, die nicht in beiden Mengen enthalten sind. Danach enthält **C** diese Zahlen, sortiert, versteht sich: [1, 5, 6, 8, 12, 14, 16, 18, 22, 24, 26, 28, 30, 32, 34, 36, 38, 40].

[Notiz]

Wirf einen Blick auf die **Google-Guava**-Bibliothek, die enthält vieles, was das Arbeiten mit Collections und so weiter noch einfacher macht, zum Beispiel eine Helferklasse für Mengen, mit der du direkt die gängigen Mengenoperationen durchführen kannst, auch die symmetrische Differenz.

Sets für die Kripo

EILMELDUNG: Einbruch in die Villa Maier!

Geldschrank geknackt! Goldschmuck gestohlen!

[Einfache Aufgabe]

Die beiden Top-Detektive **C. O'Mpiler** und **J.V. Mac Hine** sind in Urlaub. Du musst für sie einspringen und den Fall lösen. Es gibt eine ganze Reihe Verdächtiger, von denen nur zwei ein Alibi haben. Was ist mit dem Rest? Wer hat ein Faible für Goldschmuck? Wer hatte Zugang zum Safe, wer Zugang zum Schlüssel?

Hier die Verdächtigen:

```
String herrMueller = "Herr Müller";
String frauMueller = "Frau Müller";
String herrMaier = "Herr Maier";
String frauMaier = "Frau Maier";
String derGaertner = "Der Gärtner";
String diePutzfrau = "Die Putzfrau";
String dieDiebischeElster = "Die diebische Elster";

Set<String> verdaechtige = new TreeSet<>();
verdaechtige.add(herrMueller);
verdaechtige.add(frauMueller);
verdaechtige.add(herrMaier);
verdaechtige.add(frauMaier);
verdaechtige.add(derGaertner);
verdaechtige.add(diePutzfrau);
verdaechtige.add(dieDiebischeElster);
```

Hier die Beweisstücke:

Beweisstück A:

```
Set<String> hatAlibi = new TreeSet<>();
hatAlibi.add(frauMueller);
hatAlibi.add(derGaertner);
```

Beweisstück B:

```
Set<String> liebtGold = new TreeSet<>();
liebtGold.add(frauMueller);
liebtGold.add(herrMaier);
liebtGold.add(derGaertner);
liebtGold.add(diePutzfrau);
liebtGold.add(dieDiebischeElster);
```

Beweisstück C:

```
Set<String> zugangZumSafe = new TreeSet<>();
zugangZumSafe.add(herrMueller);
zugangZumSafe.add(herrMaier);
zugangZumSafe.add(derGaertner);
zugangZumSafe.add(diePutzfrau);
```

Beweisstück D:

```
Set<String> zugangZumSafeSchluessel = new TreeSet<>();
zugangZumSafeSchluessel.add(herrMueller);
zugangZumSafeSchluessel.add(frauMueller);
zugangZumSafeSchluessel.add(herrMaier);
zugangZumSafeSchluessel.add(frauMaier);
zugangZumSafeSchluessel.add(dieDiebischeElster);
```

Kombinieren, Schrödinger, kombinieren!

```
System.out.println(verdaechtige);*1
verdaechtige.removeAll(hatAlibi);*2
System.out.println(verdaechtige);*2
verdaechtige.retainAll(liebtGold);*3
System.out.println(verdaechtige);*3
verdaechtige.retainAll(zugangZumSafe);*4
System.out.println(verdaechtige);*4
verdaechtige.retainAll(zugangZumSafeSchluessel);*5
System.out.println(verdaechtige);*5
```

Wer bleibt übrig?

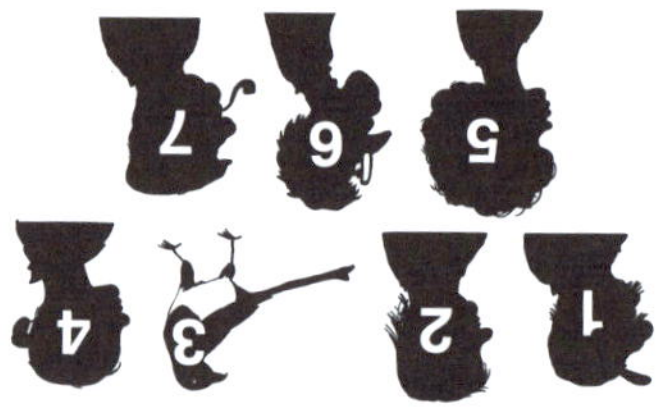

*1 Die Verdächtigen, nochmal zum Mitschreiben: [1=Der Gärtner, 2=Die Putzfrau, 3=Die diebische Elster, 4=Frau Maier, 5=Frau Müller, 6=Herr Maier, 7=Herr Müller].

*2 Der Gärtner und Frau Müller haben ein Alibi, bleiben noch [Die Putzfrau, Die diebische Elster, Frau Maier, Herr Maier, Herr Müller].

*3 Herr Müller und Frau Maier haben kein Interesse an Goldschmuck, bleiben noch [Die Putzfrau, Die diebische Elster, Herr Maier].

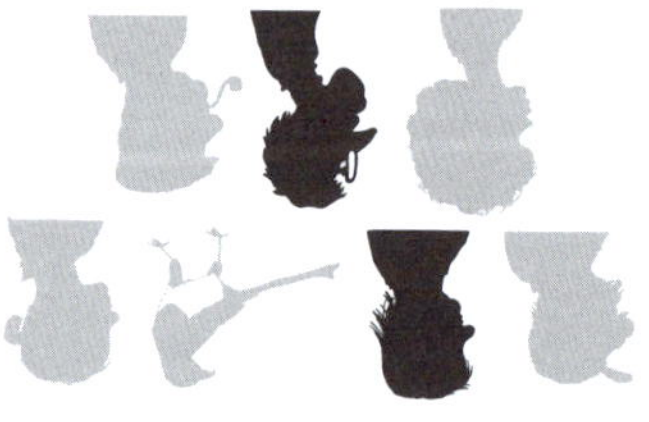

*4 Zugang zum Safe-Schlüssel haben von den übrigen Verdächtigen nur diese beiden: [Die Putzfrau, Herr Maier].

*5 Zugang zum Safe hat aber nur … Herr Maier! Versicherungsbetrug!

Versicherungs-BETRUG! Maier BESTIEHLT sich selbst!

Sets für den Schuhtester

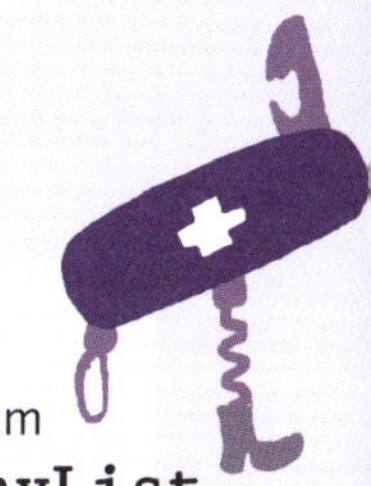

[Einfache Aufgabe]

`Set` ist ein Unter-Interface von **`Collection`**. Unser Schuhtester akzeptiert **`Collection`**s, also akzeptiert er auch **`Set`**s. Erstelle eine neue Instanz von dem **`SchuhTesterMitCollection`**, verwende diesmal aber statt einer **`ArrayList`** ein **`HashSet`**. Lass dann wieder die **`Main`**-Klasse laufen.

```
SolcheSchuheHastDuSchonTester tester = ↩
  new SchuhTesterMitCollection(new HashSet<SchuhPaar>());
```

Ausgabe:

```
39 blau ohne Stöckel
39 schwarz mit Stöckeln
39 lila ohne Stöckel
39 gelb mit Stöckeln
39 schwarz mit Stöckeln hast du noch nicht
```

„39 schwarz mit Stöckeln hast du noch nicht“??? Was ist das denn jetzt? Wieso funktioniert das nicht mehr? Die Schuhe sind doch gleich! Ich hab doch eben extra **equals()** implementiert! War das jetzt etwa *alles umsonst?*

Nein, das war nicht umsonst! Java sucht die Schuhe allerdings in verschiedenen Schuhschränken! **`HashSet`**s sind nämlich so ähnlich wie eine Ansammlung von Schuhschränken.

Du mit deinen tollen Analogien …

Danke, danke … aber ernsthaft: `HashSet`s sind so aufgebaut, dass du Dinge schnell wiederfindest. Stell dir dazu mal folgende Problematik vor: Deine Freundin hat vier Schuhschränke vollgepackt mit Schuhen. Jetzt kauft sie ein neues Paar, und du möchtest ganz schnell rausfinden, ob sie schon so ein Paar besitzt. Du musst dafür in jeden Schrank gucken und die neuen Schuhe so lange mit jedem einzelnen Paar vergleichen, bis du gleiche Schuhe gefunden hast.

Uff, das dauert ja Stunden!

Genau, und deswegen gibt es **`HashSet`**s. Bei denen hat nämlich jeder Schuhschrank eine eindeutige Nummer und enthält nur Schuhe, die die gleiche Nummer zugewiesen bekommen haben.

Zum Beispiel die Schuhgröße!

Ja, zum Beispiel. Wenn du jetzt überprüfen möchtest, ob die neuen Schuhe schon ein Äquivalent in der heimischen Schuhkollektion haben, musst du nur die Schuhgröße für die neuen Schuhe nehmen, den entsprechenden Schrank mit der gleichen Schuhgröße öffnen und nur noch in diesem Schrank suchen. Dann ginge das schon wesentlicher schneller, als wenn du **alle Schuhpaare vergleichen müsstest**. **`HashSet`**s sind sehr **performant**.

Jetzt brauchen wir nur noch die Stelle, an der diese eindeutige Nummer bzw. dieser eindeutige Code erzeugt wird. Das passiert in der Methode **`hashCode()`**.

Der richtige Hashcode

Hier eine ganz einfache Implementierung, ...

... die zu dieser Ablage führt

```
@Override
public int hashCode() {*2
  return this.getGroesse();*1
}
```

*1 Schuhe mit gleicher Schuhgröße ...

*2 ... bekommen den gleichen Hashcode.

Hashcode, Hashcode ...
das habe ich irgendwo schon mal gehört ...

Ja, das war in Kapitel 5, als du die **`toString()`**-Methode überschreiben solltest. In **`toString()`** von **`Object`** wird nämlich standardmäßig der Hashcode mit ausgegeben.

Wenn ich so richtig überlege:

Meine Freundin hat ja eh nur eine oder maximal zwei Schuhgrößen. Dann wären die Schuhe ja bloß in zwei Schränken verteilt. Das bringt dann ja eigentlich doch nicht so viel, ich muss immer noch viel suchen.

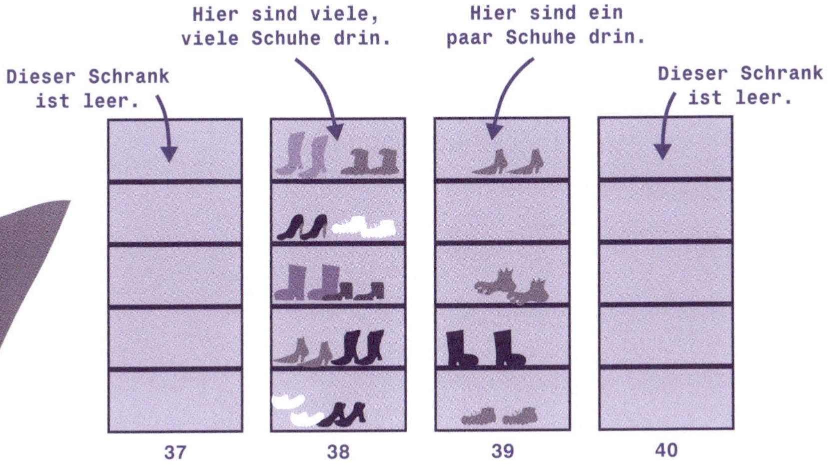

Mit ungünstig gewähltem Hashcode dauert die Suche immer noch lange, ...

Gut aufgepasst, stimmt genau! Deswegen ist die Implementierung, wie wir sie bisher haben, in unserem Fall auch nicht geeignet. Wir müssen etwas nehmen, das Schuhe ausreichend voneinander unterscheidet und sie möglichst gleichmäßig auf die vorhandenen Schuhschränke verteilt.

Wie wär's hiermit?

```
@Override
public int hashCode() {
  return this.getGroesse() + Boolean.hashCode(↩
    this.isMitStoeckeln());
}
```

Gleichgroße Schuhe mit gleichen Absätzen pro Schrank. Das klingt schon besser. Das wäre natürlich nichts, wenn meine Freundin nur Stöckelschuhe hätte.

Stimmt, aber du bist nicht Ken und deine Freundin nicht Barbie, also stellt das für dich kein Problem dar.

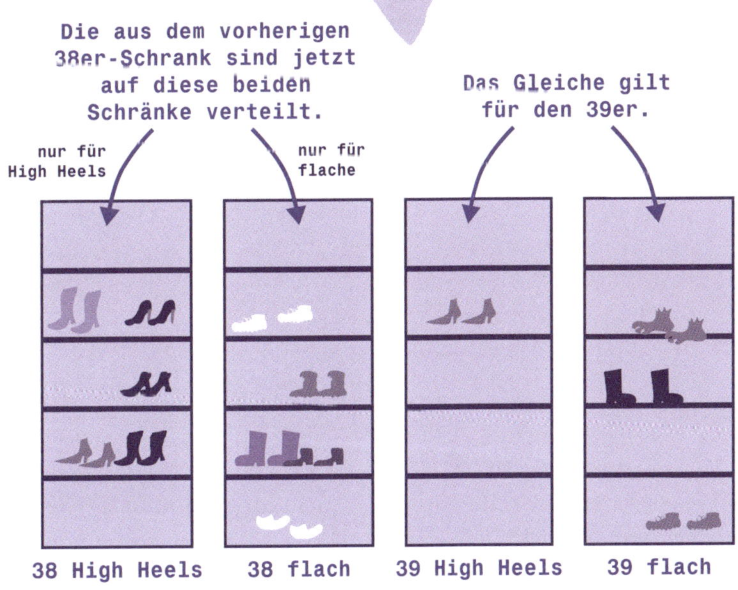

... ganz anders mit sorgfältig gewähltem Hashcode, damit lassen sich die Schuhe viel schneller finden.

Eines noch, das ist mir schon eben aufgefallen: Das Ganze funktioniert aber nur, wenn gleiche Schuhe auch immer wirklich den gleichen **Haschcode** zugeordnet bekommen und nicht über mehrere Schränke verteilt werden. Was ist denn jetzt, wenn zwei Schuhe unterschiedliche **Haschcode** bekommen, aber trotzdem gleich sind?

Schrödinger, ich weiß nicht, woran du jetzt gerade denkst, aber es heißt **Hash**code, nicht **Hasch**code. Wie auch immer: Das hast du sehr gut bemerkt! Daher jetzt eine ganz, ganz wichtige Regel:

[Notiz]

Immer wenn du die **`equals()`**-Methode überschreibst, musst du auf jeden Fall auch die **`hashCode()`**-Methode überschreiben! Und zwar so, dass gleiche Objekte auch den gleichen Hashcode bekommen (und damit in den gleichen Schuhschrank kommen).

[Notiz]

Die **`hashCode()`**-Methode kann ruhig so implementiert sein, dass **ungleiche Objekte gleiche Hashcodes** bekommen. Das ist nicht schlimm. In unserem Schuhschrank-Beispiel sind ja auch gelbe High Heels in 38 zusammen mit rosa High Heels in 38 in einem Schrank.

Wenn du jetzt unseren Schuhtester nochmal laufen lässt, funktioniert auch alles wieder, wie erwartet.

Okay, okay, und weil ich eben von der **`ArrayList`** zu einem **`HashSet`** gewechselt bin, hat das überhaupt erst zu einem Problem geführt. *Das heißt aber doch, ...*

... dass `ArrayList`s der Hashcode herzlich egal ist, genau. Die Schuhe werden da nicht in Schuhschränken gelagert, sondern einfach in einem langen Regal. Der **schreibende Zugriff** auf `ArrayList`s ist daher auch schneller: Einfach die Schuhe an die letzte Position im Schuhregal und fertig. Bei den `HashSet`s musst du erstmal den richtigen Schuhschrank finden, das kostet je nach Anzahl der Schuhschränke Zeit. Allerdings **findest du die Schuhe in `HashSet`s schneller**, weil dort nicht wie bei einer `ArrayList` alle Elemente durchgegangen werden müssen, sprich, der **lesende Zugriff** ist bei Hashcode-basierten Datenstrukturen schneller.

[Achtung]

Wenn du erst ein Schuhpaar erstellst, dann in ein **HashSet** packst und anschließend eine Eigenschaft, zum Beispiel die Größe der Schuhe, änderst, ändert sich damit auch der Hashcode! Das Schuhpaar liegt dann in einem falschen Schuhschrank! Aus diesem Grund solltest du die Eigenschaften, aus denen der Hashcode gebildet wird, hinterher nicht mehr ändern.

```
Set<SchuhPaar> schuhKollektion = new HashSet<>();
SchuhPaar schuhPaar = new SchuhPaar(44, "schwarz", true);*1
schuhKollektion.add(schuhPaar);*2
System.out.println(schuhPaarTest.hashCode());*3
System.out.println(schuhe.contains(schuhPaar));*4
schuhPaar.setGroesse(38);*4
System.out.println(schuhPaarTest.hashCode());*5
System.out.println(schuhe.contains(schuhPaar));*6
```

*1 Schwarze 44er High Heels ... äh ... Schrödinger, du willst mir doch nicht erzählen, die gehören deiner Freundin? Wie auch immer, ...

*2 ... wenn du die der Schuhkollektion hinzufügst, ...

*3 ... werden sie unter dem Hashcode (hier 1917682390) abgespeichert, ...

*4 ... und hier gibt's ein **true**.

*5 Änderst du hinterher was an den Schuhen (ich wollt schon sagen, 38er, das klingt schon besser), ...

*6 ... ändert sich der Hashcode (jetzt: 1917682384), ...

... und das Schuhpaar wird nicht mehr gefunden.

Bäume und Räume

Es gibt noch andere Implementierungen des **Set**-Interfaces, zum Beispiel das **TreeSet**. Wie der Name schon sagt, ist das ein **Set**, das nicht auf Hashwerten basiert, sondern auf Bäumen bzw. Baumstrukturen. Das bedeutet auch, dass meine so lieb gewonnene Schuhschrank-Analogie hier nicht mehr anwendbar ist. Schuhe werden jetzt also nicht mehr in Schuhschränken abgelegt, sondern auf **Bäumen**.

Oje, soll ich jetzt auch noch auf Bäume klettern, um Schuhe zu suchen? Ich muss da schon immer wegen unserer Katze hoch, das reicht mir eigentlich!

Haha, witzig, witzig, nee, eigentlich musst du fast gar nichts anders machen, denn das Interface, also **Set**, ist ja das gleiche wie auch bei **HashSet**s. Warte nur kurz, lass mich schnell überlegen, um die Analogie wiederherzustellen ... Vielleicht nehmen wir nicht Bäume, sondern Räume, ja, das ist doch gut! Also, stell dir vor, die Schuhe sind über Räume verteilt. Jeder Raum hat drei Türen: einen Eingang und zwei Ausgänge. In einem Raum kann nur ein Paar Schuhe sein. Schuhe, die kleiner sind, befinden sich in einem Raum hinter der rechten Tür, und Schuhe, die größer sind, befinden sich in einem Raum hinter der linken Tür.

Moment, Moment, mir ist ganz schwindelig. Wozu das ganze Theater?

Der Vorteil des Ganzen ist, dass die Schuhe immer in einer gewissen Reihenfolge sortiert sind und **schneller sortiert ausgegeben** werden können, da sie **nicht erst noch sortiert werden müssen.**

Bäume, Räume, Bäume, Räume, wovon ich heute Nacht wohl träume?

Am besten wir spielen das Ganze mal an unserem Schuhtester durch. Geben wir ihm also diesmal ein **TreeSet** als Parameter und lassen das Programm nochmal laufen:

```
SolcheSchuheHastDuSchonTester tester = new SchuhTesterMitCollection(new ↩
  TreeSet<SchuhPaar>());
```

Wieder ein Fehler! Ich glaub ich spinne. Erst **equals()**, *dann* **hashCode()**, *was fehlt denn jetzt wieder?*

Ausgabe:

```
Exception in thread "main" java.lang.ClassCastException: de.galileocomputing.schroedinger.java.
kapitel8.schuhetester.SchuhPaar cannot be cast to java.lang.Comparable
```

Moment, den Fehler verstehe ich: **SchuhPaar** *kann nicht gecastet werden zu* **java.lang.Comparable**. *Ist das etwa ein Interface?*

Genau, die Klasse **SchuhPaar** implementiert nicht das **Comparable**-Interface. Damit deine Klassen nämlich mit **TreeSet**s funktionieren, müssen sie dieses Interface implementieren.

Größer oder kleiner?

Versetz dich kurz nochmal in den ersten Raum des Raum-Baums. Wie bestimmst du, ob ein Paar Schuhe größer oder kleiner als ein anderes ist?

Äh ... ich gucke auf die Schuhgröße?

Ja, okay, dann anders gefragt: Wie findet **Java** heraus, welche Schuhe größer oder kleiner sind?

Über ... das ... `Comparable`*-Interface?*

Genau! Darüber definierst du, wann ein Objekt „kleiner" und wann es „größer" als ein anderes Objekt ist. Einzige Methode, die du dazu implementieren musst: `compareTo()`. Zurück liefert diese Methode einen von drei `int`-Werten:

Rückgabewert von compareTo()	Bedeutung
0	Die Objekte sind bezüglich ihrer Eigenschaft(en) „gleich groß".
-1	Das aktuelle Objekt ist „kleiner" als das andere Objekt.
1	Das aktuelle Objekt ist „größer" als das andere Objekt.

Du musst jetzt nur noch festlegen, wann denn Schuhe kleiner als andere sind.

Das ist einfach, ich nehme die Schuhgröße.

Okay, und Schuhe mit der gleichen Schuhgröße? Welche Schuhe sind dann „kleiner" bzw. „größer"?

Öhm ... Ah, okay, verstehe.
Ich könnte die Farbe vergleichen.

Genau, die Farbe ist als String codiert, und die werden standardmäßig einfach lexikografisch verglichen. Blaue Schuhe sind kleiner als gelbe Schuhe. Und bei gleich großen, gleichfarbigen Schuhen sagen wir einfach, Schuhe mit Stöckeln sind größer als welche ohne. Passt auch irgendwie. **Also los:**

```
public class SchuhPaar implements Comparable<SchuhPaar>*1 {
  @Override
  public int compareTo(SchuhPaar schuhPaar) *2
  {
    int result = 0;
    int groessenVergleich = Integer.valueOf↩
      (this.getGroesse()).compareTo(schuhPaar.getGroesse()); *3
    int farbenVergleich = this.getFarbe().compareTo(schuhPaar.getFarbe()); *4
    int stoeckelVergleich = Boolean.valueOf↩
       (this.isMitStoeckeln()).compareTo(schuhPaar.isMitStoeckeln()); *5
    if(groessenVergleich != 0) { *6
      result = groessenVergleich;
    } else if(farbenVergleich != 0) { *7
      result = farbenVergleich;
    } else if(stoeckelVergleich != 0) { *8
      result = stoeckelVergleich;
    }
    return result;
  }
}
```

*1 Das **Comparable**-Interface ist ein sogenanntes typisiertes Interface, den Typ gibst du in den spitzen Klammern an, Stichwort: Generics.

Wird Zeit, dass du mir mal diese Generics genauer erklärst.

Zwei Kapitel noch, Schrödinger, dann ist es soweit.

*2 Wir vergleichen unsere Schuhe mit anderen Schuhen. Anders als bei der **equals()**-Methode, die immer ein **Object** als Parameter bekommt, kommt hier direkt ein **SchuhPaar** als Parameter. Übrigens deshalb, weil du unter *1 **SchuhPaar** als Typ angegeben hast.

*3 Zunächst vergleichen wir die **Schuhgröße**. Hierbei bedienen wir uns der **compareTo()**-Methode, die die **Integer**-Klasse bereits implementiert.

*4 Anschließend machen wir das Gleiche für die **Schuhfarbe**. Zum Glück bietet die **String**-Klasse ebenfalls bereits eine Implementierung der **compareTo()**-Methode an.

*5 Und dann noch das Gleiche für die Boolesche Angabe, ob die Schuhe **Stöckel** haben.

*6 Wenn die Schuhgrößen unterschiedlich sind, liefern wir das Ergebnis des **Schuhgrößenvergleichs** zurück, ...

*7 ... ansonsten, wenn die Schuhfarben unterschiedlich sind, liefern wir das Ergebnis des **Schuhfarbenvergleichs** zurück, ...

*8 ...ansonsten, wenn sich die Schuhe in ihren Stöckeln unterscheiden, liefern wir das Ergebnis des **Stöckelvergleichs** zurück.

```
38 blau mit Stöckeln
38 gelb ohne Stöckel
38 gelb mit Stöckeln
38 rot mit Stöckeln
39 blau mit Stöckeln
39 rot mit Stöckeln
39 schwarz mit Stöckeln
```

Wie du siehst, sind die Schuhe jetzt zuerst nach Größe, dann nach Farbe und zuletzt nach Stöckelvorhandensein sortiert.

Schrödinger im Raum-Baum

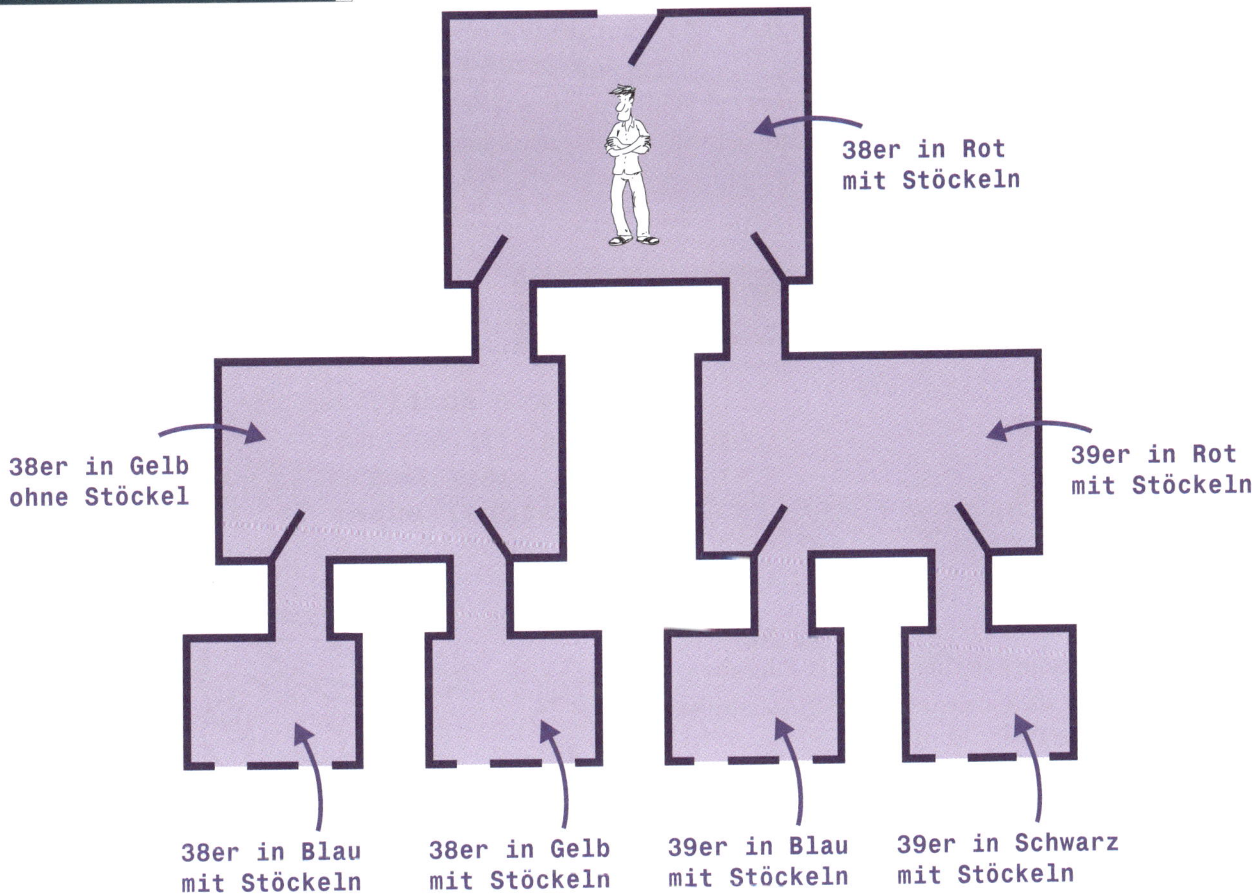

[Belohnung]

Eine richtige **compareTo()**-Methode zu implementieren, kann ganz schön haarig werden. Wirf mal einen Blick auf die Bibliothek **Apache Commons**, die hat eine Helferklasse **CompareToBuilder**, die hilft dir dabei. Apache Commons findest du unter http://commons.apache.org/lang. Außerdem gibt's da einen **EqualsBuilder** und einen **HashCodeBuilder**, auch ganz hilfreich.

Sortieren ohne Bäume

Okay, das mit der Sortierung habe ich verstanden. Aber heißt das jetzt auch, ich muss immer ein **TreeSet** verwenden, wenn ich sortierte Daten haben möchte?

Nein, ähnlich wie die Klasse **java.util.Arrays** für Arrays gibt es auch für Collections eine **Helferklasse**: **java.util.Collections**. Und mit der kannst du unter anderem auch sortieren:

```
List<Integer> zahlenDurcheinander = Arrays.asList(2,4,3,4,5,6,7,↩
  4,3,5,3,4,5);
Collections.sort(zahlenDurcheinander);
System.out.println(zahlenDurcheinander);
```

Ausgabe:

```
[2, 3, 3, 3, 4, 4, 4, 4, 5, 5, 5, 6, 7]
```

Prima, gut zu wissen. Ich hab gesehen, da gibt es noch eine andere **sort()**-Methode in **Collections**, was ist damit? Ich meine die, die noch einen zweiten Parameter hat: **Comparator<? super T>**. Ahhh, schon wieder diese spitzen Klammern.

Ganz einfach: Die **sort()**-Methode mit einem Parameter, die nur **eine Liste als Eingabe** erwartet, sortiert alle Elemente in dieser Liste **anhand ihrer compareTo()-Methoden**.

Das bedeutet aber auch zweierlei:

- Erstens muss diese **Methode für alle Elemente implementiert sein**, ansonsten gibt es einen Fehler wie anfangs im vorigen Abschnitt bei den **TreeSet**s.

[Hintergrundinfo]
In dem Beispiel von oben sortieren wir **Integer**-Werte. Integer implementiert das **Comparable**-Interface.

- Zweitens werden die Elemente **immer auf die gleiche Weise sortiert**, so wie es durch die **compareTo()**-Methode vorgegeben wird.

Abhilfe schafft die zweite **`sort()`**-Methode, die neben der zu sortierenden Liste einen **Comparator als zweiten Parameter** bekommt. Die Elemente werden dann nicht anhand ihrer **`compareTo()`**-Methode, sondern anhand der **`compare()`**-Methode des übergebenen Comparators verglichen.

[Zettel]
Das bedeutet wiederum, dass in so einem Fall die Elemente selber keine **`compareTo()`**-Methode implementieren müssen (da die ja sowieso nicht aufgerufen würde).

Die **`compare()`**-Methode des **`Comparator`**-Interfaces erwartet **zwei Objekte** vom gleichen Typ, ansonsten funktioniert sie vom Prinzip her genauso wie **`compareTo()`**, das heißt, sie liefert ebenfalls einen der drei Werte 0, -1, oder 1 zurück.
Ein simpler **`Comparator`**, der einfach die Zahlen in unserem Beispiel **in umgekehrter Reihenfolge** ausgibt, sieht folgendermaßen aus:

```
public class ZahlenUmgekehrtComparator implements Comparator<Integer> {
  @Override
  public int compare(Integer zahl1, Integer zahl2) {
    return zahl2.compareTo(zahl1);
  }
}
```

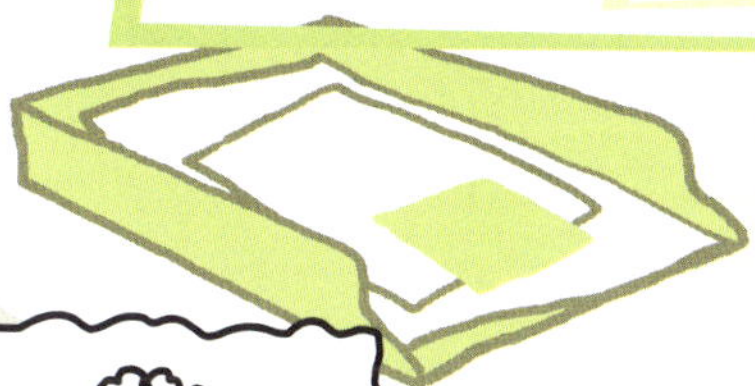

[Ablage]
Die **`compareTo()`**-Methode bzw. das **`Comparable`**-Interface kannst du verwenden, wenn du deine Daten immer auf die gleiche Art und Weise sortieren möchtest. Wenn du aber verschiedene Sortierungen benötigst, führt kein Weg vorbei an einer Lösung mit Comparator.

[Hintergrundinfo]
Comparator werden in der Praxis insbesondere auch dann verwendet, wenn man keinen Einfluss auf die benutzte Klasse hat, zum Beispiel wenn diese Teil einer Bibliothek ist, deren Quelltext man nicht hat bzw. nicht ändern kann.

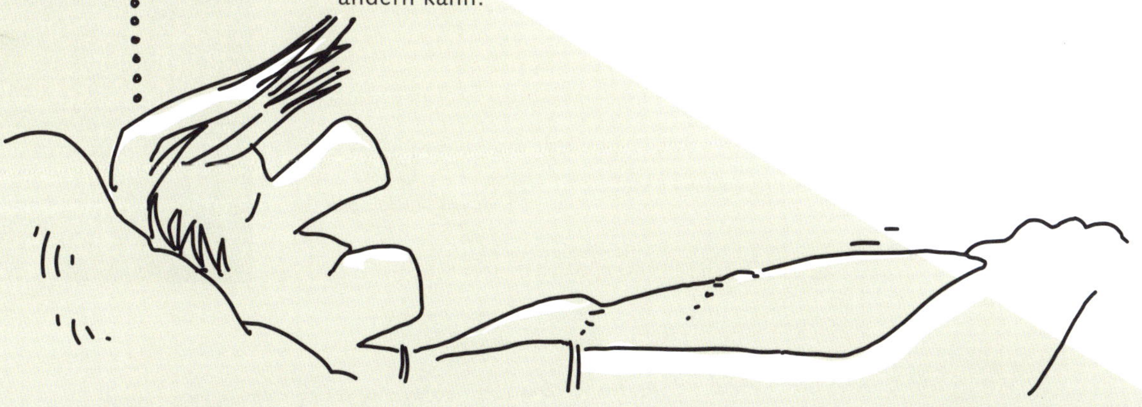

Sortierte Schuhe

[Einfache Aufgabe]
Schreibe einen Comparator, der die Schuhpaare zuerst nach Schuhfarben sortiert!

Einen Comparator, der zuerst nach Schuhfarben sortiert? Nichts leichter als das, ich nehme einfach den Code aus der **compareTo()**-Methode von **SchuhPaar** und ändere das ein bisschen, etwa so:

```
public class SchuhfarbenComparator implements
Comparator<SchuhPaar> {
  @Override
  public int compare(SchuhPaar schuhe, SchuhPaar schuhe2) {
    int result = 0;
    int groessenVergleich = Integer.valueOf↩
       (schuhe.getGroesse()).compareTo(schuhe2.getGroesse());
    int farbenVergleich = schuhe.getFarbe().compareTo(schuhe2.↩
      getFarbe());
    int stoeckelVergleich = Boolean.valueOf(schuhe.↩
      isMitStoeckeln()).compareTo(schuhe2.isMitStoeckeln());
    if(farbenVergleich != 0) { *1
      result = farbenVergleich;
    } else if(groessenVergleich != 0) { *2
      result = groessenVergleich;
    } else if(stoeckelVergleich != 0) {
      result = stoeckelVergleich;
    }
    return result;
  }
}
Collections.sort(sortierteSchuhKollektion, new↩
   SchuhfarbenComparator());
```

*1 Einfach den Farbenvergleich ...

*2 ... mit dem Größenvergleich tauschen, das war's.

Hier die Ausgabe

```
38 blau mit Stöckeln
38 blau mit Stöckeln
39 blau mit Stöckeln
40 blau mit Stöckeln
38 gelb ohne Stöckel
38 gelb mit Stöckeln
38 gelb mit Stöckeln
39 gelb mit Stöckeln
38 grün ohne Stöckel
und so weiter.
```

[Belohnung/Lösung]
Jetzt spiel das Beispiel mit den echten Schuhen deiner Freundin nach. Dann bleibt das Wissen noch besser hängen.

Na, die wird sich bedanken, wenn ich anfange, ihre Schuhe zu sortieren.

Mappen raus

In Java gibt es neben den Collections noch ein weiteres Konzept zur Speicherung von mehreren Werten: **Maps**. Diese unterscheiden sich insofern, als du für jeden Wert einen Schlüssel angibst, mit dem der Wert assoziiert werden soll. Über den Schlüssel kannst du dir dann den Wert aus der Map herausholen.

[Zettel]

Von der Idee her sind Maps ein bisschen vergleichbar mit Sets: Bei Sets dürfen **Werte nur einmal vorkommen**, bei Maps dürfen **Schlüssel nur einmal vorkommen**. Der Unterschied besteht darin, dass Maps im Gegensatz zu Sets **doppelte Werte** erlauben.

Ihren Namen haben Maps daher, weil Werte auf bestimmte Schlüssel „gemappt" werden. Und man kann vieles „mappen": Städte auf die zugehörigen Länder, Mitarbeiter auf Firmen, Haustiere auf ihre Herrchen bzw. Frauchen, Schuhe auf ihre Schuhbesitzer und so weiter.

Oder die Anzahl der Tage auf den jeweiligen Monat:

```
Map<String, Integer> anzahlTageInMonaten = new HashMap<String,
  Integer>(); *1
anzahlTageInMonaten.put("Januar", 31); *2
anzahlTageInMonaten.put("Februar", 28);
anzahlTageInMonaten.put("März", 31); *3
anzahlTageInMonaten.put("April", 30);
...
System.out.println(anzahlTageInMonaten.get("Februar")*4);
Set<String> alleSchluessel = anzahlTageInMonaten.keySet();*5
Integer*7 tage = anzahlTageInMonaten.remove("Februar");*6
Collection<Integer> werte = anzahlTageInMonaten.values();*5
```

*1 Ähnlich wie schon bei Sets und Listen können wir bei der Deklaration die Typen angeben, die vorkommen dürfen. Diesmal für die Werte und für die Schlüssel.

*2 Maps haben statt einer **add()**-Methode eine **put()**-Methode, der du den Schlüssel und den Wert übergibst.

*3 **Werte** können in Maps **mehrmals** vorkommen, **Schlüssel** nur **einmal**.

*4 Mit **get()** kannst du dir zu einem Schlüssel den Wert liefern lassen.

*5 Falls du mal nicht weißt, welche Schlüssel in einer Map gespeichert sind: **keySet()** liefert dir ein Set aller vorhandenen Schlüssel. **values()** liefert alle Werte.

*6 Über **remove()** löschst du Einträge in der Map.

*7 Als Rückgabewert bekommst du den Wert, der mit dem Schlüssel assoziiert war, oder **null**, wenn kein Wert vorhanden war.

[Achtung]

Den Wert zu einem Schlüssel kannst du schnell ermitteln, den Schlüssel zu einem Wert allerdings nicht so schnell. Denn dazu müsstest du erst den Wert (ohne Schlüssel) finden.

[Achtung]

Maps sind damit zwar auch so etwas wie eine Collection, implementieren aber nicht das **Collection**-Interface.

[Hintergrundinfo]

Genau wie bei den Sets gibt es eine Hashcode-basierte Map (**HashMap**) und eine, die auf einer Baumstruktur basiert (**TreeMap**).

So viele Schuhe hast du schon

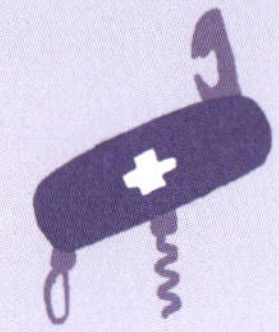

[Einfache Aufgabe]

Bevor wir uns den schwierigen Schuhen zuwenden, zum Einstieg eine einfache Aufgabe: Iteriere über die Monats-Map von eben, und lass dir den Monat und die Tage dazu ausgeben.

Okay, geschafft, das war wirklich einfach.

```
Set<String> alleSchluessel = anzahlTageInMonaten.keySet();
for (String schluessel : alleSchluessel) {
  System.out.println("Der " + schluessel + " hat " ⮐
    + anzahlTageInMonaten.get(schluessel) + " Tage.");
}
```

Aaaargh, die Monate sind ja gar nicht sortiert!

Ausgabe:

```
Der April hat 30 Tage.
Der Februar hat 28 Tage.
Der Januar hat 31 Tage.
Der März hat 31 Tage.
...
```

Genau, die sind nicht sortiert, du hast ja keine **TreeMap** verwendet. Der könntest du im Konstruktor nämlich einen Comparator mitgeben, der je zwei Monatsnamen vergleicht und den, der später im Jahr vorkommt, als den größeren zurückgibt. Für den Moment soll die Ausgabe, die du jetzt hast, aber reichen.

Wenden wir uns lieber wieder dem Schuhtester zu:

[Schwierige Aufgabe]

Angenommen, du willst zählen, wie viele Exemplare eines Schuhtyps deine Freundin hat. Wie würdest du das machen? Ich stelle mir da in etwa sowas vor wie in diesem Interface hier:

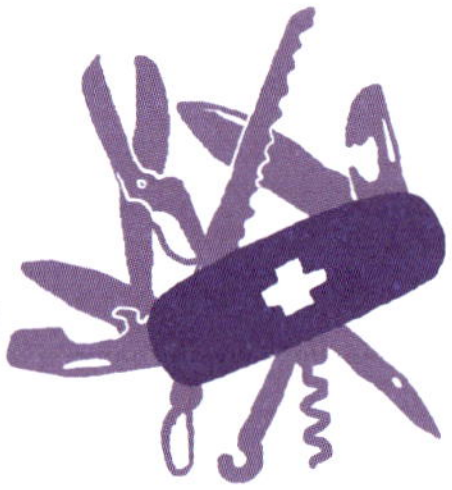

```
public interface SovieleSchuheHastDuSchonTester extends ⮐
  SolcheSchuheHastDuSchonTester
{
  int sovieleHastDuSchon(SchuhPaar schuhPaar);
}
```

*1 Die Funktionalität des **SchuhTesterMitCollection** kannst du wiederverwenden!

*2 Das einzige, das noch dazukommt, ist die Implementierung des neuen Interfaces.

[Notiz]

Kleiner Hinweis: Die Funktionalität des **SolcheSchuhe-HastDuSchonTester**s hast du ja schon implementiert. Du musst also eigentlich nur eine neue Unterklasse von zum Beispiel **SchuhTesterMitCollection** erstellen, die dann zusätzlich das neue Interface implementiert. Am besten verwendest du dazu dann eine Map. Du musst nur dafür sorgen, dass beim Hinzufügen eines neuen Schuhpaares die Map auch aktualisiert wird.

Hier die Lösung:

```
public class SchuhTesterMitMap extends SchuhTesterMitCollection*1 implements ↩
  SovieleSchuheHastDuSchonTester*2 {

  private Map<SchuhPaar, Integer> schuhMappe; *3
  public SchuhTesterMitMap(Collection<SchuhPaar> schuhKollektion, Map<SchuhPaar, ↩
    Integer> schuhMappe*4)
  {
    super(schuhKollektion); *5
    this.schuhMappe = schuhMappe;
  }
  @Override
  public void addSchuhPaar(SchuhPaar schuhPaar)
  {
    super.addSchuhPaar(schuhPaar); *8
    Integer anzahlGleicherSchuhe = this.sovieleHastDuSchon(schuhPaar); *7
    this.schuhMappe.put(schuhPaar, anzahlGleicherSchuhe + 1); *7
  }
  @Override
  public int sovieleHastDuSchon(SchuhPaar neueSchuhe)
  {
    Integer anzahl = this.schuhMappe.get(neueSchuhe); *6
    return anzahl == null ? 0 : anzahl; *6
  }
}
```

*3 Die Schuhe werden auf die Anzahl „gemappt", repräsentiert durch einen **Integer**.

*4 Der Konstruktor bekommt jetzt neben einer Collection noch eine Map, und ...

*5 ...die Collection wird an den Elternkonstruktor weitergeleitet, alles nicht besonders spannend.

*6 Hier dann die Implementierung der neuen Methode: Du holst einfach die Anzahl aus der Map. Weil **SchuhPaar** bereits die Methoden **equals()**, **hashCode()** und **compareTo()** implementiert, können wir Objekte dieser Klasse auch direkt als Schlüssel für **HashMap** und **TreeMap** verwenden.

*7 Fehlt nur noch die Stelle, an der die Anzahl in die Map gepackt wird. Das passiert in der überschriebenen Methode **addSchuhPaar()**, ...

*8 ... wichtig nur, dass du nicht vergisst, **addSchuhPaar()** auch in der Elternklasse aufzurufen, sonst kommt das Schuhpaar nicht in die Schuhkollektion.

Und noch ein kleines Programm, um den Tester zu testen:

```
SovieleSchuheHastDuSchonTester testerMitAnzahl = new SchuhTesterMitMap↩
  (new ArrayList<SchuhPaar>(), new HashMap<SchuhPaar, Integer>());
testerMitAnzahl.addSchuhPaar(new SchuhPaar(39, "schwarz", true));*1
testerMitAnzahl.addSchuhPaar(new SchuhPaar(39, "schwarz", true));*1
testerMitAnzahl.addSchuhPaar(new SchuhPaar(39, "schwarz", true));*1
testerMitAnzahl.addSchuhPaar(new SchuhPaar(39, "schwarz", true));*1
StringBuilder meldung = new StringBuilder();
meldung.append(testerMitAnzahl.hastDuSchon(gleichesSchuhPaar) ↩
  ? gleichesSchuhPaar + " hast du schon" ↩
  : gleichesSchuhPaar + " hast du noch nicht");*2
meldung.append(", und zwar schon " + testerMitAnzahl.sovieleHastDuSchon↩
  (gleichesSchuhPaar) + " Stück");*3
System.out.println(meldung.toString());
```

*1 Echt gar nicht so unrealistisch: viermal die gleichen Schuhe.

*2 Das konnten auch die anderen Tester, …

*3 … das aber nur der neue: die Anzahl der gleichen Schuhpaare ausgeben.

Ausgabe:

```
39 schwarz mit Stöckeln hast du schon, und zwar schon 4 Stück
```

Das ist so cool! Das gibt mir schlagkräftige Argumente beim nächsten Schuhkauf! Noch besser wäre es natürlich, wenn das Programm den Einkauf gleich verhindern könnte!

Das kannst du doch schon selbst!

[Einfache Aufgabe]

Implementiere einen Schuhtester, der nicht mehr als x gleiche Schuhpaare erlaubt.

```
public class MehrSchuheSindNichtErlaubtTester extends SchuhTesterMitMap*1 {
  private int maximum;*2
  public MehrSchuheSindNichtErlaubtTester(Collection<SchuhPaar> schuhKollektion,↩
    Map<SchuhPaar, Integer> schuhMappe, int maximum*3) {
    super(schuhKollektion, schuhMappe);
    this.maximum = maximum;
  }
  @Override
  public void addSchuhPaar(SchuhPaar schuhe)*4 {
    if(super.sovieleHastDuSchon(schuhe) < this.maximum) {*6
      super.addSchuhPaar(schuhe);*5
    } else {
      System.err.println("Du hast schon " + this.maximum + " solcher Schuhe.");
    }
  }
}
```

*1 Wiederverwendung ist das Stichwort. Das Wichtigste ist doch schon im **SchuhTesterMitMap** implementiert.

*2 Nur noch das Maximum an erlaubten gleichen Schuhen in einer Objektvariablen verwalten, …

*3 … die über den Konstruktor gesetzt werden kann, …

*4 … und dann noch **addSchuhPaar()** überschreiben:

*5 Neue Schuhpaare werden nur hinzugefügt, …

*6 … wenn das erlaubte Maximum noch nicht erreicht ist.

Schlangen im Keller

Die Collection-Hierarchie bietet noch zwei weitere Konzepte, die ich dir unbedingt noch kurz zeigen will. Das erste sind **Stacks**, auch Kellerspeicher oder Stapelspeicher genannt, weil dort die Inhalte „aufeinander" gespeichert werden. Der Fachbegriff dafür heißt **LIFO**: **l**ast **in** **f**irst **o**ut, das zuletzt eingefügte Element ist auch das erste, was wieder herauskommt.

Stacks, genau wie der Methodenaufruf-Stack, richtig?

Ja, prima, Schrödinger. Genau wie der.

Hier die wichtigsten Stack-Methoden:

Methode	Bedeutung
`push(E element)`	Fügt ein neues Element vom Typ E hinzu.
`peek()`	Liefert das zuletzt eingefügte Element, ohne es zu entfernen.
`pop()`	Liefert das **zuletzt** eingefügte Element und **entfernt es.**

Einen Stapel Schuhkartons würdest du zum Beispiel als Stack implementieren: Um an einen unteren Schuhkarton zu gelangen, musst du zuerst die Kartons runternehmen, die du zuletzt draufgelegt hast.

Hier der entsprechende Code:

```
Stack<SchuhPaar> schuhStapel = new Stack<SchuhPaar>(); *1
schuhStapel.push(new SchuhPaar(39, "schwarz", true)); *2
schuhStapel.push(new SchuhPaar(39, "gelb", false));
schuhStapel.push(new SchuhPaar(39, "blau", true));
schuhStapel.push(new SchuhPaar(39, "grün", false));
while(!schuhStapel.empty()) { *3
  System.out.println("Uff, jetzt noch die " + schuhStapel.pop()); *4
}
```

*1 **Stack** ist kein Interface, sondern eine **Klasse!**

*2 Mit **push()** fügst du neue Elemente hinzu.

*3 Mit **empty()** prüfst du, ob der Stack leer ist.

*4 Und mit **pop()** entfernst du das nächste Element vom Stack und bekommst es zurück.

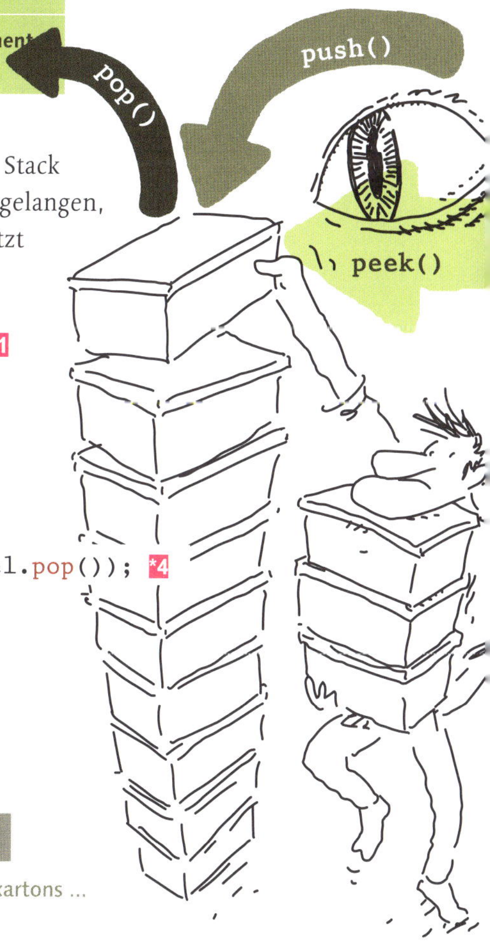

Schrödinger und die Schuhkartons ...

Hinten anstellen!

Queues (auch Schlangen genannt) funktionieren genau andersrum als Stacks, und zwar nach dem sogenannten **FIFO-Prinzip:** **f**irst **i**n **f**irst **o**ut. Hier kommt das erste Element, das hineinkommt, auch wieder zuerst raus.

Und hier eine kurze Übersicht der wichtigsten `Queue`-Methoden:

Methode	Bedeutung
`add(E element)`, `offer(E element)`	Fügt ein neues Element vom Typ `E` hinzu.
`element()`, `peek()`	Liefert das **zuerst** eingefügte Element, **ohne es zu entfernen**.
`remove()`, `poll()`	Liefert das **zuerst** eingefügte Element und **entfernt es**.

Um jetzt mal im Schuh-Universum zu bleiben:

Ein prima Beispiel für die Anwendung von Queues wäre die Kundenschlange im Schuhladen. Wer zuerst an der Kasse ist, bezahlt in der Regel auch zuerst und verlässt als Erster den Laden.

Hier der Code dazu:

```
Queue<Person> warteSchlange = new LinkedList<>(); *1
warteSchlange.offer(new Person("Herr Schrödinger")); *2
warteSchlange.offer(new Person("Frau Fransen"));
warteSchlange.offer(new Person("Herr Müller"));
while(warteSchlange.peek() != null) { *3
  System.out.println("Der Nächste bitte! Ah, guten Tag " ↩
    + warteSchlange.poll() + "!"); *4
}
```

*1 `LinkedList` implementiert das Interface `Queue`.

*2 Neue Elemente werden mit `offer()` hinzugefügt.

*3 Mit `peek()` schauen wir, ob noch Elemente in der Queue sind ...

*4 ... und holen die mit `poll()` raus.

Ausgabe:

```
Der Nächste bitte! Ah, guten Tag Herr Schrödinger!
Der Nächste bitte! Ah, guten Tag Frau Fransen!
Der Nächste bitte! Ah, guten Tag Herr Müller!
```

Eine Warteschlange ist ein typisches Beispiel für eine Queue.

[Zettel]
Unser `Collection`-basierter Schuhtester funktioniert übrigens auch mit Queues und Stacks: mit Queues, da diese von `List` und damit von `Collection` ableiten, und mit Stacks, weil diese von der `AbstractCollection` ableiten.

Kompakt und funktional: Lambda-Ausdrücke

Das Beste habe ich uns für den Schluss aufgehoben: **Lambda-Ausdrücke** machen den Umgang mit Collections kompakt und modern. In Java gibt es sie seit der Version 8. Vereinfacht gesagt, sind Lambda-Ausdrücke in Java eine **kompaktere Schreibweise für anonyme Klassen** mit einer Methode. An anonyme Klassen erinnerst du dich sicherlich, oder? Wenn nicht, wirf nochmal einen Blick in das vorige Kapitel.
Ein klassischer Anwendungsfall für eine anonyme Klasse ist beispielsweise die Implementierung des **`Comparator`**-Interfaces, um Listen zu sortieren.

Der Comparator ohne Lambdas (bis Java 7):

```
List<Integer> zahlen = Arrays.asList(4,5,6,7,5,6,4,7);
Collections.sort(zahlen, *1new Comparator<Integer>() {*2
  @Override
  public int compare(Integer zahl1, Integer zahl2)*3 {
    return zahl2.compareTo(zahl1);*4
  }
});
System.out.println(zahlen);*5
```

*1 Eine anonyme Klasse hat keinen Namen.

*2 Die Implementierung geschieht direkt.

*3 **`compare()`** ist die **einzige** Methode des **`Comparator`**-Interfaces. Die Betonung liegt auf „einzige“, das ist gleich noch wichtig.

*4 Hier steht die schon bekannte Implementierung eines Comparators, der Zahlen absteigend sortiert.

*5 **Ausgabe hier:**
[7,7,6,6,5,5,4,4]

Die anonyme Klasse dient hier letztlich nur als Vehikel für die Methode **`compare()`**. Der Code bedeutet ja eigentlich: „Sortiere die Liste, indem die Methode **`compare()`** auf jeweils zwei der Elemente in der Liste angewendet wird.“ Mit Lambdas kann man eine solche Methode – ohne Klasse drumherum sagt man übrigens **Funktion** – ohne den Umweg über eine Klasse beschreiben.

[Begriffsdefinition]
Lambda-Ausdrücke sind Literale für anonyme Funktionen.

Der Comparator mit Lambdas:

```
List<Integer> zahlen = Arrays.asList(4,5,6,7,5,6,4,7);
Collections.sort*1(zahlen, *2(zahl1, zahl2)*3 ->*4 zahl2.
  compareTo(zahl1)*5);
System.out.println(zahlen);
```

*1 Es wird die gleiche **`sort()`**-Methode verwendet, …

*2 … aber jetzt kommt's: Hier beginnt der **Lambda-Ausdruck**. Er besteht aus …

*3 … **Parametern**, …

*4 … diesem **Pfeil** hier …

*5 … und dem **Rückgabewert**. Das war's schon. Cool, oder?

Die Ausgabe ist die gleiche wie eben:

```
[7,7,6,6,5,5,4,4]
```

Guck nicht so erschrocken. Statt anonymer Klassen kannst du an vielen Stellen Lambda-Ausdrücke verwenden. Voraussetzung: Das Interface, das von der anonymen Klasse implementiert wird, ist als **funktionales Interface** markiert (über die Annotation `@FunctionalInterface`) und hat **exakt eine Methode**. Das ist ja auch irgendwie logisch, sonst wäre ja nicht klar, welche Methode aufgerufen werden soll.

Alterativ hättest du eben auch schreiben können:

```
List<Integer> zahlen = Arrays.asList(4,5,6,7,5,6,4,7);
Comparator<Integer> comparator = (zahl1, zahl2) -> zahl2.compareTo(zahl1);*1
Collections.sort*2(zahlen, comparator);
```

*1 Das Gleiche wie eben, nur dass du den Lambda-Ausdruck einer Variablen zuweist. Hier siehst du also nochmal: Ein Lambda-Ausdruck ist nichts anderes als die Implementierung eines Interfaces mit einer Methode.

*2 Hier bleibt auch alles beim Alten, nur dass du diesmal die Comparator-Variable übergibst.

[Hintergrundinfo]

Lambda-Ausdrücke an sich sind keine Neuerfindung von Java. Funktionale Programmiersprachen wie **Lisp** und **Haskell** haben so etwas schon lange. Vielmehr wird andersherum ein Schuh daraus: Die anonymen Klassen waren eher eine Notlösung in Java, ein Mittel zum Zweck, um etwas wie Lambda-Ausdrücke hinzubekommen. In den letzten Jahren haben übrigens verschiedene objektorientierte Sprachen, so auch C# und C++, Lambda-Ausdrücke aufgenommen. JavaScript lässt sie schon immer zu, dort haben Funktionen sowieso einen höheren Stellenwert als Klassen.

filter(), map() und reduce()

So, Schrödinger, ein objektorientierter Programmierer bist du schon. Jetzt machen wir auch noch einen funktionalen Programmierer aus dir. Na ja, nicht ganz, aber fast. Denn **funktionale Programmierung** ist nicht eben mal so in zwei, drei Sätzen erklärt. Nur so viel: Der Fokus liegt dort weniger auf Objekten (wie bei der objektorientierten Programmierung), sondern …

… lass mich raten, auf Funktionen?

Exactly, genau. Bei der funktionalen Programmierung gibt es zwar auch Objekte, aber anstatt Funktionalität in den Objekten (als Methoden) zu implementieren, erstellt man Funktionen, die dann auf Ansammlungen von Objekten arbeiten.

Ansammlungen von Objekten? Was redest du denn so geschwollen? Du meinst doch bestimmt Collections, oder?

Jooo, nicht ganz, da muss man ein bisschen unterscheiden. Pass auf: Seit Java 8 werden diese Ansammlungen von Objekten durch das Interface **`java.util.stream.Stream`** und verschiedene Klassen im Paket **`java.util.stream`** repräsentiert. Dieses Interface stellt im Wesentlichen drei der wichtigsten Funktionen aus der funktionalen Programmierung bereit: **`filter()`**, **`map()`** und **`reduce()`**, dazu aber jeweils gleich noch mehr. Während eine Collection nun die Objekte wirklich **enthält**, dient ein Stream „nur" dazu, die Objekte zu **verarbeiten**. Dem Stream ist es letztlich auch egal, auf welcher **Datenquelle** er arbeitet, üblicherweise dient dazu aber eine … Tataaa … Collection.

Hier eine kleine Analogie:

Stell dir den Stream als eine Art Fließband vor, ein Fließband in einer … äh … Schuhkartonfabrik. Die Collection wäre dann zum Beispiel ein LKW, der die Schuhkartons am Anfang des Fließbands ablädt (alternativ könnte aber auch ein anderes Transportmittel, eine andere „Datenquelle" verwendet werden – je nach Standort der Schuhkartonfabrik zum Beispiel ein Schiff, dem Fließband wäre das egal). Auf dem Fließband wird dann irgendetwas mit den Schuhkartons gemacht, und hinterher kommt alles wieder (genauso angeordnet wie vorher) in den LKW. Das nennt man dann **funktionale Schuhkartonverarbeitung**.

[Zettel]

Die Analogie passt nicht zu 100 %. So kannst du beispielsweise eine Collection mehrmals, einen Stream aber nur einmal verwenden. Das würde dann heißen, jedes Mal, wenn ein LKW mit Schuhkartons ankommt, müsste auch ein neues Fließband hingestellt werden. Was wiederum alles andere als gewinnbringend wäre.

Haha, okay, okay, und warum muss alles wieder genauso angeordnet in den LKW zurück?

Weil ein Stream an der Datenquelle nichts ändert, sondern neue Ansammlungen von Objekten, neue Streams, erzeugt, darum. Je nachdem, was in einem Stream gemacht wird.

Und das wäre zum Beispiel?

Na ja, verschiedenste funktionale Operationen halt. Du könntest zum Beispiel die Schuhkartons **rausfiltern**, die irgendwie beschädigt sind. Das würdest du mit **`filter()`** machen. Oder du könntest für jeden Schuhkarton ein paar Schuhe bereitstellen. Dazu würdest du **`map()`** verwenden. Oder du könntest nach dem Schuhkarton suchen, der am größten ist. Das würdest du über **`reduce()`** machen. Das Ergebnis dieser Operationen würde dann jeweils auf einem neuen Fließband landen.

Und der LKW würde trotzdem mit allen wieder wegfahren ...

... genau, äh ... aber ... äh ... die Referenzen auf die Schuhkartons wären weiterhin auf den Fließbändern ... aber hey, ich denke, du verstehst das Prinzip, oder? Dir zuliebe lass ich es jetzt auch mal gut sein mit den Schuhkartonbeispielen. **Hier für den Programmieralltag etwas realistischere Beispiele für die Anwendung der drei Funktionen:**

1 Mit „S" beginnende Namen herausfiltern mit `filter()`:

```
List<String> namen = new ArrayList<>();
namen.add("Schrödinger");
namen.add("Bissingen");
namen.add("Bossingen");
namen.add("Bussingen");
namen.add("Schickelmickel");
Stream<String> namenStream = namen.stream();*1
Stream<String> namenMitS = namenStream.filter(name -> name.startsWith("S"));*2
namenMitS.forEach(name -> System.out.println(name));*3
```

*1 Jede Collection hat jetzt eine Methode **`stream()`**, über die holst du dir eine Instanz von **`Stream`**.

*2 **`Stream`** hat verschiedene Methoden, unter anderem eben die Methode **`filter()`**, mit der du genau die Elemente herausfilterst, für die der Lambda-Ausdruck ein **`true`** liefert. Zurück bekommst du ein **`Stream`**-Objekt.

*3 Du könntest den Stream auch mit **`toArray()`** in ein Array umwandeln und darüber iterieren. Besser aber du nimmst **`forEach()`**. Diese Methode wendet den übergebenen Lambda-Ausdruck auf jedes Element im Stream an.

[Zettel]

Probier mal, das alles ohne Lambdas zu programmieren. Da wirst du schon ein paar Codezeilen mehr benötigen.

Für jede Zahl die Wurzel berechnen mit map():

```
List<Integer> zahlen = Arrays.asList(4,9,16,25,36,49);
Stream<Double> wurzeln = zahlen.stream()
  .map(zahl*1 -> Math.sqrt(zahl)*2);
wurzeln.forEach(zahl -> System.out.println(zahl));*3
System.out.println(zahlen);*4
```

*1 **map()** nimmt eine Funktion entgegen, die genau **einen Parameter** hat …

*2 … und diesen auf **einen anderen Wert** mappt. Hier im Beispiel wird für jede Zahl im Stream die Wurzel berechnet.

*3 zeilenweise Ausgabe hier:

```
2.0, 3.0, 4.0, 5.0, 6.0, 7.0
```

*4 Ach übrigens: Die Werte in der ursprünglichen Liste bleiben unverändert.

Ausgabe:

```
[4, 9, 16, 25, 36, 49]
```

Das Maximum einer Zahlenliste ermitteln mit reduce():

```
List<Integer> zahlen = Arrays.asList(2,3,6,4,5);
Integer groessteZahl = zahlen.stream().reduce((zahl1, zahl2)*1 -> Integer.max
  (zahl1, zahl2)*2).get();
```

*1 Rein kommen zwei Werte, …

*2 … raus nur einer, in diesem Fall hier das Maximum der beiden Zahlen.

Apropos, das Maximum von Zahlen kannst du auch noch anders ermitteln:

```
int[] zahlenArray = {2,3,6,4,5};
Integer groessteZahl = Arrays.*1stream(zahlenArray).max()*2;
```

*1 Die Klasse **Arrays** hat auch eine neue Methode **stream()**. Die macht aus einem Array einen Stream. Übergibst du wie hier ein Array mit **Integer**-Werten, ist das übrigens ein Stream vom Typ **java.util.stream.IntStream**, …

*2 … und der hat eine Methode **max()**. Mit der kommst du auch zum Ziel.

Und noch ein Trick: Referenzen auf Methoden

Achtung: Jetzt gleich kommt **wieder eine neue Syntax**. Statt eines Lambda-Ausdrucks kannst du nämlich auch eine **Methodenreferenz** übergeben, vorausgesetzt die referenzierte Methode passt, was die Parameter und so weiter angeht. Eine Methodenreferenz definierst du mit Klassennamen, Doppelpunkt, Doppelpunkt und dem Methodennamen ohne Klammern:

```
List<Integer> zahlen = Arrays.asList(2,3,6,4,5);
Integer groessteZahl = zahlen.stream().reduce(Integer::max*1).get();
```

*1 So sieht eine Methodenreferenz aus. Wichtig: Die Signatur der Methode muss zu dem passen, was (in diesem Fall von **reduce()**) erwartet wird. **Integer.max()** zum Beispiel nimmt zwei Parameter vom Typ **Integer** entgegen (also genau das, was auch in der Liste enthalten ist) und liefert einen Wert vom gleichen Typ (**Integer**) zurück. Hätte die Methode nicht genau zwei Parameter vom Typ der Listenelemente oder würde sie nicht einen Rückgabewert vom gleichen Typ liefern, könnte die Methode hier nicht als Methodenreferenz verwendet werden. Der Compiler würde in so einem Fall aber einen Fehler melden.

[Begriffsdefinition]

Methodenreferenzen identifizieren eine Methode, ohne sie dabei aufzurufen. Auf diese Weise ist es möglich, **Methoden als Parameter anderer Methoden** zu verwenden. Ein Feature, das es seit Java 8 gibt und das vorher nur umständlich über das sogenannte **Command-Entwurfsmuster** simuliert werden konnte.

Und was ist jetzt der Unterschied zwischen Lambda-Ausdrücken und Methodenreferenzen, … ich meine, wann soll ich das eine und wann das andere verwenden?

Schlaue Frage, Schrödinger. Die Antwort: Lambda-Ausdrücke sind letztendlich anonyme Funktionen (bzw. in Java anonyme Klassen), Methodenreferenzen sind Referenzen auf existierende Methoden in existierenden nicht anonymen Klassen. Wann du was verwenden solltest, kann man nicht so pauschal sagen. Oft ist es allerdings so, dass du in einem Lambda-Ausdruck nur eine bereits existierende Methode aufrufst, so wie eben zum Beispiel bei der Berechnung der Wurzeln, als du **Math.sqrt()** aufgerufen hast. Dort hättest du dann auch direkt **Math::sqrt** verwenden können. Wenn du allerdings mehrere Methoden aufrufen musst, dann würdest du eher zu einem Lambda-Ausdruck greifen.

[Zettel]

filter(), **map()**, **reduce()** und **forEach()** sind nicht die einzigen Methoden, die mit Lambda-Ausdrücken umgehen können. **Stream** bietet eine ganze Reihe weiterer Methoden. Und überhaupt, du kannst auch eigene Methoden implementieren, die Lambda-Ausdrücke akzeptieren. Aber das würde jetzt wirklich etwas weit gehen. Besser, du übst das Gelernte erstmal in der Werkstatt.

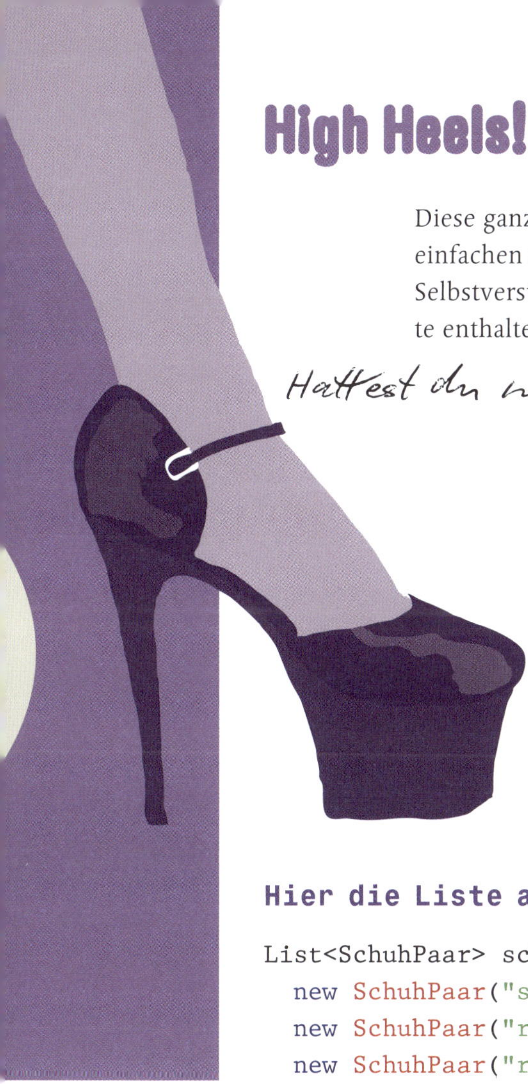

High Heels!!!

Diese ganze Filterei, Mapperei und Reduziererei geht natürlich nicht nur mit einfachen Streams, die Objekte vom Typ **`Integer`** oder Strings enthalten. Selbstverständlich kannst du auch Streams verarbeiten, die komplexere Objekte enthalten, wie zum Beispiel unsere geliebten Schuhe.

Hattest du nicht gesagt, du lässt es bleiben?

[Schwierige Aufgabe]

Gegeben sei der folgende Codeschnipsel. Filtere genau die High Heels mit Schuhgröße 38 heraus, und gib sie auf der Konsole aus. Verwende beide Male Lambda-Ausdrücke, also sowohl für das Filtern als auch für die Ausgabe. Falls du dir NetBeans nicht installieren möchtest oder kannst und Eclipse noch nicht so weit ist, schreibe den Code auf ein Blatt Papier. Hauptsache, du hast es mal gemacht. Denn selbst das haben bisher nicht viele Java-Entwickler.

Hier die Liste als Codeschnipsel:

```
List<SchuhPaar> schuhPaare = Arrays.asList(
  new SchuhPaar("schwarz", 38, true),
  new SchuhPaar("rot", 38, true),
  new SchuhPaar("rot", 39, true),
  new SchuhPaar("schwarz", 38, false),
  new SchuhPaar("weiß", 39, false)
);
```

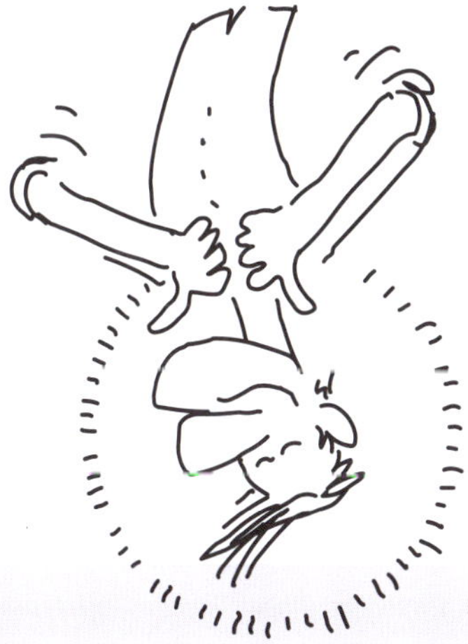

Hier die Lösung:

```
Stream<SchuhPaar> achtunddreissigerHighHeels = schuhPaare.stream() *1
  .filter(
    schuhPaar -> schuhPaar.getGroesse() == 38 && schuhPaar.isMitStoeckeln()
  ); *2
achtunddreissigerHighHeels.forEach(
  highHeel -> System.out.println(highHeel)
); *3
```

*1 Direkt auf einer Collection kannst du die Lambda-Ausdrücke nicht anwenden. Du brauchst einen Stream.

*2 Mit **`filter()`** und diesem Lambda-Ausdruck hier bleiben genau die Schuhpaare im Stream, die Schuhgröße 38 und Stöckel haben.

*3 Mit **`forEach()`** iterierst du über den Stream und kannst mit einem einfachen Lambda-Ausdruck an die einzelnen Elemente kommen.

[Erledigt!]

Bravo! Du kannst nicht nur deiner Freundin beim Aussuchen der Schuhe helfen, sondern hast auch dem Gros der Java-Entwickler etwas voraus: deinen ersten Lambda-Ausdruck.

Wenn du ganz sparsam sein möchtest, …

… dann kannst du die Aufrufe von **filter()** und **forEach()** auch verknüpfen:

```
schuhPaare.stream()
  .filter(schuhPaar -> schuhPaar.getGroesse() == 38 && schuhPaar.isMitStoeckeln())*1
  .forEach(highHeel -> System.out.println(highHeel.getFarbe())*2
);
```

*1 erst **filter()** …

*2 … und dann **forEach()**, Stichwort: Fluent Interface

[Einfache Aufgabe]

Was deine Freundin kann, kannst du doch auch. Für jedes Schuhpaar von ihr kaufe dir auch eins. Verwende die Methode **map()**, um von ihren Schuhpaaren jeweils gleichfarbige, stöckellose Schuhe in deiner Schuhgröße zu erstellen. Nimm die schon bekannte Liste aus der vorigen Aufgabe.

Hier die Lösung:

```
Stream<SchuhPaar> schuhPaareSchroedinger = schuhPaare.stream()*1↩
.map(schuhPaar*2 -> new SchuhPaar(schuhPaar.getFarbe(), 44, false)*3);
```

*1 Den Stream, den brauchst du immer.

*2 Die Methode **map()** nimmt ein Objekt und mappt es auf ein anderes Objekt. Hier das ist also der **Eingabeparameter**,

*3 … und das hier ist der **Rückgabewert**. Wichtig: Setze unbedingt **mitStoeckeln** auf **false**, Schrödinger, sonst reden die Leute.

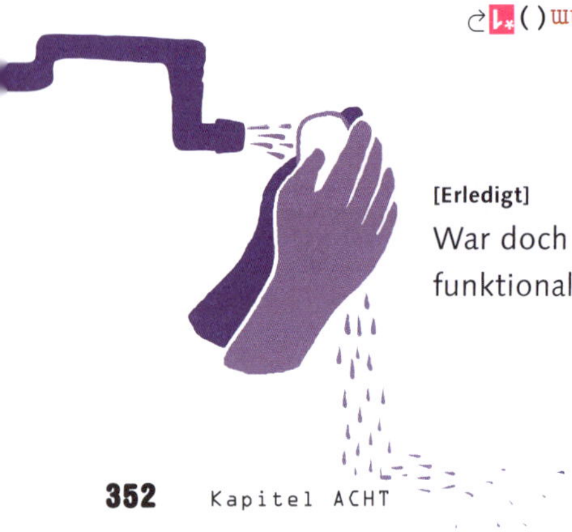

[Erledigt]

War doch gar nicht so schwierig, oder? Die Vorprüfung zum funktionalen Programmierer hast du schon mal in der Tasche.

Nochmal alles ganz lambsam

- Bei der funktionalen Programmierung liegt der Fokus auf Funktionen, die auf Ansammlungen von Objekten arbeiten.
- In Java 8 werden solche Objekt-Ansammlungen über das Interface `java.util.stream.Stream` und die Klassen im Paket `java.util.stream` repräsentiert.
- `Stream` definiert außerdem die wichtigsten und bekanntesten Funktionen aus der funktionalen Programmierung:
  - `filter()`, um Objekte in einem Stream zu filtern
  - `map()`, um Objekte in einem Stream auf andere Objekte zu mappen
  - `reduce()`, um Objekte in einem Stream auf einen Rückgabewert zu reduzieren
- All diese Funktionen erwarten als Parameter einen **Lambda-Ausdruck**. Solche Ausdrücke sind in Java kurz gesagt kompaktere Schreibweisen für anonyme Klassen.
- **Methodenreferenzen** erlauben es dir, Methoden als Parameter einer anderen Methode zu übergeben.

Hier nochmal zehn Regeln für den richtigen Umgang mit Arrays, Collections und Maps:

- Fange bei Arrays immer bei 0 an zu zählen, aber zähle nicht weiter, als erlaubt.
- Überprüfe die Gleichheit von Objekten nicht mit `==`, sondern mit `equals()`.
- Beachte die **vier wichtigen Eigenschaften** bei der Implementierung der `equals()`-Methode.
- Überschreibe `hashCode()`, wenn du `equals()` überschreibst, sonst kannst du die Schuhe deiner Freundin ewig suchen.
- Wähle den Hashcode weise, sonst dauert die Schuhsuche zu lange.
- Ziehe dynamisch wachsende Collections aus dem Collection-Framework einfachen Arrays vor (aber prüfe trotzdem den Anwendungsfall)!
- Behalte die **Helferklassen** wie Arrays oder Collections im Hinterkopf!
- Nutze `compareTo()`, wenn du **nur eine Art der Sortierung** benötigst. Wenn du **verschiedene Arten der Sortierung** brauchst oder du die **zu sortierenden Klassen nicht ändern kannst**, weil sie zum Beispiel Teil einer Fremdbibliothek sind, verwende das `Comparator`-Interface!
- Beachte, dass in Sets **Werte nur einmal** und in Maps **Schlüssel nur einmal** vorkommen dürfen!
- Queues und Stacks arbeiten vom Prinzip her ähnlich, aber doch genau umgekehrt!

[Belohnung/Lösung]

Kommen wir zu deinem nächsten Ausrüstungsgegenstand. Nein, nichts mit Schuhen und auch nichts, was im Entferntesten mit **Hash**codes zu tun hat. Nein, du bekommst was anderes. Wird Zeit für etwas, in das du alle deine Gegenstände reinpacken kannst: den speziell **vergrößerten Rucksack aus Orkhaut**! Tataaa! Sein riesiges Platzangebot bei gleichzeitig kompakter Form macht ihn zu einem idealen Begleiter. Das spezielle O.R.K.-Tragesystem ermöglicht eine angenehme Lastverteilung, und dank der vielen praktischen Innentaschen findest du alles in Sekundenschnelle wieder …

—NEUN—

Exceptions

Ausnahmsweise und um ganz sicher zu gehen

Schrödinger ist schon ganz guter Dinge, was seine Java-Kenntnisse angeht, aber das ein oder andere Mal sind ihm seine Java-Programme schon um die Ohren geflogen. Gerade beim Arbeiten mit Arrays hat er manchmal seine Finger wo reingesteckt, wo er es lieber hätte bleiben lassen. In diesem Kapitel lernt Schrödinger, wie man solche und andere Fehler vermeiden kann, welche unterschiedlichen Fehlertypen es gibt, wie man eigene Fehlertypen erstellt, dass man eigentlich zwischen Fehlern und Ausnahmen unterscheidet und dass man beides zwar werfen kann, aber nicht unbedingt auch beides fangen sollte.

Aus Fehlern werden Ausnahmen

Als Programmierer beeinflusst du den Programmfluss für den Fall, dass etwas nicht Vorhergesehenes oder nicht Ausführbares auftritt. Ob es um eine Division durch null geht oder um eine angebliche Telefonnummer, die aus lauter Buchstaben besteht: Du kannst anordnen, den Code einfach weiter auszuführen, eine bestimmte Meldung auszugeben oder die Information über den Fehlerfall in Form eines Objekts an den aufrufenden Code weiterzureichen. Organisiert wird die Sache – wie könnte es anders sein – **durch Objekte**. Sie sind vom Typ **`java.lang.Exception`** oder **`java.lang.Error`** und entstehen in dem Moment, in dem das Problem auftritt. Kannst du dich noch an deine Fehler aus den letzten Kapiteln erinnern?

An jede Menge Fehler, wieso?

Als du versucht hast, auf den zwölften Buchstaben von "Schrödinger" zuzugreifen? Da entstand in dem Moment eine **`StringIndexOutOfBoundException`**, weil der String „Schrödinger“ gar keine zwölf Buchstaben hat. Das Programm brach ab, und der **geworfene Fehler** war auf der Konsole nachzulesen.

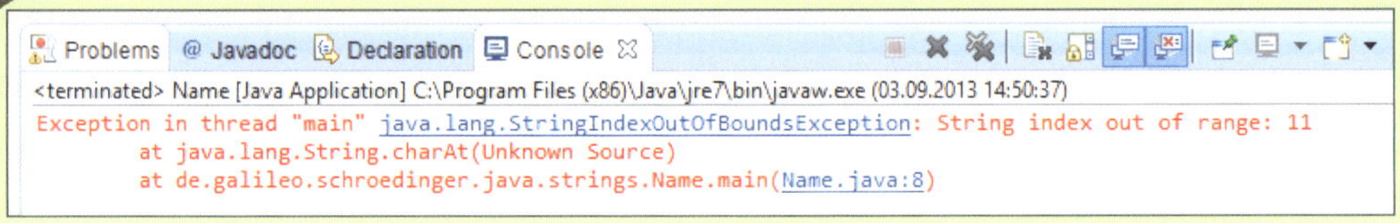
Problems @ Javadoc Declaration Console
<terminated> Name [Java Application] C:\Program Files (x86)\Java\jre7\bin\javaw.exe (03.09.2013 14:50:37)
```
Exception in thread "main" java.lang.StringIndexOutOfBoundsException: String index out of range: 11
	at java.lang.String.charAt(Unknown Source)
	at de.galileo.schroedinger.java.strings.Name.main(Name.java:8)
```

So sieht der Fehler auf der Konsole aus.

Das passiert, wenn Du nichts machst. Du kannst den Fehler aber auch **selbst behandeln und auf ihn reagieren**. Das Programm ist nämlich nur deswegen abgebrochen, **weil keiner den Fehler gefangen hat**. Und wenn keiner den Fehler fängt, dann trifft er den Nutzer des Programms ... klatsch ... auf der Konsole. Fehler an den richtigen Stellen zu behandeln, indem man sie beispielsweise fängt, das ist die Kunst, die es zu beherrschen gilt.

Man unterscheidet in Java zwischen Fehlern und Ausnahmen:

[Begriffsdefinition]

In Java unterscheidet man zwischen Fehlern und sogenannten Ausnahmen bzw. **Exceptions**. Letztere bezeichnen **Ausnahmefälle**, die man in der Regel behandeln kann. Fehler (oder englisch **Error**) bezeichnen wirklich **schwerwiegende Fehler**, die man eigentlich nicht mehr behandeln kann.

Lass mich dir erst die Exceptions zeigen:

Deine erste Exception

Es gibt eine ganze Reihe von Exceptions, die bereits in der Standardbibliothek definiert sind, aber du kannst auch eigene Exceptions definieren.

Aha, und wie mach ich das?

Ganz einfach. Exceptions sind nichts anderes als Klassen, die von `java.lang.Exception` ableiten.

Brauchen wir noch einen geeigneten Anwendungsfall … Moment … okay, ich hab's: Stell dir vor, Bossingen schmeißt eine Party. Um die Kosten so gering wie möglich zu halten, sind aber nur Angestellte der eigenen Firma eingeladen. Versucht jemand anders, sich einzuschmuggeln, wird der von den Türstehern rausgeworfen. Analog wollen wir eine Exception werfen. Nennen wir die Exception doch möglichst aussagekräftig `NichtEingeladenerTeilnehmerException`.

Das klingt wirklich nach Bossingen, alter Geizhals.

So sieht eine eigene Exception-Klasse aus:

```
public class NichtEingeladenerTeilnehmerException *1 extends Exception *2 {
  public NichtEingeladenerTeilnehmerException() {
    super("Teilnehmer nicht eingeladen");*3
  }
}
```

*1 Eine Exception ist eine ganz normale Klasse, …

*2 … die von der Java-Standardklasse `Exception` ableitet. `Exception` ist die Mutterklasse **aller Ausnahmen** (Fehler haben übrigens eine andere, dazu gleich mehr).

*3 Über den Konstruktor von `Exception` kann direkt eine angepasste **Fehlernachricht** mitgegeben werden, die im Fehlerfall … pardon … Ausnahmefall Aufschluss über die Ausnahme geben kann.

[Achtung]

Deine IDE wird dich wahrscheinlich warnen, dass du in der Exception kein statisches Feld mit dem Namen **`serialVersionUID`** hast. Für den Augenblick kannst du das ignorieren. Was es genau mit diesem Feld auf sich hat und wann du es brauchst, zeige ich dir in Kapitel 11.

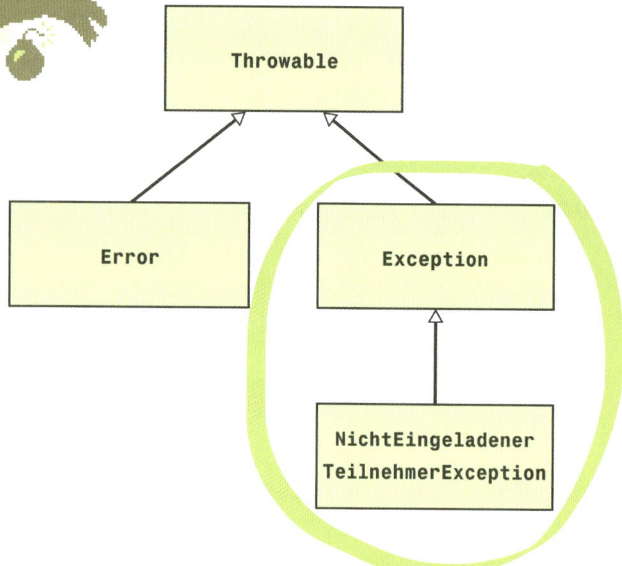

`Exception` ist die Mutterklasse aller Ausnahmen, **`java.lang.Error`** die Mutterklasse aller Fehler. Beide haben die gemeinsame Oberklasse **`java.lang.Throwable`**. Alles, was „throwable" ist, ist „werfbar" und kann innerhalb eines Programms (im Ausnahmefall bzw. Fehlerfall) von einer Methode (oder einem Konstruktor) an die aufrufende Methode (oder den aufrufenden Konstruktor) geworfen werden.

Das Werfen vorbereiten

So ganz allein für sich ergibt die Exception natürlich wenig Sinn. Für unseren Anwendungsfall brauchen wir noch ein Programm, in dem die Exception auch geworfen wird. Dazu brauchen wir die Klassen und Interfaces aus dem folgenden Diagramm:

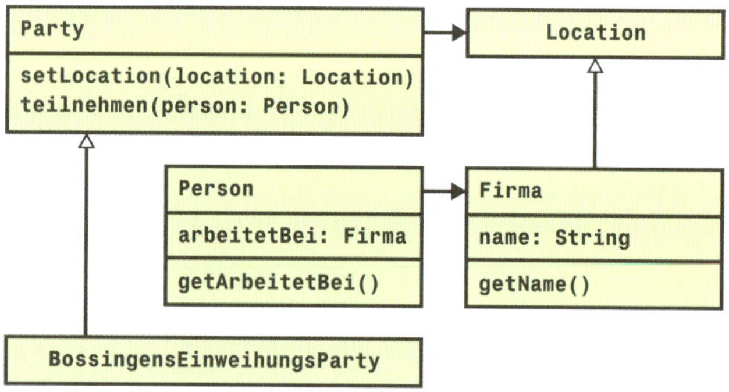

Das ist eine gute Gelegenheit für dich, deine UML-Kenntnisse auszubauen und zu üben, wie man UML liest und den entsprechenden Java-Quelltext dazu erstellt. Wenn du lieber deine WoW-Skills ausbauen möchtest, lad dir die Klassen und Interfaces einfach aus dem Downloadbereich zu diesem Buch.

Für die Party gibt's erstmal ein Interface, denn ...

... lass mich raten. Es bleibt nicht bei der einen Implementierung.

Mittlerweile kennst du mich ganz gut, natürlich bleibt es nicht bei einer Implementierung.

Der Code für das Interface `Party`:

```
public interface Party {
  void setLocation(Location location);
  void teilnehmen(Person person) throws *1 NichtEingeladenerTeilnehmerException *2;
}
```

*1 Über **throws** sagst du, dass diese Methode eine Exception werfen könnte.

*2 Nach dem **throws** kommt dann der Klassenname der Exception.

In einer Methodendeklaration gibst du also mit **throws** an, dass die entsprechende Methode eine Exception werfen könnte. Hinter dem **throws** kommen dann die Exceptions.

Die Exceptions? Mehrzahl? Kann eine Methode denn mehrere werfen?

Ja, klar, das kann sie.

Dazu trennst du in der Methodendeklaration die Exception-Typen einfach mit einem Komma. Aber weiter im Text. **Jetzt wird geworfen:**

Rufst du eine solche Methode auf, weiß der aufrufende Code, dass eine Exception in der Methode geworfen werden kann. Innerhalb der Methode wirfst du die Exception über das Schlüsselwort **throw**, so wie im folgenden Code. Damit wird die Ausnahme ausgelöst, und der Programmfluss geht zur aufrufenden Methode zurück.

```
public class BossingensEinweihungsParty implements Party {
  ...
  @Override
  public void teilnehmen(Person person) throws NichtEingeladenerTeilnehmerException {
    if(!person.getArbeitetBei()*1.equals(this.getLocation()*2)) {
      throw new NichtEingeladenerTeilnehmerException();*3
    }
    personEinlassen(person);*4
  }
  ...
}
```

*1 Personen, die nicht dort arbeiten, …

*2 … wo die Party stattfindet, …

*3 … sind nicht eingeladen. Und für die gibt's eine Exception.

*4 Wirfst du eine Exception, wird der anschließende Code in der Methode nicht mehr ausgeführt.

[Ablage]

Mit **throws** gibst du an, dass eine Methode generell eine Exception **werfen könnte**.
Mit **throw wirfst** du eine Exception.

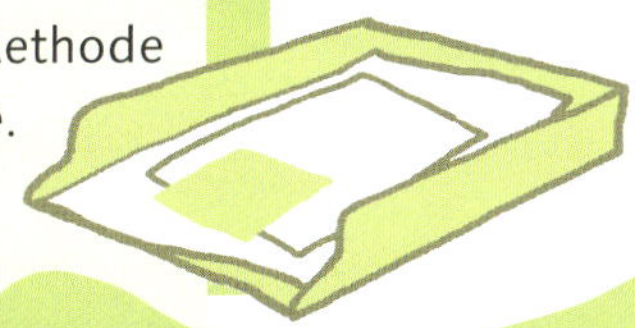

[Zettel]

Nur um es nochmal deutlich zu sagen: Du brauchst natürlich nicht unbedingt ein Interface, um eine Exception werfen zu können. Auch mit Klassen, die kein Interface implementieren, funktioniert das Exception-Werfen.

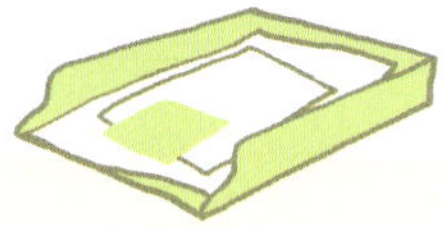

[Ablage]

Nicht nur Methoden können Exceptions werfen, Konstruktoren auch.

Fangen will gelernt sein

Jetzt hast du eine eigene Exception definiert und eine Methode erstellt, die eine Exception wirft. Fehlt nur noch die andere Seite: **das Fangen der Exception.**

Exceptions fangen kannst du mithilfe des Schlüsselwortes **`catch`**. Damit du das aber überhaupt verwenden kannst, musst du den Quelltext, in dem ein Fehler auftreten kann, in ein **`try`** packen. Du **versuchst** also erst etwas (englisch: try), und wenn das **nicht funktioniert**, dann wird die dabei entstandene Exception **gefangen** (englisch: catch).

So sieht der aufrufende Code aus:

```
Party party = new BossingensEinweihungsParty();
Firma kartonBossingen = new Firma("Bossingen Karton");
Firma baeckereiSchmitz = new Firma("Bäckerei Schmitz");
party.setLocation(kartonBossingen);
try*1 {*2
  party.teilnehmen(new Person(baeckereiSchmitz));
} catch*3 (NichtEingeladenerTeilnehmerException*4 e*5) {*6
  // hier die Behandlung der Ausnahme
  e.printStackTrace();*7
}
```

*1 Den Quelltext, den eine Exception produzieren könnte, umgibst du mit einem `try` …

*2 … und geschweiften Klammern. Alles innerhalb dieser Klammern gehört zum `try`-Block.

*3 Nach dem `try`-Block kommt `catch`.

*4 Die Exception, die du abfangen möchtest, steht in runden Klammern. Erst mit dem **Klassennamen** …

*5 … und dann dem **Variablennamen**. Der Variablenname **e** ist zwar recht kurz, aber eine gängige Namenskonvention für Exceptions.

*6 Der Quelltext, der ausgeführt werden soll, wenn eine Exception gefangen werden soll, steht dann wieder in geschweiften Klammern.

*7 Nicht unbedingt guter Stil ist es, bei der Behandlung einer Exception **nur die Standardfehlerausgabe der Exception** zu werfen, aber zu Demozwecken soll uns das für den Moment mal reichen. Später sag ich dir noch, wie du deine Exceptions richtig behandeln solltest.

Das produziert diese Ausgabe:

```
de.galileocomputing.schroedinger.java.kapitel09.party.NichtEingeladenerTeilnehmer⤶
  Exception*1: Teilnehmer nicht eingeladen*2
      at de.galileocomputing.schroedinger.java.kapitel09.party.Bossingens⤶
        EinweihungsParty.teilnehmen*3 (BossingensEinweihungsParty.java*4:15*5)
      at de.galileocomputing.schroedinger.java.kapitel09.party.Main.main(Main.⤶
        java:15)*6
```

*1 der vollständige Name der Exception

*2 die Meldung der Exception

*3 Hier kommt der vollständige Name der Klasse und der Methode, in der der Fehler aufgetreten ist.

*4 Hier noch der Name der Java-Datei, in der die Klasse enthalten ist, …

*5 … die Zeilennummer im Quelltext …

*6 … und das Ganze zurück für alle Methoden bis hin zur **main**-Methode.

Ja, ich erinnere mich. Das ist der Text aus dem Konstruktor von **NichtEingeladenerTeilnehmerException**.

Wieso soll das jetzt kein guter Stil sein? Über den Stack-Trääs weiß ich doch genau, welcher Fehler wo aufgetreten ist.

Du ja. Du kennst dich ja auch mit Paketnamen, Klassennamen und so weiter aus, der Nutzer deines Programms aber in der Regel nicht. Und wenn du ihr oder ihm eine solche Meldung um die Ohren haust, ist das nur eines: **nicht nutzerfreundlich!** Wie du es besser machst, zeige ich dir bald.

Ganz zum Schluss – der finally-Block

Eine Sache gibt's noch: den **finally**-Block. Der ist immer dann sinnvoll, wenn bestimmter Code **immer ausgeführt werden soll,** unabhängig davon, ob eine Exception aufgetreten ist oder nicht. Du hattest ja eben gesehen, dass der nachfolgende Code nicht mehr ausgeführt wird, sobald du eine Exception wirfst. Das stimmt nicht ganz. Der Inhalt des **finally**-Blocks wird **auch dann noch ausgeführt**. **Gute Gelegenheit also zum Beispiel für Aufräumarbeiten:** Stell dir vor, eine Exception tritt auf, während du eine Verbindung zu einer Datenbank geöffnet hast oder während du eine Datei geöffnet hast. Dann ist es immer besser, du trennst die Verbindung sauber bzw. schließt die Datei, um unnötig belegte Ressourcen freizugeben. Ansonsten kann es dir passieren, dass in deinem Java-Programm noch eine Datei geöffnet ist und von anderen Programmen nicht (schreibend) auf die Datei zugegriffen werden kann.

Ah, verstehe, und genau das würde ich im finally-Block machen?

Genau. Denn selbst wenn keine Exception auftritt, wird der **finally**-Block **immer ausgeführt**.

Aufräumarbeiten auch bei der Party:

```
try {
  party.teilnehmen(new Person(baeckereiSchmitz));
} catch (NichtEingeladenerTeilnehmerException e) {
  tuersteherInformieren();
} finally*1 {
  // hier das wird immer ausgeführt
  sauberMachen();
}
```

*1 Der **finally**-Block ist zwar **optional**, wenn er aber da ist, muss er am Schluss stehen.

[Achtung]
Auch **catch**-Blöcke sind optional. Allerdings musst du dann auf jeden Fall einen **finally**-Block haben. Nur **try** alleine funktioniert nicht.

Hier werden Sie individuell behandelt

[Einfache Aufgabe]

Bossingen plant die Big-Boss-Party, bei der die Gäste ein monatliches Nettogehalt von mindestens 40 000 € haben müssen. Alle anderen bekommen eine **NichtReichGenugException**. Wie würdest du bei der Umsetzung vorgehen?

Ich würde die Party boykottieren!
Okay, okay, lass mal überlegen ...

Erst brauche ich eine Klasse für die Exception.
Das ist ja einfach ...

```
public class NichtReichGenugException extends Exception {}
```

Genau. Und danach würdest du eine weitere Implementierung von **Party** erstellen, **BigBossParty** von mir aus, dort dann wie gefordert **teilnehmen()** implementieren. Und dann die neue Exception bei der Methodendeklaration mit aufnehmen, und zwar sowohl im Interface als auch in allen Implementierungen von **Party**.

Die Methodendeklaration im Interface:

```
void teilnehmen(Person person) throws ↩
  NichtEingeladenerTeilnehmerException, NichtReichGenugException;
```

Und die implementierende Methode in der Klasse BigBossParty:

```
public void teilnehmen(Person person) throws↩
  NichtEingeladener TeilnehmerException, NichtReichGenugException {
  if(!person.getArbeitetBei().equals(this.getLocation())) {
    throw new NichtEingeladenerTeilnehmerException();
  } else if(person.getGehalt() < 40000.0) {
    throw new NichtReichGenugException();
  } else {
    // Person einlassen
  }
}
```

Das heißt, du hast jetzt auch zwei **catch**-Blöcke:

Zwei Exception-Typen können geworfen werden,
zwei Exception-Typen können gefangen werden:

```
try {
  party.teilnehmen(new Person(baeckereiSchmitz, 1400.0));
} catch (NichtEingeladenerTeilnehmerException e) {
  tuersteherInformieren();
} catch (NichtReichGenugException e) {
  tuersteherInformieren();
  mitSpoettischemBlickVersehen();
}
```

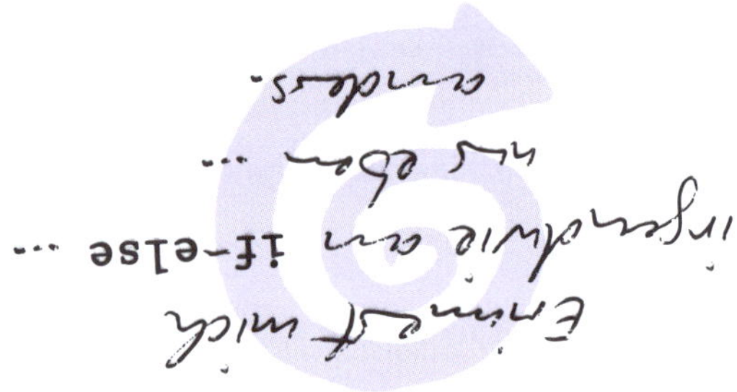

Ja, du bestimmst ja auch hier den **Kontrollfluss** deines Programms. Nur nicht abhängig von einer Booleschen Bedingung, sondern abhängig von einer Ausnahme.

[Notiz]
Es ist egal, ob die Methode auch wirklich eine Exception wirft. Abfangen kannst du alle Exceptions, die in der Methodendeklaration angegeben sind.

Vererbung von Exceptions

Exceptions sind ganz normale Klassen, das heißt, du kannst natürlich auch von Exceptions ableiten und eigene Unterklassen erstellen. Das macht genau wie sonst bei der Vererbung immer dann Sinn, wenn die „Unter-Exception" einen Spezialfall der anderen Exception darstellt. Das Beispiel von eben könnte man auch so modellieren, dass **`NichtReichGenugException`** eine Unterklasse von **`NichtEingeladenerTeilnehmerException`** wäre (es sei denn, du wolltest **`NichtReichGenugException`** auch in einem anderen Kontext verwenden, als in dem von Partys, Teilnehmern und so weiter).

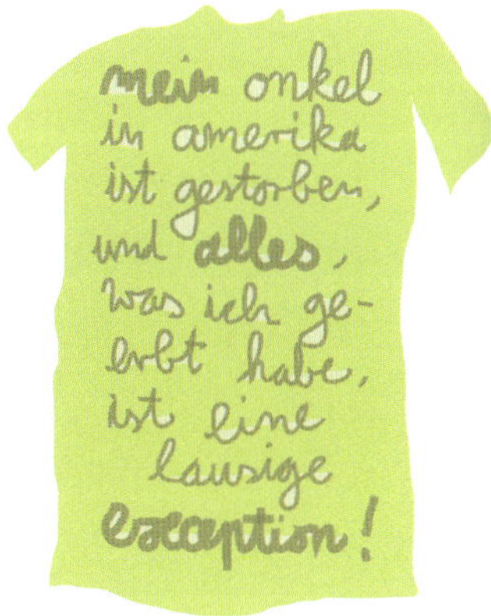

Fängst du dann die allgemeinere Exception, fängst du die speziellere direkt mit:

```
try {
  party.teilnehmen(new Person(baeckereiSchmitz, 1400.0));
} catch (*1NichtEingeladenerTeilnehmerException e) {
  tuersteherInformieren();
}
```

*1 Das hier fängt auch alle Unterklassen von **`NichtEingeladenerTeilnehmerException`**.

Mmh, dann kann ich aber doch den spezielleren Fall gar nicht mehr getrennt behandeln, oder?

Doch, natürlich, du kannst auch weiterhin zwei **`catch`**es verwenden. Wichtig ist dabei nur die Reihenfolge, in der du fängst. Überleg mal selber: Welche der beiden Exceptions musst du dann zuerst fangen?

Mmh, wahrscheinlich ... den spezielleren Fall zuerst, genau wie bei `if-else` damals.

Richtig. Für unser Beispiel heißt das, du musst die **`NichtReichGenugException`** zuerst fangen, danach erst die allgemeinere **`NichtEingeladenerTeilnehmerException`**.

```
try {
  party.teilnehmen(new Person(baeckereiSchmitz, 1400.0));
} catch (NichtReichGenugException e) {
  tuersteherInformieren();
  mitSpoettischemBlickVersehen();
} catch (NichtEingeladenerTeilnehmerException e) {
  tuersteherInformieren();
}
```

[Ablage]

Wenn du verschiedene Exceptions fängst, die voneinander ableiten, musst du die spezielleren Exceptions immer vor den allgemeineren Exceptions fangen.

Exceptions zu fangen, kann ganz schön mühsam werden. Seit Java 7 gibt es daher die Möglichkeit, mehrere Exception-Typen in einem **`catch`** zusammenzufassen, sogar solche, die nicht voneinander ableiten.

```
try {
  // hier Code, der verschiedene Exceptions wirft
  …
} catch (NichtEingeladenerTeilnehmerException |*1 BudeVollException ↩
  |*1 PartyAbgesagtException e*2) {
  …
}
```

*1 In einem **`catch`** können mehrere Exceptions gefangen werden. Die einzelnen Klassennamen müssen nur durch einen **|** (Strich) getrennt angegeben werden.

*2 Es bleibt aber bei einer Variablen. Es gibt **nicht** für jede der gefangenen Exceptions eine eigene Variable.

[Achtung]

Du könntest natürlich auch direkt in deinem **`catch`** die allgemeine Exception **`java.lang.Exception`** fangen. Dann hättest du auch nicht so viele **`catch`**-Blöcke. Allerdings verlierst du damit die Flexibilität, weil dann eben wirklich alle Exceptions gefangen werden. Und das ist nicht nur unflexibel, sondern sogar ein **absolutes No-Go**, ein **absolutes Antipattern.** Denn auf diese Weise fängst du auch Exceptions, die du eigentlich nicht fangen solltest, sogenannte Runtime-Exceptions. Aber zu denen gleich mehr.

Die Ausnahme als Auskunftsobjekt – was ist eigentlich passiert?

Weißt du eigentlich, dass du, wenn du Software schreibst, wahrscheinlich die Bildschirmarbeitsplatzverordnung beachten musst?

Öhhh ...

Ich zitiere:

„Die Systeme müssen den Benutzern (…) eventuelle Fehler bei der Handhabung beschreiben und deren Beseitigung mit begrenztem Arbeitsaufwand erlauben.“ (aus dem Anhang der Verordnung über Sicherheit und Gesundheitsschutz bei der Arbeit an Bildschirmgeräten) **Was das mit Exceptions zu tun hat?** Wenn eine Anwendungssoftware dem Benutzer einen Fehler beschreibt, behandelt sie dabei in der Regel eine Ausnahme. Für eine aussagekräftige Beschreibung brauchst du an dieser Stelle Informationen, die der Nutzer versteht. Zum Beispiel hilft „Verbindung zu Server fehlgeschlagen“ nicht weiter, wenn mehrere Server im Spiel sind.

„Der Server **XYZ**, von dem die Datei **soundso** benötigt wird, um **dies und das** zu machen, ist im Moment nicht erreichbar. Versuchen Sie **das oder das**“, ist da schon hilfreicher für den Nutzer (vor allem, wenn du XYZ und die anderen Platzhalter durch was Richtiges ersetzt).
In dem Party-Beispiel wäre es doch gut, wenn wir bei der Behandlung der Exception auch den Namen der jeweiligen Person ausgeben könnten, um den Namen in einer Liste zu speichern und später Bossingen vorlegen zu können.

Das überlasse ich dir:

[Einfache Aufgabe]
Ergänze die **NichtEingeladenerTeilnehmerException** um ein Datenfeld **person**, und passe den Konstruktor der beiden Exceptions (**NichtEingeladenerTeilnehmerException** und **NichtReichGenugException**) so an, dass die Exceptions, die du wirfst, jeweils die richtige Person enthalten.

Nichts leichter als das:

```
public class NichtEingeladenerTeilnehmerException extends Exception {
  private Person person;
  public NichtEingeladenerTeilnehmerException(Person person) {
    super("Teilnehmer nicht eingeladen");
    this.person = person;
  }
  public Person getPerson() {
    return person;
  }
}
```

Informationen über die Ausnahme bereitstellen …

```
public void teilnehmen(Person person) throws ⤶
  NichtEingeladenerTeilnehmerException {
  if(!person.getArbeitetBei().equals(this.getLocation())) {
    throw new NichtEingeladenerTeilnehmerException(person);
  } else if(person.getGehalt() < 40000.0) {
    throw new NichtReichGenugException(person);
  } else {
    // Person einlassen
  }
}
```

Und schon kannst du die Fehlermeldung ein bisschen detaillierter gestalten:

… und bei der Behandlung der Ausnahme auswerten

```
...
} catch (NichtReichGenugException e) {
  System.err.println(e.getPerson().getName() + " verdient nicht genug für diese ⤶
    Big-Boss-Party.");
}
...
```

Information erwünscht, Abhängigkeit unerwünscht

Jetzt geht es ans Feintuning. Schrödinger, guck dir diese Codezeile nochmal an:

```
System.err.println(e.getPerson().getName() + " verdient nicht 
  genug für diese Big-Boss-Party.");
```

Damit habe ich die aussagekräftigste Fehlermeldung des Kapitels produziert.

Stimmt. Aber das hat seinen Preis: Die Exception ist jetzt von der Klasse **Person** abhängig. Generell solltest du bei Exceptions solche Abhängigkeiten vermeiden und versuchen, möglichst wenige Abhängigkeiten zu schaffen.

Und warum hast du dann so eine Aufgabe gestellt?

Damit du es jetzt besser machen kannst. In der Praxis ist es nämlich häufig so, dass, wenn eine Exception als Informationsobjekt genutzt wird, nicht nur an der Stelle, an der die Exception unmittelbar auftritt, etwas dieser Information an die Exception „gehangen" wird, sondern auch in den aufrufenden Methoden davor. Wenn jetzt jede dieser Methoden ein ganzes Objekt an die Exception hängen würde, wäre die innerhalb kurzer Zeit voll mit Abhängigkeiten.

In den Methoden davor? Dann müssten die ja die Exception erst fangen und dann weiter werfen. Geht sowas überhaupt?

Klar geht das, einen kurzen Moment Geduld, dann zeig ich's dir. Erst müssen wir zusehen, dass wir die Abhängigkeit wegbekommen:

[Schwierige Aufgabe]

Ändere die **NichtEingeladenerTeilnehmerException** so, dass keine Abhängigkeit mehr zur Klasse **Person** besteht, aber trotzdem der Name der Person über die Exception geholt werden kann.

So schwierig ist es eigentlich gar nicht. **Hier die Lösung:**

```
public class NichtEingeladenerTeilnehmerExceptionName extends Exception {
  private String name;
  public NichtEingeladenerTeilnehmerExceptionName(String name) {
    super("Teilnehmer nicht eingeladen");
    this.name = name;
  }
  public String getName() {
    return name;
  }
}
```

*Aha, jetzt wird nur noch der Name der Person als Parameter übergeben, soso. Und die Abhängigkeit zu **Person** ist verschwunden. Viel besser.*

Exceptions weiterwerfen

Wie du eben selbst schon richtig vermutet hast, kann eine gefangene Exception auch **weitergeworfen werden**. Die Hilfsmittel dazu kennst du bereits alle. Die Methode, die die Exception weiterwerfen soll, bekommt einfach auch in der Methodendeklaration die entsprechende **throws**-Angabe. **Das sieht dann so aus:**

```
private static void partyStarten() throws ⤶
  NichtEingeladenerTeilnehmerException*2 {
  // Hier mehr Code mit anderen Personen, die versuchen teilzunehmen
  …
  party.teilnehmen(new Person("Frau Schmitz", baeckereiSchmitz, ⤶
    1400.0));*1
}
```

*1 Wenn du eine Methode aufrufst, die eine Exception wirft, und du die Exception aber nicht fangen möchtest, …

*2 … leitest du die Exception aus der aufrufenden Methode (hier **partyStarten()**) einfach weiter.

Alternativ könntest du die Exception auch **erst fangen und dann weiterwerfen**. Zum Beispiel, wie eben angedeutet, um eine bestimmte Information an die Exception zu hängen.

Erst fangen und dann weiterwerfen sähe so aus:

```
private static void partyStarten() throws⤶
  NichtEingeladener TeilnehmerException {
  Party party = new BigBossParty();
  Firma baeckereiSchmitz = new Firma("Bäckerei Schmitz");
  Person person = new Person("Frau Schmitz", baeckereiSchmitz, 1400.0);
  try {
    party.teilnehmen(person);
  } catch (NichtEingeladenerTeilnehmerException e)*1 {
    e.setName(person.getName());*2
    throw e;*3
  }
}
```

*1 Erst die Exception fangen, …

*2 … dann zum Beispiel Informationen aus dem aktuellen Kontext anhängen …

*3 … und schließlich weiterwerfen.

Wann und wie behandeln

Wie man Exceptions richtig behandeln sollte bzw. an welcher Stelle welche Exceptions gefangen werden sollten, das ist

1. keine einfache Frage **2.** nicht pauschal zu beantworten

Am besten ist es, du fängst und **behandelst** Exceptions dort, wo du auch noch **handeln** kannst, sprich, wo du also in deinem Quelltext die Möglichkeit hast, angemessen auf die entsprechende Exception zu reagieren.

Kannst du selbst nichts machen, und muss die Nutzerin oder der Nutzer etwas tun, zum Beispiel sein Passwort neu eingeben, weil das vorher Eingegebene falsch war, dann leite die Exception zu ihr oder ihm weiter. Aber bitte mit einer angepassten, nutzerfreundlichen Meldung.

[Zettel]

Die letzte Methode, die eine Exception weiterwerfen kann, ist die **`main`**-Methode. Danach geht die Exception zum Aufrufer deines Programms, und das ganze Programm wird beendet.

Meldungen gefangener Exceptions einfach nur auf die Konsole zu schreiben, ist genauso wenig guter Stil, wie Exceptions **immer weiterzuleiten**. Im Beispiel von vorhin müssten jetzt alle Aufrufer von **`partyStarten()`** die Exception **`NichtEingeladenerTeilnehmerException`** behandeln. Das muss dir bewusst sein.

Zum anderen: Stell dir vor, in der **`partyStarten()`**-Methode würde **`teilnehmen()`** mehrmals, also für verschiedene Personen, aufgerufen. Dann würde die Methodenausführung mit dem jetzigen Code sofort beendet, sobald eine Exception auftritt. Im folgenden Beispiel würde Herr von Reichenhausen fälschlicherweise nicht an der Party teilnehmen können, weil **vorher** schon eine Exception für Frau Schmitz auftreten würde und die Methode mit einer Exception beendet wird:

```
private static void partyStarten() throws NichtEingeladenerTeilnehmerException*2 {
  List<Person> personen = new ArrayList<>();
  personen.add(new Person("Frau Schmitz", baeckereiSchmitz, 1400.0));
  personen.add(new Person("Herr von Reichenhausen", firmaReichenhausen, 50000.0));
  // hier weitere Personen in die Warteschlange einreihen
  …
  for (Person person : personen)*3 {
    party.teilnehmen(person);*1
  }
}
```

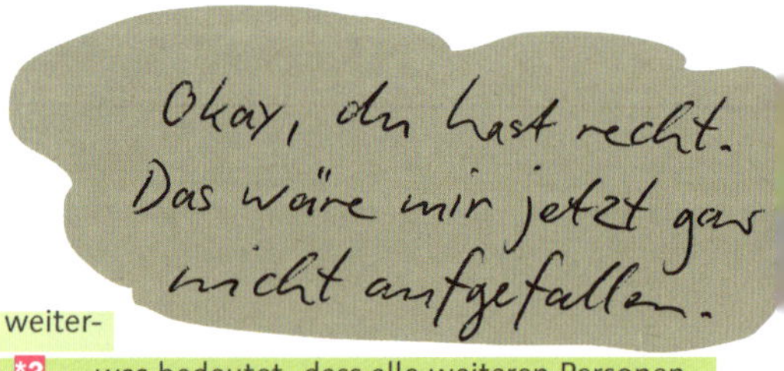

*1 Sobald hier eine **`NichtEingeladenerTeilnehmerException`** für eine Person auftritt, …

*2 … wird diese Exception weitergeleitet, …

*3 … was bedeutet, dass alle weiteren Personen, die nach der nicht eingeladenen Person in der Liste stehen, auch nicht mehr teilnehmen können.

Exceptions immer weiterleiten? Nicht immer der richtige Weg

[Einfache Aufgabe]

Passe den Quelltext so an, dass Herr von Reichenhausen teilnehmen kann, auch wenn Frau Schmitz zu wenig verdient, um zur Big-Boss-Party zugelassen zu werden. Kleiner Wink mit dem Zaunpfahl: Du musst jede Person **individuell behandeln**.

Moment, lass mich mal überlegen …

Ja, überleg du mal. Wenn du fertig bist, **hast du hier die Musterlösung für einen Abgleich:**

```
private static void partyStarten() { *1
  ...
  for (Person person : personen) {
    try {
      party.teilnehmen(person);
    } catch (NichtEingeladenerTeilnehmerException e) { *2
    }
  }
}
```

*1 Du darfst die Exception nicht weiterleiten, …

*2 … sondern musst sie innerhalb der Methode behandeln.

Bis hierhin alles geschafft?
Prima, dann kannst du mir bestimmt auch sagen, …

[Schwierige Aufgabe]

… wie du es hinbekommen würdest, dass `partyStarten()` eine Exception wirft, die alle nicht eingeladenen Teilnehmer enthält.

Halt, stopp! nicht gucken, erst selbst probieren. Oder diese Tipps lesen …

Das müsstest du dazu machen:

1. eine neue Exception-Klasse erstellen, zum Beispiel `NichtEingeladeneTeilnehmerException` (mit Betonung auf dem letzten „e“ in „Eingeladene“)
2. eine Liste von Strings innerhalb dieser Exception anlegen
3. für jede Person, die nicht eingeladen ist, die `NichtEingeladenerTeilnehmerException` wie oben fangen

… aber noch nicht diese Lösung:

```java
public class NichtEingeladeneTeilnehmerException extends Exception {
  private List<String> namen;
  public NichtEingeladeneTeilnehmerException(List<String> namen) {
    this.namen = namen;
  }
  public List<String> getNamen() {
    return this.namen;
  }
}
```

1 und 2: Exception mit Liste der abgewiesenen Teilnehmer

3: so fängst du die Exception

```java
private static void partyStarten() throws NichtEingeladeneTeilnehmerException*5 {
  Party party = new BigBossParty();
  ...*1
  List<Person> personen = new ArrayList<>();
  ...*2
  List<String> namen = new ArrayList<>();*3
  for (Person person : personen) {
    try {
      party.teilnehmen(person);
    } catch (NichtEingeladenerTeilnehmerException e) {
      namen.add(person.getName());*4
    }
  }
  if(!namen.isEmpty()) {*5
    throw new NichtEingeladeneTeilnehmerException(namen);
  }
}
```

*1 hier die Initialisierung der Party …

*2 … und hier die Initialisierung der Liste wartender Personen

*3 … und hier die Liste, in der die Namen der Personen reinkommen, die nicht eingeladen sind

*4 Tritt eine `NichtEingeladener-TeilnehmerException` auf, wird der Name der Person der Liste hinzugefügt.

*5 Nachdem alle Personen „verarbeitet" wurden, wird hier geprüft, ob irgendwelche Personen nicht eingeladen waren. Ist dies der Fall, wird eine `NichtEingeladene-TeilnehmerException` geworfen.

Muss man nicht fangen – Unchecked Exceptions

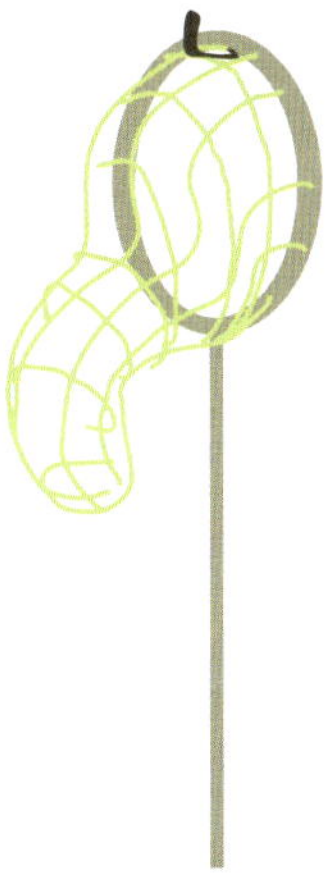

Die Exceptions, die wir uns bisher angeschaut haben, sind alle sogenannte **Checked Exceptions** oder auch **überprüfte Exceptions**. Das heißt, der Compiler prüft, ob du eine bestimmte Exception auch irgendwie behandelst, wenn du eine Methode oder einen Konstruktor aufrufst, wo eine solche Exception geworfen werden könnte. Sei es, indem du die Exception fängst oder indem du sie weiterwirfst. Machst du es nicht, meckert der Compiler mit einem Fehler. Neben diesen Checked Exceptions gibt es noch die **Unchecked Exceptions**, also **ungeprüfte Exceptions**, die vom Compiler nicht beachtet werden. Das sind die sogenannten **Laufzeitfehler**, die in der Regel dann auftreten, wenn **dein Code fehlerhaft programmiert ist bzw. Schwachstellen aufweist**. Mutterklasse aller ungeprüften Exceptions ist die Klasse `java.lang.RuntimeException`.

Moment, Moment … das versteh ich nicht ganz, was bedeutet das genau: „nicht vom Compiler geprüft"?

Na ja, diese Exceptions müssen nicht mit `throws` in der Methodendeklaration angegeben werden, weswegen der Compiler dich auch nicht dazu zwingt, solche Exceptions zu fangen. Und in der Regel solltest du das auch nicht tun. Aber alles der Reihe nach …

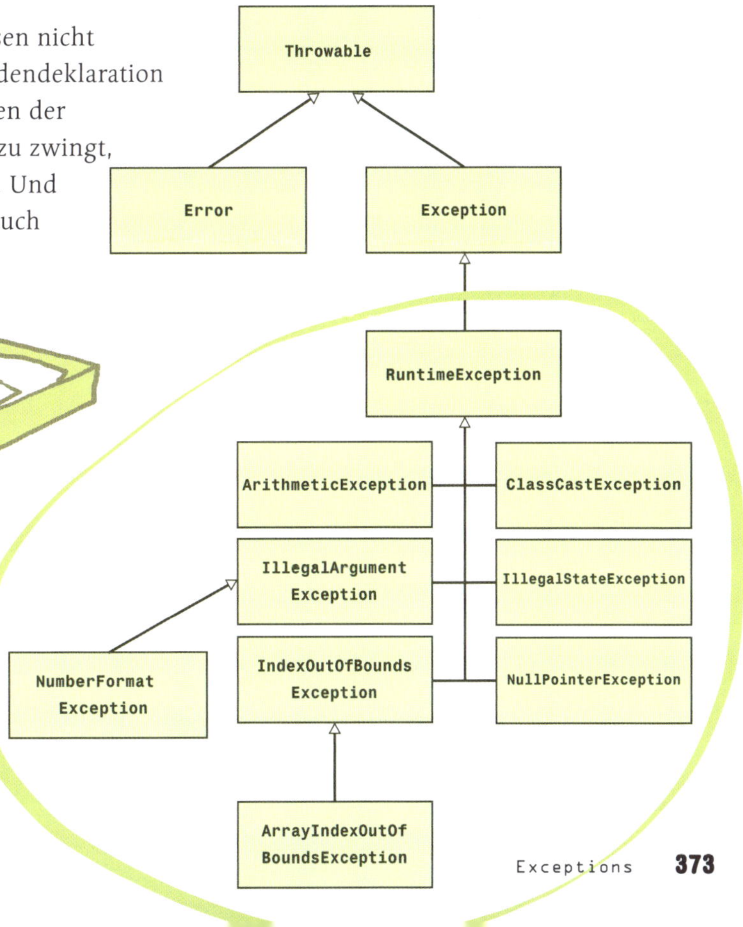

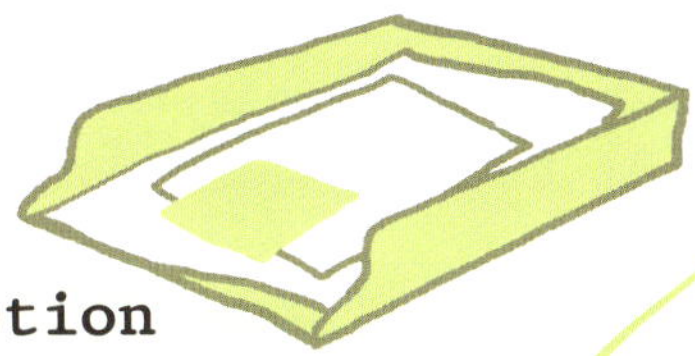

[Ablage]
Eine `RuntimeException` muss nicht in der Methodensignatur vorkommen, eine normale `Exception` schon.

Runtime-Exceptions sind eine spezielle Sorte von Exceptions, die vom Compiler nicht geprüft werden.

Schau dir dieses einfache Programm an, das zwei Parameter addieren und das Ergebnis auf die Konsole schreiben soll:

```
public class Main {
  public static void main(String[] args) {
    Integer zahl1 = Integer.parseInt(args[0]);
    Integer zahl2 = Integer.parseInt(args[1]);
    System.out.println(zahl1 + " + " + zahl2 + " = " + (zahl1 + zahl2));
  }
}
```

Da kann ja eigentlich nicht viel falsch laufen, könnte man meinen, nicht? Leider meinen das viele Entwickler, denn das, was bei diesem Beispiel passieren kann, gehört sicherlich zu den Top Ten der häufigsten Java-Programmierfehler.

Und? Kannst du die Stellen finden, an denen Fehler auftreten könnten? Kleiner Tipp: Was passiert denn bei **args[0]** und **args[1]**? Es wird auf das erste bzw. zweite Element im **args**-Array zugegriffen. Wenn allerdings gar kein Parameter übergeben wurde, ist das **args**-Array leer! Es kommt zur **ArrayIndexOutOfBoundsException**.

Aber wieso warnt mich denn der Compiler nicht? Ich meine, **warum gibt es denn überhaupt Exceptions, die der Compiler nicht prüft?** *Das macht doch keinen Sinn!*

Doch, das hat einen guten Grund. Denn Runtime-Exceptions sind in der Regel solche Exceptions, die einen Hinweis darauf geben, dass mit deinem Quellcode irgendetwas nicht stimmt. Dass du zum Beispiel nicht geprüft hast, ob ein Array-Index existiert oder ob bei einer Typumwandlung zwei Typen überhaupt kompatibel sind.
Im Quelltext oben könntest du beispielsweise die **ArrayIndexOutOfBoundsException** verhindern, indem du vorher prüfst, ob das Array überhaupt eine entsprechende Länge hat. Oder anders gesagt: Du musst sicherstellen, dass mindestens zwei Parameter an das Programm übergeben wurden. Die Anzahl der Elemente in einem Array kannst du zum Glück über das **length**-Feld bestimmen:

```
if(args.length >= 2*1) {
  Integer zahl1 = Integer.parseInt(args[0]*2);
  Integer zahl2 = Integer.parseInt(args[1]*2);
  System.out.println(zahl1 + " + " + zahl2 + " = " + (zahl1 + zahl2));
} else {
  System.err.println("Ohne gute Argumente kommst du bei mir nicht weiter.");
}
```

*1 Prüfe die Voraussetzungen, die du brauchst!

*2 Erst dann greifst du auf den Inhalt des Arrays zu. Dann kann dabei auch keine **ArrayIndexOutOfBoundsException** mehr auftreten.

Schon besser, oder? Viele der Runtime-Exceptions kannst du verhindern, indem du solche zusätzlichen Abfragen in deinen Code einbaust.

[Ablage]
Checked Exceptions beschreiben **fachliche Fehler** (wie zum Beispiel, dass eine Person zu wenig verdient, um an der Big-Boss-Party teilnehmen zu können), Unchecked Exceptions beschreiben **technische Fehler** in deinem Code, wie beispielsweise den Zugriff auf einen nicht vorhandenen Index in einem String oder Array.

[Ablage]
Runtime-Exceptions sind Ausnahmen, die eigentlich gar nicht auftreten sollten, sondern einen Hinweis auf unsauberen Quellcode geben. Der Compiler ignoriert solche Exceptions.

Wenn der Compiler die Runtime-Exceptions ignoriert, woher soll ich denn wissen, dass die überhaupt geworfen werden?

Sehr gute Frage, bei Runtime-Exceptions weißt du es erstmal oft gar nicht, bis es dann knallt. Oft steht es aber auch in der Java-Dokumentation der entsprechenden Methode, die die Exception wirft. Und mit der Zeit kennst du einfach deine Pappenheimer.

Hier für den Anfang noch eine Übersicht der bekanntesten Runtime-Exceptions:

Exception	Beschreibung
`ArithmeticException`	Wird geworfen, wenn du beim Rechnen mit den Zahlen nicht aufpasst, wenn du zum Beispiel versuchst, ein `int` durch 0 zu teilen.
`ArrayIndexOutOfBoundsException`	Die hast du ja schon kennengelernt. Tritt auf, wenn du versuchst, auf einen Array-Index zuzugreifen, der außerhalb des Arrays liegt.
`ClassCastException`	Kennst du schon. Tritt auf, wenn du versuchst, eine Objektreferenz in einen nicht kompatiblen Typ umzuwandeln.
`IllegalArgumentException`	Tritt auf, wenn ein nicht gültiger Parameter an eine Methode übergeben wurde.
`NumberFormatException`	Wird geworfen, wenn bei der Umwandlung von einem String in eine Zahl ein Wert übergeben wird, der keiner Zahl entspricht.
`IllegalStateException`	Tritt auf, wenn eine Methode in einem nicht gültigen Zustand des Programms aufgerufen wurde. Kann zum Beispiel beim Arbeiten mit Threads passieren. Was Threads sind, lernst du in Kapitel 12.
`NullPointerException`	Solltest du auch schon kennen. Tritt zum Beispiel dann auf, wenn du versuchst, eine Methode auf einer Objektreferenz aufzurufen, die den Wert `null` hat.

Defensiv programmieren gegen Runtime-Exceptions

Dass eine Runtime-Exception auftritt, kannst du, wie schon gesagt, meistens verhindern, und zwar, indem du **defensiv programmierst**. Hier ein paar Techniken dazu:

Code, der eine Exception werfen könnte	Exception, die geworfen werden könnte	Nicht fangen, sondern besser …
`int x = array[index];`	`ArrayIndexOutOfBoundsException`	… mit `index < array.length` vorher prüfen, ob das Array überhaupt eine entsprechende Größe hat.
`String name = (String) objekt;`	`ClassCastException`	… mit dem `instanceof`-Operator prüfen, ob die Klassen kompatibel sind.
`String name = null; name.toLowerCase();`	`NullPointerException`	… mit `name != null` prüfen, ob die entsprechende Variable überhaupt initialisiert ist.

So, Schrödinger, dann mal ab in die Defensive.

[Einfache Aufgabe]

Was sagst du zu diesem Codeschnipsel? Alles in Ordnung damit, oder würdest du vielleicht was anders machen?

```
Musiker musiker = new Trompeter("Joe Da Trompeta", "D.", "Joe");
try {
  Saenger saenger = (Saenger) musiker;
  saenger.singen();
} catch(ClassCastException exception) {
  System.err.println("Joe Da Trompeta ist wohl doch kein Sänger");
}
```

Mmh, also … Moment mal … da wird versucht, einen **Musiker** in einen **Saenger** zu casten. Und **ClassCastException** ist eine **RuntimeException**. Sollte ich das nicht besser mit dem … **instanceof**-Operator machen? Also erst prüfen, ob das Casting überhaupt funktioniert? Dann bräuchte ich nicht die **ClassCastException** zu fangen.

Prima, Schrödinger.

```
if(musiker instanceof Saenger) {
  Saenger saenger = (Saenger) musiker;
  saenger.singen();
}
```

Defensiv programmieren lohnt sich

Exceptions loggen

Wie schon gesagt, solltest du vermeiden, eine Exception einfach mit **`printStackTrace()`** abzuhandeln. Ich hab die Ausrede, dass ich das zu Demozwecken mache. Du hast diese Ausrede nicht. Denn wer liest wirklich auf der Konsole mit? Besser ist es zum Beispiel, in einem Fehlerfall die Fehlermeldung in eine **Log-Datei** zu schreiben. Log-Dateien kann man archivieren, besser auswerten, und sie sind vollständig. Über das Thema Logging kann man ganze Kapitel füllen, doch das Wesentliche ist eigentlich schnell erklärt: Von Haus aus gibt es in Java das Paket **`java.util.logging`** (kurz **JUL**). Die zentrale Klasse ist dort **`java.util.logging.Logger`**, von der du am besten in jeder Klasse, in der du loggen möchtest, eine statische Variable anlegst, zum Beispiel so:

```
private static final Logger log = Logger.getLogger(BigBossParty.↩
  class.getName());
```

Über die Methode **`log()`** kannst du anschließend alle Meldungen an den Logger geben, anstatt sie mit **`System.out.println()`** (oder **`System.err.println()`**) auf die Konsole zu schreiben.

[Zettel]
Logging ist nicht nur im Rahmen der Fehlerbehandlung ein geeignetes Mittel, um festzuhalten, was in deinem Programm passiert. Noch kannst du dein Programm debuggen. Läuft dein Programm dann erstmal beim Kunden, kannst du das in der Regel nicht mehr und musst auftretende Fehler anders finden, zum Beispiel anhand von Log-Dateien.

Über den sogenannten Log-Level gibst du an, wie wichtig die jeweils ausgegebene Meldung ist. Hier die einzelnen Level von nicht so wichtig bis total wichtig: **`FINEST`**, **`FINER`**, **`FINE`**, **`CONFIG`**, **`INFO`**, **`WARNING`**, **`SEVERE`**. Außerdem gibt es noch die Level **`OFF`** und **`ALL`**, um entweder alle Meldungen aus- oder alle Meldungen einzuschalten.

*1 Bei der allgemeineren **`log()`**-Methode kommt als Erstes der Log-Level, …

*2 … dahinter die Meldung.

Ein einfacher Log-Aufruf sieht also so aus:

```
log.log(Level.INFO*1, "Nur ein Test, um zu prüfen, ob's Logging funktioniert."*2);
```

Anstatt immer den Log-Level angeben zu müssen, kannst du auch direkt die Methode **`info()`** verwenden (für die anderen Level gibt es analoge Methoden):

```
log.info*3("Nur ein Test, um zu prüfen, ob's Logging funktioniert.");
```

*3 Alternativ kannst du aber auch direkt **`info()`** aufrufen (oder eine der anderen konkreteren **`Logger`**-Methoden).

Lass den Türsteher mitloggen

Bossingen ist außer sich. Bei der letzten Party hat der Türsteher doch tatsächlich nur auf die Konsole geloggt. Ab sofort soll das anders laufen, meint Bossingen. Alles sauber in eine Datei loggen bitte, sonst haben wir doch kein Beweismaterial!

Als ob Bossingen was von Logging verstehen würde, aber na gut.

[Einfache Aufgabe]

Erweitere deine Klassen rund um die **BigBossParty** um eine **Logger**-Instanz, und ergänze ein paar gescheite Log-Meldungen.

Hier die Lösung:

```
public class BigBossParty implements Party {
  private static final Logger log = Logger.getLogger(BigBossParty.class.getName());*1
  ...
  @Override
  public void teilnehmen(Person person) throws NichtEingeladenerTeilnehmerException,↩
    BudeVollException {
    log.info("Teilnehmer: " + person.getName());*2
    if(!person.getArbeitetBei().equals(this.getLocation())) {
      log.warning(person.getName() + " nicht eingeladen.");*2
      throw new NichtEingeladenerTeilnehmerException(person.getName());
    } else if(person.getGehalt() < 40000.0) {
      log.warning(person.getName() + " verdient nicht genug für diese Big-Boss-↩
        Party.");*2
      throw new NichtReichGenugException(person.getName());
    } else {
      // Person einlassen
      log.info("Teilnehmer: " + person.getName());*2
    }
  }
...
}
...
catch (NichtReichGenugException e) {
  log.severe(e.getName() + " verdient nicht genug für diese Big-Boss-↩
    Party.");*3
}
...
```

*1 hier die **Logger**-Instanz …

*2 … und hier ein paar Log-Meldungen …

*3 … oder dort, wo du die Exception fängst

Das Log sieht dann in etwa so aus:

```
Mrz 14, 2013 12:57:57 PM de.galileocomputing.schroedinger.java.kapitel09.party3.↩
  BigBossParty teilnehmen
INFO: Teilnehmer: Frau Schmitz
Mrz 14, 2013 12:57:57 PM de.galileocomputing.schroedinger.java.kapitel09.party3.↩
  BigBossParty teilnehmen
WARNING: Frau Schmitz verdient nicht genug für diese Big-Boss-Party.
Mrz 14, 2013 12:57:57 PM de.galileocomputing.schroedinger.java.kapitel09.party3.↩
  Main main
SEVERE: Frau Schmitz verdient nicht genug für diese Big-Boss-Party.
```

Wie du siehst, wird noch einiges an Informationen rund um deine ursprüngliche Ausgabe hinzugefügt, damit du genau erkennen kannst, wo wann was passiert.

Aber das wird ja immer noch auf die Konsole geschrieben. Hast du nicht gesagt, ...

... es ist besser, die Meldungen in eine Datei zu schreiben? Ja, zum Beispiel. Oder in eine Datenbank oder oder oder. Um da flexibler zu sein, gibt es verschiedene sogenannte **Log-Handler**, zum Beispiel den **FileHandler**, der die Meldungen in Log-Dateien schreibt:

```
Handler handler = new FileHandler("BigBossParty.log");*1
log.addHandler(handler);*2
```

*1 Einfach einen **FileHandler** mit dem Dateinamen der Log-Datei erstellen ...

*2 ... und der **Logger**-Instanz hinzufügen. Das war's, jetzt wird alles von dieser **Logger**-Instanz in die Datei **BigBossParty.log** geschrieben.

[von Framework zu Framework]

java.util.logging gibt es erst seit Java 1.4. Davor war in der Standard-API von Java keine Funktionalität vorhanden, mit der man anständig loggen konnte. Getreu dem Java-Motto „Was es noch nicht gibt, machen wir selbst und stellen es als Open-Source zur Verfügung" wurde aber unter der Obhut der Apache Software Foundation das Framework **log4j** („logging for Java") implementiert und der begeisterten Allgemeinheit zur Verfügung gestellt. Vom Prinzip her funktioniert es ähnlich wie JUL, ist aber um einiges flexibler und umfangreicher in der Handhabung. Mit **Logback** steht sogar ein Nachfolger bereit, der noch umfangreicher ist. Da diese beiden Ansätze und JUL relativ ähnlich, aber nicht kompatibel zueinander sind, gibt es zusätzlich noch eine weitere Bibliothek, genannt **slf4j** (Simple Logging Facade for Java), die sich das Ziel gesetzt hat, alle Ansätze zu vereinigen und unter einer einheitlichen API zur Verfügung zu stellen.

[Notiz]

Facade ist übrigens auch eines dieser Entwurfsmuster – langsam brauchst du mal ein eigenes Buch zu diesem Thema...

Nicht mehr zu retten

Kommen wir jetzt zu den wirklich brutalen Fehlern, zu denen, die man nicht mehr beheben kann (zumindest innerhalb deines Codes), und bei denen du denkst: „Ach du PIEEEP, das ist aber schade." All diese schwerwiegenden Fehler haben als gemeinsame Basis die (ebenfalls von **`Throwable`** ableitende) Klasse **`Error`** und werden, genau wie alle Runtime-Exceptions, nicht vom Compiler geprüft, müssen daher auch nicht gefangen werden (und sollten es auch nicht).

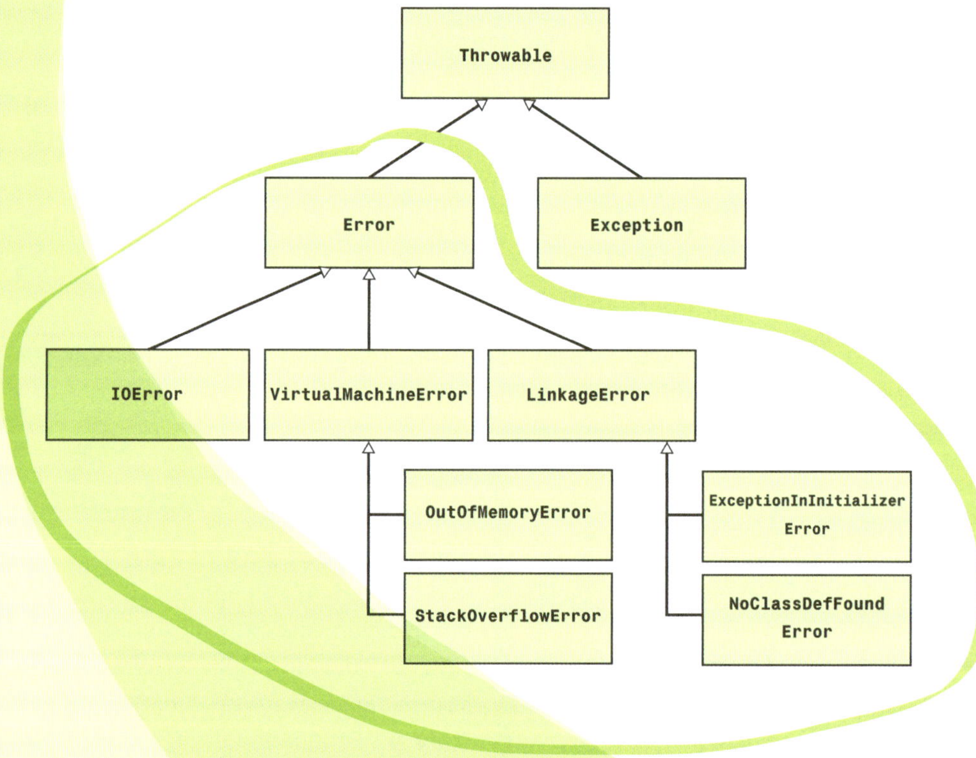

Alles unterhalb von **`Error`** sind schwerwiegende Fehler, die nicht mehr zu beheben sind.

Die folgende Tabelle zeigt einige dieser Fehler. Die meisten davon werden dir mindestens einmal in deinem Programmiereralltag über den Weg laufen. Nicht schlecht, wenn du dann auch weißt, mit wem du es zu tun hast.

Error	Beschreibung
`ExceptionInInitializerError`	Gibt's, wenn in einem statischen Initialisierungsblock etwas schiefgegangen ist.
`IOError`	Steht für einen Fehler bei der Ein- oder Ausgabe.
`NoClassDefFoundError`	Wird geworfen, wenn eine Klasse nicht gefunden wurde.
`StackOverflowError`	Früher oder später hat er dich auch, der `StackOverflowError`, und zwar, wenn der Stack übergelaufen ist. Beispiel gibt's gleich.
`OutOfMemoryError`	Dem begegnet auch jeder Java-Entwickler mindestens ... ach was weiß ich ... oft genug halt, immer dann, wenn kein Platz mehr auf dem Heap ist.

Hier ein typisches Beispiel, in dem ein StackOverflowError erzwungen wird:

```
public static void main(String[] args) {
  rekursionOhneEnde();
}
private static void rekursionOhneEnde() *1 {
  rekursionOhneEnde(); *2
}
```

*1 Wenn eine Methode ...

*2 ... sich selbst aufruft, nennt man das auch **Rekursion**. An sich ist das nichts Schlimmes, ganz im Gegenteil. Allerdings sollte es auch immer eine Abbruchbedingung geben. Ansonsten führt es wie hier zu einem endlosen Selbstaufruf der Methode.

Prinzipiell kannst du natürlich auch alles abfangen, was von `Error` ableitet und damit auch den `StackOverflowError`. So wie hier:

```
public static void main(String[] args) {
  try {
    rekursionOhneEnde();
  } catch(StackOverflowError error) {
    System.out.println("Kein guter Stil.");
  }
}
```

Das ist aber unnütz ...

Verstehe. Bringt ja gar nichts, den zu fangen ... ist ja eh nichts mehr zu retten.

Speicher voll

[Schwierige Aufgabe]
Jetzt bist du an der Reihe. Egal wie, aber produziere einen **`OutOfMemoryError`**. Und fange ihn, ausnahmsweise.

öhh...
[drei Kaffee später]

Geschafft!

Okay, zugegeben, das war etwas gemein. Wenn man mal einen **`OutOfMemoryError`** haben will, kriegt man keinen hin. Aber eigentlich ist es ganz simpel, du musst nur ein übergroßes Array erzeugen, das reicht schon:

```
try {
  long[] gaaaaaanzLangesArray = new long[Integer.MAX_VALUE];
} catch(OutOfMemoryError outOfMemoryError) {
  System.err.println("Nicht genug Speicher");
}
```

[Code bearbeiten]
Nimm nicht **`Integer.MAX_VALUE`** als Länge für das Array, sondern einen kleineren Wert, und spiele mit den JVM-Parametern **`-Xms`** und **`-Xmx`** herum. Wann gibt es einen **`OutOfMemoryError`**, wann nicht?

Nur als Beispiel: **`new long[20000000]`** funktioniert nicht mit einer maximalen Heapgröße von 128 MB, wohl aber mit einer Heapgröße von 256 MB. Denn: 20 000 000 mal ein **`long`** sind allein für das Array schon 1 280 000 000 Bit (zur Erinnerung: ein **`long`** ist 64 Bit groß). Und das sind umgerechnet … warte … ungefähr 152 MB, also mehr als 128 MB. Aber wir schweifen ab, merke dir also: Du **kannst `Error`** zwar **abfangen**, ob du dann allerdings noch was retten kannst, ist eher fraglich.

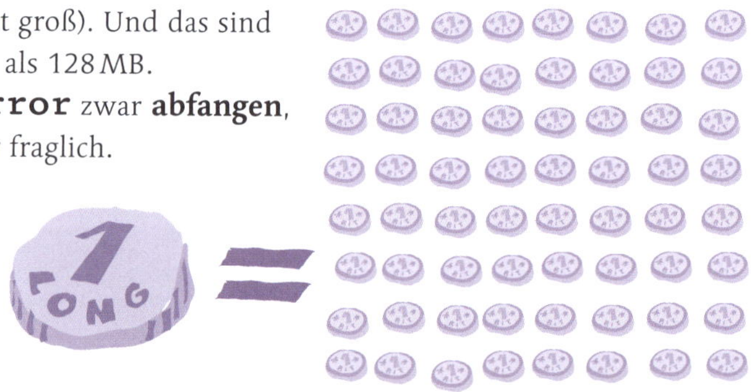

SCHLIESST AUTOMATISCH

Automatisches Schließen von Ressourcen

Eigentlich kommt das Arbeiten mit Dateien und Datenbanken erst in späteren Kapiteln, aber bezüglich Exceptions gibt es seit Java 7 eine so wichtige Neuerung, dass ich dir das nicht länger vorenthalten will.
Dateien und Datenbanken kann man grob gesagt auch als **Ressourcen** bezeichnen. Und das Arbeiten mit Ressourcen funktioniert in der Regel so, dass du die entsprechende Ressource erst **öffnest**, dann irgendwas **damit anstellst** und danach **sauber wieder schließt** (ja, aufgeräumt wird selber). Da beim Öffnen, beim darauf Rumrödeln und beim Schließen allerhand schiefgehen kann, werfen die entsprechenden Klassen auch schön brav Exceptions für alle möglichen Sachen. Sowas kann in einem ganz schönen Exception-Wirrwarr enden.

```
try {
  // Erstelle/öffne eine Ressource
  // Mach was mit Ressource*1
} catch(IrgendeineException e){
  // Behandle die Exception*2
} finally {
  try {
    // Schließe die Ressource*3
  } catch(IrgendeineAndereException e2){ *4
  }
}
```

*1 Erst wird versucht, auf der Ressource zu arbeiten.

*2 Dabei könnte viel schiefgehen. Entweder eine Datei ist nicht mehr da, oder die Datenbankverbindung wird unterbrochen oder oder oder – schiefgehen kann vieles, also gibt es auch mindestens einen Typ von Exception, den man fangen muss. Wenn dann ein Fehler auftritt, kann es aber sein, dass die Ressource noch geöffnet ist, …

*3 … was wiederum heißt, dass du im `finally`-Block selber die Ressource schließen musst, …

*4 … aber auch beim Schließen der Ressource könnte theoretisch wieder was schiefgehen.

Du musstest früher also immer selber dafür sorgen, dass eine Ressource auch wieder geschlossen wird. Hättest du das nicht getan, konnte es sein, dass jemand anders, der auf die Ressource zugreifen wollte, nicht zugreifen konnte, weil die Ressource von dir noch geöffnet war. Ziemlich **mühsam** also, und vor allem **fehleranfällig**. Doch seit Java 7 gibt es Abhilfe dank des sogenannten **try with resource**. `Damit würde unser Code von eben so aussehen:`

*1 Das Erstellen und Öffnen der Ressource, mit der du arbeiten möchtest, machst du nun in den runden Klammern hinter dem `try`.

```
try(// Erstelle/öffne eine Ressource*1) {
  // Mach was mit der Ressource
} catch(IrgendeineException e){ *2
  // Behandle die Exception
} finally {*3
  // Mach irgendwas
}
```

*2 Es werden zwar immer noch Exceptions geworfen, die du fangen musst, …

*3 … aber zumindest musst du dich im `finally`-Block nicht mehr um das Schließen kümmern, die geöffnete(n) Ressource(n) werden automatisch geschlossen. Ziemlich prima, oder? Was genau erfüllt sein muss, damit das funktioniert, schauen wir uns gleich in der Werkstatt an.

[Ablage]
Dank **try with resource** musst du dich beim Arbeiten mit Dateien, Datenbanken und anderen Ressourcen im `finally`-Block nicht mehr selbst um das Schließen der Ressource kümmern (es hindert dich natürlich niemand daran, dort andere Dinge zu tun).

Dateien lesen

Lass mich dir mal zeigen, wie man nach alter Schule eine Datei lesen würde (genauer zeig ich dir das noch in Kapitel 11):

```
private static String oldSchoolRessourcenHandling() {
  StringBuilder inhalt = new StringBuilder();
  File datei = new File("resources\\kapitel10\\datei.txt"); *1
  BufferedReader dateiLeser = null; *1
  try {
    dateiLeser = new BufferedReader(new FileReader(datei)); *2
    String zeile = null;
    while ((zeile = dateiLeser.readLine()) != null) { *3
      inhalt.append(zeile);
      inhalt.append(System.getProperty("line.separator"));
    }
  } catch (FileNotFoundException e) { *2
    System.err.println("Datei nicht gefunden!");
  }  catch (IOException e) { *3
    System.err.println("Fehler beim Einlesen!");
  } finally { *4
    if (dateiLeser != null) {
      try {
        dateiLeser.close(); *4
      } catch (IOException e) { *5
        System.err.println("Fehler beim Schliessen!");
      }
      }
    }
  return inhalt.toString();
}
```

Wow, das ist ziemlich viel Code. Und das nur, um eine Datei zu lesen?

*1 Hier stehen einige Klassen für das Arbeiten mit Dateien, wie gesagt, später mehr dazu.

*2 Wenn die Datei nicht gefunden wurde, produziert das hier einen Fehler.

*3 Auch beim Lesen der Datei kann noch was schiefgehen.

*4 In beiden Fällen (und auch wenn alles gutgeht) müssen wir uns selber um das Schließen der Datei kümmern, …

*5 … aber auch beim Schließen kann wieder was schiefgehen.

[Schwierige Aufgabe]

Schreibe eine Methode **`newSchoolRessourcenHandling()`**, die wie **`oldSchoolRessourcenHandling()`** arbeitet, aber die Ressourcen innerhalb des **`try()`** initialisiert.

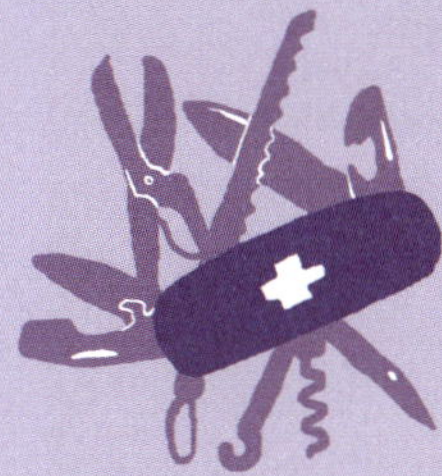

[Notiz]

Einzige Voraussetzung, damit du eine Ressource im **`try()`** initialisieren kannst, ist, dass die Ressource das Interface **`java.lang.AutoCloseable`** implementiert. Und das tun die wichtigsten Ressourcen, auch der **`BufferedReader`** von eben.

Falls du es nicht hinbekommen hast, ist das nicht schlimm, hier die Lösung:

```
private static String newSchoolRessourcenHandling() {
  StringBuilder inhalt = new StringBuilder();
  File datei = new File("resources\\kapitel10\\datei.txt");
  try (BufferedReader dateiLeser = new BufferedReader(new FileReader(datei))*1) {
    String zeile = null;
    while ((zeile = dateiLeser.readLine()) != null) {
      inhalt.append(zeile);
      inhalt.append(System.getProperty("line.separator"));
    }
  } catch (FileNotFoundException e) {*2
    System.err.println("Datei nicht gefunden!");
  } catch (IOException e) {*2
    System.err.println("Fehler beim Einlesen!");
  } finally {
    *3
  }
  return inhalt.toString();
}
```

*1 **`dateiLeser`** wird hier initialisiert.

*2 Exceptions fangen wir ganz normal.

*3 Und im **`finally`**-Block kannst du machen, was du möchtest, das manuelle Schließen von Ressourcen gehört aber bestimmt nicht dazu. **`dateiLeser`** wird automatisch geschlossen.

[Notiz]

Du kannst sogar mehrere Ressourcen in einem **`try`** initialisieren. Die einzelnen Initialisierungsstatements trennst du dann wie gewohnt durch Semikolon.

[Notiz]

Seit Java 9 kannst du übrigens die Initialisierung der Ressource auch vorher außerhalb des **`try()`** schreiben:

```
BufferedReader dateiLeser = new
BufferedReader(new FileReader(datei));
try(dateiLeser) {
...
}
...
```

Ausnahmen bestätigen die Regel

[Einfache Aufgabe]

Okay, das solltest du nun wirklich draufhaben: Aus welchen Blöcken besteht ein `tr`... ups, jetzt hätt ich's beinahe verraten. Sag mir mal, wie das Exception-Fangen funktioniert.

Hier zum Gegenchecken:

- Im **try**-Block führst du den (mehr oder weniger riskanten) Code aus, der einen Fehler produzieren kann.
- In den (optionalen) **catch**-Blöcken fängst du den oder die verschiedenen Fehler. Seit Java 7 kannst du innerhalb eines **catch** auch direkt mehrere Exceptions fangen.
- Der Code im **finally**-Block wird immer ausgeführt, egal, ob eine Exception oder ein Fehler aufgetreten ist oder nicht.
- **catch** und **finally** sind optional, aber mindestens eins von beiden muss es geben.
- Wenn es zu einem **try** kein **catch** gibt, muss die Methode die nicht gefangene(n) Exception(s) weiterwerfen.

Was ich noch zu sagen hatte:

- Fehler (bzw. Ausnahmen) werden in Java über **Exception-Klassen** abgebildet.
- Alle diese Exception-Klassen leiten von der Klasse **Exception** ab, die wiederum von der Klasse **Throwable** ableitet.
- Alles, was **Throwable** ist, kann mit **throw** geworfen und mit einem **try-catch** gefangen werden.
- Eine **RuntimeException** und alles, was davon ableitet, muss nicht gefangen werden, deswegen werden diese Exceptions auch **Unchecked Exceptions** genannt, also quasi „vom Compiler nicht geprüfte Exceptions". Du kannst solche Exceptions fangen, aber …

- … eigentlich deuten Runtime-Exceptions darauf hin, dass mit der Logik des Quelltextes etwas nicht stimmt. In der Regel solltest du solche Exceptions nicht abfangen, denn …
- … oft kannst du verhindern (mit **defensiver Programmierung** nämlich), dass eine **`RuntimeException`** überhaupt auftritt.
- Bei **Checked Exceptions** sorgt der Compiler dafür, dass du die Exceptions behandelst, entweder, indem du sie fängst, oder, indem du sie weiterwirfst.
- Wenn eine Methode eine Checked Exception wirft, musst du sie nach dem **`throws`** in der Methodendeklaration angeben.
- Exceptions solltest du nicht auf die Konsole ausgeben, sondern zum Beispiel in **Log-Dateien** speichern. Wobei du nicht nur die Exception-Meldung loggen solltest, sondern auch ein bisschen mehr, damit du im Log nachvollziehen kannst, wann wo unter welchen Umständen eine Exception aufgetreten ist.

[Einfache Aufgabe]
Welche Voraussetzung muss eine Klasse erfüllen, damit du sie in einem „try with resource“ verwenden kannst?

Ähm, die Klasse muss dieses Interface implementieren, warte, das war **java.lang.AutoCloseable**, richtig?

Stimmt genau.

[Einfache Aufgabe]
Ohne zu überlegen: Welche Art von Exception musst du fangen oder weiterwerfen, welche nicht?

- Checked Exceptions sind Exceptions, die du fangen oder weiterwerfen musst.
- Unchecked Exceptions kannst du fangen, musst es aber nicht.

[Einfache Aufgabe]
Wie erkennst du Unchecked Exceptions?

Alles was von **RuntimeException** und **Error** ableitet (und die beiden Klassen selber natürlich) sind Unchecked Exceptions.

[Belohnung/Lösung]

Prima, Schrödinger. Damit hast du dir den „Goldenen Kescher des Exception-Fangens“ verdient. Und das Gute daran: Der Kescher fängt immer zum richtigen Zeitpunkt und auch nur solche Dinge, die du auch wirklich fangen solltest.

Generics

— ZEHN —

Ey Typ, du kummst hier nit rein!

Mit den Generics steht in Java ein mächtiges Hilfsmittel für die generische und typsichere Programmierung zur Verfügung, das in vielen Fällen sogar das Casting überflüssig macht. In Zeiten von TV-generierten Superstars nicht das einzige Casting, das überflüssig ist, findet Schrödinger.

Generische Typen

Bist du bereit für die seltsamste Syntax, die Java zu bieten hat? Ja? Na dann los. Kommen wir zu den **Generics**. Ganz kurz sind dir diese Dinger ja schon im Collections-Kapitel über den Weg gelaufen.

Generics … nie gehört … warte, doch … waren das nicht die in den spitzen Klammern … bei denen nur Schuhe in die Listen reindurften?

Du hast ein Gedächtnis, prima, ja das stimmt. Zur Erinnerung, das sah so aus:

```
List<SchuhPaar>*1 schuhe = new ArrayList<SchuhPaar>*2();
List<SchuhPaar> nochMehrSchuhe = new ArrayList<>*3();
```

*1 In den spitzen Klammern steht der Typ …

*2 … und auf der rechten Seite auch.

*3 .Seit Java 7 kannst du den Typ auf der rechten Seite der Deklaration aber auch weglassen; das, was bleibt, nennt man den **Diamond-Operator**.

Generics kannst du nicht nur bei Collections und Maps verwenden, sondern auch in **anderen Klassen, in Interfaces und sogar in einzelnen Methoden.**

Wozu bitte soll das gut sein? Kann ich auch was in Klassen, Interfaces und Methoden reinpacken, so wie bei den Listen?

Reinpacken nicht direkt, aber du kannst Klassen auch **typisieren** und dann wie bei den Listen unterschiedlich **typisierte Instanzen** dieser Klassen erstellen. Generics können dir generell dabei helfen, deinen Quelltext noch **generischer**, sprich wiederverwendbarer zu machen. Du musst halt nur ein paar Dinge beachten. Welche das sind, zeige ich dir in diesem Kapitel.

Er nun wieder mit seiner Wiederverwendbarkeit, bald ist mein Quelltext so wiederverwendbar, dass ich gar nicht mehr programmieren muss …

Am besten zeige ich dir zum Einstieg ein Beispiel für den sinnvollen Einsatz einer typisierten Klasse.

Bevor es Generics gab ...

Werfen wir zuerst mal einen Blick auf ein Stück Quelltext, das noch **keine Generics** verwendet. Denn zur Erinnerung: Generics gibt es erst **seit Java 5**. Davor musste man ... na ja, schau selber: Angenommen, du hättest eine Klasse schreiben wollen, die einen Karton darstellt, in den du einen **beliebigen Gegenstand** reinpacken kannst. Eine solche Klasse hätte damals ungefähr so ausgesehen:

```
public class AlterKarton {
  private Object inhalt;*1
  public AlterKarton(Object inhalt) {
    this.inhalt = inhalt;
  }
  public Object*2 getInhalt() {
    return inhalt;
  }
  public void setInhalt(Object*3 inhalt) {
    this.inhalt = inhalt;
  }
}
```

Karton für alles (<u>ohne</u> Generics)

*1 „Beliebiger Gegenstand" bedeutet in Java die Klasse `Object`.

*2 Rein kommt ein `Object`, ...

*3 ... und raus kommt ein `Object`.

Die Klasse hättest du dann so verwendet:

```
SchuhPaar schuhPaar = new SchuhPaar(38, "Schwarz", true);
AlterKarton alterKarton = new AlterKarton(schuhPaar);
```

Karton für alles benutzen

So weit, so gut. Umständlich ist's aber, wenn du auf den **Inhalt des Kartons zugreifen** möchtest. Denn da prinzipiell alles hineindarf (vom Typ `Object`), bekommst du über den Getter auch nur wieder ein `Object` zurück. Auch wenn **du** dir sicher bist, dass du ein Paar Schuhe in den Karton getan hast, dem Compiler ist das egal. Folglich musst du den Rückgabewert erst nach `SchuhPaar` casten, um eine Objektreferenz von diesem Typ zu haben und auf die Methoden dieses Objekts zugreifen zu können. Und weil dabei eine `ClassCastException` auftreten kann, musst du vorher auch noch mit **instanceof** prüfen, ob wirklich Schuhe im Karton sind. Ziemlich viel Brimborium drumherum also, nur um auf die Schuhe zugreifen zu können.

[Hintergrundinfo]

Im Fachjargon heißt das „Brimborium drumherum" auch **Boilerplate-Code**.

Viel Boilerplate-Code, nur um die Schuhe zu bekommen:

```
Object inhalt = alterKarton.getInhalt(); *1
if(inhalt instanceof SchuhPaar) { *4
  SchuhPaar schuheAusKarton = (SchuhPaar) inhalt; *3
  System.out.println(schuheAusKarton.getFarbe());*2
}
```

*1 Auch wenn eine **SchuhPaar**-Instanz drin ist, der Rückgabetyp von **getInhalt()** ist immer vom Typ **Object**.

*2 Um auf Methoden von **SchuhPaar** zugreifen zu können, ...

*3 ... musst du den Rückgabewert erst nach **SchuhPaar** casten.

*4 Aber bitte nicht ohne vorher zu prüfen, ob der Cast auch gelingen wird. Die Runtime-Exceptions lassen grüßen.

... und mit Generics

Mit Generics wird das Gleiche sowas von viel einfacher, dass du am besten direkt wieder vergisst, dass es die Dinger mal nicht gegeben hat. **Der Karton sieht mit Generics so aus, viel ... generischer:**

```
public class Karton<E> *1 {
  private E inhalt; *2
  public Karton(E inhalt) { *3
    this.inhalt = inhalt;
  }
  public E *4 getInhalt() {
    return inhalt;
  }
  public void setInhalt(E *5 inhalt) {
    this.inhalt = inhalt;
  }
}
```

*1 Das **E** in den spitzen Klammern bezeichnet einen **formalen Typ** und ist quasi ein **Platzhalter** für eine beliebige Klasse oder ein beliebiges Interface. Der Klasse **Karton** ist an dieser Stelle egal, welche andere Klasse später den Inhalt repräsentieren soll.

*2 Den Platzhalter **E** kannst du innerhalb der Klasse als **Referenztyp** verwenden, ...

*3 ... als **Parametertyp im Konstruktor**, ...

*4 ... als **Rückgabetyp** von Methoden ...

*5 ... und als **Parametertyp in Methoden**.

E!

Wenn du jetzt ein Objekt vom Typ **Karton** erstellst, ersetzt du das **E** einfach durch die Klasse, für die du einen Karton haben möchtest.

Und schon kannst du auf das Casting verzichten:

```
Karton<SchuhPaar> *1 karton = new Karton<>(schuhe);
System.out.println(karton.getInhalt()*3.getFarbe()); *2
```

*1 Beim Erstellen einer typisierten Objektinstanz gibst du einfach den konkreten Typ in spitzen Klammern mit.

*2 Anstatt vorher über **instanceof**-Check und Casting kannst du jetzt direkt auf **SchuhPaar** zugreifen, weil …

*3 … **getInhalt()** immer ein Objekt von dem Typ zurückgibt, den du bei der Instanziierung von **Karton** verwendet hast, in diesem Fall **SchuhPaar**. Der Compiler weiß durch **Karton<SchuhPaar> karton** also, dass **karton** immer ein **SchuhPaar** enthält.

Okay, okay, verstehe. Generics erleichtern mir also beim Programmieren insofern die Arbeit, dass ich keine Fehler mache von wegen inkompatibler Typen und so. Klasse Erfindung, diese Dinger.

[Ablage]
Anstatt mit **instanceof** erst zur **Laufzeit** den Typ eines Objekts zu überprüfen, kannst du dich mit Generics darauf verlassen, dass der **Compiler** schon den richtigen Typ erkennt.

[Hintergrundinfo]
Du musst den generischen Typ nicht **E** nennen. Theoretisch könntest du auch andere Buchstaben, sogar Kleinbuchstaben oder ganze Zeichenketten verwenden. Eingebürgert haben sich aber **E** (für Entity) oder auch **T** (für Type) für normale Typen sowie **K** (für Key) und **V** (für Value) für Typen in einer Map.

[Hintergrundinfo]
Reicht dir **ein** Platzhalter nicht aus, kannst du auch mehrere verwenden, zum Beispiel so wie hier: **public class KlasseMitMehrerenPlatzhaltern<A,B,C,D>**. Deiner Fantasie sind hier fast keine Grenzen gesetzt.

Der Unterschied zwischen der Version ohne Generics und der mit Generics ist also, dass **ohne Generics erst zur Laufzeit** bekannt ist, welchen Typ **inhalt** hat, wohingegen **mit Generics** diese Information **bereits zur Compilezeit** bekannt ist.

[Ablage]
Durch Generics kannst du fehleranfällige Stellen im Quelltext vermeiden, die später zur Laufzeit zum Beispiel eine **ClassCastException** auslösen würden.

Wenn ich jetzt alle möglichen Klassen in den Karton packen kann, kann ich doch auch das hier machen, oder?

```
Karton<Katze> katzeImKarton = new Karton<>();
```

Klar kannst du das. In diesem Fall würde **getInhalt()** immer ein Objekt vom Typ **Katze** zurückgeben. Wobei mir deine Aversion gegen Katzen langsam ein bisschen Angst macht. Warum würde man eine Katze in einen Karton stecken …? Also, ich an deiner Stelle würde dieses Beispiel nicht zu Hause nachmachen.

Hunde vs. Katzen

Anstatt deine arme Katze im Karton einzusperren, gib ihr doch lieber einen Korb. Nein, nicht so einen, einen richtigen zum Reinlümmeln meine ich.

[Einfache Aufgabe]

Erstelle eine Klasse **Korb** mit dem Datenfeld **bewohner**, außerdem bitte noch die zwei Klassen **Hund** und **Katze**. Erstelle dann zwei Instanzen von **Korb**: einen Korb, in den nur ein Hund reindarf, einen anderen, in den nur eine Katze reindarf. **Hund** und **Katze** glaube ich dir auch so, zeig mir nur die Klasse **Korb**.

Das sollte dir leicht fallen, genau wie bei dem Karton eben, **hier die Lösung:**

```
public class Korb<E>*1 {
    private E*2 bewohner;
    public E*2 getBewohner() {
        return bewohner;
    }
    public void setBewohner(E*2 bewohner) {
        this.bewohner = bewohner;
    }
}
```

*1 Hier wieder der generische Typ, …

*2 … der dann an den üblichen Stellen als Platzhalter fungiert.

Und dann noch die zwei Instanzen, nichts leichter als das:

```
Korb<Katze>*1  katzenKorb = new Korb<>();
katzenKorb.setBewohner(*2new Katze());
Katze katzeAusKorb = katzenKorb.getBewohner()*3;
Korb<Hund>*4 hundeKorb = new Korb<>();
hundeKorb.setBewohner(new Hund());
Hund hundAusKorb = hundeKorb.getBewohner();
```

*1 *Das hier ist der Katzenkorb, …*

*2 *… und weil da nur eine Katze rein kann, …*

*3 *… kann auch nur eine Katze rauskommen.*

*4 *Beim Hundekorb das Gleiche, dann nur für den Hund.*

Genau das, was ich gemeint habe, prima!

Katzenkorb als Unterklasse

Alternativ könntest du auch direkt für jede Korbart eine eigene Unterklasse von **Korb** erstellen, und schon hast du **eine Klasse, die von einer typisierten Klasse ableitet**:

```
public class KatzenKorb extends Korb<Katze>*1  { … }
public class HundeKorb extends Korb<Hund>*1  { … }
```

*1 Wenn du von einer typisierten Klasse ableitest, legst du **den Typ direkt fest**, indem du ihn einfach wie gewohnt in die spitzen Klammern schreibst, nur diesmal **nicht bei der Objektinstanziierung**, sondern bei der **Klassendefinition**.

Bei der Objektinstanziierung müsstest du den Typ dann nicht mehr extra angeben:

```
KatzenKorb katzenKorb = new KatzenKorb();
HundeKorb hundeKorb = new HundeKorb();
```

Welche Variante du nimmst, ist Geschmackssache. Ich würde Letzteres nur machen, falls sich die neuen Unterklassen **KatzenKorb** und **HundeKorb** in ihrem Verhalten oder ihren Eigenschaften unterscheiden und jeweils (zusätzliche) Methoden bzw. Datenfelder haben.

Typisierte Interfaces

Neben Klassen kannst du auch **Interfaces typisieren**. Der Grund ist der gleiche wie bei Klassen auch: um die Interfaces noch generischer zu machen. **Das funktioniert im Prinzip genauso wie eben:**

```
public interface Behaelter<E> *1 {
  void setInhalt(E*2 inhalt);
  E*3 getInhalt();
}
```

*1 Wie bei typisierten Klassen dient das **E** in den spitzen Klammern als **Platzhalter**.

*2 Bei Interfaces gibt es zwar keine Datenfelder und keinen Konstruktor, als Parametertyp bei Methoden kann man den Platzhalter aber trotzdem verwenden, …

*3 … genauso als Typ für einen Rückgabewert.

Wenn du ein solches typisiertes Interface implementierst, hast du **zwei Möglichkeiten, die generischen Typen anzugeben:**

1. **Direkt bei der Definition der Klasse,** die das Interface implementiert. Das funktioniert dann ähnlich wie bei den Unterklassen von **Korb**. Codebeispiel folgt gleich.
2. **Erst bei der Instanziierung von Objekten zu der Klasse**, die das Interface implementiert. Die Klasse selbst ist dann genauso generisch wie das Interface.

Welche Möglichkeit du wählst, kommt darauf an, ob du **Klassen mit generischen Typen erstellen möchtest** oder ob es nur darum geht, dass das Interface typisiert sein sollte und die Klassen sich auf konkrete Typen festlegen sollen.

1. Die erste Möglichkeit

Direkt bei der Definition der Klasse:

```
public class SchuhKarton implements Behaelter<SchuhPaar> *1 {
  private SchuhPaar inhalt; *2
  @Override
  public void setInhalt(SchuhPaar inhalt) { *2
    this.inhalt = inhalt;
  }
  @Override
    public SchuhPaar getInhalt() { *2
    return inhalt;
  }
}
```

*1 Hier wird das mit dem Typ **SchuhPaar** typisierte Interface **Behaelter** implementiert. Der Platzhalter **E**, den du am Interface angegeben hast, wird durch den konkreten Typ **SchuhPaar** ersetzt, …

*2 … das heißt, **SchuhKarton** implementiert nun das Interface **Behaelter für den Typ SchuhPaar**. Der Rest der Klasse muss also auch diesen Typ verwenden.

Wenn du jetzt ein Objekt vom Typ `SchuhKarton` anlegst, ist dies immer ein Behälter mit Schuhen drin:

```
SchuhKarton schuhKarton = new SchuhKarton();
schuhKarton.setInhalt(new SchuhPaar(38, "Pink", true));
```

2. Die zweite Möglichkeit

Alternativ kannst du das Interface so implementieren, dass du den Typ bei der Klassendefinition einfach noch undefiniert lässt und ihn erst angibst, wenn du eine Instanz dieser Klasse erstellst:

```
public class Karton<E> *2 implements Behaelter<E> *1 {
  private E inhalt; *3
  @Override
  public void setInhalt(E inhalt) { *4
    this.inhalt = inhalt;
  }
  @Override
  public E getInhalt() { *4
    return inhalt;
  }
}
```

*1 Anstatt einen konkreten Typ anzugeben, lässt du den Platzhalter **E** einfach stehen.

*2 Damit das funktioniert, muss deine Klasse aber selbst typisierbar sein.

*3 `Behaelter` kann implementiert werden, **ohne den konkreten Typ** bestimmen zu müssen. Der konkrete Typ ist innerhalb der Klasse noch nicht bekannt, aber für die Implementierung auch nicht notwendig. `Karton` implementiert `Behaelter` sozusagen so generisch wie möglich.

*4 Noch schnell Setter und Getter implementieren. Das ist auch nichts wirklich Neues. Und schon hast du **eine typisierbare Klasse, die ein typisierbares Interface implementiert**.

So würdest du dann eine Instanz erstellen:

```
Karton<SchuhPaar> karton = new Karton<>(schuhe);
```

Womit wir in etwa wieder da wären, wo wir eben mit den Generics angefangen haben.

[Achtung]

Primitive Datentypen können übrigens nicht als generischer Typ verwendet werden. Das hier funktioniert nicht: **`Karton<int> zahlen = new Karton<>();`** Da hilft dir auch kein Autoboxing. Du müsstest schon explizit **`Karton<Integer> zahlen = new Karton<>();`** schreiben.

Wildcard-Typen – das Problem

So, Schrödinger, gut geschlafen?

Denn jetzt geht es an ein – zumindest auf den ersten Blick – nicht ganz leichtes Thema, das ich dir am besten am Beispiel von Listen erkläre: der **Wildcard-Operator** (oder auch einfach **?** oder „Joker“) und die damit einhergehenden **Wildcard-Typen**. Die dienen grob gesagt dazu, deine Klassen **nicht zu generisch** zu machen.

Deine Körbe oben sind ja eigentlich nur für Tiere. Ärgerlich nur, dass du auch Korbinstanzen erstellen kannst, die Schuhe oder Exceptions oder sonstigen Unsinn enthalten können, was natürlich Quatsch ist. Am besten wäre es doch, den Typ, der erlaubt sein soll, **irgendwie einschränken zu können**. Mit dem Wildcard-Operator und den Wildcard-Typen kannst du genau das machen.

Angenommen, du wolltest für das benachbarte Tierheim eine Methode schreiben, die die Namen aller Tiere im Tierheim ausgibt. Die Methode soll für Hunde und für Katzen gleichermaßen funktionieren und auch für alle anderen Tiere, die das Tierheim beherbergt. **Die naive Vorgehensweise wäre vielleicht sowas wie hier:**

```
public static void druckeNamen(List<Tier> tiere) { *1
  for (Tier tier : tiere) {
    System.out.println(tier.getName());
  }
}

public static void main(String[] args) {
  List<Katze> katzen = new ArrayList<>(); *2
  katzen.add(new Katze("Schnuckel"));
  katzen.add(new Katze("Lisa"));
  druckeNamen(katzen); *3 X
}
```

*1 Diese Methode hier erwartet eine Liste von Tieren, …

*2 … und das ist eine Liste von Katzen, …

*3 … eigentlich ideale Voraussetzungen für diesen Aufruf hier. Katzen sind ja schließlich Tiere, `Katze` ist eine Subklasse von `Tier`, kein Grund zur Sorge, oder? Tja, denkste. Hier gibt's einen **Compilerfehler!** Denn:

Katzen sind Tiere. Ist eine Liste mit Katzen eine Liste mit Tieren? Schrödinger meint, ja. Der Compiler meint, >>>>>>>> nein.

[Achtung]

Auch wenn `Katze` von `Tier` ableitet, gilt dies nicht für `List<Katze>` und `List<Tier>`. `List<Katze>` ist **keine Subklasse** (oder sonst wie abgeleitet) von `List<Tier>`.

Das versteh ich jetzt aber gar nicht. In **druckeNamen()** brauche ich doch Tiere, und was Tiere können, können Katzen doch auch. *Ich dachte eigentlich, ich hätte das Thema Vererbung verstanden!?*

Keine Sorge, hast du auch. Und ja, zugegeben, auf den ersten Blick sieht das ziemlich unlogisch aus und auf den zweiten auch noch.

Aber ich erklär's dir gerne: Der Grund, warum Java dich das nicht machen lässt, ist, dass du sonst innerhalb der Methode **druckeNamen()** auch andere Tiere der Katzenliste hinzufügen könntest, also Tiere anderen Typs meine ich. Das Problem ist daher nicht der **lesende** Zugriff auf **tiere**, sondern der **schreibende**.

Äh, hast du vielleicht ein Beispiel dazu?

Klar, hab ich. Stell dir mal vor, das obige Beispiel wäre, so wie es da steht, erlaubt, und bei **druckeNamen()** würde eine Liste von Katzen ankommen. Und weil wir die mit **List<Katze>** erstellt haben, ist auch nichts anderes erlaubt außer Katzen.

Dann könnte jemand das hier machen:

```
public static void druckeNamen(List<Tier> tiere) {
  for (Tier tier : tiere) {
    System.out.println(tier.getName());
  }
  tiere.add(new Hund("Wuffelknuffel")); *1 X
}
```

*1 Das ist erlaubt, weil **Hund** auch ein **Tier** ist, würde aber die Katzenliste ganz schön durcheinanderbringen.

Dann wäre aber auch der Methodenname Murks. **druckeNamen()** und dann einen Hund *hinzufügen?*

Stimmt, der Name der Methode wäre dann nicht mehr aussagekräftig, aber darum geht's gerade nicht. Und auch nicht darum, warum jemand in einer so benannten Methode einen Hund hinzufügen wollte.

Okay, nochmal langsam, das heißt also, ich kann keine mit Katzen typisierte Liste ...

... da verwenden, wo eine mit Tieren typisierte Liste erwartet wird.

Richtig. Weil in eine mit Tieren typisierte Liste jedes beliebige Tier reindarf, in eine mit Katzen typisierte Liste aber nur Katzen. Wenn es doch erlaubt wäre, könnten beliebige Tiere in eine mit Katzen typisierte Liste ...

... eingefügt werden, was widersprüchlich wäre, *verstehe.*

List<Katze> katzen

nicht erlaubt!

Genau. Beweis durch Widerspruch. Wie in der theoretischen Informatik.

```
druckeNamen(List<Tier> tiere) {
  tiere.add(new Hund("Wuffelknuffel"));
{
```

Wenn **List<Katzen>** von **List<Tier>** ableiten würde, gäbe es ein tierisches Problem, denn in **List<Tier>** (und damit in **List<Katzen>**) dürfte dann auch zum Beispiel ein **Hund** rein.

Und was ist, wenn ich trotzdem eine Methode möchte, die eine Liste mit egal was für Tieren entgegennimmt?

Dann nimmst du einen der Wildcard-Typen, je nachdem, was du innerhalb der Methode mit der Liste machen möchtest.

Der nach oben beschränkte Wildcard-Typ

Gehen wir erstmal wieder davon aus, dass in **`druckeNamen()`** wirklich nur die Namen der Tiere ausgegeben werden sollen und keine neuen Tiere hinzugefügt werden. Um die für alle Listen verwendbar zu machen, die irgendeinen Typ von Tier enthalten, nimmst du am besten den sogenannten **nach oben beschränkten Wildcard-Typ**. Der hat im Allgemeinen diese Form: **`<? extends Oberklasse>`**, womit so viel gemeint ist wie „jede Klasse, die von **`Oberklasse`** ableitet oder **`Oberklasse`** selbst". **`List<? extends Tier>`** würde zum Beispiel für alles stehen, was von **`Tier`** ableitet und damit auch für **`List<Katze>`**. Wenn du also das Beispiel von eben so änderst, dass du in der Methodendeklaration statt **`List<Tier>`** einfach **`List<? extends Tier>`** schreibst, dann funktioniert die Methode sowohl für Katzenlisten als auch für Hundelisten, **`druckeNamen(katzen)`** oder **`druckeNamen(hunde)`**, beides ist dann erlaubt.

So verlangt man eine Liste aus Tieren

```
public static void druckeNamen(List<?*1 extends*2 Tier*3> tiere) {
  for (Tier tier : tiere) {
    System.out.println(tier.getName());
  }
}
```

*1 Erst kommt der Wildcard-Operator, …

*2 … gefolgt von **`extends`** …

*3 … und schließlich die **obere Grenze**.

Und weil man immer wieder vergisst, wie was wann typisiert sein muss, damit eine andere Typisierung erlaubt ist, hier noch der Zusammenhang als hübsches Diagramm (übrigens **kein UML-Klassendiagramm oder sonstwie UML-verwandt**, es geht hier schließlich nicht um Vererbung). **Vielmehr musst du das Diagramm so lesen:** Wenn du über die Pfeile von einer Typisierung zu einer anderen gelangen kannst, bedeutet das, die jeweils untere Typisierung kann an den Stellen verwendet werden, wo die im Diagramm weiter höher liegende gefordert ist.

Verstehe, von **List<Katze>** führt ein Weg nach **List<? extends Tier>**, deswegen funktioniert **druckeNamen()** jetzt auch mit Katzenlisten.

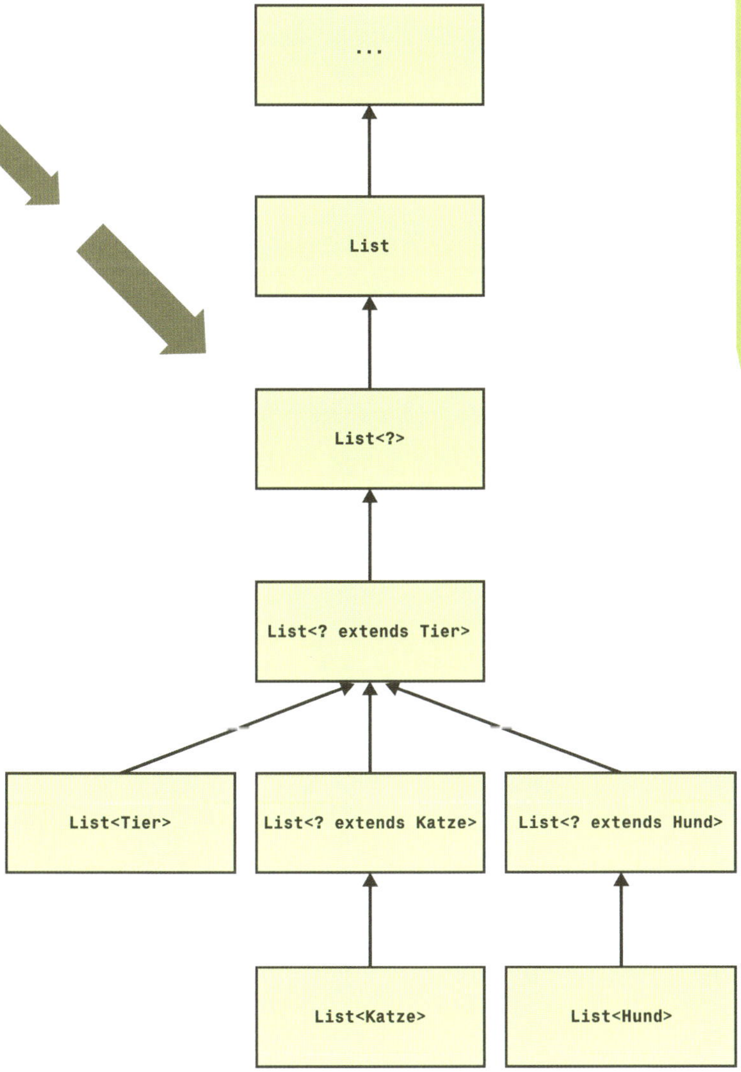

Kompatible Typen. Achtung, das hier ist kein UML.

Und wo ist der Haken? So wie du guckst ... wo ist es denn?

Der Haken: Schrödinger darf nicht schreiben

Wo der Haken ist? Gut beobachtet, aber der Haken ist eigentlich gar kein Haken, sondern dient dazu, dass deine Daten konsistent bleiben:

Du darfst in **druckeNamen()** der **tiere**-Liste **keine weiteren Elemente hinzufügen.**

Und wegen der Angabe **<? extends Tier>** verhindert das der Compiler auch. Methoden, die ein mit **<? extends Irgendwas>** typisiertes Objekt entgegennehmen, dürfen darauf nicht schreibend zugreifen.

Okay, das leuchtet ein. Vorsicht ist die Mutter der Jokesliste.

Das erinnert dich vielleicht an diese Situation: Wenn du eine Methode hast, die ein **Tier** erwartet, kann ja auch eine **Katze** oder ein **Hund** ankommen. Und du kannst trotzdem nicht **miauen()** oder **bellen()** aufrufen, sondern …

… ich müsste erst casten. Klar, das weiß ich noch. Apropos, kann ich nicht einfach über **instanceof** rausfinden, ob eine Liste von Katzen oder eine von Hunden ankommt?

Nein, kannst du nicht! Nur nicht typisierbare Klassen und Interfaces kannst du bei einer **`instanceof`**-Überprüfung verwenden. Mit typisierten Klassen und Interfaces geht das nicht.

```
if(tier instanceof Katze) {
  ((Katze)tier).miauen();
}
```

Casting – dieser Check geht

Dieser Check geht nicht

```
if(tiere instanceof List<Katze>) {…}*1 X
```

*1 Generics sind im **`instanceof`**-Check nicht erlaubt, …

Dieser Check bringt nichts

```
if(tiere instanceof List<?>) {…}*2
```

*2 … mit Ausnahme des unbeschränkten Typs. Damit bist du aber auch nicht schlauer als vorher.

[Begriffsdefinition]
Der unbeschränkte Wildcard-Typ **`<?>`** bedeutet, hier kann alles Mögliche drin sein. Das heißt wiederum aber auch, dass du hier gar nichts hinzufügen kannst, weil du (bzw. der Compiler) nicht weißt, was drin ist: eine Liste von Katzen, von Helden, von Strings?

Warum du nicht **`instanceof`** mit typisierten Klassen prüfen kannst? Ganz einfach, weil die Typinformationen zur Laufzeit gar nicht mehr da sind.

[Achtung]
Eine Sache, die du im Hinterkopf haben solltest, ist die, dass jegliche **Typinformationen**, die du über Generics deinem Quelltext hinzufügst, **im kompilierten Bytecode nicht mehr vorhanden sind** (der Fachbegriff dafür heißt übrigens **Type Erasure**). Das ist nicht besonders schlimm, denn schließlich sollen Generics hauptsächlich zur Compilezeit die Typsicherheit gewährleisten und dir als Entwickler den Programmieralltag erleichtern.

[Achtung]
Folglich kannst du auch nicht in einer Klasse zwei Methoden mit den Signaturen **`public void druckeNamen(List <? extends Tier> tiere) { … }`** und **`public void druckeNamen(List <? extends Person> personen) { … }`** haben. Nach Löschen der Typinformation wäre die Methodensignatur nämlich für beide Methoden gleich.

Also kann man es nicht prüfen.
Also kann ich die Liste nicht casten.
Also kann ich in die Liste auch nicht reinschreiben, wenn ich wollte.

Also, sind Generics wirklich soo toll?

Ruhig Blut. Ich zeig's dir – **jetzt!**

Der nach unten beschränkte Wildcard-Typ

Wie gesagt, musst du wissen, was du in der Methode mit der Liste anstellen möchtest. Mit dem nach oben beschränkten Wildcard-Typ kannst du nichts hinzufügen, sondern nur auslesen. Wie du dir wahrscheinlich schon denken kannst, gibt es aber auch den **nach unten beschränkten Wildcard-Typ**. Der sieht so aus **`<? super Unterklasse>`**, was so viel heißt wie …

… ich kann's mir schon denken: „… alles Mögliche, was eine Oberklasse von Unterklasse ist oder Unterklasse selbst", richtig? Ich bin gut, oder?

Ja, genau das heißt es. Und es heißt auch, dass du jetzt Elemente hinzufügen kannst, **sieh selbst:**

```
public static void vermehrtEuch(List<?*1 super*2 Tier*3> tiere) {
  tiere.add(new Katze("Mimi"));
  tiere.add(new Hund("Wuschel"));
}
```

*1 Erst kommt der Wildcard-Operator, …

*2 … gefolgt von **super** …

*3 … und schließlich die **untere Grenze**.

Allerdings gibt's hier auch wieder einen Haken.

Warte, lass mich raten, ich kann nicht mehr von **tiere** lesen?

Na ja, lesen kannst du schon. Allerdings bekommst du immer nur etwas vom Typ **Object** zurück.

Vom Typ **Object**? Wieso das denn? Das verstehe ich jetzt aber überhaupt nicht. Ich kann doch eh nur Tiere hinzufügen. Ich hätte zumindest ein **Tier** erwartet.

Weil es auch hier wieder um die Konsistenz der Daten geht. **Innerhalb** der Methode **vermehrtEuch()** kannst du nur Tiere hinzufügen, ja. Aber was beim Aufruf der Methode als Parameter hineinkommt, könnte auch eine Liste nur mit Objekten sein. Sowas meine ich: **List<Object>**, weil **Object** ja auch eine Superklasse von **Tier** ist.

Uff, ganz schön verwirrend das alles.

Sei beruhigt, Schrödinger. Wenn du das jetzt wirklich alles beim ersten Mal so ohne Weiteres verstehen würdest, wärst du wahrscheinlich der Erste. Was denkst du denn, wie es den ganzen „Java-Profis“ ging, als Generics eingeführt wurden?
Die hatten Spaß, das glaub mir mal.
Als Hilfestellung habe ich hier noch das Diagramm, das die Typkompatibilität des nach unten beschränkten Wildcard-Typs darstellt. Zu lesen ist es wie das Diagramm eben.

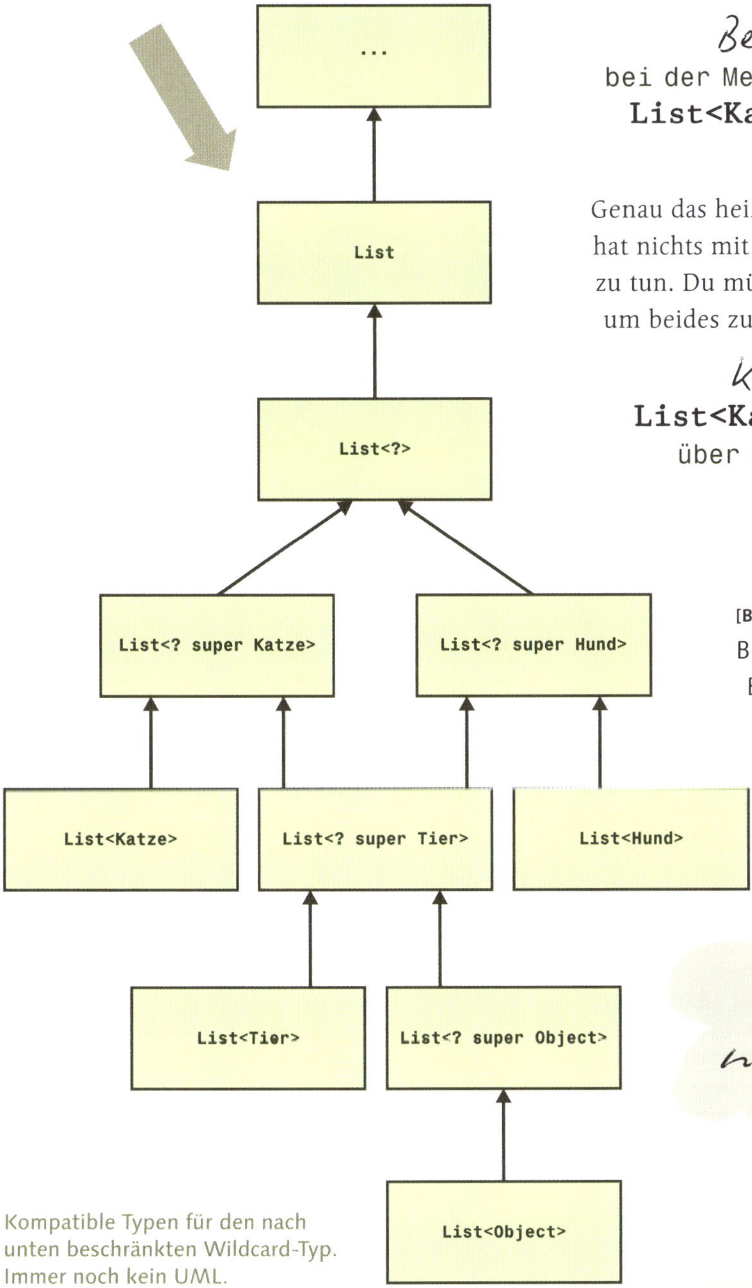

Kompatible Typen für den nach unten beschränkten Wildcard-Typ. Immer noch kein UML.

Bedeutet das jetzt, dass bei der Methode oben auch **List<Hund>** und **List<Katze>** nicht mehr als Parameter erlaubt sind?

Genau das heißt es. **List<? super Tier>** hat nichts mit **List<Hund>** und **List<Katze>** zu tun. Du müsstest schon **List<?>** verwenden, um beides zu erlauben.

Klar, weil ich sowohl von **List<Katze>** als auch von **List<Hund>** über die Pfeile zu **List<?>** komme.

Du hast es drauf.

[Belohnung]
Bevor wir weitermachen, hast du dir eine Belohnung verdient. Schnapp dir ein Bier, und geh noch mal in Ruhe die Diagramme durch. Wirklich, ich meine es ernst. Das braucht Zeit und Übung.

Typisierte Methoden

Um die Wiederverwendbarkeit von Quellcode **auf die Spitze zu treiben**, ist es sogar möglich, **einzelne Methoden** zu typisieren. Der Typ steht dabei **direkt vor dem Rückgabewert**.

```
public class IrgendwasImKarton {

  public static*2 <T>*1 void machWas(Karton<? extends T>*3 karton) {...}
}
```

*1 Den (oder die) Typ(en) schreibst du vor den Rückgabewert der Methode.

*2 Eine typisierte Methode muss nicht unbedingt **`static`** sein. Funktioniert für nichtstatische Methoden genauso.

*3 Den (oder die) Typ(en) kannst du dann auch zum Beispiel innerhalb von Wildcards verwenden.

So verwendest du die typisierte Methode:

```
public static void main(String[] args) {
  Katze katze = new Katze("Lisa");
  Karton kartonMitKatze = new Karton<>(katze);
  IrgendwasImKarton.<Tier>*1machWas(*2kartonMitKatze);
}
```

*1 Wenn du die Methode aufrufst, schreibst du den konkreten Typ einfach in spitzen Klammern vor den Methodennamen.

*2 Weil ich den Typ hier auf **`Tier`** setze, ist als Parameter **für diesen Aufruf der Methode `Karton<? extends Tier>`** gefragt. Und wie du jetzt wissen solltest, können wir dafür auch ein **`Karton<Katze>`** nehmen. Gar nicht so schwierig, oder?

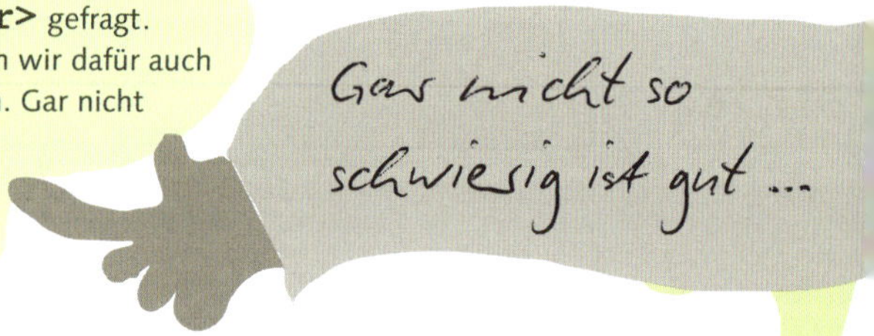

Übungen zu Wildcards

Verzweifle nicht, Schrödinger. Wie bei so vielem hilft auch bei den Generics nur: üben, üben, üben. Eine einfache Übung hab ich da noch für dich.

[Einfache Aufgabe]

Angenommen, du brauchst eine Methode, die Listen von **Tier** und Listen von **Hund** akzeptiert und etwas der Liste **hinzufügt**. Wie müsste der Typ für die Liste aussehen?

Moment, lass' mich einen Blick auf die Diagramme werfen. Hinzufügen sagst du? Dazu brauche ich den nach unten beschränkten Wildcard-Typ. Warte ... dann muss es **List<? super Hund>** sein, richtig?

Absolut richtig. Weil du etwas in die Liste hinzufügen willst, nimmst du den nach unten beschränkten Wildcard-Typ. **List<? super Hund>** steht sowohl oberhalb von **List<Tier>** als auch oberhalb von **List<Hund>**. Prima, dann machen wir direkt weiter.

[Schwierige Aufgabe]

Erstelle eine Klasse **Kopierer**, die eine Liste von Elementen in eine andere Liste von gleichen Elementen kopiert, oder anders gesagt: Elemente von der einen Liste sollen **gelesen** und in die andere Liste **geschrieben** werden.

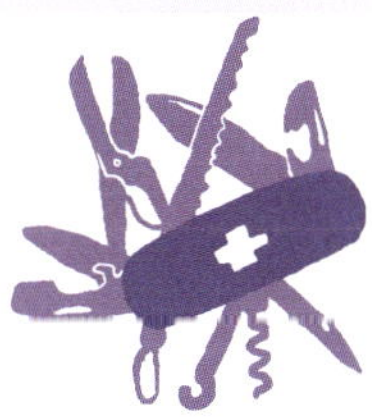

Eine passende **main**-Methode gibt es schon, so in etwa stelle ich mir vor, was der **Kopierer** können muss. Wie müssen die **kopiere()**-Methode und die Klasse **Kopierer** aussehen?

```
public static void main(String[] args) {
  List<Buch> buecher = new ArrayList<>();
  List<Buch> buecherKopien = new ArrayList<>();
  Kopierer<Buch> buchKopierer = new Kopierer<>();
  buchKopierer.kopiere(buecher, buecherKopien);
  List<CD> cds = new ArrayList<>();
  List<CD> cdKopien = new ArrayList<>();
  Kopierer<CD> cdKopierer = new Kopierer<>();
  cdKopierer.kopiere(cds, cdKopien);
}
```

So soll die Kopierer-Klasse verwendet werden können:

Hier die Lösung zum Abgleich: **`quelle`** ist dabei die Liste, in die Elemente hineinkopiert werden sollen, **`ziel`** die Liste, in die hineinkopiert werden soll.

```
public class Kopierer<T>*1 {
  ...
  public void kopiere(List<? extends T>*2 quelle, List<? super T>*3 ziel) {
    for (int i = 0; i < quelle.size(); i++)
      ziel.set(i, quelle.get(i));
    }
}
```

*1 Damit der **`Kopierer`** sowohl für Bücher als auch für CDs funktioniert, nehmen wir einen generischen Typ. Der kann dann bei der Instanziierung der Klasse durch den konkreten Typ **`CD`** oder **`Buch`** ersetzt werden.

*2 Für **`quelle`** bietet sich ein **nach oben beschränkter Wildcard-Typ** an, weil Objekte aus der Liste **gelesen** werden müssen. Daher muss diese Liste mit dem Typ **`<? extends T>`** definiert werden.

*3 Und um in **`ziel`** **schreiben** zu können, muss diese Liste mit **`<? super T>`** definiert werden, dem **nach unten beschränkten Wildcard-Typ**.

[Notiz]

Um sich das mit dem Schreiben und Lesen gut merken zu können, wird in diesem Zusammenhang auch oft von **PECS** gesprochen, für **„Producer extends Consumer super"**. Beim **`Kopierer`** stellt **`quelle`** den Producer dar, es werden Elemente gelesen (deswegen **`extends`**), und **`ziel`** stellt den Consumer dar, es werden Elemente geschrieben (deswegen **`super`**).

[Achtung]

Im wahren Programmieralltag würdest du wahrscheinlich eher die Methode **`copy()`** aus der Helferklasse **`Collections`** verwenden, die genau das Gleiche schon von Haus aus beherrscht. Die Parameter sind genau die gleichen: **`List<? extends T>`** für die Liste, von der gelesen werden soll, und **`List<? super T>`** für die Liste, in die hineinkopiert werden soll.

[Code bearbeiten]

Jetzt ändern wir mal den Kopierer von eben so, dass man zum Kopieren von CDs und Büchern nicht extra zwei **`Kopierer`**-Objektinstanzen brauchst, sondern nur eine (nicht typisierte) Objektinstanz, die dann alles kopieren kann.

Eine nicht typisierte Objektinstanz. Ähm, ... dann bleibt ja nur noch eine ... typisierte Methode?

Gut, aufgepasst. So sähe die dann aus:

```
public class KopiererMitMethode*1 {
  public <T>*2 void kopiere(List<? extends T> quelle, List<? super T> ziel) {
    for (int i = 0; i < quelle.size(); i++)
      ziel.set(i, quelle.get(i));
    }
}
```

*1 An der Klasse fällt der generische Typ jetzt weg, …

*2 … dafür ist die Methode jetzt typisierbar. Der Rest bleibt gleich.

Der Aufruf würde jetzt so aussehen:

```
public static void main(String[] args) {
  KopiererMitMethode kopierer = new KopiererMitMethode();
  List<Buch> buecher = new ArrayList<>();
  // Liste mit Buechern befüllen
  List<Buch> buecherKopien = new ArrayList<>();
  kopierer.<Buch>kopiere(buecher, buecherKopien);
  List<CD> cds = new ArrayList<>();
  // Liste mit CDs befüllen
  List<CD> cdKopien = new ArrayList<>();
  kopierer.<CD>kopiere(cds, cdKopien);
}
```

Wiederholung

So, sauschwieriges Thema, ich geb's zu, aber du machst wirklich gut mit, muss ich schon sagen. Gucken wir mal, was bei dir so hängengeblieben ist.

[Einfache Aufgabe]

Wann verwendest du **<? extends Typ>** und wann **<? super Typ>**?

Einfach, das erste nehme ich, wenn mir das Lesen wichtiger ist, das zweite, wenn mir das Schreiben wichtiger ist. PECS, yo Mann.

Richtig. Das war aber auch einfach. Für die nächste Aufgabe kannst du schon mal deine Freundin vorwarnen, dass sie dir heute Abend den Kopf massiert, denn der kommt jetzt gehörig ins Schwitzen. **Aufpassen, jetzt wird's heavy.**

[Schwierige Aufgabe]

Der folgende Lückenquelltext ist schon nicht ohne. Sag mir für die fünf Codeschnipsel, was du jeweils hinzufügen kannst und was du jeweils rausbekommst. Ziel ist es immer, möglichst eine Instanz von **Tier** hinzuzufügen und auch wieder herauszubekommen. Kleiner Tipp: Es wird nicht immer klappen. Bloß nicht verzweifeln, wenn du es im ersten Durchgang nicht richtig machst.

Für den ersten Schnipsel hab ich die Lösung schon mal drangeschrieben:

1. Codeschnipsel 1

```
List tiere = new ArrayList<>();
tiere.add(new Tier("Unbekannt")*1);
Object*2 tier = tiere.get(0);
```

*1 Ohne Angabe eines Typs nimmt die Liste alle Arten von Objekten entgegen, auch vom Typ **Tier**.

*2 Allerdings wird auch immer nur der allgemeinste Typ **Object** zurückgegeben, weil in einer solchen Liste auch wirklich alles drin sein könnte.

2. Codeschnipsel 2

```
List<?> tiere2 = new ArrayList<>();
tiere2.add(___________);
___________ tier2 = tiere2.get(0);
```

3. Codeschnipsel 3

```
List<? extends Tier> tiere3 = new ArrayList<>();
tiere3.add(___________);
___________ tier3 = tiere3.get(0);
```

4. Codeschnipsel 4

```
List<? super Tier> tiere4 = new ArrayList<>();
tiere4.add(___________);
___________ tier4 = tiere4.get(0);
```

5. Codeschnipsel 5

```
List<Tier> tiere5 = new ArrayList<>();
tiere5.add(___________);
___________ tier5 = tiere5.get(0);
```

[Zettel]
Falls du überhaupt nicht weiterkommst, wirf erstmal einen Blick auf die Diagramme von eben mit den Typkompatibilitäten oder auf die folgende Tabelle, die gibt dir noch einen Überblick darüber, was wann gelesen und geschrieben werden darf. Komm dann nochmal zum Lückenquelltext zurück.

Hier zusammengefasst, zu welchen Listen du welche Typen von Objekten hinzufügen kannst und welche Objekttypen du jeweils beim Zugriff auf die Listen zurückgeliefert bekommst:

	Schreiben			Lesen		
	Katze	Tier	Object	Katze	Tier	Object
List<>	ok	ok	ok	–	–	ok
List<Tier>	ok	ok	–	–	ok	ok
List<Katze>	ok	–	–	ok	ok	ok
List<?>	–	–	–	–	–	ok
List<? extends Tier>	–	–	–	–	ok	ok
List<? extends Katze>	–	–	–	ok	ok	ok
List<? super Tier>	ok	ok	–	–	–	ok
List<? super Katze>	ok	–	–	–	–	ok

Hier die Lösung:

1. Schnipsel 2

```
List<?> tiere2 = new ArrayList<>();
tiere2.add(null*1);
Object*2 tier2 = tiere2.get(0);
```

*1 Mit dem unbeschränkten Wildcard-Typ kannst du gar nichts hinzufügen, nur **null**. Dann kannst du es aber auch direkt sein lassen.

*2 Weil du aber, so gesehen, auch keinen Typ angegeben hast, bekommst du auch wieder nur den allgemeinsten Typ **Object** zurück.

2. Schnipsel 3

```
List<? extends Tier> tiere3 = new ArrayList<>();
tiere3.add(null*3);
Tier*4 tier3 = tiere3.get(0);
```

*3 Auch bei dem **nach oben beschränkten Wildcard-Typ** kannst du nichts hinzufügen. Wieder höchstens **null**, ...

Genau, sonst könnten Hunde in eine Katzenliste und umgekehrt.

*4 ... aber du kannst wenigstens davon ausgehen, dass immer Tiere drin sind. Alle Superklassen von Tier würden aber als Rückgabewert auch akzeptiert, das hier würde auch funktionieren:
`Object tier3 = tiere3.get(0);`

3. Schnipsel 4

```
List<? super Tier> tiere4 = new ArrayList<>();
tiere4.add(new Tier("Unbekannt")*5);
tiere4.add(new Katze("Lisa")*5);
tiere4.add(new Hund("Wuffel")*5);
Object*6 tier4 = tiere4.get(0);
```

Klar, das wäre dann doch ein Upcast, oder?

Richtig. Weil **Object** ja in der Klassenhierarchie oberhalb von **Tier** liegt.

*5 Bei dem **nach unten beschränkten Wildcard-Typ** kannst du all das hinzufügen, was von dem angegebenen Typ ableitet, inklusive des Typs selbst. In unserem Fall sind das also **Tier**, **Katze** und **Hund**.

4. Schnipsel 5

```
List<Tier> tiere5 = new ArrayList<>();
tiere5.add(new Tier("Unbekannt")*7);
tiere5.add(new Katze("Lisa")*7);
tiere5.add(new Hund("Wuffel")*7);
Tier*8 tier5 = tiere5.get(0);
```

*6 Zurück gibt's aber immer nur ein **Object**, weil eben auch alle Oberklassen von **Tier** drin sein könnten.

*7 Wenn du gar keine Wildcards, sondern direkt nur den Typ verwendest, dann kannst du beliebige Subtypen hinzufügen ...

*8 ... und beliebige Supertypen zurückbekommen, in diesem Fall **Tier** und **Object**.

Und damit du siehst, dass das alles nicht nur für Listen gilt, hier mal eine Übersicht darüber, was du bei der Klasse **Karton** von vorhin je nach Typisierung über den Setter setzen und über den Getter wieder herausholen kannst:

	Karton	Karton<?>	Karton <? extends Tier>	Karton <? super Tier>	Karton<Tier>
setInhalt()	irgendein Objekt	–	–	Tier oder eine Unterklasse von Tier	Tier oder eine Unterklasse von Tier
getInhalt()	nur Object	nur Object	Tier oder eine Oberklasse von Tier	nur Object	Tier oder eine Oberklasse von Tier

[guter Rat]

Nicht verzagen, es wird sehr, sehr lange dauern, bis dir die Wildcard-Typen und deren Bedeutung in Fleisch und Blut übergehen. Für den Anfang rate ich dir, die Tabellen und Diagramme aus diesem Kapitel griffbereit zu haben, sobald du spitze Klammern in deinem Code verwendest.

[Belohnung]

Du hast lange durchgehalten, und die Sachen müssen sich setzen wie guter Kaffee. Gönn Dir ne Runde an der frischen Luft, oder meinetwegen auch in irgendwas virtuellem.

Kaffeesatz

Das hier sollte sich gesetzt haben:

Hier wie gewohnt das Wichtigste aus diesem Kapitel:

- Über Generics machst du deinen Quelltext noch allgemeiner verwendbar, generischer eben.
- Generics können an **Klassen, Interfaces und Methoden** verwendet werden.
- Der **Wildcard-Operator ?** erlaubt dir, flexibler zu beschreiben, welche generischen Typen (zum Beispiel in einer Liste) erlaubt sind.
- Über die Schlüsselwörter **extends** und **super** definierst du dabei **obere und untere Schranken**. Fachbegriffe hierfür: nach oben und nach unten beschränkter Wildcard-Typ.
- Der Wildcard-Operator ist **nur bei der Instanziierung** von generischen Typen erlaubt, nicht aber bei deren Definition.
- Obere und untere Schranken können **sowohl bei der Instanziierung als auch bei der Definition** generischer Typen verwendet werden.
- **List<? extends Tier>** bedeutet, dass du immer was vom Typ **Tier** herausbekommst. Tiere hinzufügen darfst du allerdings nicht, um zu verhindern, dass die Daten inkonsistent werden. Mit **List<? super Tier>** darfst du zwar Objekte vom Typ **Tier** (und Unterklassen) reinschreiben, bekommst aber immer nur etwas vom Typ **Object** heraus.

[Belohnung/Lösung]

Deine nächste Errungenschaft wartet schon: der „Diamant der Vielfalt". Überall einsetzbar, wird er – Vorsicht! – unsichtbar, wenn du läufst, wie die generischen Typen zur Laufzeit.

—ELF—

Dateien, Streams und Serialisierung

Wilde Ströme – Eingabe und Ausgabe

Im Zuge ihrer Expansion hat Bossingens Firma (mal wieder) eine neue Unterfirma gekauft. Schrödinger soll nun die gesamten neuen Kundendaten (die in simplen Textdateien liegen) in ein Excel-Spreadsheet eingeben. Was für ein Haufen Arbeit! Das sind über 5 000 Stück! Zeit für Schrödinger, zu lernen, wie man mit Java Dateien lesen und schreiben kann, um diese Aufgabe schneller bewältigen zu können. Dazu lernt er direkt zwei Java-APIs zum Arbeiten mit Dateien kennen: die alte und die neue IO-API.

Bossingen kommt mit Dateien

Oje, Bossingen mit seinen tollen Ideen. Ich soll doch tatsächlich die Tausenden neuen Kundendaten aus simplen Textdateien **händisch** in ein Excel-Spreadsheet eintragen. Hat der sie noch alle? Glaubt der, ich habe nichts ANDERES zu tun?

Ruhig, ruhig, keine Sorge, wozu lernst du schließlich Java? Was sagst du? Textdatei einlesen? Und du brauchst ein Excel-Spreadsheet? Nichts leichter als das. Der Helfer in der Not heißt hier **Java IO**! Also I für **Input** und O für **Output**. **Eingabe und Ausgabe.** Auch von Textdateien! Wäre doch gelacht, wenn wir damit Bossingen nicht zufriedenstellen können.

[Hintergrundinfo]

Um Java nicht nur zu „können", sondern auch zu **beherrschen**, ist neben dem Lernen von Syntax und Sprachelementen das Erlernen der Standardbibliotheken mindestens genauso wichtig. Bisher hatten wir uns ja hauptsächlich auf Ersteres konzentriert (okay, mit Ausnahme des Collections-Kapitels). Zeit also, mal einen Blick auf eine wichtige Standardbibliothek zu werfen, die Java IO-API.

In Java gibt es direkt zwei Pakete zum Arbeiten mit Dateien und Ähnlichem: `java.io` enthält etwas ältere (aber immer noch aktuelle) Klassen; `java.nio` (das „n" steht für „new", also „neu") gibt es zwar auch schon länger (um genau zu sein seit Java 1.4), es wurde aber mit der Version 7 ordentlich aufgepäppelt und um viele langersehnte Features erweitert. Ich zeig dir erstmal das „alte" IO-Paket, denn auch das wird dir hin und wieder noch über den Weg laufen.

Um Daten lesen und schreiben zu können, gibt es in Java das Konzept der sogenannten **Streams**, auch **Datenströme** genannt. Dabei unterscheidet man zwischen **Eingabeströmen** (Input-Streams) und **Ausgabeströmen** (Output-Streams), je nachdem, ob du Daten aus einer Datenquelle in dein Java-Programm „hineinliest" oder in ein Datenziel „herausschreibst" (bei Letzterem spricht man auch von einer **Datensenke**).
Weiterhin unterscheidet man die **Art der Daten**, die dort hin- und hergeschrieben werden. Sogenannte **Byte-Streams** lesen einzelne Bytes, **Character-Streams** lesen einzelne Zeichen für ein bestimmtes Encoding und **Object-Streams** können sogar Objektinstanzen schreiben und lesen.
Wenn du dann Daten lesen möchtest, egal, mit welcher Art von Stream, **öffnest** du zuerst den entsprechenden Input-Stream, **liest die Daten Stück für Stück ein** und **schließt** anschließend den Stream wieder. Analog funktioniert das Ganze für das Schreiben von Daten: Output-Stream öffnen, Daten schreiben und Stream wieder schließen.

Fangen wir mit den Basics an, dem Umgang mit Byte-Streams.

Willst du mehr? Probier's binär!

Byte-Streams dienen in der Regel dazu, **Binär**dateien zu lesen, also Dateien, die (im Gegensatz zu **Text**dateien) **keine druckbaren Zeichen** enthalten, sondern … nun ja … Binärdaten eben. Bilddateien, MP3-Dateien, Filmdateien: alles Binärdateien und nicht druckbar, zumindest nicht auf die Java-Konsole. Du kannst diese Byte-Streams zwar auch dazu nutzen, Textdateien zu lesen, aber für die gibt es mit den Character-Streams wirklich was Besseres, weil die Character-Streams auch direkt das Encoding der Textdatei berücksichtigen.

Nichtsdestotrotz: Wir tun jetzt einfach mal so, als ob wir eine reine Binärdatei lesen, obwohl **dies** eigentlich eine Textdatei ist. Der Vorteil: Den Inhalt kannst du dann Byte für Byte in ein **`char`** casten und auf der Konsole ausgeben.

Das ist ein Text,
der so tut,
als sei er eine Binärdatei.

Zunächst die Version ohne Cast:

```
try(*1InputStream*2 eingabe = new FileInputStream(*3new File(*4".\\resources⤶
  \\kapitel11\\keineBinaerDatei.txt"))) {
  int eingelesenesByte;*5
  while((eingelesenesByte = eingabe.read()*5) != -1*6) {
    System.out.print(eingelesenesByte);
  }
} catch (IOException e) {
}
```

[Achtung]
Mit **`new File()`** wird hier übrigens **keine neue Datei im Dateisystem erstellt**, sondern nur eine **Objektreferenz**! Aber auch das gucken wir uns gleich noch in Ruhe an.

*1 Alle Streams sind **`AutoClosable`**. Am besten ist daher, du instanziierst sie jeweils innerhalb des **`try()`**

Dann muss ich mich nicht selbst ums Schließen kümmern, ja, ich weiß. Das hast du mir schon im Kapitel über die Exceptions gesagt.

*2 **`java.io.InputStream`** ist die abstrakte Basisklasse für Eingabe-Streams.

*3 Wenn du die Daten aus einer **Datei** lesen möchtest, nimmst du den **`FileInputStream`**. Der bekommt als Parameter eine Datei (in Form eines Objekts vom Typ **`File`** – dazu später mehr).

*4 Der Parameter von **`File`** wiederum ist ein Pfad im Dateisystem, zum Beispiel ein relativer Pfad zu einer Datei wie hier im Beispiel. Aber Achtung, zwischen den einzelnen Betriebssystemen gibt es Unterschiede: In Windows nimmst du als Trennsymbol „\\", bei Linux-Systemen stattdessen ein „/". Oder du greifst direkt auf die Konstante **`File.separator`** zu, die das entsprechende Zeichen betriebssystemunabhängig bereitstellt.

*5 Über die Methode **`read()`** von **`InputStream`** kannst du einzelne Bytes einlesen, die du jeweils als **`int`** zurückbekommst.

*6 **`read()`** wird so lange aufgerufen, bis **`-1`** zurückgeliefert wird, was bedeutet, dass der Stream zu Ende ist bzw. das **Dateiende** erreicht ist.

Es gibt noch eine ganze Reihe weiterer Input-Streams:

Input-Stream	Beschreibung
`java.io.ByteArrayInputStream`	Hiermit kannst du Daten aus einem **Byte-Array** lesen.
`java.io.StringBufferInputStream`	Hiermit würdest du Daten aus einem `StringBuffer` lesen. Allerdings ist diese Klasse als veraltet markiert! Stattdessen solltest du besser den `StringReader` verwenden. Was Reader sind und wie du die sie im Allgemeinen verwenden kannst, kommt gleich.
`java.io.FileInputStream`	Hilft dir, wenn du **Dateien** lesen möchtest.
`java.io.ObjectInputStream`	Hiermit kannst du **Java-Objekte** lesen. Kommt etwas später in diesem Kapitel.
`java.io.SequenceInputStream`	Hiermit kannst du **mehrere Input-Streams** zu einem Input-Stream vereinigen.

Byte-Streams, aber **int** als Rückgabewert. Komisch.

[Hintergrundinfo]

Die **`read()`**-Methode von **`InputStream`** hat wegen der -1 ein **`int`** statt eines **`byte`** als Rückgabewert: -1 liegt zwar im Wertebereich von **`byte`**, allerdings hat der gesamte Wertebereich von **`byte`** nur 256 Werte (-127 bis 128). Um das Dateiende dann auch noch darstellen zu können, braucht man aber insgesamt 257 Werte! Warum dann direkt **`int`** genommen wurde statt **`short`**? **`int`** ist von der JVM-Unterstützung her performanter …

… ja ja, ist ja gut, so genau muss es jetzt auch wieder nicht sein.

Oje, die Ausgabe des Programms ist jetzt aber: „6897115321051151163 21011051103284101120 1164432131010010111432 115111321161171164644321310971081153211510110532101 1143210110511010132661051102281141009711610110546".

Ja, das ist der Inhalt als Bytes ohne jegliche Trennsymbole einfach hintereinandergeschrieben. Und für reine Binärdateien kannst du da auch nichts Leserlicheres draus machen. Gut, dass sich unsere Textdatei nur **als Binärdatei getarnt hat**. **Denn MIT CAST sieht das Ganze schon besser aus:**

Ersetze die Ausgabe von eben durch diese Zeile hier:

```
System.out.print((char)*1eingelesenesByte);
```

*1 Diesen Cast kannst du natürlich nur machen, weil du weißt, dass eigentlich eine Textdatei gelesen wurde. Und überhaupt: Das hier dient gerade nur Demozwecken, verstanden?

Als Ausgabe folgt dann:

```
Das ist ein Text,
der so tut,
als sei er eine Binärdatei.
```

Verstanden, aber hast du nicht vielleicht noch ein Beispiel, in dem eine echte Binärdatei gelesen wird? Du könntest mir ja sonst vieles erzählen.

Du bist aber misstrauisch heute. Aber na gut, gleich hab ich noch ein Beispiel. Da zeig ich dir, wie du eine **Bilddatei kopieren** kannst, indem du sie mit einem Input-Stream einliest und Byte für Byte in einen Output-Stream schreibst.

Aber dazu muss ich dir erst zeigen, wie Output-Streams funktionieren.

Binärdateien schreiben – auch mit Byte-Streams

Output-Streams funktionieren vom Prinzip her genauso wie Input-Streams, nur eben **in die andere Richtung**: Du schreibst Daten irgendwo hinein. Analog zu der Hierarchie der Input-Streams gibt es auch bei den Output-Streams eine abstrakte Oberklasse, von der dann die spezielleren Output-Stream-Typen ableiten: `java.io.OutputStream`, von der es dann mehrere Unterklassen gibt.

Hier ein paar Beispiele für solche Unterklassen:

Output-Stream	Beschreibung
`java.io.ByteArrayOutputStream`	Hiermit kannst du Daten in ein **Byte-Array** schreiben.
`java.io.FileOutputStream`	Hilft dir, wenn du **Dateien** schreiben möchtest.
`java.io.ObjectOutputStream`	Darüber kannst du **Java-Objekte** schreiben. Dazu kommt auch gleich noch ein Beispiel.

Und hier ein Beispiel dafür, wie du mit einem Output-Stream einen Text in eine Datei schreiben kannst:

```
try(*1OutputStream*2 ausgabe = new FileOutputStream*3(new File(".\\resources
  \\kapitel11\\keineBinaerDatei.txt"), true*4)) {
  ausgabe.write(*5"Hallo Schrödinger\n".getBytes()*6);
} catch (IOException e) {
}
```

*1 Auch Output-Streams sind **`AutoClosable`**, also gehören die wieder in das **`try()`**.

*2 **`java.io.OutputStream`** ist die abstrakte Basisklasse, …

*3 … **`FileOutputStream`** eine Unterklasse zum Schreiben von Dateien. Die nimmt als Parameter auch ein **`File`**, …

*4 … und über den zweiten Parameter kann angegeben werden, ob das, was geschrieben wird, angehangen werden soll oder ob der vorhandene Inhalt überschrieben werden soll. **`true`** steht hier für das Anhängen.

*5 Die **`write()`**-Methode akzeptiert einzelne Bytes (als **`int`**) oder ganze Byte-Arrays wie hier im Beispiel.

*6 Passenderweise gibt es für Strings eine Methode, die einen String in ein Byte-Array umwandelt.

Gut zu wissen, das mit dem Umwandeln eines Strings in Bytes. Ich kann nämlich kein … haha … Byte-risch.

Megalangsam – Dateien kopieren mit normalen Streams

Du wolltest ein Beispiel mit echter Binärdatei? Kein Problem. **Hier wie versprochen der Bildkopierer mit Input-Stream und Output-Stream:**

```
try(
  InputStream eingabe = new FileInputStream(new File("./resources/kapitel11/bild.jpg"));*1
  OutputStream ausgabe = new FileOutputStream(new File("./resources/kapitel11/bildKopie.jpg"))*2
)
{
  int eingelesenesByte;
  while((eingelesenesByte = eingabe.read()) != -1) {*1
    ausgabe.write(eingelesenesByte);*2
  }
} catch (IOException e) {
}
```

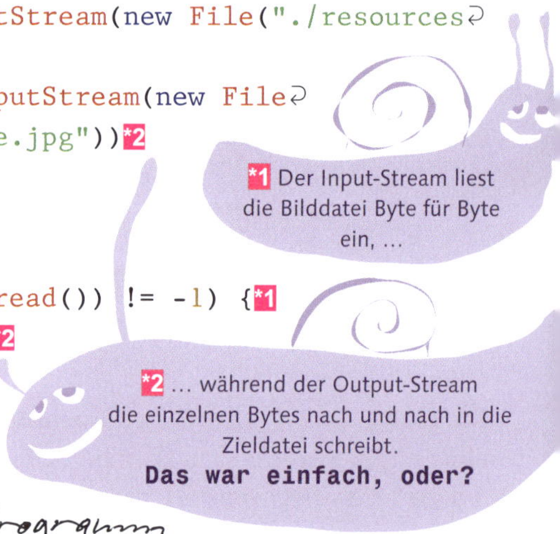

*1 Der Input-Stream liest die Bilddatei Byte für Byte ein, …

*2 … während der Output-Stream die einzelnen Bytes nach und nach in die Zieldatei schreibt. **Das war einfach, oder?**

Ja, aber ich hab das Programm mal laufen lassen. Das dauert ja ewig! Da bin ich ja schneller, wenn ich das Bild ausdrucke, Pixel für Pixel abmale, einscanne und wieder speichere.

Ich sag nur: Lerneffekt, Schrödinger, Lerneffekt! **Natürlich ist das langsam.** Je größer das Bild, desto mehr Bytes sind einzulesen und wegzuschreiben. Und wenn man das Byte für Byte macht, dauert das nun mal. Aber Java wäre nicht Java, wenn es nicht auch dafür eine Lösung gäbe, und zwar die sogenannten **Buffered Streams**.

Dann zeig mal her!

Viel schneller – Dateien kopieren mit Buffered Streams

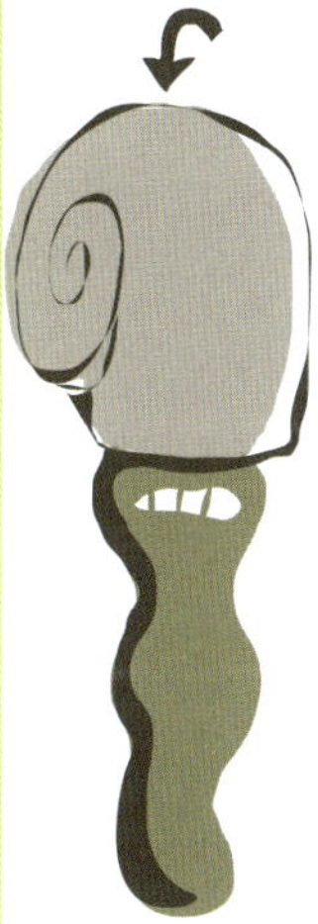

Du musst dir das so vorstellen: Mit normalen Input-Streams und Output-Streams resultiert jedes Lesen und Schreiben auf dem Stream auch in einer Lese- bzw. Schreiboperation auf der unterliegenden Datenquelle bzw. dem unterliegenden Datenziel. Die Buffered Streams sorgen nun dafür, dass bei Input-Streams **nicht jedes Byte einzeln gelesen wird** und bei Output-Streams nicht bei jedem Byte, das geschrieben werden soll, auch auf das unterliegende Datenziel zugegriffen wird. Stattdessen werden **auf einen Schlag mehrere Bytes** aus der Datenquelle in einen Zwischenspeicher (englisch „buffer“) gelesen bzw. mehrere Bytes in einem solchen Zwischenspeicher gesammelt, bevor sie auf einen Rutsch in das Datenziel geschrieben werden. Die entsprechenden Buffer-Klassen **BufferedInputStream** und **BufferedOutputStream** werden dabei wie eine Hülle über den jeweiligen Input- bzw. Output-Stream „gestülpt“.

```
try (BufferedInputStream eingabe = new BufferedInputStream↩
   (new FileInputStream(new File("./resources/kapitel11/bild.jpg")));*1
BufferedOutputStream ausgabe = new BufferedOutputStream↩
  (new FileOutputStream(new File("./resources/kapitel11↩
  /bildKopie.jpg"))))*1 {
  byte[] buffer = new byte[1024];*2
  while (eingabe.read(buffer)*3 != -1) {
    ausgabe.write(buffer);*4
  }
} catch (IOException e) {
}
```

*1 **BufferedInputStream** und **BufferedOutputStream** werden über die anderen Streams „gestülpt“.

*2 Das hier ist der Zwischenspeicher. Ein Array, das 1024 Bytes enthalten kann.

*3 Jede Leseoperation schreibt bis zu 1024 Bytes in diesen Zwischenspeicher, …

*4 … jede Schreiboperation schreibt den kompletten Zwischenspeicher auf einmal weg.

[Ablage]

Der Fachbegriff für dieses „Stülpen“ lautet übrigens **Decorator-Pattern**. Wieder eines der berühmten Entwurfsmuster, das du dir schon mal merken kannst. Man könnte es im Beispiel ja auch so sagen: Die Buffered Streams „dekorieren“ die Streams mit zusätzlicher Funktionalität, nämlich dem Zwischenspeicher.

Wow, das geht ja ruck, zuck – wirklich viel schneller!

[Ablage]

Ohne Buffered Streams resultiert jedes Lesen und Schreiben mit einem Stream auch in einer Leseoperation bzw. Schreiboperation auf der/dem unterliegenden physikalischen Datenquelle/Datenziel. Buffered Streams lösen dieses Problem durch einen Zwischenspeicher und erreichen so einen **signifikanten Geschwindigkeitsvorteil**.

Wer liest schon Bytes? Textdateien lesen mit Character-Streams

Auch wenn wir eben Textdaten mit Byte-Streams gelesen und geschrieben haben, waren die eigentlich die falsche Wahl dafür. Besser nimmst du dazu die sogenannten **Character-Streams**. Warum, das siehst du in wenigen Momenten. Auch zu den Character-Streams gibt es eine ganze Hierarchie von Implementierungen (angefangen bei der abstrakten Klasse `java.io.Reader`). Das Beispiel von eben würde mit dem `FileReader` so aussehen:

```
try(*1FileReader dateiLeser = new FileReader(new File↩
  (".\\resources\\kapitel11\\tagebuch.txt"))*2) {
  int eingelesenesByte;
  while((eingelesenesByte = dateiLeser.read()*3) != -1) {
    System.out.print((char)*4eingelesenesByte);
  }
} catch (IOException e) {
}
```

*1 **`FileReader`** ist **AutoClosable** …

*2 … und bekommt als Parameter wieder ein **`File`**.

*3 **`read()`** liefert ein **`int`**, …

*4 … das wir dann in ein **`char`** umwandeln …

… was alles in allem aber auch nicht wirklich anders aussieht als vorhin. Ich muss immer noch Zeichen für Zeichen lesen, noch sehe ich den Vorteil nicht.

Ja, aber Abhilfe naht. Denn auch für Reader gibt es eine „Stülpklasse" mit Zwischenspeicher: `java.io.BufferedReader`. Darin packst du einfach den `FileReader` ein, und **schon kannst du die Textdatei zeilenweise einlesen:**

```
try(BufferedReader dateiLeser = new BufferedReader(new FileReader(new File↩
  (".\\resources\\kapitel11\\tagebuch.txt")))) {
  String zeile;
  while((zeile = dateiLeser.readLine()*1) != null) {
    System.out.println(zeile);
  }
} catch (IOException e) {
}
```

*1 Der **`BufferedReader`** stellt dir die Methode **`readLine()`** zur Verfügung, die dir direkt eine **komplette Zeile einer Textdatei** als String zurückgibt.

Okay, das sieht wirklich schon besser aus als eben mit den Byte-Streams. Strings sind ja schließlich auch das, was ich bei Textdaten erwarten würde.

Genau. Und das zeilenweise Einlesen bringt uns der Lösung für die Bossingen-Aufgabe schon etwas näher. Aber bevor wir uns daran wagen, erkläre ich dir noch kurz, wie du mit Character-Streams Textdateien schreiben kannst.

Textdateien schreiben mit Character-Streams

Für das Schreiben von Textdateien nimmst du analog am besten eine Kombination aus **`FileWriter`** und **`BufferedWriter`**, dann kannst du ganz einfach auch Strings schreiben, anstatt einen String immer zuerst in ein Byte-Array umwandeln zu müssen.

```
try(*1BufferedWriter dateiSchreiber = new BufferedWriter*2(new FileWriter*3
  (new File(".\\resources\\kapitel11\\tagebuch2.txt"), true*4))) {
  dateiSchreiber.*6write("Hallo Schrödinger"*5);
} catch (IOException e) {
}
```

*1 Auch Writer sind **`AutoClosable`**.

*2 Außen der **`BufferedWriter`** ...

*3 ... und innen der **`FileWriter`**.

*4 **`true`** bedeutet hier wieder, wir hängen an die Datei an.

*5 Und im Gegensatz zu Output-Streams können wir jetzt auch direkt Strings schreiben.

*6 Gibt es die Zieldatei noch nicht, wird sie übrigens angelegt.

Echt simpel, ohne Umwandeln in ein Byte-Array, das eh keiner versteht außer den Streams.

[Ablage]

Nimm **Input-Streams und Output-Streams** zum Lesen und Schreiben von **binären** Daten, dagegen **Reader** und **Writer** zum Lesen und Schreiben von **Textdaten**. Punkt. Das ist so.

1:0 für den CSV – Textdateien umwandeln

Dann lass mal schauen mit deinen Kundendateien … soso, alles ist auf verschiedene Dateien verteilt, sagst du? Und in einer Datei steht jeweils eine Leerzeile zwischen den einzelnen Kundendatensätzen? Und jeder Datensatz hat die vier Eigenschaften „Nachname“, „Vorname“, „PLZ“ und „Ort“?

Ja, genau. Schau mal, eine der Dateien. Die Kundendaten habe ich selbstverständlich anonymisiert. Sonst wäre Bossingen schnell auf 180.

Bevor wir uns anschauen, wie du **mehrere Dateien** in einem Verzeichnis verarbeiten kannst, lass uns erstmal überlegen, wie du eine **einzelne der Dateien umwandeln** könntest. Was würdest du dafür verwenden? Byte-Streams oder Reader bzw. Writer?

Also, weil ich ja sowohl eine Textdatei lese als auch eine Textdatei schreibe und keine Binärdateien, würde ich Reader und Writer nehmen!

Genau, richtig, am besten mit einem **BufferedReader**, mit dem du dann einfach jede Datei Zeile für Zeile ausliest und dann die Werte für Nachname, Vorname, PLZ und Ort rausfilterst.

Okay, das Rausfiltern kriege ich mit Stringmethoden hin. Aber umwandeln ins Excel-Format? Ich hab doch keine Ahnung, wie dieses Format aussieht.

Da kann ich dich beruhigen, das weiß ich nämlich auch nicht. Aber ich weiß, dass du mit Excel **CSV-Dateien** öffnen kannst.

CSV? Was ist das? Ein neuer Fußballverein? Der lokale „Cheerleader Sportverein“?

Haha, nein, weder noch.

CSV steht für **Comma Separated Value**, übersetzt also „durch Komma getrennte Werte“.

Und eine CSV-Datei ist so aufgebaut, dass jede Zeile einen Datensatz enthält und die einzelnen Werte des Datensatzes durch Kommas getrennt sind. Im Grunde also mit etwas Fantasie vergleichbar mit einer Tabelle. Und wenn Excel etwas kann, dann Tabellen. **Für unser Beispiel sähe eine CSV-Datei demnach so aus:**

```
von M*******n, Günter, 80997, München
von B*******n, Ludwig, 80997, München
```

Und sowas kann ich mit Excel öffnen? Cool!

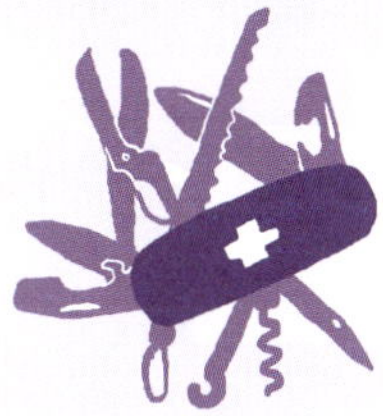

[Schwierige Aufgabe]

Prima, dann würde ich sagen: Probier es einfach mal. Das ist leichter, als du denkst. Ein Interface habe ich schon vorbereitet. Mit den Hilfsmitteln, die ich dir eben gezeigt habe, solltest du eigentlich zurechtkommen.

Das Interface:

```java
public interface KundenDatenKonvertierer {
  void konvertiereKundendaten(File quelle, File ziel);
}
```

Also, ich muss die Quelldatei Zeile für Zeile lesen, dann jeweils immer nur den Wert ab dem Doppelpunkt berücksichtigen und dann vier Werte zusammen durch Kommas getrennt in eine neue Datei schreiben. Okay, ich versuch's mal.

Klingt schon mal ganz gut. **Umseitig die Lösung,** falls du zwischendurch mal spinksen möchtest:

```
public class KundenDatenKonvertiererIO implements KundenDatenKonvertierer {
  private static final int ANZAHL_WERTE = 4;
  @Override
  public void konvertiereKundendaten(File quelle, File ziel) {
    try(BufferedWriter dateiSchreiber = new BufferedWriter(new FileWriter(ziel));
    BufferedReader dateiLeser = new BufferedReader(new FileReader(quelle));*1) {
      int zeilenNummer = 0;*5
      String eingabeZeile;
      while((eingabeZeile = dateiLeser.readLine()) != null*2) {
        if(!eingabeZeile.isEmpty()*3) {
          String ausgabe = eingabeZeile.split(":")[1].trim();*4
          if(zeilenNummer%ANZAHL_WERTE < 3)*6 {
            ausgabe = ausgabe + ", ";
          }
          if(zeilenNummer > 0 && zeilenNummer%ANZAHL_WERTE == 0)*7 {
            dateiSchreiber.newLine();
          }
          dateiSchreiber.write(ausgabe);*8
          zeilenNummer++;
        }
      }
    } catch (IOException e) {
    }
  }
}
```

*1 **BufferedWriter** und **BufferedReader** mit geschachteltem **FileWriter** bzw. **FileReader** sind hier die geeignete Wahl. Alles wird innerhalb von **try()** initialisiert.

*2 Gelesen wird so lange, bis **readLine()** ein **null** zurückgibt.

*3 Es kann auch leere Zeilen geben, dann ist der Wert von **zeile** leer, nicht **null**! Leere Zeilen beachten wir aber gar nicht.

*4 Alles, was in einer Zeile vor dem Doppelpunkt steht, brauchen wir nicht.

*5 Anhand der Zählervariablen **zeilenNummer** bestimmen wir, …

*6 … wann ein Komma hinzugefügt …

*7 … und wann eine neue Zeile begonnen werden soll. Statt **\n** geht das hier übrigens bequem mit der Methode **newLine()**.

*8 Danach wird die Zeile über den **BufferedWriter** geschrieben.

Und schon spuckt das Programm genau das aus, was du brauchst:

```
von M*******n, Günter, 80997, München
von B*******n, Ludwig, 80997, München
```

[Belohnung]

Prima, Schrödinger, leg dich etwas zurück und bestaune dein Werk. Gleich zeig ich dir noch, wie du mit Verzeichnissen umgehst, und schon kannst du direkt mehrere Dateien von Bossingen auf einmal umwandeln.

[Notiz]

Noch ein kleiner Tipp: Eine nützliche Unterklasse von **BufferedReader** ist der **LineNumberReader**. Bei dem hast du jederzeit Zugriff auf die aktuelle Zeilennummer und brauchst die Zählervariable nicht.

Mit Kanonen auf Verzeichnisse schießen

Sowohl Dateien als auch Verzeichnisse werden in Java über die Klasse **`java.io.File`** repräsentiert. Ein **`File`**-Objekt zu erstellen, ist denkbar einfach, das haben wir ja eben auch schon gemacht:

```
File datei = new File("D:\\daten\\datei.txt");
```

Wie aber bereits gesagt, wird **damit keine Datei erzeugt**, sondern nur eine Referenz. Doch auch mit der kannst du allerhand anstellen: Mit **`datei.exists()`** kannst du prüfen, ob es die Datei (auf die das **`datei`**-Objekt zeigt) schon gibt, und mit **`datei.isFile()`** und **`datei.isDirectory()`** kannst du dann prüfen, ob die Datei eine Datei oder ein Verzeichnis ist. Du weißt schon, wie ich das meine.

So zum Beispiel:

```
File eingabe = new File(".\\resources\\kapitel11\\eingabe"*1);
System.out.println(eingabe.isDirectory()*2);
```

*1 Hier ist es mal ein Pfad zu einem Verzeichnis.

*2 **`isDirectory()`** liefert **`true`**, wenn es sich bei dem referenzierten Ding um ein Verzeichnis handelt.

Kommen wir zu dem, was du für deine Bossingen-Aufgabe brauchst: Dateien aus einem Verzeichnis lesen, konvertieren und in ein anderes Verzeichnis speichern. Der erste Schritt ist, herauszufinden, welche Dateien überhaupt in einem Verzeichnis vorhanden sind. Das machst du mit der Methode **`listFiles()`**, die liefert dir eine **Liste der Dateinamen** der Dateien in einem Verzeichnis. Allerdings solltest du die Methode erst aufrufen, wenn du dir sicher bist, dass es sich bei dem **`File`**-Objekt auch wirklich um ein Verzeichnis handelt. So wie du in folgendem Code sehen kannst, würdest du also vorgehen, um die Namen (und noch einige weitere Informationen) aller Dateien in einem Verzeichnis auszugeben:

*1 Erst solltest du prüfen, ob **`eingabe`** auch wirklich ein Verzeichnis ist.

*2 Danach kannst du dir mit **`listFiles()`** die Dateien (und Unterverzeichnisse) auflisten lassen.

```
if(eingabe.isDirectory()*1) {
  for (File datei : eingabe.listFiles()*2) {
    System.out.println(datei.getAbsolutePath()*3);
    try {
      System.out.println(datei.getCanonicalPath()*4);
    } catch (IOException e) {
    }
    System.out.println(datei.getName()*5);
    System.out.println(datei.getPath()*6);
    System.out.println(datei.getParent()*7);
  }
}
```

*3 **`getAbsolutePath()`** liefert dir den **absoluten Pfad** zu der Datei bzw. dem Unterverzeichnis, bei der bzw. dem **relative Pfadangaben** (wie „..\\relativerPfad") **nicht aufgelöst** werden.

*4 **`getCanonicalPath()`** liefert dir den **kanonischen Pfad** zu der Datei/dem Unterverzeichnis, das heißt, **relative Komponenten im Pfad werden aufgelöst**. Können diese relativen Komponenten nicht aufgelöst werden, gibt es eine Exception.

*5 **`getName()`** gibt dir den **Namen** einer Datei zurück, **inklusive Dateiendung**.

*6 **`getPath()`** liefert dir den Pfad zu der Datei bzw. dem Unterverzeichnis, mit dem das **`File`**-Objekt erstellt wurde.

*7 **`getParent()`** gibt dir das Elternverzeichnis zurück oder **`null`**, wenn es kein Elternverzeichnis im Pfad gibt.

Absolut? Kanonisch? Wie bitte?

Ich hatte mir schon gedacht, dass du fragen wirst. Deswegen habe ich dir auch eine Tabelle mit einigen Beispielen vorbereitet. Die sollte dir den Unterschied eigentlich klarmachen:

Pfad	Absolut	Kanonisch
C:\dev\datei.txt	ja	ja
..\verzeichnis\datei.txt	nein	nein
C:\dev\java\..\..\datei.txt	ja	nein

[Zettel]

getAbsolutePath(), **getCanonicalPath()** und **getPath()** liefern jeweils einen String zurück. Alle diese Methoden gibt es auch noch jeweils in einer Form mit einem „File" statt einem „Path" hintendran, die dir statt eines Strings direkt ein **File**-Objekt zurückgeben.

Endlich Ordnung – Dateien und Verzeichnisse erstellen

So erstellst du eine leere Datei:

Okay, damit weißt du, wie du an die Dateien in einem Verzeichnis kommst. **Nächster Schritt: Zieldateien und Zielverzeichnis erstellen.** Dateien werden zwar beim Schreiben mit Output-Streams und Writern automatisch angelegt, wenn es sie noch nicht gibt, aber zusätzlich gibt es auch die Möglichkeit, über die Methode **createNewFile()** der Klasse **File eine leere Datei anzulegen**.

```
File datei = new File("D:\\kundendaten.csv");*1
try {
  datei.createNewFile();*2
} catch (IOException exception) {
}
```

*1 Hiermit wird nur eine Referenz auf eine Datei angelegt, …

*2 … hiermit wird die Datei (oder das Verzeichnis) im Dateisystem angelegt.

Das war relativ einfach, oder?

Moment, Moment, die Kundendaten

Liegen bei mir aber nicht direkt auf dem Laufwerk D. Wenn ich jetzt „D:\\kundendaten.csv“ durch „D:\\personal\\bossingen\\ausgabe\\kundendaten.csv“ ersetze, bekomme ich eine **IOException**! *Ich zitiere:* „Das System kann den angegebenen Pfad nicht finden.“

Ja, in Fällen, in denen der Pfad auch noch Verzeichnisse enthält, die es **noch nicht gibt**, kommst du mit **createNewFile()** alleine nicht weit. Du musst zuerst dafür sorgen, dass das Verzeichnis, in dem die Datei erstellt werden soll, auch **existiert**. Das geht mit der Methode **mkdir()**, wenn du nur das **direkte Oberverzeichnis** erstellen möchtest, die sicherere Variante ist aber **mkdirs()** (also Plural), die direkt **alle Oberverzeichnisse im Pfad** erstellt, sofern nicht vorhanden.

So erstellst du sicher eine Datei:

```
try {
  File datei = new File("D:\\personal\\bossingen\\ausgabe\\kundendaten.csv");*1
  File verzeichnis = datei.getParentFile();*2
  if(verzeichnis != null*3) {
    if(!verzeichnis.exists()*4) {
      verzeichnis.mkdirs();*5
    }
    datei.createNewFile();*6
  }
} catch (IOException exception) {
}
```

*1 Hier steht die Datei, die angelegt werden soll.

*2 Erst holst du dir über **getParentFile()** das Verzeichnis, in dem die Datei liegt.

*3 Wenn die Datei wirklich in einem Verzeichnis liegt (und nicht direkt auf oberster Ebene), …

*4 … dann prüfst du mit **exists()**, ob das Verzeichnis schon existiert.

*5 Wenn nicht, legst du es mit **mkdirs()** an.

*6 Anschließend erstellst du die Datei.

[Zettel]

Dateien oder Verzeichnisse kannst du übrigens mit **delete()** löschen. Allerdings müssen Verzeichnisse leer sein, damit das auch funktioniert.

Kundendaten konvertieren am Fließband

Eben, kurz bevor ich aus dem Büro gehen wollte, hat Bossingen noch bei mir angerufen. Ich bin natürlich nicht rangegangen und hab so getan, als wäre ich schon auf dem Weg nach Hause. Der wollte bestimmt wegen seiner Kundendaten fragen …

Gut, dass wir heute wieder unsere Werkstatt-Session haben. Wirst schon sehen, 'ne halbe Stunde, dann haben wir das mit den Kundendaten endlich gelöst, und du kannst morgen wieder ruhigen Gewissens ins Büro gehen. Aber was red ich, eine halbe Stunde, dann hast **du** das mit den Kundendaten gelöst. Ich lehn mich in der Zeit etwas zurück … du hast nicht zufällig irgendwo ein kaltes Bier?

[Schwierige Aufgabe]

Erweitere den Kundendaten-Konvertierer um eine Methode, die **alle Textdateien** von einem Quellverzeichnis liest, dann nach CSV umwandelt und in einem beliebigen anderen Zielverzeichnis ablegt. Du hast alle Zutaten, die du brauchst. Wenn du es geschickt anstellst, dann kannst du die Methode **konvertiereKundendaten()**, die du bereits implementiert hast, bei der Implementierung der neuen Methode wiederverwenden.

Hier die neue Methode im **KundenDatenKonvertierer**-Interface:

```
void konvertiereKundendatenInVerzeichnis(File quellVerzeichnis, File zielVerzeichnis);
```

Damit sollte dann sowas funktionieren:

```
KundenDatenKonvertierer konvertierer = new KundenDatenKonvertiererIO();
konvertierer.konvertiereKundendatenInVerzeichnis(↩
  new File("D:\\personal\\schrödinger\\eingabe")*1, ↩
  new File("D:\\personal\\bossingen\\ausgabe")*2
);
```

*1 Das Quellverzeichnis voll mit Textdateien.

*2 Und das Zielverzeichnis. Hier sollen die CSV-Dateien hin kopiert werden.

Von einem Verzeichnis lesen, ein anderes Verzeichnis erstellen … Ich denke, ich habe alles, was ich dazu brauche.

Denke ich auch. **Hier die Musterlösung zum Abgleich, aber versuch's erst selbst.** Und lass dir ruhig Zeit, ich möchte mein Bier **genießen**.

```
@Override
public void konvertiereKundendatenInVerzeichnis(File quellVerzeichnis, File ↩
  zielVerzeichnis) {
  if(zielVerzeichnis != null)*1 {
    if(!zielVerzeichnis.exists())*1 {
      zielVerzeichnis.mkdirs();*1
    }
    for (File datei : quellVerzeichnis.listFiles()*2) {
      String zielPfad*3 = zielVerzeichnis.getPath()*4 + File.separator + ↩
        datei.getName()*5.replace(".txt", ".csv")*6;
      this.konvertiereKundendaten(datei, new File(zielPfad) *7);
    }
  }
}
```

*1 Erst stellst du über diese Schritte sicher, dass es das Zielverzeichnis gibt, …

*2 … dann liest du alle Dateien im Quellverzeichnis.

*3 Der Zielpfad der einzelnen Zieldateien ergibt sich …

*4 … aus dem Pfad des Zielverzeichnisses, …

*5 … dem Namen der gelesenen Textdatei, getrennt durch **File.separator** …

*6 … und natürlich mit neuer Dateiendung.

*7 Und damit kannst du prima die bereits vorhandene Methode **konvertiereKundendaten()** wiederverwenden.

Wiederverwendung, ja, hab's kapiert. Echt cool, das war ja gar nicht so schwierig. Aber eine Sache wollte ich noch fragen: Ich hatte aus Versehen im Quellverzeichnis ein paar Urlaubsfotos abgelegt. Das Programm hat mir da die ganzen Exceptions um die Ohren gehauen. *Gibt es da nicht etwas, …*

… mit dem du sagen kannst, dass du nur die Textdateien in einem Verzeichnis verarbeiten möchtest? Klar, sicher gibt es das. In Java gibt es fast nichts, was es nicht gibt.

Musst nur fragen. Die Dinger heißen Filter. Apropos Filter… weißt du, was mit der Kaffeemaschine los ist?

Gut gefiltert ist halb gewonnen – Verzeichnisse filtern

listFiles() kannst du nämlich auch mit einem **FilenameFilter** oder einem **FileFilter** aufrufen, je nachdem, ob du die Dateien nur **anhand ihres Dateinamens** oder noch nach **anderen Kriterien** filtern möchtest. Uns reicht ein **FilenameFilter**, um alle Dateien herauszufiltern, die auf „.txt" enden.

Und schon hast du keine Probleme mehr mit irgendwelchen anderen Dateitypen, die noch im Quellverzeichnis liegen:

```
FilenameFilter*2 textDateienFilter = new FilenameFilter()*3 {
  @Override
  public boolean accept*4(File verzeichnis, String dateiName) {
    return dateiName.endsWith(".txt");
  }
};
for (File datei : quellVerzeichnis.listFiles(textDateienFilter*1)) {
  ...*5
}
```

*1 **listFiles()** gibt es auch in der Variante mit einer Instanz von **FilenameFilter** als Parameter.

*2 **FilenameFilter** ist ein Interface …

*3 … und ein typisches Beispiel dafür, wann lokale bzw. anonyme Klassen sinnvoll sind.

*4 **accept()** wird für jede Datei in dem entsprechenden Verzeichnis aufgerufen. Als Parameter bekommt die Methode das Verzeichnis und den Namen der jeweiligen Datei. Über den Rückgabewert sagst du, ob du eine Datei berücksichtigen möchtest oder nicht. **true** heißt ja, **false** heißt nein.

*5 Der Rest des Codes bleibt gleich.

[Achtung]

Dein Programm kann natürlich auch weiterhin Exceptions schmeißen. Für solche Dateien nämlich, die zwar auf „.txt" enden, aber gar keine wirklichen Textdateien sind. Oder Textdateien, die einen anderen Inhalt haben, als du bei den Kundendaten erwartest.

Auf dem richtigen Pfad: Die neue File-IO-API

Neben dem Paket **java.io** gibt es, wie gesagt, auch noch das Paket **java.nio**, in dem „neuere" Komponenten bezüglich Ein- und Ausgabe enthalten sind. Ursprünglich, wie ebenfalls schon erwähnt, bereits seit Java 1.4 dabei, sind mit Java 7 nochmal erhebliche Neuerungen unter dem Stichwort **NIO2** dazugekommen. Damit wird noch einiges gerade rund um das Arbeiten mit Dateien sehr viel leichter und komfortabler.
Ähnlich wie in der alten API die Klasse **java.io.File** gibt es in der neuen API das Interface **java.nio.file.Path**, das Verweise auf Dateien oder Verzeichnisse repräsentiert. Damit die beiden APIs schön kompatibel bleiben, gibt es in **File** die Methode **toPath()**, die, wie der Name schon sagt, ein **File**-Objekt in das entsprechende **Path**-Objekt umwandelt, und umgekehrt in **Path** die Methode **toFile()**, die das Gleiche nur andersherum macht.
Im Gegensatz zu **File** hat **Path** aber keine Methoden, um Dateien zu erstellen oder zu löschen. Für all diese Arten von **Dateioperationen** gibt es die Klasse **java.nio.file.Files**, die eine ganze Reihe von statischen Methoden bereitstellt, unter anderem auch welche zum Erstellen und Löschen von Dateien bzw. Verzeichnissen.

Hier ein paar Beispiele für die Verwendung der Klasse Files:

```
Path*2 ausgabe = Paths.get("D:\\personal\\bossingen\\ausgabe");*1
try {
  ausgabe = Files*3.createDirectory(ausgabe)*4;
  ausgabe = Files.createDirectories(ausgabe)*5;
  Path datei = Files.createFile*6(ausgabe.resolve("datei.txt"));
} catch (IOException e) {
}
```

*1 Über die Helferklasse **java.nio.file.Paths** erstellst du Instanzen von **Path**, …

*2 … das ab sofort statt der Klasse **File** Dateien und Verzeichnisse repräsentiert.

*3 Die Helferklasse **Files** enthält jede Menge statischer Methoden zum Arbeiten mit Dateien und Verzeichnissen, …

*4 … zum Beispiel kannst du damit einzelne Verzeichnisse erstellen …

*5 … oder auch über **createDirectories()** direkt alle Verzeichnisse, die in einem Pfad liegen (ähnlich wie schon mit **mkdirs()**).

*6 **Path** steht wie zuvor **File** sowohl für Dateien als auch für Verzeichnisse. Das Erstellen von beidem wird aber trotzdem weiterhin über verschiedene Methoden gehandhabt.

Das **Path**-Interface bietet – wie könnte es anderes sein – jede Menge Methoden an, um mit dem unterliegenden Pfad zu arbeiten.

```
Path datei = Paths.get("datei.txt");
System.out.println(datei.toAbsolutePath());*1
```

*1 So ermittelst du den **absoluten Pfad** für eine Datei. Ausgabe bei mir ist zum Beispiel „D:\Work\RheinwerkVerlag\workspace\SchroedingerProgrammiertJava\datei.txt".

Allerdings löst **toAbsolutePath()** keine **relativen Pfade** auf:

```
Path datei = Paths.get("..\\..\\workspace\\datei.txt");
System.out.println(datei.toAbsolutePath()*1);
```

*1 Die Ausgabe ist hier bei mir gerade „D:\Work\RheinwerkVerlag\workspace\SchroedingerProgrammiertJava\..\..\workspace\datei.txt", das heißt, der relative Pfad wurde nicht aufgelöst. Wirklich wissen tut man hier nicht auf einen Blick, wo die Datei nun wirklich liegt.

*Das gab's doch bei **File** auch so ähnlich ...*

Genau, den **kanonischen Pfad** bekommst du diesmal mit **toRealPath()**:

```
try {
    System.out.println(datei.toRealPath());*1
} catch (IOException e) {
}
```

*1 Schon besser, hier gibt's den **kanonischen Pfad**: „D:\Work\RheinwerkVerlag\workspace\datei.txt".

Mit Pfaden kannst du allerhand anstellen, aber da im Detail drauf einzugehen, wäre zu langweilig.

Deswegen hier im Schnelldurchlauf das Wichtigste:

1. PFADE KOMBINIEREN kannst du mit resolve():

```
Path schlafzimmer = Paths.get("C:\\schroedinger\\wohnung\\schlafzimmer");
Path krawatten = Paths.get("kleiderschrank\\obersteSchublade\\krawatten");
Path woSindDieKrawatten = schlafzimmer.resolve(krawatten);
System.out.println(woSindDieKrawatten);*1
```

*1 Ergebnis: „C:\schroedinger\wohnung\schlafzimmer\kleiderschrank\obersteSchublade\krawatten".

2. PFADE RELATIVIEREN geht mit relativize():

```
Path flur = Paths.get("C:\\schroedinger\\wohnung\\flur");
Path wohnzimmer = Paths.get("C:\\schroedinger\\wohnung\\wohnzimmer");
Path wohnzimmerZuFlur = wohnzimmer.relativize(flur);
System.out.println(wohnzimmerZuFlur);*1
```

*1 Ergebnis: „..\flur“, also quasi, wie kommt man von „C:\\schroedinger\\wohnung\\wohnzimmer“ zu „C:\\schroedinger\wohnung\\flur“?

3. Und über PFADE zu ITERIEREN, ist auch möglich:

```
Path pfad = Paths.get("C:\\schroedinger\\wohnung\\flur");
Iterator<Path> iterator = pfad.iterator();*1
while (iterator.hasNext()) {
  Path pfadKomponente = iterator.next();
  System.out.println(pfadKomponente);*2
}
```

*1 **iterator()** gibt einen Iterator von Pfadkomponenten zurück.

*2 Die einzelnen Ausgaben sind hier: „schroedinger“, „wohnung“ und „flur“.

Gähn, spannend, spannend. Wie wäre es, wenn du mir mal zeigen würdest, wie ich den Kundendaten-Konvertierer mit dieser neuen API programmiere?

Moment, Moment. Dazu muss ich dir erst zeigen, wie du Daten lesen und schreiben kannst. Das funktioniert nämlich auch **ohne Streams, Reader, Writer und dergleichen,** sondern alles mit der Helferklasse **Files** von eben. Damit wird **Lesen und Schreiben** noch viel einfacher. So einfach, dass wir nicht mehr als eine halbe Seite benötigen, um dir das Wichtigste einzutrichtern:

```
Path datei = Paths.get("D:\\datei.txt");
Path andereDatei = Paths.get("D:\\andereDatei.txt");
List<String> zeilen = Files.readAllLines*1(datei, StandardCharsets.ISO_8859_1);
Files.write*2(andereDatei, zeilen, StandardCharsets.ISO_8859_1);
for (String zeile : zeilen) {
  Files.write*3(andereDatei, zeile.getBytes());
}
Files.copy(datei, andereDatei);*4
```

*1 Hierüber bekommst du aus einer Datei direkt alle Zeilen als Liste von Strings. Bequem, oder? Außerdem kannst du direkt das Encoding bestimmen, das verwendet werden soll.

*2 Schreiben ist genauso einfach: Entweder du schreibst direkt eine Liste von Strings (genauer gesagt, etwas, das **Iterable<? extends CharSequence>** ist) hinein …

*3 … oder einzelne Byte-Arrays, …

*4 … oder du kopierst direkt die komplette Datei. Adios, **FileInputStream**, adios **FileOutputStream**!

Wie, das war's schon? So einfach ist die neue API? Wieso nicht gleich so?

Kundendateien konvertieren – jetzt noch einfacher

Jetzt hast du fast alle Zutaten, um den Kundendaten-Konvertierer an die neue IO anzupassen. Fast, weil du noch nicht weißt, wie du mit der neuen API den Inhalt eines Verzeichnisses lesen kannst. Aber den Inhalt für die neue Version von **`konvertiereKundendaten()`** kann ich dir schon mal zeigen. **So würde der aussehen:**

```
Path quellPfad = quelle.toPath();*1
Path zielPfad = ziel.toPath();*1
try {
  if(Files.exists(zielPfad)) {
    Files.delete(zielPfad);*2
  }
  Path zielDatei = Files.createFile(zielPfad);*2
  List<String> zeilen = Files.readAllLines
    (quellPfad, StandardCharsets.ISO_8859_1);*3
  for(int i=0; i<zeilen.size(); i++) {
    String eingabeZeile = zeilen.get(i);
    if(!eingabeZeile.isEmpty())*4 {
      String ausgabe = eingabeZeile.split(":")[1].trim();*5
      if(i%5 < 3) {
        ausgabe = ausgabe + ", ";
      }
      if(i>0 && i%5==0) {
        Files.write(zielDatei, System.getProperty("line.
          separator").getBytes(), StandardOpenOption.APPEND);*6
      }
      Files.write(zielDatei, ausgabe.getBytes(), 
        StandardOpenOption.APPEND);*7
    }
  }
}
catch (IOException e) {
}
```

*1 Das Interface **`KundenDatenKonvertierer`** basiert noch auf **`File`**-Parametern. Die müssen wir erstmal **in `Path`**-Referenzen umwandeln. Kein Problem mit **`toPath()`**.

*2 Dateioperationen wie Löschen und Erstellen von Dateien und Verzeichnissen funktionieren ab sofort über die Helferklasse **`Files`**.

*3 Hier werden alle Zeilen der Quelldatei in eine Liste von Strings eingelesen, über die wir iterieren, …

*4 … und für jede Zeile wird geprüft, ob sie nicht leer ist.

*5 Dann wird die zu schreibende Zeile generiert, so wie eben auch.

*6 Dabei hängen wir in gewissen Abständen einen Zeilenumbruch an die Zeile, den bekommen wir über die Systemeigenschaft **`line.separator`**.

*7 Danach wird in die Zieldatei geschrieben, wieder über die Helferklasse **`Files`**.

Und das mit den Verzeichnissen ist eigentlich gar nicht so schwierig. Da kann ich dir direkt auch die neue Implementierung für **`konvertiereKundendatenInVerzeichnis()`** zeigen.

So sieht die neue Version von konvertiereKundendatenInVerzeichnis() aus:

```
try (DirectoryStream<Path> verzeichnisStream = Files.newDirectoryStream*1
  (quellVerzeichnis.toPath(), "*.txt"*2)) {
  Files.createDirectories(zielVerzeichnis.toPath());
  for (Path pfad : verzeichnisStream*1) {
    Path zielPfad = Paths.get(zielVerzeichnis.getPath() + FileSystems.getDefault().
      getSeparator() + pfad.getFileName().toString().replace(".txt", ".csv"));*3
    this.konvertiereKundendaten*4(pfad.toFile(), zielPfad.toFile());
  }
} catch (IOException e) {
}
```

*1 Mit **`Files.newDirectoryStream()`** bekommst du eine Liste aller Dateien und Unterverzeichnisse in einem Verzeichnis. Genauer gesagt, ein Objekt vom Typ **`DirectoryStream`**, mit dem du über einzelne **`Path`**-Objekte iterieren kannst.

*2 Dabei kannst du sogar direkt einen regulären Ausdruck mitgeben, ein spezielles Muster also, das beschreibt, welche Dateien und Unterverzeichnisse in dem **`DirectoryStream`** enthalten sein sollen.

Also doch ein Stream.

Ja, aber nicht vergleichbar mit denen von eben.

Ah, also viel einfacher als mit dem FileNameFilter.

*3 Hier wird der Zielpfad aufgebaut. Das Trennzeichen holen wir uns diesmal über die ebenfalls zu NIO2 gehörende Datei **`FileSystems`**.

*4 **`konvertiereKundendaten()`** erwartet **`File`**-Objekte, kein Problem für uns: Wir wandeln die **`Path`**-Objekte einfach mit **`toFile()`** entsprechend um.

[Erledigt!]

Der Kundendaten-Konvertierer benutzt jetzt die neue IO-API und kann mit Verzeichnissen umgehen.

[Notiz]

Die alte IO-API und die neue IO-API sind kompatibel zueinander: Mit **`File.toPath()`** kommst du von der alten in die neue API, mit **`Path.toFile()`** kommst du von der neuen in die alte.

Das war's schon mit der neuen IO-API. Als Nächstes wenden wir uns wieder einem Thema zu, das bereits in der alten IO-API vorhanden ist: dem Speichern von Objektinstanzen.

Objekte speichern

Hin und wieder kann es vorkommen, dass du Objekte, die du in deinem Programm schön mit Daten gefüllt hast, auch **über das Programmende hinaus** speichern möchtest. Man spricht dann davon, Daten persistent zu machen, kurz, sie zu **persistieren**. Hierzu gibt es viele verschiedene Möglichkeiten, von denen wir uns in diesem Buch drei angucken werden. Die einfachste Möglichkeit ist, die Objekte direkt über die Klassen `ObjectOutputStream` und `ObjectInputStream` zu **serialisieren** bzw. zu **deserialisieren**.

[Zettel]

Die anderen beiden Möglichkeiten, die wir uns noch angucken werden, sind das Speichern von Daten in **XML-Dateien** und in **relationalen Datenbanken**.

Beim Serialisieren werden verschiedene Informationen gespeichert, wie zum Beispiel der **vollständige Klassenname** und die Werte der verschiedenen **Datenfelder**, jeweils in Stringform. Das Ganze wird dann in einem (sehr kompakten) **binären Format** hintereinander weg in eine Datei geschrieben und muss später beim Deserialisieren auch in der **gleichen Reihenfolge** wieder gelesen werden.
Das Format ist zwar sehr kompakt, hat aber zwei Einschränkungen, um nicht zu sagen Nachteile: Erstens ist es aufgrund seiner binären Beschaffenheit **nicht besonders gut strukturiert**, so dass man es nicht guten Gewissens als Austauschformat für andere (Nicht-Java-)Programme verwenden könnte (im Gegensatz zum **strukturierten XML-Format**, das wir uns später angucken). Das bedeutet aber, du kannst die Daten eigentlich auch **nur mit Java wieder einlesen**.

Zweitens darf sich **zwischen Speichern und Lesen eines Objekts** nichts an den Eigenschaften der entsprechenden Klasse (von der die Objektinstanz gespeichert worden ist) ändern. Sobald sich nämlich etwas ändert, können vorher persistierte Objektinstanzen nicht mehr zuverlässig auf die Eigenschaften der geänderten Klasse abgebildet werden.

[Hintergrundinfo]

Das ist übrigens auch der Grund dafür, dass der Compiler für alle Klassen, die das Interface `Serializable` implementieren, eine Warnung ausgibt, wenn die Klasse kein (statisches) Feld mit dem Namen `serialVersionUID` hat. Der Wert dieses Feldes wird nämlich beim Serialisieren mit in die Zieldatei gespeichert. Beim Deserialisieren wird der Wert dann wieder ausgelesen und mit dem aktuellen Wert, der in der Klasse steht, verglichen. Stimmen die beiden Werte nicht überein, das heißt, hat sich in der Zwischenzeit etwas an der Klasse geändert (ist zum Beispiel ein Datenfeld weggefallen oder ein weiteres hinzugekommen), gibt es eine `InvalidClassException`, und die Deserialisierung wird abgebrochen.

Na, du weißt es, einen zu begeistern. Warum soll ich mir denn nach diesem tollen Intro jetzt überhaupt noch diese Seriaeli... Serialii... na dieses Dingsbums angucken?

Na ja, ich sag ja nicht, dass es generell schlecht ist. Für den einfachen Anwendungsfall, deine Objekte mal eben schnell zu speichern und später genauso schnell wieder lesen zu können, ist das schon ganz nett. Und es heißt übrigens **Se-ri-a-li-sie-rung**. Mit Betonung auf dem „sie".

Damit Objekte überhaupt serialisiert werden können, muss die dazugehörige Klasse das Interface **java.io.Serializable** implementieren. Das ist relativ einfach, denn das Interface hat keinerlei Methoden. Ja, das ist richtig. **Ein Interface ohne Methoden**.

[Hintergrundinfo]

Interfaces ohne Methoden dienen nur dazu, den **Typ** einer implementierenden Klasse festzulegen, **nicht aber das Verhalten** dieser Klasse (das ja mehr oder weniger über die Methoden definiert wird). Daher werden sie auch als sogenannte **Marker-Interfaces** bezeichnet. Sie dienen ausschließlich dazu, eine Klasse zu „markieren".

Und wozu soll das bitte gut sein?

Ein kleines Beispiel zur Serialisierung:

Angenommen, du hast ein Programm, mit dem du kleine Notizen erstellen kannst. Diese Notizen werden durch die Klasse **Notiz** repräsentiert. Um diese Klasse **serialisierbar zu machen**, musst du also nur Folgendes tun:

```
public class Notiz implements Serializable*1 {
  private static final long serialVersionUID = -5260698528552357657L;*2
  private String autor;
  private String nachricht;
  public Notiz(String autor, String nachricht) {
    super();
    this.autor = autor;
    this.nachricht = nachricht;
  }
  // Getter und Setter kriegst du ja selber hin, oder?
  ...
}
```

*1 Einfach das Marker-Interface **Serializable** implementieren, das war's schon.

*2 **serialVersionUID** kannst du dir auch mit Eclipse generieren lassen (vorausgesetzt, eine Klasse implementiert **Serializable**). Dafür drückst du **Strg+1** auf dem Klassennamen und wählst „Add generated serial version ID" aus. Die so generierte ID repräsentiert sozusagen die Klasse **Notiz** mit den Eigenschaften **autor** und **nachricht** in genau dieser Reihenfolge.

Das war einfach bis hierher, nicht wahr?

Das Serialisieren und Deserialisieren ist auch nicht viel schwieriger:

So funktioniert das Serialisieren:

```
public static void main(String[] args) throws IOException, ClassNotFoundException {
  Notiz notiz = new Notiz("Schrödinger", "Mein erstes gespeichertes Objekt.");
  try(
    OutputStream dateiSchreiber = new FileOutputStream("notiz.data"*3);*1
    ObjectOutputStream objektSchreiber = new ObjectOutputStream(dateiSchreiber)*2
  ) {
    objektSchreiber.writeObject(notiz);*4
    objektSchreiber.flush();*5
  }
}
```

*1 Wir wollen das Objekt ja **in eine Datei speichern**, deswegen brauchen wir einen `FileOutputStream`, …

*2 … und den packen wir in einen `ObjectOutputStream`. Den brauchen wir, weil der weiß, wie man **Objekte serialisiert**.

*3 Wie die Zieldatei heißt, ist eigentlich egal, „data" ist aber eine geläufige Dateiendung für serialisierte Objekte.

*4 Hiermit wird das Objekt in den `ObjectOutputStream` geschrieben, der es dann in den `FileOutputStream` schreibt.

*5 Hiermit sagst du, dass du jetzt mit dem Schreiben fertig bist.

Und so funktioniert das Deserialisieren:

```
try(
  InputStream dateiLeser = new FileInputStream("notiz.data"); *1
  ObjectInputStream objektLeser = new ObjectInputStream(dateiLeser) *2
  ) {
    Notiz geleseneNotiz = (Notiz) objektLeser.readObject(); *3
    System.out.println(geleseneNotiz.getAutor()); *4
    System.out.println(geleseneNotiz.getNachricht()); *4
}
```

*1 Wir lesen aus einer Datei, also brauchen wir einen `FileInputStream`, …

*2 … und den packen wir in einen `ObjectInputStream`. Der weiß, wie man **Objekte deserialisiert.**

*3 Hier wird das Objekt gelesen. Allerdings musst du hierbei **immer casten**, Generics helfen dir hier leider nicht weiter, denn `ObjectInputStream` ist leider nicht typisierbar.

*4 Zum Vergleich geben wir hier noch die Eigenschaften des deserialisierten Objekts aus.

Voilà! So sieht die Ausgabe aus:

```
Schrödinger
Mein erstes gespeichertes Objekt.
```

Geschachtelte Objekte speichern

Wir hatten eben natürlich einen recht einfachen Fall von Serialisierung: Die Klasse **`Notiz`** besteht ja nur aus Stringdatenfeldern. Und weil String das Interface **`Serializable`** implementiert, funktioniert das bisher auch alles so reibungslos.

[Notiz]
Auch alle **primitiven Datentypen** lassen sich von Haus aus ohne Probleme serialisieren und deserialisieren.

Wenn du jetzt allerdings einen Schritt weitergehst und eine eigene Klasse für den Autor der Notiz erstellst, **ungefähr so, …**

```
public class Autor {
  private String vorname;
  private String name;
  public Autor(String vorname, String name) {
    this.vorname = vorname;
    this.name = name;
  }
  // die üblichen Setter und Getter bitte hier hinzudenken
  @Override
  public String toString() {
    return "Autor [vorname=" + vorname + ", name=" + name + "]";
  }
}
```

… und die du dann als Datentyp für **`autor`** verwendest und **dann** deine Notiz zu speichern versuchst, bekommst du eine **`Exception`**. Eine **`NotSerializableException`**, um genau zu sein, was bedeutet, dass die Klasse **`Autor`** nicht serialisierbar ist.

[Einfache Aufgabe]
So, jetzt eine Frage an dich, mal schauen, ob du gut aufgepasst hast. Was musst du an der Klasse **`Autor`** ändern, damit das Beispiel wieder funktioniert und **`Notiz`** inklusive **`Autor`** serialisiert werden?

Lösung:

Äh, ich muss **Autor** einfach das Interface **Seria** … du weißt schon, ich muss **Autor** halt DAS Interface implementieren lassen. Also so:

```
public class Autor implements Serializable {…}
```

Prima. Genau.

Das war's auch fast schon. In der Klasse **Notiz** solltest du nur noch die **serialVersionUID** neu generieren lassen, denn schließlich hat sich dort jetzt was geändert, wenn es auch nur der Typ des Datenfeldes ist. Dann bist du schon fertig, und die **Notiz inklusive Autorenobjekt** können serialisiert und deserialisiert werden.

[Achtung]

Notiz-Objekte, die du vor der Änderung serialisiert hast, kannst du nach dem Refactoring nicht mehr deserialisieren! Denn die denken ja noch, **autor** wäre vom Typ **String**.

[Notiz]

Bei Referenzdatentypen muss die entsprechende Klasse das **Serializable**-Interface implementieren, um serialisiert zu werden. Primitive Datentypen sind immer serialisierbar.

Serialisierung und Deserialisierung beeinflussen

Und was ist, wenn ich für ein Datenfeld eine Klasse verwende, DIE NICHT SERIALIEISÄBLE IMPLEMENTIERT und für die ich KEINEN SOURCECODE habe, *um sie ändern zu können?*

Also, du meinst, wenn du zum Beispiel eine **Third-Party-Bibliothek** verwendest? Mhm, verstehe. Wenn du sowas hast, dann kannst du die Datenfelder, die einen Datentyp aus dieser externen Bibliothek verwenden, auch mit dem Schlüsselwort **`transient`** auszeichnen, was bedeutet, dass diese Datenfelder nicht serialisiert werden sollen.

```
public class Notiz implements Serializable {
  private transient*1 AutorAusExternerBibliothek autor;
  …
}
```

*1 Mit **`transient`** markierte Datenfelder werden nicht serialisiert. Nach dem Deserialisieren hat **`autor`** dann aber auch wieder den Default-Wert **`null`**, egal, welcher Wert vorher dringestanden hat.

[Begriffsdefinition]

Third-Party im Zusammenhang mit Bibliotheken bedeutet, dass nicht du oder der Kunde, für den du entwickelst, diese Bibliothek bereitstellt, sondern jemand Drittes.

[Hintergrundinfo]

Klassenfelder werden nie serialisiert. Irgendwie logisch. Sie gehören ja auch nicht zum Objekt, sondern zu der Klasse. Und du willst ja schließlich Objekte serialisieren und nicht Klassen.

Das heißt, ich kann Objektinstanzen von nicht serialisierbaren Klassen gar nicht serialisieren? *Das ist ja doof!*

Wow, Schrödinger, hast du geübt?

Du hast ja gerade „serialisieren" richtig ausgesprochen! Doch, natürlich gibt es einen Weg, solche Fremdklassen, die nicht **`Serializable`** implementieren, trotzdem zu serialisieren, einfach

indem du die Serialisierung selbst in die Hand nimmst:

Individuelle Serialisierung mit writeObject() und readObject()

Angenommen also, du verwendest die (fiktive) Third-Party-Bibliothek „WoWStandardklassen 2.0“, in der es die nicht serialisierbare Basisklasse **`Krieger`** gibt:

```
public class Krieger*1 {
  private String name;
  private int erfahrung;
  public Krieger() {}
  public Krieger(String name, int erfahrung) {
    super();
    this.name = name;
    this.erfahrung = erfahrung;
  }
  ...
}
```

*1 Diese Klasse ist nicht serialisierbar.

Klasse für serialisierbare `ZwergenKrieger`:

Und jetzt möchtest du von dieser **`Krieger`**-Klasse eine eigene Unterklasse erstellen, meinetwegen **`ZwergenKrieger`**, und diese serialisieren können.

Das würde ich zunächst so machen:

```
public class ZwergenKrieger extends*1 Krieger*2 implements Serializable*3 {
  private double groesse;
  public ZwergenKrieger(String name, int erfahrung, double groesse) {
    super(name, erfahrung);
    this.groesse = groesse;
  }
  ...
}
```

*1 `ZwergenKrieger` erweitert …

*2 … eine nicht serialisierbare Klasse, …

*3 … implementiert aber selbst das Interface `Serializable`.

Wenn du jetzt allerdings versuchst, einen **`ZwergenKrieger`** zu serialisieren, wird nur der Wert für **`groesse`** gespeichert, die Werte für **`name`** und **`erfahrung`** aus der nicht serialisierbaren Klasse **`Krieger`** werden nicht gespeichert.

Die Lösung ist so einfach wie nicht intuitiv: Du musst die Serialisierung selbst in die Hand nehmen, und zwar, indem du die Methoden **`writeObject()`** und **`readObject()`** implementierst. Du brauchst kein weiteres Interface zu implementieren, nur die beiden Methoden. Der Höhepunkt: Beide Methoden markierst du auch noch als **`private`**.

Kein Interface? Und die Methoden **`private`**? Das klingt aber komisch. Wie soll denn dann jemand anders als meine Klasse *selbst diese Methoden aufrufen?*

Deine Frage ist durchaus berechtigt. Direkt geht das nicht, sondern nur indirekt. Und zwar über die sogenannte **Reflection API**. Aber die gucken wir uns in diesem Buch nicht mehr an. Nur so viel: Die Java-Klasse, die für die Serialisierung von Objekten zuständig ist, prüft zuerst, ob deine Klasse die Methoden **writeObject()** und **readObject()** bereitstellt. Wenn ja, werden die Serialisierung und die Deserialisierung darüber abgewickelt. Wenn nein, wird die Standardserialisierung verwendet. Die beiden Methoden bekommen dabei als Parameter jeweils einen Stream, **writeObject()** bekommt einen **ObjectOutputStream** und **readObject()** einen **ObjectInputStream**. Darüber kannst du dann beliebige (serialisierbare) Datenfelder schreiben bzw. lesen, auch die der Oberklasse.

[Achtung]

Auch wenn **writeObject()** und **readObject()** komplett unabhängig von dem **Serializable**-Interface sind, muss die Klasse, die du serialisieren möchtest, **trotzdem weiterhin dieses Interface implementieren**, sonst funktioniert nichts. Irre, oder?

Für den ZwergenKrieger sähen die beiden Methoden so aus:

```
private void writeObject(ObjectOutputStream out*1) throws IOException {
  out.defaultWriteObject();*2
  out.writeObject(this.getName());*3
  out.writeInt(this.getErfahrung());*4
}
private void readObject(ObjectInputStream in*1) throws IOException, ↩
  ClassNotFoundException {
  in.defaultReadObject();*2
  this.setName((String) in.readObject()*3);
  this.setErfahrung(in.readInt()*4);
}
```

*1 **writeObject()** und **readObject()** bekommen als Parameter einen **ObjectOutputStream** bzw. einen **ObjectInputStream**. Über diese Streams kannst du die Serialisierung und Deserialisierung selbst beeinflussen.

*2 **defaultWriteObject()** und **defaultReadObject()** dieser Stream-Klassen sorgen dafür, dass die serialisierbaren direkten Datenfelder der aktuellen Klasse (also von **ZwergenKrieger**) über die **Standardserialisierung** serialisiert werden sollen.

*3 Auf den Streams lassen sich dank **writeObject()** bzw. **readObject()** Objektreferenzen, wie zum Beispiel Stringvariablen, serialisieren und deserialisieren, ...

Bitte was? Da kriegt man ja 'nen Knoten in die Zunge!

*4 ... außerdem gibt es noch äquivalente Methoden für die primitiven Datentypen, **writeInt()**, **readInt()**, **writeBoolean()**, **readBoolean()** und so weiter. Damit kannst du beliebige Werte speichern, auch die der Superklasse.

[Achtung]

Bei der manuellen Serialisierung ist es besonders wichtig ist, dass du die einzelnen Datenfelder innerhalb der Methoden **writeObject()** und **readObject()** jeweils in der gleichen Reihenfolge ausliest, in der du sie speicherst. Ansonsten funktioniert es nicht.

Neben dem Interface **Serializable** gibt es übrigens auch noch das Interface **java.io.Externalizable**. **Noch schwieriger auszusprechen**, aber im Gegensatz zu **Serializable kein Marker-Interface**. Es leitet vielmehr von **Serializable** ab und erweitert dies um zwei Methoden, über die du die Serialisierung/Deserialisierung ebenfalls selbst übernehmen kannst: **writeExternal()** und **readExternal()**, die beide vom Prinzip her wie **writeObject()** und **readObject()** funktionieren.

Ein Interface mit Methoden, schon ein bisschen nachvollziehbares ...

Der Nusskopf und die Kopfnuss

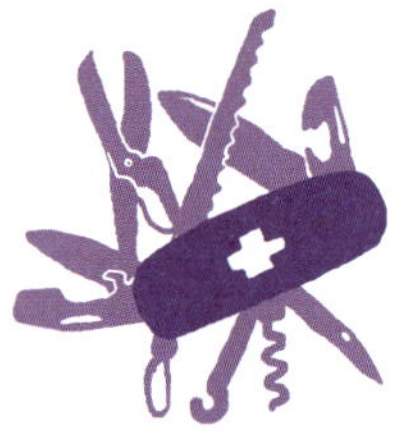

Weißt du was, wo wir gerade so gut dabei sind: Warum serialisierst du nicht direkt mal selbst ein Objekt, am besten über das Interface **Externalizable**. Dann haben wir alles mal durchgespielt.

[Schwierige Aufgabe]

Mir gehen langsam die Beispiele aus: Erstelle eine Klasse **Nusskopf** mit einem Stringdatenfeld **kopf** und einem Booleschen Datenfeld **nuss**. Implementiere dann das Interface **Externalizable** und seine beiden Methoden. Noch zwei Hinweise: Als Parameter bekommen die beiden Methoden etwas vom Typ **java.io.ObjectOutput** bzw. vom Typ **java.io.ObjectInput**. Und die Klasse braucht einen Default-Konstruktor, damit die Serialisierung bzw. die Deserialisierung später funktionieren.

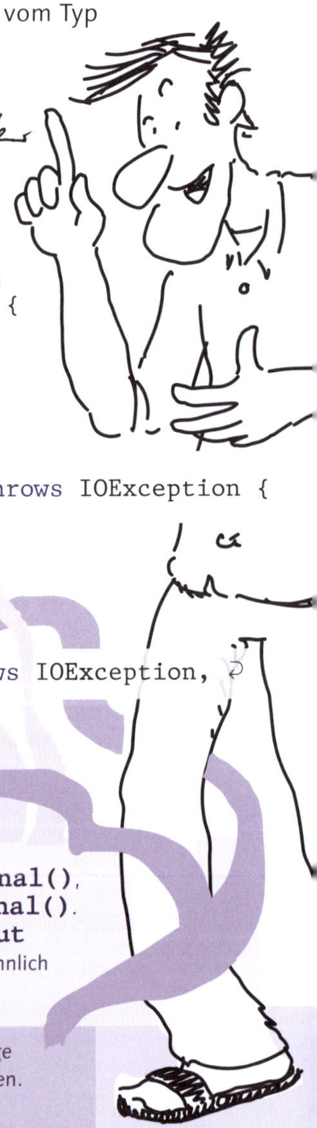


```
public class Nusskopf implements Externalizable *1 {
  ...
  public Nusskopf() {} *2
  ...
  @Override
  public void writeExternal(ObjectOutput out *3) throws IOException {
    out.writeObject(this.getKopf()); *4
    out.writeBoolean(this.isNuss()); *4
  }
  @Override
  public void readExternal(ObjectInput in *3) throws IOException, 
    ClassNotFoundException {
    this.setKopf((String) in.readObject()); *4
    this.setNuss(in.readBoolean()); *4
  }
}
```

*1 Ich implementiere das **Externalizable**-Sonstwas-Interface.

*2 Default-Konstruktor, wie du gesagt hast, ansonsten gibt's eine **Exception**. Hab ich schon ausprobiert.

*3 Seriialieedingsda ... über **writeExternal()**, und deseriialieedingsda über **readExternal()**. Die beiden Interfaces **ObjectOutput** und **ObjectInput** funktionieren ja ähnlich wie die Streams!

*4 Und brav auf die Reihenfolge beim Schreiben und Lesen achten. Hab's verstanden.

Prima, dann kommt hier noch eine wirkliche kleine Kopfnuss, und dann hast du wieder ein Kapitel geschafft.

[Schwierige Aufgabe]

Wie kannst du verhindern, dass eine Objektinstanz einer Klasse serialisiert wird, obwohl die Elternklasse **`Serializable`** implementiert?

Hallo, geht's noch? Ich versteh nicht mal die Aufgabenstellung!

Dann lies sie nochmal. Zugegeben, man muss ein bisschen denken. Aber schließlich sind wir nicht nur zum Kaffee trinken hier. Apropos, hast du noch ein Bier da? Überleg mal: Wenn die Elternklasse **`Serializable`** implementiert, bedeutet das ja, dass die **Standardserialisierung** verwendet wird …

… und wie ich die Standardserialisierung aushebele, weiß ich ja. Na klar!

Lösung:

Genau, die Standardserialisierung wird nicht verwendet, wenn die beiden Methoden **`writeObject()`** und **`readObject()`** vorhanden sind. Du kannst also einfach diese beiden Methoden implementieren und eine **`NotSerializableException`** werfen.

```
public class IchLassMichNichtSpeichern*2 extends Speicher*1 {
  …
  private void writeObject*3(ObjectOutputStream out) throws IOException {
    throw new NotSerializableException();*4
  }
  private void readObject*3(ObjectInputStream in) throws IOException, ↩
    ClassNotFoundException {
    throw new NotSerializableException();*4
  }
  …
}
```

*1 Annahme: **`Speicher`** implementiert **`Serializable`**.

*2 Ziel: **`IchLassMichNichtSpeichern`** soll sich nicht serialisieren lassen.

*3 Lösung: in **`writeObject()`** und **`readObject()`** …

*4 … einfach eine **`NotSerializableException`** werfen.

Auf das mit der Exception wäre ich jetzt nicht gekommen, ich hätte die Methoden einfach leer gelassen, aber mit Exception ist's natürlich besser.

[Belohnung]

Okay, dann hol dir jetzt auch ein Bier … oder ein Glas Wein, und lass alles nochmal gaaaanz langsam und gemütlich Revue passieren.

Nochmal alles zum mitstreamen

- **Byte-Streams** dienen dazu, **binäre Daten** zu lesen und zu schreiben.
- Zum Lesen und Schreiben von **Textdaten** nimmst du besser **Character-Streams**, sogenannte **Reader** und **Writer**.
- Zum schnelleren Lesen und Schreiben verwendest du am besten die Stream-Versionen, die einen **Zwischenspeicher** („buffer“) verwenden. Dadurch verringert sich der Zugriff auf den jeweils unterliegenden physikalischen Speicher, wodurch ein enormer Geschwindigkeitsvorteil entsteht.
- In der **alten IO-API** werden Dateien und Verzeichnisse über die Klasse `File` repräsentiert, in **der neuen IO-API** über die Klasse `Path`.
- Die neue IO-API bügelt viele Unsauberkeiten der alten IO-API glatt, …
- … zum Beispiel gibt es eine **zentrale Helferklasse** `Files`, die alle erdenklichen **Dateioperationen** ermöglicht.
- Java-Objekte kannst du mit den Klassen `ObjectOutputStream` und `ObjectInputStream` serialisieren und deserialisieren.
- **Referenzdatentypen** müssen das methodenlose **Marker-Interface** `Serializable` implementieren, um serialisiert werden zu können, **primitive Datentypen** sind immer serialisierbar.
- Mit den **privaten Methoden** `writeObject()` und `readObject()` kannst du die Serialisierung und Deserialisierung **selbst beeinflussen**.
- Alternativ gibt es auch noch das Interface `Externalizable` mit den Methoden `writeExternal()` und `readExternal()`.

[Belohnung/Lösung]

Voller Stolz kann ich dir nun den „Zauberstift der magischen Ströme“ überreichen, mit dem du all deine Abenteuer sowohl aufzeichnen als auch wiedergeben kannst. Obendrauf gibt's noch das „Zauberbuch der persistenten Objekte“, in dem du platzsparend alle deine Schätze unterbringen kannst – binär versteht sich.

— ZWÖLF —

Programmierung mit Threads

Nicht den Faden verlieren

Multitasking ist nur ein Gerücht? Nicht bei uns. Schrödinger lernt, wie er dank Java mehrere Dinge gleichzeitig tun kann. Nur muss er dabei einiges beachten, sonst gibt's ein heilloses Durcheinander.

Prozesse und Threads

Mithilfe von Threads kannst du dein Programm dazu veranlassen, **mehrere Dinge gleichzeitig zu tun**. Statt von „gleichzeitig" spricht man in diesem Zusammenhang auch von **„parallel"**. Bevor wir loslegen, müssen wir aber noch zwei Begriffe voneinander abgrenzen, die gerne miteinander verwechselt werden, nämlich **Prozess** und **Thread**. Wenn du zum Beispiel deine IDE startest oder deinen Browser oder irgendein anderes Programm, startet dein PC **einen neuen Prozess** für dieses Programm. Innerhalb eines solchen Prozesses kann es dann (mindestens) einen oder aber mehrere dieser Threads geben. Threads sind also vergleichbar mit Arbeitern, die irgendetwas mehr oder weniger Produktives tun. Das Ziel bei der Verwendung **mehrerer Threads** (auch **Multithreading** oder **Nebenläufigkeit** genannt) ist es, eine höhere Performance innerhalb des Programms zu erreichen. Der Prozess wäre dann in dieser Analogie der Arbeitgeber.

Stell dir vor, deine Freundin und du, ihr erwartet Besuch, und ihr müsst vorher noch dringend eure Wohnung aufräumen. Wenn deine Freundin das ganz alleine machen müsste, bräuchte sie natürlich länger, als wenn du ihr dabei helfen würdest.

Hausarbeit? Schrödinger, wir sind hier nicht in der Schule. Es heißt „Haushalt". Aber ich merke schon, das scheint dir wirklich fremd zu sein. Wie auch immer, um die Analogie zu den Threads wieder hinzubekommen: Du und deine Freundin, ihr wärt jeweils Threads, die beide parallel arbeiten, so dass die Arbeit schneller erledigt wird. Wobei man hier ein bisschen einschränken muss: Im Gegensatz zu **Mehrprozessorsystemen**, innerhalb derer wirklich parallel mehrere Threads laufen können, würde das Ganze auf Computersystemen **mit nur einem Prozessor nicht wirklich parallel ablaufen**. Vielmehr würde dort immer nur ein Thread zu einem Zeitpunkt ausgeführt. Um aber dem Benutzer den Eindruck zu vermitteln, dass trotzdem alles „parallel" geschieht, wird dort (mehr oder weniger schnell) zwischen den einzelnen Threads hin- und hergewechselt.

Bei eurer Aufräumaktion würde das also so aussehen, dass du zum Beispiel zuerst ein kleines bisschen die Fussel zusammenkehrst, dann pausierst, während deine Freundin wegen mir schon mal den Lappen in den Eimer schmeißt, dann selbst pausiert, währenddessen du wieder ein kleines bisschen Fussel zusammenkehrst und so weiter … und eben ganz, ganz schnell hintereinander, so dass es für einen Außenstehenden nicht wie eine moderne Tanzart, sondern wie eine flüssige Bewegung aussieht.

Aber auch auf Einprozessorsystemen gibt es gewisse Dinge, auf die sich die Verwendung mehrerer Threads positiv auswirken würde, immer dann nämlich, wenn auf **unterschiedliche Ressourcen** zugegriffen wird, von denen nicht alle die **volle Prozessorleistung** benötigen. Zum Beispiel könnte ein Thread einen Download aus dem Internet starten und (während der Thread dann wartet und keine Prozessorleistung verbraucht) ein anderer Thread die grafische Nutzeroberfläche aufbauen. Die einzelnen Arbeiten der beiden Threads würden also **asynchron** ablaufen.

Also ungefähr so, wie wenn ich mir einen Kaffee aufsetze und dann, während der Kaffee durchläuft, WoW spiele?

Genau. Du wärst sozusagen der Prozessor. Kaffeemaschine und Computer wären Threads, na ja, oder so ähnlich halt.

Allerdings werden Threads nicht zwangsweise immer der Reihe nach **abwechselnd** ausgeführt, sondern sie werden nach bestimmten **Kriterien ausgewählt.** Das Ding, das für diese Auswahl zuständig ist, nennt sich **Scheduler**. Dieser Scheduler sagt nämlich, wann welcher Thread arbeiten soll und wann nicht.

Klingt ein bisschen nach Bossingen ... nur will der immer mir die Überstunden aufzwingen. Von Gerechtigkeit keine Spur.

Na ja, ganz so gemein ist der Java-Scheduler nicht. Damit eben nicht immer nur ein einziger Thread ausgewählt wird, sondern jeder Thread mal drankommt, gibt es verschiedene **Scheduling-Strategien**. Zu den bekannteren Strategien zählen zum Beispiel die **Round-Robin-Strategie**, bei der reihum zwischen den Threads gewechselt wird, oder die **Shortest-Job-First-Strategie**, bei der Threads, die am wenigsten Zeit für ihre Aufgabe benötigen, zuerst ausgewählt werden. Dabei muss die Bearbeitungszeit der jeweiligen Aufgabe natürlich im Vorfeld bekannt sein.

Java verwendet das sogenannte **Prioritäts-Scheduling**. Dabei wird jedem Thread eine Priorität zugeordnet, Threads mit höherer Priorität werden dann bevorzugt ausgewählt.

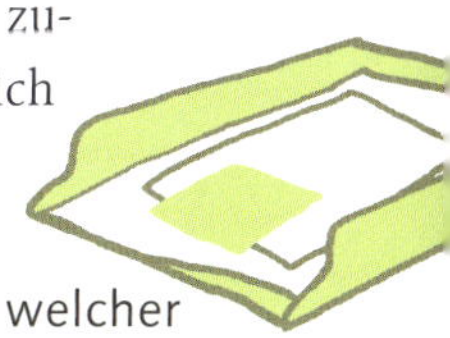

[Ablage]

Der **Scheduler** bestimmt, welcher Thread als nächster ausgewählt wird. Die Kriterien, nach denen er dabei vorgeht, werden als **Scheduling-Strategie** bezeichnet.

[Zettel]

Wie du selber die Priorität eines Threads bestimmen kannst, gucken wir uns gleich an.

Aber genug der Theorie. Über Multithreading kann man sicherlich ganze Vorlesungen halten. Aber du willst ja auch was **Praktisches** lernen, nicht wahr?

Der erste Thread

Um Threads zu erstellen, gibt es zwei Möglichkeiten: Entweder du erstellst eine Klasse, die das **Interface** `java.lang.Runnable` implementiert, oder du erstellst eine **Unterklasse** von `java.lang.Thread`. `java.lang.Thread` implementiert übrigens `java.lang.Runnable`.

Wenn du die Lösung mit dem Interface nimmst, musst du die Methode `run()` **implementieren**, wenn du die Unterklassenvariante nimmst, solltest du die existierende `run()`-Methode von `Thread` **überschreiben**, damit dein Thread überhaupt was macht.

```
public class MachWas extends Thread*1 {
  @Override
  public void run()*3 {
    System.out.println("Ich mach was!");
  }
}
public class MachAuchWas implements Runnable*2 {
  @Override
  public void run()*3 {
    System.out.println("Ich mach auch was!");
  }
}
```

*1 Entweder du leitest von der Klasse `Thread` ab, …

*2 … oder du implementierst das Interface `Runnable`.

*3 In beiden Fällen kommt der Code, der in dem Thread ausgeführt werden soll, in die `run()`-Methode.

[Ablage]

Vorzugsweise solltest du die Variante mit dem Interface wählen. Damit bleibst du flexibler und kannst, wenn du möchtest, auch von einer anderen Klasse ableiten. Noch geläufiger ist es sogar, von dem `Runnable`-Interface eine **anonyme Klasse** zu erstellen.

Um einen Thread zu starten, brauchst du immer ein `Thread`-Objekt:

```
public static void main(String[] args) {
  new MachWas().start();*1
  (new Thread(new MachAuchWas())).start();*2
}
```

*1 Wenn deine Klasse von `Thread` ableitet, kannst du direkt auf ihr die `start()`-Methode aufrufen, …

*2 … ansonsten „wrappst" du deine `Runnable`-Implementierung mit einem `Thread`-Objekt und rufst auf letzterem die `start()`-Methode auf.

Lass das Programm ruhig ein paar Mal laufen. Fällt dir was auf?

Moment mal, mal kommt zuerst „Ich mach was!" und dann „Ich mach auch was!", mal genau andersrum.

Genau! Das ist der Scheduler in Aktion! Mal wird der eine, mal der andere Thread zuerst ausgewählt.

[Achtung]
Keine Sorge, falls die Ausgabe immer gleich ist. Das kann auch sein. Unwahrscheinlich, aber möglich, theoretisch zumindest.

[Hintergrundinfo]
Der Ober-Thread ist übrigens immer der Thread „main“, also der Teil des Programms, der die **`main`**-Methode ausführt.

Night of the living thread

Lass mich dir zeigen, was eben im Hintergrund alles passiert ist, als du die **`Thread`**-Objekte erzeugt und die **`start()`**-Methode auf ihnen aufgerufen hast. Während seiner Lebensspanne nimmt ein Thread nämlich **verschiedene Zustände** an. Manche davon freiwillig, manche davon erzwungenermaßen. In dem folgenden Zustandsdiagramm …

Lädt …

… siehst du … gar nichts. Mmh, wahrscheinlich ist der Thread für das Laden der Bilder noch nicht fertig, warten wir mal noch ein bisschen …
ah, jetzt, da ist es …

Thread-Zustandsdiagramm

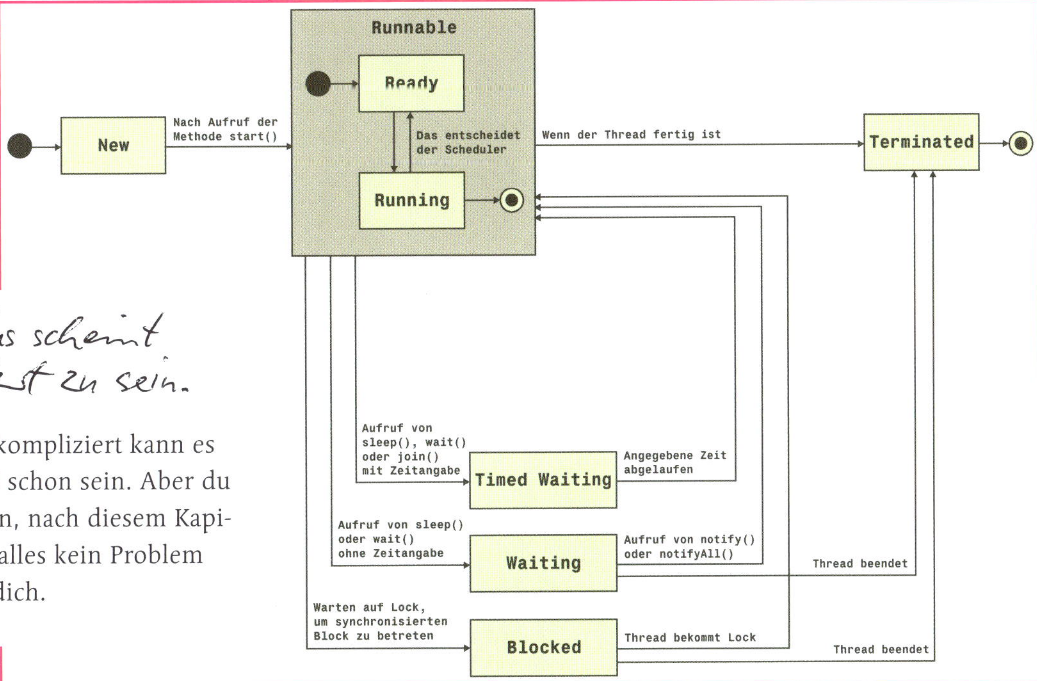

Uff, das scheint kompliziert zu sein.

Na ja, kompliziert kann es manchmal schon sein. Aber du wirst sehen, nach diesem Kapitel ist das alles kein Problem mehr für dich.

[Begriffsdefinition]

Was du hier siehst, ist ein UML-**Zustandsdiagramm**. Die Rechtecke stellen die **Zustände** dar, die Pfeile symbolisieren **Zustandsübergänge** von einem in einen anderen Zustand. Der Kreis am Anfang ist der **Startzustand**, der Kreis, in dem noch ein kleinerer Kreis ist, ist der **Endzustand**.

Was ist also gerade passiert? Mit dem Aufruf von `new MachWas().start()` wechselt der Thread zweimal seinen Zustand. Mit `new MachWas()` erreicht er den Zustand **New**, arbeitet aber noch nicht. Durch den Aufruf von `start()` gelangt der Thread in den Zustand **Ready** und ist sozusagen arbeitswillig. Arbeiten tut er aber immer noch nicht. Dazu muss er erst vom Scheduler ausgewählt werden, erst dann wechselt der Thread in den Zustand **Running**. Zum Schluss, wenn der Thread mit dem, was er machen soll, fertig ist, ändert er seinen Zustand zu **Terminated** oder auch **Dead**.

[Hintergrundinfo]

Über die Methode `yield()` kannst du einen Thread, der sich im Zustand Running befindet, dazu veranlassen, in den Zustand Ready zu wechseln, so dass der Scheduler erneut einen (anderen) Thread auswählen kann.

Damit hätten wir schon mal vier der sieben Thread-Zustände (Start- und Endzustand mal ausgenommen) abgefrühstückt. Der Rest kommt später.

Das war gerade noch ungerade

Wie so oft bei der Programmierung ist es auch bei den Threads so, dass du am besten lernst, indem du dir selber die Hände schmutzig machst.

[Schwierige Aufgabe]
Erstelle zwei Threads. Der eine soll nur die geraden Zahlen bis 100, der andere nur die ungeraden Zahlen bis 100 ausgeben.

Ich bin ja nicht so, ich helfe dir. Eine Musterlösung würde ungefähr so aussehen (auch wenn wir mit Threads arbeiten, wollen wir ja nicht die guten Tugenden eines OO-Entwicklers vergessen und fangen mit einem Interface an):

```
public interface Zahlendrucker { *1
  void druckeZahl(int zahl);
}
```

*1 Ein Interface,für das du zwei Implementierungen schreibst, einen **GeradeZahlenDrucker** und einen **UngeradeZahlenDrucker** …

… und als Zwischenstufe noch eine **abstrakte Klasse**, die schon einen Teil der Arbeit übernimmt:

```
public abstract class AbstractZahlenDrucker implements Runnable *1,
  ZahlenDrucker *1 {
  private int grenze; *3
  public ZahlenDrucker(int grenze) {
    this.grenze = grenze;
  }
  @Override
  public void run() { *2
    for(int i=0; i<=this.grenze; i++) { *3
      if(this.akzeptiereZahl(i)) { *4
        this.druckeZahl(i); *5
      }
    }
  }
  protected abstract boolean akzeptiereZahl(int zahl); *4
  @Override
  public void druckeZahl(int zahl) {
    System.out.println(zahl);
  }
}
```

*1 Du implementierst das **ZahlenDrucker**-Interface und **Runnable**, damit du den Zahlendrucker auch starten kannst.

*2 Die **run()**-Methode muss natürlich auch implementiert werden. Hier passiert schließlich die Äktschion! Egal, ob man ungerade oder gerade Zahlen drucken will, der Inhalt der **run()**-Methode ist in beiden Fällen komplett gleich. Deswegen bist du hier mit einer abstrakten Oberklasse am besten bedient.

*3 **grenze** gibt die Anzahl der zu druckenden Zahlen an.

*4 Ob eine Zahl gedruckt werden soll oder nicht, hältst du noch abstrakt, die Entscheidung trifft jeweils die Unterklasse.

*5 Ja, hier wird die Zahl gedruckt. Was dachtest du denn?

Das sieht doch wieder schwer nach diesem Template-Method-Entwurfsmuster aus.

[Code bearbeiten]

Bis hierhin mitgekommen? Dann kannst du die beiden Implementierungen bestimmt selbst schreiben.

Das geht, ja. Beim **GeradeZahlenDrucker** muss ich bei **akzeptiereZahl()** einfach für gerade Zahlen ein **true** zurückgeben. Das mach ich mit Modulo!

```
protected boolean akzeptiereZahl(int zahl) {
  return zahl%2==0;
}
```

Hey, endlich mal eine Verwendung dafür! Beim **UngeradeZahlenDrucker** dann umgekehrt.

Prima! Dann hätt ich jetzt noch gerne den Inhalt der **main**-Methode, die alles startet.

Bitteschön:

```
int grenze = 100;
(new Thread(new GeradeZahlenDrucker(grenze))).start();
(new Thread(new UngeradeZahlenDrucker(grenze))).start();
```

Aber hey, hab's gerade mal laufen lassen. Die Zahlen werden ja gar nicht der Reihe nach ausgegeben! O-Ton Eclipse: … **89, 94, 91, 96, 93, 98** …

Genau! Die ungeraden und die geraden Zahlen werden zusammen nicht in richtiger Reihenfolge ausgegeben, wohl aber jeweils für sich in richtiger Reihenfolge. **Innerhalb eines Threads** sind die Zahlen also in der **richtigen Reihenfolge**, bei **Kombination mehrerer Threads** ist die **Reihenfolge dagegen nicht garantiert**. Das ist so wegen des Schedulers.

Deshalb schreib dir hinter die Ohren:

[Notiz]

Wann welcher Thread arbeitet, bestimmt allein der Scheduler.

[Code bearbeiten]

Um den Wechsel zwischen den beiden Threads noch besser zu veranschaulichen, kannst du auch vor dem Aufruf von **druckeZahl()** ein **Thread.sleep()** setzen. Damit sagst du einem Thread explizit, dass er eine angegebene Zeit warten soll. 50 Millisekunden sollten reichen, um recht schön den Wechsel von ungeraden zu geraden Zahlen und zurück auf der Konsole zu sehen. **Thread.sleep()** gucken wir uns gleich im Detail an.

[Achtung]

Eventuell musst du **grenze** höher ansetzen (1 000 000 ist ganz gut). Ansonsten kann es sein, dass das Programm schneller fertig ist, als der Scheduler gucken kann und erst alle ungeraden Zahlen gedruckt werden und anschließend alle geraden Zahlen. Oder andersrum.

[Notiz]

Als kleine Hilfe, um zu sehen, welcher Thread was macht, kannst du dir jederzeit den Namen des aktuell ausgeführten Threads ausgeben lassen. Zugegeben, bei dem Zahlenbeispiel von eben gibt das wenig Sinn, falls du es aber trotzdem mal brauchst: **Thread.currentThread().getName()**.

Da krieg ich Zustände

So, Schrödinger, Threads sind, zugegeben, nicht ganz einfach. Deswegen eine kurze Zwischenprüfung über die Themen bis hierhin:

[Einfache Aufgabe]

Auf welche verschiedenen Arten kannst du einen Thread implementieren, und welche solltest du verwenden?

Ich kann entweder das **Runnable**-Interface implementieren, oder ich leite von der Klasse **Thread** ab. Am besten nehme ich aber das Interface, dann bleibt meine „Klassenhierarchie flexibler und sauberer". So zumindest hättest du das gesagt.

Richtig, du klingst manchmal echt schon wie ich …

Also, damit du einen Thread überhaupt starten kannst, brauchst du auf jeden Fall ein `Thread`-Objekt. Die Logik, die von diesem `Thread`-Objekt angestoßen wird, solltest du allerdings in eine Klasse auslagern, die das `Runnable`-Interface implementiert, oft reicht dazu eine lokale oder anonyme Klasse.

[Einfache Aufgabe]

Wir haben bisher vier Thread-Zustände besprochen. Wie hängen diese Zustände zusammen? Wie gelangt ein Thread von welchem Zustand in welchen anderen Zustand?

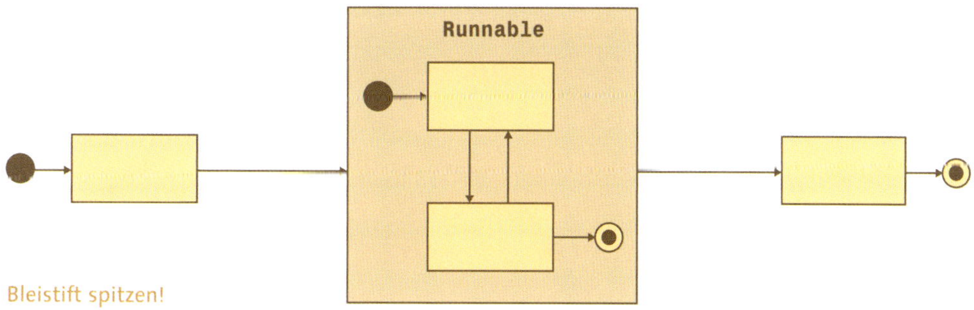

Bleistift spitzen!

So, alles gewusst? Die vier Zustände sind **New**, **Ready**, **Running** und **Terminated**. In den **New**-Zustand gelangt der Thread, nachdem der Konstruktor aufgerufen wurde. Von **New** nach **Ready** gelangt ein Thread durch den Aufruf der `start()`-Methode. Den Wechsel zwischen **Ready** und **Running** und zurück bestimmt der Scheduler. Und nach Vollenden der `run()`-Methode ist ein Thread **Terminated**.

[Notieren/Üben]

Über die Methode `getState()` kannst du dir den aktuellen Zustand eines Threads ausgeben lassen. Als Rückgabe bekommst du einen Enum-Wert, der den jeweiligen Zustand symbolisiert.

Threads schlafen legen

Wenn ein Thread mal überarbeitet ist oder auch aus purer Unlust an der Arbeit, kann er über die Methode **`sleep()`** eine bestimmte Anzahl an Millisekunden schlafen gelegt werden, das hatte ich ja eben schon kurz erwähnt. Mit dem Aufruf von **`sleep()`** gelangt der Thread in den Zustand **Timed Waiting**. Aus diesem Zustand kann er dann nur wieder in den **Ready**-Zustand wechseln, und zwar entweder, wenn die angegebene Zeit abgelaufen ist, oder, wenn der Thread beim Schlafen unterbrochen wurde. Das wirst du vielleicht auch von zu Hause kennen, wenn du dir abends den Wecker stellst ...

... ja, stimmt, ich stell ihn immer auf 8:00 Uhr, aber meistens weckt mich die Katze schon vorher, weil sie meine Füße für zwei Wollballen hält ...

[Ablage]

Schlafen kann ein Thread nur, wenn er sich vorher im **Running**-Zustand befunden hat. Wenn ein schlafender Thread aufwacht, gelangt er in den **Ready**-Zustand.

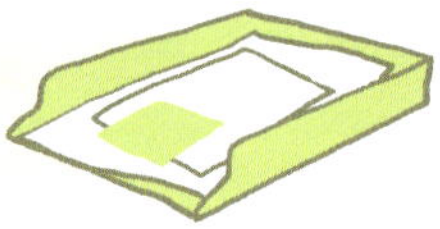

Helden, aufgepasst!

Multithreading ist ein komplexes Thema, und ich habe leider nur ein paar Seiten Zeit, dir das Ganze zu erklären. Damit du den Stoff besser verdauen kannst, lass mich dir eine Geschichte erzählen, und zwar die von zwei Helden, dem Zwerg und dem Nachtelfen, die zusammen gegen eine Gruppe von Orks in den Kampf ziehen wollen. Sollte ja kein großes Problem sein, denken sich die beiden, schließlich sie sind ja **zu zweit**.

Doch wenn zwei oder mehr Helden was Produktives zusammen machen wollen, will das Vorgehen gut geplant sein; genauso, wenn mehr als ein Thread im Spiel ist.

Um mit der Geschichte nicht den Bezug zu Java zu verlieren, darf der entsprechende Quelltext natürlich nicht fehlen. Die Basisklasse für die beiden Helden ist die abstrakte Klasse Held:

```
public abstract class Held { *1
  private String name;
  public Held(String name) {
    this.name = name;
  }
  public String getName() {
    return name;
  }
  public abstract void aufInDenKampf(Held held); *2
}
```

*1 Die Basisklasse für unsere Helden ist erstmal noch ganz simpel mit einem Datenfeld, einem Getter und …

*2 … einer abstrakten Methode **aufInDenKampf()**, deren Parameter der jeweils andere Held ist, mit dem in den Kampf gezogen werden soll.

Die konkrete Unterklasse für den Nachtelfen sieht dann so aus:

Die abstrakte Basisklasse

```
public class Nachtelf extends Held {
  public Nachtelf(String name) {
    super(name);
  }

  @Override
  public void aufInDenKampf(Held held) { *1
    System.out.printf("%s: Auf geht's! In den Kampf!%n", this.getName());*2
  }
}
```

*1 Die Implementierung der **aufInDenKampf()**-Methode. Der Elf hat's eilig, er will direkt in den Kampf.

*2 Ach so, ja, das hier kann ich dir hier schon mal erklären. Das „Formatierungskapitel" haben wir zwar noch vor uns, aber so viel schon mal vorweg: Mit der **printf()**-Methode kannst du Strings formatieren, hier zum Beispiel wird das **%s** in dem String durch den Wert ersetzt, der von **this.getName()** zurückgegeben wird, und für das **%n** wird eine neue Zeile begonnen. Praktisch oder?

Und die Unterklasse für den Zwerg sieht so aus:

```
public class Zwerg extends Held {
  public Zwerg(String name) {
    super(name);
  }
  @Override
  public void aufInDenKampf(Held held) { *1
    System.out.printf("%s: \"Auuuuufstäääääähnnnn!!!!\"%n", held.getName());
    try {
      Thread.sleep(5000); *2
    } catch (InterruptedException exception) {
    }
    System.out.printf("%s (etwas verspätet): Gääääähn, uff, guten Morgen, jaja ↩
      ich komme schon.%n", this.getName()); *3
  }
}
```

*1 Auch der Zwerg hat seine eigene Vorstellung davon, wie **aufInDenKampf()** aussehen muss, …

*2 … allerdings hat er es nicht ganz so eilig wie der Nachtelf. Mit **Thread.sleep()** wird hier nachgebildet, dass er erstmal 5 Sekunden wartet, bevor er …

*3 … dann endlich auch soweit ist und mit in den Kampf zieht.

[Einfache Aufgabe]

Wie kannst du die beiden Helden in separaten Threads in den Kampf schicken?

Bestimmt nicht, indem ich **Zwerg** und **Nachtelf** von **Thread** ableiten lasse. Das geht ja nicht, die erben ja schon von **Held**. **Held** von **Thread** ableiten zu lassen, wäre genauso doof. Bleibt mir nur, das Interface **Runnable** zu implementieren … am besten in einer anonymen Klasse. *Das war's!*

Genau, in etwa so wie hier in der Musterlösung:

```
public static void main(String[] args) {
  final*4 Zwerg zwerg = new Zwerg("Zwerg"*3);
  final*4 Nachtelf nachtelf = new Nachtelf("Nachtelf"*3);
  new Thread(new Runnable() { *1
    @Override
    public void run() {
      zwerg.aufInDenKampf(nachtelf); *2
    }
  }).start();
  new Thread(new Runnable() { *1
    @Override
    public void run() {
      nachtelf.aufInDenKampf(zwerg); *2
    }
  }).start();
}
```

*1 Zwei **Thread**-Objekte, damit du die Threads starten kannst. Jedes davon bekommt eine anonyme Implementierung von **Runnable**, …

*2 … in der die beiden Helden in den Kampf geschickt werden.

*3 Hier sind sie, die beiden namenlosen Helden.

*4 Und nicht vergessen: Damit innerhalb der anonymen Klasse überhaupt auf die beiden lokalen Heldenvariablen zugegriffen werden kann, müssen diese **final** sein.

Die Ausgabe wird (sehr, sehr wahrscheinlich immer) die folgende sein:

```
Nachtelf: "Auuuuufstäääääähnnnn!!!!"
Nachtelf: "Auf geht's! In den Kampf!"
Zwerg (etwas verspätet): "Gäääähn, uff, guten Morgen, jaja ich komme schon."
```

So weit, so klassisch. Allerdings ist der Nachtelf in dem obigen Code ungeduldig und zieht, **ohne auf den Zwerg zu warten**, alleine in den Kampf. Keine gute Idee, denn als er auf eine Gruppe von vier Orks trifft, von denen er eins auf die Mütze bekommt, ist er über seine voreilige Entscheidung nicht mehr so glücklich. **Nächstes Mal, beschließt er, warte ich auf den Zwerg, egal, wie lange das dauert**.

Auf andere warten

Damit unser Elf also nicht alleine in den Kampf zieht, müssen wir ihm irgendwie beibringen, auf den Zwerg zu warten. In Java übersetzt, bedeutet das, dass der Thread, in dem **`nachtelf.aufInDenKampf()`** aufgerufen wird, auf den Thread warten muss, in dem **`zwerg.aufInDenKampf()`** aufgerufen wird. Das funktioniert, indem du im Elfen-Thread auf dem Zwergen-Thread die Methode **`join()`** aufrufst. Damit wartet der Elfen-Thread mit seiner Arbeit so lange, bis der Zwergen-Thread mit dem, was er tut, fertig ist.

[Hintergrundinfo]

`join()` ohne Parameter sorgt dafür, dass der Thread in den Zustand **Waiting** wechselt. Die Methode gibt es aber auch noch in der Variante, in der du über einen Parameter sagen kannst, wie lange gewartet werden soll. Dann wechselt der Thread in den Zustand **Timed Waiting**.

So wartet der Elf auf den Zwerg:

```java
public static void main(String[] args) {
  final Zwerg zwerg = new Zwerg("Zwerg");
  final Nachtelf nachtelf = new Nachtelf("Nachtelf");
  final Thread zwergenThread = new Thread(new Runnable() { *1
    @Override
    public void run() {
      zwerg.aufInDenKampf(nachtelf);
    }
  });
  final Thread elfenThread = new Thread(new Runnable() { *1
    @Override
    public void run() {
      try {
        zwergenThread.join(); *2
      } catch (InterruptedException exception) { *3
        // Exception-Behandlung hier
      }
      nachtelf.aufInDenKampf(zwerg); *4
    }
  });
  elfenThread.start(); *5
  zwergenThread.start(); *5
}
```

*1 Die Threads werden genauso erzeugt wie eben. Allerdings werden die erzeugten Objekte in den zwei Variablen **`zwergenThread`** und **`elfenThread`** gespeichert. Zumindest die Variable **`zwergenThread`** brauchst du, damit du gleich unten im Elfen-Thread darauf zugreifen kannst.

*2 Mit **`join()`** sagst du, dass **`elfenThread`** auf den **`zwergenThread`** warten sollt.

*3 **`join()`** wirft übrigens eine **`InterruptedException`**.

*4 Das hier wird erst ausgeführt, wenn der **`zwergenThread`** fertig ist.

*5 Ja, und nicht vergessen, die beiden Threads auch zu starten.

Die Ausgabe ist jetzt auf jeden Fall diese hier:

```
Nachtelf: "Auuuuufstäääääähnnnn!!!!"
Zwerg: (etwas verspätet): "Gäääähn, uff, guten Morgen, jaja, ich komme schon."
Nachtelf: "Auf geht's! In den Kampf!"
```

Ende gut, alles gut? Na ja, fast. Den Kampf haben die beiden gemeistert, die vier Orks sind jetzt mindestens ebenso viele Köpfe kürzer. Allerdings ist das Abenteuer noch nicht zu Ende. Wie die Geschichte weitergeht, erfährst du gleich. Aber erst muss ich dir noch was anderes erklären.

Synchronisierung

Ich hatte dir eben ja schon gesagt, dass **Threads standardmäßig asynchron arbeiten.** Die Reihenfolge, in der die einzelnen Threads durch den Scheduler ausgewählt werden, und vor allem der Zeitpunkt, wann der Scheduler einen Thread auswählt, sind also nicht garantiert. Dies kann in manchen Fällen zu Problemen führen. Ruf dir als Beispiel nochmal die Klasse `MusikAbspielGeraet` aus Kapitel 7 in Erinnerung.

Was? Wie? Wo? Welche Seite?

Das kenn ich gut, deswegen hier der relevante Quelltext, damit du nicht blättern und suchen musst:

```
public final void hoeren(Tontraeger tontraeger) {
  if(this.unterstuetztTontraeger(tontraeger)) {
    this.tontraeger = tontraeger;*1
    this.einlegen(this.tontraeger);*2
    this.abspielen(this.tontraeger);*2
  } else {
    ...
  }
}
public Tontraeger auswerfen() {
  Tontraeger tontraeger = this.tontraeger;
  this.tontraeger = null;*3
  return tontraeger;
}
```

*1 Hier wird die Objektvariable `tontraeger` auf den Wert der übergebenen Objektreferenz gesetzt, …

*2 … anschließend werden die Methoden `einlegen()` und `abspielen()` mit der Objektvariablen aufgerufen, …

*3 … und beim Auswerfen wird die Objektvariable wieder auf `null` gesetzt.

Das alles funktioniert prima, **wenn nur ein Thread im Spiel ist**, denn dann kann zuerst **`hoeren()`** und anschließend **`auswerfen()`** aufgerufen werden. Oder umgekehrt erst **`auswerfen()`** und dann **`hoeren()`**, wobei das sicherlich wenig Sinn machen würde. Beides würde aber prinzipiell ohne Fehler funktionieren. Wenn aber zwei Threads mit der gleichen **`MusikAbspielGeraet`**-Objektinstanz arbeiten, und in dem einen Thread **`hoeren()`** aufgerufen wird und in dem anderen **`auswerfen()`**, ...

```
final MusikAbspielGeraet plattenSpieler*2 = new SchallplattenSpieler();
(new Thread(new Runnable() {*1
  @Override
  public void run() {
    plattenSpieler*2.hoeren(new Schallplatte("The Doors"))*3;
  }
}, "Hörer")).start();
(new Thread(new Runnable() {*1
  @Override
  public void run() {
    plattenSpieler*2.auswerfen()*4;
  }
}, "Auswerfer")).start();
```

*1 Zwei Threads ...

*2 ...arbeiten mit der gleichen **`MusikAbspielGeraet`**-Objektinstanz.

*3 In dem einen Thread wird **`hoeren()`** aufgerufen ...

*4 ... und in dem anderen **`auswerfen()`**.

... dann kann es passieren, dass **`hoeren()`** in Thread „Hörer" nur bis **`this.tontraeger = tontraeger;`** ausgeführt wird und dann vom Scheduler zum Thread „Auswerfer" gewechselt wird, der den Tonträger direkt wieder auswirft. Wird dann wieder zurück zum Thread „Hörer" gewechselt, arbeitet das **`MusikAbspielGeraet`**-Objekt mit einer **`null`**-Referenz!

Boah, wie bitte? Und ... was ... ähm ... kann ich dagegen machen?

Um das zu verhindern, musst du sicherstellen, dass alles, was innerhalb von **`hoeren()`** steht, **der Reihe nach ohne Unterbrechung** von einem Thread ausgeführt wird. Und das erreichst du, indem du die Methode als **`synchronized`** markierst. Besser sogar, du markierst alle Methoden, in denen auf die **`tontraeger`**-Objektvariable zugegriffen wird, als **`synchronized`**, so wie hier:

*1 Wenn jetzt eine der beiden Methoden aufgerufen wird, kann keine andere Methode auf der **gleichen Objektreferenz** aufgerufen werden, also auch nicht die jeweils andere Methode.

```
public abstract class MusikAbspielGeraet {
  …
  public synchronized*1 final void hoeren(Tontraeger tontraeger) {
    …
  }
  public synchronized*1 Tontraeger auswerfen() {
    …
  }
}
```

Was bedeutet das, und wieso funktioniert das? Ganz einfach: Immer wenn du `synchronized` verwendest, wird ein sogenanntes **Monitor-Lock** erstellt, ein Schloss sozusagen, welches dafür sorgt, dass nur jeweils ein Thread auf das entsprechende Codestück zugreifen kann.
Steht das `synchronized` an einer **Objektmethode**, ist die zugehörige **Objektinstanz** das Lock. Steht das `synchronized` an einer **Klassenmethode**, ist die zugehörige **Klasse** das Lock. Objektinstanz bzw. Klasse sind dann jeweils „verschlossen“ und für weitere Aufrufe aus anderen Threads gesperrt.

```
public static synchronized*1 methode() { … }
public synchronized*2 methode() { … }
```

*1 An einer Klassenmethode ist implizit die Klasse das Lock, …

*2 … an einer Objektmethode ist das unterliegende Objekt das Lock.

Noch flexibler bist du mit **synchronisierten Blöcken**. Dort kannst du **irgendein Objekt** oder **irgendeine Klasse** als Lock verwenden. Und du kannst sogar nur **Teile einer Methode synchronisieren.**

```
synchronized(lock*1) { … }
synchronized(MusikAbspielGeraet.class*2) { … }
```

*1 `lock` kann irgendeine Objektreferenz sein.

*2 Hier ist die Klasse `MusikAbspielGeraet` das Lock.

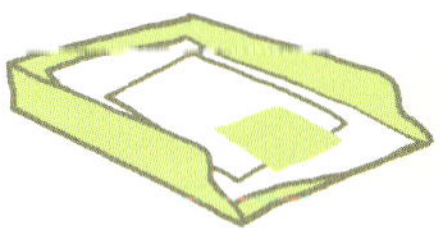

[Ablage]
In einen mit `synchronized(X.class)` gekennzeichneten Block kann nur ein einziger Thread hinein, in einen mit `synchronized(this)` gekennzeichneten Block kann pro Objektinstanz nur ein einziger Thread hinein.

[Hintergrundinfo]
Wenn ein Thread auf `synchronized` trifft, wechselt er in den Zustand **Blocked**. Dort verharrt er so lange, bis der Thread, der gerade das Lock gesperrt hat, dieses entsperrt und er selbst das Lock sperrt.

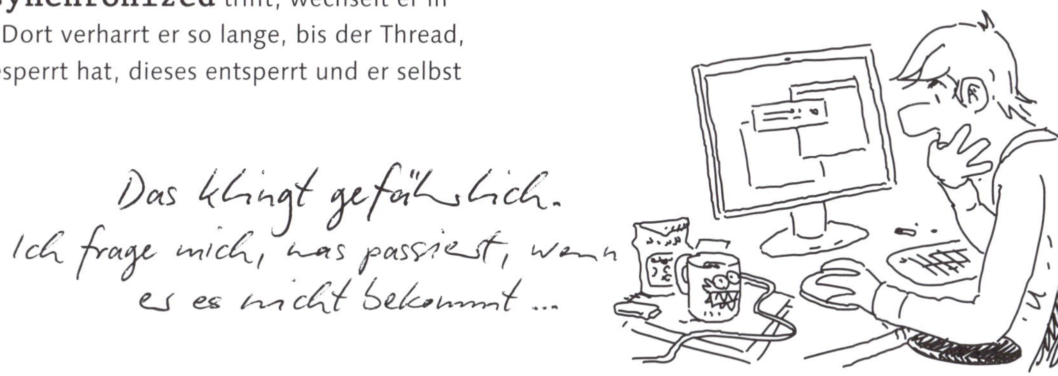

Erst die geraden Zahlen, bitte!

Generell geht es bei Threads ja um Arbeitsteilung. Die beiden **`Zahlendrucker`**-Implementierungen von vorhin machen das ja prinzipiell richtig: Der eine druckt die geraden Zahlen, der andere die ungeraden Zahlen. Allerdings endet das, wie du selber bemerkt hast, in einem ziemlichen Durcheinander, weil die beiden **asynchron laufen**. Zeit, mal ein bisschen Ordnung reinzubringen und die **beiden Threads zu synchronisieren**.

[Schwierige Aufgabe]

Ändere die Klasse **`AbstractZahlenDrucker`** so, dass **zuerst alle ungeraden** oder **zuerst alle geraden Zahlen** ausgegeben werden. Nicht verzweifeln, wenn du nicht weiterkommst. Das ist nicht umsonst eine schwierige Aufgabe.

Mmh, komisch, ich denke, ich habe die Stelle gefunden, an der ich das **`synchronized`** setzen muss: an der **`run()`**-Methode. Aber irgendwie funktioniert das so nicht: **`public synchronized void run() {…}`**

Das **`synchronized`** an die **`run()`**-Methode zu setzen, reicht nicht aus, weil es sich um eine **Objektmethode** und nicht um eine **Klassenmethode** handelt. Das bedeutet, dein Code wäre nur bezüglich der Klasse synchron, nicht aber bezüglich der Objekte. Also würde das nur funktionieren, wenn du innerhalb der beiden Threads **nur eine** Objektreferenz hättest, dann könntest du diese Objektreferenz als Lock verwenden.

So wie hier:

```
AbstractZahlenDrucker zahlendrucker = new GeradeZahlenDrucker(grenze);
(new Thread(zahlendrucker)).start();
(new Thread(zahlendrucker)).start();
```

In dem Beispiel von vorhin hast du aber **zwei Objektinstanzen**: einmal eine Instanz von **`GeradeZahlenDrucker`** und einmal eine Instanz von **`UngeradeZahlenDrucker`**.

Das bedeutet doch, ich müsste irgendwas als Lock nehmen, das beide Instanzen haben.

Genau. Und das ist naheliegenderweise die Klasse **`AbstractZahlenDrucker`**.

So würdest du diese Klasse als Lock verwenden:

```
synchronized (AbstractZahlenDrucker.class*1) {
  for(int i=0; i<=this.grenze; i++) {
    …
  }
}
```

*1 So kann nur ein Thread in den synchronisierten Block hinein.

Prima, dann kann ja nichts mehr schiefgehen, wenn ich **`synchronized`** verwende.

Freu dich nicht zu früh, denn falsch verwendet,
führen solche Blöcke zu dem wohl bekanntesten Problem, seit es Multithreading gibt, den …

Deadlocks!

... Deadlocks!

Deadlocks sind eine ganz dumme, unheimliche Sache, die ich dir am besten am Beispiel unserer beiden furchtlosen Helden erkläre.

Stimmt, die Geschichte war ja noch gar nicht zu Ende!

Ja, also, wo waren wir stehen geblieben? Ach ja, beim Kampf gegen die Orks, genau. Die beiden Helden sind ziemlich geschafft von diesem Kampf, aber noch nicht so, dass sie auf einen Besuch im lokalen Wirtshaus verzichten wollen. „Erst noch kurz duschen, dann treffen wir uns, in Ordnung?“, sagt der Nachtelf. „Okay, okay, stimmt, duschen wäre mal wieder an der Zeit, bis gleich dann.“, antwortet der Zwerg und beide verschwinden zu ihren Häusern. Die beiden duschen und beschließen anschließend jeweils, zu dem Haus des anderen zu gehen. Dort angekommen, warten sie dann auf den jeweils anderen und warten und warten ..., weil sie vergessen haben, einen Treffpunkt auszumachen.

Übersetzt nennt man so ein Problem, in dem zwei Threads **aufeinander warten,** einen **Deadlock**. Dann funktioniert nichts mehr, beide Threads können nicht weiterarbeiten.

[Begriffsdefinition]
Ein **Deadlock** bezeichnet einen Zustand, in dem ein oder mehrere Threads auf ein Ereignis des/der jeweils anderen Threads warten.

In Code übersetzt sähe das Problem so aus:

```
public class Held {
  ...
  public synchronized *1 void besuchen(Held held) {
    try {
      Thread.sleep(50); *2
    } catch (InterruptedException exception) {
    }
    System.out.printf("%s: \"Wir treffen uns bei ihm, dann gehe ich schon mal los.\"%n", this.getName());
    held.besuchEmpfangen(this); *3
  }
  public synchronized *1  void besuchEmpfangen(Held held) {
    System.out.printf("%s: \"Wir haben uns bei mir getroffen.\"%n", this.getName());
  }
}
```

*1 Auf einer Objektinstanz von `Held` kann von verschiedenen Threads aus immer nur eine der beiden Methoden, aber nicht beide gleichzeitig, aufgerufen werden.

*2 Die Helden warten ein bisschen.

*3 Und das hier ist die kritische Stelle, die den Deadlock auslöst, aber was da passiert, gucken wir uns gleich mal genauer an.

An dem Quelltext für die **main**-Methode ändert sich zum vorigen Beispiel nicht viel, wieder ein Thread pro Held, und jeder Held ruft die Methode auf, um den jeweils anderen zu besuchen.

```
public static void main(String[] args) {
  final Zwerg zwerg = new Zwerg("Zwerg");
  final Nachtelf nachtelf = new Nachtelf("Nachtelf");
  final Thread zwergenThread = new Thread(new Runnable() {
    @Overridea
    public void run() {
      zwerg.besuchen(nachtelf); *1
    }
  }, "ZwergenThread");
  Thread elfenThread = new Thread(new Runnable() {
    @Override
    public void run() {
      nachtelf.besuchen(zwerg); *2
    }
  }, "ElfenThread");
  zwergenThread.start();
  elfenThread.start();
}
```

*1 Der Zwerg geht zum Nachtelfen, ...

*2 ... und der Nachtelf geht zum Zwerg.

Die Reihenfolge der Aufrufe ist also die hier: Je nachdem, ob der **zwergenThread** oder der **elfenThread** zuerst vom Thread-Scheduler ausgewählt wird, wird entweder zuerst **zwerg.besuchen(nachtelf)** aufgerufen oder **nachtelf.besuchen(zwerg)**. Da beide Methoden auf Objektinstanz-Ebene **synchronized** sind, müssen beide Methoden beendet werden, bevor auf **nachtelf** und **zwerg** etwas anderes aufgerufen werden kann. Da aber die **besuchen()**-Methode die **besuchEmpfangen()**-Methode des jeweils anderen aufruft, kommt es zum Deadlock, und das Programm bleibt zum Beispiel mit dieser Ausgabe hängen:

```
Zwerg: "Wir treffen uns bei ihm, dann gehe ich schon mal los."
Nachtelf: "Wir treffen uns bei ihm, dann gehe ich schon mal los."
```

[Achtung]
Lässt du übrigens das **Thread.sleep(50)** weg, muss es nicht zwingend zum Deadlock kommen, dann könnte die Ausgabe auch diese hier sein:

```
Zwerg: "Wir treffen uns bei ihm, dann gehe ich schon mal los."
Nachtelf: "Wir haben uns bei mir getroffen."
Nachtelf: "Wir treffen uns bei ihm, dann gehe ich schon mal los."
Zwerg: "Wir haben uns bei mir getroffen."
```

Das würde also bedeuten, dass der Zwerg schnell zum Nachtelfen flitzt und diesen besucht und dann wieder schnell nach Hause flitzt und den Nachtelfen empfängt. Indem wir die Threads schlafen lassen (wenn auch nur kurz und zu Demonstrationszwecken), erhöhen wir hier also die Wahrscheinlichkeit für den Deadlock.

Deadlocks finden und umgehen

Um Deadlocks aufzuspüren, kann dir zum Glück wieder das Tool VisualVM ganz gut helfen.

[Einfache Aufgabe]
Starte das Programm von eben, öffne VisualVM, und wähle innerhalb des Tools wieder den entsprechenden Prozess für dein Programm aus. Anschließend wechselst du in das Tab mit der Überschrift „Threads".

Dort werden alle Threads aufgelistet, die in dem ausgewählten Prozess laufen, inklusive ihres aktuellen Zustands. Wie du im folgenden Screenshot sehen kannst, befinden sich **ElfenThread** und **ZwergenThread** beide im Zustand **Monitor**, was so viel bedeutet wie, dass sie blockiert sind. VisualVM erkennt das und meldet korrekterweise einen Deadlock.

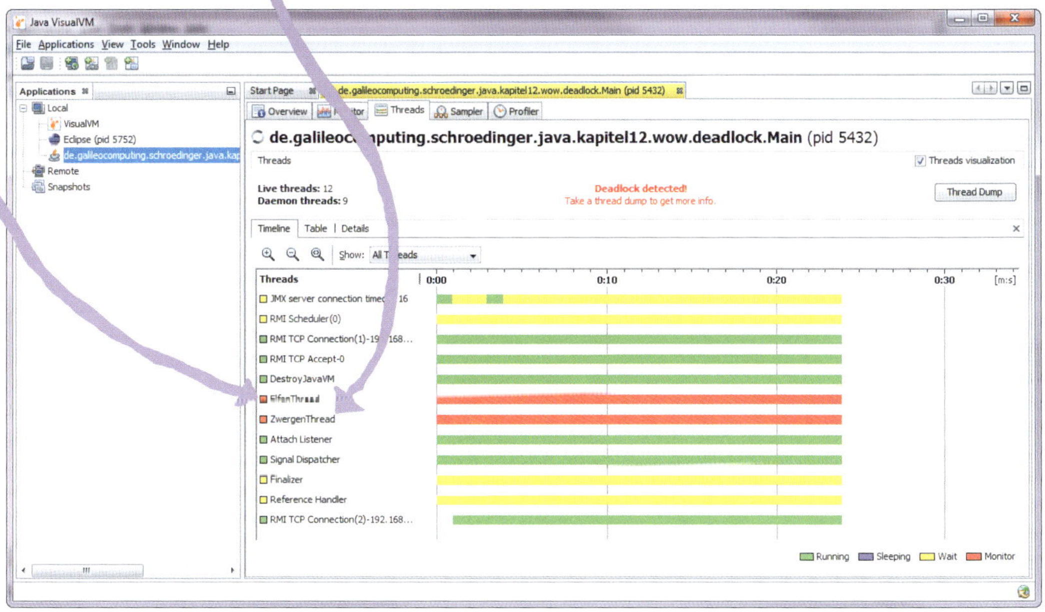

Zwei Threads im Deadlock ...

Mit Klick auf die Schaltfläche „Thread Dump" erhältst du noch detailliertere Informationen über den Deadlock, hier mal ein gekürzter Auszug daraus:

```
"ElfenThread":
  waiting to lock monitor ...
  which is held by "ZwergenThread"
"ZwergenThread":
  waiting to lock monitor ...
  which is held by "ElfenThread"
```

Übersetzt bedeutet das in etwa, dass der Thread mit dem Namen „ElfenThread" auf den mit dem Namen „ZwergenThread" wartet und umgekehrt. Zusätzlich gibt es noch für jeden der beiden Threads einen Ausschnitt aus dem Stacktrace, damit du der Fehlerquelle noch besser auf die Spur kommen kannst.

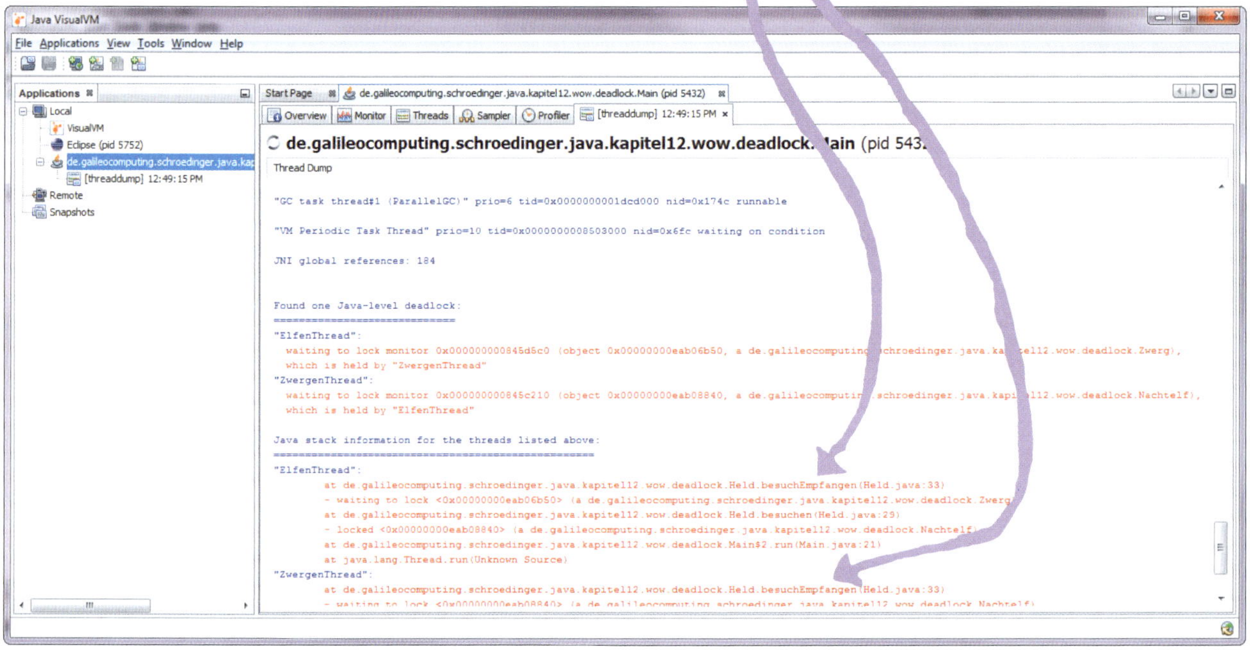

… und der dazugehörige Thread Dump

Oje, Deadlocks machen mir irgendwie Angst. Aber gut zu wissen, dass es nützliche Helfertools gibt.

Ja, Deadlocks zu finden, ist die eine Sache, sie gar nicht erst entstehen zu lassen, nochmal eine andere. Das Problem eben war, dass beide Threads auf ein Lock-Objekt zugreifen wollten, das vom jeweils anderen Thread geblockt war. Oft macht es daher Sinn, **nur ein Lock-Objekt für mehrere Threads** zu verwenden.

Der Schlüssel zum Erfolg

Du könntest die **synchronized**-Blöcke von eben so erweitern, dass sie statt **this** ein Objekt als Lock bekommen, dass sich die beiden Helden teilen. Dafür gibt es im Paket **java.util.concurrent.locks** schon einige Helferklassen, die das Arbeiten mit solchen Locks um einiges einfacher und sicherer gestalten. Das Basis-Interface dafür ist das Interface **java.util.concurrent.locks.Lock**. Du könntest beliebige Objekte als Lock verwenden. **Aber Lock hat gewisse Vorteile, und das siehst du hier:**

```
public class Held {
  private String name;
  private Lock lock*3 = new ReentrantLock(); *4

  ...
  public boolean treffenBei(Held held) { *1
    Boolean ichSageWirTreffenUnsBeiIhm = false; *5
    Boolean erSagtWirTreffenUnsBeiIhm = false; *5
    Boolean treffenBeiIhm = false;
    try {
      ichSageWirTreffenUnsBeiIhm = lock.tryLock(); *6
      erSagtWirTreffenUnsBeiIhm = held.getLock().tryLock(); *6
      treffenBeiIhm = ichSageWirTreffenUnsBeiIhm && erSagtWirTreffenUnsBeiIhm;
    } finally {
      if(!treffenBeiIhm) { *7
        System.out.println(this.getName() + ": ⤶
          \"Nächstes Mal treffen wir uns dann eben bei ihm.\"");
        if(ichSageWirTreffenUnsBeiIhm) {
          lock.unlock(); *7
        }
        if(erSagtWirTreffenUnsBeiIhm) {
          held.getLock().unlock(); *7
        }
      }
    }
    return treffenBeiIhm; *6
  }
  protected Lock getLock() { *3
    return lock;
  }

  public void *1besuchen(Held held) {
```

*1 Die **besuchen()**-Methode von **Held** ist jetzt nicht mehr **synchronized**. Stattdessen gibt es eine neue Methode **treffenBei()**, die feststellt, bei welchem Helden man sich trifft, …

*2 … und bevor ein Held den anderen besucht, stellt er über diese Methode erstmal sicher, ob der Besuch überhaupt so abgesprochen war.

*3 Und diese Absprache wird über zwei Instanzen von **Lock** implementiert (eine in jeder Helden-instanz). Entweder der Zwerg bekommt die Locks oder der Nachtelf, aber nicht beide gleichzeitig.

*4 **ReentrantLock** ist im Übrigen nur eine der Implementierungen von **Lock**. Das im Detail zu erklären, würde jetzt aber wirklich zu weit gehen.

*5 Interessant ist jetzt der Inhalt der **treffenBei()**-Methode. Denn die darf ja immer nur für einen der beiden Helden ein **true** zurückgeben und muss für den anderen ein **false** zurückgeben. Zwei **Boolean**s, die festhalten, ob beide mit dem Treffpunkt einverstanden sind.

*6 Hier wird versucht, beide Locks zu bekommen bzw. sich über den Treffpunkt einig zu werden.

*7 Wenn wir nicht beide Locks bekommen haben, prüfen wir, ob wir eines bekommen haben, und geben das dann frei.

```
      if(this.treffenBei(held)) { *2
        System.out.printf("%s: \"Wir treffen uns bei ihm, ↩
          dann gehe ich schon mal los.\"%n", this.getName());
        held.besuchEmpfangen(this);
      }
    }
    …
  }
```

Boah, das muss ich mir aber nochmal in Ruhe angucken. Worin liegt denn nun der Vorteil, wenn ich Instanzen von **Lock** *statt meiner eigenen Lock-Objekte verwende?*

Na ja, verwendest du „normale" Objekte als Lock, dann wechselt der Thread, der das Lock bekommen möchte, automatisch in den Zustand **Blocked**, aus dem er nur dann wieder rauskommt, wenn er selber das Lock bekommt. Wenn er es nicht bekommt, dann … Deadlock … nicht wahr? Mit der Methode **`tryLock()`** von **`Lock`** kannst du **erst prüfen**, ob der Thread das Lock bekommen würde und gegebenenfalls, sollte er es nicht bekommen, mit was anderem weitermachen und später nochmal prüfen. Kurz: Auf diese Weise verhinderst du Deadlocks.

Livelock, Starvation, Priorisierung und ein Bier

Die Geschichte der beiden Helden geht noch weiter, pass auf: Nachdem unsere beiden Helden es nun endlich geschafft haben, einen Treffpunkt für ihren Kneipenmarathon auszumachen, ziehen sie los. Angekommen in der ersten Kneipe, müssen sie allerdings feststellen, dass es extrem voll ist, so dass sie Mühe haben, sich überhaupt zwei Bier zu bestellen. Als die Bestellung nach einer Stunde endlich aufgegeben ist und der Kellner nach einer weiteren Viertelstunde zurückkommt, hat er allerdings **nur ein Bier dabei**. Der Zwerg meldet sich schnell als erster zu Wort: „Okay, lieber Nachtelf, weil du so geduldig auf mich gewartet hast, trink du das Bier." Daraufhin antwortet der Nachtelf: „Nein, nein, lieber Zwerg, ohne deine Streitaxt hätten wir den Kampf im Leben nicht gewonnen. Trink du zuerst." Der Zwerg dann: „Nein, nein, trink du. Ich bestehe darauf." Daraufhin der Nachtelf: „Nein, wirklich, du zuerst ..."
Tja, langer Rede kurzer Sinn, die beiden haben wieder ein Problem. Im Java-Jargon nennt man so etwas einen ...

... Livelock

Bei einem **Livelock** hängen wie auch beim Deadlock zwei oder mehr Threads fest. Im Unterschied zum Deadlock allerdings (wo jeder Thread ja im Zustand **Blocked** verharrt) wechseln die Threads bei einem Livelock durchaus ihre Zustände und **machen irgendwas**, kommen aber trotzdem mit der Bearbeitung nicht weiter.

Und so sieht das dann aus:

```
public class Bier*1 {
  private Held besitzer; *2
  public Bier(Held held) {
    this.besitzer = held;
  }
  public synchronized Held getBesitzer() {
    return besitzer;
  }
  public synchronized void setBesitzer(Held held) {
    this.besitzer = held;
  }
  public synchronized void trinken() {
    System.out.printf("%s hat getrunken!", besitzer.getName());
  }
}
```

*1 Hier steht eine simple neue Klasse für das **Bier**, ...

*2 ... das immer nur einen Besitzer haben kann.

Außerdem wird die Heldenklasse noch ein bisschen erweitert:

```
public class Held {
  private String name;
  private boolean durstig; *1
  public Held(String name) {
    this.name = name;
    this.durstig = true;
  }
  …
  public boolean isDurstig() {
    return durstig;
  }
  public void trinken(Bier bier, Held trinkPartner) { *2
    while (this.isDurstig()) { *3
      if (bier.getBesitzer() != this) { *3
        try {
          Thread.sleep(1); *3
        } catch (InterruptedException e) {
        }
      } else if (trinkPartner.isDurstig()) { *4
        System.out.printf("%s: Trink du mal zuerst, mein Freund %s!%n", ⤶
          name, trinkPartner.getName());
        bier.setBesitzer(trinkPartner); *5
      } else { *6
        bier.trinken();
        this.durstig = false;
        System.out.printf("%s: \"Das war lecker!\"%n", name);
        bier.setBesitzer(trinkPartner);
      }
    }
  }
…
}
```

*1 Die Helden bekommen die Eigenschaft **`durstig`** plus Setter und Getter …

*2 … sowie eine Methode, die das Biertrinken simuliert. Und weil es keinen Spaß macht, alleine zu trinken, hat die Methode neben dem Bier noch einen weiteren Parameter, um den Trinkpartner anzugeben.

*3 Das Biertrinken, pardon, **der Versuch, Bier zu trinken**, funktioniert so: Solange der jeweilige Held durstig ist und nicht selbst das Bier hat, macht er gar nichts, außer zu warten.

*4 Wenn er das Bier hat, bietet er seinem **`trinkPartner`** das Bier an, sofern der noch Durst hat, …

*5 … gibt ihm das Bier und wartet wieder geduldig.

*6 Rein theoretisch würde ja jeder Held das Bier trinken wollen. Nur leider tritt dieser Fall niemals ein, denn der andere Held geht ja genauso vor.

Hier noch schnell der Inhalt der **main**-Methode, damit es auch was zu gucken gibt:

```
final Zwerg zwerg = new Zwerg("Zwerg");
final Nachtelf nachtelf = new Nachtelf("Nachtelf");
final Bier bier = new Bier(zwerg);
final Thread zwergenThread = new Thread(new Runnable() {
  @Override
  public void run() {
    zwerg.trinken(bier, nachtelf);
  }
}, "ZwergenThread");
Thread elfenThread = new Thread(new Runnable() {
  @Override
  public void run() {
    nachtelf.trinken(bier, zwerg);
  }
}, "ElfenThread");
zwergenThread.start();
elfenThread.start();
```

Die Ausgabe des Programms ist die ständige Wiederholung von:

```
Nachtelf: "Trink du mal zuerst, mein Freund!"
Zwerg: "Trink du mal zuerst, mein Freund!"
Nachtelf: "Trink du mal zuerst, mein Freund!"
Zwerg: "Trink du mal zuerst, mein Freund!"
Nachtelf: "Trink du mal zuerst, mein Freund!"
Zwerg: "Trink du mal zuerst, mein Freund!"
Nachtelf: "Trink du mal zuerst, mein Freund!"
Zwerg: "Trink du mal zuerst, mein Freund!"
Nachtelf: "Trink du mal zuerst, mein Freund!"
Zwerg: "Trink du mal zuerst, mein Freund!"
Nachtelf: "Trink du mal zuerst, mein Freund!"
Zwerg: "Trink du mal zuerst, mein Freund!"
Nachtelf: "Trink du mal zuerst, mein Freund!"
Zwerg: "Trink du mal zuerst, mein Freund!"
Nachtelf: "Trink du mal zuerst, mein Freund!"
Zwerg: "Trink du mal zuerst, mein Freund!"
Nachtelf: "Trink du mal zuerst, mein Freund!"
Zwerg: "Trink du mal zuerst, mein Freund!"
Nachtelf: "Trink du mal zuerst, mein Freund!"
Zwerg: "Trink du mal zuerst, mein Freund!"
Nachtelf: "Trink du mal zuerst, mein Freund!"
Zwerg: "Trink du mal zuerst, mein Freund!"
Nachtelf: "Trink du mal zuerst, mein Freund!"
Zwerg: "Trink du mal zuerst, mein Freund!"
```

... und wenn sie nicht verdurstet sind, dann machen sie's noch heute so.

Kurze Zwischenfrage, obwohl wir im Büro sind: Wie könntest du den beiden helfen? Was müsstest du am Code ändern? Kleiner Hinweis: Die beiden befinden sich ja sozusagen in einer Endlosschleife.

Ähm, ... ich muss irgendwie dafür sorgen, dass sie da rauskommen?

Joah, genau, weiter!

Ich muss die Schleife irgendwann unterbrechen?

Ja, weiter, weiter, nun lass dir doch nicht jede Variable einzeln aus der Nase ziehen!

Ähm, also gut: Ich brauche eine Variable, einen Zähler zum Beispiel, der zählt, wie oft der eine dem anderen schon das Bier angeboten hat …

Genau, und dann testest du in der Schleifenbedingung den Inhalt der Variablen, so in etwa: `while (this.isDurstig() && zaehler < 5) { … }`. Wobei nicht jedes Livelock-Problem immer mit einer einfachen Zählervariablen gelöst werden kann. Es ist sogar im Allgemeinen noch schwieriger aufzuspüren als ein Deadlock, denn den kannst du wenigstens mit VisualVM relativ einfach feststellen.

Prioritäten setzen

Doch weiter mit der Geschichte: Nachdem sich unsere Helden dann endlich doch einig geworden sind, wer das Bier zuerst trinken darf, bleibt es natürlich nicht bei einem Bier. Die beiden bechern und bechern, was das Zeug hält, und die Kellnerin wird immer hübscher und hübscher …

Moment, war das nicht eben ein Kellner?

Frag nicht, Schrödi, frag lieber nicht. Also, wie auch immer, besagte Kellnerin wird immer hübscher, die beiden ordern sich ein Bier nach dem anderen. Allerdings scheint der Zwerg (obschon seiner Größe) ein größeres Fassungsvermögen zu haben als der Nachtelf, zumindest was das Trinken angeht. Das ist auch der Grund dafür, dass er schneller bedient wird als der Nachtelf.
In Java können wir dieses bevorzugte Bedientwerden des Zwergs modellieren, indem wir dem Zwergen-Thread eine höhere Priorität zuweisen als dem Elfen-Thread. Das machst du über die Methode `setPriority()`, so wie hier:

```
final Zwerg zwerg = new Zwerg("Zwerg");
final Nachtelf nachtelf = new Nachtelf("Nachtelf");
final Thread zwergenThread = new Thread(new Runnable() {
  @Override
  public void run() {
    while(!Thread.currentThread().isInterrupted()*6) {
      zwerg.trinken(*7);*5
    }
  }
}, "ZwergenThread");
Thread elfenThread = new Thread(new Runnable() {
  @Override
  public void run() {
    while(!Thread.currentThread().isInterrupted()*6) {
      nachtelf.trinken();*5
    }
  }
}, "ElfenThread");
zwergenThread.setPriority(Thread.MAX_PRIORITY);*1
elfenThread.setPriority(Thread.MIN_PRIORITY);*2
zwergenThread.start();*3
elfenThread.start();*3
try {
  Thread.sleep(50);*3
} catch (InterruptedException e) {
}
zwergenThread.interrupt();*4
elfenThread.interrupt();*4
```

*1 Der Zwerg bekommt die maximale Priorität, …

*2 … der Nachtelf die minimale Priorität.

*3 Anschließend werden die Threads gestartet und laufen eine Weile, …

*4 … bis sie unterbrochen werden. Einen Thread unterbrechen kannst du übrigens mit dem Aufruf der Methode **`interrupt()`**.

*5 Innerhalb jedes Threads trinken die beiden Helden so lange, …

*6 … bis die Ausführung des Threads unterbrochen wird. Das prüfst du mit **`isInterrupted()`**.

*7 Für dieses Beispiel ist die **`trinken()`**-Methode wieder etwas vereinfacht.

[Zettel]

Wenn du jetzt noch in die **`trinken()`**-Methode eine Konsolenausgabe reinpackst, müsstest du relativ deutlich sehen, dass der Thread mit dem **`Zwerg`**-Objekt viel häufiger ausgewählt wird, als der Thread mit dem **`Nachtelf`**-Objekt.

Warten und benachrichtigen

Nach den Dutzenden, ach was Hunderten von Bieren verspüren die beiden immer mehr den Drang, na ja, du weißt, Bier treibt, und beide kommen zeitgleich auf den Gedanken, doch mal ein gewisses Örtchen aufzusuchen und wieder etwas Platz für noch mehr Bier zu schaffen. Problem: Es gibt nur eine Toilette, und die ist besetzt, von einem Zauberer, der zuvor in der gleichen Kneipe war. **Die beiden Helden müssen also warten …**

*1 Wieder eine neue Heldenmethode. Der Parameter vom Typ `Toilette` ist ein ganz simples Objekt ohne großartige Methoden oder so (du kannst natürlich selber gerne welche implementieren, `abspuelen()` zum Beispiel, ist aber kein Muss, sofern du den Geruch ertragen kannst).

```
public class Held {
  …
  public void malGehen(Toilette toilette) {*1
    System.out.printf("%s: \"Ich als Erster, ich als Erster!\"%n", this.getName());
    synchronized (toilette*2) {*3
      System.out.printf("%s: Aaaaaaaahhhh, das wurde auch Zeit!%n", this.getName());
    }
  }
}
```

*2 Dieses Objekt dient dann als Lock.

*3 Nur wer sich zuerst das Lock-Objekt sichert, darf diesen Code hier ausführen.

Hier der Code … ähm … der Quelltext für die main-Methode:

```
final Zwerg zwerg = new Zwerg("Zwerg");
final Nachtelf nachtelf = new Nachtelf("Nachtelf");
final Toilette toilette = new Toilette();
final Thread zwergenThread = new Thread(new Runnable() {
  @Override
  public void run() {
    synchronized(toilette)*2 {
      try {
        System.out.println("Zwerg wartet ...");
        toilette.wait();*1
      } catch (InterruptedException e) {
      }
    }
    zwerg.malGehen(toilette);*7
  }
}, "ZwergenThread");
Thread elfenThread = new Thread(new Runnable() {
  @Override
  public void run() {
    synchronized(toilette)*2 {
      try {
        System.out.println("Nachtelf wartet ...");
```

*1 Mit der `wait()`-Methode sagst du, dass ein Thread auf ein Objekt warten soll. `wait()` ist übrigens eine der Methoden der Mutterklasse aller Klasse: `java.lang.Object`.

*2 Damit du `wait()` aufrufen kannst, muss der Thread das Objekt als Lock haben.

*3 Nachdem `zwergenThread` und `elfenThread` gestartet sind, …

*4 … wartet der `main`-Thread ein bisschen, um sicherzustellen, dass in beiden anderen Threads jeweils die `wait()`-Methode aufgerufen wurde. 500 Millisekunden reichen dazu dicke.

```
        toilette.wait();*1
      } catch (InterruptedException e) {
      }
    }
    nachtelf.malGehen(toilette);*7
  }
}, "ElfenThread");
zwergenThread.start();*3
elfenThread.start();*3
try {
  Thread.sleep(500);*4
} catch (InterruptedException e) {
}
synchronized (toilette) {*6
  System.out.println("Zauberer: \"Ah das tat gut. So, der Nächste kann.\"");
  toilette.notifyAll();*5
}
```

*5 **zwergenThread** und **elfenThread** warten so lange auf **toilette**, bis auf dem **toilette**-Objekt **notifyAll()** aufgerufen wird. Damit werden sozusagen **alle auf das toilette-Objekt wartenden Threads benachrichtigt**. Alternativ kannst du auch **notify()** verwenden, damit wird aber nur **einer** der wartenden Threads benachrichtigt.

*6 Im **main**-Thread sitzt derweil der Zauberer auf der Toilette, …

*7 … und erst wenn er fertig ist und **notifyAll()** aufgerufen wurde, können **zwergenThread** und **elfenThread** mit der Ausführung weitermachen.

Hier die Ausgabe des Programms für den Fall, dass der Scheduler den Zwerg als Nächsten auswählt:

```
Zwerg wartet ...
Nachtelf wartet ...
Zauberer: "Ah das tat gut. So, der Nächste kann."
Zwerg: "Ich als Erster, ich als Erster!"
Zwerg: "Aaaaaaaahhhh, das wurde auch Zeit!"
Nachtelf: "Ich als Erster, ich als Erster!"
Nachtelf: "Aaaaaaaahhhh, das wurde auch Zeit!"
```

Mit **wait()** *sage ich also*, dass ein Thread auf ein Objekt wartet, mit **notifyAll()** benachrichtige ich die wartenden Threads. Wie im Restaurant, wenn ich auf das Essen warte und der Kellner mich benachrichtigt, wenn es fertig ist.

Genau, oder der Kellner auf die Zahlung wartet und du ihn benachrichtigst, dass du zahlen möchtest.

Starvation

Die Ausgabe eben war natürlich nur Theorie, die Geschichte geht eigentlich anders weiter. Denn nicht beide der Helden können sich erleichtern: Der Zwerg (trotz seiner Körpergröße) schafft es, der Erste zu sein. Nur leider wird er einfach nicht fertig. Der Nachtelf draußen wird ungeduldiger und ungeduldiger und tanzt auf Zehenspitzen um das Toilettenhäuschen rum ... Und der Zwerg? Der wird einfach nicht fertig.

In so einem Fall, in dem ein Thread eine Ressource blockiert und diese Ressource von anderen Threads nicht verwendet werden kann, spricht man auch von dem **Starvation**-Problem. Die Threads, die nicht an die Ressource kommen, „verhungern" sozusagen, wobei in unserer Geschichte eher das Gegenteil der Fall ist ... Wie auch immer, um so ein Starvation-Problem zu simulieren, reicht es, die `Held`-Klasse wie folgt anzupassen:

```
public void malGehen(Toilette toilette) {
    System.out.printf("%s: \" Mach schon, mach schon!\"%n", this.getName());
    synchronized (toilette) {
      System.out.printf("%s: Aaaaaaaahhhh, das wurde auch Zeit!%n", this.getName());
      while (!this.isFertig()) { *1
        try {
          Thread.sleep(500); *2
          System.out.printf("%s: \"Zzzzzzzz!\"%n", this.getName());
        } catch (InterruptedException exception) {
        }
      }
    }
  }
protected boolean isFertig() { *1
  return false;
}
```

*1 Solange der jeweilige Held noch nicht fertig ist mit seinem Geschäft, ...

*2 ... wird geschlafen. Durch diese Endlosschleife bekommt der andere Held also gar keine Chance.

Die Ausgabe des Programms lautet zum Beispiel so, falls der Zwerg das Lock-Objekt zuerst bekommt:

```
Zwerg wartet ...
Nachtelf wartet ...
Zauberer: "Ah das tat gut. So, der Nächste kann."
Zwerg: "Mach schon, mach schon!"*1
Zwerg: "Aaaaaaaahhhh, das wurde auch Zeit!"*2
Nachtelf: "Mach schon, mach schon!"*3
Zwerg: "Zzzzzzzz!"*4
Zwerg: "Zzzzzzzz!"
Zwerg: "Zzzzzzzz!"
Zwerg: "Zzzzzzzz!"
Zwerg: "Zzzzzzzz!"
Zwerg: "Zzzzzzzz!"
Zwerg: "Zzzzzzzz!"

Zwerg: "Zzzzzzzz!"
...
```

*1 Der Zwerg versucht, **toilette** als Lock-Objekt zu bekommen, …

*2 … und schafft es auch!

*3 Der arme Nachtelf versucht ebenfalls, **toilette** als Lock-Objekt zu bekommen, …

*4 … schafft es aber nicht rechtzeitig (weil der Zwerg es ja schon hat) und muss warten und warten …

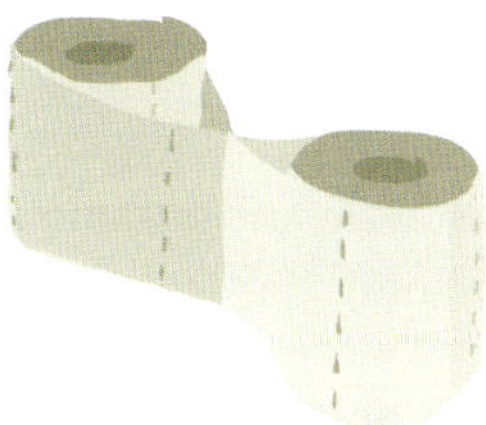

[Zettel]

Na ja, unser Beispiel hier ist ein bisschen konstruiert, weil wir ja quasi einem der beiden Helden über die Endlosschleife in **malGehen()** überhaupt keine Möglichkeit geben, auch mal die Toilette zu benutzen. **Normalerweise entsteht ein Starvation-Problem eher dann, wenn der Scheduler immer wieder ein und denselben Thread auswählt.** Für das Beispiel heißt das, es müsste einen Toilettenwächter geben (auch als Thread-Scheduler bekannt), der einen Helden in die Toilette lässt. Dann müsste der Held kurz rauskommen, und der Toilettenwächter müsste wieder den gleichen Helden auswählen und so weiter und dem anderen gar keine Chance lassen, auch mal dranzukommen.

Kurze Testfrage: Was müsstest du ändern, damit der Quelltext funktioniert?

Ich müsste die **isFertig()**-Methode anpassen und auch irgendwann mal **true** zurückgeben, *richtig?*

Ja, prima. Aber auch hier wieder der Hinweis: Nicht immer sind Starvation-Probleme so einfach zu finden und zu lösen.

[Belohnung/Lösung]

Weil du so gut die kleinen Aufgaben hier im Büro gelöst hast, überspringen wir mal die Werkstatt, und du darfst dich direkt auf dem Wohnzimmersofa ein bisschen zurücklehnen.

Warten und schlafen

So, pflanzen wir uns auf die Couch und ich sage dir nochmal, wann ein Thread in welchen Zustand gelangt.

Zustand	Tritt auf, ...
New	... wenn das Thread-Objekt erzeugt wurde.
Ready	... wenn `start()` aufgerufen wurde.
Running	... wenn der Scheduler den Thread ausgewählt hat.
Timed Waiting	... wenn `sleep()`, `wait()` oder `join()` **mit Parameter** aufgerufen wurden.
Waiting	... wenn `wait()` oder `join()` **ohne Parameter** aufgerufen wurden.
Blocked	... wenn ein Thread auf ein Lock wartet, um einen synchronisierten Block auszuführen.
Terminated	... wenn der Thread mit seiner Arbeit fertig ist, auch unfreiwillig.

[Schwierige Aufgabe]

Und jetzt du. Weißt du noch, wie die Zustände alle zusammenhängen? Zeichne das UML-Zustandsdiagramm, das ich dir zu Beginn des Kapitels gezeigt habe.
Aber bitte aus dem Kopf!

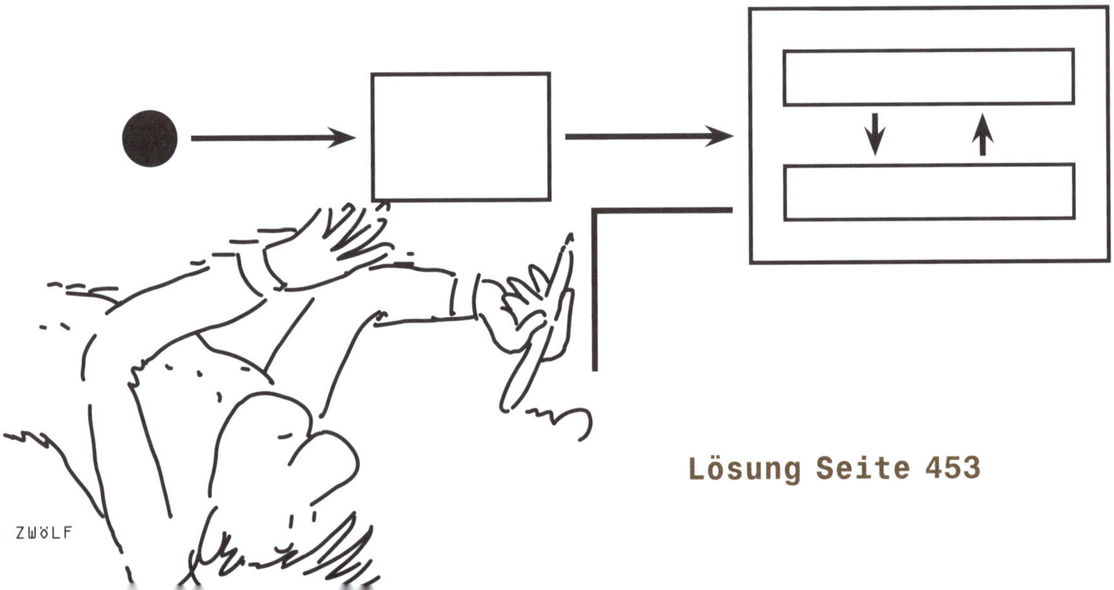

Lösung Seite 453

4 000 gegen 2 oder Arbeit verteilen

Du fragst dich sicherlich, wie die Geschichte unserer beiden Helden ausgeht. Ich kann dich beruhigen. Nachdem sich dann doch noch beide erleichtert hatten, zogen sie jeweils nach Hause, fielen in ihre Betten und träumten von Bier, Kellnerinnen und ihrem Kampf mit den vier Orks. Und da in Träumen ja gerne mal übertrieben wird, wurden aus vier Orks schnell 4 000 Orks. Bei so einem Kampf ist dann natürlich Arbeitsteilung angesagt. Genau das also, wofür Threads gemacht sind.

Gucken wir uns mal an, wie wir das nachbilden können: Erstmal brauchen wir eine Klasse, die die Orks repräsentiert. Machen wir das Ganze ein bisschen allgemeiner, kurz: Wir brauchen eine Klasse `Feind`, mit einer einzigen Eigenschaft, und zwar `name` vom Typ `String`. Fertig? Na dann weiter.

Damit die Helden die 4 000 Feinde auch besiegen können, müssen sie die Feinde irgendwie aufteilen. In Java gibt es zur Arbeitsteilung das sogenannte **Fork/Join-Framework**, ein Bestandteil des Pakets `java.util.concurrent`. Die Idee des Frameworks ist es, eine komplexe oder aufwendige Problemstellung auf verschiedene Threads aufzuteilen (fork) und anschließend die Einzelergebnisse zusammenzufassen (join). Das Framework basiert letztendlich also auch auf Threads, verbirgt diese aber vor dir als Programmierer und bietet dir andere Klassen an, dank derer du dich nicht um die Details auf Thread-Ebene kümmern musst.

Die Aufgabenverteilung geschieht über die Klasse `ForkJoinPool`, die das Interface `ExecutorService` implementiert. Die Klasse hat unter anderem eine Methode `invoke()`, der du Aufgaben zur Abarbeitung übergeben kannst. Genauer gesagt, müssen diese Aufgaben in einer Unterklasse von `ForkJoinTask` implementiert werden. Typischerweise leitest du direkt von `RecursiveAction` oder `RecursiveTask` ab. Der Unterschied zwischen diesen beiden Klassen ist der, dass `RecursiveTask` einen Rückgabewert hat, `RecursiveAction` keinen.

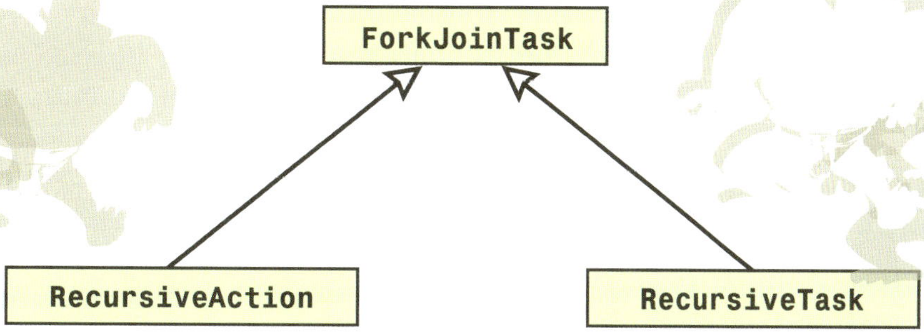

Da nach dem Kampf von den Orks eh nichts übrig bleibt, was man noch zurückgeben könnte, erstellst du am besten eine Unterklasse von **RecursiveAction**.

```
public class KampfAktion extends RecursiveAction { *1
  …
  private int MAX_ANZAHL_FEINDE = 6;
  private List<Feind> feinde;
  public KampfAktion(List<Feind> feinde) { *2
    this.feinde = feinde;
  }
  @Override
  protected void compute() { *3
    if (this.feinde.size() < MAX_ANZAHL_FEINDE) { *4
      kaempfeSelber(); *4
    } else {
      System.out.printf("%s: \"%d*8 Feinde, das ist mir zu viel, hilf mir ↩
        einer!\"%n", Thread.currentThread().getName(), this.feinde.size());
      int mitte = this.feinde.size() / 2; *5
      List<Feind> eineHaelfteDerFeinde = this.feinde.subList(0, mitte); *5
      List<Feind> andereHaelfteDerFeinde = this.feinde.subList(mitte, ↩
        this.feinde.size()); *5
      KampfAktion kampfAktionEineHaelfteDerFeinde = new KampfAktion↩
        (eineHaelfteDerFeinde); *6
      KampfAktion kampfAktionAndereHaelfteDerFeinde = new KampfAktion↩
        (andereHaelfteDerFeinde); *6
      kampfAktionEineHaelfteDerFeinde.fork(); *7
      kampfAktionAndereHaelfteDerFeinde.invoke(); *7
      kampfAktionEineHaelfteDerFeinde.join(); *7
    }
  }
  protected void kaempfeSelber() { *4
    for(int i=0; i<MAX_ANZAHL_FEINDE && i<this.feinde.size(); i++) {
      System.out.printf("%s: \"%d Feinde, die erledige ich mit links!\"%n", ↩
        Thread.currentThread().getName(), this.feinde.size());
      try {
        Thread.sleep(5);
      } catch (InterruptedException exception) {
      }
      System.out.printf("%s: \"%s, zack!\"%n", Thread.currentThread().getName(), ↩
        this.feinde.get(i).getName());
    }
  }
}
```

*1 **KampfAktion** leitet von der abstrakten Klasse **RecursiveAction** ab, …

*2 … mit etwas angepasstem Konstruktor, um die Liste der Feinde zu übergeben.

*3 **compute()** ist die Methode, die du überschreiben musst, und stellt quasi die Kernlogik der Aktion dar.

*4 Und so sieht die **Arbeitsteilung** aus: Wenn die Anzahl der Feinde, die der Aktion zugeteilt sind, kleiner ist als **MAX_ANZAHL_FEINDE**, dann kämpft der Held selbst, …

Na dann, nichts wie auf in die Schlacht:

```
public static void main(String[] args) {
  List<Feind> feinde = new ArrayList<>(); *1
  for (int i = 1; i <= 4000; i++) { *1
    feinde.add(new Feind("Feind " + i)); *1
  }
  KampfAktion kampfAktion = new KampfAktion(feinde); *2
  ForkJoinPool pool = new ForkJoinPool(); *3
  pool.invoke(kampfAktion); *4
}
```

*1 4 000 Feinde, das sind ziemlich viele.

*2 Hier steht die Initialisierung der ersten **KampfAktion**.

*3 Der **ForkJoinPool** nimmt dir viel ab, wenn es um Aufgabenverteilung geht. Eine Instanz hiervon brauchen wir also.

*4 Über die **invoke()**-Methode geben wir noch schnell an, welche Aktion ausgeführt werden soll. That's it! Der Rest wird innerhalb von **KampfAktion** abgehandelt.

*5 … ansonsten werden die Feinde aufgeteilt, am besten gleichmäßig, …

*6 … und anschließend auf weitere Aktionen verteilt.

*7 **fork()** sorgt dafür, dass diese Aktion asynchron gestartet wird (ohne dass auf das Ergebnis gewartet wird), **invoke()** ruft eine Aktion auf (und wartet auf das Ergebnis), und **join()** sorgt dafür, dass auf das Ergebnis einer (bereits gestarteten) Aktion gewartet wird. Was passiert hier also genau? Erst wird die Aktion für die eine Hälfte der Feinde gestartet (**fork()**), anschließend die Aktion für die andere Hälfte, auf die dann auch gewartet wird (**invoke()**), und zum Schluss wird dann noch auf die Fertigstellung der mit **fork()** begonnenen Aktion gewartet (**join()**).

[Zettel]
Alternativ könntest du auch die Methode **invokeAll()** verwenden. Die nimmt zwei Aktionen als Parameter und ruft **fork()**, **invoke()** und **join()** genau in dieser Reihenfolge auf diesen übergebenen Aktionen auf. Im Beispiel würdest du dazu die drei Codezeilen einfach durch **invokeAll(kampfAktionEineHaelfteDerFeinde, kampfAktionAndereHaelfteDerFeinde);** ersetzen.

*8 P. S.: Formatierungen gucken wir uns, wie du weißt, später an, nur so viel: **%d** bedeutet, dass der entsprechende Parameter (in diesem Fall **this.feinde.size()**) als Dezimalzahl interpretiert und in den String an dieser Stelle eingefügt werden soll.

Puh, das Beispiel muss ich in Äkschn sehen.

Und hier hast du deine Action:

*1 4 000 Feinde werden so lange halbiert, …

*2 … bis **MAX_ANZAHL_FEINDE** unterschritten wird.

*3 An der Stelle steht der Name des jeweiligen Threads, der die jeweilige Aktion durchführt. Du siehst: **ForkJoinPool** erstellt im Hintergrund automatisch **Thread**-Objekte, die sogar wiederverwendet werden. Du brauchst dich nicht selbst um das Erstellen von Threads zu kümmern!

*4 „ForkJoinPool-1-worker-1" kümmert sich um einen Teil der Feinde, …

*5 … während sich „ForkJoinPool-1-worker-2" um den Rest kümmert.

```
ForkJoinPool-1-worker-1*3: "4000 Feinde, das ist mir zu viel, hilf mir einer!"*1
ForkJoinPool-1-worker-1: "2000 Feinde, das ist mir zu viel, hilf mir einer!"
ForkJoinPool-1-worker-1: "1000 Feinde, das ist mir zu viel, hilf mir einer!"
ForkJoinPool-1-worker-1: "500 Feinde, das ist mir zu viel, hilf mir einer!"
ForkJoinPool-1-worker-1: "250 Feinde, das ist mir zu viel, hilf mir einer!"
ForkJoinPool-1-worker-1: "125 Feinde, das ist mir zu viel, hilf mir einer!"
ForkJoinPool-1-worker-1: "62 Feinde, das ist mir zu viel, hilf mir einer!"
ForkJoinPool-1-worker-1: "31 Feinde, das ist mir zu viel, hilf mir einer!"
ForkJoinPool-1-worker-1: "15 Feinde, das ist mir zu viel, hilf mir einer!"
ForkJoinPool-1-worker-1: "7 Feinde, das ist mir zu viel, hilf mir einer!"
ForkJoinPool-1-worker-1: "3 Feinde, die erledige ich mit links!"*2
ForkJoinPool-1-worker-2*3: "2000 Feinde, das ist mir zu viel, hilf mir einer!"
ForkJoinPool-1-worker-2: "1000 Feinde, das ist mir zu viel, hilf mir einer!"
ForkJoinPool-1-worker-2: "500 Feinde, das ist mir zu viel, hilf mir einer!"
ForkJoinPool-1-worker-2: "250 Feinde, das ist mir zu viel, hilf mir einer!"
ForkJoinPool-1-worker-2: "125 Feinde, das ist mir zu viel, hilf mir einer!"
ForkJoinPool-1-worker-2: "62 Feinde, das ist mir zu viel, hilf mir einer!"
ForkJoinPool-1-worker-2: "31 Feinde, das ist mir zu viel, hilf mir einer!"
ForkJoinPool-1-worker-2: "15 Feinde, das ist mir zu viel, hilf mir einer!"
ForkJoinPool-1-worker-2: "7 Feinde, das ist mir zu viel, hilf mir einer!"
ForkJoinPool-1-worker-2: "3 Feinde, die erledige ich mit links!"
ForkJoinPool-1-worker-1: "Feind 1, zack!"*4
ForkJoinPool-1-worker-1: "3 Feinde, die erledige ich mit links!"
ForkJoinPool-1-worker-2: "Feind 2001, zack!"*5
ForkJoinPool-1-worker-2: "3 Feinde, die erledige ich mit links!"
ForkJoinPool-1-worker-1: "Feind 2, zack!"*4
```

Sauber! Das nenn ich Arbeitsteilung!

[Zettel]
Die **KampfAktion** mit der Klasse **Held** zu vereinen, das überlasse ich mal dir. Gute Übungsaufgabe, gerade wenn man mal überlegt, dass Elfen vielleicht mit mehr Feinden gleichzeitig zurechtkommen. Aber leider sind hier weder Platz und noch Zeit. Ich würde dir wirklich gerne noch mehr zum Thema Threads erzählen …

… nee, lass mal. Das war wirklich genug! Ich fang schon an, doppelt zu sehen!

Die Zusammenfassung, damit du nicht den Faden verlierst

- Um einen **Thread zu starten**, benötigst du eine Objektinstanz von `java.lang.Thread`. **Das, was der Thread machen soll**, definierst du am besten in einer Implementierung von `java.lang.Runnable`, die du dann dem `Thread`-Objekt als Parameter übergibst.
- Der **Scheduler** ist dafür zuständig, einzelne Threads auszuwählen und auszuführen.
- Es gibt eine Vielzahl an **Strategien**, nach denen ein Scheduler die Threads auswählt. Java verwendet das **Prioritäts-Scheduling**.
- Während seiner Lebensspanne durchläuft ein Thread verschiedene Zustände: **New**, **Ready**, **Running**, **Timed Waiting**, **Waiting**, **Blocked** und **Terminated**. Befindet sich ein Thread in den Zuständen Ready oder Running, dann ist er **Runnable**.
- Um einen **synchronisierten Block oder eine synchronisierte Methode** ausführen zu können, muss ein Thread das dazugehörige **Lock** besitzen. Bei einer **Objektmethode** ist automatisch das dazugehörige Objekt das Lock, bei einer **Klassenmethode** die dazugehörige Klasse. Bei einem synchronisierten Block bist du relativ frei in der Auswahl des Locks.
- Wenn ein Thread versucht, einen synchronisierten Block oder eine synchronisierte Methode auszuführen, gibt es kein Zurück mehr, der Thread bleibt so lange im Zustand **Blocked**, bis er das Lock bekommt, was dazu führen kann, dass ein Thread ewig wartet. Das Interface `java.util.concurrent.locks.Lock` umgeht diese Problematik durch die Methode `tryLock()`, mit der du innerhalb eines Threads erst versuchen kannst, das Lock zu bekommen, und – sollte dies nicht gelingen – wieder vom Lock ablassen kannst.
- Wenn mehrere Threads ins Spiel kommen, können verschiedene Probleme auftreten: **Deadlocks**, wenn zwei (oder mehr) Threads aufeinander warten und **blockiert** sind, **Livelocks**, wenn zwei (oder mehr) Threads aufeinander warten, aber **nicht blockiert** sind, und **Starvation**, wenn ein Thread eine **Ressource blockiert** und andere Threads keine Chance erhalten, auf diese Ressource zuzugreifen.
- Über das **Fork/Join-Framework** werden die Aufgaben auf mehrere Threads verteilt. Die Idee ist dabei, ein (komplexes) **Problem** in mehrere (weniger komplexe) **Unterprobleme** zu unterteilen, diese Unterprobleme auf einzelne Threads zu **verteilen** und anschließend die jeweiligen Ergebnisse **zusammenzufügen**.

[Belohnung/Lösung]

Zur Belohnung gibt es diesmal die „Handschuhe der doppelten Geschwindigkeit“. Damit kannst du viel schneller und effektiver arbeiten.

—DREIZEHN—

Deployment, Dokumentation und Module

Das kann sich doch schon sehen lassen!

Schrödinger ist so stolz auf seine Programme, er möchte sie am liebsten direkt veröffentlichen und der ganzen Welt präsentieren. Doch damit er das richtig macht, muss er erstmal lernen, wie er seine Programme in ein Format bringt, mit dem auch Nicht-Java-Entwickler etwas anfangen können. Außerdem lernt Schrödinger, wie er seinen Quelltext richtig kommentiert und eine ansprechende Dokumentation für ihn erstellen kann. Nur für den Fall, dass andere Entwickler mal einen Blick auf seinen Quelltext werfen oder er selbst nach einem halben Jahr nicht mehr weiß, was er damals getan hat.

Abgepackt

Wie kannst du es anstellen, dass deine Programme auch auf dem Windows-PC von deiner Freundin oder dem MacBook von Bossingen laufen? Klar, Java ist dank virtueller Maschine betriebssystemunabhängig, aber schließlich kannst du den anderen nicht zumuten, sich Eclipse oder eine andere IDE zu installieren, wie du sie hast, und deine Programme von dort zu starten, oder – schlimmer noch – das Ganze von der Konsole aus zu machen. Ein **ausführbares Programm**, das ist es, was die anderen brauchen.

Ah, okay, also sowas wie eine EXE-Datei unter Windows, richtig?

Genau, etwas Ähnliches, denn EXE-Dateien wären ja nicht mehr unabhängig vom Betriebssystem. In Java gibt es deswegen statt EXE-Dateien sogenannte **JAR**-Dateien (englisch **Java Archive**), eine Art **Container** für deine kompilierten Java-Klassen. Und diese JAR-Dateien kannst du dann ausführbar machen.

[Hintergrundinfo]

Es gibt auch die Möglichkeit, EXE-Dateien für Java-Programme zu erstellen. Allerdings brauchst du dafür externe Bibliotheken. Bring ich dir ein anderes Mal bei.

Lass mich dir erstmal zeigen, wie du solche JAR-Dateien auf der Kommandozeile erstellst. Danach zeig ich dir dann den komfortableren Weg über Eclipse. Aber erst einmal brauchst du eine Klasse, die irgendwas macht. Warum nicht eine wirklich ganz, ganz einfache? Die `HalloSchroedinger`-Klasse aus Kapitel 1 beispielsweise.

Zur Erinnerung:

```
public class HalloSchroedinger {
  public static void main(String[] args) throws IOException {
    System.out.println("Hallo Schrödinger");
  }
}
```

Eine JAR-Datei dafür zu erstellen, ist fix gemacht: Einfach diesen Befehl hier eingeben, und **schon hast du ein Java-Archiv:**

```
jar*1 cf*2 SagHallo.jar*3 de\galileocomputing\schroedinger\java\kapitel13↩
  \HalloSchroedinger.class*4
```

*1 Mit dem **jar**-Kommando erzeugst du JAR-Dateien.

Hätt ich mir denken können ...

*2 Das „c" steht für „create". Du willst ein JAR-Archiv **erstellen**. Du kannst JAR-Dateien aber auch **aktualisieren**. Das ginge mit „u", für „update". Mit „f" für „file" sagst du, dass du das Ergebnis in eine **Datei** schreiben möchtest.

*3 Deren Name packst du einfach hinten dran.

*4 Ganz hinten folgen dann noch die Klassen, die du dem Java-Archiv hinzufügen willst, in diesem Fall nur eine. Mehrere würdest du einfach durch Leerzeichen getrennt angeben.

[Hintergrundinfo]

Das JAR-Format basiert auf dem ZIP-Format. Aus diesem Grund lassen sich JAR-Dateien auch mit gängigen Pack-Programmen wieder entpacken. Oder direkt mit dem **jar**-Befehl: **jar xf SagHallo.jar**.

[Zettel]

Mit dem Parameter „v" kannst du den Output während der Erzeugung der JAR-Datei gesprächiger (englisch **v**erbose) machen, das heißt, es wird wesentlich mehr an Information ausgegeben, was den Fortschritt des Packens betrifft.

Die erzeugte JAR-Datei führst du anschließend mit folgendem Befehl aus:

```
java*1 -jar*2 SagHallo.jar*3
```

*1 Auch gepackte Java-Programme lassen sich mit dem **java**-Befehl starten, ...

*2 ... du musst nur über diesen Schalter angeben, dass es sich um eine JAR-Datei handelt.

*3 Den Namen der Datei gibst du hier an.

Wenn ich das versuche, kommt aber das hier auf der Konsole:

```
kein Hauptmanifestattribut in SagHallo.jar
```

Ach ja, stimmt. Fast hätte ich's vergessen. Da fehlt noch was. Sorry, aber ein JAR-Archiv auf der Konsole zu erstellen, das macht man sehr, sehr selten. In der Praxis verwendet man eher **Build-Tools wie Ant oder Maven** oder auch mal direkt die IDE.

Was ich gerade vergessen habe, ist die Angabe, welche Datei innerhalb des Archivs die ist, **die ausgeführt werden soll** (es können ja schließlich mehrere Dateien mit **main**-Methode im Archiv enthalten sein). Diese Angabe machst du in der sogenannten Manifest-Datei, der Datei **MANIFEST.MF** (und ich schrei dich hier nicht an, die besteht wirklich nur aus Großbuchstaben). Diese Datei wird beim Erstellen der JAR-Datei **automatisch generiert** und kann verschiedene **Attribut-Wert-Paare** enthalten, unter anderem auch das Attribut **Main-Class**, mit dem du die **Startklasse** angeben kannst.

Lass dir doch mal den Inhalt des JAR-Archivs ausgeben, da ist auch die Manifest-Datei dabei:

```
jar t*1f*2 SagHallo.jar*3
```

*1 Die Option „t" listet alle Dateien und Verzeichnisse auf, die in der JAR-Datei enthalten sind.

*2 „f" steht immer noch für Datei.

*3 Ganz hinten folgt wieder der Name der Datei.

```
META-INF/
META-INF/MANIFEST.MF
de/galileocomputing/schroedinger/java/kapitel13/HalloSchroedinger.class
```

Das ist in der JAR-Datei bisher drin:

Wie du siehst, wurden direkt das Verzeichnis META-INF und die Manifest-Datei erstellt. Das Attribut **`Main-Class`** ist standardmäßig nicht in der Datei angegeben. **Das können wir aber schnell nachholen.**

So kannst du die JAR-Datei aktualisieren:

```
jar*1 ufe*2 SagHallo.jar*4 de.galileocomputing.schroedinger.java.kapitel13.
  HalloSchroedinger*3 de\galileocomputing\schroedinger\java\kapitel13
  \HalloSchroedinger.class*4
```

*1 Hier wieder der **`jar`**-Befehl, …

*2 … aber diesmal nimmst du „u" statt „c", um die existierende JAR-Datei zu aktualisieren. Auch neu hinzu kommt das „e". Das steht für „**e**ntrypoint", also für die Klasse, deren **`main`**-Methode aufgerufen werden soll, …

*3 … und die kommt dann in der Reihenfolge nach dem Namen für das Java-Archiv.

*4 Am Rest hat sich nichts geändert.

[Zettel]

Du musst natürlich nicht zwingend die Reihenfolge gehen, die wir gerade gegangen sind: Erst JAR-Datei erstellen und dann updaten, um die Startklasse anzugeben. Du kannst sie auch direkt beim Erstellen einer JAR-Datei mit angeben. Das funktioniert nach dem gleichen Prinzip wie oben, statt **`ufe`** nimmst du allerdings **`cfe`** im **`jar`**-Kommando.

[Hintergrundinfo]

Alternativ könntest du die Manifest-Datei auch selbst anlegen, mit Attributen und Werten befüllen und dem **`jar`**-Befehl beim Erstellen der JAR-Datei übergeben. Mehr Informationen dazu und überhaupt zu dem **`jar`**-Tool findest du im Downloadbereich zum Buch.

Noch was, was du beachten musst:

[Achtung]

Damit das „Hallo Schrödinger" auch mit korrektem Umlaut ausgegeben wird, darfst du den JVM-Parameter für das Encoding nicht vergessen. Den gibst du genauso an, wie du es in Kapitel 1 auch gemacht hast. Das Encoding bzw. JVM-Parameter generell kannst du nicht über die Manifest-Datei setzen, denn das sind Sachen, die ja von Betriebssystem zu Betriebssystem und von JVM zu JVM anders sein können und nicht direkt etwas mit dem gepackten Programm zu tun haben.

Der vollständige Befehl zum Ausführen des gepackten Programms sieht dann also so aus:

```
java -jar SagHallo.jar -Dfile.encoding=CP850
```

Ich packe meine JAR-Datei ...

... und nehme mit: eine Klasse `StereoAnlage`, **die sieht so aus:**

```
package de.galileocomputing.schroedinger.java.kapitel13.stereoanlage;
public class StereoAnlage {
  public void musikHoeren() {
    System.out.println("La, la, la, la, Listen to my heart");
  }
}
```

... und nehme mit: eine Klasse `Main`, **die so aussieht:**

```
package de.galileocomputing.schroedinger.java.kapitel13.stereoanlage;
public class Main {
  public static void main(String[] args) {
    StereoAnlage stereoAnlage = new StereoAnlage();
    stereoAnlage.musikHoeren();
  }
}
```

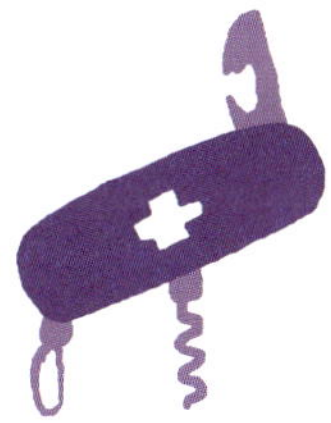

[Einfache Aufgabe]

Erstelle aus den beiden Klassen ein Java-Archiv **CooleMucke.jar**. **Main** soll die Klasse sein, die gestartet wird, wenn die JAR-Datei ausgeführt wird.

Das ist ja easy, das mach ich doch mit Links:

```
jar*1 cfev*2 CooleMucke.jar*3 de.galileocomputing.schroedinger.java.kapitel13.↩
  stereoanlage.Main*4 de\galileocomputing\schroedinger\java\kapitel13
\stereoanlage\Main.class*5 de\galileocomputing\schroedinger\java\kapitel13↩
  \stereoanlage\StereoAnlage.class*5
```

*1 Zuerst der **jar**-Befehl für JAR-Dateien, ...

*2 ... dann die ganzen Optionen, „c“ für Erstellen, „f“, damit ich gleich den Namen der JAR-Datei angeben kann, „e“ für die Startklasse, und „v“ hab ich auch mal ausprobiert.

*3 Hier der Name der JAR-Datei, ...

*4 ... **Main** als Startklasse ...

*5 ... und hier die beiden Klassen durch Leerzeichen getrennt – genau, wie du eben gesagt hast.

Kannst du uns bitte nächstes Mal kürzere Paketnamen nehmen?

[Achtung]

Achte bei der Formulierung des `jar`-Kommandos auf die richtige Groß- und Kleinschreibung bei den Paketnamen und den Klassennamen.

Prima. Da hab ich nichts dran auszusetzen.
Nur ein kleiner Hinweis noch: Da ja beide Klassen in einem Paket liegen, hätte auch ein
`de\galileocomputing\schroedinger\java\kapitel13\stereoanlage\*.class`
gereicht. Damit werden alle `class`-Dateien in dem entsprechenden Ordner mit in die JAR-Datei gepackt.

Toll. Das sagt er mir jetzt ...!

Hättest mich ja fragen können, haha. Wie auch immer, Java-Archive erstellen zu können, ist eine wichtige Grundlage. Theoretisch könntest du die JAR-Datei jetzt schon an deine Freundin oder an Bossingen oder an wen auch immer schicken. Vorausgesetzt, die haben die richtige JRE installiert, würde dein Programm auch direkt funktionieren.

Das klingt aber, als ob da noch was kommt.

Genau. Denn das Installieren der richtigen JRE kannst du auch direkt automatisieren.

Und zwar mit ...

Java Web Start

Mit **Java Web Start** kannst du dein Java-Programm auf einen (Web-)Server legen und über eine **Konfigurationsdatei** definieren, welche JAR-Dateien zu deinem Programm gehören, welche Java-Version benötigt wird und vieles andere mehr. Öffnet der Nutzer dann mit seinem Browser einen Link, der auf diese Konfigurationsdatei zeigt, ...

- ... wird automatisch geprüft, ob die **richtige Java-Version** installiert ist. Wenn dies nicht der Fall ist, wird zusätzlich die Installation der richtigen JRE gestartet.
- ... werden automatisch alle zum Programmstart notwendigen **JAR-Dateien heruntergeladen** und zusätzlich in einem lokalen Cache gespeichert.
- ... wird automatisch die **Anwendung gestartet**.

Klingt cool. Dann zeig mir mal, wie man so eine Konfigurationsdatei erstellt!

Ja, das würde ich wirklich gerne, aber wenn's dir recht ist, verschieben wir das ans Ende des Buches. Erst musst du dir noch zwei weitere Abzeichen verdienen:

1. So eine Konfigurationsdatei ist nämlich **im XML-Format** geschrieben, und das behandeln wir erst im nächsten Kapitel.

Trotzdem – nur damit ich's richtig verstehe: Wenn ich so eine Konfigurationsdatei für mein **SagHallo.jar** hätte, die auf einen Server lege und dann im Browser öffne, würde sich dann automatisch die Konsole öffnen und „Hallo Schrödinger" ausgeben?

Fast. Alles richtig bis auf den letzten Punkt. Die Konsole öffnet sich nicht. Und da sind wir gleich beim zweiten Abzeichen, das dir noch fehlt:

2. Java Web Start ist nur für Anwendungen gemacht, die auch eine **grafische Oberfläche** haben. Grafische Oberflächen behandeln wir erst in Kapitel 16.

Okay, okay, verstanden.

Eine Frage hätte ich aber trotzdem noch: Du hast eben davon geredet, dass alle zum Programmstart notwendigen JAR-Dateien heruntergeladen werden. Das verstehe ich nicht, ich dachte, ein Java-Programm ist eine JAR-Datei?

Gut, dass wir drüber reden, das hast du dir falsch gedacht. **Ein** Java-Programm kann durchaus aus **mehreren** JAR-Dateien bestehen. In der Regel tut es das sogar. Ich trau's mich fast nicht zu sagen, aber das hat auch wieder was mit **Wiederverwendung** zu tun. Denn Klassen und Interfaces, die du für das eine Java-Projekt entwickelt hast, kannst du eventuell auch in einem anderen Java-Projekt gut gebrauchen. Da bietet es sich doch an, solche Klassen und Interfaces in **eine JAR-Datei** zu packen, die dann in **beiden Projekten** verwendet werden kann. Zum Beispiel die Klasse `StereoAnlage` von eben. Die würde sich bestimmt auch in einem anderen Projekt gut machen. Aber am besten gucken wir uns das in der Werkstatt an.

Bibliotheken einbinden in Eclipse

Wiederverwendung von Quelltext ist eines der zentralen Konzepte der Objektorientierung: Ob du nun eine Methode einer Oberklasse in den Unterklassen wiederverwendest oder ob du eine Klasse von verschiedenen anderen Klassen, die durchaus in ganz unterschiedlichen Paketen liegen können, referenzierst, indem du Objektinstanzen erstellst, all das läuft auf Wiederverwendung von Quelltext hinaus. Warum also nicht auch Quelltext wiederverwenden, den du mal als Bibliothek in Form einer JAR-Datei gespeichert hast?

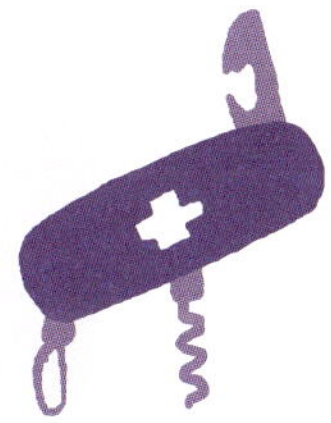

[Einfache Aufgabe]

Erstelle ein neues Java-Projekt „Flohmarkt" in Eclipse und dort dann die Klasse **`Flohmarkt`** mit dem folgenden Inhalt im Paket **`de.galileocomputing.schroedinger.java.kapitel13`**.

```
package de.galileocomputing.schroedinger.java.kapitel13;

import de.galileocomputing.schroedinger.java.kapitel13.stereoanlage.↩
  StereoAnlage;
public class Flohmarkt {
  public static void main(String[] args) {
    StereoAnlage stereoAnlage = new StereoAnlage();
    Flohmarkt.verkaufen(stereoAnlage);
  }
  public static void verkaufen(StereoAnlage stereoAnlage) {
    // Hier irgendein Code, der was mit der Stereoanlage anstellt.
  }
}
```

Das Problem ist, dass der Compiler die Klasse **`StereoAnlage`** nicht findet. Sie befindet sich nicht im Classpath des neuen Projekts. Wie gut jetzt, dass du eben eine JAR-Datei erstellt hast, die genau diese Klasse enthält.

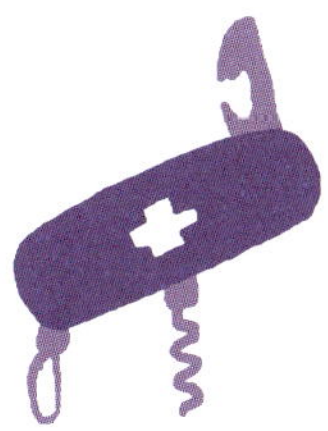

[Einfache Aufgabe]

Selektiere das neue Projekt in Eclipse, und wähle aus dem Hauptmenü **Project • Properties**, klicke dann auf **Java Build Path**, und wähle das Register **Libraries** aus.

Dort sind alle Bibliotheken aufgelistet, die sich im **Classpath** von deinem Projekt befinden oder, anders gesagt, alle Bibliotheken, die du innerhalb des Projekts verwenden kannst.

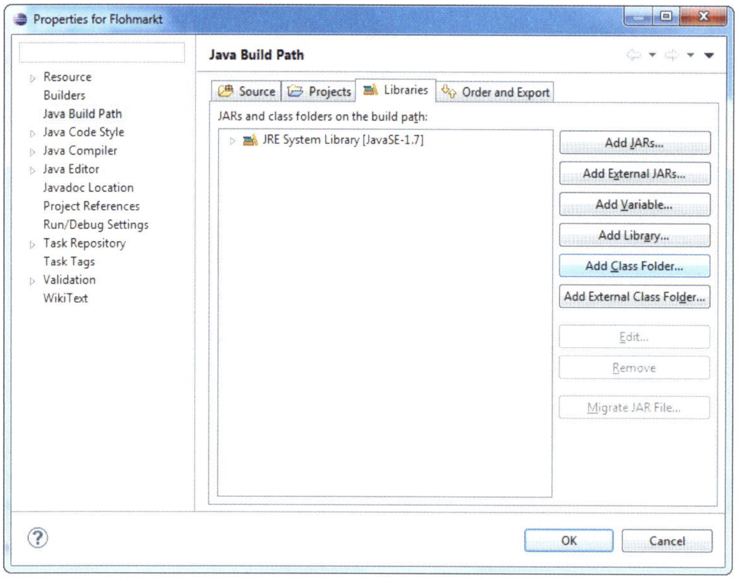

Standardmäßig befindet sich bei Eclipse-Projekten nur die Java-Standardbibliothek im Classpath.

Über **Add JARs...** kannst du nun Bibliotheken hinzufügen, die in **deinem Workspace** liegen, über **Add External JARs...** Bibliotheken, die **irgendwo im Dateisystem** zu finden sind. Am besten ist es für den Moment, du erstellst einen Ordner `lib` im Projekt „Flohmarkt" und legst dort die JAR-Datei `CooleMucke.jar` hinein.

[Einfache Aufgabe]

Hast du das fertig, füge bitte die JAR-Datei über „Add JARs ..." zum Classpath hinzu.

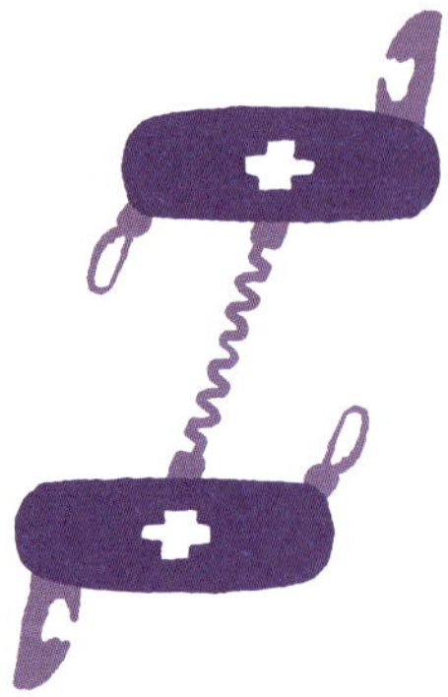

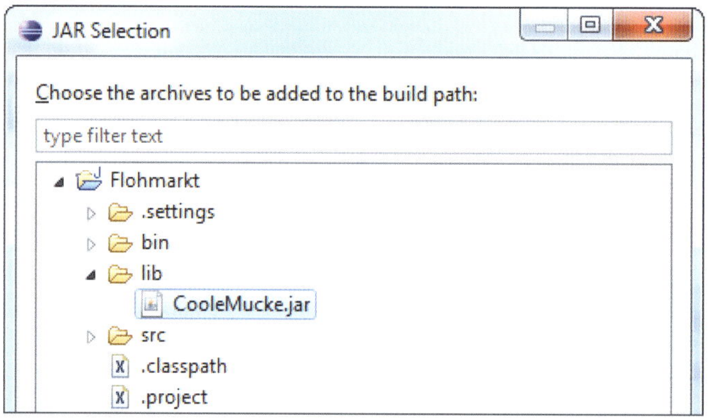

Und schwups, dein Code kompiliert wieder! Jetzt steht dir die Welt offen. Denn jetzt kannst du dir aus den Abermillionen an **frei verfügbaren Java-Bibliotheken** diejenigen raussuchen, die du brauchst, und kannst sie einfach so in deine eigenen Projekte einbinden. Damit du dann auch weißt, wie die jeweilige Bibliothek zu verwenden ist, welche Interfaces und Klassen es gibt und was man damit alles machen kann, solltest du am besten einen Blick in die jeweilige **Java-Dokumentation** werfen.

[Notiz]
Wenn du ein Eclipse-Projekt A hast, dessen Klassen du in einem anderen Eclipse-Projekt B verwenden möchtest, kannst du dir den Umweg über die JAR-Datei auch sparen, indem du einfach im Properties-Dialog von Projekt B unter dem Register **`Projects`** das Projekt A hinzufügst. Schon kannst du alles aus Projekt A auch in Projekt B verwenden.

Apropos Java-Dokumentation: Es ist natürlich auch ganz nett **anderen Entwicklern** gegenüber, wenn du für deine eigenen Interfaces, Klassen und so weiter auch eine Dokumentation erstellst. Und auch du wirst darüber froh sein, wenn du nach Wochen oder Monaten auf alten Quelltext von dir schaust und dich fragst, was der eigentlich macht. Kommen wir also zu einem weiteren nützlichen Tool …

Haaaalt! Stop! Du hast wohl vergessen, dass du mir zeigen wolltest, wie ich mit Eclipse JAR-Dateien erstellen kann? Du machst mir die Kommandozeile ja nicht gerade schmackhaft, muss ich schon sagen …

Nee, nee, die Kommandozeile ist schon nützlich … nur eben **nicht immer die beste Wahl**, um Dinge schnell und einfach zu erledigen. Es gibt zwar auch Dinge, die auf der Kommandozeile einfach gehen, das Erstellen einer JAR-Datei gehört aber mit Sicherheit nicht dazu.

So machst du es in Eclipse:
Selektiere einfach das jeweilige Projekt, und wähle dann aus dem Hauptmenü **File • Export… • Java • JAR file** oder eben alternativ **File • Export… • Java • Runnable JAR file**, wenn du eine JAR-Datei mit Startklasse erzeugen möchtest.

Hallo Onkel Doc – Dokumentation mit javadoc

Nicht nur Nutzer werden dein Programm verwenden, eventuell auch andere Entwickler. Für die ist besonders eine Sache wichtig: **gut dokumentierter Quelltext**, damit sie ihn auch verstehen. Um einen Überblick über deine Codekommentare zu bekommen bietet Java ein nützliches Tool an, das dir **HTML-Seiten für alle deine Klassen- und Methodenkommentare generiert**.

So kannst du dir die Dokumentation zu deinem Quelltext generieren lassen:

Der Befehl javadoc ...

*1 **javadoc** heißt das Zauberwort.

*2 Mit der Option **-d** definierst du optional den **Zielordner** der Dokumentation.

```
javadoc*1 -d*2 ..\doc*3 -subpackages*5 de.galileocomputing.⤶
  schroedinger.java.kapitel13.videorekorder*4
```

*3 Da ich den Befehl im **src**-Ordner aufrufe, ich dort aber keine Dokumentation haben möchte, erstelle ich den Ordner **doc** eine Ebene höher.

*4 Hier folgt das **Package**, für das die Dokumentation generiert werden soll.

*5 Hiermit wird die Dokumentation **auch für alle Unterpackages** des angegebenen Packages mit generiert.

```
package de.galileocomputing.schroedinger.java.kapitel13.videorekorder.api;*1
/***3
 * Interface für einen Videorekorder.
 *
 * @author Philip Ackermann
 *
 */
public interface Videorekorder*2 {
  /***6
  * Startet die Aufnahme einer <code>Sendung</code>.*6
   *
   * @param sendung*7 Die <code>Sendung</code>, die aufgenommen werden soll.
   *
   * @return Eine <code>VideorekorderBestaetigung</code>*10, wenn die Aufnahme ⤶
     erfolgreich war.*8
   */
  VideorekorderBestaetigung aufnehmen(Sendung sendung);*9
  /**
   * Startet eine aufgenommene <code>Sendung</code>.
   *
   * @param sendung Die <code>Sendung</code>, die wiedergegeben werden soll.
```

... generiert aus den Kommentaren dieses Quelltexts ...

*1 Alle Packages werden oben links dargestellt, ...

*2 ... Klassen und Interfaces links darunter. Informationen zur jeweils selektierten Klasse bzw. zum jeweils selektierten Interface werden rechts daneben angezeigt. Dazu gehören ...

*3 ... **Klassen-** bzw. **Interfacekommentare**, ...

*10 Alles, was du innerhalb von **<code>** und **</code>** schreibst, wird in einer speziellen Schriftart vom Rest abgehoben. Eignet sich gut, um Klassennamen, Interfacenamen, Methodennamen und alles, was noch mit Quellcode zu tun hat, hervorzuheben.

```
    */
    void wiedergeben(Sendung sendung);
    /**
     * Löscht eine aufgenommene <code>Sendung</code>.
     *
     * @param sendung Die <code>Sendung</code>, die gelöscht werden soll.
     *
     * @return Eine <code>VideorekorderBestaetigung</code>, wenn das Löschen ⤶
       erfolgreich war.
     */
    VideorekorderBestaetigung loeschen(Sendung sendung);
}
```

[Achtung]

Bei der Generierung der HTML-Dokumentation berücksichtigt **javadoc** nur Klassen- und Methodenkommentare. Mit `//` beginnende Zeilenkommentare und durch `/*` und `*/` eingeschlossene Blockkommentare werden nicht ausgewertet.

… diese Dokumentation:

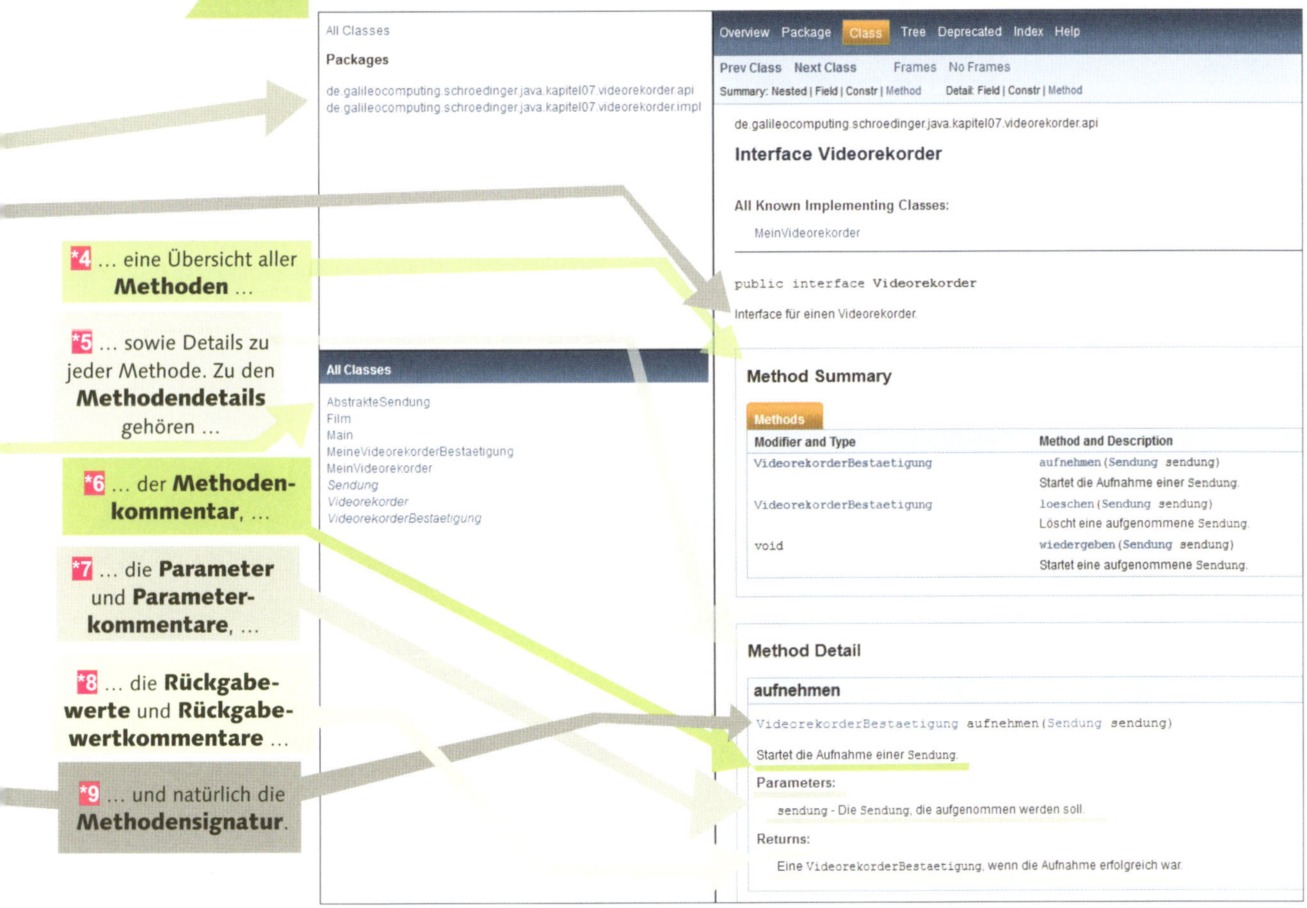

[Begriffsdefinition]

Die ganzen Bezeichnungen **innerhalb der Kommentare** mit dem @ davor sind sogenannte **Tags**. Die sind nicht zu verwechseln mit Annotationen, die ja **innerhalb des Quelltextes** stehen.

Hier ein Überblick über die wichtigsten Tags:

Tag	Beschreibung
`@author`	Der **Autor** der Klasse, des Interfaces oder des Enums. Gibt es mehrere Autoren, kannst du dieses Tag durchaus auch mehrfach verwenden.
`@version`	Hiermit kannst du die Version deiner Bibliothek angeben, seit der die Klasse, das Interface, die Methode und so weiter mit dabei ist.
`@param`	Hiermit lassen sich **Parameter** von Methoden beschreiben. Typischerweise kommt nach dem `@param` immer der Name des Parameters und danach die Beschreibung.
`@return`	Bezeichnet, wie du dir wahrscheinlich denken kannst, den **Rückgabewert** einer Methode.
`@throws` (oder alternativ `@exception`)	Darüber kann dokumentiert werden, welche **Exceptions** eine Methode oder ein Konstruktor werfen. Nach dem `@throws` kommt der Typ der Exception, danach die Beschreibung. Übrigens: Auf die Dokumentation von Errors kannst du verzichten, weil die ja eher unvorhersehbar sind, wie du im Kapitel über Exceptions gesehen hast.
`@see`	Hiermit kannst du zum Beispiel für eine Methode angeben, an welchen anderen Stellen im Quelltext noch weitere Informationen über diese Methode zu finden sind. Typischerweise wird das verwendet, um von der Implementierung eines Interfaces auf die schon vorhandene Dokumentation im Interface zu verlinken.
`@since`	Darüber lässt sich festlegen, ab welcher **Version** es die Klasse, das Interface, die Methode und so weiter in deinem Programm gibt.
`@deprecated`	Hiermit sagst du, dass etwas veraltet ist, zum Beispiel eine Methode. Dann weiß jemand, der die Dokumentation liest, direkt, dass er diese Methode nicht mehr verwenden sollte.

[Zettel]

Sobald dein Projekt eine gewisse Größe erreicht hat, wirst du auch die Dokumentation – genau wie zuvor die JAR-Dateien – wahrscheinlich nicht mehr über die Konsole erstellen, sondern Ant, Maven oder deine IDE verwenden. Trotzdem solltest du mal **einen Blick auf das Kommandozeilentool geworfen haben**.

[Hintergrundinfo]

In Klassen- und Methodenkommentaren kannst du übrigens auch selbst HTML unterbringen. Das wird dann in das fertige HTML mit eingebaut.

Strukturiert und modularisiert

Seit Java 9 hast du die Möglichkeit, deinen Code in sogenannten **Modulen** zu strukturieren.

Ich dachte, ich strukturiere den Code in Paketen, in Packages?

Ja, stimmt. Das machst du auch weiterhin. Mit Paketen strukturierst du deine Klassen und Interfaces so, dass Namenskonflikte vermieden werden und du immer den Überblick behältst. Das weißt du ja schon alles.

Mit Modulen kannst du deinen Code aber noch weiter strukturieren, eben **modularisieren**. Ganz allgemein bezeichnen Module in der Softwareentwicklung nämlich Softwareteile, die einen bestimmten Zweck erfüllen. Eine Software besteht dann aus verschiedenen Modulen, beispielsweise aus einem Modul für die Verwaltung von Datenbankanfragen, einem Modul für die Validierung von Formulareingaben und so weiter. Und da der Code für eine Software – zumindest wenn du mit Java entwickelst – in der Regel über mehrere Klassen und Interfaces, aber auch über mehrere Pakete verteilt ist, ist es sinnvoll, diese Pakete zu **logischen Einheiten**, zu Modulen zusammenzufassen.

Oder anders gesagt:

[Merke]
Im Fall von Java kannst du dir ein Modul als eine **Sammlung von Paketen** vorstellen.

Oookay. Und wie definiere ich das?

Das ist relativ einfach. Das machst du pro Modul über eine sogenannte **Modulkonfigurationsdatei**, eine Datei mit dem Namen **module-info.java**, die du standardmäßig in das Wurzelverzeichnis des jeweiligen Projekts legst. In dieser Datei definierst du drei Dinge:

- Den **Namen** des Moduls: Über diesen Namen können andere Module dein Modul referenzieren und verwenden. Daher sollte der Name eines Moduls wie auch schon für Pakete eindeutig sein, um Namenskonflikte zwischen Modulen auszuschließen.

- Die **exportierten Pakete** des Moduls: Ein Modul ist wie gesagt eine Sammlung von Paketen, wobei all die Pakete in einem Modul enthalten sind, deren entsprechende Ordner unterhalb des Verzeichnisses mit der Datei **module-info.java** liegen. In der Modulkonfiguration bestimmst du dann aber noch genau, welche dieser Pakete von dem Modul exportiert werden und dadurch nach außen hin sichtbar sind.
- Die **Abhängigkeiten** des Moduls: Du weißt schon, dass Klassen und Interfaces von anderen Klassen abhängig sein können und dass du diese Abhängigkeiten über das Schlüsselwort **`import`** definierst. Auch Module können von anderen Modulen abhängig sein, und auch das definierst du in der Modulkonfiguration, allerdings nicht über das Schlüsselwort **`import`**, wie du gleich sehen wirst.

Hast du mal ein Beispiel?

Klar, ich kenn dich doch. Stell dir vor, du hast ein Programm geschrieben, mit dem man Schuhe sortieren kann. Oder genauer: Du hast ein Interface **`SchuhSortierer`** definiert und dazu eine Implementierung in der Klasse **`SchuhSortiererImpl`**, außerdem eine Hauptklasse **`Main`**, in der das Ganze initialisiert und gestartet wird. Wie der Code dazu genau aussieht, ist an dieser Stelle weniger interessant, sondern eher, wie man ihn auf Pakete verteilt und daraus ein Modul schnürt.

Warte, ich weiß!

Zumindest das mit den Paketen:

- *Das Interface kommt in ein Paket, ...*
- *... die Implementierung in ein anderes Paket ...*

... und die Hauptklasse wieder in ein anderes.

Prima, Schrödinger!

Fehlt noch **die Modulkonfigurationsdatei**. Die legst du standardmäßig einfach in das Hauptpaket,
also ungefähr so:

```
de.galileocomputing.schroedinger
├─ de
│  └─ galileocomputing
│     └─ schroedinger
│        ├─ api
│        │  └─ SchuhSortierer.java
│        ├─ extern
│        │  └─ Main.java
│        └─ intern
│           └─ SchuhSortiererImpl.java
└─ module-info.java
```

Und der Inhalt der Datei sieht dann so aus:

*1 Eine Modulkonfiguration beginnt mit dem Schlüsselwort **`module`**, …

*2 … gefolgt von dem Namen des Moduls. Wie auch bei Paketen bietet es sich an, hierbei **umgedrehte URL-Namen** zu verwenden, um Namenskonflikte mit anderen Modulen zu vermeiden.

```
module*1 de.galileocomputing.schroedinger*2 {
    // Module, von denen das aktuelle Modul abhängt
    requires java.base;*3
    requires java.logging;*3
    // Pakete, die vom aktuellen Modul exportiert werden
    exports de.galileocomputing.schroedinger.schuhe.api;*4
    exports de.galileocomputing.schroedinger.schuhe.extern;*4
}
```

*3 Über das Schlüsselwort **`requires`** definierst du die Module, von denen das aktuelle Modul abhängig ist. Da mit Java 9 auch die gesamte Java-Standardbibliothek modular aufgebaut wurde und dadurch alle Klassen und Interfaces (bzw. die entsprechenden Pakete) in Module strukturiert wurden, kannst du diese Module hier natürlich auch als Abhängigkeit definieren. Die Angabe des Moduls **`java.base`** kannst du aber auch weglassen, denn das Modul steht implizit immer für jedes Modul zur Verfügung.

*4 Welche Pakete von deinem Modul exportiert werden, definierst du über das Schlüsselwort **`exports`**. Dabei schreibst du hinter das Schlüsselwort einfach jeweils den Namen des Pakets, das exportiert werden soll.

Angenommen, jemand möchte nun dein Modul verwenden, dann kann er dein Modul einfach über den definierten Namen importieren.

Ja, ich wette, Bossingen würde das gerne.

Okay, dann würde Bossingens Modulkonfiguration eben so aussehen:

```
module de.galileocomputing.bossingen*1 {
    requires de.galileocomputing.schroedinger;*2
}
```

Und dann kann Bossingen nur die Klassen und Interfaces verwenden, die von dem Modul **`de.galileocomputing.schroedinger`** exportiert werden, also nur die Klassen und Interfaces aus den Paketen **`de.galileocomputing.schroedinger.schuhe.api`** und **`de.galileocomputing.schroedinger.schuhe.extern`**. Oder noch genauer: nur die **öffentlichen Klassen und Interfaces** davon (also beispielsweise nicht solche, die **`package-private`** sind). Und ganz wichtig: Selbst öffentliche Klassen, die in dem Paket **`de.galileocomputing.schroedinger.schuhe.intern`** definiert sind, kann Bossingen nicht verwenden.

Verstehe, weil die nicht von meinem Modul exportiert werden.

Stimmt. Merke dir also: Mit Modulen kannst du genau definieren, welche Pakete nach außen hin sichtbar sein sollen und welche nicht. Die Sichtbarkeit von Klassen etc. ist dem untergeordnet.

[Achtung]

Es ist übrigens nicht erlaubt, dass dein Modul ein anderes Modul als Abhängigkeit definiert, wenn umgekehrt das andere Modul auch dein Modul als Abhängigkeit definiert. Dann entsteht nämlich eine sogenannte **zirkuläre Abhängigkeit**, und damit kommt der Compiler überhaupt nicht klar.

Modular? Na klar!

So, Schrödinger. Zeit für zwei kleine Aufgaben, damit ich auch sicher bin, dass du das mit den Modulen verstanden hast.

[Einfache Aufgabe]

In dem folgenden Listing habe ich mal grob eine Modulkonfigurationsdatei skizziert. Die Schlüsselwörter habe ich dabei aber weggelassen. Hast du die noch drauf?

```
______ de.galileocomputing.schroedinger.katzen {
    // Abhängigkeiten
    ______ de.galileocomputing.tierheim;
    // Exportierte Pakete
    ______ de.galileocomputing.schroedinger.katzen.api;
    ______ de.galileocomputing.schroedinger.katzen.extern;
}
```

Klar hab ich die noch drauf, nichts leichter als das:

*1 Module definiere ich über das Schlüsselwort **module**, ...

*2 ... Abhängigkeiten binde ich über **requires** ein, ...

```
module*1 de.galileocomputing.schroedinger.katzen {
    // Abhängigkeiten
    requires*2 de.galileocomputing.tierheim;
    // Exportierte Pakete
    exports*3 de.galileocomputing.schroedinger.katzen.api;
    exports*3 de.galileocomputing.schroedinger.katzen.extern;
}
```

*3 ... und welche Pakete von meinem Modul exportiert werden, definiere ich über **exports**.

Prima, Schrödinger.

Dann habe ich hier noch eine etwas schwierigere Aufgabe, nur ein kleines bisschen schwieriger.

[Schwierige Aufgabe]

In den folgenden drei Listings siehst du drei Modulkonfigurationsdateien. Allerdings hat sich irgendwo ein Fehler versteckt, ein Denkfehler. Findest du ihn?

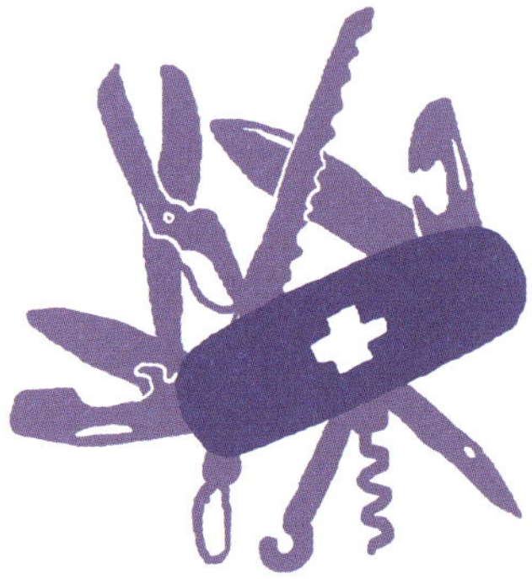

```
module de.galileocomputing.bossingen {
    requires de.galileocomputing.kartonfabrik;
    requires de.galileocomputing.schroedinger;
    exports de.galileocomputing.bossingen.schuhe;
}

module de.galileocomputing.schroedinger {
    exports de.galileocomputing.schroedinger.schuhe.api;
    exports de.galileocomputing.schroedinger.schuhe.extern;
}

module de.galileocomputing.kartonfabrik {
    requires de.galileocomputing.bossingen;
    exports de.galileocomputing.kartonfabrik.kartons;
}
```

Und? Hast du den Fehler gefunden? Falls nicht, findest du hier die Lösung:

Eigentlich ist die Lösung ganz einfach. Das Problem ist nämlich, dass sich die Module von Bossingen und der Kartonfabrik gegenseitig als Abhängigkeiten definieren. Dadurch entsteht eine zirkuläre Abhängigkeit. Und wie gesagt: Damit hat der Compiler ein Problem.

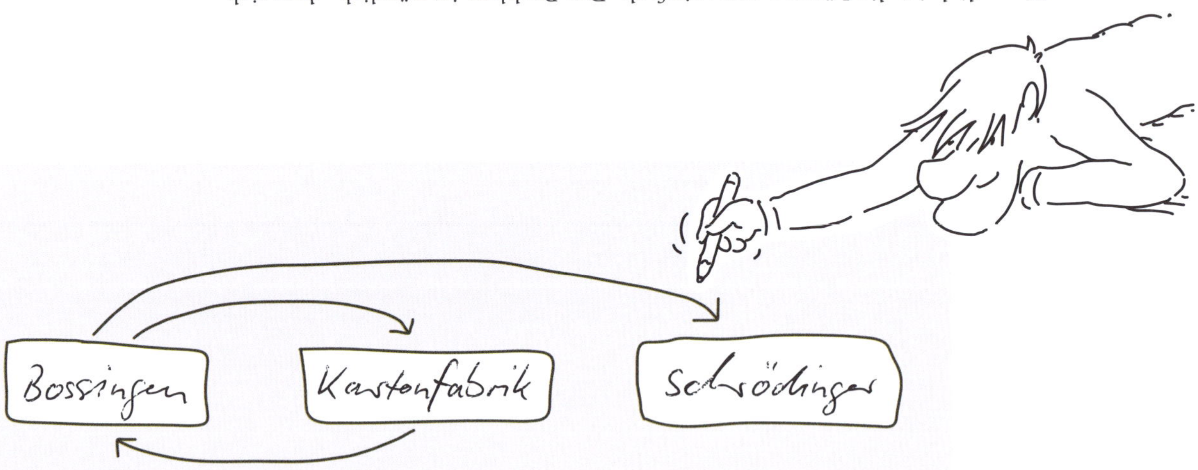

Module kompilieren

Neben dem Gezeigten gibt es noch einige andere Dinge, die du in der Modulkonfiguration anstellen kannst, einige davon sind in den folgenden Notizen beschrieben. Aber für den Anfang solltest du mit dem, was ich dir über Module beigebracht habe, eigentlich ganz gut auskommen.

Eines möchte ich dir aber trotzdem noch kurz zeigen, **und zwar, worauf du beim Kompilieren von Hand (über den Befehl `javac`) achten musst, damit Abhängigkeiten zu anderen Modulen vom Compiler erkannt werden.** Eigentlich ist das auch recht schnell erklärt, denn über den neuen Compilerparameter **`--module-path`** kannst du einfach den Pfad zu den Modulen angeben.

Wenn Bossingen also dein Modul verwenden möchte, müsste er folgenden Befehl verwenden:

*1 Den Befehl **`javac`** kennst du ja schon.

*2 Über den Parameter **`--module-path`** definierst du den Pfad zu den Modulen, …

*3 … wobei der Punkt hier angibt, dass das aktuelle Verzeichnis als Pfad verwendet werden soll.

```
javac*1 --module-path*2 .*3 -d de.galileocomputing.bossingen*4 ↩
  de.galileocomputing.bossingen/module-info.java ...*5
```

*4 Über den Parameter **`-d`** definierst du dann noch das Zielverzeichnis, in das der Code aus dem Modul kompiliert werden soll, …

*5 … und gibst alle Java-Dateien an, die kompiliert werden sollen. Statt der drei Punkte würde Bossingen hier die ganzen Java-Dateien durch Leerzeichen getrennt angeben.

Kompilieren von Hand. Wer macht das denn noch?

Ist ja schon gut, ist ja schon gut, ich wollte es nur mal gesagt haben.

[Notiz]

Wenn du von vornherein weißt, welche anderen Module dein Modul verwendet, und du möchtest, dass auch nur diese dein Modul verwenden dürfen, kannst du das in der Modulkonfiguration über das Schlüsselwort **`to`** eingrenzen:

```
module de.galileocomputing.schroedinger {
    exports de.galileocomputing.schroedinger.schuhe.api to ↩
      de.galileocomputing.bossingen;
    exports de.galileocomputing.schroedinger.schuhe.extern to ↩
      de.galileocomputing.bossingen;
}
```

Dabei kannst du nach dem **`to`** durchaus auch mehrere Modulnamen angeben.

[Notiz]

Hinter dem **`requires`** kannst du noch zwei weitere Schlüsselwörter schreiben: Definierst du eine Abhängigkeit mit **`requires transitive`**, bewirkt dies, dass alle Module, die das aktuelle Modul als Abhängigkeit definieren, die Abhängigkeit implizit ebenfalls als Abhängigkeit erhalten. Das Schlüsselwort **`static`** definiert, dass die Abhängigkeit zwar zur Kompilierzeit benötigt wird, aber nicht zur Laufzeit.

Jetzt hast du's gepackt

So. Jetzt haben wir uns, glaube ich, beide eine Belohnung verdient. Du, weil du so geduldig zugehört hast, und ich, weil dieses Kapitel trotz seiner Kürze eins der härtesten bis hierher war ... Mann, Mann ... `jar` und `javadoc` auf Kommandozeile ... ich sach's dir, das wirst du selten machen.

Trotzdem, wie immer, das Wesentliche aus diesem Kapitel auf einen Blick:

- Java-Dateien können über den `jar`-Befehl in **Java Archive** (JAR-Dateien) zusammengefasst werden.
- Solche JAR-Dateien kannst du **ausführbar machen** oder aber als Bibliothek in verschiedenen Java-Projekten **wiederverwenden**.
- Wenn du eine JAR-Datei ausführbar machen möchtest, darfst du nicht vergessen, über die **Manifest-Datei** anzugeben, welche Java-Klasse beim Ausführen gestartet werden soll.
- Hier die wichtigsten `jar`-Befehle:

Beschreibung	Befehl
Erstellen einer JAR-Datei	`jar cf` JAR-Datei Eingabedatei(en)
Aktualisieren einer JAR-Datei	`jar uf` JAR-Datei Eingabedatei(en)
Inhalte einer JAR-Datei ausgeben	`jar tf` JAR-Datei
Eine JAR-Datei entpacken	`jar xf` JAR-Datei
Eine als JAR-Datei gepackte Anwendung ausführen	`java -jar` JAR-Datei

- Mit dem Tool **javadoc** kannst du für **Interface- und Klassenkommentare sowie für Methodenkommentare** eine Dokumentation in HTML-Form erstellen.
- Ein **Modul** stellt eine Gruppierung von Code dar, in Java eine Sammlung von Paketen.
- Die Deklaration eines Moduls erfolgt über eine Datei namens **module-info.java**, die **Modulkonfiguration**. Innerhalb dieser Datei kann Folgendes definiert werden:
  - Über `module` wird der **Name** des Moduls definiert.
  - Über `requires` werden Module angegeben, von denen das aktuelle Modul **abhängig** ist.
  - Über `exports` werden die Pakete eines Moduls angegeben, die **exportiert** werden und die von außerhalb des Moduls für andere Module sichtbar sind.
  - Nur als `public` deklarierte Komponenten, die sich in einem exportierten Paket befinden, können von anderen Modulen verwendet werden.

[Belohnung/Lösung]

So, Kumpel, du bekommst deinen nächsten Ausrüstungsgegenstand: den Rucksack des Archivars, mit extra viel Platz für weitere Gegenstände. Wiederverschließbar mit einem unkaputtbaren Zipper.

—VIERZEHN—

XML

Austauschschüler – das Datenaustauschformat XML

Wer ein wirklicher Java-Profi werden möchte, für den führt kein Weg vorbei an XML, so auch nicht für Schrödinger. In diesem Kapitel lernt er, was dieses XML überhaupt ist, wofür es gut ist und welche verschiedenen Möglichkeiten es gibt, XML-Daten mit Java zu lesen und zu schreiben. Gute Gelegenheit, mal etwas Ordnung in seinen Terminkalender und seine Musiksammlung zu bringen.

XML

Als wir über Serialisierung gesprochen haben, hatte ich ja bereits erwähnt, dass es noch andere Wege gibt, Daten aus deinen Java-Programmen heraus zu speichern. Einer davon führt über **XML**, also die **Extensible Markup Language**, eine Sprache, mit der du Daten **strukturiert speichern** kannst. Mit Betonung auf strukturiert, denn bei der Serialisierung in Kapitel 11 waren die Daten ja mehr oder weniger unstrukturiert …

… war das nicht das, wo ich beim Serialisieren und beim Deserialisieren auf die Reihenfolge der Datenfelder achten musste?

Genau. Das war das eine. Das andere war, dass du die serialisierten Daten auch **nur mit Java wieder einlesen konntest**. Also nicht gerade geeignet als Austauschformat zwischen zwei in verschiedenen Programmiersprachen geschriebenen Programmen. Diese ganzen Nachteile hat XML nicht. Nicht umsonst gilt es als **das Austauschformat** schlechthin zwischen Programmen und über Programmiersprachengrenzen hinweg.

[Hintergrundinfo]

Okay, das **JSON**-Format (**JavaScript Object Notation**) ist auch sehr bekannt und wahrscheinlich mittlerweile genauso verbreitet wie XML. Aber XML ist dafür schon länger im Rennen. (Übrigens hat JavaScript trotz des Namens nichts mit Java zu tun. Aber das wusstest du bestimmt schon, oder?)

Wie auch immer. XML sollte einfach zum Repertoire eines jeden guten Java-Entwicklers gehören. Es gibt ja heutzutage fast kein größeres Java-Projekt mehr, in dem nicht **irgendwo XML** auftaucht, sei es, um Daten von einem Webservice zu holen (oder an ihn zu schicken) oder um irgendwelche Konfigurationsdateien zu definieren. Die Konfigurationsdateien bei den Build-Tools **Ant** und **Maven**, beim **Eclipse RCP Framework** oder auch bei **Android-Apps** sind zum Beispiel in XML geschrieben. Bekannte Frameworks wie **Hibernate** und **Spring** waren in den Anfangstagen auch extrem XML-lastig (mittlerweile wird dort mehr und mehr über Annotationen konfiguriert, aber das ist ein anderes Thema).

Zeit also, dich wenigstens ein bisschen mit XML auseinanderzusetzen. Wenn du dich eingehender damit beschäftigen möchtest, bitte, Bücher zu dem Thema gibt's genug. Und im Internet findest du auch allerhand dazu. Aber wir wollen jetzt mal keine Wissenschaft draus machen. Ich zeig dir nur das Wichtige, das du als Java-Entwickler wissen solltest.

Ja, bitteschön, schön aufbereitet wie bisher, dass ich mir das nicht alles selber zusammensuchen muss.

Fangen wir an mit dem Aufbau von XML-Dokumenten:

Der Aufbau von XML-Dokumenten ist schnell erklärt. Wenn du dir schon mal den Quelltext einer Webseite angesehen hast und dir **HTML-Elemente** etwas sagen, findest du dich auch mit XML schnell zurecht.

Prinzipiell sind XML-Dateien nämlich nichts anderes als **Text**dateien, in denen du über sogenannte **Elemente** und **Attribute** definierst, was der Text **bedeuten soll**. Die Elemente und Attribute kannst du relativ frei wählen, daher auch das Extensible (also erweiterbar) im Namen.

Hintergrundinfo]
Sowohl HTML als auch XML sind **Markup-Sprachen**. Kann man sich gut merken: Du **markierst** über die Elemente und Attribute den Text und gibst ihm so eine **Bedeutung**. **X**HTML ist eine Sonderform von HTML, komplett in XML geschrieben und XML-konform. Das pure HTML bzw. spätestens HTML5 hat mit XML aber gar nichts mehr zu tun, denn HTML5 gibt es wiederum gar nicht als XHTML-Variante …

… okay, merke ich mir, aber falls du denkst, dass ich das alles 100 % verstanden habe …

Macht nichts, HTML lernst du an **anderer Stelle**. Aber genug der Einleitung, am besten fangen wir mit einem kleinen Beispiel an, warum XML so gut ist.

Gerne, aber bitte nicht wieder eins mit Schuhen … und auch keins mit WoW, so gerne ich das auch mag.

Okay, dann vielleicht eins mit Ka … … wage es ja nicht! Katzen kann ich ja nun mal gar nicht mehr ertragen … und bitte auch nichts mit Kartons, falls du das sagen wolltest.

Nee, nee, äh, eigentlich wollte ich … äh … ähm … Ka…Ka… äh … Ka…lender sagen. Ja, genau! In dem du festhalten kannst, **was** du **wann wo** machen musst, … ein **Termin**kalender sozusagen.

Das würde Bossingen gefallen, ein Terminkalender, klasse!

Angenommen, du wolltest ein Programm schreiben, mit dem du Terminkalender anlegen und Termine verwalten und dann alles speichern kannst. **In einer normalen Textdatei würden die Daten zu einem solchen Terminkalender zum Beispiel so aussehen:**

```
Besitzer: Schrödinger*1
Was: Java lernen*2
Wann: Jetzt*2
Wo: Hier*2
Was: HTML lernen*3
Wann: Später*3
Wo: Woanders*3
```

*1 dein Terminkalender

*2 ein Termin …

*3 … und noch einer

Um die Daten in dein Terminkalender-Java-Programm zu bekommen, müsstest du dir **deinen eigenen Parser schreiben**, der die Daten Zeile für Zeile einliest …

… wie in Kapitel 11 mit den Kundendaten.

Genau. Gemeinsames Problem dieser Daten ist, dass sie zwar strukturiert sind, aber diese Struktur **nirgendwo definiert** ist, sondern von dir ausgedacht wurde. Jemand anders, Bossingen vielleicht, würde die Termintextdatei wahrscheinlich anders definieren.

In Bossingens Termintextdatei sähe es vielleicht so aus:

```
Besitzer: Bossingen*1
Was/Wann/Wo: Boss-Essen/Dienstag/Firma*2
```

*1 Bossingens Terminkalender

*2 Der ist sparsam und schreibt jeden Termin in nur eine Zeile.

Um diese Daten mit deinem Terminkalenderprogramm kompatibel zu machen, …

… müsste ich wieder einen Parser schreiben, hab ich recht?

Stimmt. Weil sich weder Bossingen noch du, keiner von euch, an ein **gemeinsames Format** gehalten hat. Und das ist die Stelle, wo XML ins Spiel kommt. Natürlich hätte Bossingen auch dein Format nehmen können. Oder du seines. Aber XML ist halt ein **Standardformat** und wird daher an vielen Stellen unterstützt, wie zum Beispiel auch in Java. So stehen dir für die Verarbeitung von XML-Daten in Java direkt mehrere verschiedene Parser zur Verfügung. Du brauchst also **keine eigenen Parser mehr zu schreiben**. Zumindest darum kommst du herum.

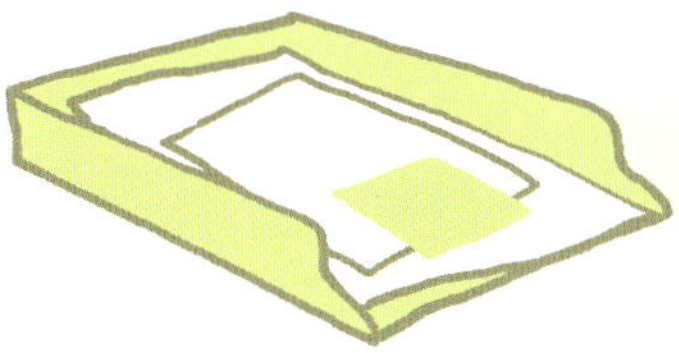

[Ablage]

XML ist ein weit verbreitetes Standardformat zum strukturierten Speichern von Daten. Weil es ein Standardformat ist, ist die Verbreitung und damit die Unterstützung von XML sehr hoch.

Nach der ganzen Lobhudelei, zeig mir doch mal, wie dieses XML aussieht.

Klar, in XML sähe dein Terminkalender von eben beispielsweise so aus:

```
<?xml version="1.0" encoding="UTF-8"?>*1
<terminkalender *9xmlns="http://www.rheinwerk-verlag.de/schroedinger/terminkalender">*2
  <besitzer>*5
    <name>Schrödinger</name>
  </besitzer>
  <termine name*6="Meine Termine">*5
    <termin>*7
      <was>Katze füttern*8</was>
      <wann>8:00*8</wann>
      <wo>Küche*8</wo>
    </termin>
    <termin>*7
      <was>Mit Freundin Schuhe einkaufen</was>
      <wann>9:00</wann>
      <wo>Schuhgeschäft</wo>
    </termin>
    <termin>*7
      <was>WoW spielen</was>
      <wann>20:00</wann>
      <wo>Am Computer</wo>
    </termin>
  </termine>
</*4terminkalender>*3
```

*1 Das hier ist die **XML-Deklaration**, die sollte zu Beginn jedes XML-Dokuments stehen. Damit gibst du die **Version** und das **Encoding** der XML-Datei an.

*2 Hier beginnt das **Element** `<terminkalender>`.

[Begriffsdefinition]

`terminkalender` ist das **Wurzelelement** des XML-Dokuments, weil es kein Elternelement hat. Innerhalb eines XML-Dokuments sollte es immer **nur ein Wurzelelement** geben. Andernfalls könntest du Probleme bekommen, wenn du das XML mit Java einliest. Wurzelelement deswegen, weil man für den Aufbau eines XML-Dokuments gerne die Baumstruktur-Analogie heranzieht.

*3 Hier endet das Element **<terminkalender>**. Man spricht auch vom **Öffnen** und **Schließen** eines Elements. **<terminkalender …>** öffnet das Element, **</terminkalender>** schließt das Element.

[Begriffsdefinition]

Wenn ein XML-Dokument eine XML-Deklaration enthält **und** nur ein Wurzelelement hat, ist das XML-Dokument **wohlgeformt**.

*4 Vergiss nicht das „/“ beim Schließen des Elements.

*5 Ein wesentlicher Vorteil von XML ist, dass Elemente auch Unterelemente haben können. Man spricht dann von **Elternelementen** und **Kindelementen**. **<besitzer>** und **<termine>** sind Kindelemente von **<terminkalender>**. Über diese Hierarchie kommt Struktur in die Daten. Die hattest du eben bei den simplen Textdateien nicht.

Aaaargh … jetzt hat es's doch gemacht! Ein Beispiel mit Schuhen, WoW und einer Katze! Fehlt nur noch der Karton.

*6 **name** ist ein **Attribut** von **<termine>**.

*7 Alle **<termin>**-Elemente sind Kindelemente von **<termine>**. Wie du siehst, kann es mehrere Kindelemente vom gleichen Typ geben. **termine** ist also quasi ein **Container bzw. ein Karton** für einzelne **<termin>**-Elemente. Ein **<termin>** wiederum besteht aus den Informationen **<was>**, **<wann>** und **<wo>**.

Ein Karton … ich wusste es. Haha, ich werd noch irre.

*8 Ein Element muss keine anderen Elemente enthalten, in so einem Fall nennt man es auch ein **Blatt** (des XML-Baums). Die Elemente hier haben zum Beispiel nur **Textinhalt**.

*9 Das ist der **Namensraum** für den Terminkalender. Den gibst du immer über das Attribut **xmlns** an.

[Begriffsdefinition]

Namensräume in XML sind vergleichbar mit Packages in Java. Packages verwendest du ja, damit du deine Klassen eindeutig identifizieren kannst und Konflikte mit gleichnamigen Klassen vermeidest. Ähnlich ist es auch in XML: Über den Namensraum werden die Elemente unterhalb des Elements, welches das **xmlns**-Attribut hat (und das Element selbst) eindeutig identifiziert. Eventuelle Namenskonflikte mit anderen Elementen (die zum Beispiel aus anderen XML-Dokumenten importiert werden können) werden so vermieden.

[Begriffsdefinition]

Elemente, die keine Unterelemente haben und keinen Textinhalt, werden auch als **leere Elemente** bezeichnet.

```
<termine name="Keine Termine" *1/>
```

*1 So wird ein leeres Element geschlossen.

Und ich kann mir einfach ausdenken, was ich für Elemente nehme, oder was? Denn Bossingen würde bestimmt sowas Konservatives wie **<beschreibung>**, **<zeitpunkt>** und **<ort>** wählen. Zumindest wenn er XML könnte …

Theoretisch ja, Elemente kannst du benennen, wie du möchtest. Praktisch ist es aber besser, du **definierst Regeln:** unter anderem, welche Elemente in deinem XML-Dokument vorkommen dürfen, welche Attribute die Elemente haben dürfen und welche Datentypen erlaubt sind, zum Beispiel, ob ein Element eine Zeichenkette oder eher eine Zahl als Wert enthalten darf. Das machst du entweder über eine **Dokument-Typdefinition** (DTD) oder über eine **XML-Schema-Definition** (XSD).

[Begriffsdefinition]

Wenn ein XML-Dokument auf eine DTD oder eine XSD verweist und sich an die dort beschriebenen Regeln hält, ist es **gültig**.

Russische Salami

Ich zeig dir an dieser Stelle nur die XSD. Die ist neuer und hat gegenüber DTD mindestens zwei Vorteile: Zum einen musst du keine neue Syntax lernen, denn sie verwendet **ebenfalls die XML-Syntax**. Zum anderen ist sie wesentlich mächtiger in dem, was du ausdrücken kannst. Allerdings ist sie auch (wie so typisch für XML) sehr gesprächig, also …

… nicht erschrecken, wenn ich dir jetzt die XSD für den Terminkalender zeige:

```
<?xml version="1.0" encoding="UTF-8"?>
<schema*1 xmlns*2="http://www.w3.org/2001/XMLSchema" targetNamespace="http://
  www.rheinwerk-verlag.de/schroedinger/terminkalender"
    xmlns:tk*3="http://www.rheinwerk-verlag.de/schroedinger/terminkalender"
      elementFormDefault="qualified">
  <element name="terminkalender">*4
    <complexType>*5
      <sequence>*6
        <element name="besitzer">*7
          <complexType>
            <sequence>
              <element name="name" type="string" />*9
            </sequence>
          </complexType>
        </element>
        <element name="termine">*8
          <complexType>
            <sequence>
              <element name="termin" *11minOccurs="0" *11maxOccurs="unbounded">*10
                <complexType>
                  <sequence>
                    <element name="was" type="string" />
                    <element name="wann" type="string" />
                    <element name="wo" type="string" />
                  </sequence>
                </complexType>
              </element>
            </sequence>
            <attribute name="name" type="string" />*12
          </complexType>
        </element>
      </sequence>
    </complexType>
  </element>
</schema>
```

*1 Das Wurzelelement einer XSD ist immer **<schema>**.

*2 Der Namensraum für XSD – muss auch sein.

*3 Der Namensraum für das XML, das mit der XSD beschrieben wird, inklusive **Namensraum-Präfix**, in unserem Fall **tk**, für **terminkalender**. Den Namen des Präfixes kannst du dir aussuchen, solange es keine Konflikte mit einem anderen Präfix gibt.

*4 Mit **<element>** kannst du definieren, welche Elemente dein XML-Dokument enthalten darf. Hier zum Beispiel wird definiert, dass es ein Element mit Namen **terminkalender** geben kann, …

*5 … und hiermit bestimmst du den Typ des Elements. Es gibt **einfache Typen** und **komplexe Typen**. **terminkalender** ist ein komplexer Typ, der …

*6 … eine Sequenz von Unterelementen enthält, und zwar …

*7 … **besitzer** und …

*8 … **termine**, beides ihrerseits wieder komplexe Typen, die ebenfalls Unterelemente haben.

*9 **besitzer** hat ein Unterelement **name** vom Standardtyp **string**.

*10 **termine** kann **termin**-Unterelemente haben, …

*11 … und zwar beliebig viele davon.

*12 Ach ja, über **<attribute>** lassen sich auch Attribute definieren. Das hier bedeutet, dass das Element **termine** ein Attribut **name** hat.

[Ablage]

Einen Nachteil hat XSD: Dank der gesprächigen XML-Syntax kann es auch **schnell unübersichtlich** werden.

Jetzt musst du nur noch die XSD in dein XML einbinden:

```
<?xml version="1.0" encoding="UTF-8"?>
<terminkalender xmlns="http://www.rheinwerk-verlag.de/schroedinger/↩
  terminkalender" *2xmlns:xsi="http://www.w3.org/2001/XMLSchema-instance"
*4xsi:schemaLocation*3="http://www.rheinwerk-verlag.de/schroedinger/↩
  terminkalender*5 terminkalender.xsd*6">*1
 …
</terminkalender>
```

*1 Das Verlinken auf das Schema passiert im Wurzelelement. Dazu bekommt es zusätzlich zu **xmlns** zwei weitere Attribute:

*2 **xmlns:xsi** importiert einen weiteren **Namensraum** in das XML-Dokument und bildet ihn auf das **Namensraum-Präfix xsi** ab.

*3 Durch dieses Mapping ist es nun möglich, Elemente und Attribute aus dem XML-Schema-Namensraum (http://www.w3.org/2001/XMLSchema-instance) zu verwenden, in diesem Fall das Attribut **schemaLocation**.

*4 Wichtig ist nur, dass du das entsprechende Präfix vorne dransetzt.

*5 **schemaLocation** selbst bekommt zwei durch ein Leerzeichen getrennte Werte: den Namensraum des verlinkten Schemas …

*6 … und den Speicherort des Schemas. Hier im Beispiel liegt das Schema im gleichen Ordner wie das XML-Dokument. Normalerweise würde es aber zentral liegen, zum Beispiel auf einem Webserver.

Ich verwende also dieses XSD-XML-Dings, um zu beschreiben, was in meinen XML-Dokumenten an Elementen und Attributen erlaubt ist? Uff, das muss ich erstmal verdauen. *Mir schwirrt der Kopf.*

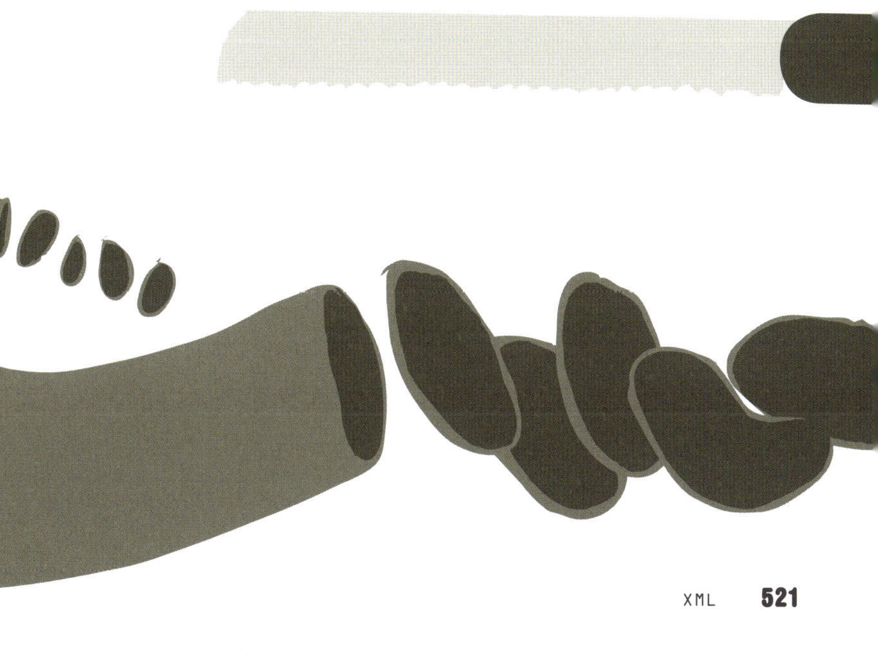

Keine Panik.

XSD gehört auch zu den eher schwer zu verstehenden Dingen.

[Begriffsdefinition]

Die XSD im Beispiel ist nach dem sogenannten **Russian Doll Design** aufgebaut, weil die einzelnen Elementdefinitionen **ineinander verschachtelt** sind (erst **`terminkalender`**, dann **`termine`**, dann **`termin`**), wie russische Matruschkas eben. Daneben gibt es noch das **Salami Slice Design**, bei dem die Elementdefinitionen global deklariert werden und aufeinander referenzieren (also **nicht verschachtelt** sind). Am besten allerdings, du nimmst die dritte Variante, das **Venetian Blind Design** …

… das gucken wir uns auch noch schnell an.

Ja sicher, baller's mir nur rein. Junge, meinst du nicht, es ist mal Zeit für eine Übung?

Ja, kommt sofort. Ganz kurz nur: beim **Venetian Blind Design** bekommen die Typen der Elemente einen Namen, werden **global deklariert** und mit dem Namen von der Elementdefinition referenziert. Hintergrund: Im Gegensatz zum Russian Doll Design kannst du auf diese Weise ein und denselben Typ bei mehreren Elementdefinitionen verwenden.

Und so sieht die XSD dann aus, Junge:

```
<?xml version="1.0" encoding="UTF-8"?>
<schema xmlns="http://www.w3.org/2001/XMLSchema"
      xmlns:tk="http://www.rheinwerk-verlag.de/schroedinger/terminkalender"
      targetNamespace="http://www.rheinwerk-verlag.de/schroedinger/terminkalender"
      elementFormDefault="qualified">
  <element name="terminkalender">*1*5
    <complexType name="terminkalender">*5
      <sequence>
        <element name="besitzer" *4type="tk:besitzer" />*1
        <element name="termine" *4type="tk:termine" />*1
      </sequence>
    </complexType>
  </element>
  <complexType *3name="besitzer">*2
    <sequence>
      <element name="name" type="string" />
    </sequence>
  </complexType>
  <complexType *3name="termine">*2
    <sequence>
      <element name="termin" *4type="tk:termin" maxOccurs="unbounded" />*1
    </sequence>
    <attribute name="name" type="string" />
  </complexType>
  <complexType *3name="termin">*2
    <sequence>
      <element name="was" type="string" />
      <element name="wann" type="string" />
      <element name="wo" type="string" />
    </sequence>
  </complexType>
</schema>
```

*1 Wieder die Elementdefinitionen, …

*2 … allerdings sind die Typdefinitionen nicht im Element geschachtelt, …

*3 … sondern haben jeweils einen Namen, …

*4 … mit dem sie von der jeweiligen Elementdefinition referenziert werden. Das hat den Vorteil, dass der Typ von mehreren Elementdefinitionen referenziert werden könnte, womit mal wieder die Wiederverwendbarkeit erhöht wäre.

*5 Kleine Ausnahme zum klassischen Venetian Blind Design: Beim Wurzelelement **schachteln wir die Typangabe doch**. Das hilft uns später noch, wenn wir uns aus dem Schema Java-Klassen generieren, damit das entsprechende Java-Tool automatisch erkennen kann, welches Element das Wurzelelement ist. Ja, wir haben noch viel vor.

[Achtung]

Nicht verwirren lassen, das Attribut `name` taucht sowohl bei `element` als auch bei `complexType` auf. Bei letzterem bezeichnet es den Namen des Typs, bei ersterem den Namen des Elements.

Boah, Leute, noch eine Sprache!? Und ich dachte, ich lerne nur Java. Jetzt muss ich nicht nur XML, sondern auch noch dieses XSD lernen. Ich werd hier noch *zum Dolmetscher.*

Sieh es positiv. XSD ist ja eh in XML geschrieben, du musst also eigentlich nur lernen, wie du XML schreibst. Oft wird es sowieso eher so sein, dass es die XSD schon gibt, üblicherweise von einem XSD-Guru im Team erstellt, und dass du dann entsprechende XML-Dokumente dazu erstellst bzw. dich an die Regeln in der XSD hältst. Es ist also für den Anfang erstmal viel wichtiger, **eine XSD zu verstehen** und das entsprechende XML dazu erstellen zu können.

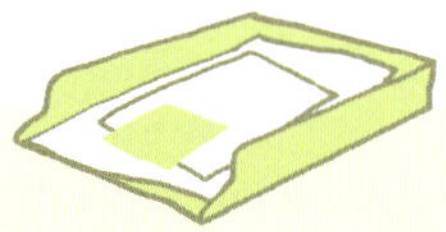

[Ablage]

XSD ist selbst in XML geschrieben. Das bedeutet aber auch, dass es für XSD selbst auch eine XSD gibt. Dazu findest du hier mehr: www.w3.org/2001/XMLSchema.xsd. Aber sei gewarnt: Es gibt bedeutend spannendere Sachen.

Musikschule mit XML

Du wolltest eine Übung? Hier bitte sehr, ohne Schuhe, WoW, Katzen oder Kartons.

[Schwierige Aufgabe]

Erstelle ein XML-Dokument zur Verwaltung aller Musikalben in deiner Musiksammlung. Zu jedem Album brauchst du den Titel, natürlich den Künstler und wann das Album veröffentlicht wurde. Das passende Schema gibt's schon. Du musst es nur verstehen und ein gültiges XML-Dokument daraus erstellen.

[Kleiner Eclipse-Tipp]

Am besten bindest du die XSD gleich in dein XML-Dokument ein, dann kannst du in Eclipse mit der rechten Maustaste auf eine XML-Datei im Datei-Explorer klicken und danach mit „Validate" überprüfen, ob sich dein XML-Dokument an die Regeln in der XSD hält.

Hier das Schema mit Kommentaren, falls du dir noch unsicher bist, was das alles bedeutet:

```
<?xml version="1.0" encoding="UTF-8"?>
<schema xmlns="http://www.w3.org/2001/XMLSchema"
      xmlns:ms="http://www.rheinwerk-verlag.de/schroedinger/musiksammlung"
      targetNamespace="http://www.rheinwerk-verlag.de/schroedinger/musiksammlung"
      elementFormDefault="qualified">
  <element name="musiksammlung">*2
    <complexType>
      <sequence>
        <element name="kuenstler" type="ms:kuenstler" maxOccurs="unbounded"*1 />*3
      </sequence>
    </complexType>
  </element>
  <complexType name="kuenstler">*4
    <sequence>
      <element name="name" type="string" />*4
```

*1 Das nur kurz noch, weil ich es eben im Beispiel noch nicht drin hatte: Das heißt einfach, dass **beliebig viele Künstler** in der Musiksammlung erlaubt sind. Mit **maxOccurs** kannst angeben, wie oft ein Element vorkommen kann, **unbounded** steht für beliebig oft. Um die Mindestanzahl an Vorkommen anzugeben, nimmst du statt **maxOccurs** einfach **minOccurs**, natürlich dann mit einem Zahlenwert.

*2 Das Wurzelelement soll vom Typ **musiksammlung** sein …

*3 … und kann mehrere Kindelemente vom Typ **kuenstler** enthalten.

*4 Ein Künstler hat einen Namen (Typ **String**) und ein Kindelement vom Typ **alben**.

```
      <element name="alben" type="ms:alben" />*4
    </sequence>
  </complexType>
  <complexType name="alben">*5
    <sequence>
      <element name="album" type="ms:album" maxOccurs="unbounded" />*5
    </sequence>
  </complexType>
  <complexType name="album">*6
    <sequence>
      <element name="veroeffentlicht" type="int" maxOccurs="1"/>*6
    </sequence>
    <attribute name="titel" type="string" />*6
  </complexType>
</schema>
```

*5 **alben** wiederum ist einfach ein Container für einzelne Alben.

*6 Und ein Album besteht aus einem Namen und der Angabe, wann es veröffentlicht wurde.

Falls du noch unsicher bist, wie du das Schema in dein XML einbindest, hier der nötige Codeschnipsel:

```
<musiksammlung xmlns="http://www.rheinwerk-verlag.de/schroedinger/musiksammlung"
xmlns:xsi="http://www.w3.org/2001/XMLSchema-instance" xsi:schemaLocation="http://
  www.rheinwerk-verlag.de/schroedinger/musiksammlung musiksammlung.xsd">
  …
</musiksammlung>
```

Und hier eine mögliche Lösung für ein gültiges XML-Dokument zu dem Schema:

```
<?xml version="1.0" encoding="UTF-8"?>
<musiksammlung>*1
  <kuenstler>*2
    <name>Jimi Hendrix</name>*3
    <alben>*4
      <album *5titel="Are You Experienced">
        <veroeffentlicht>1967</veroeffentlicht>*5
      </album>
      <album *5titel="Electric Ladyland">
        <veroeffentlicht>1968</veroeffentlicht>*5
      </album>
    </alben>
  </kuenstler>
</musiksammlung>
```

*1 **<musiksammlung>** ist das Wurzelelement, …

*2 … danach folgen dann beliebig viele Künstler.

*3 Jeder Künstler hat einen Namen und …

*4 … einen Container für die ganzen Alben.

*5 Jedes Album hat einen Titel (als Attribut) und das Veröffentlichungsjahr als Kindelement.

Ist es ein Element oder ein Attribut?

Alles klar, hab's verstanden. Eine Frage hätte ich aber noch. Wann soll ich denn Elemente und wann Attribute verwenden? Ich meine, den Namen vom Künstler könnte man doch auch als Attribut definieren, oder nicht?

Ja, das könnte man. In der Regel gibt es dazu auch keine feste Regel, wann man etwas als Element und wann als Attribut definiert. Es gibt zwar ein paar **Prinzipien**, aber letztendlich ist dein gesunder XML-Verstand gefragt.

Metainformationen als Attribute:

Ein Prinzip sagt zum Beispiel, dass alles, **was wirkliche Daten sind, über Elemente** definiert wird und alles, was **Metadaten** sind, über **Attribute**. Wenn du die Termine zum Beispiel mit einer Datenbank synchronisieren würdest, bräuchtest du für jeden Termin auch die Datensatz-ID aus der Datenbank. Die wäre ein klassisches Beispiel für eine Metainformation, die dann als Attribut gespeichert werden würde.

```
<termin id="4711">
  <was>Katze füttern</was>
  <wann>8:00</wann>
  <wo>Küche</wo>
</termin>
```

Atomare Informationen als Attribute:

Ein anderes Prinzip sagt, dass Informationen, die eine **komplexe Struktur** haben und aus weiteren Teilen bestehen, als **Element** abgebildet werden und Informationen, die **nicht weiter zerlegt** werden können, als **Attribut** definiert werden.

Also hatte ich recht eben, dass man den Namen des Terminkalenderbesitzers auch als Attribut nehmen könnte!

```
<besitzer name="Schrödinger" />
```

Ja, aber es gibt ja auch Leute, die einen Vornamen **und** einen Nachnamen haben. Deswegen habe ich eben extra ein **Element** dafür genommen. Falls man dann irgendwann noch den Vornamen ergänzen wollte, wäre das kein Problem:

```
<besitzer>
  <vorname>Unbekannt</vorname>
  <name>Schrödinger</name>
</besitzer>
```

Meinen Vornamen verrate ich dir trotzdem nicht.

[Notiz]

Welches Prinzip du wann anwendest oder ob du einfach dein eigenes Schrödinger-Prinzip entwirfst, das bleibt dir überlassen.

Glückwunsch! damit beherrscht du nun **alle wichtigen XML-Grundlagen**, so dass wir uns jetzt wieder mehr der Java-Seite zuwenden können. Das ging doch schneller als du dachtest, oder?

Schnell schon, aber dieses XSD, daran muss ich mich erstmal gewöhnen ...

XML lesen

Java SE/EE enthält zwei APIs, die das Arbeiten mit XML-Dokumenten erleichtern: **JAXB** (Java Architecture for XML Binding) und **JAXP** (Java API for XML Processing). Mit JAXB kannst du relativ einfach Java-Objekte in XML umwandeln und umgekehrt XML in Java-Objekte. JAXP verwendest du, wenn es wirklich ans Eingemachte geht: XML-Dokumente händisch erstellen oder eben einlesen. Zum Einlesen gibt es in JAXP direkt drei Ansätze: **SAX**, **StAX** und **DOM**. Jeder Ansatz hat seine eigenen Vor- und Nachteile und ist mehr oder weniger gut geeignet, je nachdem, was du machen willst.

Sacks, Stacks und Domm?

Ja, fast. Ich würde vorschlagen, obwohl du gerade erst mit XML warm geworden bist, zeig ich dir trotzdem zuerst JAXP. Denn damit bist du „näher am XML" und hast den schwierigsten Teil hinter dir.

[Begriffsdefinition]
Statt „lesen" sagt man auch „parsen", Den Begriff hast du sicherlich schon mal gehört. Ich erklär es trotzdem nochmal ganz kurz: Ein Parser ist ein Programm, das eine Eingabe in ein bestimmtes Format einliest.

Der Spürhund – Simple API for XML

Der erste Ansatz, die sogenannte **Simple API for XML** oder kurz **SAX** verwendet einen **event-** bzw. **ereignisbasierten** Parser. Ein solcher Parser löst, während er ein XML-Dokument Stück für Stück einliest, bestimmte Ereignisse (Events) aus. Wie ein Spürhund, der Alarm schlägt, wenn er was gefunden hat.
Immer wenn ein Ereignis ausgelöst wird, hast du die Möglichkeit, diese Ereignisse abzufangen, und zwar indem du dem Parser einen sogenannten **Eventhandler** oder **Eventlistener** (nenn es wie du willst) mitgibst.
Das ist nichts anderes als eine Klasse, die das Interface `org.xml.sax.ContentHandler` implementiert.
Zu den Events, die du abfangen kannst, gehören der **Beginn** und das **Ende** eines **Dokuments**, der **Beginn** und das **Ende** eines **Elements** und das **Vorkommen einer Zeichenkette**. Für jedes dieser Events gibt es in `ContentHandler` eine Methode, die aufgerufen wird – sobald das jeweilige Event beim Parsen auftritt.

Methode in ContentHandler	Wird aufgerufen …
startDocument()	… zu Beginn des Dokuments.
startElement()	… zu Beginn jedes Elements.
characters()	… für jede Zeichenkette.
endElement()	… bei Ende jedes Elements.
endDocument()	… bei Ende des Dokuments.

Hier eine Übersicht dieser Methoden:

Der Ablauf sieht also so aus:

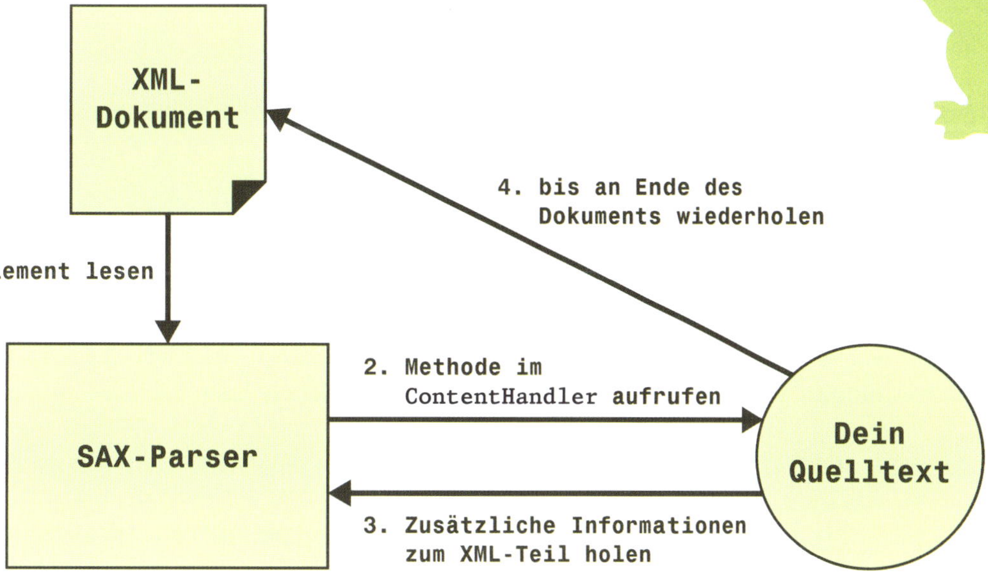

Ein SAX-Parser liest ein XML-Dokument Stück für Stück und ruft für bestimmte Events den ContentHandler auf.

Bleiben wir bei dem Beispiel mit der Musiksammlung. Lass uns mal gucken, wie du mit dem SAX-Parser die Musiksammlung einlesen kannst.

Den SAX-Parser anzuwerfen, ist relativ einfach, da reichen ein paar Zeilen:

```
try (InputStream eingabe = new FileInputStream(new File("resources/kapitel14/↩
  musiksammlung.xml"))) {
  SAXParserFactory fabrik = SAXParserFactory.newInstance();*1
  SAXParser saxParser = fabrik.newSAXParser();*1
  DefaultHandler handler = new DefaultHandler();*2
  saxParser.parse(eingabe, handler);*3
} catch (ParserConfigurationException | SAXException | IOException e) {
}
```

*1 Über die SAXParserFactory holst du dir erstmal einen SAXParser.

*2 Die parse()-Methode von SAXParser erwartet einen DefaultHandler, eine Standard-Implementierung von ContentHandler.

*3 Nur noch schnell parse() aufrufen, und schon …

… bekommst du gar nichts, keine Konsolenausgabe, kein Log, überhaupt nichts. Denn der **DefaultHandler** macht standardmäßig nun mal … gar nichts.

Zeit also, einen eigenen Handler zu implementieren:

Angenommen, du wolltest dir für alle Künstler in deiner Musiksammlung alle Albentitel plus Veröffentlichungsjahr und zusätzlich die Gesamtanzahl aller Alben in deiner Musiksammlung ausgeben.

```
Musiksammlung
Künstler: Jimi Hendrix
Titel: Are You Experienced
Veröffentlicht: 1967
Titel: Electric Ladyland
Veröffentlicht: 1968
Alben insgesamt: 2
```

Für das XML-Dokument von eben soll die Ausgabe also so aussehen:

[Zettel]

Kleine Notiz am Rande: Alle weiteren Beispiele haben einen statischen Import mehrerer Konstanten, wie zum Beispiel **ELEMENT_ALBUM**, **ELEMENT_ALBUM_TITEL** und so weiter. Nur falls du dich fragen solltest, woher die alle kommen. Gerade beim Arbeiten mit XML bieten sich Konstanten an, denn solltest du mal in der XSD und den XML-Dokumenten ein Element oder Attribut umbenennen, musst du dann nur den Wert in deiner Konstantenklasse anpassen.

```
public class Konstanten {
  public final static String ELEMENT_MUSIKSAMMLUNG = "musiksammlung";
  public final static String ELEMENT_KUENSTLER = "kuenstler";
  public final static String ELEMENT_KUENSTLER_NAME = "name";
  public final static String ELEMENT_ALBEN = "alben";
  public final static String ELEMENT_ALBUM = "album";
  public final static String ELEMENT_VEROEFFENTLICHT = "veroeffentlicht";
  public final static String ATTRIBUT_ALBUM_TITEL = "titel";
  private Konstanten() {}
}
```

Der Handler, der die Ausgabe produziert:

```java
private static class MusikSammlungHandler extends*1 DefaultHandler {
  private String aktuellesElement = "";
  private int albenAnzahl;
  @Override
  public void startDocument() throws SAXException {
    System.out.println("Musiksammlung");
    this.albenAnzahl = 0;*2
  }
  @Override
  public void startElement(String uri, String localName, String qName, ↩
    Attributes attributes) throws SAXException {
    this.aktuellesElement = qName;*5
    if (ELEMENT_ALBUM*8.equals(this.aktuellesElement)) {
      System.out.println("Titel: " + attributes.getValue(ATTRIBUT_ALBUM_TITEL*8));
      this.albenAnzahl++;*3
    }
  }
  @Override
  public void characters(char[] character, int start, int laenge) throws ↩
    SAXException {
    switch (this.aktuellesElement) {*7
      case ELEMENT_KUENSTLER_NAME*8:
        System.out.println("Künstler: " + ↩
          String.valueOf(character, start, laenge).trim());
        break;
      case ELEMENT_VEROEFFENTLICHT*8:
        System.out.println("Veröffentlicht: " + String.valueOf(character, start,↩
          laenge).trim());
        break;
    }
  }
  @Override
  public void endElement(String uri, String localName, String qName) throws ↩
    SAXException {
    this.aktuellesElement = "";*6
  }

  @Override
  public void endDocument() throws SAXException {
    System.out.println("Alben insgesamt: " + this.albenAnzahl);*4
  }
}
```

*1 Am besten du leitest von **DefaultHandler** ab, anstatt **ContentHandler** vollständig selber zu implementieren.

*2 **albenAnzahl** ist die Variable, in der wir uns die Anzahl aller Alben merken. Ganz am Anfang wird diese Variable auf 0 gesetzt, …

*3 … bei jedem Element vom Typ **album** um eins hochgezählt …

*4 … und ganz zum Schluss ausgegeben.

*5 **aktuellesElement** ist eine Variable, die den Namen des aktuellen XML-Elements enthalten soll. Hier merken wir uns das aktuelle Element, …

*6 … hier setzen wir die Variable für das aktuelle Element wieder zurück.

*7 Dieses ganze Merken und Zurücksetzen des aktuellen Elements ist notwendig, weil du in **characters()** sonst nicht weißt, in welchem Zusammenhang die Zeichenkette steht, die da als Parameter **character** ankommt. Denn anders kannst du innerhalb von **characters()** nicht herausfinden, bei welchem Element sich der Parser gerade befindet.

*8 Das hier sind die statisch importierten Konstanten, von denen ich eben gesprochen habe.

[Begriffsdefinition]
Bei SAX werden Ereignisse vom Parser an den Nutzer (bzw. den Handler) **gesendet**. Man spricht daher auch vom sogenannten **Push-Parsing**.

Der trainierte Spürhund oder „Don't call me, I'll call you" – StAX

StAX (**Streaming API for XML**) funktioniert vom Prinzip her genau andersherum als SAX und wird deswegen auch nicht als Push-Parsing, sondern als **Pull-Parsing** bezeichnet. Beim Pull-Parsing **holst** du dir als Nutzer eines StAX-Parsers die Daten, **wenn und wann du sie brauchst**. Wenn also **SAX der Schnüffelhund** ist, der dir die Daten liefert, ist **StAX der trainierte Schnüffelhund**, dem du sagst, wann er weitersuchen soll. Von der Arbeitsweise her ist StAX aber ähnlich wie SAX: Der Parser geht XML-Dokumente sequenziell durch (das heißt von vorne nach hinten, von oben nach unten).

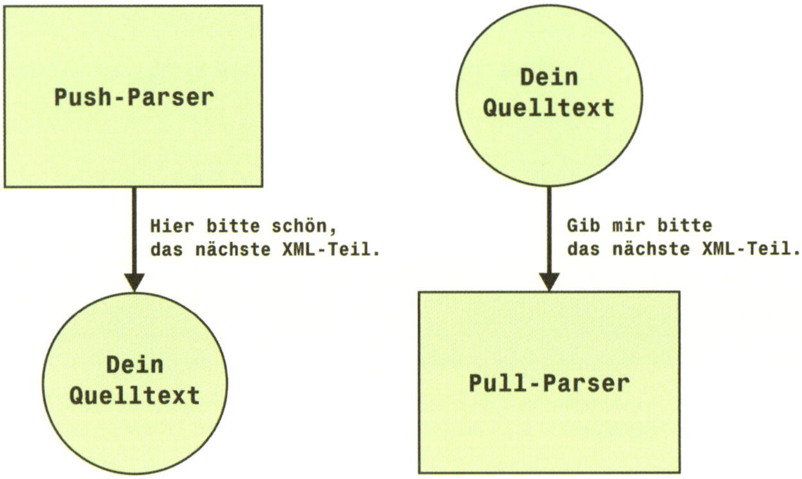

Beim Push-Parsing (zum Beispiel SAX) schickt dir der Parser die Daten, beim Pull-Parsing (zum Beispiel StAX) holst du dir vom Parser die Daten.

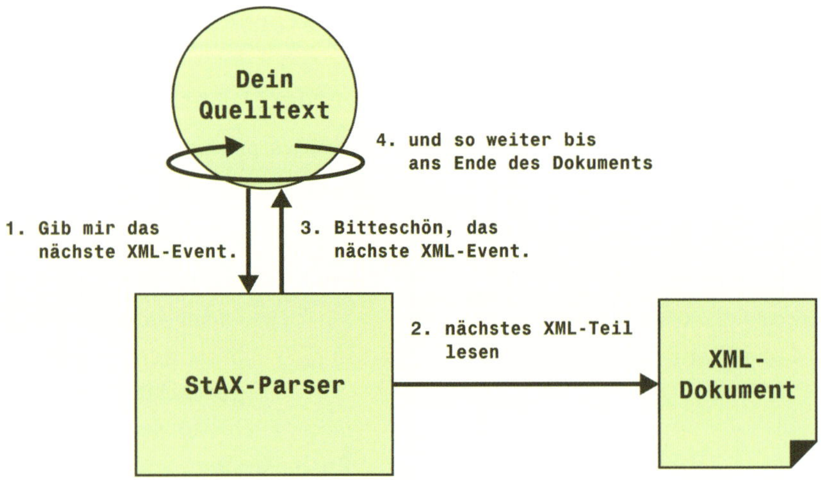

Bei StAX weist du den Parser an, wann er dir die nächsten Daten aus dem XML-Dokument holen soll. Das machst du so lange, bis das Ende des Dokuments erreicht ist.

Bei StAX gibt es dann nochmal zwei verschiedene Arten, das Pull-Parsing zu betreiben: entweder über die **Cursor-API** oder über die **Iterator-API**.

Die Cursor-API

*1 Wie beim SAX-Parser brauchst du auch bei StAX erstmal eine Fabrik, eine **XMLInputFactory**, um genau zu sein, …

*2 … über die du dir dann eine Instanz von **XMLStreamReader** geben lassen kannst.

```
XMLInputFactory fabrik = XMLInputFactory.newInstance();*1
XMLStreamReader xmlStreamLeser = fabrik.createXMLStreamReader(eingabe);*2
while (xmlStreamLeser.hasNext()) {*3
  int eventTyp = xmlStreamLeser.next();*4
  if(eventTyp == XMLStreamReader.START_ELEMENT*5){
    System.out.println(xmlStreamLeser.getLocalName()*6);
  }
}
```

Hier mal ein Beispiel mit der Cursor-API:

[Achtung]
Auch wenn es wegen der Methoden **hasNext()** und **next()** so aussieht, als würde **XMLStreamReader** das **Iterator**-Interface implementieren: Dem ist nicht so. Denn sonst gäbe es ja nicht noch zusätzlich die …

*3 Mit **hasNext()** prüfst du, ob noch Daten im **XMLStreamReader** vorhanden sind, …

*4 … mit **next()** holst du dir die nächsten Daten …

*5 … und kannst dann anhand des zurückgegebenen **int**-Wertes feststellen, was du gerade im XML-Dokument vor der Nase hast. Hier wird zum Beispiel geprüft, ob gerade der Start eines Elements unter dem Cursor liegt, …

*6 … und mit **getLocalName()** der Name des XML-Elements ausgegeben.

Die Iterator-API

Die Iterator-API wird über das Interface **javax.xml.stream.XMLEventReader** bereitgestellt. Und dieses Interface leitet auch wirklich von **Iterator** ab. Ein weiterer Unterschied zur Cursor-API ist, dass hier statt einfacher **int**-Werte richtige Objekte zurückgeliefert werden, die bedeutend mehr Informationen enthalten.

*1 Wieder die Fabrik, …

*2 … diesmal aber holst du dir einen **XMLEventReader**, …

*3 … und der implementiert wirklich das **Iterator**-Interface.

*4 **nextEvent()** liefert nicht bloß einen **int**-Wert, sondern ein **XMLEvent**-Objekt, …

Aber sieh selbst:

```
String aktuellesElement = "";
int albenAnzahl = 0;
try (InputStream eingabe = new FileInputStream(new File("resources/kapitel14/↩
  musiksammlung.xml"))) {
  XMLInputFactory fabrik = XMLInputFactory.newInstance();*1
  XMLEventReader xmlEventLeser = fabrik.createXMLEventReader(eingabe);*2
  while (xmlEventLeser.hasNext()*3) {
    XMLEvent event = xmlEventLeser.nextEvent();*4
```

```
    if(event.isStartDocument()) {*5
      albenAnzahl = 0;
      System.out.println("Musiksammlung");
    } else if(event.isStartElement()) {*5
      StartElement startElement = event.asStartElement();*6
      aktuellesElement = startElement.getName()*7.getLocalPart();
      if(ELEMENT_ALBUM.equals(aktuellesElement)) {
        Iterator<Attribute> attribute = startElement.getAttributes();*7
        while (attribute.hasNext()) {
          Attribute attribut = attribute.next();
          if(ATTRIBUT_ALBUM_TITEL.equals(attribut.getName().toString())) {
            System.out.println("Titel: " + attribut.getValue());
            albenAnzahl++;
          }
        }
      }
    } else if(event.isCharacters()) {*5
      Characters charakter = event.asCharacters();*6
      switch (aktuellesElement) {
        case ELEMENT_KUENSTLER_NAME:
          System.out.println("Künstler: " + charakter.getData()*7);
          break;
        case ELEMENT_VEROEFFENTLICHT:
          System.out.println("Veröffentlicht: " + charakter.getData()*7);
          break;
      }
    } else if(event.isEndElement()) {*5
      aktuellesElement = "";
    } else if(event.isEndDocument()) {*5
      System.out.println("Alben insgesamt: " + albenAnzahl);
      xmlEventLeser.close();
    }
  }
} catch (XMLStreamException | IOException e) {
}
```

*5 … das verschiedene Methoden bereitstellt, um herauszufinden, mit was man es gerade zu tun hat, also kein stumpfes Vergleichen von **int**-Werten wie eben bei der Cursor-API!

*6 Wenn du dir sicher bist, dass es sich um ein Element oder um eine Zeichenkette handelt, kannst du über **asStartElement()**, **asEndElement()** und **asCharacters()** das **XMLEvent** in ein entsprechendes Objekt umwandeln lassen.

*7 Je nachdem stehen dir dann unterschiedliche Methoden zur Verfügung. Im Falle von **StartElement** kannst du dann zum Beispiel über **getAttributes()** auf die Attribute des aktuellen Elements zugreifen.

[Zettel]

Den **langen Codeschnipsel** kann ich als überzeugter Vertreter der **Clean-Code**-Prinzipien natürlich nicht ohne eine kleine Notiz am Rande stehen lassen: Sauberer Code heißt ja eigentlich auch, **kurze Methoden** zu verwenden, denn die sind in der Regel übersichtlicher und schneller zu durchschauen. Außerhalb dieses Buches würdest du daher aus der einen langen Methode besser mehrere kürzere Methoden machen, zum Beispiel **jeweils eine Methode** für den Inhalt jedes **if**-Zweiges. Was würde ein Lehrer jetzt sagen? Gute Übungsaufgabe! Aber nicht jetzt und nicht hier.

[Ablage]

Die Cursor-API ist ressourcenschonender als die Iterator-API, weil statt `XMLEvent`-Objekten nur `int`-Werte zurückgegeben werden. Dafür lässt sich mit der Iterator-API komfortabler arbeiten.

Im Gegensatz zu SAX kannst du mit StAX auch XML-Dokumente schreiben, Stichwort **`XMLOutputFactory`** und **`XMLStreamWriter`**. Aber das brauchst du erstmal nicht zu wissen, denn zum **Schreiben von XML-Dokumenten** gibt es noch etwas viel Komfortableres:

Das Document Object Model ...

... oder kurz die **DOM-API**. Die bietet dir, wie der Name schon sagt, direkt ein ganzes **Objektmodell** rund um XML-Dokumente, welches auch von Java unterstützt wird. Wenn du ein XML-Dokument mit einem DOM-Parser einliest, bekommst du das vollständige XML als Objektmodell. Zur Erinnerung: Bei SAX und bei StAX hast du ja nur während des Parsens Zugriff auf einen Teil des XML-Dokuments, nämlich genau auf den Teil, an dem sich der Parser gerade befindet. Mit einem DOM-Parser hast du nach dem Parsen Zugriff auf den gesamten XML-Baum.
Die DOM-API stammt übrigens nicht von den Java-Machern, sondern wurde von dem **W3C** (World Wide Web Consortium) definiert (siehe www.w3.org/DOM). Das ist auch der Grund, warum alles, was das Objektmodell an Objekten definiert, in dem Paket **`org.w3c.dom`** liegt, wie du gleich sehen wirst.

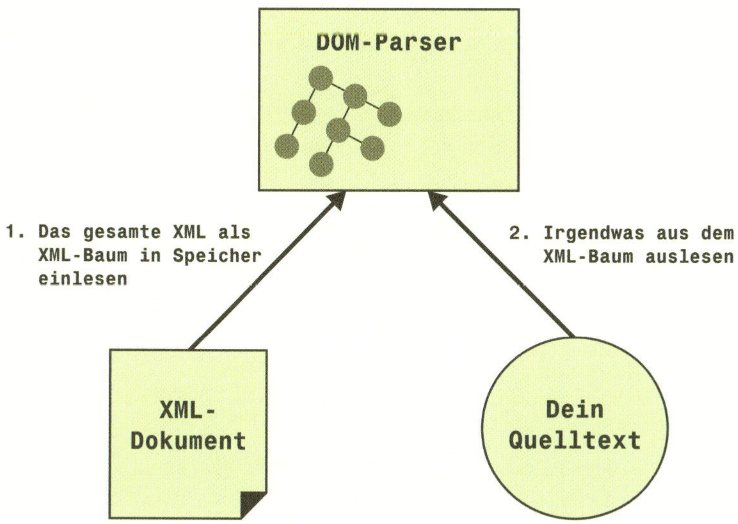

Beim DOM-Parsing wird das gesamte XML-Dokument als eine aus Java-Objekten bestehende Baumstruktur geladen. Einzelne Elemente in diesem Baum bezeichnet man als **Knoten**.

[Ablage]

Im Unterschied zu SAX und StAX, bei denen ein XML-Dokument sequenziell durchlaufen wird, wird beim DOM-Parsing **das gesamte XML-Dokument in den Speicher** – und damit in den Heap – **geholt.** Aus diesem Grund solltest du bei sehr, sehr großen XML-Dokumenten entweder für einen ausreichend großen Heap sorgen oder auf DOM verzichten.

Wie man die DOM-API nutzen kann, um XML zu schreiben, zeig ich dir gleich.

Erst schauen wir uns noch an, wie du deine Musiksammlung mit der DOM-API einlesen kannst, wieder mit nur wenigen Codezeilen:

```
DocumentBuilderFactory fabrik = DocumentBuilderFactory.newInstance();*1
fabrik.setNamespaceAware(true);*4
DocumentBuilder documentBauer = fabrik.newDocumentBuilder();*2
Document dokument = documentBauer.parse(eingabe);*3
dokument.getDocumentElement().normalize();*4
```

*1 Diesmal gibt es hier eine **`DocumentBuilderFactory`**, ...

*2 ... von der du dir einen **`DocumentBuilder`** holst, ...

*3 ... mit dem du dir dann, welch' Überraschung, XML-Dokumente bauen kannst. Die haben den Typ **`org.w3c.dom.Document`**.

*4 Zwei Sachen, die du immer machen solltest: Unterstützung von **Namensräumen aktivieren** (ansonsten würden die ignoriert) und das gelesene **Dokument normalisieren**. Was Letzteres bedeutet, darauf komme ich gleich nochmal zurück.

Fehlt noch der Teil, der das Dokument durchgeht:

```
System.out.println("Musiksammlung");
NodeList kuenstler = dokument.getElementsByTagName(ELEMENT_KUENSTLER);*1
for (int i = 0; i < kuenstler.getLength(); i++) {
  *2Node knoten = kuenstler.item(i);
  if (knoten.getNodeType() == Node.ELEMENT_NODE*3) {
    *4Element element = (Element) knoten;
    Element name = (Element) ↩
      element.getElementsByTagName(ELEMENT_KUENSTLER_NAME).item(0);
    System.out.println("Künstler : " + name.getTextContent());
    NodeList alben = element.getElementsByTagName(ELEMENT_ALBUM);*5
    for (int j = 0; j < alben.getLength(); j++) {
      Node album = alben.item(j);
      if (album.getNodeType() == Node.ELEMENT_NODE) {
        Element albumElement = (Element) album;
        System.out.println("Titel: " + albumElement.*6getAttribute↩
          (ATTRIBUT_ALBUM_TITEL));
        Element veroeffentlicht = (Element) albumElement.↩
          getElementsByTagName(ELEMENT_VEROEFFENTLICHT).item(0);
        System.out.println("Veröffentlicht: " + veroeffentlicht.getTextContent());
      }
    }
  }
}
System.out.println("Alben insgesamt: " + dokument.getElementsByTagName↩
  (ELEMENT_ALBUM).getLength());
```

*1 Über **`getElementsByTagName()`** kannst du dir alle Elemente nach ihrem Namen holen. Hier wird eine Liste (**`NodeList`**) aller **`<kuenstler>`**-Elemente zurückgegeben.

*2 Das, was zurückgegeben wird, ist vom Typ **`org.w3c.dom.Node`**, also ein Knoten aus dem XML-Baum.

*3 Es gibt verschiedene Arten von Knoten, zum Beispiel Elementknoten. Für jeden Typ von Knoten gibt es Konstanten ...

*4 ... und auch eigene Interfaces.

*5 **`getElementsByTagName()`** kann auch auf einem Element aufgerufen werden. Dann wird nur unterhalb dieses Elements im XML-Baum gesucht.

*6 Für Elemente kannst du dir über **`getAttribute()`** auch einzelne Attribute ausgeben lassen.

Hier die für den Anfang wichtigsten Knotentypen:

Knotentyp	Konstante	Beschreibung/Beispiel	Interface
Dokument	`Node.DocumentNode`	das gesamte Dokument	`org.w3c.dom.Document`
Element	`Node.ElementNode`	**<name>**Jimi Hendrix **</name>**	`org.w3c.dom.Element`
Attribut	`Node.AttributeNode`	<album **titel="Are You Experienced"**>	`org.w3c.dom.Attr`
Text	`Node.TextNode`	<name>**Jimi Hendrix** </name>	`org.w3c.dom.Text`
Kommentar	`Node.CommentNode`	**<!-- Woodstock -->** <kuenstler> <name>Jimi Hendrix </name> ... </kuenstler>	`org.w3c.dom.Comment`

[Begriffsdefinition]

In einem **normalisierten XML-Dokument** ist sichergestellt, dass es keine leeren Textknoten und keine direkt aufeinanderfolgenden Textknoten gibt.

Neben dem relativ einfach zu bedienenden Objektmodell hat die DOM-API noch (mindestens) einen weiteren Vorteil gegenüber SAX und StAX: In Kombination mit der sogenannten **XPath-API** kannst du Suchausdrücke formulieren, anhand derer du relativ einfach auf einen Schlag alle Elemente auswählen kannst, die diesem Suchausdruck entsprechen, zum Beispiel: „Gib mir alle Alben von den Rolling Stones", oder „Gib mir alle Alben, die 1968 erschienen sind."

Flower Power

```
<?xml version="1.0" encoding="UTF-8"?>
<musiksammlung
  xmlns="http://www.rheinwerk-verlag.de/schroedinger/musiksammlung"
  xmlns:xsi="http://www.w3.org/2001/XMLSchema-instance"
  xsi:schemaLocation="http://www.rheinwerk-verlag.de/schroedinger↩
    /musiksammlung musiksammlung.xsd">
  <kuenstler>
    <name>Jimi Hendrix</name>
    <alben>
      <album titel="Are You Experienced">
        <veroeffentlicht>1967</veroeffentlicht>
      </album>
      <album titel="Electric Ladyland">
        <veroeffentlicht>1968</veroeffentlicht>
      </album>
    </alben>
  </kuenstler>
  <kuenstler>
    <name>The Beatles</name>
    <alben>
      <album titel="The BEATLES">
        <veroeffentlicht>1968</veroeffentlicht>
      </album>
      <album titel="Yellow Submarine">
        <veroeffentlicht>1969</veroeffentlicht>
      </album>
    </alben>
  </kuenstler>
  <kuenstler>
    <name>Deep Purple</name>
    <alben>
      <album titel="Shades of Deep Purple">
        <veroeffentlicht>1968</veroeffentlicht>
      </album>
      <album titel="Deep Purple in Rock">
        <veroeffentlicht>1970</veroeffentlicht>
      </album>
    </alben>
  </kuenstler>
</musiksammlung>
```

[Einfache Aufgabe]

Da du aber noch kein XPath kennst, ist das doch eine gute Übung. Lass dir aus diesem XML alle Alben ausgeben, die 1968 erschienen sind.

XML sieht immer so ordentlich, fast spießig aus. Ich glaube, es mag mich nicht.

Doch, doch, Schrödinger, das wird schon …

Hier die Lösung:

```java
try (InputStream eingabe = new FileInputStream(new File(
    "resources/kapitel14/musiksammlung4.xml"))) {
  DocumentBuilderFactory fabrik = DocumentBuilderFactory.newInstance();*1
  fabrik.setNamespaceAware(true);*1
  DocumentBuilder documentBauer = fabrik.newDocumentBuilder();*1
  Document dokument = documentBauer.parse(eingabe);*1
  dokument.getDocumentElement().normalize();*1
  NodeList kuenstler = dokument.getElementsByTagName(ELEMENT_KUENSTLER);*2
  for (int i = 0; i < kuenstler.getLength(); i++) {
    Element kuenstlerElement = (Element) kuenstler.item(i);
    Element name = (Element) kuenstlerElement.getElementsByTagName↩
      (ELEMENT_KUENSTLER_NAME).item(0);*3
    NodeList alben = kuenstlerElement.getElementsByTagName(ELEMENT_ALBUM);*4
    for (int j = 0; j < alben.getLength(); j++) {
      Element albumElement = (Element) alben.item(j);
      Element veroeffentlicht = (Element) albumElement.getElementsByTagName↩
        (ELEMENT_VEROEFFENTLICHT).item(0);*5
      if("1968".equals(veroeffentlicht.getTextContent())*5) {
        System.out.println("Künstler : " + name.getTextContent());
        System.out.println("Titel: " + albumElement.getAttribute(ATTRIBUT_ALBUM_TITEL));
        System.out.println("Veröffentlicht: " + veroeffentlicht.getTextContent());
      }
    }
  }
} catch (ParserConfigurationException | SAXException | IOException e) {
  e.printStackTrace();
}
```

*1 Hier steht das ganze Vorgeplänkel.

*2 Ab hier geht's erst richtig los: alle Künstler holen, …

*3 … dann zu jedem Künstler den Namen. Hier setze ich zwei Sachen voraus: **erstens**, dass das **kuenstler**-Element ein **name**-Kindelement hat, weswegen ich nicht prüfe, ob **item(0)** nicht null zurückliefert, und **zweitens**, dass das, was **item(0)** zurückliefert, vom Typ **Element** ist, weswegen ich hier keine **instanceof**-Überprüfung mache.

*4 Danach werden die Alben geholt …

*5 … und dann nur die Alben ausgegeben, die 1968 erschienen sind.

XML schreiben

XML mit der DOM-API zu schreiben, ist relativ einfach, allerdings auch meistens mit vielen, vielen Zeilen Quellcode verbunden. Das liegt in der Natur der Sache, denn wegen des ausführlichen Objektmodells musst du für jedes Element und Attribut im XML erst ein dazugehöriges Java-Objekt erstellen und einzeln definieren, welches Element das Kindelement von welchem anderen Element sein soll und welches Attribut zu welchem Element gehören soll. Nehmen wir als Beispiel nochmal den Terminkalender vom Anfang des Kapitels.

Um einen solchen XML-Terminkalender mit nur einem Termin zu erstellen, brauchst du mehr als 20 Zeilen Code:

[Zettel]

Und da ist noch nicht der **try-catch**-Block hinzugezählt, der um diesen Code drumherum stehen würde.

```
Document dokument = documentBauer.newDocument();*1
Element*2 terminkalender = dokument.createElement*2↩
  (ELEMENT_TERMINKALENDER);
terminkalender.setAttribute*3("xmlns"*4,↩
  "http://www.rheinwerk-verlag.de/schroedinger/terminkalender"*5);
terminkalender.setAttribute*3("xmlns:xsi"*4,↩
  "http://www.w3.org/2001/XMLSchema-instance"*5);
dokument.appendChild*6(terminkalender);
Element besitzer = dokument.createElement*7(ELEMENT_BESITZER);
Element name = dokument.createElement*7(ELEMENT_BESITZER_NAME);
name.setTextContent*9("Schrödinger");
Element termine = dokument.createElement*7(ELEMENT_TERMINE);
termine.setAttribute(ATTRIBUT_TERMINE_NAME, "Wichtige Termine");
Element termin = dokument.createElement*7(ELEMENT_TERMIN);
Element was = dokument.createElement*7(ELEMENT_WAS);
was.setTextContent*9("Mit DOM-API Musiksammlung von deiner ↩
  Freundin als XML-Dokument erstellen.");
Element wann = dokument.createElement*7(ELEMENT_WANN);
wann.setTextContent*9("Sofort");
Element wo = dokument.createElement*7(ELEMENT_WO);
wo.setTextContent("Werkstatt");
besitzer.appendChild(name);*8
terminkalender.appendChild(besitzer);*8
termin.appendChild(was);*8
```

```
termin.appendChild(wann);*8
termin.appendChild(wo);*8
termine.appendChild(termin);*8
terminkalender.appendChild(termine);*8
```

*1 Zuerst brauchst du ein Objekt vom Typ **Document**. Das funktioniert wieder über den **DocumentBuilder** so wie eben, mit dem Unterschied, dass du jetzt statt **parse()** die Methode **newDocument()** aufrufst.

*2 Ein XML-Dokument enthält zunächst keine Elemente. Die musst du nach und nach mit **createElement()** erstellen. Begonnen wird hier mit dem Wurzelelement.

*3 Mit **setAttribute()** setzt du einzelne Attribute, …

*4 … erst den Namen …

*5 … dann den Wert des Attributs.

*6 Mit **document.createElement()** erstellst du zwar Elemente, diese Elemente sind aber **nicht direkt auch im entsprechenden Dokument drin**, sondern müssen explizit über **appendChild()** dem Elternelement im XML-Baum hinzugefügt werden. Hier im Beispiel wird das Wurzelelement **<terminkalender>** dem **Dokumentknoten** hinzugefügt. Ohne dieses Hinzufügen wäre das Dokument sonst leer!

Um das Wurzelelement gibt es also noch was anderes … Mannomann!

*7 Und damit ist fast auch schon alles gesagt. Die restlichen Elemente erstellst du genauso …

*8 … und fügst sie mit **appendChild()** dem jeweiligen Elternelement hinzu.

*9 Nur eine Sache noch: Mit **setTextContent()** kannst du angeben, was innerhalb eines Elements an Text stehen soll.

Puh, das ist wirklich viel Code für nur einen Termin.

Stimmt, plus noch mehr Zeilen Code, um das XML zu speichern:

```
TransformerFactory transformerFabrik = TransformerFactory.newInstance();*10
Transformer transformer = transformerFabrik.newTransformer();*11
transformer.setOutputProperty(OutputKeys.INDENT, "yes");*12
transformer.setOutputProperty("{http://xml.apache.org/xslt}indent-amount", "2");*12
DOMSource quelle = new DOMSource(dokument); *13
StreamResult ziel = new StreamResult(ausgabe);*14
transformer.transform(quelle, ziel);*15
```

*10 Um das XML-Dokument in eine Datei zu schreiben, brauchst du **wieder eine Fabrik**, diesmal eine **TransformerFactory**, …

*11 … damit kannst du einen **Transformer** erstellen (in der Java-API gibt's schon coole Klassennamen, oder?).

*12 Hiermit kannst du sagen, dass das generierte XML **eingerückt** sein soll. Das ist enorm hilfreich, um das XML später besser lesen zu können.

*13 Dann noch schnell die **Quelle** in Form einer **DOMSource** angeben, der wir das **Document** von eben übergeben …

*14 … und das Ziel in Form eines **StreamResult**s. Das bekommt als Parameter einen **OutputStream** oder, wie in unserem Fall, einen **FileOutputStream** (**ausgabe**).

*15 Und schon kann die Transformation angeworfen werden.

So sieht das generierte XML aus:

```
<?xml version="1.0" encoding="UTF-8" standalone="no"?>
<terminkalender xmlns="http://www.rheinwerk-verlag.de/schroedinger/↩
  terminkalender" xmlns:xsi="http://www.w3.org/2001/XMLSchema-instance">
  <besitzer>
    <name>Schrödinger</name>
  </besitzer>
  <termine name="Wichtige Termine">
    <termine>
      <was>Mit DOM-API Musiksammlung deiner Freundin als XML-Dokument erstellen.</↩
        was>
      <wann>Sofort</wann>
      <wo>Werkstatt</wo>
    </termine>
  </termine>
</terminkalender>
```

Du könntest den Code zwar noch ein bisschen optimieren, doppelten und ähnlichen Code zum Beispiel in Methoden auslagern, Schleifen einbauen und so weiter. Tendenziell ist der Umgang mit der DOM-API aber sehr aufwendig und erfordert viel Handarbeit.

1, 2 oder 3? SAX, StAX oder DOM? Was nehme ich wann?

Alles verstanden bis hier? Oder tust du nur so?
Zeit für einen kleinen Test. Mal sehen, ob du den Unterschied zwischen SAX, StAX und DOM verstanden hast.

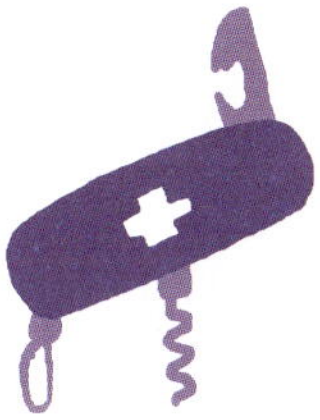

[Einfache Aufgabe]
Bossingen hat noch eine neue Unterfirma aufgekauft. Diesmal eine mit 20.000 Bestandskunden. All diese Kundendaten sind zwar nicht mehr so unstrukturiert wie letztes Mal, sondern sie sind **in XML geschrieben**, allerdings alle in einer Datei! Und jetzt sollst du die alle umwandeln, und zwar wieder in ein Excel-Spreadsheet. Welchen der Ansätze würdest du nehmen?

Zum Lesen kann ich eigentlich alle drei Ansätze nehmen, oder? 20.000 Bestandskunden sind aber 'ne Menge. Du meintest ja, bei großen Daten lieber kein DOM nehmen, sondern SAX oder StAX.

Richtig, XML-Daten einzulesen und in irgendetwas umzuwandeln, ist ein klassisches Beispiel für die Anwendung von SAX oder StAX, weil du dazu in der Regel nicht den gesamten XML-Baum im Speicher haben musst.

[Einfache Aufgabe]
Wenn du als Aufgabe hättest, die Kundendaten von Bossingens Firma (lass es 200.000 sein) aus dem CSV-Format in XML umzuwandeln, welchen Ansatz würdest du nehmen? Und warum?

... ähm, also ... SAX fällt weg, weil ich damit nur XML lesen kann. DOM baut mir ein Objektmodell für das gesamte XML, bei 200.000 Kundendaten wäre das ganz schön groß. Bleibt also noch StAX.

Ja, richtig. Auch wenn wir uns das Schreiben von XML mit StAX nicht im Detail angeguckt haben, wäre das doch eine gute Wahl. Oder du sorgst dafür, dass du genug Platz im Heap hast und versuchst es doch mit DOM.

Sehr gut, Schrödinger, soweit die Theorie. Kommen wir jetzt zu was Praktischerem.

[Einfache Aufgabe]

Gib alle Termine aus deinem XML-Terminkalender aus. Ob du SAX, StAX oder DOM nimmst, ist mir egal. Das richtet sich ein bisschen danach, wie voll dein Terminkalender ist.

... wie es das jetzt wohl meint? Wenn mein Terminkalender voll wäre, also wenn viele Einträge in dem XML-Dokument drin sind, nehme ich wohl besser SAX oder StAX, meine Terminplanung ist aber übersichtlich, ich glaube ich nehme ... *DOM!*

Hier meine Lösung:

```
try (InputStream eingabe = new FileInputStream(new File("resources/kapitel14/↩
  terminkalender.xml"))) {
  DocumentBuilderFactory fabrik = DocumentBuilderFactory.newInstance();
  fabrik.setNamespaceAware(true);
  DocumentBuilder documentBauer = fabrik.newDocumentBuilder();
  Document dokument = documentBauer.parse(eingabe); *1
  dokument.getDocumentElement().normalize();
  NodeList termine = dokument.getElementsByTagName(ELEMENT_TERMIN); *2
  for (int i = 0; i < termine.getLength(); i++) {
    Node knoten = termine.item(i);
    if (knoten.getNodeType() == Node.ELEMENT_NODE) {
      Element element = (Element) knoten;
      Element was = (Element) element.getElementsByTagName(ELEMENT_WAS).item(0); *3
      Element wann = (Element) element.getElementsByTagName(ELEMENT_WANN).item(0); *3
      Element wo = (Element) element.getElementsByTagName(ELEMENT_WO).item(0); *3
      System.out.println("Was : " + was.getTextContent());
      System.out.println("Wann : " + wann.getTextContent());
      System.out.println("Wo : " + wo.getTextContent());
    }
  }
} catch (ParserConfigurationException | SAXException | IOException e) {
}
```

*1 Erst muss ich das Dokument parsen, ...

*2 ... dann die Termine holen, ...

*3 ... dann die Details zu jedem Termin. Easy!

Okay, du hast dich für die DOM-API entschieden. Lass mal gucken ...

Ja, das sieht alles richtig aus. Prima, Schrödinger! Und falls du noch wissen willst, wie es mit SAX und StAX funktioniert, schau einfach in den Downloadbereich zum Buch, da findest du alles.

[Fleißaufgabe]

Lade den Terminkalender, füge einen neuen Termin hinzu, und speichere den Kalender wieder.

Die **Lösung** ist eigentlich relativ einfach: Du weißt, wie du ein XML-Dokument liest, und du weißt, wie du ein XML-Dokument speicherst. Du brauchst zwischendurch nur mithilfe der DOM-API das DOM zu ändern. Auch diesen Sourcecode gibt's im Downloadbereich.

Viele Wege führen nach Java

In XML gibt es Elemente und Attribute, in Java gibt es Objekte und Objekteigenschaften. Da ist es doch naheliegend, das eine in das andere zu konvertieren, um auf Java-Seite bequem mit Objekten arbeiten zu können.

[Schwierige Aufgabe]

Erstelle zu dem XML-Terminkalender äquivalente Java-Klassen, also die Klassen `Terminkalender`, `Termine`, `Termin` und `Besitzer` mit den entsprechenden Eigenschaften, damit es zu dem XML passt. Lade dann den Terminkalender mit der DOM-API, und erstelle Objektinstanzen der Klassen. Kapiert? Ziel ist es, den **Terminkalender als Java-Objektmodell** zu haben.

Schon kapiert. Einen *XML-zu-Java-Objekt-Konvertierer*, sag das doch gleich! Einfach die vier Klassen mit Settern und Gettern, dann mit DOM wie eben auch das XML einlesen, für das `terminkalender`-Element ein Objekt von `Terminkalender` anlegen, für `besitzer` ein `Besitzer`-Objekt und das dann per Setter beim `Terminkalender`-Objekt setzen. Das Gleiche dann für das `termin`-Element und dessen `termin`-Kindelemente.

```
public class Besitzer {
    private String name;
    ...
}
public class Termine {
    private String name;
    private List<Termin> termine;
    ...
}
public class Termin {
    private String was;
    private String wann;
    private String wo;
    ...
}
public class Terminkalender {
    private Besitzer besitzer;
    private Termine termine;
    ...
}
```

Und hier noch ein Auszug aus dem Konvertierer:

```
...
Element element = (Element) knoten;
Element was = (Element) element.getElementsByTagName(ELEMENT_WAS).item(0);
Element wann = (Element) element.getElementsByTagName(ELEMENT_WANN).item(0);
Element wo = (Element) element.getElementsByTagName(ELEMENT_WO).item(0);
Termin termin = new Termin();
termin.setWas(was.getTextContent());
termin.setWann(wann.getTextContent());
termin.setWo(wo.getTextContent());
termine.getTermine().add(termin);
...
```

Genauso hatte ich das gemeint.

[Belohnung]

Prima, Schrödinger. Das Java-Objektmodell lässt sich jetzt sehr gut an anderen Stellen in deinem Programm verwenden, wo du nichts mit XML zu tun haben möchtest. Durch diese **zusätzliche Schicht** hältst du deinen Code sauber und unabhängig vom XML.

[Schwierige Aufgabe]

Du kannst mir jetzt sicherlich auch sagen, wie du vorgehen würdest, aus einem Java-Objektmodell das entsprechende XML zu generieren, also quasi einen **Java-Objekt-zu-XML-Konvertierer**, du Schlaumeier, oder?

Klar, simpel. Einfach durch mein Java-Objektmodell iterieren und für jedes **Termin**-Objekt ein **termin**-Element im DOM anlegen. Und für das andere genauso.

Genau. Wenn du das hast, hast du das erreicht, was im folgenden Diagramm skizziert ist:

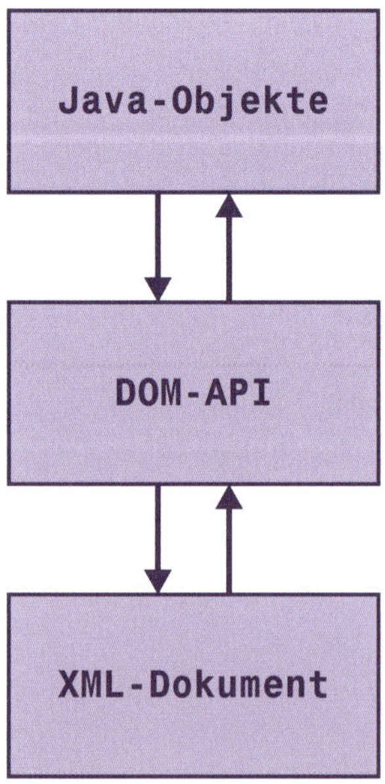

Von Java-Objekten über die DOM-API zu einem XML-Dokument und wieder zurück

JAXB

Auch wenn du das gerade in der Werkstatt echt prima gemacht hast, muss ich dir sagen, dass es genau für diese Aufgabe schon eine vorgefertigte Lösung gibt.

Wie meinst du das?

Na, für das Konvertieren von Java zu XML und wieder zurück.

Da gibt es schon was?

Ja.

Und das sagst du mir erst jetzt?!

Willst du damit sagen, die ganze Arbeit aus dem letzten Abschnitt war umsonst? Der Java-zu-XML- und der XML-zu-Java-Konvertierer?

Na ja, nicht umsonst. Schließlich hast du was gelernt.

Ich meine es nur gut mit dir, denn jetzt weißt du wirklich, **wie aufwendig** es sein kann, XML zu lesen und XML zu schreiben. Aber du kannst dir in Zukunft etwas **Arbeit sparen**, denn den Teil, den du eben mit der DOM-API gemacht hast, kannst du mit dem, was jetzt kommt, wesentlich eleganter lösen. Die Rede ist von JAXB (zur Erinnerung: Java Architecture for XML Binding). Dabei kannst du **über Annotationen** definieren, welches Datenfeld einer Klasse auf welches Element bzw. Attribut im XML-Dokument abgebildet werden soll und umgekehrt.

Beim Umwandeln von Java nach XML wird dann automatisch für die Datenfelder das entsprechende XML generiert. Umgekehrt, von XML nach Java, werden Objektinstanzen erzeugt und ihre Datenfelder der Java-Objekte mit den Werten in den Attributen und Elementen aus dem XML befüllt.

Was du eben händisch mit der DOM-API gemacht hast, kann JAXB viel einfacher für dich machen:

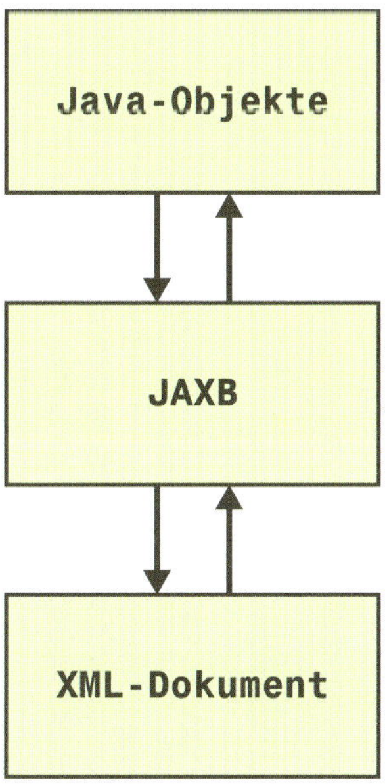

JAXB – der Java-zu-XML- und XML-zu-Java-Konvertierer

[Begriffsdefinition]

Binding bedeutet in diesem Zusammenhang, dass bestimmte Eigenschaften der Java-Klassen an bestimmte Elemente oder Attribute im XML **gebunden** werden.

So sieht zum Beispiel die annotierte `Terminkalender`-Klasse aus:

```
@XmlAccessorType*4(XmlAccessType.FIELD)
@XmlType*5(name = "terminkalender", propOrder = {
  "besitzer",
  "termine"
})
@XmlRootElement*1(name = "terminkalender")
public class Terminkalender {
  @XmlElement*2(required = true)
  protected Besitzer besitzer;
  @XmlElement*2(required = true)
  protected Termine termine;
  public Besitzer getBesitzer()*3 {
    return besitzer;
  }
  public void setBesitzer(Besitzer value)*3 {
    this.besitzer = value;
  }
  public Termine getTermine()*3 {
    return termine;
  }
  public void setTermine(Termine value)*3 {
    this.termine = value;
  }
}
```

*1 Über **@XmlRootElement** wird definiert, dass diese Klasse die Rolle des Wurzelelements innerhalb eines XML-Baums einnehmen soll.

*2 **@XmlElement** definiert, welche Objektfelder oder Methoden auf ein Element abgebildet werden.

*3 Und dann noch eine ganze Reihe von Settern und Gettern. Die sind nötig, damit das Lesen und Schreiben später korrekt funktionieren kann.

*4 **@XMLElement** kannst du sowohl an Gettern als auch direkt an Objektvariablen verwenden. Mit **@XmlAccessorType** legst du fest, welche Variante genommen werden soll, **XmlAccessType.PROPERTY** für Getter und **XmlAccessType.FIELD** für Objektvariablen.

*5 Hiermit bestimmst du den XML-Typ dieser Klasse. Außerdem kannst du noch angeben, in welcher Reihenfolge die XML-Eigenschaften der Klasse gespeichert werden sollen.

Von XML nach Java und wieder zurück

Um etwas Code kommst du natürlich auch bei JAXB nicht herum:

```
JAXBContext jaxbContext = JAXBContext.newInstance(Terminkalender.class, ↩
  Termine.class, Termin.class, Besitzer.class);*1
Unmarshaller jaxbUnmarshaller = jaxbContext.createUnmarshaller();*2
Terminkalender terminkalender = (Terminkalender) jaxbUnmarshaller.↩
  unmarshal(eingabe);*3
System.out.println(terminkalender.getBesitzer().getName());*4
```

*1 Was eben die ganzen Fabrik-Klassen waren, ist jetzt sozusagen die Klasse **JAXBContext**. Wichtig ist, dass du die Klassen, auf die das XML gemappt werden soll, diesem Kontext bekanntmachst.

*2 Ein **Unmarshaller** ist für das **Umwandeln von XML zu Java-Objekten** zuständig. Das kann ich aber beim besten Willen nicht mehr eindeutschen. Irgendwann ist es auch mal gut.

*3 **eingabe** kann vieles sein: vom Typ **File**, vom Typ **InputStream**, vom Typ **Reader** und vielem mehr, von irgendwas eben, aus dem das XML gelesen werden soll.

*4 Nach dem Unmarshalling stehen dir die XML-Daten in Form von Java-Objekten zur Verfügung. Prima, oder?

Das war's schon? Nee, echt? Das ist ja Magie!

Ja, ein bisschen Magie ist da schon im Spiel. Aber der Hauptanteil ist schon reines Java, nur eben gut versteckt hinter den Annotationen und der JAXB-Bibliothek.

Das Umwandeln von Java-Objekten nach XML ist genauso einfach:

```
Terminkalender terminkalender = new Terminkalender();*1
Besitzer besitzer = new Besitzer();
besitzer.setName("Schrödinger");
Termine termine = new Termine();
termine.setName("Neue Termine");
Termin termin = new Termin();
termin.setWann("20:15");
termin.setWas("DSDS gucken");
termin.setWo("Wohnzimmer");
termine.getTermine().add(termin);
terminkalender.setTermine(termine);
terminkalender.setBesitzer(besitzer); *2
JAXBContext jaxbContext = JAXBContext.newInstance(Terminkalender.class, ↩
  Termine.class, Termin.class, Besitzer.class);*3
```

*1 Von hier …

*2 … bis hier wird ganz simpel das Java-Objektmodel erstellt.

*3 Genau wie eben beim Einlesen steht hier wieder der **JAXBContext**, über den du die Klassen bekannt machst, …

```
Marshaller jaxbMarshaller = jaxbContext.createMarshaller();*4
jaxbMarshaller.setProperty(Marshaller.JAXB_FORMATTED_OUTPUT, true);*7
jaxbMarshaller.marshal(terminkalender, ausgabe*6);*5
```

*4 … die dann vom **Marshaller** verwendet werden, …

*5 … um aus den Java-Objekten das XML-Dokument zu generieren.

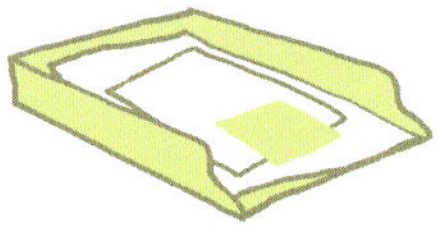

[Ablage]
Der Unmarshaller wandelt XML nach Java um, der Marshaller Java nach XML.

*6 Wohin soll das XML gespeichert werden? Zum Beispiel in ein **File** oder einen **Writer**.

*7 Um das generierte XML schön formatiert auszugeben, mit Einrückungen und so, verwendest du am besten diese Einstellung hier.

[Hintergrundinfo]
Wenn dir das immer noch zu viel Tipperei ist, kannst du dir die Java-Klassen inklusive Annotationen auch aus deiner XSD generieren lassen.

```
"%java_home%\bin\xjc" -p de.galileocomputing.schroedinger.java↩
  .kapitel14.terminkalender.jaxb terminkalender.xsd
```

Damit werden verschiedene Java-Klassen generiert, unter anderem Java-Äquivalente für die ganzen in XSD definierten Typen, in unserem Fall also die Klassen **Terminkalender**, **Besitzer**, **Termine** und **Termin**. Zusätzlich bekommst du noch eine **ObjectFactory**, mit der du Instanzen der anderen Klassen erstellen kannst.

Aus XSD Java-Klassen zu erstellen, mit denen ich dann XML schreiben und lesen kann – DAS ist wirklich Magie.

[Zettel]
Es gibt eine ganze Reihe von Annotationen, mit denen du gezielt sagen kannst, wie das generierte XML aussehen soll. Schau in den Bonus-Bereich zum Buch, dort findest du weitere Informationen.

Power Flower

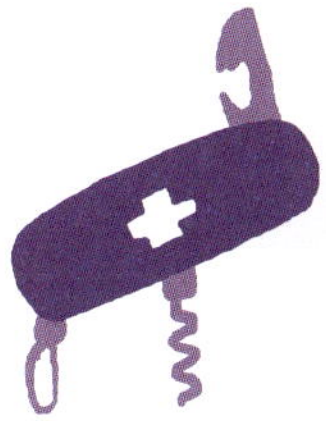

[Einfache Aufgabe]

Füge der folgenden Klasse die notwendigen Annotationen hinzu, um das XML hier erstellen zu können. Es gibt zwar kein Schema, aber trotzdem habe ich einige Anforderungen an das XML.

So soll das XML aussehen:

```
<?xml version="1.0" encoding="UTF-8" standalone="yes"?>
<gewaechsHaus gewaechsHausName*1="Gelbe Pflanzen">
  <pflanzen>*2
    <pflanze>*2
      <name>Strohblume</name>*3
      <lateinischerName>Helichrysum</lateinischerName>*3
      <farbe>gelb</farbe>*3
      <hoehe>30.0</hoehe>*3
    </pflanze>
    <pflanze>*2
      <name>Johanniskraut</name>
      <lateinischerName>Hypericum perforatum</lateinischerName>
      <farbe>gelb</farbe>
      <hoehe>20.0</hoehe>
     </pflanze>
  </pflanzen>
</gewaechsHaus>
```

*1 Der Name des Gewächshauses soll als Attribut erscheinen. Statt **name** wie in der Klasse **GewaechsHaus** soll das Attribut aber **gewaechsHausName** heißen. Außerdem soll das Attribut Pflicht sein.

*2 Die einzelnen Pflanzen sollen innerhalb eines Containerelements **pflanzen** erscheinen.

*3 Die Reihenfolge der Elemente innerhalb **pflanze** soll genauso sein.

Hier eine Liste der Annotationen, die du brauchst:

```
@XmlRootElement
@XmlAttribute(name = "gewaechsHausName", required = true)
@XmlType(propOrder = {
    "name",
    "lateinischerName",
    "farbe",
    "hoehe"
})
@XmlElement(required = true)
```

Eine Sache habe ich schon für dich gelöst, das hatte ich dir im Büro eben noch nicht gezeigt: Wenn du eine Methode hast, die eine Liste von irgendwas zurückgibt (so wie in der folgenden Klasse **getPflanzen()**), dann wird standardmäßig, wenn du an dieser Methode **@XmlElement** verwendest, für jedes Element der Liste ein eigenes Element direkt unterhalb des Elements angelegt, das zur jeweiligen Klasse (in diesem Fall der Klasse **GewaechsHaus**) generiert wurde. Das würde dann so aussehen:

```
<gewaechsHaus gewaechsHausName="Gelbe Pflanzen">
  <pflanze>
    <name>Strohblume</name>
    <lateinischerName>Helichrysum</lateinischerName>
    <farbe>gelb</farbe>
    <hoehe>30.0</hoehe>
  </pflanze>
  <pflanze>
    <name>Johanniskraut</name>
    <lateinischerName>Hypericum perfora-tum</lateinischerName>
    <farbe>gelb</farbe>
    <hoehe>20.0</hoehe>
   </pflanze>
</gewaechsHaus>
```

Schau genau hin, das Element **<pflanzen>** fehlt. Um das ohne eine eigene Wrapperklasse (wie eben im Büro die Klasse **Termine** als Wrapper für die Klasse **Termin**) zu lösen, kannst du zusätzlich **@XmlElementWrapper** verwenden. Das in Kombination mit **@XmlElement** sorgt dafür, dass um die Elemente in der jeweiligen Liste im generierten XML ein eigenes Element „herumgewrappt" wird.

```
<gewaechsHaus gewaechsHausName="Gelbe Pflanzen">
  <pflanzen>
    <pflanze>
      ...
    </pflanze>
    <pflanze>
      ...
     </pflanze>
  </pflanzen>
</gewaechsHaus>
```

```
____________________*1
public class GewaechsHaus {
  private String name;
  private List<Pflanze> pflanzen;
  public GewaechsHaus() {
    this.pflanzen = new ArrayList<>();
  }
  ____________________*2
  public String getName() {
    return name;
  }
  public void setName(String name) {
    this.name = name;
  }
  @XmlElementWrapper(name = "pflanzen")
  @XmlElement(name = "pflanze")
  public List<Pflanze> getPflanzen() {
    return pflanzen;
  }
  public void setPflanzen(List<Pflanze> pflanzen) {
    this.pflanzen = pflanzen;
  }
}
____________________*3
public class Pflanze {
  private String name;
  private String lateinischerName;
  private String farbe;
  private double hoehe;
  ____________________*4
  public String getName() {
    return name;
  }
  public void setName(String name) {
    this.name = name;
  }
  ____________________*5
  public String getLateinischerName() {
    return lateinischerName;
  }
  public void setLateinischerName(String lateinischerName) {
    this.lateinischerName = lateinischerName;
  }
```

```
  ________________________ *6
  public String getFarbe() {
    return farbe;
  }
  public void setFarbe(String farbe) {
    this.farbe = farbe;
  }
  ________________________ *7
  public double getHoehe() {
    return hoehe;
  }
  public void setHoehe(double hoehe) {
    this.hoehe = hoehe;
  }
}
```

Lösungen für den Lückenquelltext

```
*1 @XmlRootElement

*2 @XmlAttribute(name =
     "gewaechsHausName",
     required = true)

*3 @XmlType(propOrder = {
     "name",
     "lateinischerName",
     "farbe",
     "hoehe"
   })
*4 @XmlElement(required = true)
*5 @XmlElement(required = true)
*6 @XmlElement(required = true)
*7 @XmlElement(required = true)
```

Puh, Mannomann, ganz schön viel Stoff rund um XML!

Jetzt hast du es ja geschafft. Wobei … eigentlich war das ja nur **die Spitze des Eisbergs**, es geht noch mehr: Mit **XSLT** (Extensible Stylesheet Language Transformations) zum Beispiel lässt sich ein XML-Dokument in ein anderes XML-Dokument **transformieren**. Mit **XPath** kannst du, wie schon gesagt, **Suchausdrücke** auf XML-Dokumenten definieren und auswerten …

… schon gut, schon gut. Ich glaub's dir ja. Aber mir reicht's fürs Erste. Jetzt brauch ich erstmal eine Dosis XWOW.

Die XTra, XPlizite, Xakte, XOrbitante Zusammenfassung

- XML ist ein **programmiersprachenunabhängiges Standardaustauschformat**, das in vielen Bereichen Anwendung findet und dazu dient, **Daten strukturiert zu speichern**. Die Struktur bringst du über **Elemente** und **Attribute** hinein.
- Durch diese Struktur ist es sowohl von Computern als auch von Menschen **leicht zu verstehen**.
- Was in einem XML-Dokument an Elementen und Attributen wo wann wie oft stehen darf, definierst du am besten über eine **XML-Schema-Definition**, kurz **XSD**.
- XSD wird selber in XML geschrieben.
- Es gibt verschiedene Arten, so eine XSD aufzubauen: das **Russian Doll Design**, das **Salami Slice Design** und das **Venetian Blind Design**.
- In Java gibt es zwei APIs zum Arbeiten mit XML: **JAXP** (Java API for XML Processing) und **JAXB** (Java Architecture for XML Binding).
- Mit JAXP kannst du XML-Daten sozusagen händisch verarbeiten, entweder mit **SAX** (Simple API for XML) oder mit **StAX** (Streaming API for XML) oder mit der **DOM-API** (Document Object Model API).
- SAX und StAX arbeiten **ereignisgesteuert**: Der jeweilige Parser informiert dich über bestimmte Ereignisse, während er ein XML-Dokument verarbeitet. SAX folgt dabei dem **Push-Parsing-Prinzip**, das heißt, SAX „pusht" die Ereignisse zu dir. StAX dagegen funktioniert nach dem **Pull-Parsing-Prinzip**: Du selbst musst „pullen", das heißt, du holst dir das jeweils nächste Ereignis, wenn du es verarbeiten möchtest, entweder über die **Cursor-API** oder über die **Iterator-API**.
- DOM ist nicht ereignisgesteuert. Stattdessen wird hier das gesamte XML als **Java-Objektmodell im Speicher** gehalten. Das kann gerade bei sehr großen XML-Dokumenten zu Performanceproblemen führen.
- Mit SAX kannst du XML nur lesen, mit StAX und DOM kannst du XML sowohl lesen als auch schreiben.
- Auch wenn du es in diesem Kapitel selbst gemacht hast: Du brauchst keine eigenen Java-zu-XML- und XML-zu-Java-Konvertierer zu schreiben. Besser du nimmst **JAXB**, dort kannst du über Annotationen steuern, welche Objektvariable oder welcher Getter auf welches XML-Element oder XML-Attribut gemappt werden soll.

[Belohnung/Lösung]

Zur Belohnung gibt es die **eXtragroßen magischen** **`<schulterpolster>`**. Zwischen die darf nur ein richtiger Held mit den Eigenschaften Stärke, Ausdauer, Charisma und Geschicklichkeit.

— FÜNFZEHN —

Datenbanken

Datenspeicherung mit JDBC

Objekte serialisieren, Objekte als XML-Repräsentationen in Dateien speichern: All das sind verschiedene Arten, Objekte bzw. Daten zu persistieren, und all das kann Schrödinger schon. Doch die klassische Art, Daten zu speichern, ist sicherlich … in Datenbanken! In relationalen Datenbanken, um genau zu sein. Zeit für Schrödinger, sich das mal näher anzusehen.

Relationale Datenbanken

Du hast jetzt schon verschiedene Wege kennengelernt, Daten aus deinem Programm heraus zu speichern, kurz zu **persistieren**, und später wieder in dein Programm zu laden, sei es mit den IO-APIs oder über die beiden XML-Bibliotheken JAXP und JAXB. Der klassische Weg, Daten zu persistieren, fehlt dir aber noch. Das sind nämlich die sogenannten **relationalen Datenbanken**. In solchen relationalen Datenbanken werden die Daten in **Tabellen** gespeichert.

In Tabellen? Du meinst sowas wie in Excel?

Genau sowas, auch mit **Spalten** und mit **Zeilen**. Die Spalten stehen dabei für bestimmte **Eigenschaften**, pro Zeile gibt es dann einen **Datensatz** mit entsprechenden Werten für diese Eigenschaften. Innerhalb einer Datenbank gibt es üblicherweise mehrere Tabellen.

Eine einfache Tabelle sieht so aus:

ID	Schuhgröße	Schuhfarbe	MitStoeckeln
1	38	pink	true
2	39	gelb	true
3	42	weiß	false
4	42	schwarz	false

Er kann's nicht lassen mit diesen Schuhbeispielen ... aber okay. Tabellen, Spalten, Zeilen, damit kann ich was anfangen. Aber wieso relational?

Der Begriff **Relation** stammt ursprünglich aus der **Algebra**. Dort besteht eine Relation aus **Attributen** und **Tupeln**, wobei jedes Attribut einen Namen hat (zum Beispiel Schuhgröße, Schuhfarbe, MitStoeckeln) und den (Daten-)Typ des Attributwertes festlegt (zum Beispiel Zahl, Zeichenkette oder Boolean). Ein Tupel ist dann eine konkrete Belegung der Attribute (zum Beispiel [39, gelb, true] oder [42, schwarz, false]). Bei relationalen Datenbanken sind **die Tabellenüberschriften inklusive des jeweiligen Typs die Attribute** und **die Tabellenzeilen die Tupel.** Und damit ist **jede Tabelle eine Relation**, daher der Name.

[Zettel]
Neben relationalen Datenbanken gibt es übrigens auch noch verschiedene andere Arten von Datenbanken, zum Beispiel dokumentenbasierte oder solche, die auf XML basieren.

Die erste Tabelle mit SQL

Java bringt als Teil der Standardbibliothek die sogenannte **JDBC-API**, die **Java Database Connectivity API** mit, eine API, über die du dich relativ einfach mit relationalen Datenbanken verbinden und darauf **SQL-Anweisungen** ausführen kannst.

[Begriffsdefinition]
SQL? Noch nie gehört? Das steht für **Structured Query Language** und ist eine Sprache, mit der du **Anfragen an relationale Datenbanken** formulieren kannst. Genauer gesagt, kannst du damit nicht nur **Anfragen ausführen,** sondern auch **Daten manipulieren** und **Daten definieren**. Aber dazu gleich mehr.

Das Gute an der JDBC-API ist, dass sie **unabhängig von der verwendeten Datenbank** ist, denn es gibt für diese durchaus verschiedene Anbieter, zum Beispiel Oracle, IBM und viele mehr. Je nach Datenbank, die du verwenden möchtest, definierst du einfach einen für diese Datenbank passenden **Datenbanktreiber,** und schon kannst du über JDBC mit der jeweiligen Datenbank kommunizieren. Wie du die Treiber definierst und über JDBC eine Verbindung zur Datenbank herstellst, zeige ich dir in Kürze. Vorher noch ein bisschen Vorwissen über dieses SQL. Denn wenn du die JDBC-API nutzen möchtest, musst du die SQL-Anweisungen selber schreiben.

Selber schreiben? Das heißt, ich muss noch eine Sprache lernen?

Ja, noch eine. **Wie gesagt, als Java-Entwickler musst du mehr als einmal über den Tellerrand schauen.** In der Realität hat man zwar über der JDBC-Schicht eher noch eine **abstraktere Schicht**, so dass man nicht immer SQL-Befehle selber schreiben muss, ...

... wissen, wie es geht, schadet trotzdem wieder nicht, hab ich recht?

Ja, stimmt. Du kennst mich inzwischen ganz gut. Viel Zeit haben wir allerdings nicht. Ist aber auch nicht nötig. Ich zeige dir so viele SQL-Befehle, dass du JDBC verstehen und zum Beispiel Datensätze anlegen und filtern kannst. Und falls du dann noch Lust hast auf mehr, holst du dir besser noch ein eigenes Buch zum Thema. Oder guckst ins Internet.

Nee, klar, baller mich nur zu mit dem ganzen Zeug. Wenn du meinst, ich hab Zeit, mir das alles anzugucken ...

... vertrau mir, das wird schon. **Das Wichtigste lernst du ja bei mir.**

[Hintergrundinfo]

Superstreng genommen hat SQL sogar **drei Untersprachen**, die genau die drei vorhin genannten Dinge abdecken: die **Data Definition Language** (DDL), um Daten zu definieren, die **Data Manipulation Language** (DML), um Daten zu manipulieren, und die **Data Query Language** (DQL), um Daten abzufragen. Aber keine Angst: In der Praxis bedeutet das lediglich, dass du unterschiedliche SQL-Befehle verwendest.

Das Erste, was du brauchst, ist eine Tabelle. Okay, nicht ganz. Das **Allererste**, was du brauchst, ist ein sogenanntes **DBMS**, ein **Datenbankmanagementsystem**, das die Datenbank für dich verwaltet. Die Auswahl an DBMS ist groß: **MySQL**, **PostgreSQL** und viele mehr. Für den Anfang nimmst du am besten **Java DB**, die Oracle-Version der Open-Source-Datenbank **Apache Derby**, denn das hat zwei Vorteile für dich: Erstens kommt es direkt mit dem JDK, und zweitens brauchst du keinen eigenen **Datenbankserver**, weil die Daten direkt bei dir auf dem Rechner im Dateisystem gespeichert werden.

Eine relationale Datenbank bei mir im Dateisystem? Krass!

[Begriffsdefinition]

Ein DBMS ist eine Software, die den Zugriff auf eine Datenbank kontrolliert und dafür verantwortlich ist, wie die Daten in der Datenbank intern gespeichert werden.

Mit einem DBMS kannst du dann eine Datenbank und in dieser Datenbank Tabellen anlegen, wobei du das Anlegen der Datenbank für den Anfang lieber dem Datenbanktreiber überlässt, das macht der nämlich direkt für dich, wie du gleich sehen wirst.

[Hintergrundinfo]

In der Praxis ist es auch eher so, dass ein Datenbankadministrator die Datenbank anlegt, so dass du dich selbst gar nicht damit herumschlagen musst.

Die SQL-Anweisung, um Tabellen in einer Datenbank zu erzeugen, lautet **CREATE TABLE**. Eine Tabelle für Rollenspielhelden könntest du also in SQL ganz einfach mit folgendem Befehl erstellen:

```
CREATE TABLE*1 UNSERE_HELDEN*2
(
  ID*3 INT*4 NOT NULL*5 GENERATED BY DEFAULT AS IDENTITY*6,
  NAME*3 VARCHAR(32)*4,
  KLASSE*3 VARCHAR(32)*4,
  CHARISMA*3 INT*4,
  STAERKE*3 INT*4,
  AUSDAUER*3 INT*4,
  ERFAHRUNG*3 INT*4,
  PRIMARY KEY (ID)*7
)
```

*1 Mit **CREATE TABLE** erstellst du eine neue Tabelle.

*2 Danach gibst du einfach den Namen der Tabelle an …

*3 … und innerhalb der runden Klammern, durch Kommas getrennt, die Namen der Spalten, die deine Tabelle enthalten soll.

*4 Für jede Spalte gibst du noch den Typ an. **INT** steht für Zahlen, **VARCHAR** für Zeichenketten. Über die Zahl in Klammern kannst du optional angeben, wie lang die Werte sein dürfen.

*5 **NOT NULL** bedeutet, dass dieser Wert für jeden Datensatz, der später in die Tabelle kommt, auf jeden Fall gesetzt werden muss, dass er eben nicht unbelegt sein darf. Wenn du versuchst, einen Datensatz ohne **ID** in der Tabelle zu speichern, gibt es einen Fehler.

*6 Und dieser Rattenschwanz hier sagt, dass die Datenbank die Generierung dieser IDs für dich übernehmen soll. Aber Achtung: Das hier ist DBMS-spezifisch und gilt nur für Java DB (bzw. Apache Derby). In anderen DBMS würde dieser Abschnitt so nicht funktionieren.

[Begriffsdefinition]

Primärschlüssel dienen dazu, Datensätze eindeutig zu identifizieren. Hier im Beispiel ist das eine Zahl in einer eigens dafür vorgesehenen Spalte. Aber du kannst prinzipiell auch **andere Spalten** als Primärschlüssel verwenden, ja ein Primärschlüssel kann sogar aus **mehreren Spalten** zusammengesetzt werden.

*7 Über **PRIMARY KEY** gibst du den **Primärschlüssel** an, hier im Beispiel ist die Spalte **ID** der Primärschlüssel. Werte in dieser Spalte müssen innerhalb einer Tabelle eindeutig sein, das heißt, es darf keine Einträge mit der gleichen ID geben.

[Begriffsdefinition]

SQL wird von fast allen gängigen DBMS unterstützt, allerdings gibt es im Detail Unterschiede: Das eine DBMS unterstützt manche zusätzlichen Befehle, die ein anderes DBMS nicht unterstützt, und umgekehrt. Man sagt auch, die DBMS verwenden unterschiedliche **SQL-Dialekte**.

*1 Das ist nichts Neues, nur die SQL-Anweisung von eben als Java-Konstante.

*2 Als Erstes musst du den **Datenbanktreiber laden**. Dafür gibt es verschiedene Möglichkeiten. Am geläufigsten ist es, die Klasse mit `Class.forName()` zu laden. Diese Methode sorgt dafür, dass die Klasse, deren Name du als Parameter übergibst, vom Classloader geladen wird und anschließend zur Verfügung steht. Wird die Klasse nicht gefunden, gibt es eine `ClassNotFoundException`. Alternativ könntest du aber auch den JVM-Parameter `jdbc.drivers` verwenden, `jdbc.drivers` über `System.setProperty()` setzen oder direkt eine Objektinstanz der jeweiligen Treiberklasse erstellen und die dann mit `java.sql.DriverManager.registerDriver()` registrieren. Hauptsache, der Treiber ist im Classpath.

*5 Wenn bis hierhin nichts schiefgegangen ist, steht die Verbindung zur Datenbank, und du kannst deine erste SQL-Anweisung erstellen. SQL-Anweisungen werden durch das Interface `java.sql.Statement` repräsentiert.

*6 Wenn du eine `INSERT`-Anweisung ausführen lassen willst, musst du die Methode `executeUpdate()` verwenden. Hiermit wird die Anweisung wirklich an die Datenbank weitergeleitet und dort ausgeführt.

Eine Verbindung herstellen

Gut, dann kommen wir zu JDBC: Lass uns direkt mal die **UNSERE_HELDEN**-Tabelle anlegen.

Hier der Code zum Anlegen der Tabelle:

[Achtung]

Damit du den Derby-Datenbanktreiber verwenden kannst, musst du erst noch die Datei **derbyrun.jar** zum Classpath hinzufügen. Die Datei kannst du dir unter http://r-wrk.de/derby herunterladen. Eine detaillierte Anleitung, wie du die Datei dann zum Classpath hinzufügst, habe ich außerdem unter https://github.com/cleancoderocker/schroedinger-programmiert-java für dich vorbereitet.

```
private final static String ERSTELLE_TABELLE_ANWEISUNG*1 =
  "CREATE TABLE UNSERE_HELDEN (" +
  "ID INT NOT NULL GENERATED BY DEFAULT AS IDENTITY, " +
  "NAME VARCHAR(32), " +
  "KLASSE VARCHAR(32), " +
  "CHARISMA INT, " +
  "STAERKE INT, " +
  "AUSDAUER INT, " +
  "ERFAHRUNG INT, " +
  "PRIMARY KEY (ID) " +
")";
```

*3 Hier wird die **Verbindung zur Datenbank hergestellt**. Das Format des Parameters ist `jdbc:[Subprotokoll]:[Datenquellenname][;Attribut=Wert]*`. Was in `[Subprotokoll]` und `[Datenquellenname]` steht, ist von Datenbankanbieter zu Datenbankanbieter unterschiedlich. Im Fall von Java DB ist `derby:memory` das `[Subprotokoll]` (genauer gesagt, ist `memory` sogar ein **Subsubprotokoll**) und `helden` der Name der Datenquelle bzw. der Datenbank. `derby:memory` bedeutet, dass die Daten alle im Zwischenspeicher gespeichert werden. Wird das Programm beendet, sind die Daten also weg. Daher eignet sich diese Einstellung nur für einfache Testfälle, für den Produktiveinsatz solltest du die Daten natürlich nicht nur temporär speichern, doch dazu gleich noch mehr.

```
private static Connection erstelleVerbindung()  throws ClassNotFoundException, ↩
  SQLException {
  Class.forName("org.apache.derby.jdbc.EmbeddedDriver");*2
  Connection verbindung = DriverManager.getConnection("*3jdbc:derby:memory:helden*4;↩
    create=true");
  return verbindung;
}
```

*4 Ganz hinten kommen dann (anbieterspezifische) Attribut-Wert-Paare, mit denen du verschiedene Dinge beeinflussen kannst: Mit `create=true` sagst du beispielsweise, dass die Datenbank – wenn noch nicht vorhanden – angelegt werden soll.

```
public static void main(String[] args) {
  try(Connection verbindung = erstelleVerbindung()*8) {
    Statement anweisung = verbindung.createStatement();*5
    anweisung.executeUpdate(ERSTELLE_TABELLE_ANWEISUNG);*6
    anweisung.close();*7
  } catch (ClassNotFoundException e) {
    System.err.println("Datenbank-Treiber nicht gefunden");
  } catch (SQLException e) {
    System.err.println("SQL Fehler");
    e.printStackTrace();
  }
}
```

*7 Datenbankverbindungen und Statements sind Ressourcen, das heißt, du sorgst am besten irgendwie dafür, dass nicht mehr verwendete Ressourcen geschlossen werden, um Speicher freizugeben.

*8 Wenn du dich nicht selbst um das Schließen der Ressourcen kümmern möchtest, kannst du Datenbankverbindung und Statements auch im `try()` initialisieren, denn sowohl `Connection` als auch `Statement` leiten von `AutoClosable` ab.

Die erzeugte, noch leere Tabelle würde jetzt also so aussehen:

ID	NAME	KLASSE	CHARISMA	STAERKE	AUSDAUER	ERFAHRUNG

Prima, Schrödinger, mit dem SQL-Statement von eben hast du jetzt Daten **definiert.**

Okay, und wie kann ich jetzt sehen, wo die Tabelle angelegt wurde?

Na ja, wie gesagt, die Tabelle wurde **nur temporär** angelegt. Doch das kannst du relativ einfach anpassen. Ändere den Code von oben einfach an der entsprechenden Stelle so um, **damit machst du die Tabelle wirklich persistent:**

```
Connection verbindung = DriverManager.getConnection("jdbc:derby:*1d:/Dev/↩
  datenbanken/helden*2;create=true");
```

*1 Du lässt einfach das **memory:** von eben weg, …

*2 … dann erwartet Derby nämlich **einen Pfad im Dateisystem**, unter dem die Datenbank gespeichert werden soll. Und schon sind die Daten auch noch nach Programmende vorhanden.

Scheint zu funktionieren. Der Ordner wurde jedenfalls angelegt.

Genau. Was im Ordner genau drin ist und wie Derby die Tabellen intern speichert und verwaltet, braucht dich nicht zu interessieren. Hauptsache, du kommst hinterher an die Tabellen dran. **Bereit, ein paar Datensätze zu erstellen?**

Hey, warte mal, nicht so schnell. Ich hab das Beispiel nochmal laufen lassen. Jetzt bekomme ich aber eine **SQLException**: „Table/View 'UNSERE-HELDEN' ist bereits in Schema 'APP' vorhanden."

Ja, stimmt. Gut, dass du das sagst. Denn wenn du versuchst, eine Tabelle anzulegen, die es schon gibt, bekommst du einen Fehler. Am besten du verwendest den folgenden Codeschnipsel, um vorher zu **prüfen, ob es die Tabelle schon gibt:**

```
DatabaseMetaData metaDaten = verbindung.getMetaData();*1
*3ResultSet tabellen = metaDaten.getTables(null, "APP", "UNSERE_HELDEN", null);*2
if (!tabellen.next()) {*4
  Statement anweisung = verbindung.createStatement();
  anweisung.executeUpdate(ERSTELLE_TABELLE);
  anweisung.close();
}
```

*1 Zuerst brauchst du ein Objekt vom Typ **DatabaseMetaData**, eine Klasse mit Pi mal Daumen 78 Gettern, die dir allerhand **Metadaten** zu einer Datenbank liefern, …

*2 … zum Beispiel kannst du über **getTables()** an eine Liste der Tabellen in der Datenbank kommen. Praktisch auch, dass du der Methode direkt den Namen einer Tabelle mitgeben kannst, die du suchst. Die anderen Parameter müssen dich jetzt erstmal nicht interessieren. Nur so viel: Der zweite Parameter bezeichnet den Schemanamen, unter dem unter anderem Tabellen in der Datenbank gespeichert werden. Bei Apache Derby (und damit auch bei Java DB) ist der Defaultwert „APP".

*3 Zurück bekommst du ein **java.sql.ResultSet** (dieses Interface kannst du dir übrigens schon mal merken), …

*4 … und nur, wenn dieses leer ist (und damit noch keine Tabelle **UNSERE_HELDEN** existiert), wird die entsprechende SQL-Anweisung ausgeführt. **next()** prüft übrigens, ob das **ResultSet** ein (weiteres) Ergebnis enthält. Es liefert je nachdem **true** oder **false** zurück und setzt intern einen Cursor weiter, so dass beim nächsten Aufruf von **next()** geprüft wird, ob noch ein weiteres Ergebnis im **ResultSet** vorhanden ist.

Datensätze hinzufügen

Zeit, mal etwas in die Tabelle hineinzupacken, meinst du nicht auch? Das geht ganz simpel mit dem Befehl **INSERT INTO**:

```
INSERT INTO*1 UNSERE_HELDEN*2 (NAME, KLASSE, CHARISMA, STAERKE, AUSDAUER, ↩
  ERFAHRUNG)*3 VALUES*4 ('SchroeDanger', 'Zwergenkrieger', 11, 11, 11, 200*5)
```

*1 Mit **INSERT INTO** fügst du neue Einträge in eine Tabelle.

*2 Hier steht der Name der Tabelle, in die eingefügt werden soll.

*3 Hinter dem Tabellennamen stehen dann in Klammern die Namen der Attribute (bzw. Spalten), in die die Werte eingefügt werden sollen.

*4 Hinter dem Schlüsselwort **VALUES** …

*5 … kommen dann (wieder innerhalb von runden Klammern) die einzelnen Werte für die verschiedenen Attribute. Die Reihenfolge muss natürlich zu den unter *3 angegebenen Spaltennamen passen.

```
Statement einfuegeAnweisung = verbindung.createStatement();*1
einfuegeAnweisung.executeUpdate("INSERT INTO UNSERE_HELDEN (↩
  NAME, KLASSE, CHARISMA, STAERKE, AUSDAUER, ERFAHRUNG) ↩
  VALUES ('SchroeDanger', 'Zwergenkrieger', 11, 11, 11, 200)");*2
einfuegeAnweisung.close();*3
```

*1 Anweisung erstellen

*2 Anweisung ausführen

*3 Anweisung schließen

Und schon hast du den ersten Helden in der Datenbank:

ID	NAME	KLASSE	CHARISMA	STAERKE	AUSDAUER	ERFAHRUNG
1	SchroeDanger	Zwergenkrieger	11	11	11	200

Das sagst du, aber wie kann ich denn prüfen, ob die Werte auch wirklich drin sind?

Das wollte ich dir eigentlich später zeigen. Aber du hast recht, besser du weißt jetzt schon, wie du Daten aus einer Datenbank auslesen kannst. Hier der entsprechende Code, später erklär ich dir dann nochmal im Detail, was genau dahintersteckt.

[Belohnung/Lösung]

Glückwunsch, du hast gerade, ohne es zu wissen, die DML, die Data Modification Language, verwendet.

So liest du die gerade angelegten Daten aus der Datenbank:

```
Statement abfrageAnweisung = verbindung.createStatement↩
  ("SELECT * FROM UNSERE_HELDEN"*1);
ResultSet ergebnis = abfrageAnweisung.executeQuery();*2
while (ergebnis.next())*3 {
  String id = ergebnis.getString("ID");*4
  String name = ergebnis.getString("NAME");
  String klasse = ergebnis.getString("KLASSE");
  int charisma = ergebnis.getInt("CHARISMA");
  int staerke = ergebnis.getInt("STAERKE");
  int ausdauer = ergebnis.getInt("AUSDAUER");
  int erfahrung = ergebnis.getInt("ERFAHRUNG");
  // Hier dann zum Beispiel die Ausgabe der Daten
}
abfrageAnweisung.close();*5
```

*1 So erstellst du die Anweisung mit dem entsprechenden SQL-Befehl, wie gesagt, später mehr dazu.

*2 `executeQuery()` liefert (im Gegensatz zu `executeUpdate()`) eine **Ergebnismenge** zurück.

*3 Über diese Ergebnismenge kannst du iterieren …

*4 … und dir jeweils die Werte zu den einzelnen Attributen holen.

*5 Zum Schluss schließt du die Anweisung ganz normal. Easy, oder?

Los jetzt, ab in die Werkstatt. Wie man Anweisungen mit JDBC ausführt, weißt du ja jetzt.

Ja, dann kann ich jetzt wenigstens überprüfen, was in der Tabelle drin ist.

Helden und Briefmarken

[Einfache Aufgabe]

Zeige mir den SQL-Befehl, um eine neue Tabelle mit dem Namen BRIEFMARKENSAMMLUNG anzulegen. Die Tabelle soll die Spalten LAND und WAEHRUNG (beides Zeichenketten) sowie WERT und SAMMLERWERT (beides Zahlenwerte) enthalten.

```
CREATE TABLE BRIEFMARKENSAMMLUNG
(
  ID INT NOT NULL GENERATED BY DEFAULT AS IDENTITY,*1
  LAND VARCHAR(32)*2,
  WAEHRUNG VARCHAR(14)*2,
  WERT INT*3,
  SAMMLERWERT INT*3,
  PRIMARY KEY (ID) *4
)
```

*1 Eine nicht leere, von der Datenbank automatisch generierte ID vom Typ **INT** kannst du erstmal unverändert so übernehmen.

*2 **LAND** und **WAEHRUNG** sollten beides Zeichenketten sein, in SQL also **VARCHAR**s. Die Länge kannst du variieren.

*3 **WERT** und **SAMMLERWERT** sollen Zahlenwerte sein, genau wie in Java gibt es dazu in SQL den Typ **INT**.

*4 Und vergiss nicht, festzulegen, welche Spalte der Primärschlüssel sein soll.

[Einfache Aufgabe]

Jetzt lege die Tabelle mithilfe von JDBC an. Die Tabelle soll allerdings nur angelegt werden, wenn sie noch nicht existiert.

Der Code dazu ist fast 1:1 der gleiche wie eben beim Anlegen der Heldentabelle. Der Vollständigkeit halber zeige ich ihn dir trotzdem nochmal; du kannst ja mal überlegen, wie du den Code mit Blick auf seine Wiederverwendbarkeit optimieren könntest.

```
public static void main(String[] args) throws ClassNotFoundException, SQLException {
  Connection verbindung = erstelleVerbindung();
  erstelleTabelle(verbindung);
}
private static Connection erstelleVerbindung() throws ClassNotFoundException, ↩
  SQLException {
  Class.forName("org.apache.derby.jdbc.EmbeddedDriver");*1
  Connection verbindung = DriverManager.getConnection("jdbc:derby:c:/dev/↩
    datenbanken/briefmarken;create=true");*2
  return verbindung;
}
```

*1 Erster Schritt: Datenbanktreiber laden

*2 Zweiter Schritt: Verbindung zur Datenbank aufbauen (der Datenbankname wäre doch zum Beispiel gut geeignet als Parameter der Methode, dann könntest du die schon mal für verschiedene Datenbanken wiederverwenden … nur so 'ne Idee)

```
private static void erstelleTabelle(Connection verbindung) throws SQLException {
  DatabaseMetaData metaDaten = verbindung.getMetaData();*3
  ResultSet tabellen = metaDaten.getTables(null, "APP", "BRIEFMARKENSAMMLUNG", ↩
    null);*3
  if (!tabellen.next())*4 {
    Statement anweisung = verbindung.createStatement();*4
    anweisung.executeUpdate(ERSTELLE_TABELLE_ANWEISUNG);
    anweisung.close();
  }
}
```

*3 Die Tabelle soll nur angelegt werden, wenn sie noch nicht existiert. Dazu holst du dir die Metadaten der Verbindung und machst darauf eine Abfrage.

*4 Wenn es die Tabelle noch nicht gibt, legst du sie an. So einfach ist das.

Tolles Beispiel, allerdings habe ich keine Briefmarkensammlung.

Ich auch nicht. Mmh, okay, dann wieder zurück zu unserer Heldentabelle.
Damit kannst du nochmal das Anlegen von Datensätzen üben:

[Einfache Aufgabe]

Wie sehen die SQL-Anweisungen und der JDBC-Code aus, um ein paar weitere Helden in die Tabelle UNSERE_HELDEN zu packen?

Hier die Helden, die hinzugefügt werden sollen:

Nichts leichter als das, bitteschön:

```
Connection verbindung = DriverManager.getConnection("jdbc:derby:d:/Dev/datenbanken⤶
  /helden;create=true");
Statement einfuegeAnweisung = verbindung.createStatement();
einfuegeAnweisung.executeUpdate("INSERT INTO UNSERE_HELDEN VALUES (DEFAULT, ⤶
  'Jeppi', 'Nachtelf', 20, 7, 15, 180)");
einfuegeAnweisung.executeUpdate("INSERT INTO UNSERE_HELDEN VALUES (DEFAULT, ⤶
  'Juppi', 'Zwerg', 9, 20, 5, 160)");
einfuegeAnweisung.executeUpdate("INSERT INTO UNSERE_HELDEN VALUES (DEFAULT, ⤶
  'Jappi', 'Krieger', 14, 17, 11, 170)");
einfuegeAnweisung.executeUpdate("INSERT INTO UNSERE_HELDEN VALUES (DEFAULT, ⤶
  'Joppi', 'Zauberer', 20, 4, 8, 400)");
```

So sieht die Tabelle jetzt aus:

ID	NAME	KLASSE	CHARISMA	STAERKE	AUSDAUER	ERFAHRUNG
1	SchroeDanger	Zwergenkrieger	11	11	11	200
2	Jeppi	Nachtelf	20	7	15	180
3	Juppi	Zwerg	9	20	5	160
4	Jappi	Krieger	14	17	11	170
5	Joppi	Zauberer	20	4	8	400

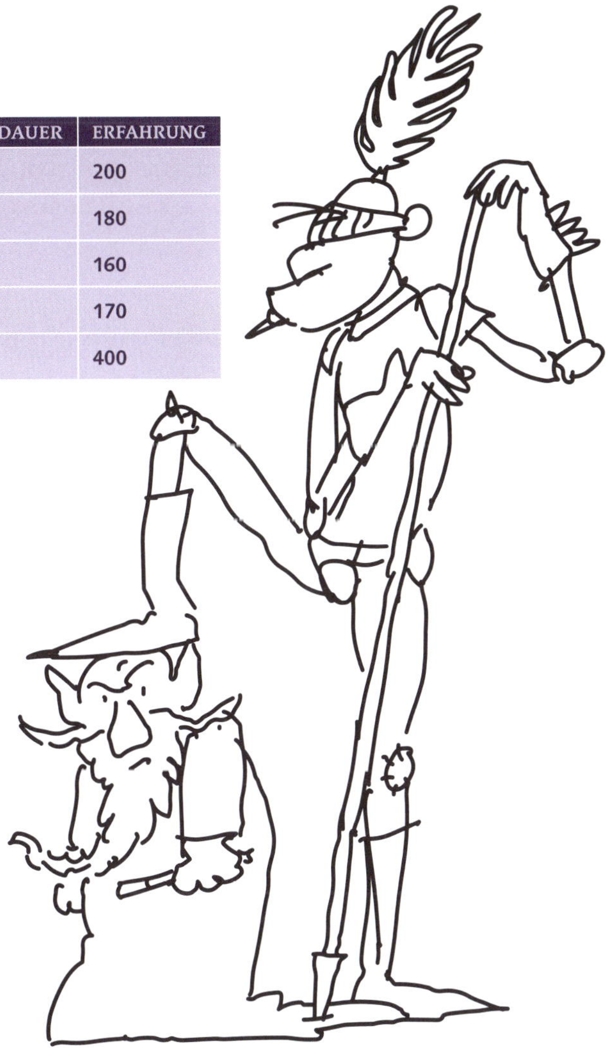

Sehr schön, Schrödinger!
Jetzt kann das Abenteuer ja beginnen, genug Helden haben wir erstmal.

Anweisungen zusammenfassen

Kleiner Tipp noch, das konntest du nicht wissen: In einem Fall, in dem du gleich mehrere Anweisungen ausführen möchtest, ist es oft besser, diese Anweisungen zunächst in einem sogenannten **Batch** zusammenzufassen und dann in einem Rutsch auszuführen. Dazu bietet `Statement` die Methoden `addBatch()` und `executeBatch()` an. Mit `addBatch()` fügst du erst die Anweisungen hinzu, die ausgeführt werden sollen, mit `executeBatch()` sagst du dann, dass alle Anweisungen zusammen an die Datenbank gesendet und dort hintereinander ausgeführt werden sollen. Das spart wieder einige Kommunikationswege zwischen JDBC und der Datenbank und ist somit performanter.

[Code bearbeiten]
Versuch es selbst! Ändere deinen Quellcode von eben so, dass erst alle Anweisungen zu einem Batch zusammengefasst werden. Kleiner Tipp: Du musst einfach nur die `executeUpdate()`-Aufrufe durch `addBatch()` ersetzen und dann ganz zum Schluss noch einen Aufruf von `executeBatch()` hinzufügen.

Du meinst bestimmt so:

```
einfuegeAnweisung.addBatch(*1"INSERT INTO UNSERE_HELDEN VALUES (DEFAULT, ↩
'SchroeDanger', 'Zwergenkrieger', 11, 11, 11, 200)");
einfuegeAnweisung.addBatch(*1"INSERT INTO UNSERE_HELDEN VALUES (DEFAULT, ↩
'Jeppi', 'Nachtelf', 20, 7, 15, 180)");
einfuegeAnweisung.addBatch(*1"INSERT INTO UNSERE_HELDEN VALUES (DEFAULT, ↩
'Juppi', 'Zwerg', 9, 20, 5, 160)");
einfuegeAnweisung.addBatch(*1"INSERT INTO UNSERE_HELDEN VALUES (DEFAULT, ↩
'Jappi', 'Krieger', 14, 17, 11, 170)");
einfuegeAnweisung.addBatch("INSERT INTO UNSERE_HELDEN VALUES (DEFAULT, ↩
'Joppi', 'Zauberer', 20, 4, 8, 400)");
einfuegeAnweisung.executeBatch(); *2
```

*1 mit `addBatch()` erst alle Anweisungen sammeln ...

*2 ... und dann in einem Aufwasch von der Datenbank abarbeiten lassen

Ja, genau. Man kann den **enormen Geschwindigkeitsvorteil** förmlich spüren, findest du nicht?

Gut vorbereitet

Apropos Geschwindigkeit: Noch schneller wird's, wenn die Datenbank schon vorher ungefähr weiß, welche Anweisungen sie ausführen soll. Denn alle Anweisungen, die du an eine Datenbank schickst, müssen dort erstmal **kompiliert** und üblicherweise auch irgendwie **optimiert** werden. Das kostet beides Zeit. Über sogenannte **Prepared Statements** kannst du allerdings SQL-Anweisungen erstellen, die datenbankseitig bereits kompiliert und optimiert sind und **wiederverwendet** werden können. Das spart wieder Zeit. Außerdem können solche Statements **Platzhalter** enthalten, die du dann jedes Mal mit anderen Parametern aufrufen kannst.

Damit machst du aus einem alten Kadett einen flotten Porsche.

Alles, was du dafür tun musst, ist, das Interface `PreparedStatement` zu verwenden, ein Subinterface von `Statement`.

Die Helden-Einfüge-Anweisung von eben könntest du mit einem `PreparedStatement` so definieren:

```
private final static String EINFUEGE_ANWEISUNG = *2"INSERT INTO UNSERE_
  HELDEN VALUES (DEFAULT, ?*3, ?*3, ?*3, ?*3, ?*3, ?*3)";
PreparedStatement einfuegeAnweisung = verbindung.
  prepareStatement*1(EINFUEGE_ANWEISUNG*2);
einfuegeAnweisung.*4setString(1*5, "Juppi"*6);
einfuegeAnweisung.setString(2, "Zwerg");
einfuegeAnweisung.*4setInt(3*5, 9*6);
einfuegeAnweisung.setInt(4, 20);
einfuegeAnweisung.setInt(5, 5);
einfuegeAnweisung.setInt(6, 160);
einfuegeAnweisung.executeUpdate();
```

*1 Um ein `PreparedStatement` zu bekommen, nimmst du statt `createStatement()` einfach `prepareStatement()`.

*2 Diese Methode bekommt als Parameter einen String., der so ähnlich aussieht wie eine normale SQL-Anweisung, …

*3 … mit dem Unterschied, dass du Platzhalter definieren kannst, …

*4 … die du mit Methoden wie `setString()` und `setInt()` am `PreparedStatement` setzen kannst.

*5 Der erste Parameter dieser Methoden ist jeweils der Index im `PreparedStatement` oder, anders gesagt, die Position des Fragezeichens im String. Wobei hier ganz untypisch bei 1 und nicht bei 0 angefangen wird zu zählen.

*6 Der zweite Parameter ist der Wert, der statt des Platzhalters eingesetzt werden soll.

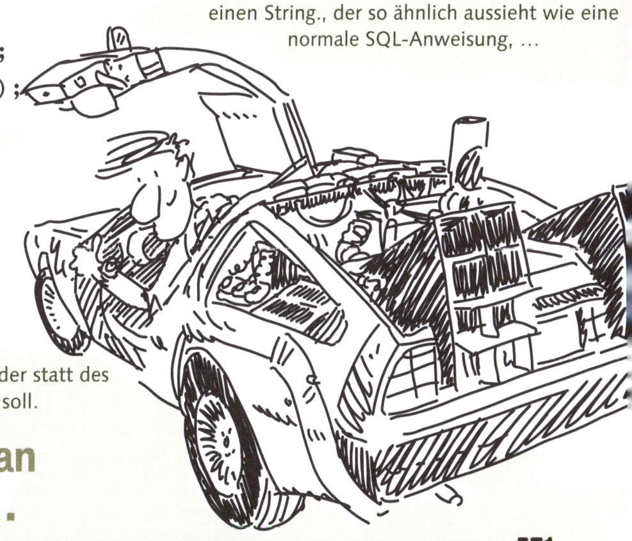

Und fertig ist der Porsche – ach was, der DeLorean von McFly. Der mit den Zeitreisen.

[Achtung]

Wichtig ist, immer die passende Methode für den jeweils verlangten Typ zu verwenden. Du kannst also beispielsweise nicht **`setString()`** für einen Index verwenden, an dem im SQL-Statement ein **`INT`** als SQL-Datentyp erwartet wird.

[Hintergrundinfo]

Ein weiterer Vorteil, den Prepared Statements gegenüber „normalen" Statements haben, ist der, dass sie gegen **SQL Injection** geschützt sind. SQL Injection bezeichnet – vereinfacht gesagt – das Einschleusen von bösem Code in deine SQL-Anweisungen. Das kann zum Beispiel dann auftreten, wenn du aus Daten, die der Nutzer in eine grafische Oberfläche eingibt, eine Anweisung zusammenbastelst (zum Beispiel mit einem **`StringBuilder`** oder per String-Konkatenation), **ohne die Nutzereingaben vorher zu filtern**. Bei Prepared Statements kann so etwas erst gar nicht passieren, da die Methoden **`setString()`**, **`setInt()`** und so weiter nur bestimmte Werte entgegennehmen und bösartigen Code erst gar nicht akzeptieren.

*1 Verwende in Anweisungen, die du per String-Konkatenation zusammenbaust, …

*2 … niemals Daten, die vom Nutzer kommen könnten! Noch besser: Verwende niemals String-Konkatenation, um Anweisungen zusammenzubauen.

```
einfuegeAnweisung.executeUpdate("INSERT INTO UNSERE_HELDEN VALUES (DEFAULT, " +*1
  nutzer.getName()*2 + ", " + nutzer.getKlasse() + ", 11, 11, 11, 200)");
```

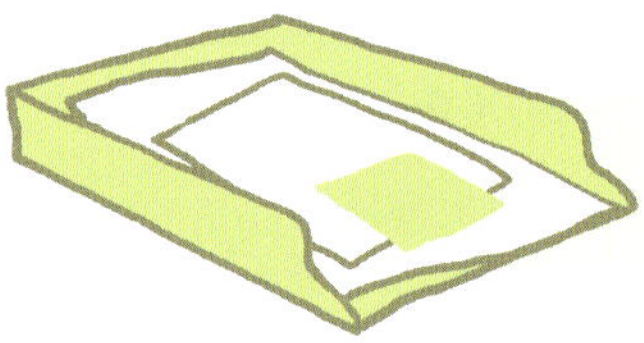

[Ablage]

Ein **`PreparedStatement`** ist dem normalen **`Statement`** vorzuziehen, weil es nicht nur ressourcenschonender ist, sondern auch SQL Injection verhindert!

Daten auslesen

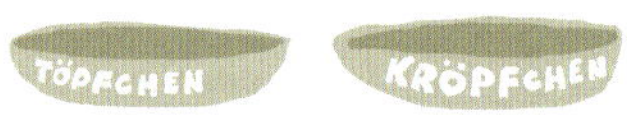

Daten in einer Datenbank zu speichern, ist prima, aber nur halb so toll, wenn du die Daten nicht auch wieder herausholst und sie nach irgendwelchen Kriterien filtern kannst. Ein letzter Baustein fehlt dir nämlich noch zum wahren Datenbank-Glück: **Selektionen**, sprich Abfragen auf der Datenbank. Solche Abfragen geschehen – wie ich dir eben schon kurz beigebracht habe – immer über das Schlüsselwort **SELECT**.

So zum Beispiel selektierst du alle Helden der Tabelle:

```
PreparedStatement abfrageAnweisung = verbindung.prepareStatement
  ("SELECT*1 **2 FROM UNSERE_HELDEN*3");
ResultSet*5 ergebnis = abfrageAnweisung.executeQuery*4();
```

*1 Mit **SELECT** holst du die Daten aus der Datenbank. Okay, das klingt ein bisschen missverständlich, die Daten bleiben natürlich in der Datenbank, du machst nur eine Selektion und bekommst eine Kopie der Werte zurück.

*2 Hinter dem **SELECT** kannst du die Attribute angeben, die für die selektierten Datensätze zurückgegeben werden sollen. Der Stern steht dabei für „alle Attribute". Wenn du für die Ergebnisse nicht alle Spaltenwerte brauchst, kannst du statt des * auch nur die **Namen der Spalten** angeben, für die du die Werte haben möchtest. Mehrere Spaltennamen trennst du dann durch ein Komma.

*3 **FROM UNSERE_HELDEN** bedeutet, dass du die Selektion auf der Tabelle **UNSERE_HELDEN** ausführen möchtest.

*4 Im Unterschied zu schreibenden Anweisungen wie **CREATE TABLE** oder **INSERT INTO**, bei denen du **`executeUpdate()`** verwendest, nimmst du bei Selektionsanweisungen die Methode **`executeQuery()`**. Übrigens ist **INSERT INTO** Teil der Data Manipulation Language.

*5 Die Ergebnisse bekommst du in Form eines Objekts vom Typ **`ResultSet`**.

Und so iterierst du wieder über die Ergebnisse:

```
while (ergebnis.next()*1) {
  String id = ergebnis.*2getString("ID");
  String name = ergebnis.getString("NAME");
  String klasse = ergebnis.getString("KLASSE");
  int charisma = ergebnis.*2getInt("CHARISMA");
  int staerke = ergebnis.getInt("STAERKE");
  int ausdauer = ergebnis.getInt("AUSDAUER");
  int erfahrung = ergebnis.getInt("ERFAHRUNG");
}
```

*1 Wieder jemand, der nur so tut, als ob er das `Iterator`-Interface implementiert. `next()` liefert `true`, wenn es noch weitere Ergebnisse im `ResultSet` gibt, und wandert in der Ergebnismenge eins weiter, wo du dann …

*2 … über Getter (je nach Datentyp verschieden) an die jeweiligen Werte des Ergebnisses rankommst. Diese Getter gibt es in zwei Ausführungen: Einmal kannst du die **Spaltennummer** übergeben (also zum Beispiel `getString(5)`), um dir den entsprechenden Wert der Spalte mit dieser Nummer ausgeben zu lassen. **Besser aber** du nimmst die Variante, der du den **Spaltennamen** übergibst. Damit stellst du sicher, dass dein Programm auch dann noch funktioniert, wenn sich die Reihenfolge der Spalten mal datenbankseitig ändern sollte.

Je nach SQL-Typ musst du eine andere Java-Methode aufrufen, um an den jeweiligen Wert zu kommen:

Java-Methode	Java-Rückgabewert	SQL-Typ
`getInt()`	`int`	INTEGER
`getLong()`	`long`	BIG INT
`getFloat()`	`float`	REAL
`getDouble()`	`double`	FLOAT
`getBigDecimal()`	`java.math.BigDecimal`	NUMBER
`getBoolean()`	`boolean`	BIT
`getString()`	`String`	VARCHAR, CHAR
`getAsciiStream()`	`java.io.InputStream`	LONGVARCHAR
`getDate()`	`java.sql.Date`	DATE
`getTime()`	`java.sql.Time`	TIME
`getTimestamp()`	`java.sql.Timestamp`	TIME STAMP
`getObject()`	`java.lang.Object`	jeder Typ

[Achtung]
Du kannst mit den Gettern von `ResultSet` nur an Spaltenwerte kommen, die in der SQL-Anweisung auch selektiert werden. Versuchst du trotzdem, auf einen Spaltenwert zuzugreifen, der nicht in der SQL-Anweisung vorkommt, erhältst du folgenden Fehler: „Die Spalte 'XYZ' wurde nicht gefunden."

Was hätten'S denn gerne? Datensätze nach Kriterien auswählen

Je mehr Einträge du in einer Tabelle hast, desto unwahrscheinlicher ist es, dass du wirklich alle Datensätze im **ResultSet** haben willst. Oft bist du nur **an bestimmten Datensätzen interessiert**, die gewisse **Kriterien erfüllen**. Zum Beispiel „Alle Helden mit einem Stärkewert höher als 10".

So sieht's in SQL aus.

Datensätze auswählen:

```
PreparedStatement abfrageAnweisung = verbindung.prepareStatement(↩
  "SELECT * FROM UNSERE_HELDEN WHERE*1 STAERKE >= 10*2");
ResultSet ergebnis = abfrageAnweisung.executeQuery();
while (ergebnis.next()) {
  System.out.println(ergebnis.getString("NAME"));*3
}
```

*1 Mit **WHERE** definierst du, welche Kriterien die Datensätze erfüllen müssen, die im Ergebnis enthalten sind.

*2 Nach dem **WHERE** kommen die Kriterien: hier alle Helden mit einer Stärke größer gleich 10.

*3 Das sind nur SchroeDanger, Juppi und Jappi.

[Hintergrundinfo]

Natürlich könntest du dir dafür auch alle Datensätze zurückgeben lassen und aus dem **ResultSet** dann nur die Helden herausfischen, die dem Kriterium entsprechen, aber du kannst dir sicherlich schon denken, dass sich dieses Vorgehen nicht unbedingt positiv auf die Performance auswirkt.

Die Selektionskriterien kannst du noch auf verschiedene Weisen verfeinern:

Kriterien mit „Und" verknüpfen: Soll ein Datensatz mehrere Kriterien erfüllen, verknüpfst du die Kriterien einfach mit **AND**. Das folgende Statement liefert nur noch den Helden „SchroeDanger" als Datensatz:

```
SELECT * FROM UNSERE_HELDEN WHERE STAERKE >= 10 AND ERFAHRUNG >= 200
```

Wusst ich's doch, ich bin der Stärkste und Erfahrenste!

Ja, ja, aber Erfahrung ist nicht immer gleichzusetzen mit Stärke.

Kriterien mit „Oder“ verknüpfen:

Willst du alle Helden, die einen Stärkewert größer gleich 10 **oder** einen Erfahrungswert größer gleich 200 haben, nimmst du das **OR**:

```
SELECT * FROM UNSERE_HELDEN WHERE STAERKE >= 10 OR ERFAHRUNG >= 200
```

Mmh, SchroeDanger, Juppi, Jappi und Joppi. Wer denkt sich nur diese Namen aus?

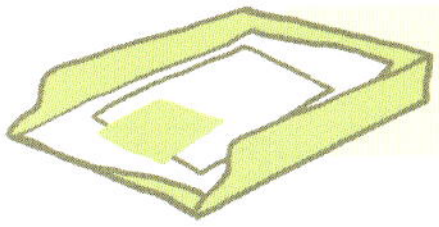

[Ablage]
Bei den Selektionskriterien kannst du die üblichen Vergleichsoperatoren wie auch in Java verwenden. Einzige Ausnahme: Statt zwei Gleichheitszeichen nimmst du für den direkten Vergleich zweier Werte nur eins.

[Achtung]
Wenn du in einem Selektionskriterium **Zeichenketten** vergleichst, musst du den Wert in einfache Anführungszeichen setzen! Also zum Beispiel so: **`"SELECT * FROM UNSERE_HELDEN WHERE NAME = 'SchroeDanger'"`**. Ansonsten kommen sowohl Java als auch SQL durcheinander.

Zusätzlich zu diesen Standard-Vergleichsoperatoren kannst du mit **BETWEEN** einen **Wertebereich** angeben, um nur die Datensätze auszuwählen, bei denen ein bestimmtes Attribut in einem bestimmten Wertebereich liegt, zum Beispiel so:

Wertebereiche definieren:

```
SELECT * FROM UNSERE_HELDEN WHERE STAERKE BETWEEN*1 10 AND*2 200
```

*1 alle Helden mit einem Stärkewert **zwischen** 10 …

*2 … **und** 200

Kriterien negieren:

Alle Datensätze, deren Stärkewert **nicht** in diesem Wertebereich liegt, bekämst du mit dem Negationsoperator **NOT**:

```
SELECT * FROM UNSERE_HELDEN WHERE STAERKE NOT*1 BETWEEN 10 AND 200*2
```

*1 alle Helden, deren Stärkewert **nicht** …

*2 … zwischen 10 und 200 liegt

Nach ähnlichen Werten suchen:

Für Zeichenketten steht dir neben den Vergleichsoperatoren noch der **LIKE**-Operator zur Verfügung:

```
SELECT * FROM UNSERE_HELDEN WHERE NAME LIKE*1 'J%*2i'
```

*1 **LIKE** heißt so viel wie „ähnlich wie“, …

*2 … in diesem Fall ähnlich wie eine Zeichenkette, die mit einem „J“ anfängt, mit einem „i“ endet und dazwischen irgendwas enthält. Das % steht dabei für das „irgendwas“. Das hier würde also die Helden Jeppi, Juppi, Jappi und Joppi selektieren.

Daten sortiert ausgeben

Neben dem Filtern der Datensätze bezüglich bestimmter Kriterien kann dir SQL auch noch sonst viel Arbeit abnehmen. Zum Beispiel kannst du dir die Ergebnisse mit **ORDER BY** schon von der Datenbank sortieren lassen. Das spart Zeit, denn die Datenbank ist in der Regel darauf ausgelegt, Daten schnell sortieren zu können. Und das ist schneller, als das Sortieren hinterher in Java zu erledigen, gerade bei großen Datenmengen.

```
SELECT * FROM UNSERE_HELDEN WHERE NAME LIKE 'J%i' ORDER BY*1 NAME*2 DESC*3
```

*1 Mit **ORDER BY** lässt du dir die Daten sortieren.

*2 Du musst nur sagen, nach welcher Spalte sortiert werden soll.

*3 **DESC** steht für „descending“, also absteigende Sortierung. Standardmäßig wird aufsteigend sortiert (**ASC** für „ascending“).

Wer ist der Stärkste im ganzen Land?

Für die folgenden Aufgaben nimm bitte die Tabelle mit den fünf Helden. Falls du schon mehr Einträge in der Tabelle hast, lösche erst alle Einträge, und lege die fünf Helden neu an. Löschen kannst du mit der SQL-Updateanweisung **DELETE FROM UNSERE_HELDEN**.

```
Statement loeschenAnweisung = verbindung.createStatement();
loeschenAnweisung.executeUpdate*1("DELETE FROM UNSERE_HELDEN");
...*2
```

*1 **DELETE ändert** Daten, deswegen musst du hier ein **executeUpdate()** nehmen.

*2 Und hier folgen die dir schon bekannten Einfügeanweisungen, um die fünf Helden anzulegen.

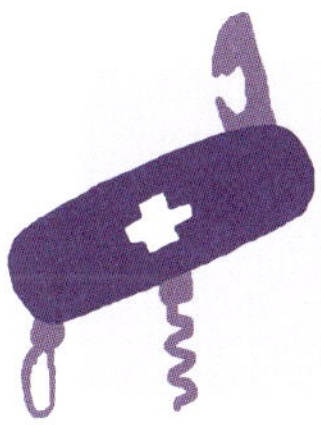

[Einfache Aufgabe]

In die finsteren Wälder von Bruchhausen trauen sich nur die erfahrensten Helden. Wer soll mitgehen? Selektiere alle Helden, die einen Erfahrungswert von 180 oder mehr haben.

Das ist einfach:

```
SELECT * FROM UNSERE_HELDEN WHERE ERFAHRUNG >= 180
```

[Schwierige Aufgabe]

Selektiere die drei stärksten Helden. Dazu ein Tipp: Theoretisch gibt es in SQL die Möglichkeit, die Anzahl der zurückgegebenen Datensätze mit **LIMIT** zu begrenzen. Das würde dir hier helfen. Allerdings unterstützt Apache Derby nicht die **LIMIT**-Syntax. Die unterschiedlichen SQL-Dialekte lassen grüßen. Das heißt, diesen Teil der Aufgabe musst du zwangsläufig über Java-Code regeln. Zum Glück gibt's in **Statement** die Methode **setMaxRows()**. Die führt auch zum Ziel.	**Erster Teil der Aufgabe**
Ach so, nicht vergessen: Die Helden in der Tabelle sind nicht unbedingt nach Stärke sortiert. Das solltest du also auch noch abdecken.	**Zweiter Teil**
Zu guter Letzt: Uns interessieren nur der Name und die Stärke, die restlichen Attribute sollen daher nicht im Ergebnis auftauchen.	**Dritter Teil**

Hier die Lösung:

```
Statement abfrageAnweisung = verbindung.createStatement();
abfrageAnweisung.setMaxRows(3);*1
ResultSet ergebnis = abfrageAnweisung.executeQuery(
  "SELECT *3NAME, STAERKE*3 FROM UNSERE_HELDEN *2ORDER BY STAERKE DESC*2");
```

*1 Teil 1 der Lösung: Die Anzahl der maximal zurückgegebenen Datensätze kannst du hiermit begrenzen.

*2 Teil 2 der Lösung: Um an die stärksten Helden zu kommen, müssen die erstmal absteigend nach Stärke sortiert werden.

*3 Teil 3 der Lösung: Nur Name und Stärke sind relevant, also werden nur die Werte dieser beiden Attribute zurückgegeben.

[Schwierige Aufgabe]

Was stimmt nicht mit dem folgenden Code? Warum kommt es zu einer Exception?

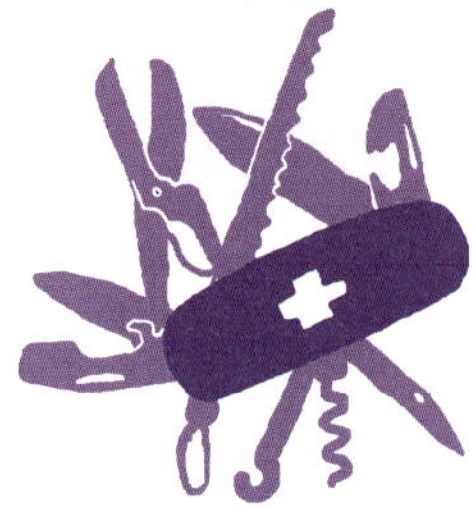

```
PreparedStatement abfrageAnweisung = verbindung.prepareStatement
  ("SELECT NAME, KLASSE FROM UNSERE_HELDEN");
ResultSet ergebnis = abfrageAnweisung.executeQuery();
while (ergebnis.next()) {
  String name = ergebnis.getString("NAME");
  String klasse = ergebnis.getString("KLASSE");
  int charisma = ergebnis.getInt("CHARISMA");
  int staerke = ergebnis.getInt("STAERKE");
  …
}
```

Hast du es rausgefunden? Hier die Lösung:

Okay, das war ein bisschen schwierig, weil ich das, was hier zum Fehler führt, eben nur am Rande erwähnt hatte. Wenn du es trotzdem rausgefunden hast: umso besser! Das Problem ist, dass in dem Code auf die Attribute **CHARISMA** und **STAERKE** zugegriffen wird, diese Attribute aber gar nicht im **SELECT**-Statement selektiert werden, sondern nur **NAME** und **KLASSE**. Das Programm endet mit der Fehlermeldung: „Die Spalte 'CHARISMA' wurde nicht gefunden."

[Einfache Aufgabe]

Ohne Waffen sind unsere Helden doch ziemlich wehrlos. Erstelle eine zweite Tabelle mit dem Namen WAFFEN und den Spalten ID, WAFFEN_NAME und HELD_NAME.

Die Lösung:

```
private final static String ERSTELLE_TABELLE_WAFFEN_ANWEISUNG = ↩
  "CREATE TABLE WAFFEN (ID INT NOT NULL GENERATED BY DEFAULT AS IDENTITY, ↩
  WAFFEN_NAME VARCHAR(32), HELD_NAME VARCHAR(32))";*1
private static void erstelleTabelleWaffen(Connection verbindung) throws ↩
  SQLException {
    DatabaseMetaData metaDaten = verbindung.getMetaData();*2
    ResultSet tabellen = metaDaten.getTables(null, "APP", "WAFFEN", null);*2
    if (!tabellen.next()) {
        Statement anweisung = verbindung.createStatement();*3
        anweisung.executeUpdate(ERSTELLE_TABELLE_WAFFEN_ANWEISUNG);*4
        anweisung.close();*5
    }
}
```

*1 Die SQL-Anweisung speicherst du am besten in einer Konstante.

*2 Bevor du die Anweisung ausführst, solltest du erst überprüfen, ob es die Tabelle noch nicht gibt. Das findest du über die Metadaten der Datenbank heraus.

*3 Wenn es die Tabelle noch nicht gibt, erstellst du ein **Statement**-Objekt, …

*4 … führst die Anweisung mit **executeUpdate()** aus …

*5 … und schließt die Anweisung.

[Code bearbeiten]

Füge der Tabelle jetzt verschiedene Waffen hinzu. Im Einzelnen sind dies:

- Doppelaxt und Dolch für SchroeDanger
- Bogen und Pfeile für Jeppi
- Streithammer für Juppi
- zwei Schwerter für Jappi
- Zauberstab für Joppi

Hier die Lösung:

```
private static void erstelleWaffen(Connection verbindung) throws SQLException {
  Statement einfuegeAnweisung = verbindung.createStatement();
  einfuegeAnweisung.*1addBatch("INSERT INTO WAFFEN (WAFFEN_NAME, HELD_NAME) VALUES ↩
    ('Doppelaxt', 'SchroeDanger')");
  einfuegeAnweisung.addBatch("INSERT INTO WAFFEN (WAFFEN_NAME, HELD_NAME) VALUES ↩
    ('Dolch', 'SchroeDanger')");
  einfuegeAnweisung.addBatch("INSERT INTO WAFFEN (WAFFEN_NAME, HELD_NAME) VALUES ↩
    ('Bogen', 'Jeppi')");
  einfuegeAnweisung.addBatch("INSERT INTO WAFFEN (WAFFEN_NAME, HELD_NAME) VALUES ↩
    ('Pfeile', 'Jeppi')");
  einfuegeAnweisung.addBatch("INSERT INTO WAFFEN (WAFFEN_NAME, HELD_NAME) VALUES ↩
    ('Streithammer', 'Juppi')");
  einfuegeAnweisung.addBatch("INSERT INTO WAFFEN (WAFFEN_NAME, HELD_NAME) VALUES ↩
    ('Schwert', 'Jappi')");
  einfuegeAnweisung.addBatch("INSERT INTO WAFFEN (WAFFEN_NAME, HELD_NAME) VALUES ↩
    ('Schwert', 'Jappi')");
  einfuegeAnweisung.addBatch("INSERT INTO WAFFEN (WAFFEN_NAME, HELD_NAME) VALUES ↩
    ('Zauberstab', 'Joppi')");
  einfuegeAnweisung.executeBatch();*2
  einfuegeAnweisung.close();
}
```

*1 Mehrere Waffen auf einmal anlegen? Dann füge ich am besten über die **addBatch()**-Methode einzelne Anweisungen einem Batch hinzu …

*2 … und führe diesen dann mit **executeBatch()** aus.

Prima, Schrödinger, wenn du das gelöst hast, hast du es echt drauf. Und das Gute ist: Du hast jetzt **zwei Tabellen**. Da kann ich dir gleich noch das zeigen, was an relationalen Datenbanken so gut ist.

Informationen aus mehreren Tabellen über Joins verknüpfen

Mithilfe von **Joins** – ohne „t“, du hast schon richtig gelesen – kannst du Daten aus mehreren Tabellen miteinander verknüpfen. Erst das macht nämlich relationale Datenbanken wirklich mächtig und so gut. Wir haben jetzt eine Tabelle mit den Helden und eine Tabelle mit den Waffen. Und in der Waffentabelle gibt es für jede Waffe auch den entsprechenden Heldennamen. Darüber können wir für jeden Helden die zugehörige Waffe finden. Was für ein Zufall. Damit sind diese beiden Tabellen doch wie gemacht für einen Join.

Ähm, wenn du meinst.

So kannst du zum Beispiel für alle Helden die entsprechenden Waffen finden:

Was passiert im folgenden Code genau? Für jeden Eintrag in der Heldentabelle werden alle Einträge aus der Waffentabelle gesucht, für die der Heldenname übereinstimmt, und mit dem jeweiligen Eintrag aus der Waffentabelle zu einem Ergebnis kombiniert.

```
PreparedStatement abfrageAnweisung = verbindung.
prepareStatement("SELECT * FROM UNSERE_HELDEN INNER JOIN WAFFEN*1 ON ↩
  UNSERE_HELDEN.NAME = WAFFEN.HELD_NAME*2");
ResultSet ergebnis = abfrageAnweisung.executeQuery();
while (ergebnis.next()) {
  String held = ergebnis.getString("NAME");*3
  String klasse = ergebnis.getString("KLASSE");*3
  String waffe = ergebnis.getString("WAFFEN_NAME");*4
  System.out.println("Held: " + held);
  System.out.println("Klasse: " + klasse);
  System.out.println("Waffe: " + waffe);
  System.out.println("******************************");
}
```

*1 So sieht ein Join aus, ein **innerer Join,** um genau zu sein. Es gibt auch noch **äußere Joins**, aber den Unterschied brauchst du fürs Erste nicht zu wissen. Das ist hier also die Verknüpfung zwischen den Tabellen **UNSERE_HELDEN** und **WAFFEN**.

*2 Nur die Einträge werden verknüpft, bei denen die Werte für den Heldennamen übereinstimmen.

*3 In den resultierenden Ergebnissen kannst du dann sowohl auf Attribute der Tabelle **UNSERE_HELDEN** zugreifen ..

*4 ... als auch auf Attribute der Tabelle **WAFFEN**.

Hier die Ausgabe des Programms:

```
Held: SchroeDanger
Klasse: Zwergenkrieger
Waffe: Doppelaxt
****************************
Held: SchroeDanger
Klasse: Zwergenkrieger
Waffe: Dolch
****************************
Held: Jeppi
Klasse: Nachtelf
Waffe: Bogen
****************************
Held: Jeppi
Klasse: Nachtelf
Waffe: Pfeile
****************************
Held: Juppi
Klasse: Zwerg
Waffe: Streithammer
****************************
Held: Jappi
Klasse: Krieger
Waffe: Schwert
****************************
Held: Jappi
Klasse: Krieger
Waffe: Schwert
****************************
Held: Joppi
Klasse: Zauberer
Waffe: Zauberstab
****************************
```

[Zettel]
Alternativ könntest du die SQL-Anweisung von eben auch ohne den Befehl **`INNER JOIN`** formulieren: **`SELECT * FROM WAFFEN W, UNSERE_HELDEN H WHERE W.HELD_NAME = H.NAME`**.

Joins, du wirst es ahnen, sind sehr mächtig und damit ein komplexes Thema. Fürs Erste sollte das jetzt aber reichen. Denn viel Zeit und Platz haben wir gerade nicht mehr, du willst ja schließlich auch noch andere Sachen lernen, die mindestens genauso wichtig sind.

Alles wieder zurück bitte – Transaktionen

Eine weitere ganz wichtige Sache im Umgang mit Datenbanken ist es nämlich, die **Integrität** der Daten zu wahren, also sicherzustellen, dass die Daten nicht fehlerhaft sind. Aber wie kann es zu fehlerhaften Daten kommen? Zum Beispiel dann, wenn du in deinem Java-Code mehrere (zusammengehörige) SQL-Anweisungen abschickst und mittendrin ein Fehler auftritt, so dass nur ein Teil dieser Anweisungen letztendlich auf der Datenbank ausgeführt wird. Die Daten sind dann eventuell nicht mehr konsistent. Stell dir vor, Bossingen will dir dein Gehalt überweisen, aber **nachdem** das Geld vom Firmenkonto abgezogen ist und **bevor** es deinem Konto gutgeschrieben ist, stürzt der Server der Bank ab. Dann wäre es doch doof, wenn das Geld weg wäre, oder? Genau. Und um das zu verhindern, werden diese beiden Schritte zusammen wie eine **atomare Einheit** ausgeführt, kurz als **Transaktion**:

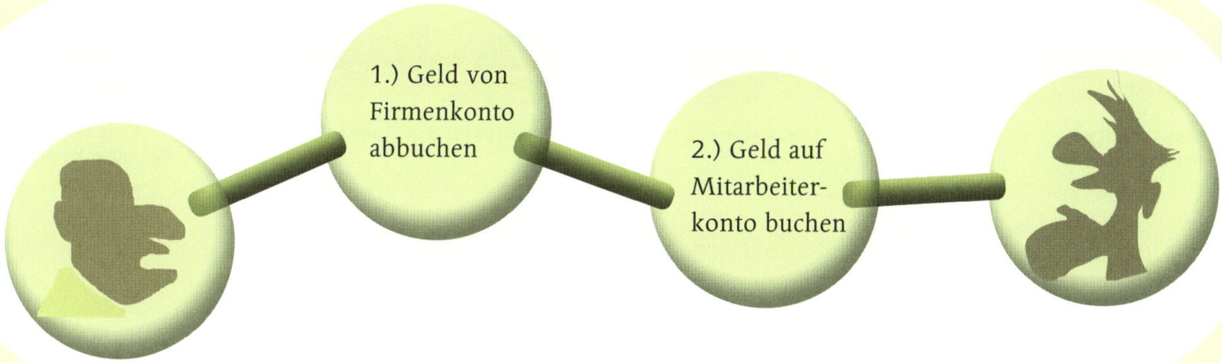

Wenn jetzt mittendrin der Bankserver abstürzte, würde die Transaktion „zurückgerollt" (das Fachwort heißt hier **Rollback**), das heißt, die Daten (in diesem Fall die Kontostände) wären wieder so wie vor Beginn der Transaktion.

[Ablage]

Transaktionen sind Abfolgen von bestimmten Schritten, die als atomare Einheit ausgeführt werden. Dies stellt sicher, dass die Daten konsistent bleiben, auch wenn bei einem der Schritte ein Fehler passiert.

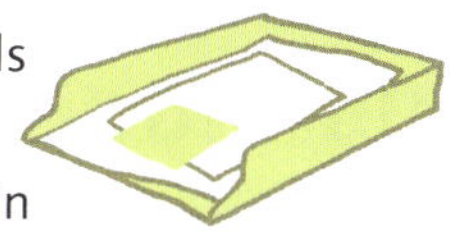

Wie funktionieren Transaktionen in JDBC?

So führst du verschiedene Anweisungen in einer Transaktion aus:

Standardmäßig werden jedes Mal, wenn du eine schreibende Operation auf der Datenbank ausführst, deren Auswirkungen direkt dauerhaft dort gespeichert. Sie können dann nicht mehr rückgängig gemacht werden. Zumindest nicht automatisch. Doch dieses Standardverhalten kannst du abschalten, und zwar wie folgt:

```
try {
  verbindung*1.setAutoCommit(false);*2
  // Geld von Firmenkonto buchen *3
  // Geld auf Mitarbeiterkonto buchen *3
  verbindung.commit();*4
  verbindung.setAutoCommit(true);*7
} catch (Exception e) {*5
  try {
    verbindung.rollback();*6
  } catch (SQLException e1) {
    …
  }
}
```

*1 Die Variable **verbindung** ist vom Typ **Connection**, wie du dir sicherlich denken kannst.

*2 Hiermit sagst du, dass Anweisungen **nicht automatisch** direkt auf der Datenbank ausgeführt werden sollen.

*3 Hier kommen dann die einzelnen Anweisungen hin, die als atomare Einheit gesehen werden sollen.

*4 Und hiermit sagst du, dass jetzt alle vorigen Anweisungen in einem Zug ausgeführt werden sollen.

*5 Tritt dabei ein Fehler auf, …

*6 … kannst du über **rollback()** das Ganze auch datenbankseitig wieder zurückrudern. Die Integrität der Daten bleibt in jedem Fall erhalten. Die Anweisungen werden nur ganz oder gar nicht ausgeführt.

*7 Möchtest du wieder das Standardverhalten aktivieren, setzt du das automatische Ausführen auf **true**.

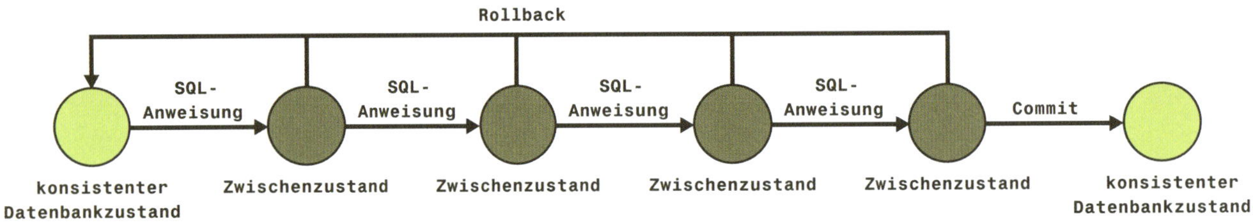

Über Transaktionen kannst du sicherstellen, dass die Datenbank in einem konsistenten Zustand bleibt.

Mapping zwischen relationalen Datenbanken und Java-Objekten

Eins noch: Neben JDBC gibt es noch eine weitere API zum Umgang mit relationalen Datenbanken, die **Java Persistence API** (JPA). Dabei kannst du über Annotationen kennzeichnen, welche Objektvariablen bzw. Methoden einer Java-Klasse auf welche Spalten in der Datenbank gemappt werden sollen.

Annotationen an Objektvariablen und Methoden? Das kommt mir irgendwie bekannt vor.

Richtig. Das gleiche Prinzip wie schon beim Mapping von Java-Klassen auf XML-Daten. JAXB, du weißt schon. Aber das ginge jetzt etwas zu weit, ein anderes Mal vielleicht, Schrödinger.

[Begriffsdefinition]
Dieses Mapping von Daten aus einer relationalen Datenbank auf Java-Objekte wird auch als **Object-Relational-Mapping**, kurz **ORM**, bezeichnet.

Roll zurück den Troll

Für die folgende Aufgabe nimm wieder an, dass die fünf bekannten Helden bereits in der Heldentabelle stehen.

[Schwierige Aufgabe]

Schreibe ein Programm, das zunächst alle diese Helden und alle Waffen löscht, dann einen neuen Helden hinzufügt, „Bossingen", den Cheftroll, und ihm eine neue Waffe hinzufügt, das „klappbare Smartphone". Alle diese Schritte sollen innerhalb einer Transaktion stattfinden. Gib alle Helden der Tabelle vor und nach der Transaktion aus.

Wow, das klingt kompliziert.

Na ja. Eigentlich sollte es gehen. Das meiste des Codes ist so oder so ähnlich eh schon irgendwo in diesem Kapitel aufgetaucht. **Nur Mut!**

Hier die Lösung:

```
PreparedStatement abfrageAnweisung = verbindung.prepareStatement(⤶
  "SELECT * FROM UNSERE_HELDEN");*1
ResultSet ergebnis = abfrageAnweisung.executeQuery();
System.out.println("Helden vor Transaktion");
gebeAusHelden(ergebnis);*1

try {
  verbindung.setAutoCommit(false);*2
  Statement loescheHeldenAnweisung = verbindung.createStatement();
  loescheHeldenAnweisung.executeUpdate("DELETE FROM UNSERE_HELDEN");*3
  loescheHeldenAnweisung.close();
  Statement loescheWaffenAnweisung = verbindung.createStatement();
  loescheWaffenAnweisung.executeUpdate("DELETE FROM WAFFEN");*3
  loescheWaffenAnweisung.close();
  Statement heldenAnweisung = verbindung.createStatement();
  heldenAnweisung.executeUpdate("INSERT INTO UNSERE_HELDEN (NAME, KLASSE, ⤶
    CHARISMA, STAERKE, AUSDAUER, ERFAHRUNG) VALUES ('Bossingen', 'Cheftroll', ⤶
    4, 20, 20, 50)");*4
  heldenAnweisung.close();
  Statement waffenAnweisung = verbindung.createStatement();
  waffenAnweisung.executeUpdate("INSERT INTO WAFFEN (WAFFEN_NAME, HELD_NAME) ⤶
    VALUES ('Klappbares Smartphone', 'Bossingen')");*4
  waffenAnweisung.close();
  verbindung.commit();*5
  verbindung.setAutoCommit(true);*5
} catch (Exception e) {
  try {
    verbindung.rollback();*6
  } catch (SQLException e1) {
  }
} finally {
  System.out.println("Helden nach Transaktion");
  ergebnis = abfrageAnweisung.executeQuery();
  gebeAusHelden(ergebnis);*7
}
```

*1 Ausgabe aller Helden vor der Transaktion. Das Statement brauchst du gleich nach der Transaktion nochmal, insofern bietet sich ein `PreparedStatement` an. `gebeAusHelden()` ist einfach eine Helfermethode, die über das `ResultSet` iteriert und die Helden ausgibt. Aus Platzgründen habe ich den Code dazu hier mal weggelassen.

*2 Beginn der Transaktion

*3 alle Helden und Waffen löschen

*4 neuen Helden mit neuer Waffe hinzufügen

*5 Ende der Transaktion

*6 im Fehlerfall alles zurückrollen

*7 Ausgabe der Helden nach der Transaktion

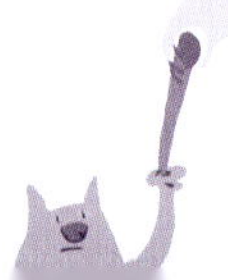

Vor der Transaktion werden die fünf bekannten Helden ausgegeben, nach der Transaktion nur der eine neue Held. Klar, die anderen wurden ja auch gelöscht.

[Code bearbeiten]
Wirf jetzt innerhalb der Transaktion eine Exception, und zwar nachdem die Helden und die Waffen gelöscht wurden. Kleiner Tipp: Der Compiler wird verhindern, dass du einfach **`throw Exception()`** schreibst, denn dann würde ja der folgende Code auf gar keinen Fall ausgeführt. Schreibe stattdessen einfach **`if(true) {throw new Exception();}`**. Mit dieser kleinen List trickst du den Compiler aus. Was wird jetzt im **`finally`**-Block ausgegeben?

```
...
loescheWaffenAnweisung.close();
*1if(true) {
  throw new Exception();
}*1
Statement heldenAnweisung = verbindung.createStatement();
...
```

*1 An dieser Stelle soll die Exception geworfen werden.

Die fünf Helden vom Anfang werden ausgegeben. Bossingen nicht.

Genau. Die Transaktion wurde nicht beendet, damit wurden die Daten in der Datenbank auch nicht geändert.

Wiederholung

Schrödinger, gut mitgemacht soweit. Mal sehen, ob du dich auch ohne Übung zu Schuhen noch an irgendetwas aus diesem Kapitel erinnern kannst.

[Einfache Aufgabe]

Welche der folgenden SQL-Befehle gehört zu welcher Untersprache von SQL?

`SELECT`	DDL
`CREATE TABLE`	DQL
`INSERT INTO`	DML

Lösung:

1. Der Befehl **`SELECT`** gehört zu der Data **Query** Language, es werden Daten **selektiert**.
2. **`CREATE TABLE`** gehört zu der Data **Definition** Language, es wird eine Tabelle angelegt bzw. **definiert**.
3. **`INSERT INTO`** gehört zur Data **Modification** Language, es werden Daten hinzugefügt, das heißt, der Inhalt der entsprechenden Tabelle wird **modifiziert**.

[Schwierige Aufgabe für jemanden mit schlechtem Kurzzeitgedächtnis]

Welche Schritte sind notwendig, um eine Transaktion zu starten? Sag mir die Methoden, die in diesem Zusammenhang wichtig sind.

Lösung:

1. Zuerst muss das automatische Ausführen der Anweisungen abgeschaltet werden, das machst du mit einem **`setAutoCommit(false)`** auf der Verbindung.
2. Danach kommen dann alle Anweisungen, die du im Rahmen der Transaktion ausführen möchtest.
3. Dann rufst du **`commit()`** auf der Verbindung auf, um alle diese Anweisungen auszuführen. Sollte ein Fehler auftreten, kannst du alle Änderungen, die bisher in der Transaktion an der Datenbank gemacht wurden, mit **`rollback()`** rückgängig machen.
4. Abschließend aktivierst du das automatische Ausführen der Anweisungen wieder mit einem **`setAutoCommit(true)`**.

SELECT DAS_WICHTIGSTE FROM KAPITEL_15

Was du zu den Themen relationale Datenbanken, JDBC und SQL mitnehmen solltest:

- Bei relationalen Datenbanken werden die Daten in **Tabellen** gespeichert, ähnlich wie du sie aus Programmen zur Tabellenkalkulation kennst.
- Die Spalten stellen **Attribute** dar, die Zeilen einzelne **Datensätze** bzw. **Tupel**, und eine Tabelle wird auch als **Relation** bezeichnet.
- SQL ist eine Sprache, mit der du Anfragen an relationale Datenbanken stellen, Daten modifizieren und Daten definieren kannst.
- Dazu stehen verschiedene SQL-Befehle bereit, zum Beispiel **`CREATE TABLE`** zum Erstellen bzw. **Definieren** von Tabellen, **`INSERT`** und **`DELETE`** zum **Einfügen und Löschen** (allgemein gesagt zum **Modifizieren**) von Daten und **`SELECT`** für wirkliche **Selektionsanfragen**.
- Mithilfe sogenannter **Joins** kannst du Einträge aus mehreren Tabellen miteinander verknüpfen.
- Die **Java Database Connectivity API** (JDBC) sichert den Zugriff auf verschiedenste relationale Datenbanken. Willst du die Datenbank tauschen, bleibt der Java-Code davon unberührt, in der Regel musst du nur den **Datenbanktreiber** tauschen.
- Verwende **Prepared Statements**, denn die sind auf Datenbankseite bereits **kompiliert** und **optimiert**, und du kannst sie wiederverwenden, indem du **Platzhalter** gebrauchst. Außerdem schützen sie dich vor bösartigem Code.
- Über **Batches** kannst du mehrere SQL-Anweisungen in deinem Java-Code zusammenfassen und sie in einem Rutsch an die Datenbank schicken.
- Über **Transaktionen** stellst du sicher, dass der Zustand einer Datenbank **konsistent** bleibt, auch wenn mehrere SQL-Anweisungen hintereinander ausgeführt werden.

[Belohnung/Lösung]

So, Schrödinger, bereit für deinen nächsten Gegenstand? Du bekommst den **„Zaubertrank der absoluten Konsistenz"**. Sollte dir ein Gegner Schaden zufügen, kannst du dich mit einem Schluck von diesem Trank in deinen vorigen Zustand zurückversetzen.

—SECHZEHN—

GUI-Programmierung mit Swing und JavaFX

Neue Tanzschritte

Was die Ausgabe angeht,
sind seine bisherigen Programme ja schon ein
bisschen dröge, denkt Schrödinger.
Zeit, mal ein bisschen Zucker drüberzustreuen und sie
mit einer grafischen Oberfläche zu versehen.
Dazu lernt Schrödinger direkt zwei Bibliotheken kennen,
die mit dem JDK ausgeliefert werden.

Mit Schwung weg von der Konsole – Swing

So, Schrödinger, endlich ist es soweit. Hierauf hast du sicherlich schon lange gewartet. In diesem Kapitel weise ich dich in die Geheimnisse der Programmierung **grafischer Oberflächen** ein: nicht mehr länger irgendwelche Kommandozeilentools produzieren, die eh nur von Nerds verwendet werden, nein, richtige Programme schreiben, die auch „normale" Menschen bedienen können, mit richtiger Nutzeroberfläche. Damit kannst du dann auch Bossingen wirklich beeindrucken.

In Java gibt es zur Oberflächenprogrammierung bereits seit frühen Java-Versionen die **Swing-Bibliothek**. Diese Bibliothek enthält verschiedene Klassen und Interfaces, mit denen du unterschiedlichste **GUI-Komponenten** wie Schaltflächen, Menüs, Tabellen, Texteingabefelder und vieles mehr **anlegen, anordnen und mit Logik verknüpfen kannst**. Und genau diese drei Dinge bringe ich dir jetzt bei:

1. wie du **GUI-Komponenten erstellst** und welche es überhaupt gibt
2. wie du sie **anordnen** kannst
3. wie du sagen kannst, was passieren soll, wenn der Nutzer mit den Komponenten **interagiert**, sprich wie du ihnen **Verhalten hinzufügst**

[Begriffsdefinition]

Das englische Akronym **GUI** (für **Graphical User Interface**) ist weitaus geläufiger als der Begriff „grafische Oberfläche". Das GUI, die GUI, völlig egal, wie du es nennst, Hauptsache, du weißt, wovon die Rede ist.

Alles im Rahmen – wie du GUI-Komponenten erstellst

1. Das Erste, das du brauchst, ist ein **Hauptfenster** für deine Anwendung. Dieses dient dann als **Container** für die anderen GUI-Komponenten. So ein Fenster wird in Swing durch die Klasse **JFrame** aus dem Paket **javax.swing** repräsentiert.

Vier Zeilen Code, und schon hast du eins erstellt:

```
JFrame fenster = new JFrame("Schrödingers GUI"*1);

fenster.setDefaultCloseOperation*2(JFrame.EXIT_ON_CLOSE*3);

fenster.setSize(240, 80);*4

fenster.setVisible(true);*5
```

*1 Das hier ist der Titel des Fensters, der später in der **Titelleiste** stehen soll.

*2 Für das Hauptfenster deiner Anwendung solltest du dir das hier angewöhnen. Damit sagst du nämlich, was passieren soll, wenn der Nutzer das Fenster schließt.

*3 **EXIT_ON_CLOSE** bedeutet in dem Fall, dass die Ausführung des gesamten Programms gestoppt werden soll.

*4 Mit **setSize()** definierst du die Breite (erster Parameter) und die Höhe (zweiter Parameter) des Fensters.

*5 Von nichts kommt nichts. Um das Fenster anzuzeigen, musst du es über **setVisible()** erst einmal sichtbar machen.

Pack den Code in eine **main**-Methode und lass ihn laufen.

Gestatten: JFrame, das Hauptfenster.

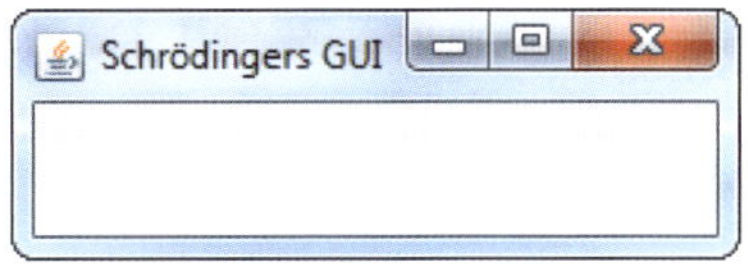

Noch ohne Inhalt – deine erste grafische Oberfläche

Wie du siehst, bekommst du bei einem **JFrame** direkt das ganze Drumherum mit dazu, also einen Fensterrahmen mit Icon, Titel und Knöpfen zum Minimieren, Maximieren und Schließen des Fensters. Der Anzeigebereich ist zwar noch leer, weil wir dem Fenster **noch keine Komponenten hinzugefügt haben**, aber das kommt sofort.

Dann los: Der Bereich, in dem du einem **JFrame** Komponenten hinzufügen kannst, nennt sich **Content Pane** und bezeichnet sozusagen den Inhaltsbereich des **JFrame**s, oder anders gesagt, die **Fensterscheibe** des Fensters.

Platzieren wir mal eine Komponente. Darf ich dir vorstellen: JButton, die Schaltfläche, mit vollem Namen javax.swing.JButton.

```
JFrame fenster = new JFrame("Schrödingers GUI");*1
fenster.setDefaultCloseOperation(JFrame.EXIT_ON_CLOSE);*1
fenster.setSize(240, 80);*1
JButton schaltflaeche = new JButton("Drück mich");*2
Container fensterScheibe = fenster.getContentPane();*3
fensterScheibe.add(schaltflaeche);*3
fenster.setVisible(true);*1
```

*1 Der Code von eben, hier bleibt alles gleich.

*2 Hier wird die Schaltfläche erstellt, repräsentiert durch die Klasse **javax.swing.JButton**. „Drück mich" lautet der Text, der auf der Schaltfläche stehen soll.

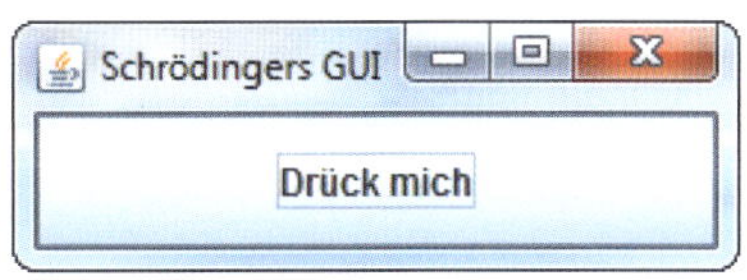

*3 Über **getContentPane()** holst du dir die „Fensterscheibe" und fügst dann die Schaltfläche hinzu. „Pane" heißt übersetzt übrigens sogar Fensterscheibe. Ach, die Softwareentwickler und ihre lieben Analogien …

Hier eine Übersicht einiger GUI-Komponenten in Swing:

[Hintergrundinfo]

Du wirst es schon gemerkt haben, den ganzen Komponenten steht immer das scheinbar überflüssige „J" für Java voran: `JFrame`, `JButton` und so weiter. Das hat den Hintergrund, dass Swing auf einer **älteren GUI-Bibliothek** basiert, dem **Abstract Window Toolkit** (**AWT**), in dem es schon die analogen Klassen `Frame`, `Button` und so weiter gibt. Hiermit wollte man Namenskonflikte vermeiden. Nicht unbedingt notwendig meiner Meinung nach, weil die Klassen ja sowieso in verschiedenen Paketen liegen, aber was soll's. Soll uns nicht weiter stören.

Klasse	Beschreibung
JButton	eine Schaltfläche, wie du sie eben im Beispiel gesehen hast
JLabel	eine Beschriftung, zum Beispiel für Textfelder
JCheckBox	Kontrollfelder mit den Zuständen „An" und „Aus". Eignet sich gut, wenn du aus mehreren Optionen **mehrere auswählen** können willst.
JRadioButton	Ähnlich wie `JCheckBox`, nur dass du Radiobuttons dann verwenden solltest, wenn der Nutzer **nur eine Auswahl** von mehreren möglichen selektieren können soll.
JSlider	Ein Schieberegler mit einem **Minimumwert** und einem **Maximumwert**. Eignet sich gut für die Auswahl von Zahlenwerten.
JProgressbar	ein **Fortschrittsbalken**, um darzustellen, wie lange etwas dauert, zum Beispiel das Laden eines Dokuments, das Herunterladen einer Datei aus dem Internet und so weiter
JTextField	ein ganz **normales Textfeld**, in das der Nutzer ... nun ja ... eben Text eingeben kann
JPasswordField	Wirkt vom Aussehen her auf den ersten Blick wie ein Textfeld, nur dass bei der Eingabe von Text jedes Zeichen durch einen dicken Punkt (Bullet) ersetzt wird.
JTextArea	Reicht dir der Platz in einem `JTextField` nicht aus, kannst du auch `JTextArea` nehmen, die bietet **mehr Platz**. Während `JTextField` nämlich nur für eine Zeile Text Platz hat, können mit `JTextArea` erstellte Felder auch **mehrere Zeilen** enthalten.
JEditorPane	Ist dir der Text innerhalb von `JTextArea` zu langweilig, nimm eine `JEditorPane`. Dort kannst du den Text **unterschiedlich stylen und formatieren**. Wie der Name schon sagt, ist `JEditorPane` eher für solche Fälle gedacht, in denen der Nutzer nicht nur Text eingeben, sondern auch bezüglich des Formats **editieren** können soll.
JList	nichts Aufregendes, einfach eine **Liste** mit Werten
JComboBox	Auch eine Liste mit Werten, es kann aber standardmäßig **nur ein Wert ausgewählt** werden.
JTree	Hiermit kannst du **Baumstrukturen** darstellen, einfachstes Beispiel: die Ordnerstruktur in einem Dateiexplorer.
JTable	Repräsentiert eine Tabelle, so ein Ding mit Spalten und Zeilen, du weißt schon.

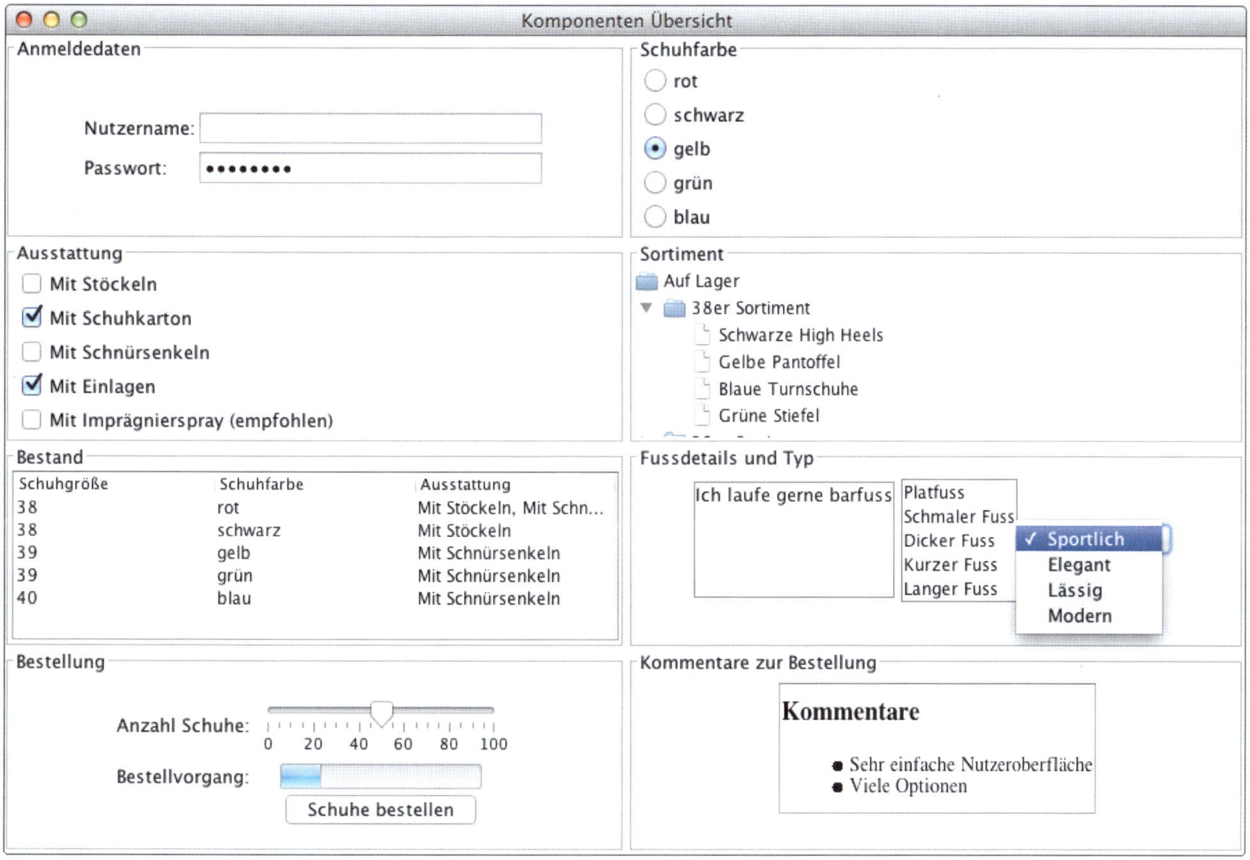

Alles in Reih und Glied – wie du GUI-Komponenten anordnen kannst

2.

Bevor du jetzt fleißig weitere GUI-Komponenten erstellst und der Content Pane hinzufügst, lass mich dir noch die sogenannten **Layout-Manager** vorstellen. Ja, gleich mehrere, und die wirst du brauchen. Du solltest wissen, nach welchen Prinzipien die GUI-Komponenten innerhalb der Content Pane angeordnet werden. Da gibt es nämlich verschiedene Arten, das zu tun, jeweils repräsentiert durch einen Layout-Manager. Falls du nicht glaubst, dass das interessant ist, nimm dir nochmal den Code von eben vor, und nimm an, du wolltest noch eine Beschriftung neben der Schaltfläche hinzufügen.

Du meinst bestimmt so:

```
...
JButton schaltflaeche = new JButton("Drück mich");
fenster.getContentPane().add(schaltflaeche);*1
JLabel label = new JLabel("Hallo Schrödinger");
fenster.getContentPane().add(label);*2
fenster.setVisible(true);
```

*1 erst die Schaltfläche …

*2 … und dahinter die Beschriftung

So meinte ich das, ja. Das Ergebnis wird aber bestimmt nicht das sein, das du erwartet hast. Die Komponenten werden nämlich **mit dem Standard-Layout-Manager übereinandergezeichnet**.

Zwei Komponenten auf einer Pane – mit dem Standard-Layout-Manger

Das hätte ich jetzt gar nicht erwartet. Drüber, drunter, links oder rechts, ja – alles, nur nicht übereinander!

Ja, übereinander. Das klingt vielleicht erst komisch, aber nur, wenn man nicht weiß, **wie der Standard-Layout-Manager funktioniert**. Das ist bei **`JFrame`** nämlich das sogenannte **Border-Layout**, repräsentiert durch die Klasse **`java.awt.BorderLayout`**. Bei diesem Layout ist der Container (momentan und in den weiteren Beispielen noch die Content Pane) in die fünf Bereiche **`NORTH`**, **`EAST`**, **`SOUTH`**, **`WEST`** und **`CENTER`** eingeteilt:

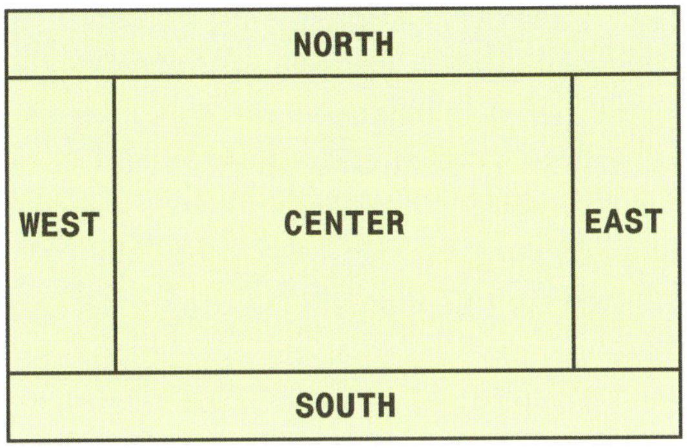

Die Bereiche beim **BorderLayout**

Fügst du der Content Pane dann über **add()** eine Komponente hinzu, ohne zu sagen, **welchem der fünf Bereiche** sie hinzugefügt werden soll, kommt sie standardmäßig in den Bereich **CENTER**. Machst du das Gleiche nochmal mit einer weiteren Komponente, wird die ebenfalls in den Bereich **CENTER** eingefügt und damit genau **auf die andere Komponente gezeichnet**.
Zum Glück gibt's die **add()**-Methode aber noch in der überladenen Variante, bei der du angeben kannst, in welchen Bereich die Komponente hinzugefügt werden soll. **Besser also, du machst es so:**

Wieder zwei Komponenten auf einer Pane – wieder mit dem Standard-Layout-Manager

```
JButton schaltflaeche = new JButton("Drück mich");
fenster.getContentPane().add(schaltflaeche, BorderLayout.WEST*1);
JLabel label = new JLabel("Hallo Schrödinger");
fenster.getContentPane().add(label, BorderLayout.EAST*2);
```

*1 Die Schaltfläche soll in den Bereich **WEST**, ...

*2 ... die Beschriftung in den Bereich **EAST**. Das wird alles über Konstanten in der Klasse **BorderLayout** repräsentiert.

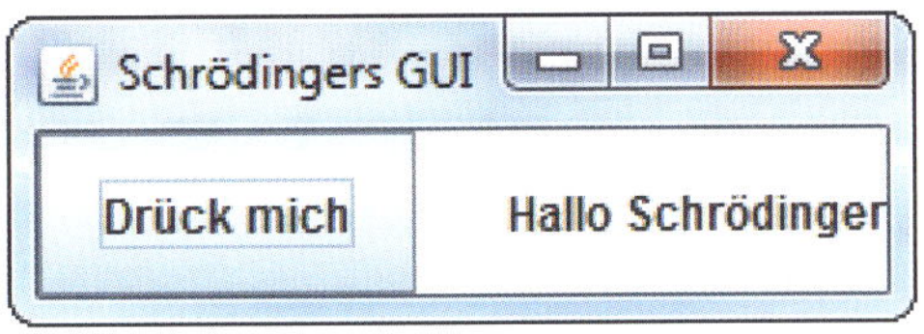

Das sieht schon besser aus. Aber was ist denn, wenn ich die Komponenten nicht so anordnen möchte oder wenn ich mehr als fünf Komponenten im GUI habe?

Gute und berechtigte Frage. Dann nimmst du einfach einen der **anderen Layout-Manager**. Es gibt nämlich eine ganze Reihe davon, um genau zu sein, alle Klassen, die das Interface **`java.awt.LayoutManager`** implementieren, und das sind eine ganze Menge. Ich zeige dir im Folgenden aber nur die bekanntesten. Mit denen kriegst du schon das meiste hin.

[Hintergrundinfo]
Das **`BorderLayout`** ist deswegen der Standard-Layout-Manager, weil es die Komponenten am ehesten so platziert, wie man es aus einer typischen Anwendung kennt. Oben (**`NORTH`**) Platz für eine Menüleiste, links (**`WEST`**) und rechts (**`EAST`**) Platz für zusätzliche Navigation, unten (**`SOUTH`**) Platz für eine Statusleiste und in der Mitte (**`CENTER`**) dann Platz für den eigentlichen Inhalt der Anwendung. Vergleiche das mal mit dem Aufbau deiner IDE oder deines Browsers. Kommt ungefähr hin, oder?

Alles im Raster mit dem Grid-Layout

Beim **Grid-Layout** (**`java.awt.GridLayout`**) werden die GUI-Komponenten in einem **Gitter** angeordnet.

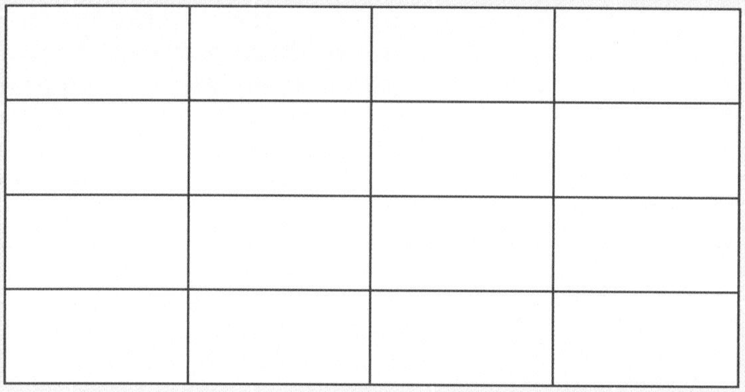

Die Anzahl der Kästchen in diesem Gitter bestimmst du. Die einzelnen Komponenten werden dann, beginnend von oben links, Reihe für Reihe immer von links nach rechts hinzugefügt. Ist eine Reihe voll, wird in der nächsten Reihe weitergemacht. Die Größe der GUI-Komponenten richtet sich nach der Größe der Kästchen. Da die einzelnen Kästchen aber immer **gleich groß** sind, ist der Anwendungsbereich für ein **`GridLayout`** auch eher überschaubar. Typisches langweiliges Beispiel wäre die Anordnung der Schaltflächen in einer Taschenrechner-Anwendung. Aber wer will schon ein Taschenrechner-GUI programmieren?

Ich nicht!

Na ja, okay, dann mach das halt ich für dich.
Aber nur, **um dir das GridLayout zu zeigen:**

*1 So weit alles Altbekanntes, …

*2 … das hier ist aber neu: Hier wird explizit **GridLayout** als Layout-Manager gesetzt. Als Parameter übergibst du die Anzahl der Zeilen (erster Parameter) und die Anzahl der Spalten (zweiter Parameter).

```
JFrame fenster = new JFrame("Taschenrechner");*1
fenster.setDefaultCloseOperation(JFrame.EXIT_ON_CLOSE);*1
fenster.setSize(200, 200);*1
fenster.setLayout(new GridLayout*2(4, 4));
fenster.getContentPane().add(new JButton("7"));*3
fenster.getContentPane().add(new JButton("8"));
fenster.getContentPane().add(new JButton("9"));
fenster.getContentPane().add(new JButton("/"));
fenster.getContentPane().add(new JButton("4"));
fenster.getContentPane().add(new JButton("5"));
fenster.getContentPane().add(new JButton("6"));
…

fenster.getContentPane().add(new JButton(","));
fenster.getContentPane().add(new JButton("="));
fenster.getContentPane().add(new JButton("+"));
fenster.setVisible(true);*1
```

*3 Anschließend werden die einzelnen GUI-Komponenten wie gehabt über **add()** der Content Pane hinzugefügt. Der Button mit der „7" kommt oben links hin, der mit der „8" rechts daneben und so weiter. Beim Button mit der „4" wird eine neue Zeile begonnen, weil dann das Spaltenlimit des definierten Layouts erreicht ist, und so weiter.

Das Taschenrechner-Gitter in Aktion:

Beim **GridLayout** sind alle Kästchen gleich groß und damit auch alle GUI-Komponenten.

Tolles Taschenrechner …
ohne ein Feld für das Ergebnis …

Da hast du irgendwie recht, ja. Allerdings wäre es mit dem **GridLayout** zugegebenermaßen auch nicht besonders schön: Das Textfeld wäre nur so groß wie eine Zelle. Dann kannst du auch direkt im Kopf rechnen, weil große Ergebnisse dort nicht mehr reinpassen.

Mmh, ich müsste irgendwie sagen können, dass das Textfeld breiter ist als eine Zelle, also eins … zwei … drei … vier Zellen breit.

Schrödinger, hab ich dir schon gesagt, dass ich echt dankbar bin, für die Überleitungen, die du mir immer vorbereitest? Das, was du da vorschlägst, kannst du natürlich machen. Allerdings nicht mit dem **GridLayout**, sondern mit dem sogenannten **Grid-Bag-Layout**. Und rate mal, was ich dir als Nächstes zeigen wollte:

Zellen verbinden mit dem Grid-Bag-Layout

Mit dem **Grid-Bag-Layout** (`java.awt.GridBagLayout`) bist du wesentlich flexibler als mit dem Grid-Layout, weil du hier angeben kannst, ob sich eine Zelle über mehrere Spalten oder Zeilen erstrecken soll und wie hoch bzw. breit einzelne Zeilen bzw. Spalten sein sollen.
Aber lass uns weg von dem langweiligen Taschenrechner-Beispiel und mit einem interessanteren Beispiel weitermachen.

Hier was Besseres, ein Login-Dialog, noch als Skizze mit darüber gezeichnetem Grid:

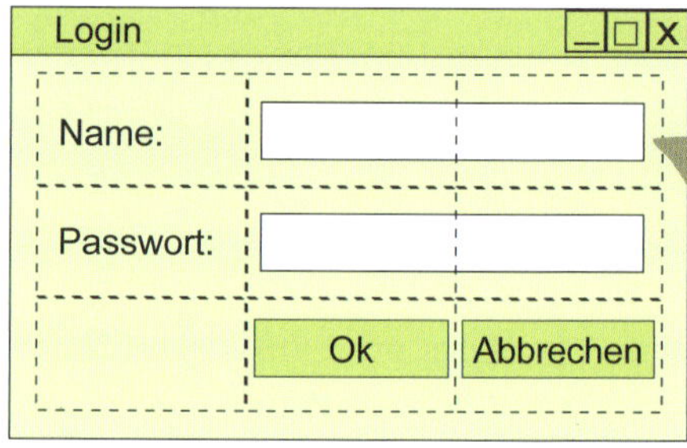

Oh, wie langweilig ...

Ich weiß, ich weiß, Schrödinger.

Aber realistisch, nicht? In der Skizze siehst du, wie sich die Felder für den Namen und das Passwort über zwei Zellen erstrecken. Das hinzubekommen, ist zwar etwas Schreibarbeit, aber schwierig ist es nicht:

```
JFrame fenster = new JFrame("Login");
fenster.setDefaultCloseOperation(JFrame.EXIT_ON_CLOSE);
fenster.setSize(290, 170);
fenster.setLayout(new GridBagLayout()*1);

JLabel labelName = new JLabel("Name:");*2
JLabel labelPasswort = new JLabel("Passwort:");*2
JTextField feldName = new JTextField();*2
JPasswordField feldPasswort = new JPasswordField();*2
JButton schaltflaecheOk = new JButton("Ok");*2
JButton schaltflaecheAbbrechen = new JButton("Abbrechen");*2

GridBagConstraints c = new GridBagConstraints();*3
c.fill*5 = GridBagConstraints.HORIZONTAL;
c.insets*6 = new Insets(4, 4, 4, 4);
c.gridx*7 = 0;
c.gridy*7 = 0;
fenster.getContentPane().add(labelName, c*4);
```

*1 Der Konstruktor von **`GridBagLayout`** kommt völlig ohne Parameter aus.

*2 Hier die ganzen GUI-Komponenten, die du brauchst, insgesamt sechs Stück. Die verteilen wir gleich auf neun Zellen, wirst schon sehen.

*3 Jetzt kommt der spaßige Teil, und ich hoffe, man kann hier den Sarkasmus raushören. Ich sage nur: **Konfigurationswahnsinn!** Aber da müssen wir durch. Die Konfiguration, welche GUI-Komponente wie wann wohin gesetzt werden soll, passiert über Objektinstanzen der Klasse **`GridBagConstraints`**.

*4 Für jede Komponente, die du hinzufügst, musst du dieses Objekt anpassen und der **`add()`**-Methode mit übergeben. Wie genau das Anpassen funktioniert, gucken wir uns sofort Schritt für Schritt an.

*5 **`GridBagConstraints`** hat keine Setter, dafür aber öffentliche Objektfelder. Indem du **`fill`** auf **`GridBagConstraints.HORIZONTAL`** setzt, sagst du, dass die GUI-Komponente den horizontalen Raum ausnutzen soll, der durch die Content Pane (bzw. allgemeiner durch den Container) zur Verfügung steht.

Öffentliche Felder? Ich dachte, so was wäre schlechter Stil?

Ja, in gewisser Weise hast du recht; die privat zu machen und durch öffentliche Setter und Getter zugänglich zu machen, hätte sicherlich auch nicht geschadet. Aber du siehst: Auch Profis machen Fehler und selbst in der Java-Standardbibliothek sind manche Dinge … eher ungewöhnlich programmiert, um es mal vorsichtig auszudrücken. Solche Designfehler lassen sich oft leider auch nicht so ohne Weiteres beheben, weil dann wieder die Abwärtskompatibilität im Eimer wäre. Gucken wir also mal nicht zu genau hin.

*6 Über die Klasse **`java.awt.Insets`** lässt sich sagen, wie viel Raum nach oben, nach links, nach unten und nach rechts um die jeweilige GUI-Komponente gelassen werden soll. Wenn du statt vier Werten nur einen Wert übergibst, gilt der für alle vier Bereiche.

*7 Mit **`gridx`** und **`gridy`** gibst du an, in welche Zelle die GUI-Komponente kommen soll. Dabei wird, wie so oft, bei 0 angefangen zu zählen.

So weit mitgekommen?

Prima, schauen wir uns kurz an, wie die **GridBagConstraints** für die anderen GUI-Komponenten konfiguriert werden.

Das Textfeld für den Benutzernamen:

```
*1c.gridx = 1;*2
c.gridwidth = 2;*3
fenster.getContentPane().add(feldName, c);*4
```

Die Beschriftung für das Passwort:

```
c.gridx = 0;*6
c.gridy = 1;*6
c.gridwidth = 1;*7
fenster.getContentPane().add(labelPasswort, c);*5
```

Das Textfeld für das Passwort:

```
c.gridx = 1;*9
c.gridwidth = 2;*10
fenster.getContentPane().add(feldPasswort*8, c);
```

Der „OK"-Button:

```
c.gridy = 2;*11
c.gridx = 1;*13
c.gridwidth = 1;*14
fenster.getContentPane().add(schaltflaecheOk, c);*12
```

Der „Abbrechen"-Button:

```
c.gridx = 2;*15
c.gridy = 2;*15
fenster.getContentPane().add(schaltflaecheAbbrechen, c);*16
fenster.setVisible(true);
```

*1 Beachte: die **GridBagConstraints**-Instanz kann wiederverwendet werden. Die wird vom **GridBag**-Layout-Manager nur einmal ausgelesen und danach nicht mehr referenziert. Das Layout bereits hinzugefügter Komponenten ändert sich durch diese Änderungen an der Instanz also nicht!

*2 **gridx** wird eins hochgezählt, weil das Textfeld für den Nutzernamen rechts neben der Beschriftung stehen soll.

*3 Außerdem soll das Textfeld ja so breit sein wie der „OK"-Button und der „Abbrechen"-Button zusammen. Mit **gridwidth** kannst du definieren, wie viele nebeneinanderliegende Kästchen in einer Zeile von einer GUI-Komponente verwendet werden sollen. Analog gibt es noch **gridheight**, um das Ganze für untereinanderliegende Kästchen in einer Spalte anzugeben. Das brauchen wir aber im Moment nicht.

*4 Und mit den neuen Angaben wird das Textfeld schließlich hinzugefügt.

*5 Die Beschriftung für das Passwort …

*6 … kommt in die nächste Zeile (**gridy** um eins erhöht auf 1) ganz links (**gridx** zurückgesetzt auf 0).

*7 Wichtig ist, **gridWidth** wieder auf 1 zu setzen.

Ansonsten wäre die Beschriftung von dem Passwortfeld auch zwei Zellen breit, verstehe.

*8 Das Passwortfeld selbst …

*9 … kommt rechts neben die Beschriftung …

*10 … und nimmt zwei Zellen in der Breite ein.

*11 Wieder eine neue Zeile …

*12 … für den „OK"-Button. Und weil der linksbündig mit den Textfeldern ist und **gridx** von eben noch den Wert 1 hat, brauchen wir **gridx** eigentlich nicht neu zu setzen.

*13 Es aber doch zu tun, ist trotzdem guter Stil, weil das sonst genau die Codestellen sind, die dafür sorgen, dass dein Layout zerschossen wird, wenn du irgendwo in dem Grid eine neue Komponente hinzufügst.

*14 **gridwidth** muss natürlich auf jeden Fall wieder zurückgesetzt werden.

*15 Und ganz rechts unten …

*16 … kommt noch der „Abbrechen"-Button hin. Schon fertig.

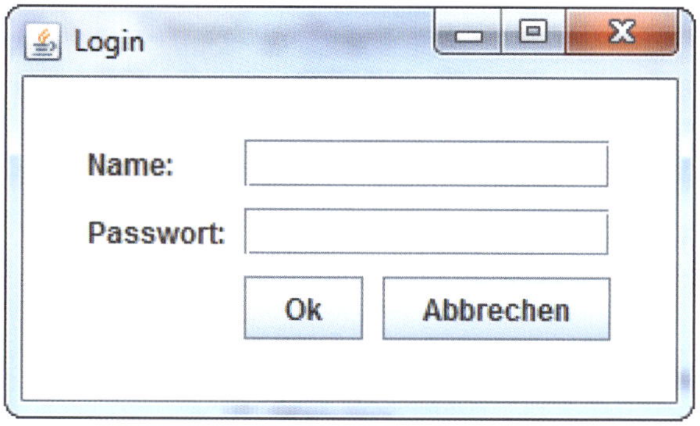

Eben noch als Skizze, jetzt schon auf der Showbühne – das fertige GUI mit `GridBagLayout`

Das war noch nicht alles, was es an Layouts gibt.

Hier noch eine kleine Übersicht weiterer Layout-Manager:

Layout-Manager	Beschreibung
`java.awt.FlowLayout`	Hierbei werden alle GUI-Komponenten **in eine Zeile** gepackt. Ist horizontal kein Platz mehr, wird die Zeile umbrochen, und die jeweilige Komponente landet in der nächsten Zeile.
`javax.swing.BoxLayout`	Ähnlich wie `FlowLayout`, nur mit ein bisschen mehr Möglichkeiten, unter anderem können GUI-Komponenten nicht nur **zeilenweise**, sondern auch **spaltenweise** angeordnet werden.
`java.awt.CardLayout`	Hier liegen die einzelnen Komponenten mit Absicht übereinander. Warum? Weil immer nur eine Komponente gezeigt werden soll. Beispiel dafür sind Registerkarten (englisch Tabs): Selektiert der Nutzer eine Registerkarte, ist nur deren Inhalt zu sehen, der Inhalt der anderen Registerkarten wird dadurch ausgeblendet.

[Hintergrundinfo]

In der Praxis ist es oft so, dass du verschiedene Layouts miteinander kombinierst, um die GUI-Komponenten auf der Oberfläche perfekt nach den Kundenwünschen anzuordnen. Prinzipiell kannst du für jede GUI-Komponente, die von `java.awt.Container` ableitet, auch einen Layout-Manager setzen. Du hast dann zum Beispiel zuerst einen `JFrame` mit dem Border-Layout. Im Bereich `WEST` dann einen weiteren Container, in dem das Grid-Layout gesetzt ist, im Bereich `NORTH` noch einen Container mit gesetztem Flow-Layout und so weiter. Damit sind dir fast keine Grenzen gesetzt, was die Anordnung der GUI-Komponenten angeht.

Schuhe in der Box ... oder doch besser im Grid?

Zeit für eine Übung. Du findest die Beispiele zu langweilig? Wie wäre es denn mit einem Schuhkartonvolumenberechner?

Ja, Schuhe, wurde auch mal wieder Zeit.

[Schwierige Aufgabe]
Implementiere die folgende Skizze als grafische Oberfläche in Swing. Welcher Layout-Manager bietet sich an? Bonuspunkte gibt es, wenn du eine eigene Klasse schreibst, die von **JFrame** ableitet, und du dann eine Instanz dieser Klasse startest. Ach, und in das Ergebnisfeld soll man als Nutzer nicht reinschreiben können. Das erreichst du, indem du **setEditable(false)** auf dem entsprechenden Textfeld aufrufst.

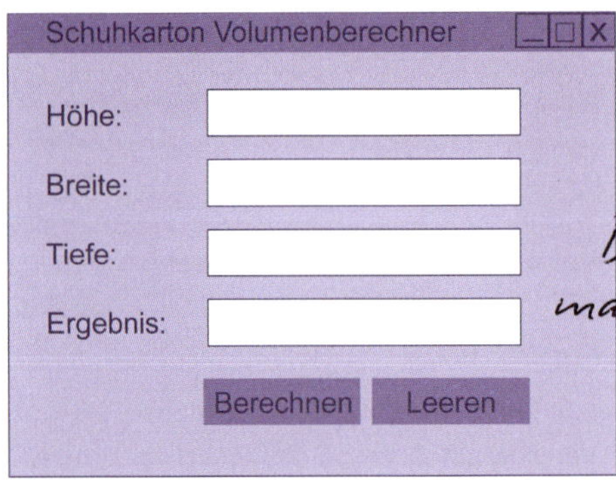

Das sieht mir schon mal schwer nach einem **GridBagLayout** *aus.*

Sehr gut beobachtet, **hier der Rest der Lösung:**

```
public class SchuhKartonVolumenBerechnerGUI extends*1 JFrame {
  private JLabel labelHoehe;*3
  private JLabel labelBreite;
  private JLabel labelTiefe;
  private JLabel labelErgebnis;
  private JTextField textHoehe;
  private JTextField textBreite;
  private JTextField textTiefe;
  private JTextField textErgebnis;
  private JButton schaltflaecheBerechnen;
  private JButton schaltflaecheLeeren;
```

*1 Eigentlich Basis-OO-Wissen, aber ich sag's trotzdem nochmal: Anstatt das GUI direkt in der **main**-Methode zu definieren, leitest du besser eine eigene Klasse von **JFrame** ab und definierst das GUI dort. In der **main**-Methode kannst du dann einfach eine Instanz dieser Klasse erstellen und mit **setVisible(true)** starten. Oder du schreibst in der GUI-Klasse eine eigene Methode **start()**, die dann **setVisible(true)** aufruft. Hauptsache, du hast eine **saubere Trennung** zwischen der Definition und dem Starten des GUIs.

```
  public SchuhKartonVolumenBerechnerGUI() {
    super("Schuhkarton Volumenberechner");*2
    this.setDefaultCloseOperation(JFrame.EXIT_ON_CLOSE);*2
    this.setSize(350, 200);*2
    this.initialisiereKomponenten();
    this.ordneKomponentenAn();
  }
 ...
}
```

*2 Das kennst du auch schon seit der Vererbung. Du rufst einfach den **`JFrame`**-Elternkonstruktor mit dem Fenstertitel auf und ein paar Methoden, die von **`JFrame`** geerbt werden.

*3 Die einzelnen GUI-Komponenten als private Objektvariablen zu haben, ist auch nicht verkehrt, …

```
private void initialisiereKomponenten()*4 {
    this.labelHoehe = new JLabel("Höhe:");
    this.labelBreite = new JLabel("Breite:");
    this.labelTiefe = new JLabel("Tiefe:");
    this.labelErgebnis = new JLabel("Ergebnis:");
    this.textHoehe = new JTextField();
    this.textBreite = new JTextField();
    this.textTiefe = new JTextField();
    this.textErgebnis = new JTextField();
    this.textErgebnis.setEditable(false);*5
    this.schaltflaecheBerechnen = new JButton("Berechnen");
    this.schaltflaecheLeeren = new JButton("Leeren");
  }
```

*4 … denn dann hast du ja bekanntlich auch Zugriff aus anderen Methoden der Klasse. Wie du gemerkt hast, kann der GUI-Code nämlich schnell viele Zeilen einnehmen. Da ist es sicherlich ganz gut, das Ganze auf mehrere Methoden zu verteilen. In **`initialisiereKomponenten()`** passiert aber nichts Spannendes, hier werden nur die einzelnen Komponenten erzeugt.

*5 In das Ergebnistextfeld soll keiner schreiben können.

```
  private void ordneKomponentenAn()*6 {
    this.getContentPane().setLayout(new GridBagLayout());
    GridBagConstraints c = new GridBagConstraints();
    c.fill = GridBagConstraints.HORIZONTAL;
    c.insets = new Insets(4, 4, 4, 4);
    c.gridx = 0;
    c.gridy = 0;
    this.getContentPane().add(this.labelHoehe, c);

    c.gridx = 1;
    c.gridwidth = 2;
    this.getContentPane().add(this.textHoehe, c);

    c.gridx = 0;
    c.gridy = 1;
    c.gridwidth = 1;
    this.getContentPane().add(this.labelBreite, c);
```

A

B

C

*6 Hier werden die Komponenten angeordnet. Wobei es sicherlich Spannenderes gibt, als GUI-Komponenten mit dem **`GridBagLayout`** anzuordnen. Deswegen verliere ich jetzt auch nicht mehr viele Worte darüber. Schau es dir in Ruhe an. Im Endeffekt ist es das gleiche Spiel, wie wir es schon eben im Büro hatten. Ich sag's ja: **Konfigurationswahnsinn**!

```
        c.gridx = 1;
        c.gridwidth = 2;
        this.getContentPane().add(this.textBreite, c);

        c.gridx = 0;
        c.gridy = 2;
        c.gridwidth = 1;
        this.getContentPane().add(this.labelTiefe, c);

        c.gridx = 1;
        c.gridwidth = 2;
        this.getContentPane().add(this.textTiefe, c);

        c.gridx = 0;
        c.gridy = 3;
        c.gridwidth = 1;
        this.getContentPane().add(this.labelErgebnis, c);

        c.gridx = 1;
        c.gridwidth = 2;
        this.getContentPane().add(this.textErgebnis, c);

        c.gridx = 1;
        c.gridy = 4;
        c.gridwidth = 1;
        this.getContentPane().add(this.schaltflaecheBerechnen, c);
        c.gridx = 2;
        this.getContentPane().add(this.schaltflaecheLeeren, c);
    }
```

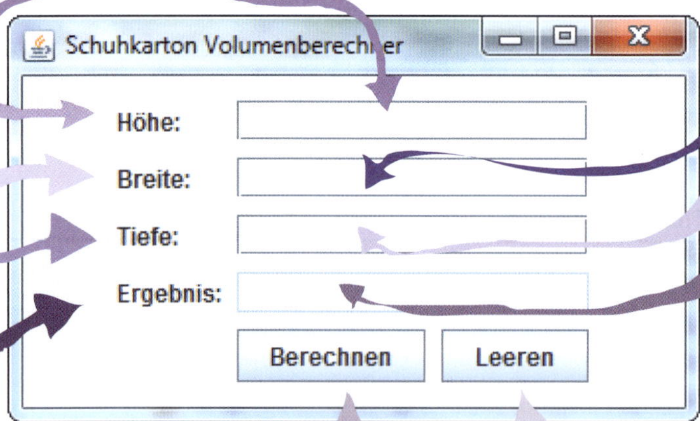

Mir ist aufgefallen, dass du bei den Variablen der GUI-Komponenten immer auch den Typ im Variablennamen stehen hast. War das nicht ein *Bad-Practice-Beispiel* bei der Namensgebung?

Ja, stimmt, eigentlich schon. Aber bei GUI-Komponenten habe ich mir das so angewöhnt, dann weiß ich immer, um welche Komponente es sich bei einer Variablen handelt, auch wenn die Variablendeklaration und damit der Variablentyp an ganz anderer Stelle im Quelltext stehen.

Ordnung: gut, Verhalten: ... nichts? Wie du GUI-Komponenten das Verhalten hinzufügst

3.

Ein GUI kann noch so schön aussehen, es bringt gar nichts, wenn man nicht auch irgendetwas mit ihm machen kann. Dazu musst du ihm aber erst sagen, was es machen soll, denn standardmäßig machen die meisten GUI-Komponenten recht wenig bis gar nichts. Wenn du in dem jetzigen Schuhkartonvolumenberechner auf eine der Schaltflächen klickst, passiert gar nichts. Zumindest nichts, das man als Nutzer mitbekommen würde. Kurzum, du musst den einzelnen GUI-Komponenten noch das **Verhalten hinzufügen**.
Der nächste Schritt für den Schuhkartonvolumenberechner wäre demnach, bei Klick auf die Schaltfläche „Berechnen" den Text aus den Feldern für Höhe, Breite und Tiefe auszulesen und das Ergebnis in das vierte Textfeld zu schreiben.
Wäre doch gelacht, wenn wir das nicht hinbekämen.
Dieses „Verhalten" fügst du in Swing und in den meisten anderen GUI-Bibliotheken über die sogenannte **Ereignisbehandlung** hinzu. Dabei **löst eine GUI-Komponente ein Ereignis aus**, und du **reagierst** in deinem Code **auf dieses Ereignis**. Dieses Reagieren auf Ereignisse funktioniert über sogenannte **Listener**. Beispiele für Ereignisse sind neben dem Drücken einer Schaltfläche auch das Einfügen von Text in ein Textfeld, das Bewegen der Maus oder das Drücken einer Taste auf der Tastatur.

[Begriffsdefinition]
Verallgemeinert gesagt, lauschen **Listener** auf bestimmte Ereignisse, die von einer anderen Komponente ausgelöst werden. Im Fall der GUI-Programmierung sind diese anderen Komponenten konkret GUI-Komponenten.

Und diese unterschiedlichen Ereignisse sind in Java wie so vieles andere auch in Form unterschiedlicher Klassen implementiert. Das Paket **`java.awt.event`** enthält eine ganze Menge solcher **Event-Klassen**, zum Beispiel **`ActionEvent`**, **`TextEvent`**, **`MouseEvent`** oder **`KeyEvent`** und viele andere mehr. Klickt ein Nutzer dann zum Beispiel auf eine Schaltfläche, sorgt diese dafür, dass eine Instanz von **`ActionEvent`** erstellt und **bekanntgemacht wird**.

Aha, und wie kann ich auf ein solches Event dann reagieren?

Indem du an der GUI-Komponente vorher einen **Listener registrierst**. Denn für die verschiedenen Events gibt es in Swing auch verschiedene **Eventlistener**. Analog zu den genannten Events oben gibt es in **`java.awt.event`** zum Beispiel die Listener-Interfaces **`ActionListener`**, **`TextListener`**, **`MouseListener`**, **`KeyListener`** und viele mehr.

Interfaces … das heißt, ich muss die implementieren und dann an der GUI-Komponente registrieren?

Genau. Jedes der Listener-Interfaces hat eine oder mehr Methoden, in denen du auf verschiedene Dinge reagieren kannst. Implementierst du beispielsweise **`ActionListener`**, ist das die Methode **`actionPerformed()`**, die als Parameter eine Instanz von **`ActionEvent`** bekommt. In manchen Interfaces musst du mehrere Methoden implementieren, in **`MouseListener`** zum Beispiel gibt es **`mouseClicked()`**, **`mouseEntered()`**, **`mouseExited()`**, **`mousePressed()`** und **`mouseReleased()`**, die alle eine Instanz von **`MouseEvent`** bekommen, aber zu **unterschiedlichen Zeitpunkten** aufgerufen werden, je nachdem, was der Nutzer gerade mit der Maus an der jeweiligen GUI-Komponente anstellt.

Okay, und wie registriere ich die Listener an den GUI-Komponenten?

Ganz einfach, nachdem du ein Listener-Objekt erzeugt hast, kannst du es über entsprechende Methoden der GUI-Komponente (**`addActionListener()`**, **`addTextListener()`**, **`addMouseListener()`**, **`addKeyListener()`** und so weiter) hinzufügen. Welche Methoden zur Verfügung stehen, hängt natürlich von der GUI-Komponente ab, denn nicht alle GUI-Komponenten unterstützen alle Typen von Listenern. Einer Schaltfläche kannst du zum Beispiel keinen **`TextListener`** hinzufügen, denn dort kann kein Text geändert werden. Demnach hat **`JButton`** auch keine Methode **`addTextListener()`**.

Das klingt zwar alles schon sehr verständlich, aber ich muss das trotzdem mal in Aktion sehen.

Klar, gerne. Den Quelltext von eben brauchst du nur, um folgende Methode zu erweitern und diese Methode dann im Konstruktor aufzurufen. **Schon hast du einen Listener erstellt und registriert:**

```
private void registriereListener() {
  this.schaltflaecheBerechnen*1.addActionListener*2(new ActionListener()*3 {
    @Override
    public void actionPerformed*4(ActionEvent e) {
      Integer hoehe = Integer.parseInt(textHoehe.getText());*5
      Integer breite = Integer.parseInt(textBreite.getText());*5
      Integer tiefe = Integer.parseInt(textTiefe.getText());*5
      Integer ergebnis = hoehe * breite * tiefe;*5
      textErgebnis.setText(ergebnis.toString());*5
    }
  });
}
```

*1 Das hier ist die Schaltfläche.

*2 **`addActionListener()`** erwartet einen **`ActionListener`**.

*3 Typischerweise werden Listener als **anonyme Klasse** definiert. Andernfalls hättest du bei umfangreicheren Programmen innerhalb kürzester Zeit paketeweise nichts als Listener-Klassen, und außerdem kannst du so bequem von der anonymen Klasse auf die Objektvariablen der umgebenden Klasse zugreifen.

*4 Die **`actionPerformed()`**-Methode des registrierten Listeners wird dann aufgerufen, wenn der Nutzer auf die Schaltfläche klickt.

*5 Hier werden die Werte für Höhe, Breite und Tiefe eingelesen und dann in das Ergebnisfeld geschrieben.

[Zettel]

Du kannst einer GUI-Komponente nicht nur einen Listener hinzufügen, sondern durchaus mehrere, auch mehrere gleichartige, also beispielsweise einen **`ActionListener`**, der die Berechnung übernimmt, und einen weiteren **`ActionListener`**, der noch etwas anderes macht. Umgekehrt kannst du auch ein und denselben Listener an mehreren GUI-Komponenten registrieren. Dann darfst du ihn natürlich nicht als anonyme Klasse erstellen, sondern musst ihn zuerst einer Variablen zuweisen und diese dann den verschiedenen GUI-Komponenten übergeben. Du siehst also: Das Trennen von GUI-Komponenten und Verhalten sorgt auch wieder einmal mehr dafür, dass dein Code noch besser wiederverwendbar wird.

Listener gibt es mindestens so viele wie GUI-Komponenten, hier mal die wichtigsten:

Listener-Klasse	Wird aufgerufen, ...
`ComponentListener`	**... wenn eine GUI-Komponente versteckt, sichtbar gemacht, verschoben oder in der Größe geändert wurde.**
`FocusListener`	**... wenn eine GUI-Komponente den Tastatur-Fokus bekommt, das heißt, wenn also mithilfe der Tastatur (nicht mit der Maus) zur entsprechenden GUI-Komponente navigiert wird.**
`KeyListener`	**... wenn eine Taste auf der Tastatur gedrückt oder losgelassen wird.**
`MouseListener`	**... wenn du den Mauszeiger über eine GUI-Komponente ziehst, ihn wieder „runterziehst" oder wenn du eine der Maustasten drückst oder loslässt.**
`MouseMotionListener`	**... wenn du dich mit dem Mauszeiger über einer GUI-Komponente befindest. Bei jeder Bewegung wird dieser Listener benachrichtigt.**
`MouseWheelListener`	**... wenn du über einer GUI-Komponente das Scrollrad an der Maus bewegst.**

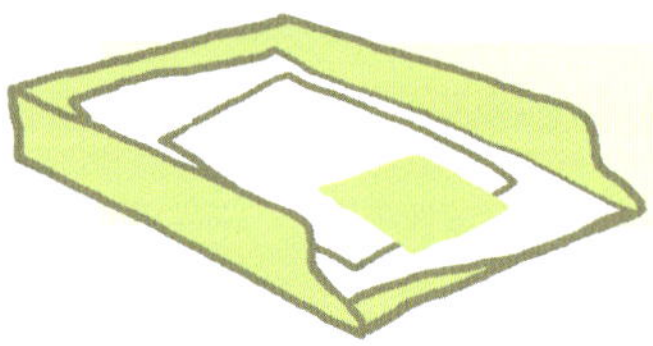

[Ablage]

Im Prinzip funktionieren alle Listener immer nach dem gleichen Prinzip: Sie werden an der jeweiligen GUI-Komponente registriert und reagieren dann auf spezielle Ereignisse, die von dieser Komponente ausgelöst werden.

Wenn du nicht immer alle Methoden eines Listeners implementieren möchtest (zum Beispiel eines `MouseListener`s), dann wirf mal einen Blick auf die sogenannten **Adapter-Klassen**. Das sind **leere Implementierungen** der Listener-Interfaces, von denen du ableiten kannst und gezielt nur die Methoden überschreibst, die du gerade brauchst. Wenn du also zum Beispiel nur Mausklick-Events abfangen möchtest, macht es wenig Sinn, alle fünf Methoden von `MouseListener` zu implementieren, von denen dann vier leer bleiben. Das würde deinen Code nur unnötig aufblähen. Besser, du leitest dann von `MouseAdapter` ab (ebenfalls im Paket `java.awt.event` zu finden) und überschreibst nur die eine Methode, die du brauchst (in dem Fall `mouseClicked()`).

Validierung von Nutzereingaben mit Swing

Eine Sache noch, dann geht's auch schon ab in die Werkstatt zur nächsten Übung: Der Volumenberechner ist ja schon nicht schlecht, nur funktioniert er nicht, wenn man statt einer Zahl einen Buchstaben in eines der Felder schreibt – Zeit also, mal ein bisschen die **Eingabedaten zu validieren**. Das kannst du über die Klasse **`javax.swing.InputVerifier`**. Von der kannst du ableiten, die Methode **`verify()`** überschreiben und sie anschließend ähnlich einem Listener bei der jeweiligen GUI-Komponente registrieren.

Einfach so:

```
private static class NurZahlenVerifier extends InputVerifier {
  @Override
  public boolean verify(JComponent input) {
    String text = ((JTextField) input).getText();
    try {
      Integer.parseInt(text);
      return true;
    } catch (NumberFormatException e) {
      return false;
    }
  }
}
```

Und so registrierst du dann deinen Validator:

```
private void registriereValidatoren() {
  this.textHoehe.setInputVerifier(this.nurZahlenVerifier);
  this.textBreite.setInputVerifier(this.nurZahlenVerifier);
  this.textTiefe.setInputVerifier(this.nurZahlenVerifier);
}
```

[Zettel]
Den gesamten Quelltext findest du natürlich wieder fein säuberlich strukturiert im Downloadbereich zum Buch.

Interessant zu wissen, das werde ich bestimmt das eine oder andere Mal verwenden müssen. Bin mal gespannt, was Bossingen dazu sagen wird …

Schuhschiebereien

So, Schrödinger. Das GUI sieht ja schon mal ganz gut aus, und dank Validierung kann der Nutzer auch keinen Murks mehr in die Textfelder eingeben …

… warte, warte, ich hab das mal Bossingen gezeigt. „Prinzipiell schon ganz gut“, meinte der. Als ob der Ahnung von GUI-Design hätte … Wie auch immer, er hatte direkt noch 'ne Anforderung.

„Prinzipiell schon ganz gut. Aber Schuhkartons mit einer Länge von mehr als 100 cm sind doch eh nicht erlaubt, … und überhaupt, woher weiß man denn, welche Maßeinheit gemeint ist?“

Das sind ja gleich zwei Anforderungen:

1.) Maßeinheit anzeigen und
2.) erlaubten Wertebereich definieren.

Also, die Maßeinheit könntest du zum Beispiel jeweils als Text hinter das Textfeld schreiben. Dazu musst du nur folgenden Codeschnipsel hinter jede Stelle packen, an der du ein Textfeld hinzufügst:

*1 Eine neue Spalte rechts? Einfach **gridx** um eins erhöhen.

```
c.gridx = 3;*1
c.gridwidth = 1;*2
this.getContentPane().add(new JLabel("cm"), c);*3
```

*2 Nicht vergessen, **gridwith** auf 1 zurückzusetzen.

*3 Und dann noch die Beschriftung hinzufügen. Zum Beispiel so, weil du für Beschriftungen in den meisten Fällen eh keine Objektvariable benötigst. Für das Ergebnisfeld nimmst du natürlich ein „cm³“.

So sieht das Ergebnis aus:

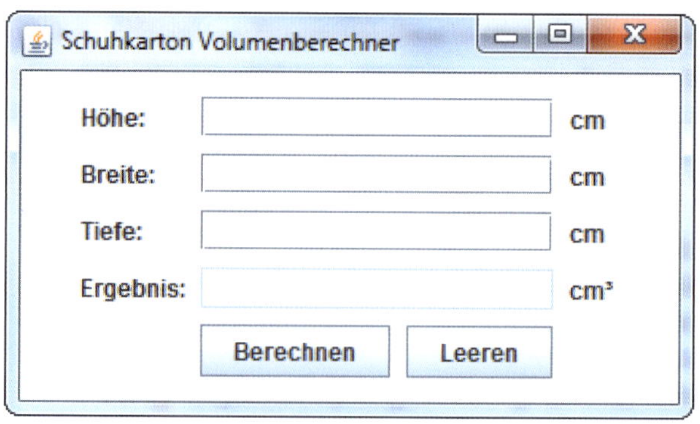

Und nun zum erlaubten Wertebereich:

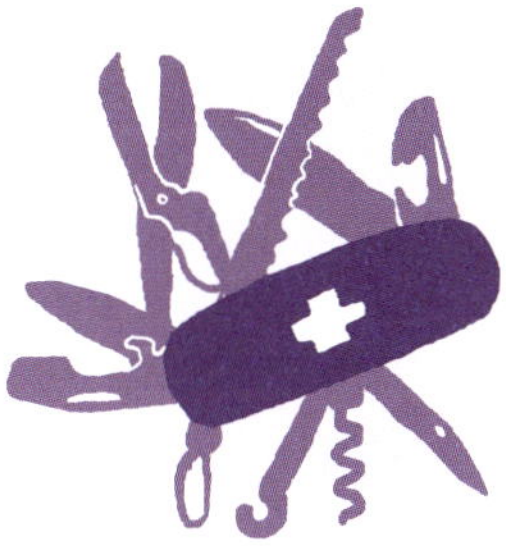

[Schwierige Aufgabe]

Ersetze die Textfelder beim Schuhkartonvolumenberechner durch einen Schieberegler (**JSlider**). Dem kannst du ein Minimum und ein Maximum an erlaubten Zahlenwerten übergeben. Dazu musst du dich mit der API von **JSlider** auseinandersetzen, aber das traue ich dir zu. Schau mal, welche Methoden du brauchst, damit der Schieberegler auch nach etwas aussieht. Ach, und nicht vergessen, den Listener anzupassen. Auf die Validierung kannst du verzichten, weil ein Schieberegler eh keine Nutzereingabe erlaubt.

Hier die Lösung:

```
...
private JSlider schiebereglerHoehe;
private JSlider schiebereglerBreite;
private JSlider schiebereglerTiefe;
...
private void initialisiereKomponenten() {
  ...
  this.schiebereglerHoehe = this.erstelleSchieberegler(20, 60);*1
  this.schiebereglerBreite = this.erstelleSchieberegler(20, 60);*1
  this.schiebereglerTiefe = this.erstelleSchieberegler(40, 100);*1
  ...
}

private JSlider erstelleSchieberegler(int minimum, int maximum) {*1
  JSlider schieberegler = new JSlider(minimum, maximum); *2
  schieberegler.setPaintLabels(true);*3
  schieberegler.setPaintTicks(true);*4
  schieberegler.setMinorTickSpacing(5);*5
  schieberegler.setMajorTickSpacing(10);*6
  return schieberegler;

}
```

*1 Weil du drei gleiche Schieberegler brauchst, lohnt es sich, das Erstellen der **JSlider**-Objekte in eine eigene Methode auszulagern, die Minimum und Maximum erwartet. Keine Ahnung, ob die Werte so sind, wie Bossingen sich das vorstellt, aber du kannst sie ja später leicht anpassen.

*2 Die Werte übergibst du einfach dem Konstruktor von **JSlider**.

*3 Hier noch schnell die Beschriftung des Schiebereglers aktivieren, …

*4 … und hiermit werden unter dem Schieberegler vertikale Striche (wie bei einem Lineal) gezeichnet.

*5 Hierüber kannst du dann definieren, in welchen Abständen kleine Striche unter dem Schieberegler gesetzt werden sollen, …

*6 … und hierüber, in welchen Abständen die großen Striche (inklusive Wert) gesetzt werden sollen.

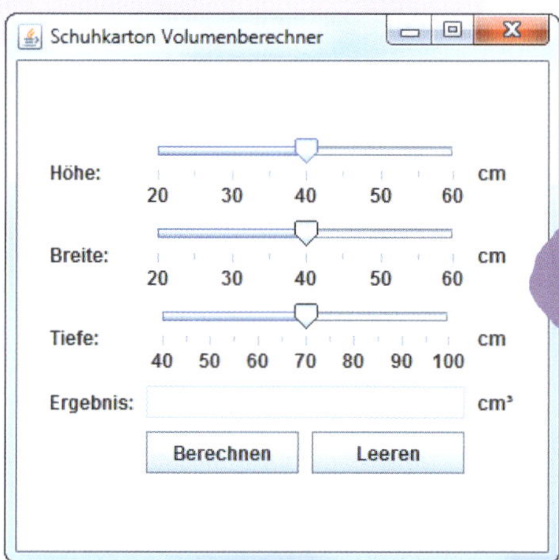

Wenn du alles richtig gemacht hast, sollte das GUI bei dir jetzt ungefähr so aussehen:

[Notiz]

Falls dein GUI jetzt irgendwie beschnitten aussieht, setze doch einfach mal die Breite des Fensters ein bisschen höher. Dann sollte es wieder passen.

Und im Listener fällt das Parsen der Zahlen weg:

```
private void registriereListener() {
  this.schaltflaecheBerechnen.addActionListener(new ActionListener() {
    @Override
    public void actionPerformed(ActionEvent e) {
      int hoehe = schiebereglerHoehe.getValue();
      int breite = schiebereglerBreite.getValue();
      int tiefe = schiebereglerTiefe.getValue();
      int ergebnis = hoehe * breite * tiefe;
      textErgebnis.setText(String.valueOf(ergebnis));
    }
  });
}
```

Das heißt, ich brauche auch gar nicht mehr zu prüfen, ob es sich um Zahlen handelt, weil **JSlider** eh immer nur Zahlen als Werte erlaubt.

Genau. Die Labels am Schieberegler kannst du zwar noch anpassen, so dass hier keine Zahlen stehen, sondern irgendwelche anderen Texte (schau dir bei Interesse in diesem Zusammenhang mal die Methode **setLabelTable()** an). Aber intern, ja, da sind es immer **int**-Werte.

[Code bearbeiten]

Erweitere das neue GUI mit den Schiebereglern so, dass das Ergebnis **jedes Mal** aktualisiert wird, wenn du einen der **Schieberegler bewegst**. Die beiden Schaltflächen kannst du dann auch entfernen. Welchen anderen Listener musst du statt **ActionListener** verwenden? Kleiner Tipp: Das Event, das ausgelöst wird, heißt **ChangeEvent**.

Ähm … dann brauche ich einen … ChangeListener?

Richtig, hier die Lösung:

```
private class BerechneErgebnisListener implements ChangeListener*2 {
  @Override
  public void stateChanged*3(ChangeEvent e) {
    aktualisiereErgebnis();*3
  }
}
private void aktualisiereErgebnis()*1 {
  int hoehe = this.schiebereglerHoehe.getValue();
  int breite = this.schiebereglerBreite.getValue();
  int tiefe = this.schiebereglerTiefe.getValue();
  int ergebnis = hoehe * breite * tiefe;
  this.textErgebnis.setText(String.valueOf(ergebnis));
}
private void registriereListener() {
  this.schiebereglerHoehe.addChangeListener(this.berechneErgebnisListener);*4
  this.schiebereglerBreite.addChangeListener(this.berechneErgebnisListener);*4
  this.schiebereglerTiefe.addChangeListener(this.berechneErgebnisListener);*4
}
```

Der ChangeListener reagiert auf jede Änderung des Schiebereglers:

*1 Das Ganze, das vorher in dem **ActionListener** stand, habe ich mal in eine eigene Methode gepackt. Dann kannst du die zum Beispiel auch direkt vom Konstruktor aus aufrufen, damit beim Starten des GUIs schon ein Wert im Ergebnistextfeld steht.

*2 Dann brauchst du noch eine Implementierung von **ChangeListener**, …

*3 … so dass immer, wenn sich der Wert am jeweiligen Schieberegler ändert, das Ergebnistextfeld aktualisiert wird.

*4 Den Listener kannst du dann für alle drei Schieberegler verwenden.

Bunter und mehr Action mit JavaFX

Swing ist schön, Swing ist bunt, Swing ist aber auch schon ein bisschen in die Jahre gekommen. Von GUIs der neuen Generation erwartet man eigentlich ein bisschen mehr … ähm, ja Buntheit. Aber im Ernst: Es gibt zwar viele GUI-Komponenten für Swing und auch jede Menge externe Bibliotheken mit noch mehr Komponenten, aber manche Dinge sind mit Swing nicht ganz so einfach zu realisieren. Das dachte man sich auch bei Oracle und setzte deshalb alles daran, eine zweite Bibliothek für grafische Nutzeroberflächen als Standard durchzusetzen. Die Rede ist von **JavaFX**, genauer gesagt von JavaFX 2. Genau genommen ist JavaFX nämlich auch nicht mehr ganz so jung.

Die Version 1.0 erschien bereits 2008 und basierte auf einer **eigenen Skriptsprache**, **JavaFX Script**, die mit JavaFX 2.0 wieder komplett fallen gelassen und durch eine Java-API ersetzt wurde. Im März 2018 entschied sich Oracle dann überraschenderweise dafür, JavaFX wieder aus dem JDK herauszunehmen und als eigenständige Komponente zu entwickeln. Details dazu findest du unter https://openjfx.io/.

Von der Idee her funktioniert JavaFX ähnlich wie Swing. Es gibt wieder jede Menge fertiger Klassen, die **verschiedenen GUI-Komponenten** entsprechen und im Wesentlichen auch ähnlich heißen, und du wirst dich, jetzt wo du Swing kennst, auch schnell mit JavaFX zurechtfinden. Es gibt auch wieder **verschiedene Layouts**, aber die sind zum Beispiel viel intuitiver zu bedienen. Und es gibt auch wieder **verschiedene Eventlistener**, diesmal zusätzlich unter dem Namen **Eventhandler**.

Wenn es doch so ähnlich ist wie Swing, wieso soll ich das dann überhaupt lernen?

Na ja, weil es mächtiger ist und du mehr damit machen kannst zum Beispiel:

- ganz einfach **Animationen** erstellen
- nahezu beliebige **HTML-Inhalte** darstellen
- flexibel das **Layout und Aussehen** der GUI-Komponenten anpassen
- **deklarative GUIs** schreiben, also GUIs, die nicht mit Java, sondern mit XML definiert werden

Nicht alles davon werde ich dir jetzt zeigen, aber zumindest das Wichtigste.

Damit du mit der JavaFX-Entwicklung loslegen kannst, musst du JavaFX zunächst installieren. Details dazu findest du unter https://openjfx.io/openjfx-docs/#install-javafx.

Und dann nehme ich immer JavaFX?

Nun ja. Zwischendurch schien es so, als würde JavaFX tatsächlich Swing **ablösen**. Dann wäre die Antwort eindeutig. Mittlerweile sehe ich das anders: Für Swing gibt es nach wie vor die besseren **Bibliotheken** (mit zusätzlichen GUI-Elementen), und immer noch bauen viele **Desktopanwendungen** auf dieser Technologie auf. Außerdem werden immer mehr Anwendungen direkt als Webanwendungen implementiert, weswegen sich JavaFX **nicht so richtig** gegen HTML, CSS und JavaScript **durchsetzen** konnte.

HTML, CSS und JavaScript?

Solltest du auch lernen, wenn du Webanwendungen entwickeln willst! Aber nicht jetzt – du kommst ja sowieso noch dorthin: https://www.rheinwerk-verlag.de/4834

Im Moment nur soviel: Das sind **die** drei wichtigsten Sprachen für die Webentwicklung: HTML, die **Hypertext Markup Language** für die Struktur, **Cascading Style Sheets** (CSS) für das Layout und **JavaScript** (trotz des ähnlichen Namens keinerlei Verwandtschaft mit Java!) für die Interaktivität. Viele GUIs werden heute mit diesem Gespann umgesetzt, was für JavaFX starke Konkurrenz bedeutet.

Ok, verstanden. Das beantwortet aber noch nicht meine Frage, wann ich Swing und wann ich JavaFX verwenden sollte ...

Naja, da würde ich dir Folgendes empfehlen: Für neu zu implementierende Desktopanwendungen, die ein GUI benötigen, rate ich zu JavaFX. Da geht vieles sehr viel einfacher als mit Swing (dazu gleich mehr). Für den Fall allerdings, dass du an einer bestehenden GUI-Anwendung arbeitest, ist die Wahrscheinlichkeit hoch, dass diese mit Swing implementiert wurde. Deshalb solltest du als echter Java-Entwickler natürlich beides beherrschen.

[Hintergrundinfo]

Neben Swing, AWT und JavaFX gibt es außerhalb der Java-Standardbibliothek noch eine weitere bekannte GUI-Bibliothek: das **Standard Widget Toolkit** (SWT) sowie das darauf basierende **JFace**. Eclipse zum Beispiel nutzt diese Bibliotheken.

Auf die große Bühne – JavaFX on stage

Wird bei Swing häufig die Analogie der Fenster und Fensterscheiben bemüht, ist dies bei JavaFX eher die der **Theaterbühne**. Die für eine Anwendung den Rahmen bildende Klasse trägt daher auch den Namen `Stage`, zu Deutsch „Bühne". Der Inhalt dieser Bühne wird über Instanzen der Klasse `Scene` repräsentiert. Innerhalb einer solchen Szene sind dann verschiedene GUI-Komponenten angeordnet. Wie bei einem Theaterstück gibt es in der Regel mehrere Szenen, die je nach Bedarf auf der Bühne aufgebaut werden.

Aber sieh selbst.
Gehen wir direkt in die Vollen, hier der Schuhkartonvolumenberechner in JavaFX:

*1 Eine JavaFX-Anwendung leitet immer von **`javafx.application.Application`** ab, …

*2 … dort ist auch die Methode **`launch()`** enthalten, die du bequem aus einer **`main`**-Methode aufrufen kannst, um die JavaFX-Anwendung zu starten.

```
public class SchuhKartonVolumenBerechnerGUI extends Application*1 {
  public static void main(String[] args) {
    launch(args);*2
  }
  private Label labelHoehe;*3
  private Label labelBreite;
  private Label labelTiefe;
  private Label labelErgebnis;
  private TextField textHoehe;
  private TextField textBreite;
  private TextField textTiefe;
  private TextField textErgebnis;
  private Button schaltflaecheBerechnen;
  private Button schaltflaecheLeeren;  …
  @Override
  public void start*4(Stage buehne*5) throws Exception {
    buehne.setTitle("Schuhkarton Volumenberechner");*5
    this.initialisiereKomponenten();
    this.ordneKomponentenAn(buehne);
    buehne.show();*5
  }
```

*3 Die Klassennamen der GUI-Komponenten heißen auch so ähnlich wie in Swing und AWT (das „J" im Namen ist mittlerweile wieder weg.)

*4 In der **`start()`**-Methode initialisierst du das GUI.

*5 Eine Instanz der Klasse **`Stage`** entspricht einem Fenster im GUI. Ähnlich wie vorher beim **`JFrame`** kannst du auch hier den Titel des Fensters definieren und über **`show()`** das Fenster anzeigen.

```
  private void initialisiereKomponenten() {
    this.labelHoehe = new Label("Höhe:");*6
    this.textHoehe = new TextField();
    this.labelBreite = new Label("Breite:");
    this.textBreite = new TextField();
    this.labelTiefe = new Label("Tiefe:");
    this.textTiefe = new TextField();
    this.labelErgebnis = new Label("Ergebnis:");
    this.textErgebnis = new TextField();
    this.textErgebnis.setEditable(false);
    this.textErgebnis.setDisable(true);
    this.schaltflaecheBerechnen = new Button("Berechnen");
    this.schaltflaecheLeeren = new Button("Leeren");
  }
  …
}
```

*6 Auch das Initialisieren funktioniert so ähnlich, wie du es von Swing her kennst.

[Zettel]
Eine ausführliche Anleitung, wie du JavaFX bei dir installierst, habe ich unter diesem Link vorbereitet: https://github.com/cleancoderocker/schroedinger-programmiert-java

Folgendes funktioniert im FX-Layout aber anders als in Swing:
Du erinnerst dich, in Swing musstest du eine Instanz eines Layout-Managers erstellen und diese dann an dem jeweiligen Container setzen. In JavaFX gibt es keine Trennung zwischen Layout und Container, sondern es gibt verschiedene Container für verschiedene Layouts. Oder anders gesagt: Der Container **ist** das Layout bzw. das Layout **ist** der Container. **Beispiel gefällig?**

Schon bereit:

```
private void ordneKomponentenAn(Stage buehne) {
  GridPane grid = new GridPane();*1
  grid.setHgap(10);*4
  grid.setVgap(10);*4
  grid.setPadding(new Insets(25, 25, 25, 25));*5
  grid.add(this.labelHoehe, 0, 1);*2
  grid.add(this.textHoehe, 1, 1, 2, 1);*3
  grid.add(new Label("cm"), 3, 1);
  grid.add(this.labelBreite, 0, 2);
  grid.add(this.textBreite, 1, 2, 2, 1);
  grid.add(new Label("cm"), 3, 2);
  grid.add(this.labelTiefe, 0, 3);
  grid.add(this.textTiefe, 1, 3, 2, 1);
  grid.add(new Label("cm"), 3, 3);
  grid.add(this.labelErgebnis, 0, 4);
  grid.add(this.textErgebnis, 1, 4, 2, 1);
  grid.add(new Label("cm³"), 3, 4);
  grid.add(this.schaltflaecheBerechnen, 1, 5);
  grid.add(this.schaltflaecheLeeren, 2, 5);
  buehne.setScene(new Scene(grid, 300, 250));*6
}
```

Die GridPane ist Layout und Container in einem.

*1 Statt **GridBagLayout** wie bei Swing gibt es bei JavaFX die **GridPane**. Und die dient auch direkt als Container, …

*2 … in den du weitere GUI-Komponenten hineinpacken kannst. Erster Parameter ist hierbei die GUI-Komponente, zweiter Parameter ist die Zeile, dritter Parameter ist die Spalte.

*3 In der überladenen Variante kannst du zusätzlich noch bestimmen, wie viele Kästchen im Grid horizontal und vertikal von der GUI-Komponente eingenommen werden sollen.

*4 Hierüber kannst du angeben, wie viel Platz zwischen den einzelnen GUI-Komponenten horizontal und vertikal gelassen werden soll …

*5 … und wie groß der Abstand der GUI-Komponenten zur **GridPane** ist (über die Klasse **javafx.geometry.Insets**).

Ähnlich wie in Swing also, nur viel einfacher. Ohne dieses umständliche **GridBagConstraints**-Gedöns.

*6 **Showtime!** Wenn du alle Komponenten angeordnet hast, fügst du alles einfach zu einer neuen Szene zusammen, und dann … bereit für den großen Auftritt … kommt alles auf die Bühne!

So wird das fertige GUI dann aussehen:

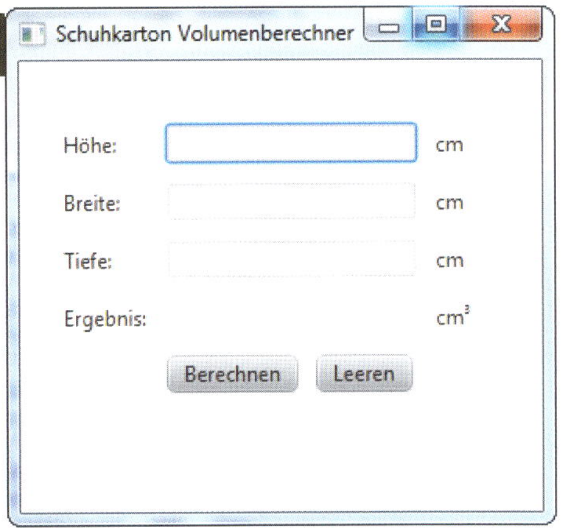

Nicht schlecht! Sieht irgendwie softer aus als in Swing … irgendwie fluffiger. Erinnert mich an das Aussehen von Webseiten.

Apropos Aussehen, das kannst du sogar genauso leicht anpassen wie bei Webseiten. Genau wie dort kannst du nämlich über **CSS** definieren, wie das GUI aussehen soll.

Hier die wichtigsten Layouts in JavaFX:

<table>
<tr><th>Layout</th><th>Beschreibung</th><th>Sieht so aus</th></tr>
<tr><td>javafx.scene.layout.BorderPane</td><td>Ähnlich dem BorderLayout von Swing. Die einzelnen Bereiche kannst du mit setTop(), setBottom(), setRight(), setLeft() und setCenter() mit Inhalt befüllen.</td><td>BorderPane
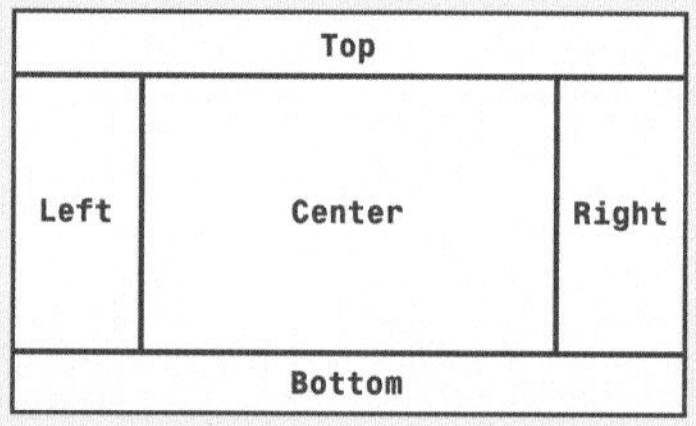
</td></tr>
<tr><td>javafx.scene.layout.HBox</td><td>Hierbei werden die enthaltenen Komponenten nebeneinander, also horizontal, angeordnet (deswegen HBox).</td><td>HBox
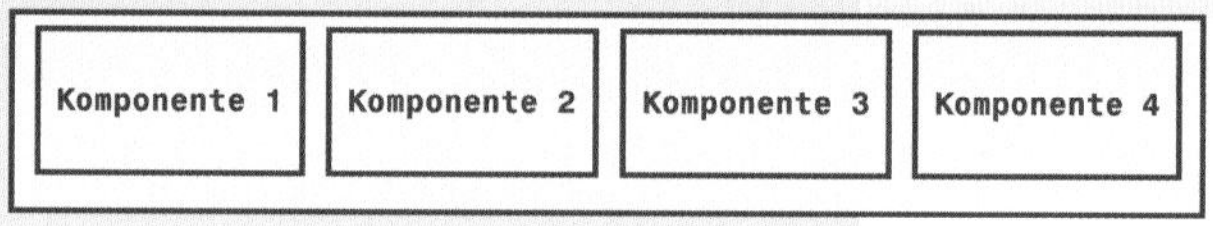
</td></tr>
<tr><td>javafx.scene.layout.VBox</td><td>Wie HBox, nur dass die Komponenten untereinander, also vertikal angeordnet werden.</td><td>VBox
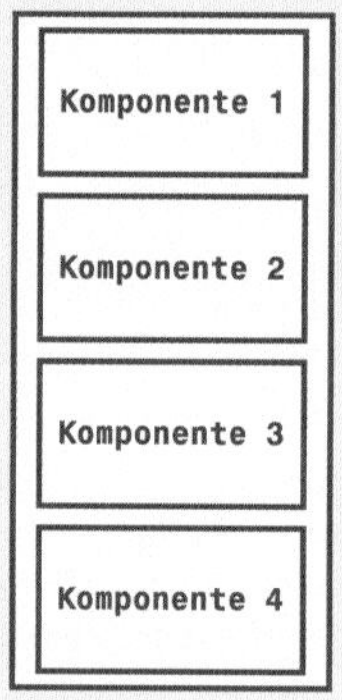
</td></tr>
<tr><td>javafx.scene.layout.StackPane</td><td>Hierbei werden die einzelnen Komponenten übereinander gezeichnet.</td><td>StackPane
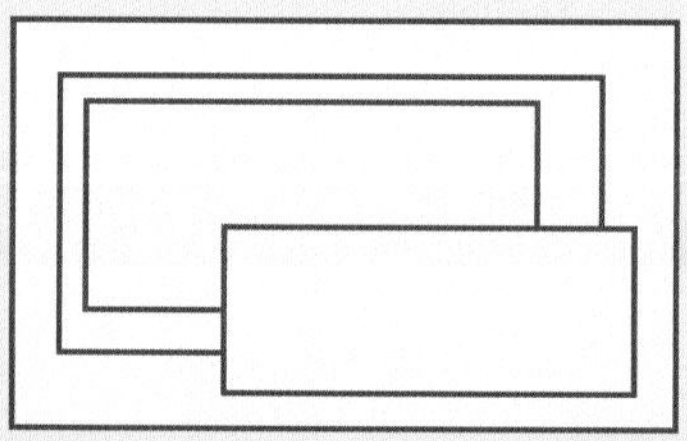</td></tr>
<tr><td>javafx.scene.layout.GridPane</td><td>Ähnlich wie beim GridBagLayout von Swing bist du hiermit sehr flexibel, was die Gestaltung der Zeilen und Spalten angeht.</td><td>GridPane
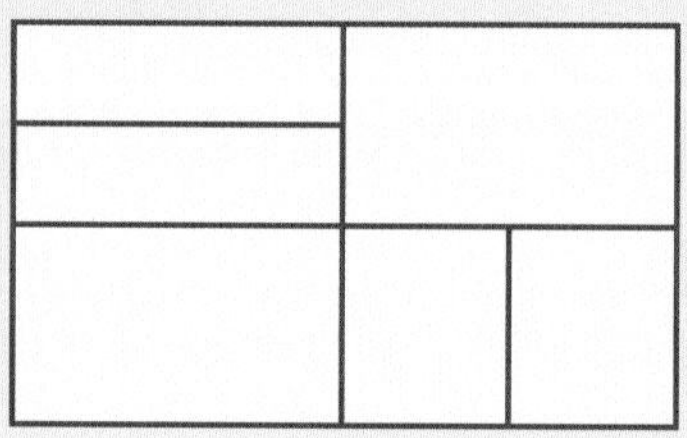</td></tr>
</table>

vgl.:

"A pain in the grid"

<table>
<tr><th>Layout</th><th>Beschreibung</th><th>Sieht so aus</th></tr>
<tr><td><code>javafx.scene.layout.FlowPane</code></td><td>Hierbei werden die Komponenten horizontal oder vertikal angeordnet und fließen in die nächste Zeile bzw. Spalte, wenn im Container kein Platz mehr frei ist.</td><td><code>FlowPane</code>
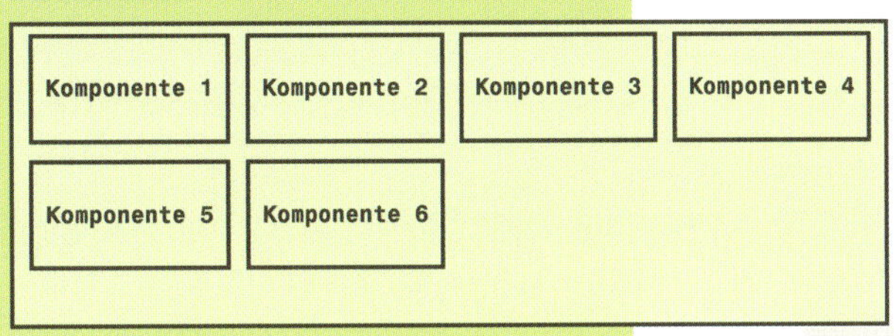</td></tr>
<tr><td><code>javafx.scene.layout.TilePane</code></td><td>Ähnlich dem <code>GridLayout</code> in Swing, das heißt, die Komponenten werden in gleichgroßen Zellen angeordnet.</td><td><code>TilePane</code>
</td></tr>
<tr><td><code>javafx.scene.layout.AnchorPane</code></td><td>Beim <code>AnchorPane</code> können beliebig viele Kindkomponenten hinzugefügt werden, und dabei kann jeweils ein Top-Anchor, ein Bottom-Anchor, ein Right-Anchor und ein Left-Anchor angegeben werden. Oder anders gesagt: Für jede Komponente kann über diese Anker bestimmt werden, wie viel Abstand von der Komponente nach oben, unten, rechts und links bestehen soll.</td><td><code>AnchorPane</code>
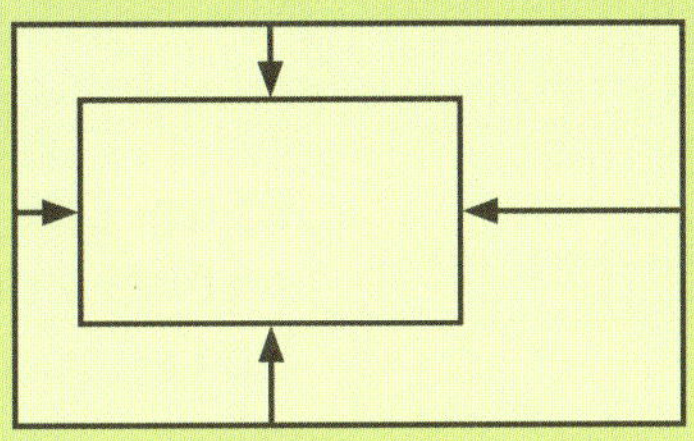
</td></tr>
</table>

[Zettel]

Unter https://github.com/cleancoderocker/schroedinger-programmiert-java habe ich für dich die Schritte beschrieben, mit denen du die Anwendung startest. Auch für die anderen Beispiele in diesem Kapitel findest du dort solche Anleitungen.

Noch mehr Zucker mit CSS

Zeh-Ess-Ess, noch nie gehört, was soll das denn bitte sein?

[Begriffsdefinition]

CSS steht für **Cascading Style Sheets** und ist ursprünglich eine Sprache, mit der man das Design von Webseiten beeinflussen kann. Über sogenannte **CSS-Regeln** definierst du, wie welches HTML-Element auf der Webseite aussehen soll, zum Beispiel welche Farben es haben soll oder welche Schriftart verwendet werden soll und vieles mehr. Dass JavaFX jetzt diese Sprache ebenfalls unterstützt, um das Aussehen einzelner GUI-Komponenten zu definieren, ist einfach nur **grandios**, weil du so ganz einfach einem GUI ein ganz anderes Aussehen verpassen kannst, ohne den Java-Quelltext ändern zu müssen. Zwar bietet Swing auch verschiedene Designs an, die das generelle Aussehen von GUI-Komponenten (das sogenannte **Look-and-feel**) steuern, aber die kannst du an einer Hand abzählen. So flexibel wie in JavaFX bist du dort also bei Weitem nicht.

Grandios? Na, dann zeig mal.

Eine CSS-Datei sieht zum Beispiel so aus:

```
.root*1 {*2
  -fx-font-size:*3 11pt;*4
  -fx-font-family: "Courier New";
  -fx-background-color: #FF69B4;
}*2
.button*1 {
  -fx-background-color: #FFC0CB;
}
.label*1 {
  -fx-text-fill: #FFFFFF;
}
```

*1 Das hier nennt man den **Selektor**, weil du hierüber **selektierst**, welche GUI-Elemente von dieser **Regel** betroffen sind. Was du hier siehst, sind ganz einfache Selektoren: **`.root`** bedeutet zum Beispiel alle GUI-Komponenten, **`.button`** gilt nur für Schaltflächen und **`.label`** nur für Beschriftungen.

*2 Innerhalb der geschweiften Klammern steht der Inhalt der Regel, …

*3 … erst immer der **Name der Eigenschaft** plus Doppelpunkt …

*4 … und dann der **Wert der Eigenschaft**. Einzelne Eigenschaften werden durch ein Semikolon getrennt.

Wenn ich das richtig verstehe, setzt du also mit der ersten Regel die Schriftgröße für alle GUI-Elemente auf 11pt, was immer das heißt …

pt steht für point oder Punkt und ist eine typografische Maßeinheit, und ja, richtig, ich setze hier die **Schriftgröße** (**-fx-font-size**), hinterher die **Schriftfamilie** (**-fx-font-family**) und dann noch die **Hintergrundfarbe** (**-fx-background-color**). Eine Übersicht darüber, welche Eigenschaften du für welche GUI-Komponenten verwenden kannst, habe ich im Downloadbereich des Buches verlinkt.

Das Einzige, das du dann noch tun musst, ist, das Stylesheet dem Scene-Objekt hinzuzufügen:

```
Scene szene = new Scene(grid, 300, 250);
szene.getStylesheets()*1.add(
  "de/galileocomputing/schroedinger/java/kapitel16/javafx/schuhe/styles.css"*2);
buehne.setScene(szene);
```

*1 Jedes **Scene**-Objekt verfügt über eine Liste von Stylesheets, die angewandt werden.

*2 Am besten, du speicherst die CSS-Datei (übrigens mit Endung **.css**) im selben Ordner wie die Hauptklasse der jeweiligen Anwendung.

Schon sieht das GUI komplett anders aus, und das ist wirklich fluffig:

Ja, siehste. Und wenn du dann noch eine Variante für Bossingen brauchst, lieferst du dem einfach ein anderes Stylesheet mit. Ohne irgendetwas an deinem Java-Quelltext zu ändern …

[Ablage]

Das Aussehen eines GUIs von dem zu trennen, was in dem GUI an Komponenten enthalten ist, ist einer der wesentlichen Vorteile von JavaFX gegenüber Swing.

Das Verhalten hinzufügen

Auch in JavaFX ist das, was eine GUI-Komponente machen soll, getrennt gehalten von der eigentlichen GUI-Klasse. Das Verhalten wird auch hier wie bei Swing über Events und Eventlistener realisiert, nur heißen letztere in JavaFX **Eventhandler**. Das Konzept dürfte für dich jetzt also nicht mehr neu sein.

Nee, zeig mir ruhig direkt den Code.

Okay, hier die Methode, in der die ganzen Eventhandler hinzugefügt und implementiert werden:

```
private void registriereListener() {

  this.schaltflaecheBerechnen.setOnAction*1
    (new EventHandler<ActionEvent*2>() {
    @Override
    public void handle(ActionEvent event) {
      aktualisiereErgebnis();*3
    }
  });
  this.schaltflaecheLeeren.setOnAction(new EventHandler<ActionEvent>() {
    @Override
    public void handle(ActionEvent event) {
      textHoehe.setText(null);
      textBreite.setText(null);
      textTiefe.setText(null);
    }
  });
}
private void aktualisiereErgebnis() {
  Integer hoehe = Integer.parseInt(this.textHoehe.getText());*4
  Integer breite = Integer.parseInt(this.textBreite.getText());*4
  Integer tiefe = Integer.parseInt(this.textTiefe.getText());*4
  Integer ergebnis = hoehe * breite * tiefe;
  this.textErgebnis.setText(ergebnis.toString());
}
```

*1 Jede GUI-Komponente hat verschiedene Setter, über die du **EventHandler** registrieren kannst. Mit **setOnAction()** zum Beispiel setzt du einen **EventHandler**, der immer dann angestoßen wird, wenn eine Aktion auf der GUI-Komponente ausgelöst wird. Es gibt aber noch eine ganze Reihe weiterer Setter: **setOnMouseClicked()** für Mausklick-Events, **setOnKeyPressed()** für Tastendruck und viele, viele mehr.

*2 Die jeweilige Setter-Methode bestimmt auch den Typ des **EventHandler**s. Bei **setOnAction()** kannst du nur die **EventHandler** registrieren, die mit **ActionEvent** parametrisiert sind, bei **setOnMouseClicked()** nur welche, die mit **<? super MouseEvent>** parametrisiert sind, und bei **setOnKeyPressed()** nur mit **<? super KeyEvent>** parametrisierte und so weiter.

*3 Auf das jeweilige Event kannst du dann in der Methode **handle()** reagieren.

*4 Die Inhalte der Textfelder werden einfach geparst und das Ergebnisfeld aktualisiert.

Ja, nachvollziehbar ... allerdings könnte doch jetzt wieder jemand kommen und eine falsche Eingabe in den Textfeldern machen, oder?

Ja, das stimmt, deswegen gibt es in JavaFX natürlich auch die Möglichkeit, Nutzereingaben zu validieren.

Validierung von Nutzereingaben mit JavaFX

JavaFX verfolgt bei der Validierung von Eingabedaten allerdings ein etwas **anderes Konzept als Swing**. Zur Erinnerung: Bei Swing gibt es ja für Textfelder die **Verifier**, die du am jeweiligen Textfeld ähnlich einem Listener registrieren kannst und die dann aufgerufen werden, sobald der Nutzer versucht, Text in das Feld einzugeben. Bei JavaFX hingegen gehst du so vor, dass du eine **Unterklasse** von beispielsweise einem Textfeld erstellst, dort einfach ein paar Methoden überschreibst und dann Instanzen von dieser Klasse erzeugst. **Ein Textfeld, in dem nur Zahlen erlaubt sind, könntest du zum Beispiel so implementieren:**

```
public class ZahlenTextFeld*1 extends TextField {
  @Override
  public void *2replaceText(int start, int end, String text) {
    if(this.istZahl(text)*3) {
      super.replaceText(start, end, text);*4
    }
  }
  @Override
  public void *2replaceSelection(String text) {
    if(this.istZahl(text)*3) {
      super.replaceSelection(text);*4
    }
  }
  private boolean istZahl(String text) {
    return text.matches("[0-9]*"*5);
  }
}
```

*1 Du erzeugst einfach eine speziellere Variante von dem Textfeld …

*2 … und überschreibst die Methoden, die irgendetwas am Text ändern.

*3 Nur wenn der Text, der eingegeben wurde, eine Zahl ist, …

*4 … wird jeweils die Standardfunktionalität in der Oberklasse `TextField` aufgerufen.

*5 Wieder einer dieser regulären Ausdrücke, der einfach nur so viel bedeutet wie „beliebig viele Zahlen zwischen null und neun“. Freu dich auf das nächste Kapitel, da zeig ich dir mehr von diesen Kunststückchen, wenn wir uns endlich intensiver mit regulären Ausdrücken beschäftigen.

Schiebereien mit JavaFX

[Einfache Aufgabe]

Jetzt du. Du kannst dir sicher schon denken, was jetzt kommt: Ersetze die Textfelder für die Nutzereingaben durch Schieberegler und entferne die beiden Schaltflächen. Die Klasse, die du dazu brauchst, heißt **`javafx.scene.control.Slider`**.

Hier ein Ausschnitt aus der Lösung:

```
private Slider erstelleSchieberegler(int minimum, int maximum) {
    Slider schieberegler = new Slider();
    schieberegler.setMin(minimum); *1
    schieberegler.setMax(maximum); *1
    schieberegler.setShowTickLabels(true); *2
    schieberegler.setShowTickMarks(true); *2
    schieberegler.setMinorTickCount(1); *3
    schieberegler.setMajorTickUnit(2); *3
    return schieberegler;
}
```

*1 Ähnlich wie bei Swing setzt du hierüber den **Wertebereich**, der von dem Schieberegler dargestellt werden soll.

*2 Hiermit aktivierst du die **Skalenstriche** (ist das die professionelle Bezeichnung für diese Linealstriche?), …

*3 … und hiermit definierst du, in welchen **Abständen** die Striche unter den Schieberegler gezeichnet werden sollen.

Das GUI müsste jetzt ungefähr so aussehen:

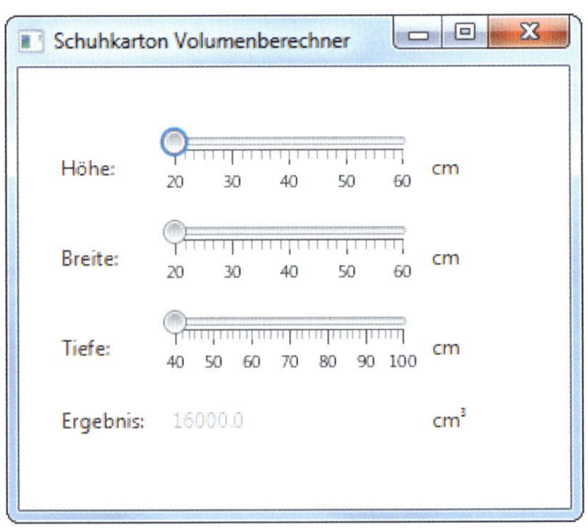

Für Profis – Verhalten hinzufügen ohne Listener

Bevor wir den Schiebereglern Verhalten hinzufügen, lass mich dir noch eine Sache erklären, die ebenfalls **eine der Stärken von JavaFX** ist. Die Rede ist von dem sogenannten **Property-Binding**.

Das Property-Binding dient im Allgemeinen dazu, Werte von bestimmten Variablen an andere Variablen zu binden oder, anders gesagt, miteinander zu verknüpfen. Ändert sich bei so verbundenen Variablen dann der Wert einer Variablen, passt sich der Wert der anderen Variable an, ohne dass du selbst den Wert setzen musst. All das passiert im Hintergrund. Damit kannst du dir im Idealfall sogar die Listener sparen.

In JavaFX gibt es dazu sogenannte **Properties bzw. Property-Klassen**. Die kannst du dir als „Wrapper" um einen primitiven Datentyp vorstellen (aber nicht zu verwechseln mit den Wrapperklassen aus Kapitel 2). Im Paket **`javafx.beans.property`** liegen zum Beispiel unter anderem die Klassen **`BooleanProperty`**, **`DoubleProperty`**, **`FloatProperty`**, **`IntegerProperty`** und so weiter. Zwischen Instanzen dieser Klassen kannst du dann ganz einfach so ein Binding erstellen:

```
IntegerProperty gehaltBossingen = new SimpleIntegerProperty(20000);*1
IntegerProperty gehaltSchroedinger = ↩
  new SimpleIntegerProperty(2000);*1
System.out.println(gehaltBossingen.getValue());*2
System.out.println(gehaltSchroedinger.getValue());*3
gehaltSchroedinger.bindBidirectional(gehaltBossingen);*4
System.out.println(gehaltBossingen.getValue());*5
System.out.println(gehaltSchroedinger.getValue());*5
gehaltSchroedinger.set(2005);*6
System.out.println(gehaltBossingen.getValue());*7
System.out.println(gehaltSchroedinger.getValue());*7
```

*1 Hier siehst du zwei Instanzen einer **`IntegerProperty`**, eine mit dem Wert „20000", die andere mit dem Wert „2000".

*2 Wie du dir leicht denken kannst, ist die Ausgabe hier „20000" …

*3 … und hier „2000".

*4 Jetzt kommt die Magie: Hiermit bindest du die beiden Variablen aneinander, wobei **`gehaltSchroedinger`** initial den Wert von **`gehaltBossingen`** bekommt, weil **`bindBidirectional()`** auf **`gehaltSchroedinger`** aufgerufen wurde.

Soll mir nur recht sein.

*5 Die Ausgabe ist hier jetzt beide Male „20000".

Wenn's so einfach wäre. Gehaltserhöhungen fallen bei uns eher mager aus.

*6 Wenn du jetzt irgendwas an einer der beiden Variablen änderst, ändert sich auch der jeweils andere Wert.

*7 Hier wird beide Male „2005" ausgegeben.

Okay, verstanden, und was hat das jetzt mit GUI-Programmierung zu tun?

Pass auf:

Das Tolle ist jetzt, dass die GUI-Komponenten in JavaFX auf diesen Property-Klassen basieren. Die Methode **`textProperty()`** der Klasse **`TextField`** zum Beispiel liefert dir ein Objekt vom Typ **`StringProperty`**, **`valueProperty()`** von **`Slider`** liefert dir eine **`DoubleProperty`** und so weiter.

Das heißt, du kannst die jeweiligen Properties verschiedener GUI-Komponenten miteinander verbinden:

```
StringConverter<? extends Number> converter =  new DoubleStringConverter();*3
Bindings.bindBidirectional(
  this.textErgebnis.textProperty(),*1
  this.schiebereglerBreite.valueProperty(),*2
  (StringConverter<Number>)converter*3
);
```

*1 Der Wert, der im Textfeld steht, …

*2 … wird mit dem Wert des Schiebereglers für die Breite verbunden.

*3 Da sich die beiden unterliegenden Datentypen unterscheiden (**`String`** für das Textfeld und **`Double`** für den Schieberegler), brauchst du außerdem noch einen **`DoubleStringConverter`**, der die Umwandlung übernimmt.

Damit hätte das Textfeld immer den Wert, der gerade im Breite-Schieberegler gesetzt ist. Nicht das, das wir brauchen, aber es ging gerade ja auch eher um eine Demo. Eigentlich soll ja das Ergebnis aus Höhe * Breite * Tiefe in das Textfeld geschrieben werden. Und das machst du dann doch besser über einen Listener, aber über einen, den du an den **Property-Objekten** der einzelnen Schieberegler registrierst. Denn das geht auch. Wie, das zeig ich dir in der Werkstatt.

Schieberegler mit Verhalten

Eine Methode, die das Ergebnisfeld aktualisiert, habe ich schon vorbereitet:

```
private void aktualisiereErgebnis() {
  double hoehe = this.schiebereglerHoehe.getValue();
  double breite = this.schiebereglerBreite.getValue();
  double tiefe = this.schiebereglerTiefe.getValue();
  double ergebnis = hoehe * breite * tiefe;
  this.textErgebnis.setText(String.valueOf(ergebnis));
}
```

Verhalten hinzufügen in zwei Schritten:

Schritt 1: Listener implementieren

```
private class BerechneErgebnisListener implements
  ChangeListener<Number>*1 {
  @Override
  public void changed(ObservableValue<? extends Number> observable, ↩
    Number alterWert, Number neuerWert) {
    aktualisiereErgebnis();*2
  }
}
```

*1 Diesmal brauchen wir einen Listener vom Typ **ChangeListener**, und zwar parametrisiert mit **Number**.

*2 Und noch das Ergebnis aktualisieren.

Schritt 2: Listener registrieren

```
this.schiebereglerHoehe.valueProperty().*1addListener(↩
  this.berechneErgebnisListener);
this.schiebereglerBreite.valueProperty().*1addListener(↩
  this.berechneErgebnisListener);
this.schiebereglerTiefe.valueProperty().*1addListener(↩
  this.berechneErgebnisListener);
```

*1 **valueProperty()** liefert ein Objekt vom Typ **javafx.beans.property.DoubleProperty**, und auch an diesen Property-Objekten können Listener registriert werden.

Die Lösung für den Hardcore-Profi – Binding kann auch rechnen

Okay, okay, wenn du ganz hart im Nehmen bist, kannst du das auch komplett ohne Listener hinbekommen.
Nur mit Property-Bindings sieht das Ganze so aus:

```
NumberBinding hoeheMalBreite = Bindings.multiply(
  this.schiebereglerHoehe.valueProperty(),
  this.schiebereglerBreite.valueProperty()
);*1
NumberBinding hoheMalBreiteMalTiefe = Bindings.multiply(
  hoeheMalBreite,
  this.schiebereglerTiefe.valueProperty()
);*2
this.textErgebnis.textProperty().bind(Bindings.*4format("%f", ⏎
  hoheMalBreiteMalTiefe));*3
```

*1 Zunächst gibt es ein Binding für Höhe **mal** Breite, indem du `Bindings.multiply()` aufrufst.

*2 Dann folgt noch ein Binding für das Ergebnis aus *1 mal Tiefe.

*3 Und zum Schluss steht noch ein Binding zwischen dem Textfeld und dem Ergebnis aus *2.

*4 Statt eines Converters wie eben verwendest du hier die `format()`-Methode, um aus dem `Double` einen String zu machen.

Ist echt Mega-Hardcore! Ich versteh's aber!

Ich hab Bossingen mal das neue Schuhkartonvolumenberechner-GUI gezeigt (nicht das rosafarbene natürlich), und er fand's total toll. Er hatte allerdings auch direkt eine neue Idee.

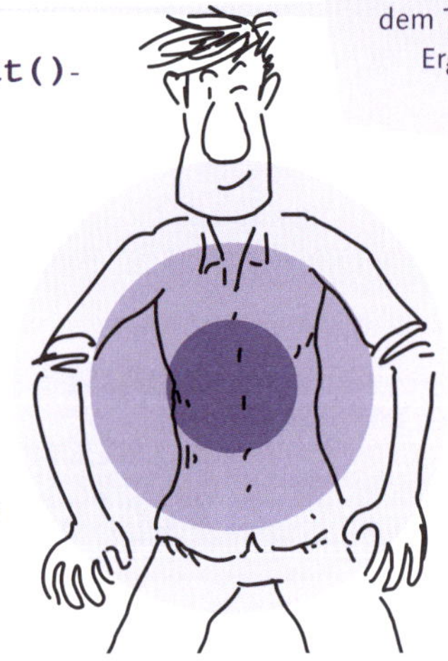

„Rechts daneben brauchen wir in einer Spalte noch verschiedene Knöpfe für die Standardschuhkartongrößen. Bei Klick auf die Knöpfe sollen direkt die richtigen Werte in den Schiebereglern gesetzt werden."

Das sind aber fünf Schaltflächen. Das würde doch dann mein Grid-Layout zerschießen, oder nicht?

Nur Mut, Schrödinger, eigentlich kannst du das fast schon selber lösen. Die Layout-Klassen können auch selbst als Komponenten einer anderen Layout-Klasse hinzugefügt werden. Was du brauchst, ist einfach ein zusätzlicher Layout-Container, der die Komponenten vertikal anordnet.

Na klar, das war die **VBox**!

Richtig, da drin werden die Komponenten spaltenweise untereinander angeordnet, also genau das, was du brauchst. Und diese **VBox** fügst du einfach dem **Grid**-Container hinzu, den du schon hast.

Also so:

```
VBox vbox = new VBox();*1
vbox.getChildren().add(this.schaltflaecheLangstiefel);*2
Insets abstand = new Insets(4, 4, 4, 4);*3
VBox.setMargin(this.schaltflaecheLangstiefel, abstand);*3
vbox.getChildren().add(this.schaltflaecheHalbstiefel);
VBox.setMargin(this.schaltflaecheHalbstiefel, abstand);
vbox.getChildren().add(this.schaltflaecheKurzstiefel);
VBox.setMargin(this.schaltflaecheKurzstiefel, abstand);
vbox.getChildren().add(this.schaltflaecheHalbschuhe);
VBox.setMargin(this.schaltflaecheHalbschuhe, abstand);
vbox.getChildren().add(this.schaltflaecheSandalen);
VBox.setMargin(this.schaltflaecheSandalen, abstand);
grid.add(vbox, 4, 1, 1, 5);*4
```

*1 Die Schaltflächen sollen untereinander angeordnet werden. Dafür eignet sich wunderbar die **VBox**.

*2 Über **getChildren().add()** fügst du einer **VBox** die einzelnen GUI-Elemente hinzu.

*3 Damit die einzelnen Schaltflächen nicht so eng aneinanderkleben, setzen wir über eine Instanz von **Insets** die Abstände. Aber Achtung: **setMargin()** ist eine **statische Methode**! Und die werden auf der Klasse aufgerufen und nicht auf der Variablen.

Klar, sonst wäre **VBox** ja auch nicht großgeschrieben, hab's schon gemerkt.

*4 Zum Schluss fügst du noch die **VBox** selbst als Element der **GridPane** hinzu, und zwar so, dass sie sich über fünf Zeilen erstreckt.

So sieht das fertige GUI aus:

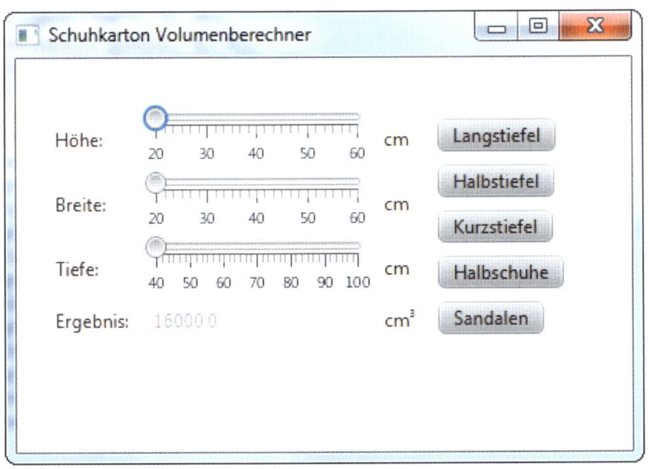

Hinterher ist man immer schlauer. Wenn man weiß, wie es geht, ist es gar nicht so schwer. Bei dir sieht das so leicht aus.

Das wird schon, Schrödinger. Die wichtigsten Konzepte kennst du jetzt, sowohl für Swing als auch für JavaFX. Der Rest ist einfach nur Übung. Und sei beruhigt: Auch der geübte Swing-/JavaFX-Entwickler muss immer mal wieder das Internet heranziehen, um zu spinksen, wie dies oder jenes Layout nochmal funktioniert, welche Klasse welche Methode hat, was nochmal ein „Inset" war und wo man wann welche Methode aufrufen muss, damit alles richtig layoutet wird. Hauptsache, du kennst die Grundlagen und weißt, wo du suchen musst.
Jetzt noch eine kurze Aufgabe, die du **wahrscheinlich mit links lösen wirst**, obwohl du dir das wahrscheinlich vor 15 Kapiteln nicht so ohne Weiteres zugetraut hättest.

[Einfache Aufgabe]
Registriere an jeder Schaltfläche einen Eventhandler, und sorge dafür, dass bei Klick auf die verschiedenen Schaltflächen die Werte in den Schiebereglern für die entsprechende Kartongröße voreingestellt werden. Denk dir für die Werte irgendetwas aus oder ziehe Bossingen zurate.

Stimmt, vor 15 Kapiteln hätte ich die Aufgabe noch nicht mal verstanden ... Also, fünf Schaltflächen, die alle den Schieberegler mit verschiedenen Werten aktualisieren. Das klingt nach einer eigenen Methode, ungefähr so:

```
private void aktualisiereSchieberegler(double hoehe, double breite, double tiefe) {
  this.schiebereglerHoehe.setValue(hoehe);
  this.schiebereglerBreite.setValue(breite);
  this.schiebereglerTiefe.setValue(tiefe);
}
```

Prima, stimmt genau. Weiter.

Dann die Eventhandler als anonyme Klassen bei allen Schaltflächen registrieren, ist doch simpel:

```
this.schaltflaecheLangstiefel.setOnAction(new EventHandler<ActionEvent>() {
  @Override
  public void handle(ActionEvent event) {
    aktualisiereSchieberegler(20, 20, 20);
  }

});
```

[Belohnung]
Prima, Schrödinger. Schnell ein Patent drauf anmelden, und schon kannst du dich dumm und dusselig verdienen an deinem Schuhkartonvolumenberechner.

Das Wichtigste zur Gesellenprüfung Maler und Lackierer, Fachbereich Swing und JavaFX

- In Java gibt es verschiedene GUI-Bibliotheken: das (sehr alte) **AWT** (Abstract Window Toolkit), die **Swing**-Bibliothek (ebenfalls etwas in die Jahre gekommen, aber sehr gut unterstützt) und das moderne **JavaFX** (das aber erst seit Java 6 unterstützt wird).
- In Swing steuerst du über **Layout-Manager**, wie die einzelnen Komponenten innerhalb eines Containers angeordnet werden.
- In JavaFX gibt es ebenfalls bestimmte **Layout-Klassen**, die aber wesentlich einfacher und intuitiver in der Bedienung sind und selbst schon als Container für andere GUI-Komponenten fungieren.
- Sowohl in Swing als auch in JavaFX (wie auch in den meisten anderen GUI-Bibliotheken) wird das **Verhalten** der GUI-Komponenten getrennt von der GUI-Komponente selbst verwaltet. Die GUI-Komponente erzeugt je nach Nutzeraktion ein **Ereignis** und schickt dieses Ereignis an sogenannte **Listener**, die du zuvor an der GUI-Komponente registriert hast.
- In JavaFX gibt es zusätzlich zu dem Listener-Konzept noch das Konzept des sogenannten **Property-Bindings**. Bei dem werden Variablen miteinander verbunden, so dass bei Änderungen an einer der Variablen der Wert der anderen ebenfalls geändert wird.
- In JavaFX kannst du das **Aussehen** der GUI-Komponenten über **CSS-Regeln** anpassen. CSS (Cascading Style Sheets) stammt eigentlich aus der Webentwicklung, wo es dazu verwendet wird, das Aussehen von Webseiten unabhängig von dem HTML-Code zu halten.

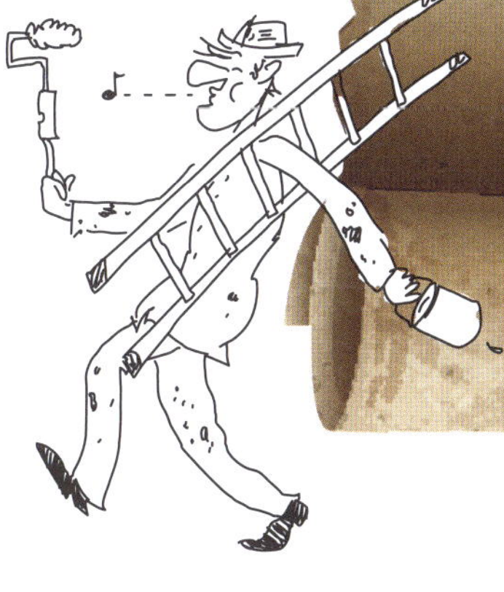

[Belohnung/Lösung]

So, Schrödinger, die nächste Belohnung winkt schon. Du bekommst den „schwungvollen GUI-Meisterpinsel der Spezialeffekte“. Mit dem zeichnet sich jedes GUI wie von selbst.

— SIEBZEHN —

Internationalisierung, Lokalisierung, Formatierung, Pattern Matching und reguläre Ausdrücke

Schrödinger goes international

Die Welt erobern, das wollten schon viele. Jetzt hat Schrödinger die Gelegenheit dazu. Na ja, zumindest lernt er, wie er ohne viel Aufwand seine Programme mehrsprachig gestalten kann. Das ist ja schon mal etwas. Außerdem wird er in die Geheimnisse der regulären Ausdrücke eingeweiht und lernt, wie er mit Datums- und Zeitangaben jongliert.

Den Nutzer lokalisieren

Jetzt, wo du weißt, wie du grafische Oberflächen erstellen kannst, ist es nicht mehr weit hin, bis du deine ersten coolen Programme entwickelst und an andere weitergibst. Erst an deine Freundin und Bossingen, dann an deinen Kollegenkreis, und eh du dich versiehst, ist deine Software so gefragt, dass du sie **weltweit vertreiben** kannst. Schließlich braucht man auch in Finnland Schuhkartons, warum also nicht einen Schuhkartonvolumenberechner mit finnischer Oberfläche, in der alles (also die Beschriftung der Felder und Schaltflächen und so weiter) in die finnische Sprache übersetzt ist?

Alles nochmal programmieren? Auf Finnisch? Das kann's doch nicht sein, oder? Und überhaupt, ich kann gar kein Finnisch!

Ich auch nicht. Und ich muss dich enttäuschen: Bei der Übersetzung ins Finnische kann Java dir auch nicht helfen. Aber verhindern, dass du alles doppelt und dreifach programmieren musst, nur weil dein Programm in einer weiteren Sprache erscheinen soll, das kann Java.

Damit ein Programm in mehreren Sprachen funktionieren kann, sind zwei Dinge notwendig:

1. Du musst rausfinden, welche Sprache der Nutzer verwendet, also den **Nutzer lokalisieren**.
2. Und du musst für jede unterstützte Sprache die Übersetzungen anbieten, also die **Software internationalisieren**.

Erstmal brauchst du innerhalb deiner Software eine Möglichkeit, herauszufinden, welche Sprache der Nutzer eingestellt hat bzw. welche Einstellung standardmäßig von der JVM verwendet wird. Oder anders gesagt, du musst den **Nutzer lokalisieren**. Nicht nach seinem Standort, aber zumindest bezogen auf die Spracheinstellung, die sie oder er verwendet.
Dazu gibt es die Klasse **`java.util.Locale`**, die ein **Land** (bzw. abstrakter: eine geografische, politische oder kulturelle **Region**) sowie eine **dazugehörige Sprache** repräsentiert.

Und so einfach kommst du an die Defaulteinstellung:

```
Locale locale = Locale.getDefault();*1
System.out.println(locale.getLanguage());*2
System.out.println(locale.getCountry());*3
System.out.println(locale.toString());*4
```

*1 Hierüber holst du dir die Einstellung vom Nutzer bzw., genauer gesagt, von der jeweils verwendeten JVM.

*2 Über **getLanguage()** kommst du an das **Sprachkürzel**, wahrscheinlich wird das bei dir gerade „de" sein, als Abkürzung für „**de**utsch".

*3 Über **getCountry()** kommst du an das **Länderkürzel**, bei dir dann auch wahrscheinlich „DE" für „**DE**utschland". Du merkst schon: Sprachkürzel sind kleingeschrieben, Länderkürzel großgeschrieben.

*4 **toString()** liefert immer Folgendes: **Sprachkürzel plus Unterstrich plus Länderkürzel**, also hier „de_DE". Das kannst du dir schon mal merken, diesen Hinweis brauchst du später für eine der Übungen.

Erstmal das richtige Locale festlegen

[Hintergrundinfo]

Der Grund, warum in **`Locale`** Sprache und Land getrennt sind, ist ganz einfach der, dass man nicht von der Sprache auf das Land oder umgekehrt vom Land auf die Sprache schließen kann. Sowohl in den USA als auch in England wird zum Beispiel Englisch gesprochen. Und in Belgien wird je nach Region auch Französisch gesprochen.

[Hintergrundinfo]

Sprachkürzel und Länderkürzel sind in zwei ISO-Standards definiert: Sprachkürzel in ISO-639-1, Länderkürzel in ISO-3166.

Hier mal ein kleiner Ausschnitt aus der Sprachkürzeltabelle:

Sprachkürzel	Sprache
„de“	Deutsch
„en“	Englisch
„fr“	Französisch
„fi“	Finnisch

Und hier ein Ausschnitt aus der Tabelle für die Länderkürzel:

Länderkürzel	Sprache
„DE“	Deutschland
„FI“	Finnland
„FR“	Frankreich
„GB“	Großbritannien
„US“	USA

Die Defaulteinstellungen kannst du ganz einfach über **`Locale.setDefault()`** ändern. Das macht zum Beispiel dann Sinn, wenn der Nutzer innerhalb einer Software die Sprache manuell ändern können soll, etwa über eine Dropdown-Liste, und anschließend alle GUI-Komponenten zum Beispiel statt mit deutscher Beschriftung mit englischer dargestellt werden. Dein Programm verwendet dann also nicht mehr die Einstellung, die von der JVM vorgegeben wird, sondern eben deine.
Um das Default-Locale setzen zu können, brauchst du aber erstmal eine Instanz von **`Locale`**.

Dazu hast du verschiedene Möglichkeiten:

```
Locale deutsch = new Locale("de");*1
Locale deutschland = new Locale("de", "DE");*1
Locale franzoesisch = new Locale.Builder().setLanguage("fr").build();*2
Locale frankreich = new Locale.Builder().setLanguage("fr").setRegion("FR").build();*2
Locale ialienisch = Locale.ITALIAN;*3
Locale italien = Locale.ITALY;*3
Locale spanisch = Locale.forLanguageTag("es");*4
Locale spanien = Locale.forLanguageTag("es-ES");*4
```

*1 Das funktioniert ganz normal über den **Konstruktor**, ...

*2 ... über eine **Helferklasse** innerhalb **Locale**, ...

*3 ... über **Konstanten** (die es allerdings nur für einige Sprachen und Länder gibt) ...

*4 ... oder über die **Helfermethode** **forLanguageTag()**.

[Zettel]
Wenn du dieses Buch ganz aufmerksam gelesen hast, wirst du hier sicherlich die bereits in Kapitel 5 erwähnte Technik des „Fluent Interfaces" wiedererkennen. Genauer gesagt, handelt es sich in diesem Fall sogar um das sogenannte **Builder-Entwurfsmuster**.

[Achtung]
Theoretisch kannst du ein **Locale**-Objekt mit allen Kombinationen von gültigen Sprach- und Länderkürzeln erstellen. Aber nicht alle machen unbedingt Sinn bzw. sind unbedingt auch in der jeweiligen JVM verfügbar. Eine Liste aller für die aktuelle JVM verfügbaren **Locale**-Objekte (also Sprach- und Länderkombinationen) bekommst du über **Locale.getAvailableLocales()**.

Über die Methoden **getDisplayLanguage()** und **getDisplayCountry()** bekommst du außerdem **nutzerfreundliche Ausgaben** für das Sprach- und das Länderkürzel:

```
System.out.println(deutsch.getDisplayLanguage());
System.out.println(franzoesisch.getDisplayLanguage());
System.out.println(deutschland.getDisplayCountry());
System.out.println(frankreich.getDisplayCountry());
```

Ausgabe:

```
Deutsch
Französisch
Deutschland
Frankreich
```

Mit einem anderen Locale als Parameter kannst du dir das Ganze sogar direkt in der passenden Sprache ausgeben lassen:

```
System.out.println(deutsch.getDisplayLanguage(franzoesisch));
System.out.println(franzoesisch.getDisplayLanguage(franzoesisch));
System.out.println(deutschland.getDisplayCountry(franzoesisch));
System.out.println(frankreich.getDisplayCountry(franzoesisch));
```

Ausgabe:

```
allemand
français
Allemagne
France
```

Freu dich nicht zu früh.
Das funktioniert nur für die Sprachen und Länder, nicht für beliebige Texte. Die musst du schon selber übersetzen. Aber zum Glück musst du diese Übersetzungen nicht hart codiert in den Java-Quelltext schreiben.

Die Software internationalisieren

Unser Ziel ist es ja, dem Nutzer je nach Sprache und Region eine andere Oberfläche zu präsentieren. Dazu wird alles, was an Texten in der GUI enthalten ist, in **Property-Dateien** gespeichert. Für jede Sprache, die deine Software unterstützen soll, legst du eine separate Property-Datei an. Mithilfe der Locales (und einer weiteren Klasse, die ich dir in wenigen Momenten vorstelle) kommst du dann innerhalb deines Codes ganz einfach an die richtige Übersetzung.

So sieht eine typische Property-Datei aus:

```
# meldungen_de.properties*3
titel*1=Schuhkartonvolumenberechner*2
hoehe=Höhe
tiefe=Tiefe
breite=Breite
ergebnis=Ergebnis
```

*1 Eine Property-Datei besteht aus Schlüsseln (in der Regel Lower Camel Case) …

*2 … und Werten.

*3 Zeilen, die mit # beginnen, werden als Kommentar interpretiert. Hier habe ich der Übersicht halber mal den Dateinamen als Kommentar hinterlegt.

[Hintergrundinfo]

Property-Dateien sind simple Textdateien, die einfache Schlüssel-Wert-Paare enthalten und die Dateiendung `.properties` haben.

Und das ist der Punkt, an dem eine zweite wichtige Klasse ins Spiel kommt: **java.util.ResourceBundle**. Diese Klasse verwaltet alle Schlüssel-Wert-Paare aus den Property-Dateien und lädt den Inhalt zusammengehöriger Property-Dateien für die verschiedenen Locales.

So kommst du ganz einfach für ein bestimmtes Locale an die richtigen Werte:

```
ResourceBundle meldungen = ResourceBundle.getBundle("meldungen"*2, Locale.GERMAN*1);
System.out.println(meldungen.getString("titel"*3));
System.out.println(meldungen.getString("hoehe"));
System.out.println(meldungen.getString("tiefe"));
System.out.println(meldungen.getString("breite"));
System.out.println(meldungen.getString("ergebnis"));
```

*1 **Locale.GERMAN** steht für die Sprache Deutsch und damit für das Sprachkürzel „de“.

*2 Der Name des Bundles. Zusammen mit dem Sprachkürzel (bzw. auch dem Länderkürzel, wenn im Locale vorhanden) ergibt das den Dateinamen der Property-Datei, nach der gesucht wird, in diesem Fall nach der Datei **meldungen_de.properties**.

*3 Über **getString()** mit der Angabe eines Schlüssels kommst du dann an den jeweiligen Wert ran.

[Achtung]

Damit die Property-Dateien von **ResourceBundle** überhaupt geladen werden können, müssen sie im Classpath liegen.

[Begriffsdefinition]

Wenn ein Programm so gestaltet ist, dass es mit geringem Aufwand an eine andere Sprache bzw. Region angepasst werden kann, spricht man von **Internationalisierung** oder im Englischen „internationalization“. Das Programm ist „internationalisiert“.

[Hintergrundinfo]

Für Schreibfaule gibt es noch die Kurzversion **i18n**, bei der die 18 für die Anzahl der weggelassenen Buchstaben von „**internationalizatio**n“ steht.

[Zettel]

Internationalisierung funktioniert natürlich nicht nur mit grafischen Oberflächen. Auch Konsolenprogramme kannst du mehrsprachig umsetzen. Aber das hast du dir wahrscheinlich schon gedacht.

Finnische Schuhkartons

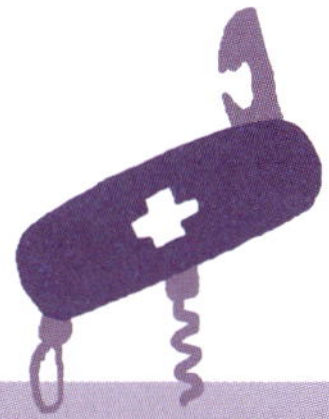

[Einfache Aufgabe]

Lege eine zweite Datei in dem Ordner für die Properties-Dateien an mit dem Namen **meldungen_fi.properties** und dem folgenden Inhalt:

```
titel=shoebox tilavuus laskin
hoehe=korkeus
tiefe=syvyys
breite=leveys
ergebnis=tulos
```

Äh, verstehe, das sind die Übersetzungen für die finnische Sprache ...

[Notiz]

Ich übernehme keine Gewähr für die Richtigkeit der finnischen Übersetzung.

[Code bearbeiten]

Ändere jetzt den Java-Quelltext von eben so, dass die finnischen Übersetzungen ausgegeben werden.

Ich muss doch einfach nur das Locale ändern!

Genau, zum Beispiel so:

*1 Mit finnischem Locale ...

```
Locale locale = Locale.forLanguageTag("fi");*1
ResourceBundle meldungen = ResourceBundle.getBundle("meldungen", locale);
System.out.println(meldungen.getString("titel"));*2
System.out.println(meldungen.getString("hoehe"));*2
System.out.println(meldungen.getString("tiefe"));*2
System.out.println(meldungen.getString("breite"));*2
System.out.println(meldungen.getString("ergebnis"));*2
```

*2 ... lautet die Ausgabe hier „shoebox tilavuus laskin“, „korkeus“, „syvyys“, „leveys“ und „tulos“.

Olen innoissani ... äh ... ich bin begeistert!

Du hast doch gesagt, du kannst kein Finnisch.

Äh ... ja ... äh ... das stammt auch aus meiner Übersetzungssoftware.

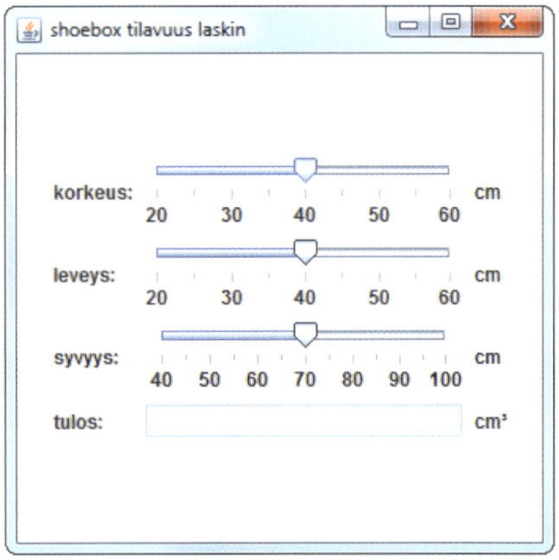

Der Schuhkartonvolumenberechner mit finnischer GUI sähe so aus.

[Schwierige Aufgabe]

Erstelle drei verschiedene Property-Dateien, so dass in folgendem Programm nacheinander „Welcome in Great Britain“, „Welcome in the USA“ und zweimal „Welcome“ ausgegeben wird. Kleiner Tipp: Denke daran, was **`toString()`** von **`Locale`** zurückgibt. Dann solltest du eigentlich darauf kommen, wie die Property-Dateien alle heißen müssen.

Zum Testen kannst du diesen Codeschnipsel verwenden:

```
System.out.println(ResourceBundle.getBundle("meldungen", Locale.US)
  .getString("gruss"));
System.out.println(ResourceBundle.getBundle("meldungen", Locale.UK)
  .getString("gruss"));
System.out.println(ResourceBundle.getBundle("meldungen", Locale.CANADA)
  .getString("gruss"));
System.out.println(ResourceBundle.getBundle("meldungen", Locale.ENGLISH)
  .getString("gruss"));
```

So soll die Ausgabe aussehen:

Hier die Lösung:
So müssen die drei Dateien heißen:

meldungen_en_GB.properties*1
meldungen_en_US.properties*2
meldungen_en.properties*3

*1 Englisch in Großbritannien.
*2 Englisch in den USA.
*3 Englisch überall.

Nach folgender Regel wird der Wert zu einem Schlüssel ermittelt,

wenn das Locale sowohl Sprache als auch Land enthält:

Erst wird geprüft, ob es eine **passende Property-Datei für das Locale** gibt, deren Dateiname **sowohl Sprachkürzel und Länderkürzel** enthält, ...

... und (wenn gefunden) ob es in dieser Datei den gesuchten Schlüssel gibt.

Ist beides der Fall, wird der Wert zu dem Schlüssel zurückgegeben.

Andernfalls wird geprüft, ob es eine Property-Datei gibt, die **nur die Sprache** im Dateinamen enthält, ...

... und wenn es solch eine Datei gibt, ob dort der Schlüssel vorkommt.

Wenn ja, wird der Wert zum Schlüssel ausgegeben.

Andernfalls wird geprüft, ob es eine Property-Datei gibt, bei der **weder Sprachkürzel noch Länderkürzel** im Dateinamen vorkommen (die aber natürlich den gleichen Bundle-Namen hat)

Wenn ja, wird der Wert zum Schlüssel ausgegeben.

Erst wenn hier der Schlüssel auch nicht gefunden wird, wird ein Fehler ausgegeben.

[Code bearbeiten]

Füge der Property-Datei **`meldungen_en.properties`** die Zeile **`ausgabe=Hello`** hinzu, erstelle eine weitere Property-Datei **`meldungen.properties`** mit dem folgenden Inhalt, und lass das folgende Java-Programm laufen.

```
gruss=Standardgruss
text=Standard Blabla
ausgabe=Hallo
```

```
System.out.println(ResourceBundle.getBundle("meldungen", Locale.UK)
  .getString("gruss"));
System.out.println(ResourceBundle.getBundle("meldungen", Locale.UK)
  .getString("ausgabe"));
System.out.println(ResourceBundle.getBundle("meldungen", Locale.UK)
  .getString("text"));
```

Die Ausgabe:

```
Welcome in Great Britain
Hello
Standard Blabla
```

Klar, den Schlüssel **"gruss"** gibt es in **meldungen_en_GB.properties**, den Schlüssel **"ausgabe"** gibt's dort nicht, aber in **meldungen_en.properties**, und den Schlüssel **"text"** gibt's nur in **meldungen.properties**. Schon kapiert.

Speak english per favore

[Einfache Aufgabe]

Schreibe ein Programm, das alle (auf der jeweiligen JVM verfügbaren) Länder ausgibt, in denen Englisch gesprochen wird. Die Ländernamen sollen auf Italienisch ausgegeben werden, biiitte.

So könntest du es machen:

```
Locale locales[] = Locale.getAvailableLocales();*1
for (Locale locale : locales) {
  if(Locale.ENGLISH.getLanguage().equals(locale.getLanguage())) {*2
    String land = locale.getDisplayCountry(Locale.ITALIAN*3);
    System.out.println(land);
  }
}
```

*1 Erst brauchst du die Liste aller verfügbaren Locales, über die du dann iterieren kannst.

*2 Wenn die Sprache eines Locales Englisch ist, …

*3 … wird das Land auf Italienisch ausgegeben.

So sieht die Ausgabe aus:

```
Malta           Irlanda
Regno Unito     India
Canada          Australia
Stati Uniti     Nuova Zelanda
Sudafrica       Filippine
Singapore
```

Klassen laden

Wenn es dir nicht ausreicht, bloß irgendwelche **Zeichenketten** abhängig von dem verwendeten Locale zu laden, kannst du sogar **beliebige Objekte** abhängig vom Locale laden.

Angenommen, du wolltest in dem Schuhkartonvolumenberechner die Schieberegler für Höhe, Tiefe und Breite abhängig vom Locale mit unterschiedlichen Standardwerten vorbelegen. Eine Möglichkeit wäre es, diese Werte in einer Property-Datei zu speichern und dann beim Einlesen per `Integer.parseInt()` in brauchbare Zahlenwerte zu parsen. Sinnvoller ist es aber, die Zahlen sprachenabhängig direkt als Integer zu verwalten, und zwar in einem `ListResourceBundle`. Denn damit hast du die Möglichkeit, mit einem Schlüssel ein **beliebiges Objekt** zu verknüpfen. Und weil das Parsen wegfällt, ist diese Variante auch viel weniger fehleranfällig.

Ein ResourceBundle mit einem Objekt als Wert:

```
package de.galileocomputing.schroedinger.java.kapitel17↩
  .internationalisierung;

import java.util.ListResourceBundle;

public class SchuhkartonBundle_de_DE*4 extends ListResourceBundle*1 {

    private Object[][] inhalte = {*3
            { "hoehe", Integer.valueOf(10) },
            { "tiefe", Integer.valueOf(34) },
            { "breite", Integer.valueOf(20) },
        };

  @Override
  protected Object[][] getContents() {
    return inhalte;*2
  }
}
```

ZUGRIFF

*1 `java.util.ListResourceBundle` ist eine Unterklasse von `ResourceBundle`.

*2 `getContents()` hat als Rückgabewert ein zweidimensionales Array, in dem …

*3 … Schlüssel-Wert-Paare enthalten sind, wobei der Wert nicht unbedingt ein String, sondern ein beliebiges Objekt sein kann.

*4 Um dann ein bestimmtes Locale zu unterstützen, hängst du einfach Sprachkürzel und Länderkürzel an den Klassennamen. Nicht anders also wie eben bei den Property-Dateien.

Hier noch die Klasse für Finnland:

```
package de.galileocomputing.schroedinger.java.kapitel17.internationalisierung;

import java.util.ListResourceBundle;

public class SchuhkartonBundle_fi_FI*1 extends ListResourceBundle {

  private Object[][] inhalte = {
    { "hoehe", Integer.valueOf(10) },
    { "tiefe", Integer.valueOf(50) },*2
    { "breite", Integer.valueOf(20) },
  };
  @Override
  protected Object[][] getContents() {
    return inhalte;
  }
}
```

*1 Hier steht das Locale für finnischsprachiges Finnland.

*2 Ich habe gehört, es soll Finnen mit extralangen Schuhen geben.

An das richtige ResourceBundle kommst du ähnlich heran wie eben auch:

```
ResourceBundle schuhkartonBundle = ResourceBundle.getBundle(↩
  "de.galileocomputing.schroedinger.java.kapitel17.internationalisierung↩
  .SchuhkartonBundle"*1, new Locale("de", "DE")*2);
System.out.println(schuhkartonBundle.getObject*3("hoehe"));
System.out.println(schuhkartonBundle.getObject("tiefe"));
System.out.println(schuhkartonBundle.getObject("breite"));
```

*1 Als Bundle-Name verwendest du einfach den **vollständigen Klassennamen, aber ohne das Locale-Suffix,** …

*2 … das wird nämlich anhand des übergebenen Locale-Parameters ermittelt.

*3 Statt `getString()` rufst du jetzt einfach `getObject()` auf, um für den Schlüssel das mit ihm assoziierte Objekt zu bekommen.

[Hintergrundinfo]

`ResourceBundles`, die auf **Property-Dateien** basieren, werden übrigens durch die Unterklasse `java.util.PropertyResourceBundle` repräsentiert.

Wein oder Bier?

Dir war der Anwendungsfall mit den **`Integer`**-Werten gerade zu langweilig? Dann hab ich hier vielleicht was Besseres, um deinen Durst nach einprägsamen Beispielen zu stillen:

[Schwierige Aufgabe]

Erstelle drei Klassen: **`Bier`**, **`Wein`** und die gemeinsame Oberklasse **`Getraenk`**. Sorge dann in folgendem Lückentext dafür, dass die Variable **`lieblingsgetraenk`** in Frankreich eine Instanz der Klasse **`Wein`** zugewiesen bekommt und in Deutschland eine Instanz der Klasse **`Bier`**.

Hier der Lückentext:

```
public class WeinOderBier {
  public static void main(String[] args) {
    ResourceBundle getraenkeBundle = ________;
    Getraenk lieblingsgetraenk = (Getraenk) getraenkeBundle⏎
      . ________;
    System.out.println(lieblingsgetraenk.getClass()⏎
      .getSimpleName());
  }
}
```

Ausgabe für Frankreich soll sein:

Ausgabe für Deutschland soll sein:

Das solltest du eigentlich hinbekommen. Achte nur darauf, dass du beim Laden des **`ResourceBundle`**s den korrekten Bundle-Namen übergibst.

Falls du doch nicht weiterkommst, hier die Lösung:

Zuerst brauchst du **jeweils eine Klasse für jedes `Locale`**, das du unterstützen möchtest, in unserem Fall eine Klasse für Frankreich (**`GetraenkeBundle_fr_FR`**) und eine für Deutschland (**`GetraenkeBundle_de_DE`**).

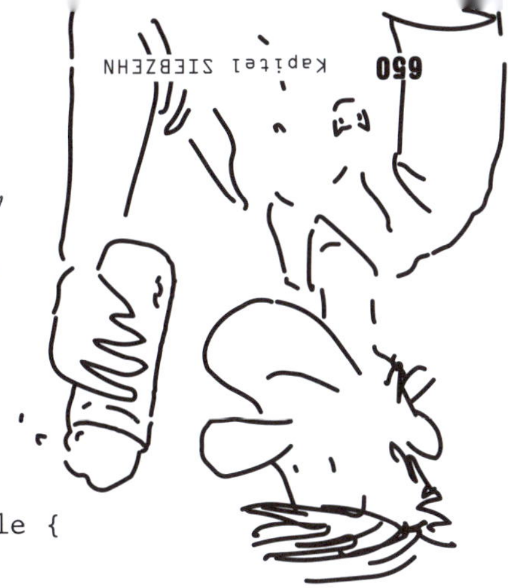

Und weil **Wein** und **Bier** die gleiche Oberklasse haben, funktioniert hier auch der Cast nach **Getraenk**. Sehr elegant!

Hier die Klasse für Frankreich:

```
public class GetraenkeBundle_fr_FR extends ListResourceBundle {
  private Object[][] inhalte = {
    { "lieblingsgetraenk", new Wein() },*1
  };
  @Override
    protected Object[][] getContents() {
    return inhalte;
  }
}
```

*1 In Frankreich ordnest du dem Schlüssel **lieblingsgetraenk** einfach eine Instanz von **Wein** zu …

Hier die Klasse für Deutschland:

```
public class GetraenkeBundle_de_DE extends ListResourceBundle {
  private Object[][] inhalte = {
    { "lieblingsgetraenk", new Bier() },*2
  };
  @Override
  protected Object[][] getContents() {
    return inhalte;
  }
}
```

*2 … und in Deutschland eine Instanz von **Bier**.

Und so füllst du den Lückentext:

```
public class WeinOderBier {
  public static void main(String[] args) {
    ResourceBundle getraenkeBundle = ResourceBundle.getBundle("de.galileocomputing
      .schroedinger.java.kapitel17.internationalisierung.weinoderbier
      .GetraenkeBundle"*1, Locale.FRANCE);
    Getraenk lieblingsgetraenk = (Getraenk) getraenkeBundle.*2getObject
      ("lieblingsgetraenk");
    System.out.println(lieblingsgetraenk.getClass().getSimpleName());
  }
}
```

*1 Der Bundle-Name ist der vollständige Klassenname ohne das **Locale**-Kürzel.

*2 Über **getObject()** kommst du an die Objekte in der Klasse.

Zahlen und Währungen formatieren

Neben den **ResourceBundle**s gibt es in der Java-Standardbibliothek noch weitere Klassen, die die **Locale**-Objekte verwenden, um länderspezifische Informationen zurückzugeben. Dies beinhaltet Klassen für unterschiedliche **Währungs-, Datums- und Zeitangaben**.

Die Währung für ein Locale bekommst du so:

```
Currency waehrung = Currency.getInstance(Locale.GERMANY);*1
System.out.println(waehrung.getCurrencyCode());*2
System.out.println(waehrung.getDisplayName());*3
System.out.println(waehrung.getSymbol());*4
```

*1 Über die statische Methode **getInstance()** der Klasse **java.util.Currency** bekommst du eine Objektinstanz.

*2 Ausgabe „EUR“ *3 Ausgabe „Euro“ *4 Ausgabe „€“

Änderst du das Locale, ändert sich also auch die Währung:

```
Currency waehrung = Currency.getInstance(Locale.US);*1
```

*1 Wenn du die erste Zeile vom vorigen Code durch diese Zeile hier ersetzt, ist die Ausgabe „USD“, „US-Dollar“ und nochmal „USD“.

So kannst du die Währung abhängig vom Locale formatieren:

```
NumberFormat*1 waehrungsFormat = NumberFormat
  .getCurrencyInstance(Locale.GERMANY);*2
System.out.println(waehrungsFormat.format(24.0));*3
```

*1 Für das Formatieren von Währungen ist die Klasse **java.text.NumberFormat** zuständig.

*2 Objektinstanzen von **NumberFormat** beziehen sich immer auf ein Locale. Lässt du den Parameter weg, wird das jeweils eingestellte Default-Locale genommen.

*3 Ausgabe „24,00 €“.

Neben dem Formatieren von Währungen kannst du mit **NumberFormat** auch Instanzen für das Formatieren von Zahlen (über **getNumberInstance()**) und Prozentangaben (über **getPercentInstance()**) erstellen.

```
NumberFormat*1 zahlenFormat = NumberFormat.getNumberInstance(Locale.GERMANY);
NumberFormat*1 prozentFormat = NumberFormat.getPercentInstance(Locale.GERMANY);
System.out.println(zahlenFormat.format(24.0));*2
System.out.println(prozentFormat.format(24.0));*3
```

*1 Du bekommst immer eine Instanz von **NumberFormat** zurück.

*2 Hier ist die Ausgabe „24“, …

*3 … hier „2.400%“, unterschiedlich je nach Locale, versteht sich (ja, ich weiß, zwei Komma vier, nicht vierundzwanzig).

	Währung	Zahlen	Prozentangaben
Locale.GERMANY	24,00 €	24	2.400%
Locale.US	$24.00	24	2,400%
Locale.CANADA	$24.00	24	2,400%
Locale.ITALY	€ 24,00	24	2.400%

[Hintergrundinfo]

Wenn dir die Formatierung der Zahlen oben zu langweilig ist und du zum Beispiel Nachkommastellen ausgeben möchtest, wirf mal einen Blick auf **`java.text.DecimalFormat`**, eine Unterklasse von **`NumberFormat`**. Dort kannst du über verschiedenste Muster das Aussehen der Ergebniszahl genauestens beeinflussen.

Datums- und Zeitangaben formatieren

Die Formatierung von Datumsangaben funktioniert ähnlich, aber über eine **andere Formatierungsklasse:**

```
DateFormat*1 datumsFormat = DateFormat.getDateInstance(
  DateFormat.DEFAULT, Locale.GERMANY);*2
System.out.println(datumsFormat.format(new Date()*3));
```

[Achtung]

Aber aufgepasst: Ich zeige dir das hier nur der Vollständigkeit halber. Seit Java 8 gibt es eine komplett neue Date-Time-API, so dass du die **`Date`**-Klasse und die damit einhergehende Formatierungsklasse in modernen Projekten eigentlich nicht brauchst. Aber da du wahrscheinlich auch öfter mal an etwas älteren Code ranmusst, solltest du doch zumindest das Wichtigste darüber wissen. Die aktuelle API liegt im Paket **`java.time`** und ich zeige sie dir ab Seite 657.

*1 Formatierung von Datumsangaben geschieht über die Klasse **`java.text.DateFormat`**.

*2 Über **`getDateInstance()`** bekommst du eine Objektinstanz dieser Klasse. Als ersten Parameter gibst du hier den Formatierungsstil des Datums an, als zweiten Parameter das Locale.

*3 Die **`format()`**-Methode von **`DateFormat`** erwartet ein Datums-Objekt. Das bekommst du zum Beispiel für das aktuelle Datum über **`new Date()`**.

Je nachdem, welchen Formatierungsstil und welches Locale du wählst, sehen Datumsangaben unterschiedlich aus:

Formatierungsstil	Locale.GERMANY	Locale.US	Locale.CANADA	Locale.ITALY
`DateFormat.SHORT`	09.07.13	7/9/13	09/07/13	09/07/13
`DateFormat.MEDIUM/` `DateFormat.DEFAULT`	09.07.2013	Jul 9, 2013	9-Jul-2013	9-lug-2013
`DateFormat.LONG`	9. Juli 2013	July 9, 2013	July 9, 2013	9 luglio 2013
`DateFormat.FULL`	Dienstag, 9. Juli 2013	Tuesday, July 9, 2013	Tuesday, July 9, 2013	martedì 9 luglio 2013

Rückgabe der `format()`-Methode für eine Datumsangabe

Zeitangaben formatierst du ähnlich wie Datumsangaben:

```
DateFormat zeitFormat = DateFormat*1.*2getTimeInstance(
  DateFormat.DEFAULT, Locale.GERMANY);
System.out.println(zeitFormat.format(new Date()));
```

*1 Lass dich nicht verwirren, du verwendest auch die Klasse `DateFormat`, …

*2 … einziger Unterschied: Du holst dir die Objektinstanz über `getTimeInstance()`.

Auch das Aussehen von Zeitangaben unterscheidet sich je nach Locale:

Formatierungsstil	Locale.GERMANY	Locale.US	Locale.CANADA	Locale.ITALY
`DateFormat.SHORT`	09:29	9:29 AM	9:29 AM	9.29
`DateFormat.MEDIUM/` `DateFormat.DEFAULT`	09:29:32	9:29:32 AM	9:29:32 AM	9.29.32
`DateFormat.LONG`	09:29:32 MESZ	9:29:32 AM CEST	9:29:32 CEST AM	9.29.32 CEST
`DateFormat.FULL`	09:29 Uhr MESZ	9:29:32 AM CEST	9:29:32 o'clock AM CEST	9.29.32 CEST

Rückgabe der `format()`-Methode für eine Zeitangabe

Währungsrechner

So, jetzt solltest du alles an Vorwissen haben, um die nächste Aufgabe selbst lösen zu können. Viel Spaß damit.

[Schwierige Aufgabe]

Schreibe einen Währungsrechner, der von Euro nach US-Dollar umrechnen kann. Als Parameter soll das Programm den Euro-Betrag bekommen und zum Beispiel für die Eingabe „27.0" so eine Ausgabe liefern: „27,00 € = $35.09". Nimm als Umrechnungsfaktor 1,2996.

[Achtung]

Beachte, dass **double** und **float** nicht geeignet sind, wenn es um das Rechnen mit Geldbeträgen geht.

Hier die Musterlösung:

```
public class Waehrungsrechner {
  private static final BigDecimal UMRECHNUNGS_FAKTOR =
    new BigDecimal(1.2996);*1
  private static final NumberFormat WAEHRUNGS_FORMAT_DEUTSCHLAND
    = NumberFormat.getCurrencyInstance(Locale.GERMANY);*2
  private static final NumberFormat WAEHRUNGS_FORMAT_USA
    = NumberFormat.getCurrencyInstance(Locale.US);*2
  public static void main(String[] args) {
    double euro = 27.0;*3
    double dollar = euroZuUSDollar(new BigDecimal(euro))
      .doubleValue();
    String meldung = generiereMeldung(euro, dollar);*6
    System.out.println(meldung);*8
  }
  public static BigDecimal euroZuUSDollar(BigDecimal euro) {
    BigDecimal dollar = euro.multiply(UMRECHNUNGS_FAKTOR);*4
    dollar = dollar.setScale(4, RoundingMode.HALF_DOWN);*5
    return dollar;
  }
  private static String generiereMeldung(double euro, double
    dollar) {*6
    StringBuilder meldung = new StringBuilder();
    meldung.append(WAEHRUNGS_FORMAT_DEUTSCHLAND.format(euro));*7
    meldung.append(" = ");
    meldung.append(WAEHRUNGS_FORMAT_USA.format(dollar));*7
    return meldung.toString();
  }
}
```

*1 Der Umrechnungsfaktor. Wie gesagt, zum genauen Rechnen eignen sich die primitiven Datentypen nicht. Nimm besser die Klasse **BigDecimal**.

*2 Da sich die beiden Währungen unterscheiden, brauchen wir auch zwei verschiedene Formatierer, um gleich die Werte korrekt auszugeben: einen für Euros, einen für Dollars.

*3 Die Eingabe. Wenn du es ganz vorbildlich machen möchtest, kannst du diesen Wert auch als Programmparameter auslesen. Du weißt ja wie: einfach auf **args[0]** zugreifen und mit **Double.parseDouble()** umwandeln.

[Code bearbeiten]

Erweitere jetzt das Programm so, dass das Ergebnis in einem vollständigen Satz ausgegeben wird, etwa wie „Ergebnis: 27,00 € sind $35.09“. Im Englischen soll ausgegeben werden „Result: 27,00 € are $35.09“.

Das mach ich über ein **ResourceBundle**. *Ich passe einfach die Methode* **generiereMeldung()** *an.*

```
private static String generiereMeldung(double euro, double dollar) {
  Locale locale = Locale.getDefault();
  ResourceBundle meldungen = ResourceBundle.getBundle("waehrungsrechner", locale); *1
  StringBuilder meldung = new StringBuilder();
  meldung.append(meldungen.getString("ergebnis"));*2
  meldung.append(" ");
  meldung.append(WAEHRUNGS_FORMAT_DEUTSCHLAND.format(euro));*3
  meldung.append(" ");
  meldung.append(meldungen.getString("sind"));*4
  meldung.append(" ");
  meldung.append(WAEHRUNGS_FORMAT_USA.format(dollar));*5
  return meldung.toString();
}
```

*1 Erst muss ich das Bundle laden, …

*2 … dann den Wert für „ergebnis“, also „Ergebnis:“, an den **StringBuffer** anhängen, …

*3 … dann den Euro-Betrag anhängen, …

*4 … dann den Wert für „sind“, der auch „sind“ lautet.

*5 Zum Schluss hänge ich noch den Dollar-Betrag an. Fertig!

Im Prinzip richtig, Schrödinger. Allerdings geht das noch besser.

Denn unbedingt schön ist das nicht, sich die Meldung aus verschiedenen Wörtern zusammenbasteln zu müssen, oder? Man käme doch sonst in Teufelsküche. Schon ein einfacher Satz wie „You have spent EUR 6.50.“ ließe sich gar nicht mehr anständig ins Deutsche übersetzen. „Sie haben ausgegeben 6.50 Euro.“? – mehr als merkwürdig. Anderes Beispiel: „You have selected 4 files.“, das klänge im Deutschen ähnlich bescheuert, wenn du es so wie oben machst. Du brauchst also irgendeine Art von Platzhalter, so dass du dann „You have selected PLATZHALTER files.“ und „Sie haben PLATZHALTER Dateien ausgewählt.“ schreiben könntest.

Ausgabe:

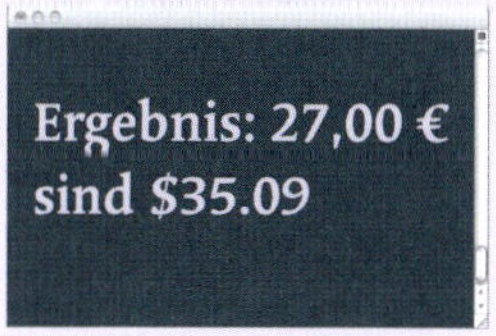

Stimmt. Und jetzt?

Jetzt guckst du hier:

*4 Nächster Schritt: die Umrechnung. Dazu verwendest du einfach die **multiply()**-Methode von **BigDecimal** …

*5 … und rundest das Ergebnis noch ein bisschen. Außerdem reichen uns vier Nachkommastellen. Soweit das Umrechnen.

*6 Jetzt das Generieren der **sprachenunabhängigen Meldung**; hier muss es kein **BigDecimal** mehr sein, **double**-Werte reichen.

*7 Euro-Betrag und Dollar-Betrag werden jeweils mit dem passenden Formatierer formatiert, …

*8 … und dann ist die Ausgabe hier wie gewünscht: „27,00 € = $35.09“.

Internationalisierte Textmeldungen formatieren

Zum Glück gibt's hier eine weitere Formatierungsklasse, **`java.text.MessageFormat`**, zum **Formatieren von internationalisierten Texten**. Die macht nichts anderes, als in einem String bestimmte Platzhalter durch konkrete Werte zu ersetzen. In den Property-Dateien kannst du dann ganz einfach Platzhalter in deinen Textmeldungen definieren. Das geht ganz einfach:

```
ergebnismeldung=Ergebnis: {0} sind {1}
```

Und schon ist der Java-Code viel einfacher:

```
private static String generiereMeldung(double euro, double dollar) {
  Locale locale = Locale.getDefault();
  ResourceBundle meldungen = ResourceBundle.⤶
    getBundle("waehrungsrechner", locale);
  String ergebnismeldung = meldungen.getString("ergebnismeldung");*2
  MessageFormat*1 nachrichtenFormat = new ⤶
    MessageFormat(ergebnismeldung, locale*3);
  return nachrichtenFormat.format(new Object[]{
    WAEHRUNGS_FORMAT_DEUTSCHLAND.format(euro),
    WAEHRUNGS_FORMAT_USA.format(dollar)
  });*4
}
```

*1 **`MessageFormat`** soll eine Zeichenkette formatieren, …

*2 … in unserem Fall den String aus dem **`ResourceBundle`**.

*3 Als zweiten Parameter kannst du optional das Locale angeben, das zum Formatieren verwendet werden soll.

*4 Hier passiert das eigentliche Formatieren. **`{0}`** wird durch das Ergebnis von **`WAEHRUNGS_FORMAT_DEUTSCHLAND.format(euro)`** ersetzt und **`{1}`** durch das Ergebnis von **`WAEHRUNGS_FORMAT_USA.format(dollar)`**.

Das ist cool! Viel einfacher als ich es eben gemacht habe. Eins verstehe ich trotzdem nicht: Warum sollte ich dem **MessageFormat** denn nochmal das Locale übergeben? Ich habe doch schon in *2 den richtigen String für das Locale. Ich dachte, **MessageFormat** ersetzt nur die Platzhalter …

Ja, das ist richtig. In dem Beispiel oben hätten wir das theoretisch auch weglassen können. Allerdings könntest du jedem Platzhalter auch einen **Formattyp** und einen **Formatstil** angeben. Zum Beispiel **`{0, number, currency}`**, um zu sagen, dass der erste Platzhalter eine Zahl („number") ist und im Stil „Währung" („currency") formatiert werden soll. Und da kommt dann das übergebene Locale ins Spiel: Im Hintergrund wird nämlich ein Formatierer durch Aufruf von **`NumberFormat.getCurrencyInstance()`** erzeugt, und zwar **ausgehend von dem übergebenen Locale**.

Das wurde aber auch Zeit – java.time

Ich hatte ja eben versprochen, dir die aktuelle Date-Time-API zu zeigen. Mit Java 8 wurde das Objektmodell für die Verwaltung von **Datums- und Zeitangaben** komplett umgekrempelt. Bis Java 7 musstest du für beides jeweils die Klasse **`java.util.Date`** verwenden. Was ja erstmal vom Klassennamen her nicht ganz intuitiv ist. Dass Datum und Zeit über eine Klasse gehandhabt werden, ist dabei aber nicht der einzige Nachteil, die alte API hat viele andere Inkonsistenzen. Beispiel gefällig? Dann schätz mal, was für ein Datum mit **`new Date(2013, 1, 1)`** angelegt wird.

Ähm, der ... ... **falsch!**

Falls du jetzt 01.01.2013 sagen wolltest – das ist falsch. Es wird ein Datumsobjekt für den ersten **Februar** (!) 2013 angelegt, denn Monate fangen bei null an zu zählen, Jahre und Tage bei eins.

```
System.out.println(new Date*1(2013*2, 1*3, 1*2));
```

*1 Die alte Date-Time-API glänzt nicht gerade durch Konsistenz:

*2 Jahr und Tag fangen bei eins an zu zählen, ...

*3 ... Monate bei null. Hiermit ist der Monat Februar gemeint.

Zusätzlich gibt es dann noch eine ganze Reihe weiterer Unterklassen, die diesen Quatsch erben: **`java.sql.Date`**, **`java.sql.Time`** und **`java.sql.Timestamp`**, die alle von **`java.util.Date`** ableiten. Kurz: Die alte API ist nicht gerade gut gestaltet, um es mal vorsichtig auszudrücken.

Java 8 führt das Paket **`java.time`** plus vier Unterpakete ein, die allerlei Klassen und Interfaces enthalten und insgesamt einen viel ausgereifteren Eindruck machen als die alte Date-Time-API. Für den Anfang reicht dir der Inhalt aus dem Hauptpaket, und auch davon zeige ich dir nur das Allerwichtigste. Das ist aber auch nicht gerade wenig.

[Hintergrundinfo]

Die Date-Time-API ist stark von der **Joda-Time-Bibliothek** beeinflusst worden, die das Ziel hat, eine einfachere und zugänglichere API für Datums- und Zeitangaben anzubieten.

Zeitzone, Zeitlinie, Zeitpunkte und Zeitdauern

Eines zunächst vorneweg: Sowohl in der alten als auch in der neuen Date-Time-API wird die Zeit durch eine Zahl repräsentiert, die die Millisekunden seit dem 1. Januar 1970, 00:00 Uhr widerspiegelt, wobei die **UTC-Zeitzone** als Grundlage verwendet wird, die „Weltzeit".
Dieses Datum wird auch als Epochenbeginn bezeichnet. **Das kannst du dir in etwa so vorstellen:**

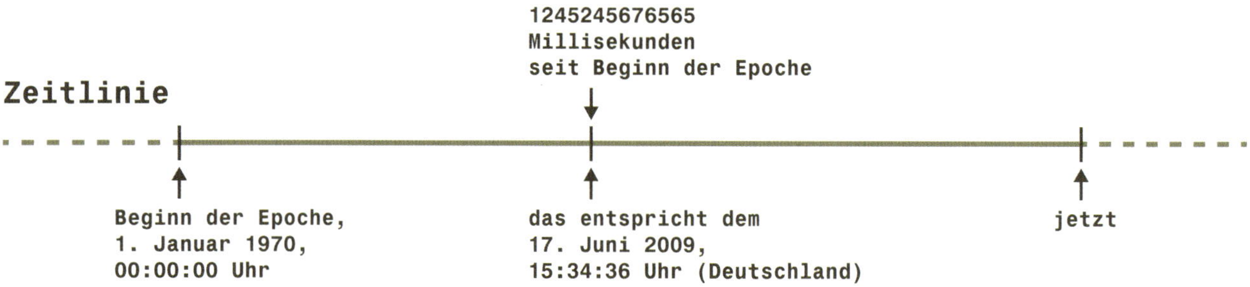

[Begriffsdefinition]

UTC steht für **Universal Time Coordinated**. Das ist die Zeit, an der sich überall auf der Welt orientiert wird, die „Weltzeit". UTC wiederum orientiert sich an der Zeit in Greenwich, welches genau auf dem Nullmeridian liegt.

In der alten Date-Time-API verwaltet die Klasse `Date` diese Millisekunden. In der neuen Date-Time-API macht das die Klasse `java.time.Instant` Die repräsentiert einen genauen **Zeitpunkt** auf der **Zeitlinie**. Der wesentliche Unterschied: `Instant` ist noch genauer als `Date` und kennt sogar **Nanosekunden**.

```
Date datum = new Date();*1
Instant instant = Instant.now();*2
```

*1 Nur zum Vergleich: `java.util.Date` musst du bis Java 7 verwenden, …

*2 … besser aber du nimmst die neue Klasse `java.time.Instant`.

Die neue API ist genauer:

```
System.out.println(new Date().getTime());*3
System.out.println(Instant.now().getEpochSecond());*4
System.out.println(Instant.now().getNano());*4
```

*3 `Date` kennt nur Millisekunden, …

*4 … `Instant` kennt Sekunden, Millisekunden und Nanosekunden.

Die Milli- und Nanosekunden spiegeln also sozusagen die **„interne Sicht“** wider, damit Java rechnen kann. Mit der kannst du als Entwickler bzw. kann der Nutzer natürlich nicht viel anfangen. Oder weißt du, welches Datum mit 137000000 gemeint ist? Deswegen gibt es auch die sogenannte **„externe Sicht“**, also quasi Jahr, Monat, Tag, Stunde, Minute und so weiter, wobei auch hier `Instant` die Nase gegenüber `Date` vorn hat, weil es sich bei der Ausgabe an den **ISO-Standard 8601** hält.

Die neue API richtet sich nach ISO-Standard:

```
System.out.println(datum);*5
System.out.println(instant);*6
```

*5 Ausgabe hier: „Wed Oct 02 12:10:15 CEST 2013“, also irgendwas, nur kein Standard

*6 Ausgabe hier: „2013-10-02T10:10:15.810Z“ nach ISO-Standard ISO8601

Nehmen wir den ISO-8601-konformen String mal auseinander:

Hier ist das „Z“ durch „+00:00“ ersetzt. Das ist die Offset-Schreibweise. Mit der kannst du angeben, inwieweit sich eine Zeitzone von der UTC-Zeitzone unterscheidet.

Hier noch ein paar weitere wissenswerte Dinge rund um die Klasse Instant:

```
System.out.println(Instant.EPOCH);*1
System.out.println(Instant.MIN);*2
System.out.println(Instant.MAX);*3
```

Ausgabe:

```
1970-01-01T00:00:00Z *1
-1000000000-01-01T00:00:00Z*2
+1000000000-12-31T23:59:59.999999999Z*3
```

*1 Beginn der Epoche

*2 Eine Milliarde Jahre vor dem Jahr 0

*3 Eine Milliarde Jahre nach dem Jahr 0. Spätestens dann also muss die Java-API erneut überdacht werden.

Während `Instant` einen einzelnen Zeitpunkt auf der Zeitlinie darstellt, repräsentiert die Klasse `java.time.Duration` eine **Zeitdauer**, und zwar auf Basis von Millisekunden. Die Klasse lässt sich dabei sowohl alleine verwenden als auch in Kombination mit `Instant`.

[Zettel]

`Instant` und `Duration` sind **unveränderlich**, nachdem du sie einmal erstellt hast. Das gilt übrigens auch für die anderen Objekte der neuen Date-Time-API. Das hat vor allem den Hintergrund, dass diese Klassen auch beim Einsatz von Multithreading bedenkenlos verwendet werden können. Die Klasse `Date` aus der alten API ist beispielsweise **veränderlich**. Das sollte dir beim Multithreading bewusst sein.

Sieh selbst:

```
Duration zeitdauer = Duration.ofHours(4);*1
Instant zeitpunkt = Instant.now();
Instant zeitpunkt2 = zeitpunkt.plus(zeitdauer);*2
Duration zeitdauer2 = Duration.between(zeitpunkt, zeitpunkt2);*3
```

*1 Die Klasse **Duration** hat verschiedene statische Methoden, mit denen du Objektinstanzen erstellen kannst. Hier wird eine Zeitdauer von 4 Stunden erstellt, unabhängig von Beginn und Ende.

*2 Zeitdauern kannst du auch in Kombination mit Zeitpunkten verwenden, zum Beispiel wie hier eine Zeitdauer auf einen Zeitpunkt addieren. Zurück bekommst du dann einen zweiten Zeitpunkt.

*3 Umgekehrt kannst du auch, ausgehend von zwei Zeitpunkten, die Zeitdauer dazwischen ermitteln.

Ohne Zeitlinie – Datum, Zeit und Zeiträume

Manchmal wirst du die Information, die die Zeitlinie liefert, gar nicht brauchen, sondern nur ein **einzelnes Datum** oder eine **bestimmte Uhrzeit**, losgelöst von der Zeitlinie, beispielsweise um ein Geburtsdatum oder einen Hochzeitstag darzustellen oder die Uhrzeit, wann dich der Wecker wecken soll. Für solche Zwecke gibt es in der neuen API drei verschiedene Klassen: einmal **java.time.LocalDate**, um ein Datum zu repräsentieren, dann **java.time.LocalTime**, um eine Uhrzeit zu repräsentieren, und dann noch **java.time.LocalDateTime**, ...

... um sowohl Datum als auch Uhrzeit darzustellen, verstehe.

Genau. Das ist übrigens ein weiterer Unterschied zu der alten API, in der alles immer über die Klasse **Date** geregelt werden musste.

Die neue API unterscheidet zwischen Datum und Zeit:

So funktioniert die Klasse LocalDate:

```
LocalDate neuesDatum = LocalDate.now();*1
System.out.println(neuesDatum);
System.out.println(neuesDatum.getYear());
System.out.println(neuesDatum.getMonth());
System.out.println(neuesDatum.getDayOfYear());
System.out.println(neuesDatum.getDayOfMonth());
System.out.println(neuesDatum.getDayOfWeek());
```

Die Ausgabe lautet zum Beispiel:

```
2013-10-02
2013
OCTOBER
275
2
WEDNESDAY
```

*1 So holst du dir das aktuelle Datum.

So funktioniert die Klasse LocalTime:

```
LocalTime neueZeit = LocalTime.now();*2
System.out.println(neueZeit);
System.out.println(neueZeit.getHour());
System.out.println(neueZeit.getMinute());
System.out.println(neueZeit.getSecond());
System.out.println(neueZeit.getNano());
```

*2 So holst du dir die aktuelle Zeit.

Die Ausgabe lautet zum Beispiel:

```
12:10:16.137
12
10
16
137000000
```

Und so funktioniert die Klasse LocalDateTime:

```
LocalDateTime neuesDatumMitZeit = LocalDateTime.now();*3
System.out.println(neuesDatumMitZeit);
```

*3 So holst du dir das aktuelle Datum plus die aktuelle Zeit.

Die Ausgabe lautet zum Beispiel:

```
2013-10-02T12:10:16.137
```

Ähnlich der Klasse **`Duration`**, die eine Zeitdauer auf Millisekundenbasis darstellt, gibt es noch die Klasse **`java.time.Period`**. Die stellt eine Zeitdauer auf **Tagesbasis** dar.

Und das funktioniert so:

```
Period zeitdauer = Period.of(2, 4, 6);*4
LocalDate datum1 = LocalDate.of(2012, 7, 27);*5
LocalDate datum2 = LocalDate.of(2012, 8, 12);*5
Period olympischeSommerspiele2012 = Period.between(datum1, datum2);*5
System.out.println(olympischeSommerspiele2012.getDays());*6
```

*4 So erstellst du eine Zeitdauer auf Tagesbasis ohne Beginn- und Enddatum.

*5 Und so berechnest du die Zeitdauer zwischen zwei Daten.

*6 Über verschiedene Getter kommst du an die Anzahl der Jahre, Monate und Tage.

Zeitzonen und Zeitunterschiede

Wie eben schon kurz erwähnt (und wie du sicher auch vorher schon wusstest), gibt es auf der Welt verschiedene Zeitzonen. Und je nach **Zeitzone** gibt es auch einen **Zeitunterschied** (Offset) zu der UTC-Weltzeit. Wir hier in Deutschland sind zum Beispiel in einer Zeitzone, die 2 Stunden weiter ist als UTC. In Sydney in Australien sind es sogar 10 Stunden. Zeitzonen werden in Java 8 durch die Klasse **`java.time.ZoneId`** repräsentiert, Zeitunterschiede durch die Klasse **`java.time.ZoneOffset`**. Zeitzonen-IDs gibt es verschiedene, zum Beispiel „Europe/Berlin" oder „Australia/Sydney" und so weiter.

```
System.out.println(ZoneId.systemDefault());
OffsetDateTime zeitunterschiedDatum = OffsetDateTime.now();*1
System.out.println(zeitunterschiedDatum);*1
ZonedDateTime zeitzonenDatum = ZonedDateTime.now();*2
System.out.println(zeitzonenDatum);*2
```

*1 Hier wird das Datum formatiert nach ISO-Standard ohne Angabe der Zeitzone erzeugt und ausgegeben, …

*2 … und hier mit Angabe der Zeitzone.

Die Ausgabe lautet zum Beispiel:

```
Europe/Berlin
2013-10-02T12:53:08.452+02:00 *1
2013-10-02T12:53:08.452+02:00[Europe/Berlin] *2
```

```
ZoneId zeitzonenID = ZoneId.of("Australia/Sydney");*1
ZonedDateTime zeitzonenDatum = ZonedDateTime.now(zeitzonenID);*2
System.out.println(zeitzonenDatum);*3
System.out.println(zeitzonenDatum.getOffset());*4
```

*1 So erstellst du dir eine Zeitzonen-ID.

*2 Und so bekommst du das aktuelle Datum plus Uhrzeit für diese Zeitzonen-ID.

*3 Ausgabe ist hier zum Beispiel „2013-10-02T20:54:07.584+10:00[Australia/Sydney]",

*4 hier „+10:00".

Im Gegensatz zu **`LocalDate`**, **`LocalTime`** und **`LocalDateTime`** haben **`ZonedDateTime`** und **`OffsetDateTime`** außerdem einen **Bezug zu der Zeitlinie**: Über **`getEpochSecond()`** bekommst du die Sekunden seit Beginn der Epoche, mit **`toInstant()`** kannst du das jeweilige Datum in einen Zeitpunkt auf der Zeitlinie umwandeln.

Alles nochmal auf einen Blick, so viel Zeit muss sein

Ganz schön viele Klassen, nicht wahr? Aber sei beruhigt: Du kannst sie dir nach und nach genauer ansehen. Hier habe ich noch extra für dich ein Diagramm (kein UML) gebastelt, in dem das Wichtigste zu **`java.time`** abgebildet ist.

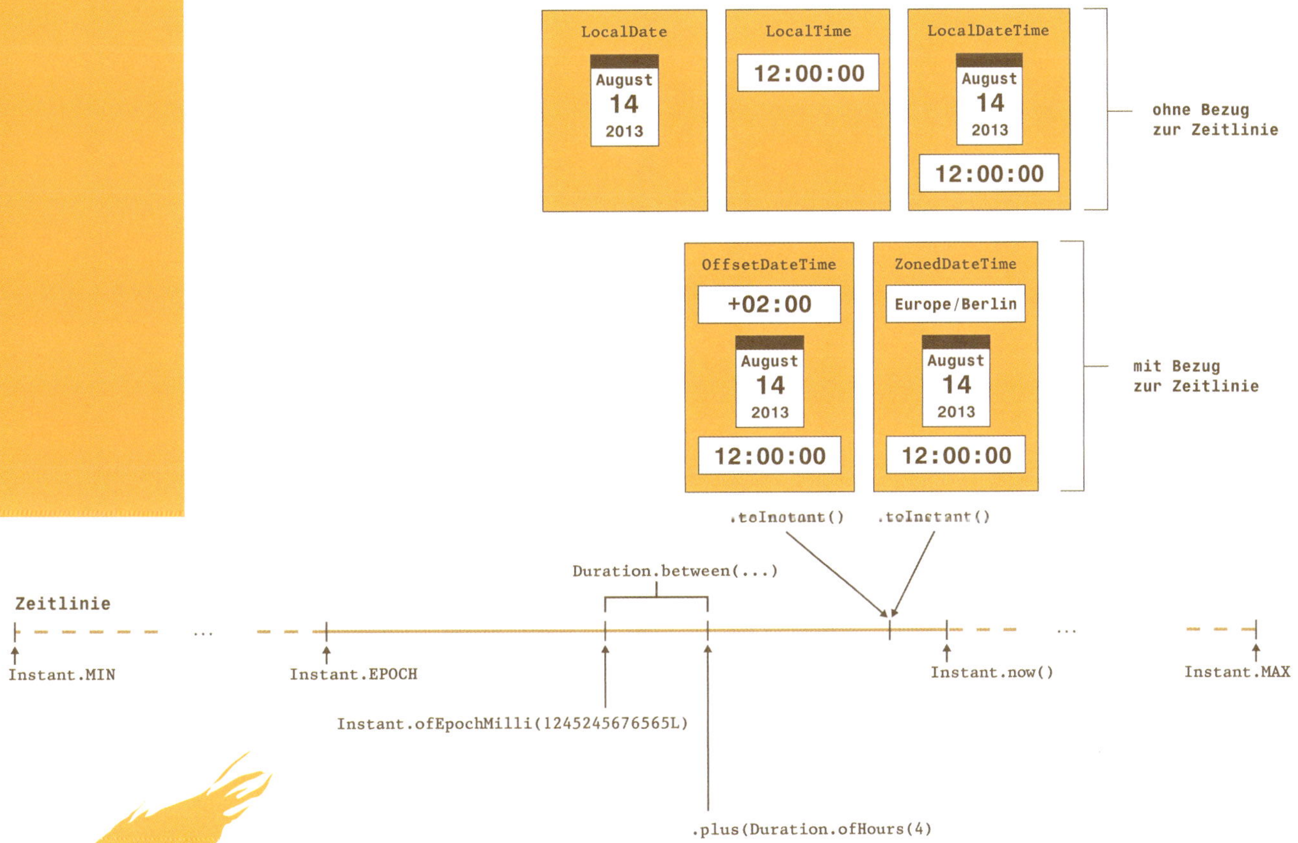

Formatierung von Datums- und Zeitangaben

Wo du bei der alten Date-Time-API noch die Klasse **`DateFormat`** verwendest, gibt es für die neue API direkt auch verschiedene Klassen für die Formatierung, zu finden im Paket **`java.time.format`**. Die wichtigste Klasse dort ist sicherlich **`DateTimeFormatter`**, der Name sagt schon alles. Diese Klasse formatiert Datum und Zeit.

So formatierst du zum Beispiel ein Objekt vom Typ `LocalDateTime`:

```
System.out.println(neuesDatumMitZeit.format(DateTimeFormatter
  .ISO_LOCAL_DATE_TIME*1));
System.out.println(neuesDatumMitZeit.format(DateTimeFormatter
  .BASIC_ISO_DATE*2));
System.out.println(neuesDatumMitZeit.format(DateTimeFormatter
  .ofPattern("yy")*3));
```

Die Ausgabe lautet zum Beispiel:

```
2013-10-02T12:32:03.114
20131002
13
```

*1 der Standard-Formatierer

*2 ein Formatierer, der nur das Datum nach ISO-Standard formatiert

*3 Mit der Methode **`ofPattern()`** kannst du dir einen eigenen Formatierer erstellen, etwa wie hier einen, der nur zwei Stellen des Jahres („yy") ausgibt.

Apropos Pattern, hier eine Auswahl aus den Patterns für `ofPattern()`:

Symbol	Beschreibung
y	Jahr
M	Monat im Jahr
D	Tag im Jahr
d	Tag im Monat
F	Woche im Monat
H	Stunde im Tag

Mit diesen Patterns kannst auch komplexere Formatierungen vornehmen, …

```
System.out.println(neuesDatumMitZeit.format(DateTimeFormatter.ofPattern
  ("*1'Jahr: 'yy', Monat: 'MM', Tag: 'dd")));
```

*1 Beachte: Damit ein String auch als String und nicht als Pattern interpretiert wird, musst du ihn mit **einfachen Anführungszeichen** umgeben.

Ausgabe:

```
Jahr: 13, Monat: 10, Tag: 02
```

… dann ist es aber besser, du nimmst die Helferklasse DateTimeFormatterBuilder:

```
DateTimeFormatter formatierer = new DateTimeFormatterBuilder()*2
  .appendLiteral("Jahr: ")*3
  .appendPattern("yy")*4
  .appendLiteral(", Monat: ")
  .appendPattern("MM")
  .appendLiteral(", Tag: ")
  .appendPattern("dd")
  .toFormatter();*5
System.out.println(neuesDatumMitZeit.format(formatierer));*1
```

*1 Der Formatierer hier macht das Gleiche wie eben auch, …

*2 … nur ist der Code mit dem **DateTimeFormatterBuilder** viel lesbarer, …

*3 … denn du siehst viel schneller, welcher String ein String …

*4 … und welcher String ein Pattern ist.

*5 Dann noch diese Methode hier aufrufen, und schon hast du einen Formatierer.

So, genug Zeit und Datum. Zeit für das nächste Thema:

Formatieren über die Klasse String

Parallel zu den Formatierungsklassen von vorhin gibt es seit Java 5 in der Klasse **String** noch eine eigene Methode dafür: **format()**. Als Inspiration diente dabei wohl der Befehl **printf** für die formatierte Textausgabe mithilfe von Platzhaltern und Formatangaben.

Hier ein Beispiel:

```
String.format("Hallo %s*1 und viel Spaß mit Kapitel %d*3", "Schrödinger"*2, 17*4);
```

*1 **%s** ist einer der möglichen Platzhalter und steht für **String**. Du sagst hiermit also, dass hier eine Zeichenkette reinkommt, …

*2 … und zwar die, die hier als nächster Parameter angegeben ist.

*3 **%d** heißt, hier soll Platz vorgesehen werden für eine **Dezimalzahl**, …

*4 … als Wert wird entsprechend der nächste Parameter verwendet.

String.format() unterstützt Platzhalter:

Allerdings sehen die Platzhalter, wie du siehst, **komplett anders** aus als bei **`MessageFormat`** und sind auch **gar nicht miteinander kompatibel**. Im Hintergrund werkeln hier ganz andere Klassen, allen voran die Klasse **`java.util.Formatter`**. Die Platzhalter heißen dann auch genauer **Format-Spezifizierer**. **`String.format()`** wirst du auch eher einsetzen, wenn du etwas auf die **Konsole formatiert ausgeben möchtest** und nicht – wie **`MessageFormat`** – für das **Formatieren von internationalisierten Textmeldungen**. Zeichenketten rechtsbündig anordnen? Kein Problem! Zahlen vorne mit Nullen auffüllen?

Auch nicht schwierig, schau selbst:

```
for(int i=1; i<=10; i++) {
  System.out.println(String.format("%02d*1*2", i));
}
```

String.format() formatiert

*1 **%d** in der aufgemöbelten Version: Die 2 steht für die Anzahl der Stellen, die für die einzusetzende Dezimalzahl vorgesehen werden sollen. Hat die Zahl mehr als zwei Stellen, wird hinten abgeschnitten.

*2 Und hierdurch bekommen alle einstelligen Zahlen vorne eine Null.

[Ablage]
Die Formatierung über die Formatklassen aus dem Paket **`java.text`** funktioniert komplett anders als das Formatieren mit der **`format()`**-Methode der Klasse **`String`**. **`format()`** verwendest du, wenn du etwas formatiert auf der Konsole ausgeben möchtest. Die Formatklassen aus **`java.text`** verwendest du dagegen für das Formatieren von internationalisierten Textmeldungen.

Hier die wichtigsten Format-Spezifizierer für `String.format()`:

Format-Spezifizierer	Bedeutung
`%n`	**Neue Zeile; Achtung: Wird nicht mit einem der übergebenen Parameter ersetzt.**
`%b`	**Boolean**
`%s`	**String**
`%d`	**Dezimalzahl**
`%f`	**Fließkommazahl**
`%c`	**Unicode-Zeichen**
`%t`	**Datum und Zeit**

Mit Format

Schrödinger, zum Schluss zwei Formatierungsaufgaben für dich.

[Einfache Aufgabe]

Schreibe ein Programm, das die Zahlen 1 bis 2 000 ausgibt, und zwar über 20 Zeilen verteilt, dabei werden einstellige, zweistellige und dreistellige Zahlen vorne mit Nullen aufgefüllt.

Eigentlich traue ich dir zu, dass du das auch selbst hinbekommst.

Hier trotzdem die Lösung:

```
for(int i=1; i<=2000; i++) {*1
  System.out.print(String.format("%04d *3", i));
  if(i%100==0*2) {
    System.out.println();
  }
}
```

*1 Alle Zahlen von 1 bis 2 000, …

*2 … alle 100 Zahlen eine neue Zeile, das ergibt 20 Zeilen insgesamt.

*3 Keine der Zahlen bis 2 000 hat mehr als vier Stellen (deswegen die 4). Die müssen es aber mindestens sein. Zahlen mit weniger als vier Stellen werden vorne mit Nullen aufgefüllt (deswegen die 0). Und nicht das Leerzeichen hinten vergessen, sonst hat sich das ganze Formatieren nicht wirklich gelohnt.

[Einfache Aufgabe]

Gegeben sei die folgende Property-Datei mit Namen **musiksammlung.properties**. Zeige mir den Quelltext dazu, wie du die Meldung lädst und wie du die Platzhalter befüllen würdest.

```
musiksammlungstatus=Ihre Sammlung enthält {0} Alben von {1} mit ↩
  insgesamt {2} Songs.
```

Hier die Lösung:

```
Locale locale = Locale.getDefault();
ResourceBundle meldungen = ResourceBundle.getBundle("musiksammlung"*1, locale);
String ergebnismeldung = meldungen.getString("musiksammlungstatus"*2);
MessageFormat meldungsFormat = new MessageFormat(ergebnismeldung, locale);*3
String meldung = meldungsFormat.format(new Object[]{20, "Jimi Hendrix", 200});*4
System.out.println(meldung);
```

*1 Hier steht der Name des Bundles. Davon ausgehend, werden die entsprechenden Property-Dateien geladen.

*2 Hier steht der Name der Meldung, genauer gesagt der Schlüssel des Schlüssel-Wert-Paares innerhalb der Property-Datei.

*3 Um die Platzhalter zu ersetzen, brauchst du eine Instanz von **MessageFormat**, …

*4 … auf der du dann die **format()**-Methode aufrufst. Dieser Methode übergibst du die Parameter, die für die Platzhalter eingesetzt werden sollen.

Pattern Matching mit regulären Ausdrücken

Neben dem Formatieren von Strings kannst du noch weitere interessante Dinge mit Strings machen, bestimmte Zeichenketten suchen zum Beispiel. Und dieses Suchen basiert in Java auf sogenannten **regulären Ausdrücken.** Die sind nichts anderes als bestimmte Zeichenketten, die beschreiben, wie andere Zeichenketten aussehen. Oder anders gesagt: Ein regulärer Ausdruck beschreibt eine Zeichenkette mit einer bestimmten Menge an Zeichen, und zwar genau der Menge, die auf den regulären Ausdruck passt. Die Zeichenkette „Schrödinger" zum Beispiel passt auf den regulären Ausdruck „Sch......er", in dem jeder der sechs Punkte für ein beliebiges Zeichen steht. Genauso passen die Zeichenketten „Schlaumeier" oder „Schrohmeier", nicht aber „Schinkeneier", weil es hier zwischen „Sch" und „er" mehr als sechs Zeichen gibt. Der reguläre Ausdruck „Sch......er" beschreibt also genau die Menge an Zeichen, die mit einem „Sch" beginnen und mit einem „er" enden und dazwischen genau sechs beliebige Zeichen haben.

[Zettel]
Reguläre Ausdrücke sind ein komplexes Thema. Wie so vieles sind sie komplex genug, um ganze Vorlesungen in der theoretischen Informatik damit zu füllen. Wir beschränken uns hier aber auf die Praxis.

[Ablage]
Ein regulärer Ausdruck ist also nichts anderes als ein Muster (oder im englischen Pattern), auf das gewisse Zeichenketten passen und andere Zeichenketten nicht.

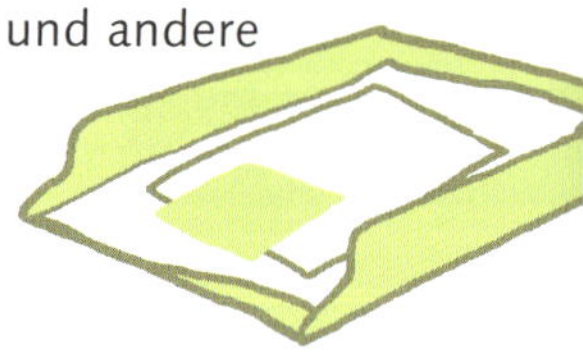

Da fällt mir ein: Bossingen hat sich beschwert, dass so viele Kunden, die ihre Schuhkartons über unsere neue Website bestellen, ihre Telefonnummer nicht richtig angegeben haben. Die stehen jetzt alle in einer Datenbank, und ich soll rausfiltern, welche Telefonnummern gültig sind. Ist das nicht was Ähnliches? Können mir da nicht auch Muster bei helfen, die gültigen Nummern rauszufinden?

Klar, kein Problem. Abfragen auf Datenbanken machen, das kannst du ja schon, das zeig ich dir jetzt nicht nochmal. Telefonnummern auf Gültigkeit überprüfen? Dafür sind reguläre Ausdrücke wie gemacht. Sag mir nur, was Bossingen genau unter einer Telefonnummer versteht.

Lass mal sehen, ich hab hier noch irgendwo seine E-Mail ...

- vier bis fünf Vorwahlstellen
- die erste davon eine Null
- sechs bis sieben Hauptnummerstellen
- dazwischen ein /, ein Leerzeichen, ein Minus oder gar nichts
- Beispiel: 0123/123456

Okay, dann mal los:

Der einfachste Fall eines regulären Ausdrucks beschreibt genau eine einzige Zeichenkette:

```
0123/123456*1
```

*1 Das ist die simpelste Form eines regulären Ausdrucks.

Ähm, okay, aber damit würde auch wirklich nur diese eine Nummer erkannt, oder nicht? Nicht besonders hilfreich.

Finde ich auch. Und Bossingen wird wahrscheinlich auch alles andere als begeistert sein. Wie du den perfekten regulären Ausdruck hinbekommst, zeig ich dir in wenigen Momenten. Doch bevor wir weitermachen, sollst du erst die Java-Klassen kennenlernen, die du für den Umgang mit regulären Ausdrücken brauchst. Dann kannst du die nächsten regulären Ausdrücke direkt in einem Programm testen. In Java gibt es **zwei zentrale Klassen** für das Anwenden der Mustererkennung. Die erste Klasse ist **`java.util.regex.Pattern`**, mit der du den regulären Ausdruck beschreibst.

Eine Instanz bekommst du so:

```
Pattern muster = Pattern.compile("0123/123456"*1);
```

*1 Der reguläre Ausdruck wird als Parameter übergeben.

Mit **`Pattern`** allein kannst du noch nicht viel anfangen. Um beispielsweise zu prüfen, ob ein String auf den regulären Ausdruck passt, brauchst du die zweite wichtige Klasse: **`java.util.regex.Matcher`**. Über das **`Pattern`**-Objekt bekommst du eine Instanz von **`Matcher`**:

```
Matcher matcher*1 = muster.matcher("0123/123456"*2);
boolean passt = matcher.matches();*3
```

*1 Matcher – schon wieder so ein Wort, das man nicht ins Deutsche übersetzen kann.

*2 Das ist die Zeichenkette, die gegen den regulären Ausdruck geprüft werden soll.

*3 Hiermit prüfst du, ob die übergebene Zeichenkette durch den regulären Ausdruck beschrieben wird.

Es gibt noch eine dritte und letzte Klasse im Paket **`java.util.regex`**, die Klasse **`PatternSyntaxException`**. Die erklärt sich vom Namen her schon fast selbst: Sie wird geworfen, wenn der String, den du der **`compile()`**-Methode übergibst, kein gültiger regulärer Ausdruck ist.

Hier der gesamte Code zur Überprüfung der Telefonnummern:

```
public class TelefonnummerValidator {
  private static final Pattern*1 TELEFONNUMMERN_MUSTER = Pattern
    .compile("0123/123456");
  public static void main(String[] args) {
    System.out.println(istGueltigeTelefonnummer("0123/123456"));
  }
  public static boolean istGueltigeTelefonnummer(String telefonnummer) {*2
    Matcher matcher = TELEFONNUMMERN_MUSTER.matcher(telefonnummer);
    return matcher.matches();
  }
}
```

*1 Den regulären Ausdruck kannst du ruhig als Konstante definieren. Keine Sorge, den verbessern wir gleich schrittweise, um wirklich alle Telefonnummern abzudecken.

*2 Nach wie vor guter Stil ist eine eigene Methode mit sprechendem Namen. Hier wird geprüft, ob der übergebene String eine Telefonnummer ist. Dazu reicht es, einfach eine **`Matcher`**-Instanz zu erstellen und das Ergebnis von **`matches()`** zurückzugeben.

Jetzt aber das allgemeine Muster:

Wie du eben richtig erkannt hast, wird mit dem Muster „0123/123456" nur diese eine Telefonnummer beschrieben. Für ein allgemeines Muster brauchen wir ein Zeichen für **beliebige Zeichen**.

... kann mir schon denken welches. Dafür hast du doch eben den Punkt verwendet.

Richtig. Ein Punkt steht in regulären Ausdrücken für ein beliebiges Zeichen:

Ein regulärer Ausdruck mit Punkten für beliebige Zeichen:

```
....*1/......*2
```

*1 Die Vorwahl darf aus vier beliebigen Zeichen bestehen, ...

*2 ... die Hauptnummer aus sechs beliebigen Zeichen.

*1 Ein weiterer Punkt kommt jeweils dazu, aber mit dem Fragezeichen dahinter heißt das, das Zeichen ist optional.

Schon mal etwas besser, hiermit werden auch andere Telefonnummern erkannt. Allerdings nicht solche mit fünf Vorwahlstellen oder mit sieben Hauptnummerstellen. Du musst also irgendwie sagen, dass Vorwahl und Hauptnummer **optional** noch eine weitere Stelle haben. Und das geschieht über sogenannte **Quantifizierer**, genauer gesagt in unserem Fall über den **?**-Quantifizierer.

```
.....?*1/.......?*1
```

Hier eine Übersicht der Quantifizierer:

Quantifizierer	Beschreibung
?	**einmal oder gar nicht**
*	**beliebig oft, auch keinmal**
+	**mindestens einmal**
{n}	**genau n-mal**
{n,}	**mindestens n-mal**
{n,m}	**mindestens n-mal, aber höchstens m-mal**

Hey, warte mal,
die letzte Zeile in der Tabelle, dieses **{n,m}**, ist das nicht genau das, was wir brauchen? Ich meine: vier bis fünf Vorwahlstellen und sechs bis sieben Stellen in der Hauptnummer.

Die Anzahl der Zeichen festlegen: vier bis fünf/ sechs bis sieben

Genau, das wäre der nächste Schritt:

```
.{4,5}*1/.{6,7}*2
```

*1 Vorwahl: vier bis fünf beliebige Zeichen

*2 Hauptnummer: sechs bis sieben beliebige Zeichen

Mit dem Muster wäre allerdings auch „abcde/2345678“ eine korrekte Telefonnummer.
Um nur bestimmte Zeichen zu erlauben, brauchst du eigene **Zeichenklassen**.
Mit **[0-9]** zum Beispiel beschreibst du die Klasse der Zeichen zwischen 0 und 9.

Nur Zahlen erlauben:

```
[0-9]*1{4,5}/[0-9]*1{6,7}
```

*1 Wieder einen Schritt weiter: Nur noch Zahlen sind jetzt erlaubt.

Hier eine Übersicht, wie du Zeichenklassen definieren kannst:

Bezeichnung	Regulärer Ausdruck	Bedeutung
einfache Klasse	[xyz]	**x oder y oder z**
Negation	[^xyz]	**irgendetwas außer x, y oder z**
Bereich	[a-zA-Z]	**alle Kleinbuchstaben und alle Großbuchstaben, Umlaute ausgenommen**
Vereinigung	[a-d[x-z]]	**irgendetwas zwischen a bis d oder x bis z**
Schnitt	[a-z&&[xyz]]	**Alles, was zwischen a und z vorkommt und gleichzeitig in der Klasse [xyz]. Bleiben also x, y und z.**
Subtraktion	[a-z&&[^x,y]]	**Alles zwischen a und z, aber nicht x und y. Bleiben also a bis w und z.**

Noch einfacher: Verwende eine der vordefinierten Zeichenklassen:

Zeichenklasse	Bedeutung	Kurzform für
.	irgendein Zeichen	
\d	eine Zahl zwischen 0 und 9	[0-9]
\D	ein Zeichen, das keine Zahl ist, also **nicht** irgendetwas zwischen 0 und 9	[^0-9]
\s	alles, was ein **Leerzeichen** ist	[\t\n\x0B\f\r]
\S	alles, was **kein** Leerzeichen ist	[^\s]
\w	alles, was ein **Wortzeichen** ist	[a-zA-Z_0-9]
\W	alles, was **kein** Wortzeichen ist	[^\w]

Das heißt, **[0-9]** können wir auch durch **\d** ersetzen.

Nur Zahlen erlauben mit vordefinierter Zeichenklasse

```
*1\\d{4,5}/\\d{6,7}
```

*1 Zwei „\" stehen hier nur deshalb, weil das hier ein String in Java ist.

[Achtung]

Achte in Java darauf, dass du innerhalb von regulären Ausdrücken den einfachen Backslash mit einem zweiten vorangestellten Backslash schützen („escapen") musst.

Eins haben wir aber noch übersehen:
Die erste Stelle in der Vorwahl sollte ja eine Null sein.

Telefonnummer mit führender Null

```
0\\d{3,4}/\\d{6,7}
```

Perfekt. Fehlt nur noch das Trennzeichen. Nicht nur ein „/", sondern auch ein Minus, ein Leerzeichen oder gar nichts. Aber das überlasse ich dir in der Werkstatt mal selber. Die Zutaten hast du ja jetzt alle.

Kein Anschluss unter dieser Nummer

[Code bearbeiten]

Passe den regulären Ausdruck von eben so an, dass auch Telefonnummern akzeptiert werden, die ein Minus oder ein Leerzeichen als Trennzeichen haben oder gar kein Trennzeichen verwenden.

Also, ich packe zu dem „/“ einfach die Zeichenklasse für Leerzeichen und das Minus, dann noch die Klammern drumherum und das Ganze mit ? optional machen:

```
0\\d{3,4}[/-\\s]?\\d{6,7}
```

Vorsicht, Vorsicht, **so** wird das nicht hinhauen. So denkt der Pattern-Compiler, dass du den Bereich „**/**“ bis „****“ meinst, also vom Slash bis zum Backslash. Dann ergibt der Ausdruck aber keinen Sinn mehr, und du bekommst eine **PatternSyntaxException**. Damit das Minus als Zeichen selbst verstanden wird, musst du es durch **Escape-Zeichen** schützen. Das gilt im Übrigen für alle Zeichen, die in regulären Ausdrücken eine eigene Bedeutung haben.

```
0\\d{3,4}[/\\-\\s]?\\d{6,7}
```

[Achtung]

Alle Zeichen, die in einem regulären Ausdruck irgendeine besondere Bedeutung haben, wie beispielsweise Punkt (**.**), Minus (**-**), Fragezeichen (**?**) Klammern (**{ }**) und so weiter, musst du mit zwei Backslashs „escapen“.

Teile finden

Oft möchte man ja nur die Anzahl der Vorkommen eines Musters innerhalb einer Zeichenkette finden, zum Beispiel alle Telefonnummern in einem Text. **matches()** prüft aber lediglich, ob die gesamte Zeichenkette auf das Muster passt. Du brauchst die Methode **find()** (ebenfalls in der Klasse **Matcher**), um alle Vorkommen zu finden, die auf ein Muster passen.

Und das geht so:

```
Pattern muster = Pattern.compile("0\\d{3,4}[/\\-\\s]?\\d{6,7}");
Matcher matcher = muster.matcher("Kein Anschluss unter dieser Nummer: 0123/123456 
  und auch nicht unter 0234/223456.");
System.out.println(matcher.find());*1
System.out.println(matcher.find());*2
System.out.println(matcher.find());*3
System.out.println(matcher.matches());*4
```

*1 Liefert **true**, weil **find()** die erste Telefonnummer („0123/123456") findet.

*2 Liefert **true**, weil **find()** die zweite Telefonnummer („0123/223456") findet.

*3 Liefert **false**, weil **find()** keine weitere Telefonnummer mehr findet.

*4 Liefert **false**, weil der übergebene String **keine** Telefonnummer ist.

Noch was:

Wenn du nach Vorkommen suchen möchtest, die in einer eigenen Zeile stehen, stellst du dem regulären Ausdruck einfach ein **^** voran und hängst ihm ein **$** hintendran. Das **^** steht dabei für den Beginn einer neuen Zeile und **$** für das Ende einer Zeile.

Regulärer Ausdruck für Telefonnummern, die allein in einer Zeile stehen

```
*1^0\\d{3,4}[/\\-\\s]?\\d{6,7}$*2
```

*1 Stellt sicher, dass jede Telefonnummer immer in einer neuen Zeile beginnen muss.

*2 Stellt sicher, dass nach einer Telefonnummer in dieser Zeile nichts mehr kommt.

[Code bearbeiten]

Ändere den Codeschnipsel von eben, füge die Marker für Zeilenbeginn und Zeilenende in den regulären Ausdruck ein, und lass das Programm nochmal laufen, damit nur Telefonnummern gefunden werden, die alleine in einer Zeile stehen.

Auch **find()** liefert jetzt **false**. Klar, die Telefonnummer steht ja im Beispiel auch nicht alleine in einer Zeile.

Drin oder nicht drin? Keine Frage!

[Schwierige Aufgabe]

Schau dir die regulären Ausdrücke und die Zeichenketten in der folgenden Tabelle genau an. Welche Zeichenkette wird durch welches Muster erkannt?

	[a-zA-Z]*	[a-zA-Z&&[^g-k]]*	[0-9]{2,4}	[^0-9]
abcdefg				
Schrödinger				
Bossingen				
Katze				
4				
44				

Hier die Lösung:

*1 Erkannt werden beliebig viele Kleinbuchstaben und Großbuchstaben, aber keine Umlaute!

*2 Erkannt werden beliebig viele Kleinbuchstaben und Großbuchstaben, aber keine Umlaute und auch nichts zwischen „g" und „k".

*3 Erkannt werden zwei bis vier Zahlen, sonst nichts.

*4 Okay, der ist tricky: Ein Zeichen, aber keine Zahl wird erkannt.

	[a-zA-Z]* *1	[a-zA-Z&&[^g-k]]* *2	[0-9]{2,4} *3	[^0-9] *4
abcdefg	true	false	false	false
Schrödinger	false	false	false	false
Bossingen	true	false	false	false
Katze	true	true	false	false
4	false	false	false	false
44	false	false	true	false

Auf einzelne Teile zugreifen über Gruppen

Stell dir vor, du möchtest nicht nur prüfen, ob eine Telefonnummer gültig ist oder ob in einem String eine Telefonnummer vorkommt, sondern auch ausgeben, was Vorwahl und was Hauptnummer ist.

Mhm ... zeig mal, wie denn?

Ganz einfach, indem du **Gruppen definierst**.

Das machst du, indem du einen bestimmten Teil im regulären Ausdruck mit runden Klammern klammerst. Für jede Zeichenkette, die auf den regulären Ausdruck passt, kannst du dann in Java auf die jeweiligen Teile zugreifen, die durch diese Gruppen beschrieben werden.

So definierst du Gruppen:

```
^*1(0\\d{3,4})*2[/\\-\\s]?*3(\\d{6,7})*4$
```

*1 Beginn der ersten Gruppe, die die Vorwahl enthält

*2 Ende der ersten Gruppe

*3 Das Trennzeichen brauchst du ja nicht als Gruppe, deswegen steht das außerhalb der Klammern.

*4 Anschließend legst du noch die Klammern um den Teil des regulären Ausdrucks, der die Hauptnummer der Telefonnummer definiert.

Und so greifst du auf die Gruppen zu:

```
public static Telefonnummer erstelleTelefonnummer
  (String telefonnummer) {
  Matcher matcher = TELEFONNUMMERN_MUSTER.matcher(telefonnummer);
  matcher.matches();*1
  String vorwahl = matcher.group(1);*2
  String hauptnummer = matcher.group(2);*3
  return new Telefonnummer(vorwahl, hauptnummer);*4
}
```

*1 Dieser Aufruf ist ganz wichtig. Lässt du ihn weg, kannst du später nicht auf die Gruppen zugreifen, weil der Ausdruck ja noch gar nicht überprüft wurde.

*2 Über **`matcher.group(1)`** kommst du an die erste Gruppe. Ausnahmsweise wird hier mal bei 1 angefangen zu zählen.

*3 Die nächste Gruppe enthält die Hauptnummer, ...

*4 ... und schon kannst du irgendetwas Nützliches mit beidem anstellen, zum Beispiel eine Objektinstanz erzeugen.

Hoffentlich kommt Bossingen jetzt nicht noch mit Handynummern an ...

E-Mail-Adressen validieren

Oh Mann, der Telefonnummern-Validator hat Bossingen so gut gefallen, jetzt will er noch was. Nicht Handynummern, sondern E-Mail-Adressen! *Hallo? Geht's noch?*

Ach, Schrödinger, hab Vertrauen zu dir. Guck dir die Notiz von Bossingen genau an. Ist zwar nicht einfach, aber versuch's mal.

„Schrödinger, brauchen dringend E-Mail-Validierung: Name plus Ätt-Dings plus dieses Länder-Dingsbums hintendran."

Tolle Notiz. Das sagt mir auch nicht viel. Dann muss ich wohl selber recherschiesen ...

Genau, und immer schön zwischen den Zeilen lesen. Denn das gehört schließlich zu einer guten **Anforderungsanalyse** dazu.

(Eine Recherche später) ...

... okay, das hier habe ich gefunden, so sieht eine E-Mail-Adresse aus:

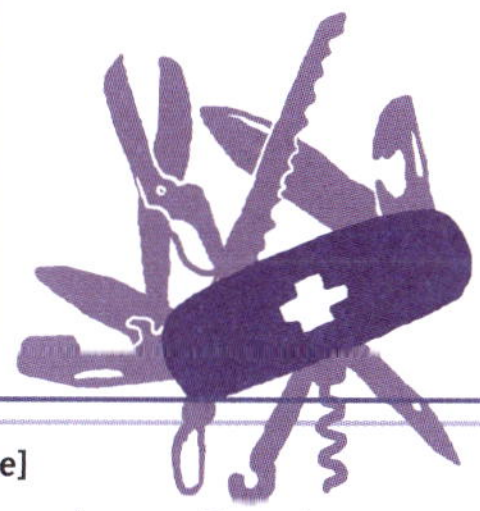

- Nutzername, gefolgt von einem @-Zeichen, der Domain und anschließend der Top-Level-Domain, so nennt man nämlich dieses Länder-Dingsbums.
- In Nutzernamen und Domain sind nur Kleinbuchstaben, Zahlen, Unterstriche, Punkte und das Minus-Zeichen erlaubt.
- Nutzername, Domain und Top-Level-Domain dürfen nicht leer sein.
- Top-Level-Domain hat mindestens zwei, aber maximal sechs Zeichen und kann nur Kleinbuchstaben und Punkte enthalten (zum Beispiel „com" oder „co.uk").
- Beispiel: herr.bossingen@example.com

[Schwierige Aufgabe]

Erstelle ausgehend von Bossingens Anforderungen einen regulären Ausdruck für E-Mail-Adressen.

Hier die Musterlösung:

```
^*1[a-z0-9_\\.\\-]+*2@*3[a-z0-9_\\.\\-]+*4\\.*5[a-z\.]{2,6}*6$*7
```

*1 Zunächst soll der Beginn einer neuen Zeile erkannt werden, ...

*2 ... dann der Nutzername, ...

*3 ... das @-Zeichen, ...

*4 ... die Domain, ...

*5 ... gefolgt von einem Punkt ...

*6 ... und der Top-Level-Domain ...

*7 ... und das Ende der Zeile.

Anstrengend, was? Aber es lohnt sich. Reguläre Ausdrücke kannst du nämlich auch einsetzen, um aus Daten, die du in Textform bekommst, Objekte zu erstellen, mit denen du dann … eben objektorientiert … weiterarbeiten kannst. Das probieren wir gleich mal aus:

[Code bearbeiten]

Um das Ganze also noch ein bisschen interessanter zu machen, erstelle eine Klasse **`EmailAdressenFabrik`**, die eine E-Mail-Adresse als String entgegennimmt und als **`EmailAdresse`**-Objekt wieder ausspuckt.

Die passende EmailAdresse-Klasse habe ich dir schon vorbereitet:

Na, prima, danke. Die hätte ich auch selber hinbekommen. Muss mir ja eh die Hälfte noch dazudenken.

```
public class EmailAdresse {
  private String nutzerName;
  private String domain;
  private String topLevelDomain;
  public EmailAdresse(String nutzerName, String domain, String topLevelDomain) {
    super();
    this.nutzerName = nutzerName;
    this.domain = domain;
    this.topLevelDomain = topLevelDomain;
}
    // Getter und Setter und toString()-Methode musst du dir dazudenken
}
```

So werden aus E-Mail-Strings E-Mail-Objekte:

```
public class EmailAdressenFabrik {
 private static String EMAIL_MUSTER_STRING = " ^([a-z0-9_\\.\\-]+)@↩
   ([a-z0-9_\\.\\-]+)\\.([a-z\\.]{2,6})$";*1
 private static Pattern EMAIL_MUSTER = Pattern.compile(EMAIL_MUSTER_STRING);
  public static EmailAdresse erstelleEmailAdresse(String eingabe) {
    EmailAdresse emailAdresse = null;
    Matcher matcher = EMAIL_MUSTER.matcher(eingabe);
    if (matcher.matches()*2) {
      String nutzerName = matcher.group(1);*3
      String domain = matcher.group(2);*3
      String topLevelDomain = matcher.group(3);*3
      emailAdresse = new EmailAdresse(nutzerName, domain, topLevelDomain);*4
    } else {
      // Exception werfen
    }
    return emailAdresse;
  }
}
```

*1 Zuerst musst du dem regulären Ausdruck **Gruppen hinzufügen**, damit du gleich auf die **einzelnen Komponenten** der E-Mail-Adresse zugreifen kannst.

*2 Wenn der übergebene Parameter eine gültige E-Mail-Adresse ist, …

*3 … kannst du auf die einzelnen Gruppen zugreifen …

*4 … und das **`EmailAdresse`**-Objekt erstellen.

Tiivistelmä pääkohdista – das war Finnisch

Lokalisierung und Internationalisierung

- Die Klassen **`java.util.Locale`** und **`java.util.ResourceBundle`** helfen dir dabei, die Textmeldungen, die du für deine Software in mehreren Sprachen anbieten möchtest, in externen **Property-Dateien in Form von Schlüssel-Wert-Paaren** zu verwalten.
- Eine Instanz von **`Locale`** setzt sich aus **Sprache** und **Land** zusammen. Sprache und Land werden dabei jeweils durch Kürzel beschrieben, wie sie in den jeweiligen ISO-Standards definiert sind.
- Neben Textmeldungen kannst du sogar **beliebige Objekte** abhängig vom verwendeten Locale laden.

Formatierung

- Verschiedene Klassen in der Java-Standardbibliothek nutzen die Information, die ein Locale bereitstellt, so kannst du zum Beispiel Zahlen, Währungen, Prozentangaben sowie Datums- und Zeitangaben je nach Locale unterschiedlich formatiert ausgeben.
- **Zahlen, Währungen und Prozentangaben** formatierst du über die Klasse **`java.text.NumberFormat`**.
- **Datums- und Zeitangaben** formatierst du über die Klasse **`java.text.DateFormat`**.
- Mit **`java.text.MessageFormat`** kannst du **Platzhalter**, die du in den Texten in deinen Property-Dateien verwendest, mit konkreten Werten belegen.
- Neben diesen Formatklassen gibt es noch die **`format()`**-Methode der **`String`**-Klasse, mit der du ebenfalls **Zeichenketten formatieren** kannst. Allerdings unterscheidet sich die dort verwendete Platzhaltersyntax von der, die bei **`MessageFormat`** verwendet wird.
- Verwende **`MessageFormat`**, wenn dir Mehrsprachigkeit wichtig ist und du an verschiedenen Stellen in einer Zeichenkette bestimmte konkrete Werte einsetzen möchtest.
- Verwende **`String.format()`**, wenn du etwas formatiert auf die Konsole ausgeben möchtest.

Reguläre Ausdrücke

- Mithilfe von regulären Ausdrücken kannst du Mengen von Zeichenketten beschreiben. In Java beschreibt die Klasse **`java.util.regex.Pattern`** einen solchen regulären Ausdruck.
- Über die Klasse **`java.util.regex.Matcher`** kannst du prüfen, ob ein String genau auf einen regulären Ausdruck passt oder ob der String einen Substring enthält, der auf den regulären Ausdruck passt.

- Reguläre Ausdrücke zu formulieren, ist eigentlich nicht schwer, vorausgesetzt, du weißt, was du machst. Am besten, du schreibst dir erstmal die Anforderungen auf und arbeitest sie anschließend Schritt für Schritt ab.
- Die neue Date-Time-API findest du im Paket `java.time`.
- Die Klasse `Instant` stellt einen **Zeitpunkt** auf einer Zeitlinie dar.
- `Duration` steht für eine **Zeitdauer auf Sekundenbasis.**

Date-Time-API

- `LocalDate`, `LocalTime` und `LocalDateTime` stehen für Datums- und Zeitangaben **ohne Bezug zu einer Zeitlinie**.
- `Period` steht für eine **Zeitdauer auf Tagesbasis**.
- `ZonedDateTime` und `OffsetDateTime` stehen für Datums- und Zeitangaben **mit Bezug zu einer Zeitlinie**.
- `ZoneId` repräsentiert eine **Zeitzonen-ID**, also sowas wie „Europe/Berlin", `ZoneOffset` ein **Zeitzonen-Offset** zu der UTC-Zeitzone, also sowas wie +02:00.

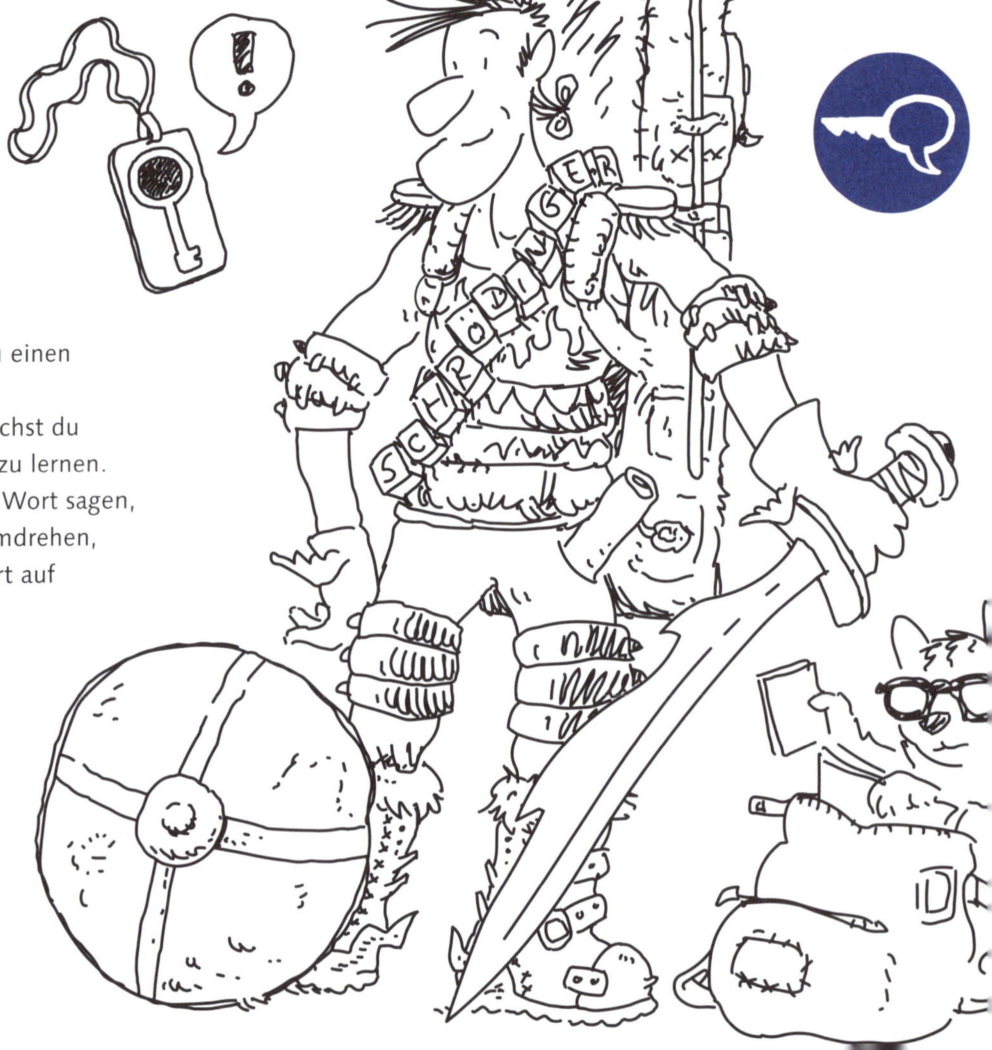

[Belohnung/Lösung]

Zur Belohnung bekommst du einen **gebündelt verschlüsselten Sprachenführer**. Damit brauchst du keine neuen Sprachen mehr zu lernen. Einfach das zu übersetzende Wort sagen, Sprache wählen, Schlüssel umdrehen, und schon erscheint das Wort auf dem LED-Display.

Unit-Tests

—ACHTZEHN—

Bist du dir da sicher? Unit-Testen und Java Web Start continued

Ein bisschen Angst hat Schrödinger ja schon. So ganz sicher ist er sich nämlich nicht immer, ob seine Programme auch das tun, was er denkt, das sie tun. Wenn es doch nur eine Möglichkeit gäbe, seinen Code automatisiert testen zu können. Und die gibt es auch: Unit-Tests sind klein, aber seinem Kumpel sind sie offensichtlich unbeschreiblich wichtig. Schrödinger ahnt: Dies ist das Ende der Einführung, und etwas viel Größeres beginnt ...

Deine Klassen testen

Schrödinger, über Java weißt du jetzt wirklich schon mehr als gut Bescheid. Zum Schluss möchte ich dir aber noch eine Sache näherbringen, die zwar nicht in der Standardbibliothek von Java enthalten ist und daher in den meisten Einsteigerbüchern nicht erklärt wird, die aber eigentlich in keinem guten Entwicklerhirn fehlen darf, und auch in keinem guten Softwareprojekt.

Um Unit-Tests.

Das sind Tests an kleinen Softwareeinheiten, die du als Entwickler selbst schreibst. Sie beschreiben genau, was ein Stück Software leisten soll, und du lässt sie mithilfe eines Testframeworks automatisiert ablaufen. **Warum das so gut ist?**

- Du bist gezwungen, dir genau klarzumachen, was dein Code leisten soll.
- Wenn du eines Tages so viel Code geschrieben hast, dass du ihn selbst nicht mehr überblicken kannst, dann macht sich der Mehraufwand bezahlt. Spätestens dann, wenn du irgendwo in den Tiefen deines Codes eine Änderung vornimmst und nicht weißt, welche Auswirkungen das auf andere Teile deines Codes hat. Du kannst die Tests während der Entwicklung immer wieder laufen lassen und Nebenwirkungen ausschließen.
- Es geht sogar noch weiter: Wenn du mit anderen Entwicklern im Team entwickelst, kann durch Unit-Tests sichergestellt werden, dass es auch keine Nebenwirkungen im Code von den anderen gibt. Das Stichwort heißt hier **Continuous Integration**, bei der die Codekomponenten der einzelnen Teammitglieder regelmäßig (kontinuierlich) zusammengefügt und (durch Unit-Tests) getestet werden.

Unit-Tests machen also auch eine viel effizientere Entwicklungskultur möglich, in der Software durch weit verteilte Zusammenarbeit immer besser wird. Es braucht jahrelange Erfahrung und gute Kollegen, um die Tragweite zu erkennen.

Na, danke.

Aber nützlich sind Unit-Tests von Anfang an.

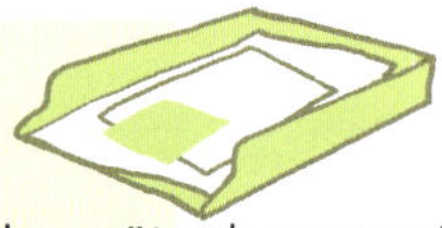

[Ablage]

Früher oder später kommen immer neue Anforderungen an eine Software. Und spätestens dann musst du an deinen Code ran. Mit Unit-Tests kannst du in solchen Fällen wertvolle Zeit sparen, weil du immer weißt, ob die Software noch so funktioniert, wie vor den Änderungen.

Und so schreibst du einen Unit Test:

Du erstellst zu jeder Klasse, die du testen möchtest, eine Testklasse. In der Testklasse erstellst du dann Instanzen der Klasse, die du testen möchtest, rufst ein paar Methoden dieser Klasse auf und überprüfst anschließend über spezielle Helfermethoden, sogenannte **Assertions**, ob die Objekte auch das machen, was du willst.

Um zum Beispiel zu testen, ob ein Held mit 100 Erfahrungspunkten und Doppelaxt gegen einen Helden mit 50 Erfahrungspunkten und Dolch gewinnt, würdest du im entsprechenden Test zwei Instanzen mit den entsprechenden Werten erstellen, dann gegeneinander kämpfen lassen und anschließen prüfen, ob der Held mit den 100 Punkten der Gewinner des Kampfes ist. Ich denke da an eine Methode `Held wettkampf(Held held1, Held held2)`. Dann müsste der Rückgabewert der Methode `held1` sein.

Test-Frameworks

Das bekannteste Testframework für Java ist wohl **JUnit**. Es gibt zwar auch noch andere, wie beispielsweise **TestNG**, aber ich zeige dir hier nur JUnit in Version 5. Wenn du dir im ersten Kapitel das Eclipse für Java-Entwickler runtergeladen hast, ist das nämlich dort schon als Bibliothek mit an Bord. Wenn nicht, kannst du dir die letzte Version unter http://junit.org runterladen. In jedem Fall musst du JUnit als Bibliothek dem Classpath deines Projekts hinzufügen, bevor du es nutzen kannst.

Das machst du so wie immer:

Rechtsklick auf dein Projekt in Eclipse und nacheinander **Properties • Java Build Path • Libraries** auswählen. Dort dann **Add Library • JUnit • Next** klicken, Version 5 auswählen und mit **Finish** bestätigen.

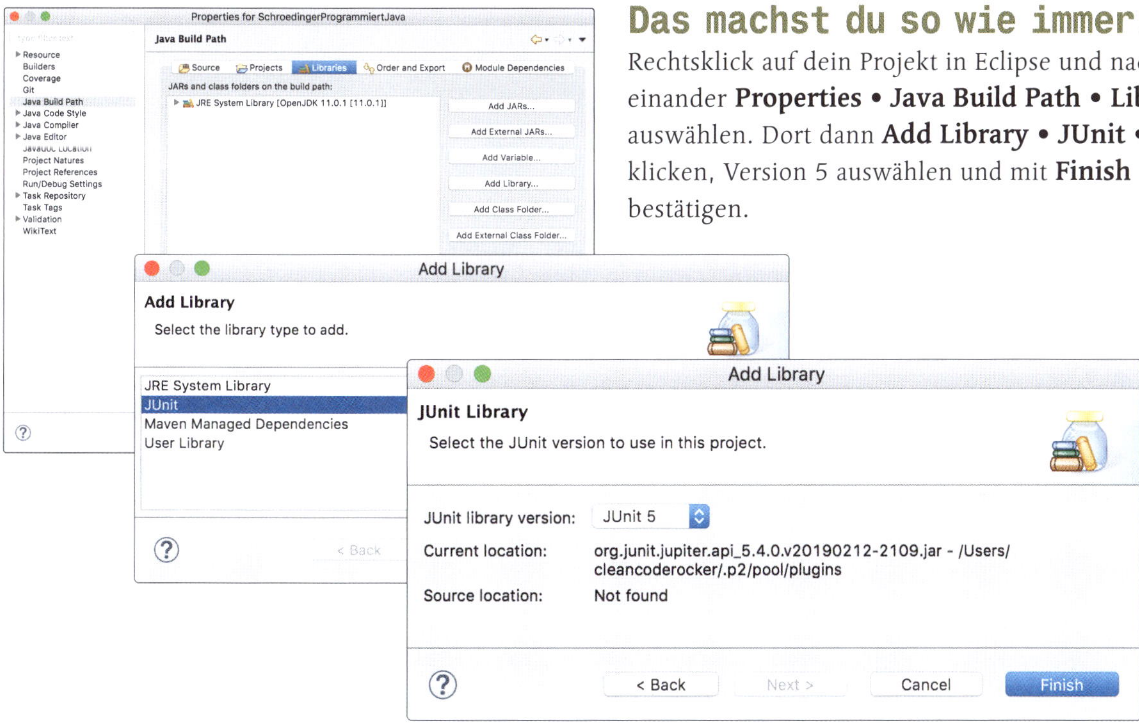

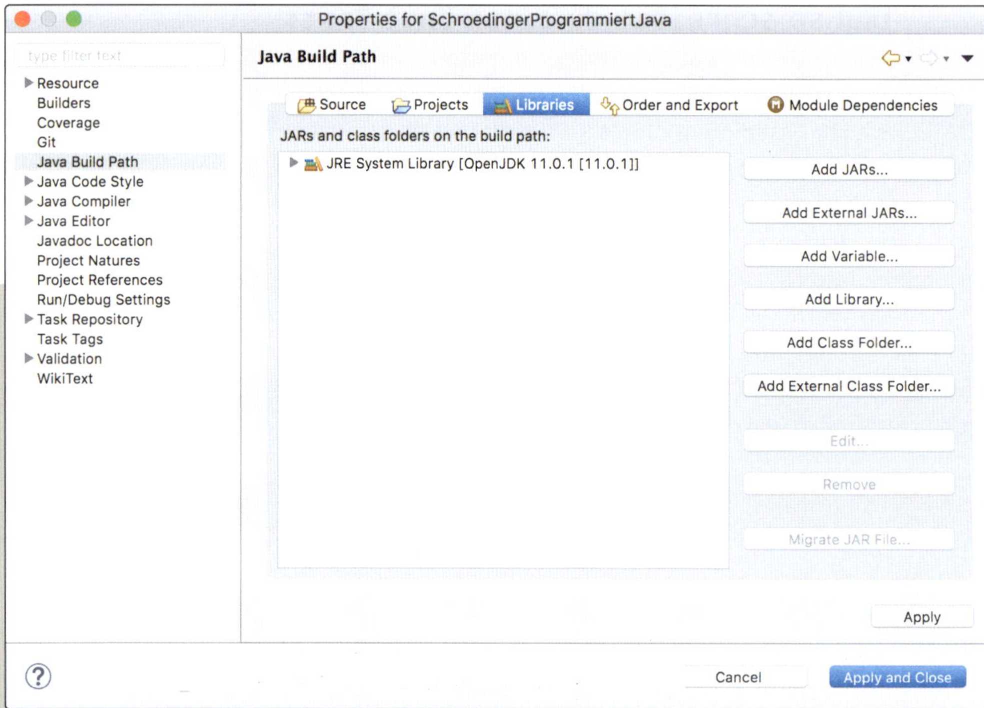

Bist du bereit? Dann lass uns anfangen mit dem Testen:

Bei den **Testklassen** handelt es sich um **ganz normale Java-Klassen**. Weil du diese Testklassen aber eigentlich nur **während der Entwicklung** verwendest, solltest du sie nicht im gleichen Ordner wie die anderen Klassen aus deinem Projekt speichern. Dann kannst du später beim Generieren der JAR-Datei den Testordner und damit die Tests einfach weglassen. Am besten nimmst du einen **eigenen Testordner**, der **parallel zum Source-Ordner** liegt und die gleiche Unterordnerstruktur wie dieser enthält. Denn wenn du dann beide Ordner während der Entwicklung im Classpath hast, hat die Testklasse auch automatisch Zugriff auf Dinge, die in der zu testenden Klasse als **`protected`** markiert sind, weil Testklasse und zu testende Klasse so gesehen im gleichen Paket liegen.

Im gleichen Package, aber in unterschiedlichen Ordnern. Dass sowas überhaupt geht ...

In Eclipse kannst du den Classpath recht einfach anpassen:
File • New • Source Folder öffnet den folgenden Dialog, in dem du dein Projekt auswählen und einen Namen für den Ordner angeben kannst, der deine Testklassen enthalten soll, „test“ bietet sich hier an.

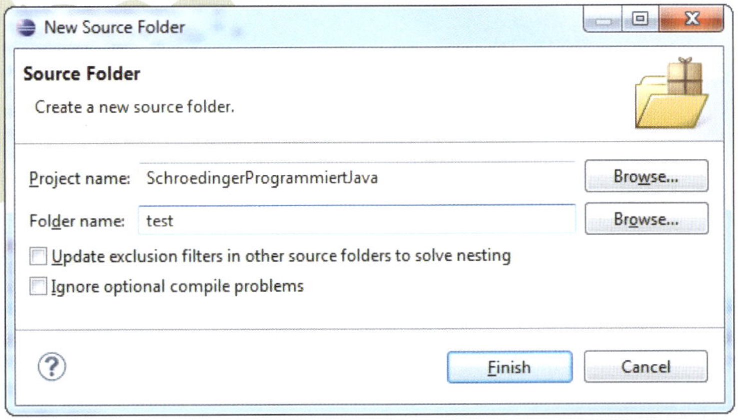

Für jede Klasse (aus dem **src**-Ordner), die du testen möchtest, legst du dann die entsprechenden Unterordner im **test**-Ordner an. Außerdem solltest du dir angewöhnen, **zu jeder zu testenden Klasse eine eigene Testklasse** zu erstellen. Auf diese Weise hältst du die Tests modularer und hast nicht so viele Abhängigkeiten. Wenn du also zum Beispiel eine Klasse **Held** im Paket **de.galileocomputing.schroedinger.java.helden** testen möchtest, legst du die Testklasse **HeldTest** an und legst sie ins gleiche Paket, aber im Ordner **test**.

[Hintergrundinfo]

Bei der richtig harten **testgetriebenen Entwicklung** (kurz **TDD** für **Test Driven Development**) schreibt man **zuerst die Tests** und implementiert **dann die Klassen und Interfaces**, wie sie in den Tests verlangt werden. Testgetriebene Entwicklung ist einer der wesentlichen Bestandteile von **agilen Methoden zur Softwareentwicklung**, wie beispielsweise dem **Extreme Programming** (kurz **XP**).

Agil und extrem? Das klingt nach wirklichen Profis.

Und du hast jetzt das Zeug dazu, selbst einer zu werden! Fangen wir mit einer einfachen Testklasse an.
Erstelle dazu im Ordner **test** eine ganz normale Klasse **EinfacheTests** im Paket **de.galileocomputing.schroedinger.java.kapitel18**, und füge folgenden Code hinzu:

So sieht eine einfache Testklasse aus:

```
package de.galileocomputing.schroedinger.java.kapitel18;*1
import static org.junit.jupiter.api.Assertions;*5
import org.junit.jupiter.api.Test;*4

public class EinfacheTests*2 {
  @Test*4
  public void ganzEinfacherTest()*3 {
    assertEquals("Schuhe", "Schuhe");*6
    assertTrue(2 == 2);*7
    assertFalse(2 == 7);*7
    assertNotNull("Zwei");*8
    assertNull(null);*8
  }
}
```

[Hintergrundinfo]

Eclipse bietet auch einen eigenen Wizard an, um JUnit-Testklassen zu erstellen. Das ist ein bisschen komfortabler und bietet mehr testbezogene Optionen, aber enthält nichts, das man nicht auch von Hand einstellen könnte.

*1 Testklassen solltest du ins gleiche Paket legen wie die zu testende Klasse.

*2 JUnit-Testklassen sind ganz normale Klassen ...

*3 ... mit ganz normalen Methoden.

*4 Über die Annotation **@Test** sagst du, dass diese Methode eine **Testmethode** ist, die während des Ausführens der Testklasse gestartet wird. Eine Testmethode repräsentiert also einen Test. Wenn ich im Folgenden von einem Test spreche, meine ich also eine Testmethode, ansonsten sage ich einfach Testklasse.

Im gleichen Package, aber in unterschiedlichen Ordnern. Testklassen in **test**, die zu testenden Klassen weiterhin in **src**, jaja, schon verstanden. Aber wo ist denn die zu testende Klasse?

Na ja, im Moment haben wir keine. Der Nutzen dieser Testklasse liegt allein darin, dich mit den Methoden von JUnit und dem Aufbau eines Tests vertraut zu machen. Nachher steigen wir dann richtig ein.

*5 Die Klasse **org.junit.jupiter.api.Assertions** bietet verschiedene Methoden an, über die du bestimmte **Zusicherungen definieren** kannst. Der Bequemlichkeit halber habe ich die hier mal statisch importiert, ...

*6 ... um sie dann innerhalb der Testmethoden direkt nutzen zu können. Mit **assertEquals()** kannst du zum Beispiel testen, ob zwei Objekte gleich sind, ...

*7 ... mit **assertTrue()** und **assertFalse()** kannst du prüfen, ob der Boolesche Ausdruck, den du übergibst ... ja ... **true** oder **false** ist, ...

*8 ... und mit **assertNotNull()** und **assertNull()**, ob eine Objektreferenz **null** bzw. nicht **null** ist.

Lass jetzt den Test mal laufen. Das kannst du mit Eclipse, obwohl keine **main**-Methode in der Testklasse vorhanden ist, und zwar über **Run • Run as ... • JUnit Test**. Damit wird die Testklasse über einen im Hintergrund agierenden **Testrunner** von JUnit gestartet, alle mit **@Test** markierten Methoden ausgeführt und die Ergebnisse des Tests in einem neuen Fenster geöffnet. Die ganzen **assert**-Methoden werfen einen **java.lang.AssertionError**, wenn der jeweilige Test fehlschlägt. JUnit erkennt dann anhand dieses Fehlers, dass der Test schiefgegangen ist.

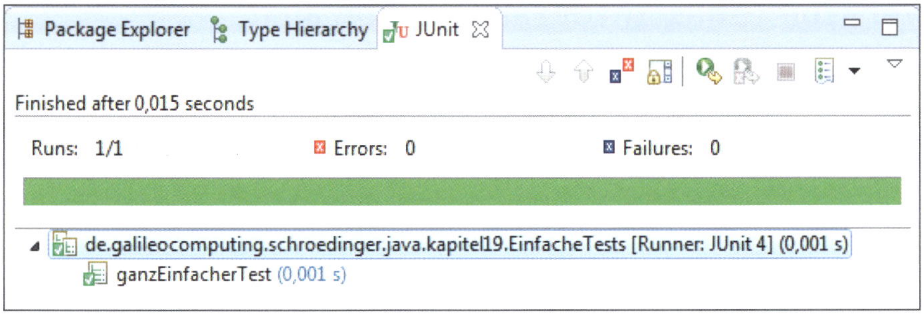

Wie du siehst, war der Test erfolgreich:

Hätte ich auch nicht anders erwartet. Was ist das denn Blödes? „Schuhe" mit „Schuhe" zu vergleichen. Klar, dass die gleich sind.

Ich möchte dir doch nur zeigen, wie ein erfolgreicher Test aussieht, um dich darauf vorzubereiten, was passiert, wenn ein Test fehlschlägt. Erweitern wir die Testklasse mal um eine zweite Methode, die bewusst einen Fehler enthält.

```
@Test
public void testAufGleicheStrings() {
  assertEquals("Schrödinger", "SchröDinger");*1
}
```

*1 Das hier gibt einen Fehler, weil die beiden Parameter nicht gleich sind.

„Schrödinger" ist nicht gleich „SchröDinger", und schon schlägt der Test fehl.

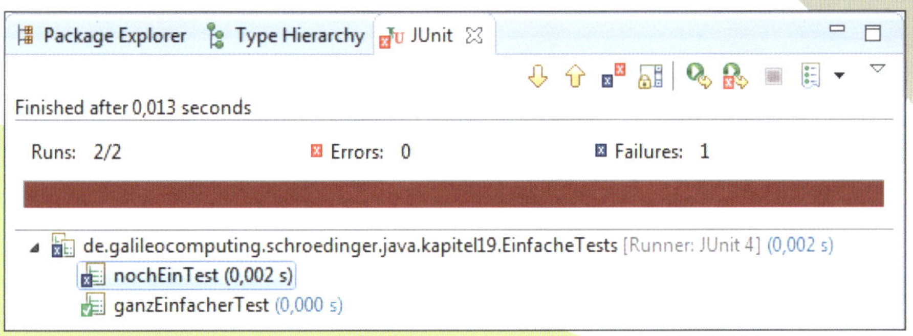

Fehlgeschlagener Test

So viel zu JUnit und Assertions. Jetzt geht es um Testklassen zu deinen zu testenden Klassen.
Als Beispiel machen wir uns an eine Software, mit der man **Cocktails mixen** kann. Okay, keine, mit der du sie **wirklich mixen kannst**, aber zumindest eine, mit der du **simulieren kannst**, wie man Cocktails mixt.

So sieht eine erste Version eines Interfaces dafür aus:

```
public interface CocktailMixer {
  void hinzufuegen(Zutat zutat);
  Cocktail mixen();
  int getAnzahlZutaten();
}
```

Zutat ist ein (noch) leeres Interface, die Klasse **Cocktail** ist auch noch komplett leer. Dann noch ein paar Klassen, die **Zutat** implementieren: **Banane**, **Milch** und **Apfelsaft**(findest du alles auch im Downloadbereich). Damit hätten wir erstmal genug Zutaten und eine erste Implementierung des **CocktailMixer**-Interfaces könnte so aussehen, **das wäre die zu testende Klasse:**

```
public class StandardCocktailMixer implements CocktailMixer {
  @Override
  public void hinzufuegen(Zutat zutat) {
  }
  @Override
  public Cocktail mixen() {
    return null;
  }
  @Override
  public int getAnzahlZutaten() {
    return 0;
  }
}
```

*Die Implementierung ist aber selten doof, **hinzufuegen()** macht gar nichts, **mixen()** gibt immer **null** zurück und **getAnzahlZutaten()** immer 0.*

Ich habe ja nicht gesagt, dass das eine gute und funktionierende Implementierung ist. Aber es ist halt eine, und wenn ich mich jetzt mal dumm stelle, weiß ich ja gar nicht, was die einzelnen Methoden können müssen. Okay, der Name der Methoden gibt mir einen Hinweis, aber das ist es auch schon. Ich weiß nicht, was von einem **CocktailMixer** erwartet wird.

Und das ist die Stelle, an der Unit-Tests ins Spiel kommen!

In den Testklassen definierst du nämlich, **was von einer Implementierung erwartet wird**. Deswegen habe ich die Implementierung erstmal noch leer gelassen. Jetzt geht es ans TDD! Aber in der Werkstatt.

[Hintergrundinfo]

In großen Projekten ist es sogar manchmal so, dass das Schreiben der Tests und das Schreiben der passenden Implementierungen von verschiedenen Personen durchgeführt werden. Derjenige, der den Test schreibt, definiert, **was** eine Klasse implementieren muss. Derjenige, der die Implementierung schreibt, definiert, **wie** die Klasse diese Anforderung implementiert.

[Zettel]

Noch kannst du bei bloßem Hingucken erkennen, dass mit der Implementierung etwas nicht stimmt. Wenn die Klassen aber komplexer werden und mehr Methoden mit mehr Logik enthalten, kannst du das nicht mehr so einfach. Und da wirst du froh sein, Tests zu haben, die das für dich abdecken.

[Ablage]

Die Klassen für die Zutaten sind ganz simple Klassen, die keine wirkliche Logik, sondern nur Setter und Getter enthalten – Pojos eben. Und **Setter und Getter testest du in der Regel nicht**. Das wäre in etwa so, wie zu testen, ob „Schuhe" gleich „Schuhe" ist. Mit einem Wort: überflüssig.

Hier noch eine Übersicht der wichtigsten Methoden der Klasse `Assert`:

Methode	Beschreibung
`assertArrayEquals()`	Prüft, ob zwei Arrays die gleichen Werte enthalten.
`assertEquals()`	Prüft, ob zwei Objekte gleich sind.
`assertFalse()`	Prüft, ob eine Boolesche Bedingung `false` ist.
`assertNotNull()`	Prüft, ob ein Objekt ungleich `null` ist.
`assertNull()`	Prüft, ob ein Objekt gleich `null` ist.
`assertSame()`	Prüft, ob zwei Objekte identisch sind.
`assertTrue()`	Prüft, ob eine Boolesche Bedingung `true` ist.

Ich hatte aber einen Cocktail bestellt

Spielen wir mal Tester und Entwickler, so wie das beim richtigen TDD gemacht wird. Ich bin der Tester, und du implementierst. Du darfst nichts an meinem Test ändern, dafür ist es mir egal, wie deine Implementierung aussieht. Hauptsache, die Tests funktionieren.
Erste Anforderung: ein Cocktail-Mixer, der keinen Cocktail mixt, ist kein Cocktail-Mixer, oder er ist kaputt. Von einer `CocktailMixer`-Implementierung erwartet man also, dass sie auch ein Objekt vom Typ `Cocktail` zurückgibt.

Diese Anforderung würdest du als Test so formulieren:

```
package de.galileocomputing.schroedinger.java.kapitel18.cocktails; *1
import static org.junit.jupiter.api.Assertions;
import org.junit.jupiter.api.Test;
public class CocktailMixerTest {
  @Test
  public void testeCocktailMixer() {
    CocktailMixer cocktailMixer = new StandardCocktailMixer();*2
    Cocktail cocktail = this.cocktailMixer.mixen();*3
    assertNotNull(cocktail);*4
  }
}
```

*1 Gleiches Package wie die zu testende Klasse – denk dran!

*2 Zuerst brauchst du eine Instanz der Klasse, die du testen musst, in unserem Fall eine Instanz von `StandardCocktailMixer`. Beachte: Auch beim Testen macht sich wieder der Vorteil von Interfaces bemerkbar: Wenn dein Test gegen ein Interface arbeitet, kannst du später ganz einfach eine alternative Implementierung mit dem gleichen Test überprüfen.

*3 Was von `mixen()` zurückkommt, ...

*4 ... darf nicht `null` sein.

Der Test schlägt fehl. Natürlich, `mixen()` gibt ja noch `null` zurück, hab ich doch eben schon gesagt.

Genau, um die Anforderung, die aus dem Test hervorgeht, zu erfüllen, reicht es also, `mixen()` wie folgt anzupassen:

```
public Cocktail mixen() {
  return new Cocktail();
}
```

Das war simpel, nicht? Machen wir es ein bisschen schwieriger. Immer noch einfach, aber schon nicht mehr so ganz.

[Einfache Aufgabe]

Ich habe dem Test noch eine zweite Testmethode hinzugefügt. Aber irgendwie scheinen die Methoden **`hinzufuegen()`** und **`getAnzahlZutaten()`** nicht so zu funktionieren, wie ich mir das gedacht habe. Mach den Test grün!

Den Test grün machen, den Test aber nicht ändern, denn das wäre schummeln, verstanden.

Das ist die Testmethode, die fehlschlägt:

```
@Test
public void testeAnzahlZutatenInCocktail() {
  Banane banane = new Banane();
  Milch milch = new Milch();
  CocktailMixer cocktailMixer = new StandardCocktailMixer();
  cocktailMixer.hinzufuegen(banane);*1
  cocktailMixer.hinzufuegen(milch);*1
  assertEquals(2, cocktailMixer.getAnzahlZutaten());*2
}
```

*1 Obwohl ich zwei Zutaten hinzufüge, ...

*2 ... wirft der Test hier einen Fehler.

Und? Ist der Test schon grün? Hast du es geschafft?

Ja, hat zwar ein bisschen gedauert, aber ich denke, ich hab's hinbekommen. Der Test ist jetzt zumindest grün.

Der Test ist grün? Prima, dann brauch ich mir **deinen Code** ja gar nicht anzugucken.

Hier ist meine Lösung:

```
public class StandardCocktailMixer implements CocktailMixer {
  private Collection<Zutat> zutaten;*1
  public StandardCocktailMixer() {
    this.zutaten = new ArrayList<>();*1
  }
  @Override
  public void hinzufuegen(Zutat zutat) {
    this.zutaten.add(zutat);*2
  }
  @Override
  public Cocktail mixen() {
    return new Cocktail();
  }
  @Override
  public int getAnzahlZutaten() {
    return this.zutaten.size();*3
  }
}
```

*1 Erstmal brauchst du eine Liste bzw. eine Collection aller Zutaten.

*2 Dann fügst du die Zutaten der Collection hinzu ...

*3 ... und gibst bei **`getAnzahlZutaten()`** einfach die Größe der Collection zurück.

Das war auch noch einfach, oder? Dann können wir das Tempo ja ein bisschen anziehen.

[Schwierige Aufgabe]

Wenn der Cocktail gemixt ist, sollen die Zutaten nicht mehr im Cocktail-Mixer sein, sondern im Cocktail.

Hier der passende Test dazu:

```
@Test
public void testeAnzahlZutatenInCocktail() {
  Banane banane = new Banane();
  Milch milch = new Milch();
  this.cocktailMixer.hinzufuegen(banane);
  this.cocktailMixer.hinzufuegen(milch);
  assertEquals(2, this.cocktailMixer.getAnzahlZutaten());
  Cocktail cocktail = cocktailMixer.mixen();*1
  assertEquals(0, cocktailMixer.getAnzahlZutaten());*2
  assertEquals(2, cocktail.getAnzahlZutaten());*3
}
```

*1 Sobald der Cocktail gemixt ist, …

*2 … sollen keine Zutaten mehr im Mixer sein, …

*3 … dafür aber im Cocktail.

Puh, das war ganz schön anstrengend. Aber zum Glück konnte ich zwischendurch immer testen, ob ich auf dem richtigen Weg bin.

Genau dafür sind Unit-Tests da.

Eine mögliche Lösung sähe so aus:

Die Klasse Cocktail um eine Liste für die Zutaten erweitern, …

```
public class Cocktail {
  private Collection<Zutat> zutaten;*2
  public Cocktail(Collection<Zutat> zutaten*3) {
    this.zutaten = zutaten;
  }
  public int getAnzahlZutaten() {*1
    return this.zutaten.size();
  }
}
```

*1 Das ist die neue Methode, die im Test erwartet wird und die Anzahl der Zutaten im Cocktail zurückliefern soll. Damit wir diese Methode implementieren können, brauchen wir …

*2 … die neue Objekteigenschaft **zutaten** …

*3 … und einen entsprechend angepassten Konstruktor, der die Zutaten als Parameter bekommt.

```java
public class StandardCocktailMixer implements CocktailMixer {
  ...
  @Override
  public Cocktail mixen() {
    Collection<Zutat> zutaten = new ArrayList<>(this.zutaten);*1
    this.zutaten.clear();*2
    return new Cocktail(zutaten);*3
}
  ...
}
```

*1 Wichtig ist, dass du eine **Kopie der Collection** erstellst, …

… und die Methode mixen() im StandardCocktailMixer anpassen:

*2 … dann kannst du die Objekteigenschaft **zutaten** auch bedenkenlos leeren …

*3 … und die lokale Kopie als Parameter für den **Cocktail**-Konstruktor übergeben. Wenn du keine Kopie erzeugst, sondern einfach **this.zutaten** an den Konstruktor übergibst, schlägt das zweite **assertEquals()** im Unit-Test, das zwei Zutaten im Cocktail erwartet, fehl, weil dann der Cocktail die (leere) Zutatenliste vom Cocktail-Mixer erhält.

Das mit der Kopie der Collection hätte ich ohne Unit-Test wahrscheinlich überhaupt nicht gemerkt …

Genau. Oder du findest so einen Fehler erst **nach stundenlangem Debuggen** oder, noch schlimmer, gar nicht. Ein paar Unit-Tests dagegen, und schon bist du auf der sicheren Seite.

Das hätte ich im letzten Kapitel bei den Übungen zu den regulären Ausdrücken gebraucht … So macht Programmieren noch mehr Spaß. Kann ich endlich den nächsten Test haben?

Ja, einen Moment Geduld. Bevor wir weitermachen, möchte ich dir noch ein paar andere Sachen zeigen, die du mit JUnit machen kannst. Neben den Dingen, die du über die **assert**-Methoden prüfen kannst, gibt es nämlich noch die Möglichkeit, zu testen, ob eine bestimmte Exception geworfen wurde.

[Belohnung]
Unit-Tests geben dir ein so beruhigendes Gefühl bei der Programmierung, ich wette mit dir, du möchtest nicht mehr darauf verzichten, jetzt wo du Blut geleckt hast.

Ausnahmefälle testen

Das funktioniert so wie in folgendem Test:

```
@Test
public void testeEkligeZutatenKombination() throws ⮐
EkligeZutatenKombinationException {
  assertThrows*1(EkligeZutatenKombinationException.class*3, () -> {
    Banane banane = new Banane();
    Apfelsaft apfelsaft = new Apfelsaft();
    this.cocktailMixer.hinzufuegen(banane);*2
    this.cocktailMixer.hinzufuegen(apfelsaft);*2
    Cocktail cocktail = this.cocktailMixer.mixen();
  });
}
```

*1 Du verwendest einfach die Methode **assertThrows()** und übergibst als ersten Parameter die erwartete Exception und als zweiten Parameter den Testablauf in Form einer Lambda-Funktion.

*2 Wenn Banane mit Apfelsaft zusammengemischt wird, …

*3 … soll's eine **EkligeZutatenKombinationException** geben. Wenn du auf Exceptions testest, verwendest du in der Regel auch keine **assert**-Methoden in dem Test.

Oh, ein Anwärter auf den Preis „Bester Klassenname des gesamten Buches".

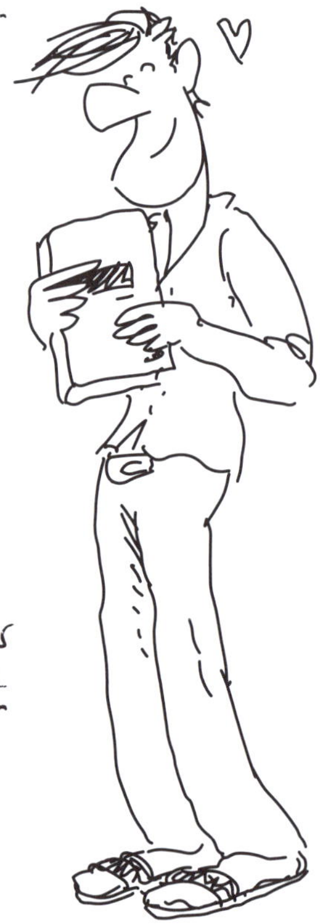

Danke, danke, oder höre ich hier etwa Ironie heraus? Dir ist schon bewusst, dass du diesen Test gleich in der Werkstatt grün machen wirst, oder? Dann solltest du dich besser schnell mit diesem Klassennamen anfreunden.

Doch bevor wir in die Werkstatt gehen, noch kurz etwas anderes Nützliches:

Generell solltest du jede Testklasse so strukturieren, dass die einzelnen Testmethoden **nicht zu lang** sind und nicht zu viele verschiedene Dinge testen. Jede Testmethode sollte **immer nur einen Aspekt** der zu testenden Klasse testen. Zusammen mit **sprechenden Methodennamen**, die beschreiben, was der Test tut, hältst du die Testklasse auf diese Weise übersichtlich und kannst, falls ein Test fehlschlägt, schnell Rückschlüsse ziehen, welcher Code für den Fehler verantwortlich ist.

Testmethoden nicht zu lang, immer nur einen Aspekt testen … kapiert.

Genau. Auf der anderen Seite brauchst du ja in jeder Testmethode auch immer wieder eine Instanz der zu testenden Klasse (sofern du keine statischen Methoden testest), mit der du dir das jeweilige Testszenario zusammenbaust. Diese Testobjekte für jeden Test aufs Neue zu instanziieren, ist wichtig, um zu verhindern, dass ein Test ein „schmutziges“ Objekt hinterlässt und der nächste Test dann damit arbeitet. Denn das könnte die Testergebnisse extrem verfälschen. Im Cocktail-Mixer-Beispiel willst du ja auch nicht, dass eine Testmethode den Mixer schmutzig (also mit Zutaten drin) für die anderen Testmethoden hinterlässt.

Hier kommt die **@BeforeEach**-Annotation sehr gelegen. Alle Methoden innerhalb einer Testklasse, die diese Annotation verwenden, werden **vor jedem Test** ausgeführt, also vor jeder Testmethode. Analog gibt es noch die Annotation **@AfterEach**, mit der Methoden **nach jedem Test** ausgeführt werden.

So könntest du @BeforeEach nutzen, um vor jedem Test immer eine frische Instanz von StandardCocktailMixer zu haben:

```
public class CocktailMixerTest {
  private CocktailMixer cocktailMixer;
  @BeforeEach*1
  public void setUp*4() {
    this.cocktailMixer = new StandardCocktailMixer();*2
  }
  @AfterEach*3
  public void tearDown*4() {
  }
  ...
}
```

*1 Mit **@BeforeEach** sagst du, dass diese Methode vor jeder anderen Testmethode in dieser Testklasse aufgerufen werden soll.

*2 Das eignet sich gut, um Variablen zu initialisieren (oder Datenbankverbindungen oder andere Ressourcen zu laden und so weiter), die in jedem Test benötigt werden – wie hier im Beispiel eine Instanz von **StandardCocktailMixer**.

*3 Analog werden mit **@AfterEach** markierte Methoden nach jedem Test ausgeführt. Das eignet sich gut, um Daten, die während des Tests erzeugt wurden, wieder zu löschen, beispielsweise Einträge aus einer Datenbank.

*4 Die Namen **setUp()** und **tearDown()** haben sich so eingebürgert, weil in JUnit 3 (als es noch keine Annotationen gab) die Methoden so heißen mussten (weil man damals von einer Testoberklasse abgeleitet hatte). Jetzt mit Annotationen ist es eigentlich völlig egal, welchen Namen du den Methoden gibst.

[Zettel]

Es gibt auch noch **@BeforeAll** und **@AfterAll**. Methoden mit diesen Annotationen werden vor bzw. nach dem Ausführen der **gesamten Testklasse** ausgeführt.

Gar nicht eklig

[Schwierige Aufgabe]

Sorge dafür, dass bei **`mixen()`** eine **`EkligeZutatenKombinationException`** geworfen wird, wenn man versucht, Apfelsaft mit Bananen zu mischen. Oder anders gesagt, mach den Test **`testeEkligeZutatenKombination()`** grün.

Damit's nicht ganz so schwer wird, kannst du folgende Methode voraussetzen:

```
public static <T> boolean enthaelt(Collection<?> collection, ↩
  Class<T> klasse) {
  for(Object o : collection) {
    if (o != null && o.getClass() == klasse)  {
      return true;
    }
  }
  return false;
}
```

Eine generische Variante, die testet, ob eine Collection eine Instanz einer bestimmten Klasse enthält

Ich denke, das schaffst du so, oder?

Lösung:

```
public class StandardCocktailMixer implements CocktailMixer {
  …
  @Override
  public Cocktail mixen() throws ↩
    EkligeZutatenKombinationException*1 {
    if(enthaelt(this.zutaten, Banane.class)*2 && enthaelt↩
      (this.zutaten, Apfelsaft.class)*2) {
      throw new EkligeZutatenKombinationException();
    }
    Collection<Zutat> zutaten = new ArrayList<>(this.zutaten);
    this.zutaten.clear();
    return new Cocktail(zutaten);
  }
  …
}
```

*1 Die Methodensignatur bekommt die Exception. Die musst du natürlich dann auch an der **Methodensignatur im Interface** hinzufügen und in allen anderen Unit-Tests und Klassen, in denen du **`mixen()`** aufrufst, entsprechend fangen oder weiterwerfen. Aber das sagt dir ja auch der Compiler.

*2 Und hier wird geprüft, ob **`zutaten`** eine eklige Kombination von Zutaten enthält. Wenn ja, wird eine Exception geworfen, wenn nein, so weitergemacht wie bisher.

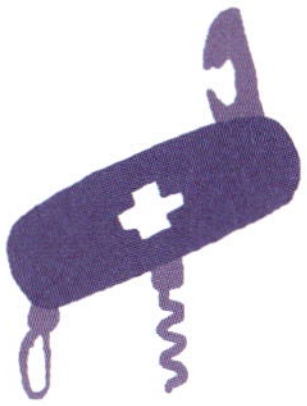

[Einfache Aufgabe]

Einen einfachen Test habe ich noch, dann hast du es geschafft: Zutaten sollen auch wieder aus einem Mixer genommen werden können. Wenn ich also erst eine Banane und Apfelsaft reintue und mich dann dazu entschließe, statt Apfelsaft doch besser Milch zu nehmen, soll es **keine Exception mehr geben**.

Hier die Testmethode:

```
@Test*2
public void testeEntfernenVonZutaten() throws EkligeZutatenKombinationException*2 {
  Banane banane = new Banane();
  Apfelsaft apfelsaft = new Apfelsaft();
  Milch milch = new Milch();
  this.cocktailMixer.hinzufuegen(banane);
  this.cocktailMixer.hinzufuegen(apfelsaft);
  this.cocktailMixer.hinzufuegen(milch);
  this.cocktailMixer.entfernen(apfelsaft);*1
  Cocktail cocktail = this.cocktailMixer.mixen();
}
```

*1 Jetzt sollen Zutaten auch wieder aus dem Mixer entfernt werden können. Die Methodensignatur in **`CocktailMixer`** sieht so aus: **`void entfernen(Zutat zutat);`**.

*2 Und auch wenn vorher eine eklige Zutatenkombination drin war: Wenn man eine der entsprechenden Zutaten entfernt, soll es auch keine Exception geben.

[Notiz]

Du könntest natürlich den Test auch ganz einfach grün bekommen, indem du in **`mixen()`** einfach gar keine Exception wirfst. Dann würde aber natürlich der andere Test von eben fehlschlagen, weswegen du das dann eigentlich doch nicht kannst. Du siehst also: Mit jedem Test, den du schreibst, definierst du immer feiner und genauer, was die Implementierung leisten soll.

Hier die einfache Lösung:

```
@Override
public void entfernen(Zutat zutat) {
  this.zutaten.remove(zutat);*1
}
```

*1 Das war wirklich einfach. Collection hat ja schon eine Methode fürs Entfernen.

Testen ist ja wirklich klasse! Ich hab gar keine Hemmungen mehr, was an meinen Klassen zu ändern. Falls ich einen Bug einbauen sollte, merken meine Tests das ja und werden rot.

Genau. Vorausgesetzt, du hast deine Tests richtig geschrieben, und vorausgesetzt, du hast **genug** Tests geschrieben. Es kann ja sein, dass du Code änderst, der in keinem deiner Unit-Tests aufgerufen wird und somit auch nicht getestet wird. Man sagt dann auch: „der Test deckt diesen Code nicht ab." Das Fachwort dafür heißt analog **Testabdeckung**, und auch dazu gibt es jede Menge Tools, die automatisch ermitteln, welche deiner Codezeilen von einem Unit-Test abgedeckt werden. Wenn dich das interessiert, such mal nach den Begriffen „Cobertura" und „EclEmma" im Netz, das sind zwei solcher Tools.

So, Schrödinger. Das war's erstmal zum Thema testen.

Ich hatte dir aber noch etwas versprochen: >>>>

Java Web Start continued

Bevor wir uns trennen, möchte ich nochmal das Thema Deployment aus Kapitel 13 aufgreifen – wie versprochen. Zum einen wirst du als Entwickler deine Ergebnisse auch bereitstellen wollen. Zum anderen hast du jetzt das nötige XML-Wissen und kannst Anwendungen mit grafischer Oberfläche erstellen, so dass wir auf **Java Web Start** (JWS) zurückzukommen können.

Nur dass ich das richtig in Erinnerung habe: Das war doch das, wo ich ein Java-Programm auf einem Server liegen habe ...

... und wo du über eine **Konfigurationsdatei** sagst,

- welche Java-Version das Programm voraussetzt
- welche weiteren JAR-Dateien man zur Ausführung benötigt

Und wo beim Nutzer dann, wenn er auf einen Link mit hinterlegter Konfigurationsdatei klickt, die entsprechende Java-Version (wenn nicht vorhanden) installiert und alles auf seinen Rechner runtergeladen wird.

Ja, so könnte man das zusammenfassen.

[Achtung]

Zur Erinnerung: Java Web Start funktioniert nur mit Anwendungen, die eine grafische Oberfläche haben.

Lass uns doch mal den Schuhkartonvolumenberechner aus Kapitel 16 für JWS fertigmachen.

Klar, gerne, ich habe schon Anfragen aus Finnland bekommen ... dann können die sich den dort endlich runterladen.

Produkt ausliefern in drei Schritten:

1. Erster Schritt: JAR-Datei erstellen, die das Programm enthält

Das machst du ganz einfach über Eclipse: Aus dem Hauptmenü wählst du **File • Export** aus, im anschließenden Dialog **Runnable JAR file**, danach selektierst du die passende **Launch configuration** und das Zielverzeichnis für die JAR-Datei und bestätigst mit **Finish**. Oder du machst es über die Kommandozeile ...

... lieber nicht, ich hab mich mittlerweile ganz schön an Eclipse gewöhnt.

Aha, siehste!

2. Zweiter Schritt: Konfigurationsdatei erstellen

Wie bereits erwähnt, werden die Konfigurationsdateien in XML geschrieben, genau genommen in dem sogenannten **JNLP**-Format (**Java Network Launch Protocol**). Speichere also den folgenden Code einfach in die Datei `schuhkartonvolumenberechner.jnlp`:

```
<?xml version="1.0" encoding="UTF-8"?>
<jnlp spec="1.0+" codebase=""*1 href="schuhkartonvolumenberechner.jnlp"*2>
  <information>
    <title>Schuhkartonvolumenberechner</title>*3
    <vendor>Schroedinger</vendor>*3
    <icon href="icon.jpg"/>*3
    <offline-allowed/>*4
  </information>
  <resources>
    <java version="1.7+"/>*5
    <jar href="../../build/jar/SchuhKartonVolumenBerechner.jar" main="true" />*6
  </resources>
  <application-desc main-class="de.galileocomputing.schroedinger.java.kapitel16↩
    .swing.schuhe.Main" />*7
</jnlp>
```

*2 Hier steht der Name der Konfigurationsdatei.

*1 Hiermit gibst du an, wo sich das Wurzelverzeichnis für die Konfigurationsdatei und die JAR-Dateien befindet. Normalerweise würdest du hier etwas angeben wie http://www.rheinwerk-verlag.de/schroedinger, also einen **echten Server** verwenden. Ich lasse das Attribut nur leer, damit du das Beispiel gleich auch **ohne Server** laufen lassen kannst.

*7 Über **`<application-desc>`** setzt du die **`main`**-Klasse deiner Anwendung.

*3 Allgemeine Informationen, wie Titel und Anbieter des Programms, kommen unter das **`<information>`**-Element.

*4 Hierüber sagst du, dass das Programm auch ohne Internetverbindung ausgeführt werden kann.

Ohne Internetverbindung? Wie soll das bitte gehen?

Na ja, vorausgesetzt, der Nutzer hat das Programm schon mal irgendwann aus dem Internet heruntergeladen, und es liegt bei ihm auf dem Rechner **im Cache** von Java Web Start, dann bräuchte er mit dieser Einstellung hier keine Internetverbindung, um das Programm verwenden zu können.

*5 Hier stehen die Java-Version, die mindestens beim Nutzer installiert sein muss, um das Programm starten zu können, …

*6 … und der Pfad zur JAR-Datei.

3. Dritter Schritt: die Konfigurationsdatei auf den Server legen

Gut, das machen wir jetzt nicht wirklich. Als Demo reicht es auch, wenn du einfach die Konfigurationsdatei im Browser öffnest. Gib dazu den Pfad zur Konfigurationsdatei in die Adressleiste deines Browsers ein. Bei mir ist das gerade **`D:\dev\workspace\SchroedingerProgrammiertJava\resources\kapitel18\schuhkartonvolumenberechner.jnlp`**. Danach wird dich der Browser wahrscheinlich fragen, was du mit der Datei machen möchtest. Wähle **Java(TM) Web Start Launcher** aus, und schwuppdiwupp, schon wird deine Anwendung „heruntergeladen“ und ausgeführt.

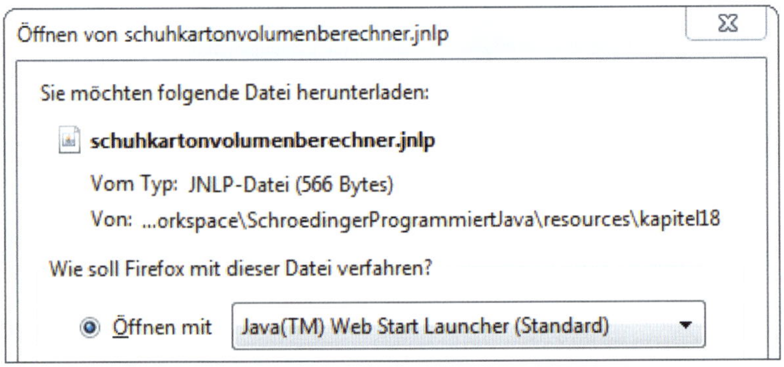

[Achtung]

Je nach Browser mag das, was wir gerade machen (also Java Web Start ohne Server) nicht funktionieren, weil ohne Server kein sogenannter **Mime-Typ** als **Header** mit der Konfigurationsdatei geschickt werden kann. Keine Angst, wenn dir diese Begriffe alle nichts sagen, die musst du dir für den Moment nicht merken. Nur so viel: Header sind zusätzliche Informationen, die jedes Mal vom Server mitgeschickt werden, wenn du etwas (über das Protokoll HTTP) herunterlädst. Und ein Mime-Typ ist genau die Information, die Aufschluss über den **Typ dieses übertragenen Inhalts** gibt. Im Fall einer JNLP-Datei hat der Mime-Typ den Wert „application/x-java-jnlp-file“. Und wenn dieser Wert vom Server mitgeschickt wird, weiß auch wirklich jeder moderne Browser, was er damit machen soll.

Prima, dann leg ich dem Bossingen gleich eine neue Version auf den Server.

Das wichtigste unit to know

- Egal, welches Testframework du letztendlich verwendest, deinen Code mit **Unit-Tests automatisiert testen** zu lassen, ist immer von Vorteil, weil dein **Code** irgendwann **so umfangreich ist**, dass du ihn nicht mehr händisch testen kannst.
- In Unit-Tests gibst du vor, **was** eine Klasse können muss und was von ihr erwartet wird. **Wie** die Klasse diese Anforderungen implementiert, ist dem Test egal.
- In großen Projekten werden die Rollen „Tester" und „Entwickler" durchaus getrennt, so dass oft ein Softwareentwickler die Tests schreibt und ein anderer die zu testenden Klassen implementiert.
- Testklassen sind ganz normale Klassen. Im Fall von JUnit kannst du innerhalb einer Testklasse verschiedene Tests definieren, indem du Methoden mit der Annotation **`@Test`** markierst.
- **`org.junit.Assert`** enthält verschiedene Methoden, die du in deinen Tests dazu verwenden kannst, um verschiedene Dinge zu testen, zum Beispiel ob zwei Objekte gleich sind, ob ein Boolescher Ausdruck **`true`** oder **`false`** ist und so weiter. Das Gute an diesen Methoden ist, dass sie einen **`AssertionError`** produzieren, wenn eine Überprüfung fehlschlägt und dieser **`AssertionError`** dazu führt, dass ein Test nicht grün, sondern rot wird.
- Nicht nur **`AssertionError`**s führen zu roten Tests, sondern auch **Exceptions**, die geworfen und nicht gefangen werden.
- Es sei denn, du erwartest in deiner Testmethode, dass eine Exception geworfen wird. Dann wird der Test bei Auftreten der **erwarteten Exception** natürlich grün.

Java Web Start:

- Java Web Start dient dazu, Anwendungen mit **grafischer Oberfläche** über das **Internet** zu verteilen.
- Über eine **Konfigurationsdatei im JNLP-Format** (einem XML-Format) kannst du verschiedene Dinge definieren, beispielsweise welche Java-Version vorhanden sein muss, um das Programm laufen zu lassen, Abhängigkeiten zu anderen JAR-Dateien und so weiter.

[Belohnung/Lösung]

Glückwunsch, Schrödinger, du hast es wirklich geschafft! Der vorerst letzte Ausrüstungsgegenstand liegt schon bereit: der **Crash-Test-Helm**. Der schützt dich vor fehlerhaftem Code, der auf dich niederprasselt.

Kann ich an dieser Stelle auch nochmal was sagen?

Klar, nur zu, ein oder zwei Seiten haben wir noch.

Also … ich muss mich wirklich mal bei dir bedanken … das war klasse, wie du mir die letzten 18 Kapitel das alles erklärt hast. Okay, ich hätte mir zwar noch mehr Beispiele gewünscht, die ohne **Schuhe** auskommen … aber insgesamt, ja, kann ich wirklich sagen, ich hab echt was gelernt … mehr, als ich von einem Einsteigerbuch erwartet hätte.

Danke, danke, ich finde auch, dass du ganz gut mitgemacht hast. Erst die ganzen Grundlagen: **primitive Datentypen**, **Kontrollstrukturen** und **Strings**, auch wenn das zu Beginn vielleicht etwas trocken war und du das ein oder andere schon mal gehört hattest, hoffe ich, du hast von diesen Themen auch was Neues mitnehmen können.

Absolut, das Textadventure ganz am Anfang war der perfekte Einstieg. Das hat mir direkt Lust auf mehr gemacht …

Schön. Zumal die Grundlagen ja dringend nötig waren für die nächsten drei Kapitel zum Thema **Objektorientierung** …

Das stimmt, die Kapitel waren einmalig, das hätte ich, glaube ich, alleine nicht verstanden. Oder ich hätte es falsch gemacht.

Ja, leider meinen viele, sie würden objektorientiert programmieren, nur weil sie in Java programmieren. Das weißt du jetzt besser. Und du kannst jetzt mit allen Arten von **Collections und Maps** jonglieren und mit **Exceptions** um dich werfen …

… und sie richtig fangen und behandeln.

Und auch bei den beiden Angstthemen **Generics** und **Threads** hast du dich nicht unterkriegen lassen. Da bin ich doppelt stolz auf dich.

Ja, das waren zwei echte Brocken.

Zwischendurch gab's ja zum Glück mit dem ganzen **Eingabe-Ausgabe**-Kram was relativ Einfaches und hinterher mit dem **Deployment**-Kapitel auch. Danach zwar **XML** und **Datenbanken**, aber das war doch nicht so schwierig, wie ich mir das vorgestellt hatte ...

... und dank **Swing und JavaFX** kannst du jetzt richtige grafische Oberflächen erstellen ...

... mehrsprachig versteht sich, ich sag nur **Lokalisierung**, **Internationalisierung** und **Formatierung**.

Von **regulären Ausdrücken** ganz zu schweigen, damit kannst du Sachen anstellen ...

Und jetzt das Ding mit dem **Unit-Testen** ...

... das kann nicht jeder, das sag ich dir.

Ach, Schrödinger, komm her, lass dich drücken. War echt toll mit dir. Sag einfach Bescheid, wenn du noch was wissen möchtest oder wenn dir noch was unklar geblieben ist. Oder wenn's bei euch mal wieder Dinkelsuppe gibt oder du den Schuhschrank deiner Freundin sortieren musst oder Bossingen dir mit irgendwelchen Anforderungen bezüglich Schaltflächenpositionierung kommt. Aber eigentlich traue ich dir das jetzt alles zu. Du hast inzwischen all das Wissen, um dich an Themen zu wagen wie Android, Webentwicklung mit Java, Ant, Maven oder sogar an andere Sprachen, die auf der JVM laufen, wie Groovy, Kotlin oder Scala ...

nur Mut!

INDEX

Symbole

A

B

C

D

E

F

G

H

I

J

K

L

M

N

O

P

Q

R

S

T

U

V

W

X

Z

Schrödinger wird Webentwickler!

Alle Grundlagen zu HTML5, CSS3 und JavaScript in einem Band!

Das kann ja heiter werden. Natürlich kennt Schrödinger das Web, aber eben nur aus Anwendersicht. Und jetzt will sein Chef, der alte Bossingen, dass er die Webseite der Firma überarbeitet? Zum Glück weiß Schrödinger ganz genau, wer ihm weiterhelfen kann: Kai Günster. Denn der ist Webentwickler und führt seinen Freund von Anfang an zielsicher durch die Welt der Websprachen HTML, CSS und JavaScript, von »Hallo Webwelt« über AJAX bis zu Responsive Webdesign und Touchscreens.

854 Seiten, broschiert, komplett in Farbe, 44,90 Euro
ISBN 978-3-8362-6825-7
www.rheinwerk-verlag.de/4834

Bernhard Lahres
Gregor Raýman
Stefan Strich
OOP
Das umfassende Handbuch
Objektorientierte Programmierung
Das umfassende Handbuch
► Objektorientierte Programmierung verständlich erklärt
► Von den Konzepten über den Entwurf bis zur Umsetzung
► Best Practices und guter Code für alle wichtigen OO-Sprachen
4., aktualisierte Auflage
Rheinwerk Computing